荊楚文庫

〔光緒〕黃梅縣志

〔清〕覃瀚元　袁瓚　修
〔清〕宛名昌　等　纂

荊楚文庫編纂出版委員會
武漢大學出版社

荆楚文庫

〔光緒〕黄梅縣志

GUANGXU HUANGMEI XIANZHI

圖書在版編目(CIP)數據

〔光緒〕黄梅縣志/〔清〕覃瀚元,袁瓚修;〔清〕宛名昌等纂.
—武漢:武漢大學出版社,2021.3
ISBN 978-7-307-21815-4
Ⅰ.光…
Ⅱ.①覃… ②袁… ③宛…
Ⅲ.黄梅縣—地方志—清代
Ⅳ.K296.34
中國版本圖書館 CIP 數據核字(2020)第 188886 號

責任編輯:朱凌雲
整體設計:范漢成 曾顯惠 思 蒙
責任校對:汪欣怡
出版發行:武漢大學出版社(中國·武漢)
地址:武昌珞珈山
電話:(027)87215822 郵政編碼:430072
録排:武漢恒清圖文菲林輸出工作室
印刷:湖北新華印務有限公司
開本:787mm×1092mm 1/16
印張:31.25 插頁:6
版次:2021 年 3 月第 1 版 2021 年 3 月第 1 次印刷
定價:139.00 元

ISBN 978-7-307-21815-4
9 787307 218154

《荆楚文庫·方志編》編纂組

組　　長：賀定安　陽海清（執行）

副 組 長：劉傑民（執行）　王　濤　謝春枝　范志毅（執行）

參編人員（以姓氏筆畫爲序）：

王　濤　李云超　宋澤宇　范志毅　柳　巍　馬盛南　陳建勛

梅　琳　張文静　張雅俐　陽海清　彭余焕　彭筱澂　賀定安

劉傑民　謝春枝　嚴繼東

編　　審：周　榮

顧　　問：沈乃文　李國慶　吴　格

出版説明

湖北乃九省通衢，北學南學交會融通之地，文明昌盛，歷代文獻豐厚。守望傳統，編纂荊楚文獻，湖北淵源有自。清同治年間設立官書局，以整理鄉邦文獻爲旨趣。光緒年間張之洞督鄂後，以崇文書局推進典籍集成，湖北鄉賢身體力行之，編纂《湖北文徵》，集元明清三代湖北先哲遺作，收兩千七百餘作者文八千餘篇，洋洋六百萬言。盧氏兄弟輯録湖北先賢之作而成《湖北先正遺書》。至當代，武漢多所大學、圖書館在鄉邦典籍整理方面亦多所用力。爲傳承和弘揚優秀傳統文化，湖北省委、省政府決定編纂大型歷史文獻叢書《荊楚文庫》。

《荊楚文庫》以『搶救、保護、整理、出版』湖北文獻爲宗旨，分三編集藏。

甲、文獻編。收録歷代鄂籍人士著述，長期寓居湖北人士著述，省外人士探究湖北著述。包括傳世文獻、出土文獻和民間文獻。

乙、方志編。收録歷代省志、府縣志等。

丙、研究編。收録今人研究評述荊楚人物、史地、風物的學術著作和工具書及圖册。

文獻編、方志編録籍以一九四九年爲下限。

研究編簡體横排，文獻編繁體横排，方志編影印或點校出版。

《荊楚文庫》編纂出版委員會

二〇一五年十一月

前言

《〔光緒〕黄梅縣志》四十卷首一卷，清覃瀚元、袁瓚修，宛名昌等纂，清光緒二年（一八七六）刻本。覃瀚元，字石仙，廣西藤縣人，生員，先後官黄梅十餘載，主持修縣志時任黄梅知縣，志稿初成時去任。袁瓚，字廉叔，江蘇奉賢人，拔貢，官來鳳、黄梅知縣。宛名昌，邑人，生員。原書纂輯之下列宛名昌、喻同模、程應玉、鄧文濱、蔣祖楨、尤珪、黄廷灼、帥甸、李炳黌、余邦士之名。

邑志明以前無考，嘉靖陳華手輯一帙，遞傳曹麟鈔稿未梓，萬曆時曾維倫成書六卷燬於兵。入清，一为順治十七年（一六六〇）徐昱修蕭藴樞纂，一为乾隆二十一年（一七五六）薛乘時延沈元寅等修，現存乾隆五十四年（一七八九）胡紹中刻本。至覃瀚元蒞任黄梅，延宛名昌等採訪討論，補修縣志，光緒元年（一八七五）稿甫脱，覃瀚元披閱數過，未定稿而瓜期至，袁瓚繼任乃潤色之，二年刻成，是爲此志，記事止於光緒元年。

該志舊序中特録徐昱、薛乘時序言。武漢大學圖書館藏本另詳列明萬曆十一年、清順治十七年、乾隆二十一年修志職名。薛志仿史體分表、志、傳三綱，於志體不合，此志改分十綱四十目，曰：地理（星野、沿革、疆域、山川、古蹟、風俗、物産）、建置（城池、公廨、祠祀、村鎮、水利、津梁、寺觀）、賦役（户口、田賦、蠲卹、積儲）、學校、武備、職官（秩官）、選舉、人物（儒林、忠節、宦績、文苑、孝友、義行、篤行、隱逸、耆壽、僑寓、列女）、藝文、雜志（祥異、墳墓、仙釋、摭聞）。

舊志秩官居前疆域，城池居後，選舉居前丁賦，學校居後，此志皆按省志例從長編次。舊志驛傳、營汛附公署村鎮之後，而歷代兵事則無傳，此特列武備一門，具載城守、塘汛、民壯、工兵之數次及驛馬鋪兵，類相從也。又采史傳中兵事之在梅境者附以近事。舊志人物門之隱逸、恬退無甚區别，今將舊列恬退者就各人行事改歸孝友、義行、隱逸各門。另新添篤行一門，録不得入文苑、隱逸、孝友、義行而篤實純樸、里黨稱善不可泯没者。人物各門刊畢后，有再行送稿者，以『續載』二字别之，按送稿先後敘列。詩文舊志散見於各門，今併歸藝文一途，先文後詩，文分疏、記、序、傳，詩分古、近。是志於水利、武備等部分敘述尤詳，或可爲古代防汛、灌溉、當時兵事研究之參考。

此志國内多地均有收藏，《中國地方志集成》《中國方志叢書》亦曾影印。卷二十第4葉應爲原缺，湖北省圖書館二藏本及《中國地方志集成》皆無，《中國方志叢書》此葉留白。兹以湖北省圖書館藏光緒二年刻本影印。品相不佳葉，如卷九6B、卷十三9B、卷十九16B、卷二八2A、卷三四7B、卷三五第15葉、76B、85A、卷三六16B、卷四十4B、捐輸姓氏6B以湖北省圖書館同版另一藏本替换。（宋澤宇）

目録

黃梅縣志

光緒二年
二月開雕

序

禹貢首紀山川次詳田賦周禮職方氏掌
天下之圖以周知天下之利害後世省府州
縣之志此其權輿也黄梅立縣明以前志乘
失考但聞萬曆初有曾志而已
國朝順治十七年徐君旦乾隆二十一年薛
君乘時五十四年胡君紹鼎三邑侯前後
修輯閲今八十七年時代既遠則傳聞失

實重以咸豐同治間戎馬蹂躪簡編灰燼
耆舊晨星蹤之是邦余涖擢矣管子曰衣
食足而後禮義興凋敝之餘先其所急爰
請江堤建攔湖堤俾民免其魚樞軍胡文
忠公奏定漕折減價並查州縣錢糧浮蔽
余釐剔列上屆年減去浮費銀二千七百
有奇民困益蘇乃請廣學額創建考棚
以及秋祀名祠公廨衙署庶務略具而志
乘缺如余心終未慊也且此八十年內人文
奮起蔚作如林選舉則鼎甲領解官績則封
疆監司加以累朝忠魂磨笄並魄畧而不載皆
將在余於是延邑中人士詢謀咨訪事在必
行維經費維艱而捐俸倡捐以藏其成余
又奚辭焉稿甫脫披閲數過適瓜期代至
接任袁君慮拂修飾而潤色之是以又有
匡我不逮者矣

光緒元年十二月朔日
賞戴花翎同知銜知黄梅縣事藤縣覃
瀚元謹識

舊序 順治庚子　　徐昱 北平人

順治庚子邑乘告成儒學司諭蕭公問序於余余以簿書鞅掌日懼奉職無狀不得與諸君子事筆墨又何敢贅一辭敬謝不敏已而邑孝廉洪君友士梁君介臣造庭而請曰志志邑也凡官斯邑者咸志焉如戴公中美公忻來公三聘桂公生芝武公圖功鍾公顴俊至今輿論猶馨公治績炳如異日梅之人誦公言如見公焉公不可無弁首之文余愀然曰二公弗余棄余試爲二公言梅地濱江而阻舟楫無捆載之商賈懋遷之貨殖年豐則穀賤傷農歲歉則無以自給旱則易暵澇則巨浸歲額三萬七千有奇科重賦繁逃亡過半此余

之痛心疾首者矣比歲閩粵班師荆揚振旅紛至問道偹應稱繁廨宇未治器具不修借箸莫籌動多掣肘余不能繪圖爲梅民請命余滋愧矣而蕭公與諸君修輯邑乘俾知時與地之爲變遷利與害之相倚伏官與民之關休戚異日採風問俗梅民疾苦洞若觀火則蕭公之言當不沒也余何有焉維時分校受事盖黃子景恒張子洪綱沉子文珂王子獻臣汪子流恒皆文學之士云

舊序 乾隆丙子　　薛乘時 原武人

修廢舉墜守土者之責也然百廢具舉談何容易余初涖梅見事之有待修舉者不一而足兼營並鶩力固不勝欲速亦弗達也六載於茲學宮縣署得藉衆力獲告成功其次當及邑志舊志明季燬於兵

國初學博蕭君輯有刊本迄今百餘年修纂不可須臾緩甲戌八月延邑之諳於學故精於筆札者十數人開局分纂閱一年所克有定稿余於公暇核閱刪潤又兩易稿至丙子五月始得授梓以余謭薄藉手諸君子幸獲成書敢以修廢自多乎哉分纂諸君名銜書列卷首茲紀其始事終事歲月以見

成事之難并此外之未遑修舉者尚多以志我愧

續修黃梅縣志

監定

黃州府知府英啟

主修

同知銜賞戴花翎黃梅縣知縣覃瀚元

同知銜署黃梅縣知縣袁瓚

協修

黃梅縣儒學教諭唐允恭

黃梅縣儒學訓導袁光澍

纂輯

生員宛名昌

教諭銜署枝江縣學訓導歲貢喻同模

舉人程應玉

候選詹事府主簿增貢鄧文濱

候選訓導歲貢蔣祖楨

揀選知縣舉人尤珪

廩生黃廷灼

增生帥甸

揀選知縣舉人李炳贇

生員余邦士

監梓

五品銜候選從九周德智

採訪

縣市貢生帥宗蘇　選瀘溪縣丞石廷槐

署隨州訓導龔周榦　貢生徐明照

生員余宗璽　生員吳則剛

項橋生員桂超羣　貢生湛元璧

署天門訓導湛如淵

山南巡檢石琭　生員劉光樓

張林生員鄧承恩　監生陳傑

上沿生員宛名煥　生員汪文炳

生員汪玉書　貢生黎兆煥

下新監生洪廷華　生員洪鉞

獨山監生何廷森　生員張琨

黃花房縣訓導陳汝賢　歲貢柯龍光

從九楊際清

卓壁生員潘炳璋　歲貢陳烇

張湖縣丞潘華宇　武庠劉日昇

濯港歲貢陳鼎　生員傅鳴盛

武庠瞿登甲

黃連　武庠張炳壎　　生員陳鳳誥
白湖　生員商同申　　監生張鵬程
新開　生員畢凝汾　　生員鄧錦江
恩賜副榜熊遇知
孔壠　廩生湯立德　　生員邢言枝
附貢梅周侯　　監生徐朝選
塘穴　從九嚴承澤　　生員張樹芳
謝灘　生員費光庭　　從九李琳選
楊穴　州同楊嗣綰　　生員梅南先
生員汪鳴盛

金林　生員蔣　煥　　附貢紀聲晉
什村　歲貢翟光斗　　監生余懷清
楊樹　生員錢澍溥
路途　訓導張　雲　　府經余元鐸
廩生胡同立
劉塘　縣丞吳　錦　　廩生於先甲
貢生王煥彩
元角　留隍巡檢吳　鈞　　武舉程萬里
太白　州同項于漸
郘塘　附貢胡　森　　監生王兆燃

蔡山　縣丞胡　灼　　監生周保元
訓導黃森桂　　廩生梅樹棻
茶兒　增貢商應元　　巡檢程雲錦
多雲　貢生程鵬海　　監生王作礪
考田　訓導吳　鉞　　生員李鳴鸞
小溪　生員柳邦弼　　州同胡　鉞
東山　歲貢桂鳳喈　　生員曾道鎔
生員洪定甲
壠坪　監生洪月桂　　貢生盧　敬
停前　訓導周　易　　生員李春堉

生員鄧文甲
古角　副榜何錫予　　監生王登洲
巡檢何淩雲

舊修職名

明萬歷十一年癸未

黄州府推官署黄梅縣事　曾維倫

邑人　石崑玉　汪可受　熊偉

瞿甲　魏廷宷　程夢麟

陳一經　胡思順　周鼎

魏文宣　汪美　蔣廷煒

國朝順治十七年庚子

知黄梅縣事　徐昱

儒學教諭　蕭藴樞

邑人　吴卿　洪世講　蔣文

梁憲　黄景恒　張宏綱

沈文珂　王獻臣　汪流恒

蔡雲起

乾隆二十一年丙子

黄梅縣知縣　薛乘時

邑人　余涵秀　汪振玉　趙錦堂

喻化鵠　程一飛　喻之堂

胡如炳　梅渭　吴文發

吴延齡　石廷珪　石宏毅

黄述本

乾隆五十四年己酉

黄梅縣知縣　胡紹中

凡例

一邑志明以前無考嘉靖朝陳孝廉華手輯一帙遞傳曹副使麟鈔稿未梓萬歷時署縣曾維倫成書六卷燬於兵

國朝順治庚子知縣徐昱訪得殘編於邑人吳履學博蕭蘊樞補葺潤色始有刊本仍照薛志錄其緣起如此

一薛胡兩志做史體分表志傳爲三綱既謂之縣志則表傳當統於志方合體例今分列十綱以統目曰地理志曰建置志曰賦役志曰學校志曰武備志曰職官志曰選舉志曰人物志曰藝文志曰雜志其目凡四十各以類附

一舊志秩官居前疆域城池居後選舉居前丁賦學校居後似失自然之序今按省府首邑志例從長編次

一梅邑常被水災賦額因時核減今將徵收原額逐款開載於前其核減之數則分載於支解各項（起運以下各項）之下漕糧改折新章又附載核減之下庶舊額新除本色折價按籍一一瞭然

一文廟丁祭禮節樂章及從祀賢儒小註舊志頗多簡略謹參考他縣各志具錄以昭慎重　關帝　文昌祀典亦如之又鄉飲酒禮薛志較詳於他縣緣係庠序典禮移載學校志中

一舊志驛傳營汛附公署村鎮之後而歷代兵事則無傳焉今特列武備一門具載城守塘汛民壯弓兵之數次及驛馬鋪兵類相從也又采史傳中兵事之在梅境者而附以近時之事蓋以道通八省粵捻竄擾軍興累年地方之疾苦將帥之勳績皆於是有稽焉謹而志之用覘世變

一舊志人物門類既列隱逸又列恬退二者無甚區別且查各郡邑志亦均無此名目似乎添設茲將舊列恬退者就各人行事相近酌改歸孝友義行隱逸各門其恬退名目竟行裁之

一新添篤行一門緣其人不得以文苑隱逸孝友義行專屬而篤實純樸里黨稱善又有不可泯沒者故另列篤行統詞歸美

一分類列傳各從其所重不得歧出如既列宦績不必又載文苑既列孝友不必又載義行舊志有一人而騎牆列名者殊爲不合茲祇載一途

一志與家譜不同譜敘支派必詳列子孫志則分門列傳第紀其人即間及子孫亦必實係濟美知名附載一二若無甚可否統行臚列大家援以爲例本人正自無多類及不勝其瑣是志而譜矣茲公同參酌祇一概不登庶可矯弊

一登志須憑合邑公論方爲允愜而裁筆頗難或知其人而行事不能詳悉或未能遍知其人而各處業經採送輒以

稱美不稱惡之說概之紀事者耳目有限不欲妄參已見
亦援善善從長之例增廣編載其得實與否閱者當有定
評

一人物各門業已派定刊畢復有再行送稿者其間視前刊
年代世次不免顛倒勢難翻板再編祇得以續載二字別
之一依送稿先後敘列

一列女一門所以闡揚貞節不可遺亦不可濫乃自順治庚
子至乾隆己酉一百三十年入志者五百名自乾隆己酉
迄今八十餘年入志者二千餘名似乎過多然此事全繫
採訪採訪耳目較近必有審核的實始行送局者茲一遵
各人呈稿登載

一自軍興以來遇賊殉難男婦及籌辦軍需保舉議敘者所
在多人各邑志均從寬登載所以示獎厲也茲亦從同

一舊志詩文散見於各門類繁重雜沓殊難查閱茲併歸藝
文一途先文後詩文分疏記序傳編次詩分古近體編次
庶便覽觀

一舊志載撰著書目惟瞿氏父子最多餘亦無幾瞿書俱見
各本傳其他一二種者亦均於傳尾附載可不另錄至
國朝邑人撰著除一二著名業經梓行外其云著有某某
者多未經詳核不能憑虛臆載茲公同參定書目不列

縣境全圖

黃梅縣志
望江山
唐家山
頓旗山
福主廟
多雲鎮
商家河
白蓮峯
五祖寺
東山鎮
天衢山
大坪山
小坪山
南山寺
北山寺
古角山
古角鎮
停前鎮
忠節祠
龍錫橋
宿松縣界
界山
三衢鋪
两河口
土橋鋪
茅栗山
張林鎮
卓壁寺
踏石澗
卓壁鎮
項橋鎮
柘林鋪
悠悠河
夏家河
縣
黃婆嶺
濯港閘
鐵爐冲
古礫山
放馬廠
獨山鎮
紫虛觀
黎家嶺
小南橋
青石板橋
馬鈴橋
馬鞍山
雞公廟
飛鳳山
黎家渡口
黃花鎮
楓樹嶺
馬頭山
亭子口
香爐山
香炉山
黃荆菴
筆架山
源湖
龍骨井渡
樟樹嘴
東觀嘴
上沿鎮
祿馬山
李家圩
馬立尖
下新鎮
文昌閣
塔湖港
楊穴鎮
蝦窑
江堤
感湖
關帝廟
一

蘄州界
一尖
双峯尖
大焰尖
土坡
紫雲山
老祖寺
四祖寺
大洋廟
黄龄洞
梅水山
高山寺
考田山
挪步園
程界嶺
龍坪鎮
白馬寺
考田鎮
廣福山
小溪鎮
渡河橋
多雲山
元甫鎮
大河鋪
王家河
楊梅嶺
什村廟
後山鋪
楊樹鎮
廣濟縣界
什村鎮
瓦市山
双嶺崗
十里鋪
赤土坡
上山橋
武當宮
西池塘
路途鎮
路頭山
濯港鎮
花園山
刘塘鎮
穀塘橋
東禪寺
市鎮
舒城山
粉壁山
金林鎮
雌母墩
演武場
太白鎮
楊柳湖
桂家圩
白湖渡鎮
福盆山
張湖鎮
太白湖
五祖圩
渡橋
蔡山鎮
段塘鎮
白湖
掘茶山
張家店
魁星樓
關帝廟
陳家圩
項家圩
巴茅山
文昌閣
潘心圩
王家大圩
孔壠鎮
段家圩
陳池湖
南山
南山鎮
新開鎮
邢家港
周家圩
葉家圩
九房圩
汪家圩
黄連鎮
邢家圩
嚴家閘
夾板溝
刘家圩
趙家嘴
魯王山
柴池湖
德化縣界
曾家埧
清江鎮
謝灘鎮

邑界楚皖豫章之間周環三百里以衛
要稱境内有梅山命名以此南瞰諸湖大江
自西來在諸湖外中亘以隄使湖水由皖
境達江湲其勢以衛田廬也登城東北
望高岡峻嶺錯列於其際自老祖以下
代有道場士棠古風民多好善鄂疆東
南之勝境以梅邑爲家

山圖

望家山
唐家山
白蓮峯
天衢山
大坪山
小坪山
迴旆山
頡旗山
五祖寺
南山
古角山
烏赤尖
龍坪山
東山
北山
宿邑界山
北止山
茅栗山
縣
舖石澗
卓壁山
黄婆嶺
鐵爐山
古碌山
獨山
黎家嶺
雞鳴山
馬鞍山
紫竹山
飛鳳山
亭子山
筆架山
黄花山
楓樹嶺
黄荆山
猴頭山
樟樹嘴
香爐山
東觀山
祿馬山
源湖
感湖
涉湖
江堤
焦墩
鷩湖墩

双峯尖
一尖
火焰尖
土坡山
紫雲山
廣濟界
四祖寺
大洋廟
黃嶺洞
多雲山
高山寺
破額山
石牌
白馬寺
小溪山
廣福山
瑤鳳山
獅子山
楊梅嶺
龍頭山
後山
北印嶺
丸市山
赤土坡
路頭山
安德山
舒城山
粉壁山
治
花園山
沙羅嘴
離母墩
福盆山
掘茶山
巴茅山
太白湖
陳池湖
楊柳湖
蔡山
馬頭山
七里湖
邢家港
趙家嘴
德化界
嚴家閘
柴池湖

中條之山自太華發源其中為
天柱左轉至楚皖接壤處入黃
梅境此支脈之雄厚者山氣靜
遠佛氏之徒每說法於晉唐
以來遞傳衣鉢至今登四祖五
祖諸山與隔江之匡廬對峙荆
關後作當繼繪其勝

水

圖

龍坪發源
白蓮峰發源
南山發源
北山發源
古角山發源
五祖
渡河橋
三衢鋪
龍錫橋
停前驛
兩河口
土橋鋪
界嶺發源
沙河橋
柘林鋪
縣
悠悠河
卓壁
夏家河
閻家溝
小南橋
獨山橋
青石橋
黃花港
馬頭橋
龍骨井渡
後源湖
前源湖
文昌閣
塔湖港
下港
關帝廟
感湖
涉湖
楊穴鎮
堰窯
江堤

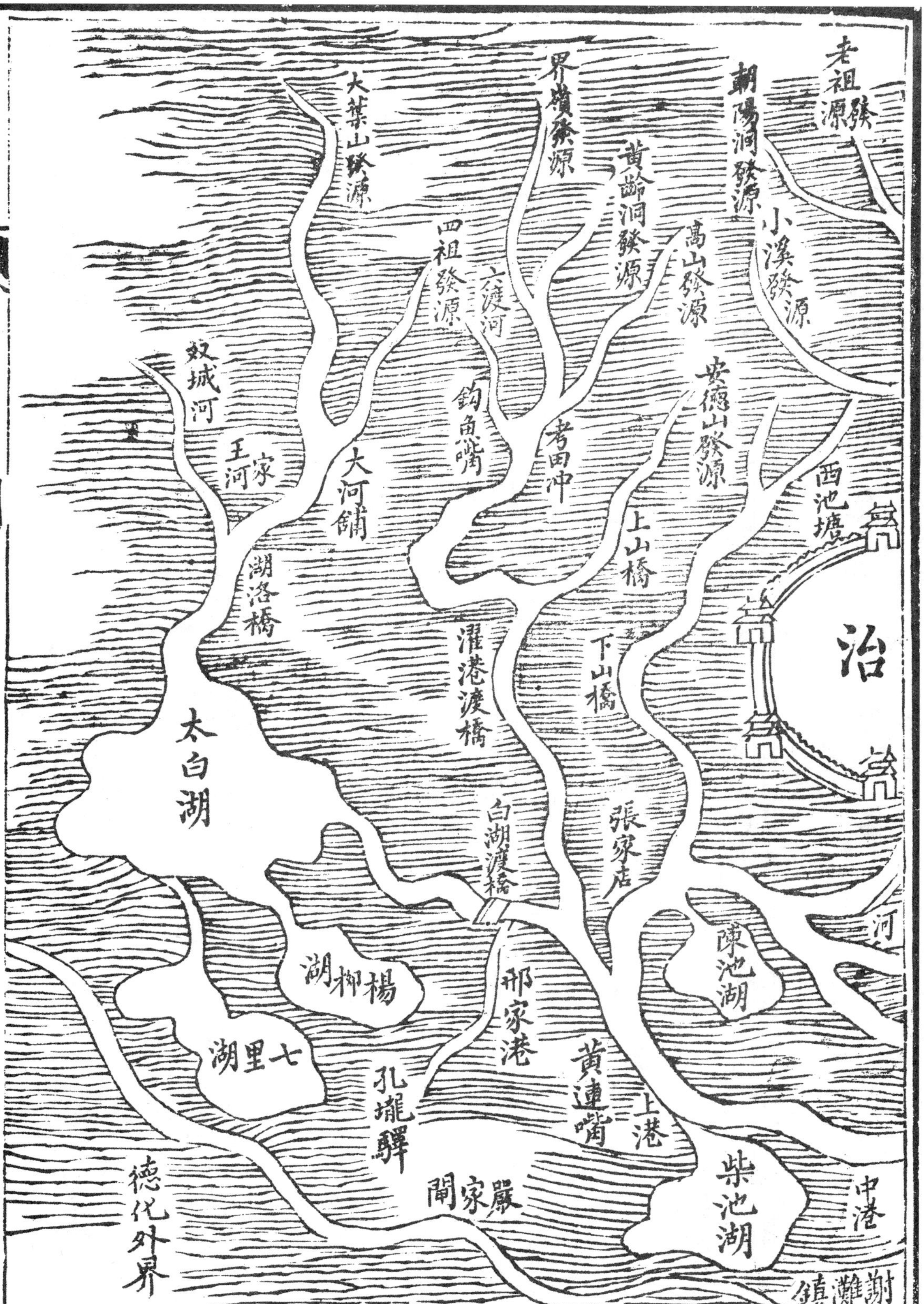
老祖發源
朝陽洞發源
界嶺發源
大葉山發源
四祖發源
高山發源
小溪發源
鈎魚嘴
考田冲
西池塘
治
王家河
大河舖
湖洛橋
上山橋
下山橋
濯港渡橋
太白湖
白湖渡橋
張家店
陳池湖
河
楊柳湖
邢家港
七里湖
孔壠驛
黃連嘴
上港
柴池湖
中港
嚴家閘
德化外界

沮漳非大水而列於四望
以與郢都近故盛稱之梅邑
諸水多大於沮漳者洵而達
爲河所滙爲湖則合蘄
廣之水迤東入於江脈絡分
明環注四境舟楫賴以通
田園亦資以溉云

縣治全圖

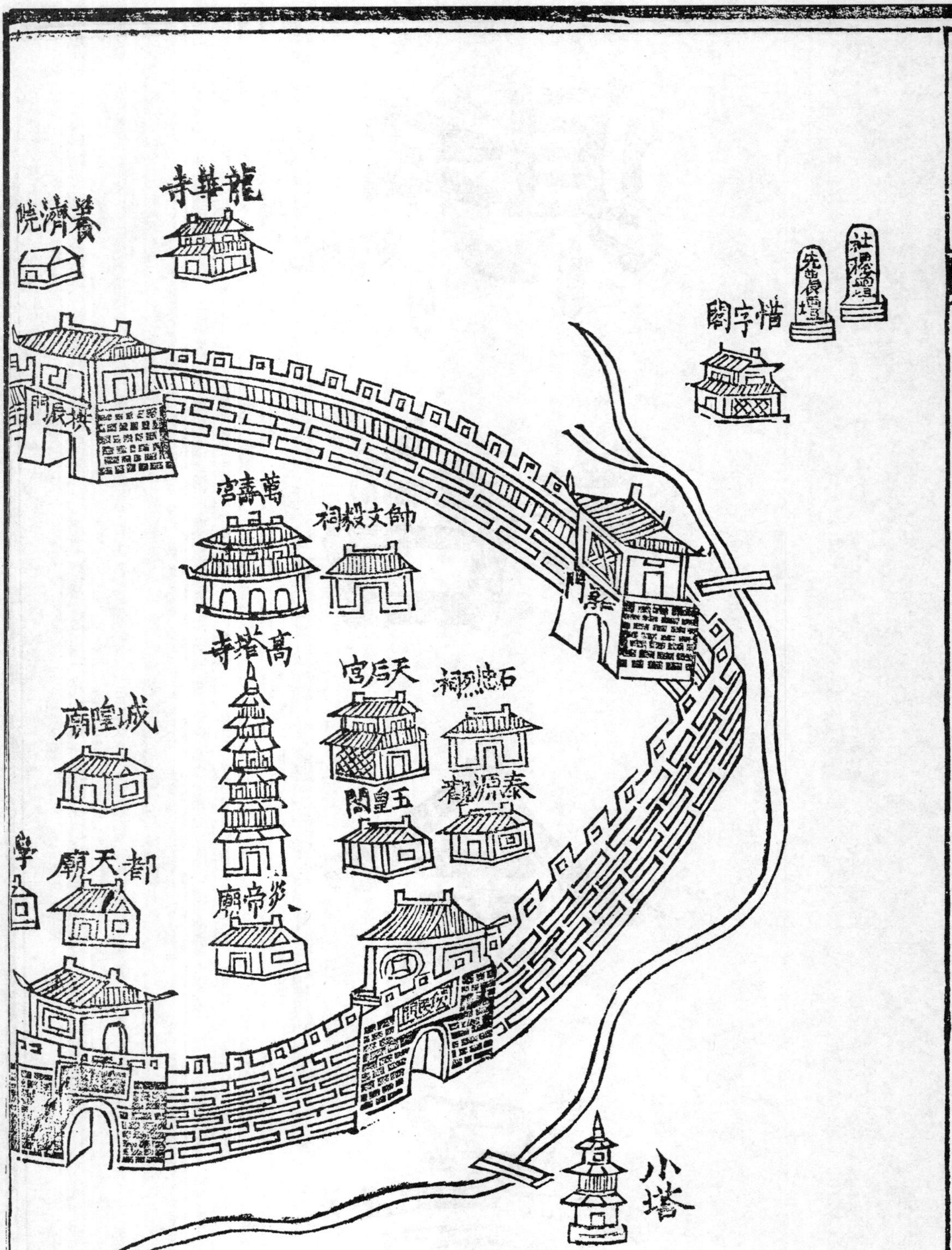

龍華寺
養濟院
社稷壇
先農壇
惜字閣
拱辰門
萬壽宮
帥文毅祠
高塔寺
天后宮
石忠烈祠
城隍廟
玉皇閣
泰源觀
都天廟
學
炎帝廟
小塔

黄梅縣志　卷首　七

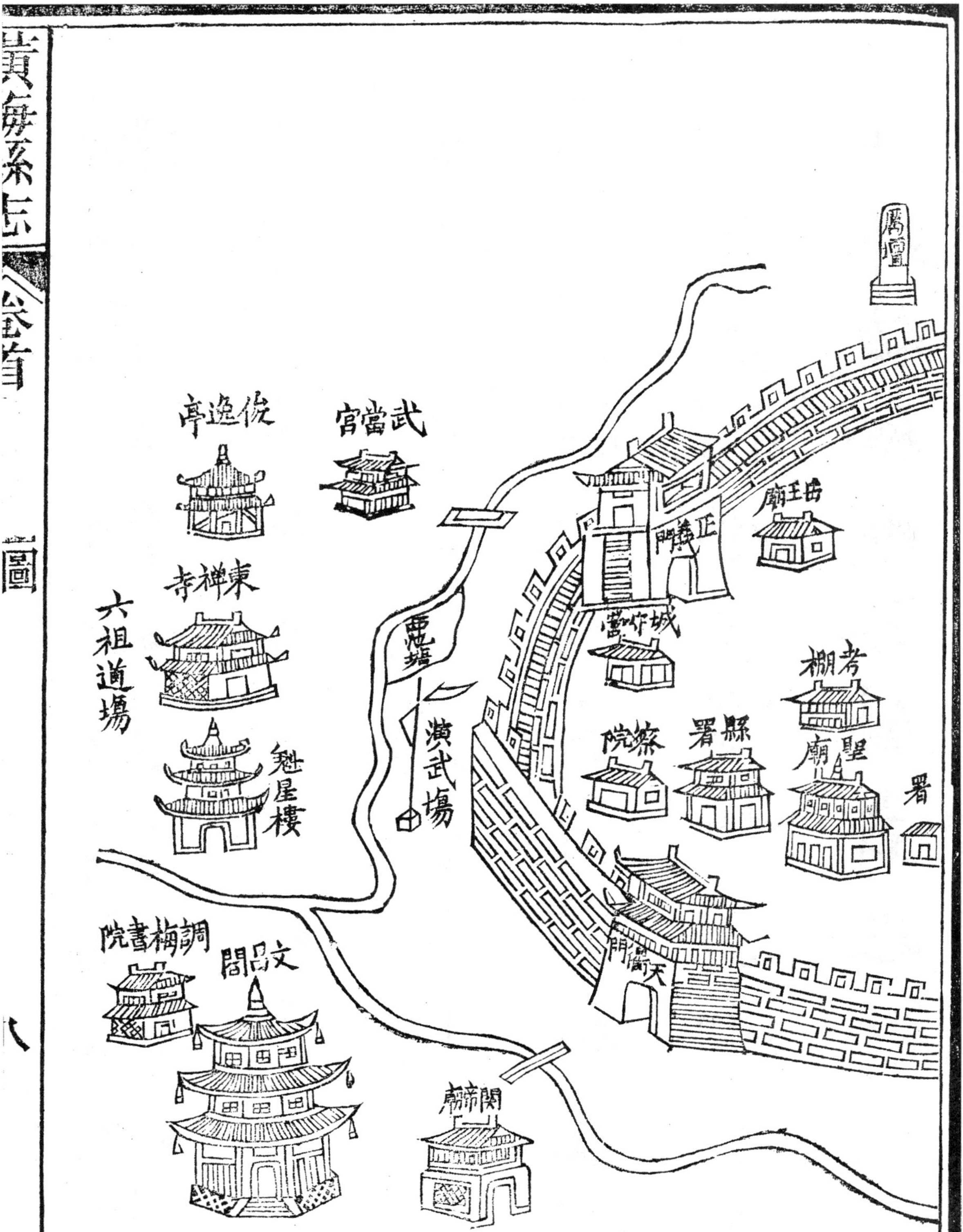
黃梅縣志
卷首
圖
厲壇
倚逸亭
武當宮
東禪寺
六祖道場
魁星樓
演武場
正陽門
岳王廟
城隍廟
考棚
縣署
察院
聖廟
署
天衢門
調梅書院
文昌閣
關帝廟

析一邑之鄉以爲鎮凡三十有六水陸之地均而築城於中滘居中馭外之象焉兵燹頻年間有廢址頹堞垣新葺壇廟交輝往蹟湮傳歷歷可指訪古者於此輒低徊而不能去也

學宮全圖

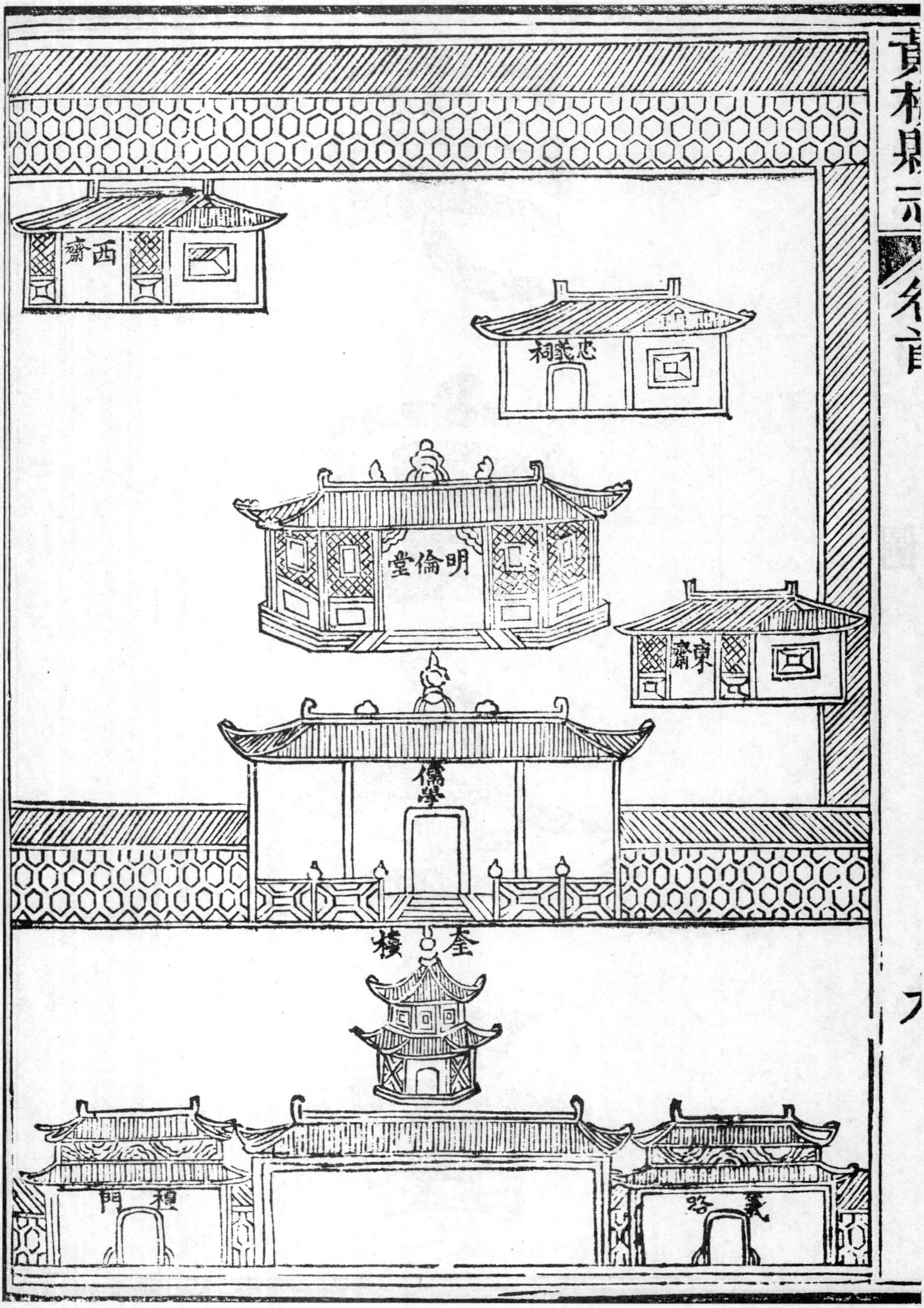
西齋
忠義祠
明倫堂
東齋
儒學
奎樓
禮門
義路

崇聖祠
大成殿
鄉賢祠
大成門
名宦祠
泮池
櫺星門
照牆

丙子仲春率新進弟子負謁
至聖拜學師循泮而行者三相與觀
廟庭之所有祠宇旁列老樹蔭門
邊互圖書古香滿室東西官廨中
書聲互答昕夕不稍輟宮牆與縣署
毗接官斯土者近聖人居嘗求所以
異於俗吏者歟

關聖廟圖

後樓
啟聖
大
大

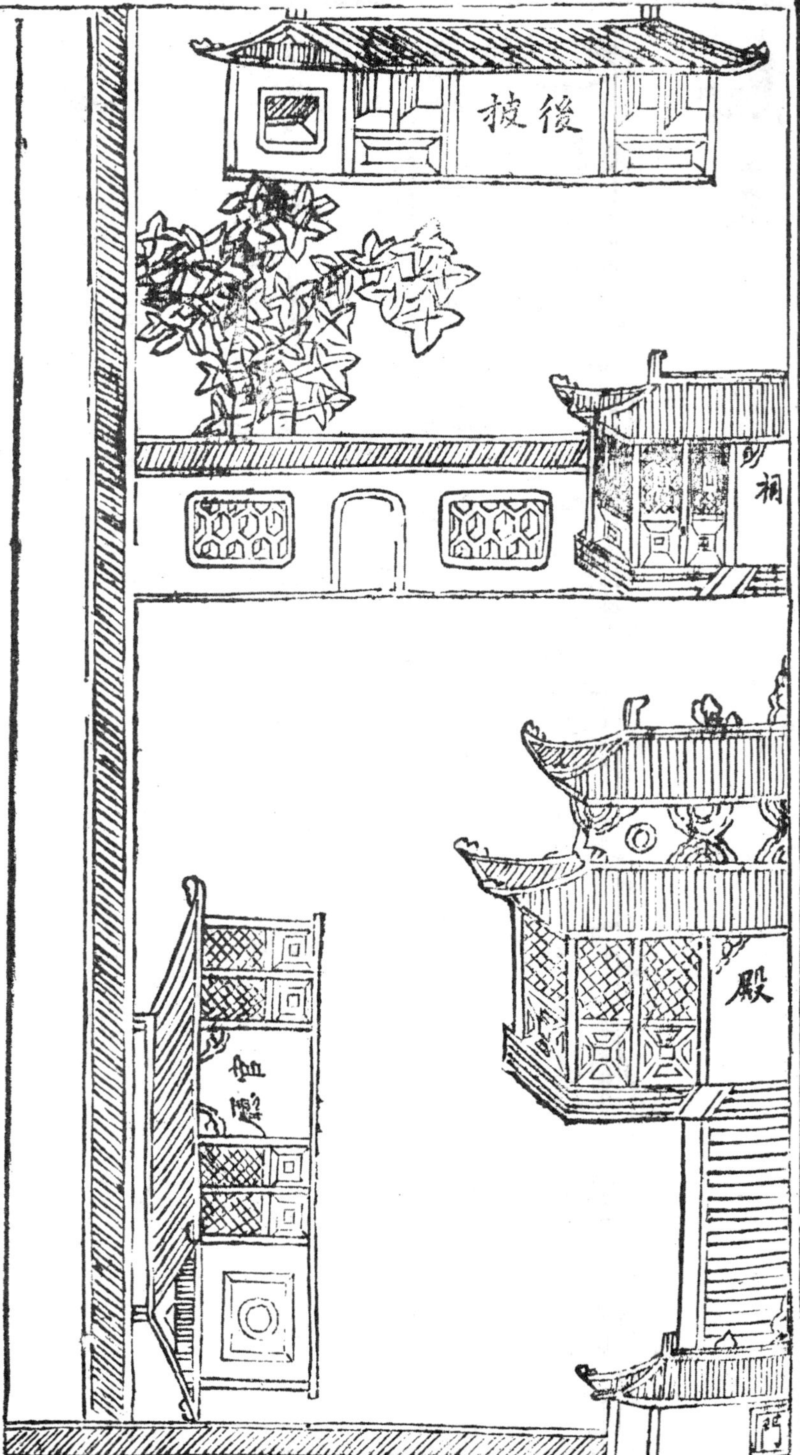
後披
祠
殿
門

壯繆立千古臣道之極累封至
國朝益崇祀典歲凡三大祭月之
朔望文武職官咸拈香詣拜昭誠
敬也梅邑武聖廟在城外二里許水
光林影環繞殿墀雖未及當陽陵寢
之壯麗而大義凜然入廟者靡弗屏
息云

文昌閣圖

黃梅縣志 卷首

三

大殿
文昌閣

帝君以天星爲明神祀事與文武聖
相埒城之西南隅擇地建閣比年又
葺而新之氣象巍煥高聳入雲俯
瞰諸祠壇若上方之視下界每清風徐
至鈴語丁東讀書其中與城市囂
塵判然隔絕邑多知名士宜科第
之接踵而起也

考棚圖

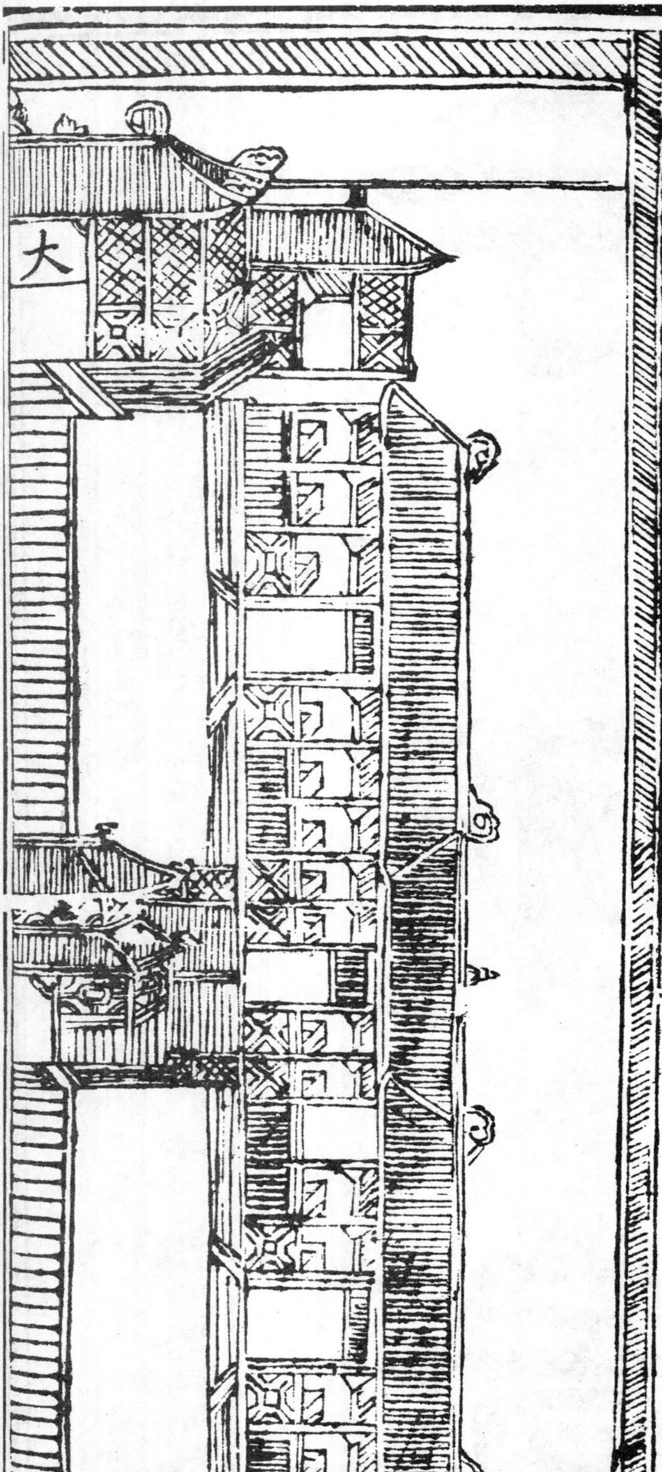

大

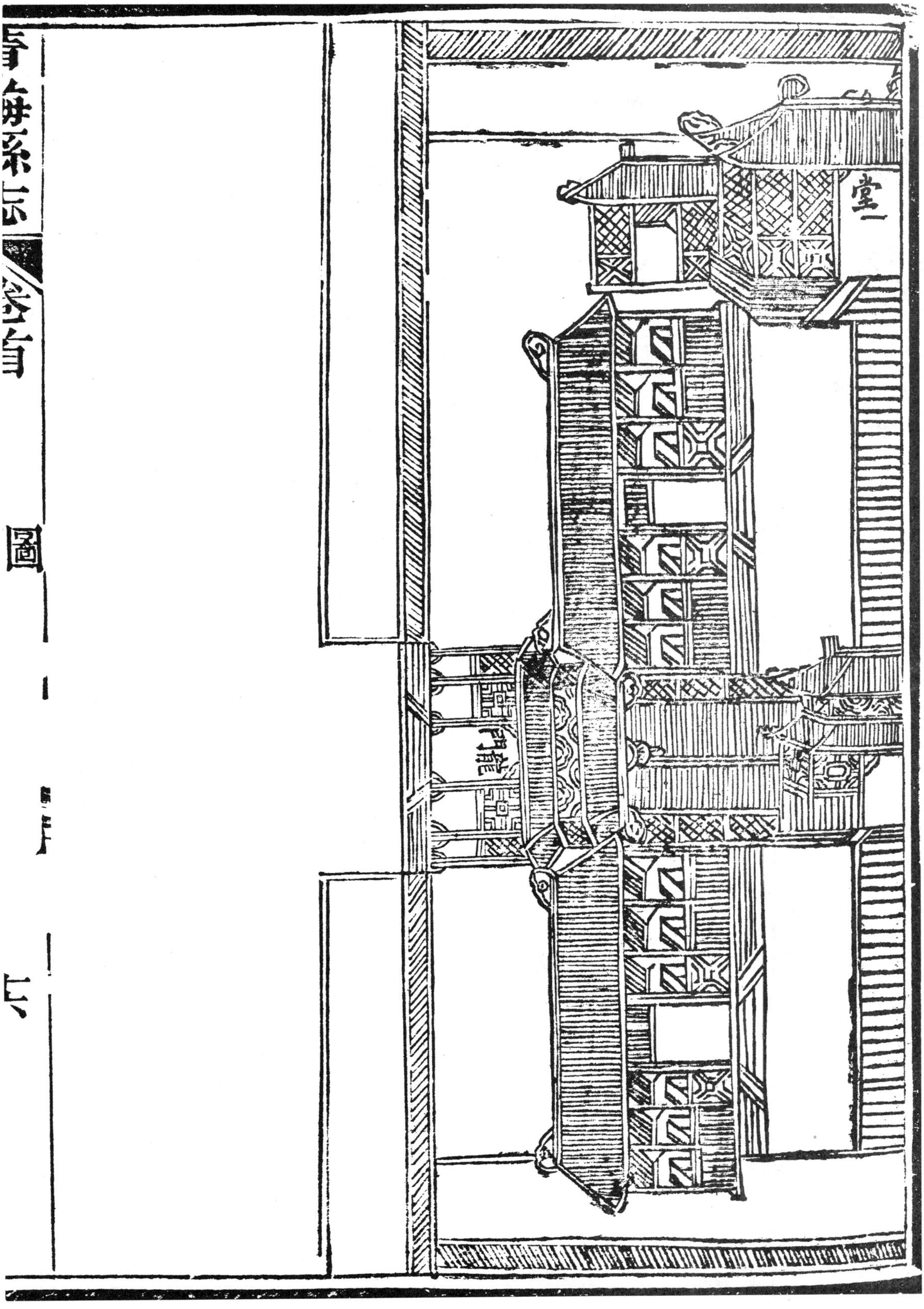
堂
龍門
圖

梅邑無考棚每縣試時縛蘆席為屋童子二千人携筆硯債几案錯列其間無尺寸隙地偶值風雨則漏滴四注應試者覓避匿所不可得譁然袖卷出自縣令覃君倡捐建廣廈考政乃肅

縣署圖

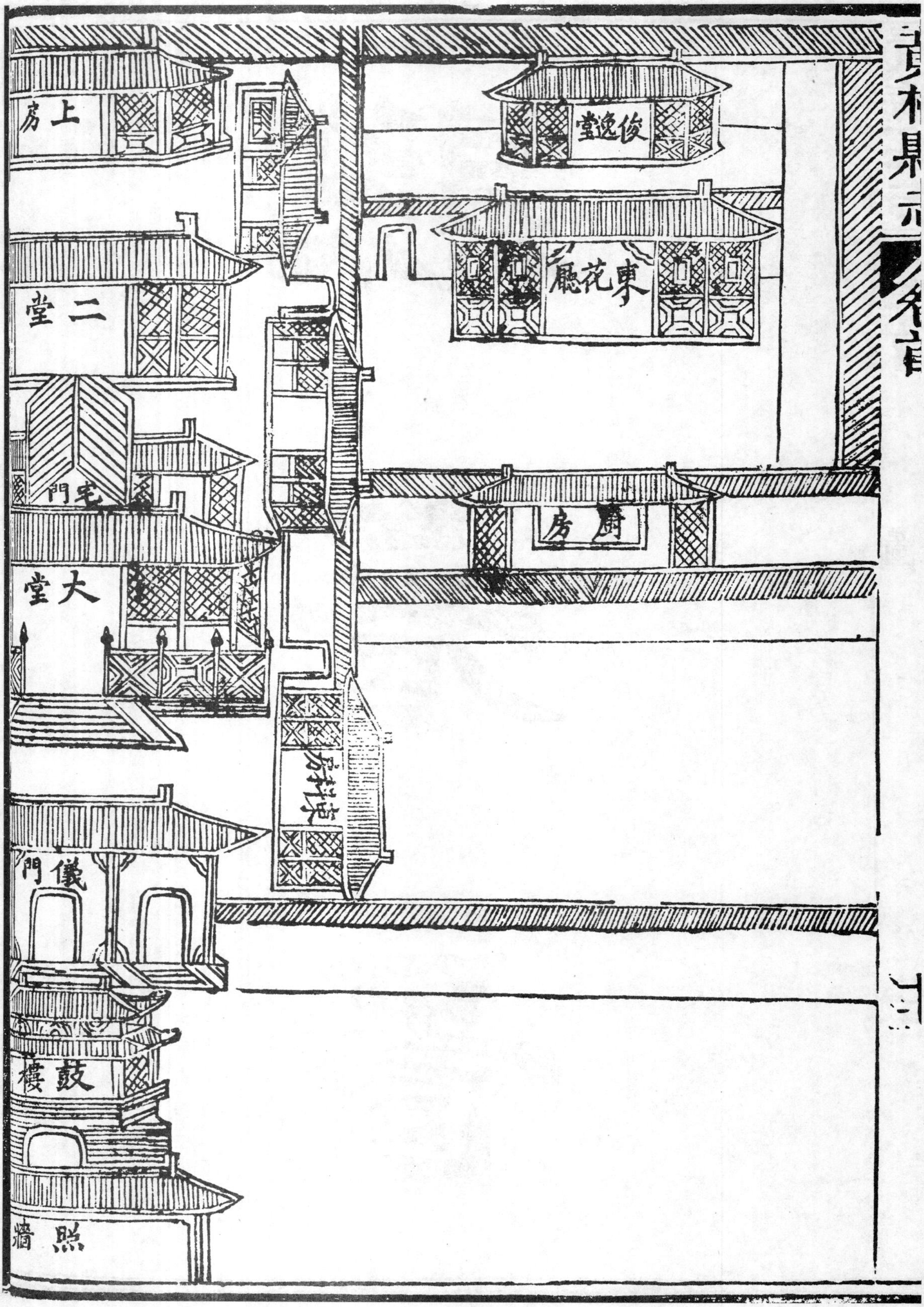
俊逸堂
東花廳
廚房
上房
二堂
宅門
大堂
東科房
儀門
鼓樓
照牆

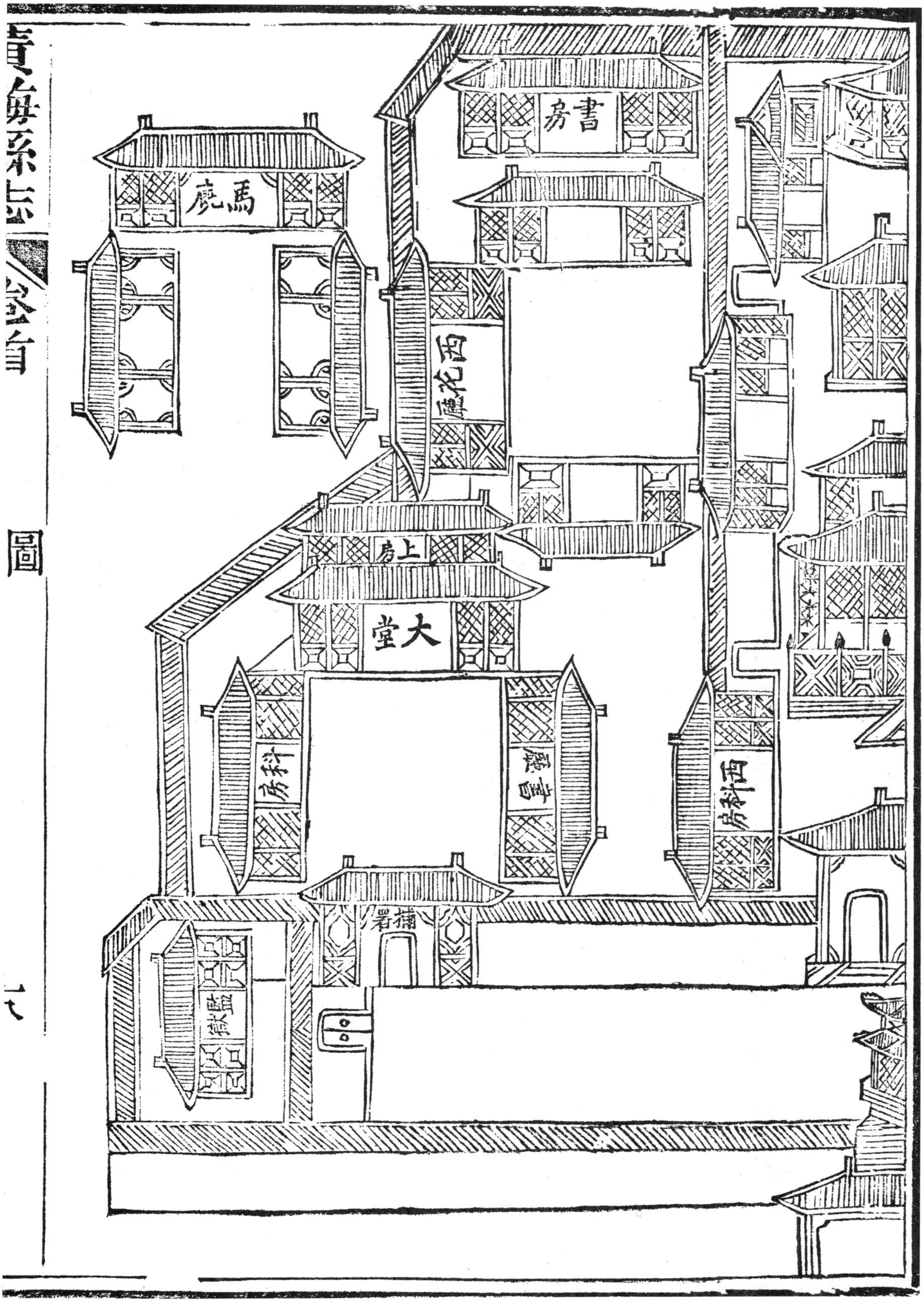
圖
書房
馬廄
西花廳
上房
大堂
科房
西科房
捕署
監獄

城之西南隅地冢高相傳為鮑參軍故宅營縣署於其地由来久矣咸豐初燬於賊十餘年来賃民居為公廨光緒紀元始鳩庀以復其舊後枕羣山前瞰流水不必泥形家言而規度地勢固應在是

重修縣志　卷首　圖　十七

東山圖

黄梅縣志　卷首

花橋

出城東北行歷二十餘里有岐嶺為五祖道場琳宮紺宇夕梵晨鐘循坡而登如入佛界山半有飛瀑山巔有小池作樹周環蔚藍深秀香火盛時鄰境士民有兼程至者

西山告

三

明月橋
文殊閣
毗盧塔

四祖説法在五祖前地名破額山柳河東堂有詩紀之詩稱碧玉流即山所出泉也十年用兵以來廟宇傾圮不及東山之完美然攀藤而上至寂高處日近檐頭雲生屨下衆山皆若培塿然

袁瓚識

黃梅縣志目錄

黃梅縣志卷一

地理志

星野

天道雖遠星垂象焉撒沙之繁璣曜珠聯天人感召夫豈偶然梅於星野不彌一度山川紛繆經緯參互躔次推求終鮮依據然而景星慶雲遐邇仰觀藐茲百里上隸三垣旅陳典籍匪術家言志星野

史記天官書丙丁江淮海也戊己中州河濟也庚辛華山以西壬癸恆山以北梅隸淮南道十干方位當屬丙丁

唐書牛女吳越分牛女者丑也正義並云丑爲吳越分十二支方位梅當屬丑

周禮春官保章氏以星土辨九州之地鄭氏註云星土星所主之土星紀吳也十二次分野梅屬星紀

帝王世紀云自天地設闢未有經界之制諸子稱神農之王天下也地東西九十萬里南北八十五萬里及黃帝受命始作舟車濟不通乃推分星次自斗十一度至婺女一名須女七度曰星紀之次于辰在丑係吳越分野梅爲揚州之域應屬吳越二十八宿分野梅當屬斗

按揚州主斗牛荆州主翼軫梅爲蘄春郡隸古揚州之域爲斗宿詳楚地照爛山漢水之陰趨光化穀城棗陽折而隨州

抵應山於漢爲南陽郡接張十七度終入翼凡六度自襄陽宜城南漳歷荆州安陸二府西盡三峽東盡天門析以岳之華容東境皆古南郡地凡入翼十度沿漢川漢陽逾武昌樊口入黃州括二郡境以至德安之安陸雲夢應城孝感其地爲江夏郡入翼十二度由興國以南蘄州以北濱彭蠡廬江於域爲揚州蓋翼之十二度終而斗之度始入焉黃州一府似應劃蘄州廣濟黃梅三處入古揚州梅之接壤西南德化東南宿松皆與蘄廣地勢犬牙同爲吳越舊地潛確類書皆主斗宿並屬星紀之次逈考梅於秦爲九江郡入斗一度德化於漢號柴桑爲豫章郡入斗十度宿松於漢號松滋爲廬江郡入斗六度舊志梅占鶉尾之次翼軫之間蓋本晉書自張十七度至軫十一度鶉尾之次爲楚分野之文既毘連兩邑俱入斗梅似不應獨入翼不知梅乃近代轄黃而古隸揚州歷考天文各志及散見他書斗牛爲吳越分野並無異詞主翼之說似未確

黃梅縣志卷二

地理志

沿革

封建既革郡邑沿稱往往今治半襲古名梅在虞夏揚州之域秦漢而還州郡屢易至於稱蔡以產稱梅以材近於傅會頗難言之堪輿無垠經界有定援古證今斯爲形勝志沿革

唐虞三代屬揚州　戰國時屬楚

秦始皇分天下爲三十六郡屬九江郡

漢爲尋陽縣屬廬江郡

尋陽記今蘄州界古蘭池城亦謂之尋水城卽漢尋陽縣通典尋陽舊縣在江北蘄春界今黃州府黃梅縣東北尋陽故城是也故城今不可考湖北通志漢置尋陽縣卽今黃梅屬廬江郡案舊志統言蘄春未曾區別今從通志改正

後漢因之

三國吳地屬蘄春郡

晉太康元年屬武昌郡二年仍屬廬江郡永興初徙尋陽於江南柴桑遂爲蘄春縣地孝武太元時改蘄春爲蘄陽縣於九江王英布舊城立南新蔡郡以蘄陽縣隸焉此地名新蔡之始

劉宋屬西陽郡隸郢州齊永明四年改蘄陽縣爲齊昌並析

置汞興縣（卽今黃梅地）設齊昌郡以領之隸豫州梁以齊昌郡立北江州高齊廢南新蔡郡改北江州爲羅州陳因之後周始改羅州爲蘄州（府志）

隋開皇初改永興爲新蔡縣十八年改曰黃梅縣屬蘄州此縣名黃梅之始大業初改蘄州爲蘄春郡郡五縣曰蘄春浠水蘄水黃梅羅田　文獻通考黃梅隋縣有黃梅水故名

唐武德四年以縣置南晉州析義豐長吉塘陽新蔡四縣八年州廢省四縣仍以黃梅屬蘄州

宋分天下爲十五路黃梅屬淮西西路

元建中書省十二轄天下州郡黃梅屬蘄州路隸河南江北行省

明改蘄州爲府領蘄春蘄水黃梅廣濟羅田五縣洪武九年降府爲州罷蘄春撥蘄水羅田屬黃州府仍以蘄州領黃梅廣濟隸湖廣行省布政使司

國朝初黃梅猶屬蘄州後以州並所領縣統屬黃州府隸湖廣省布政使司

薛志云按舊志虞夏屬揚州域名新蔡縣小註云以蔡名者緣地產大龜九江納錫大龜蓋在於此夫禹貢九江係荆州地非揚州域此說蕭蘊樞曾辨之而未盡也無論緣龜名蔡誤荆爲揚之說附會訛傳卽以新蔡縣論虞夏之時尙未得縣何自而名新蔡且周成王封蔡仲於蔡始有蔡國左傳註云蔡在淮汝間地理志有新蔡上蔡下蔡是其地也隸豫州域非梅封境郡稱新蔡自晉得名改新蔡爲縣則在隋開皇間舊志之沿譌不足信矣

地理通釋朱文公曰漢九江郡本治江北後以江北之尋陽幷柴桑而立郡又自江北徙治江南故江南得有尋陽之名陳詩輯湖北通志於廣濟云漢蘄春尋陽二縣地於黃梅云漢置尋陽縣後漢因之晉永興初徙尋陽於江南之柴桑而江北之尋陽遂爲蘄春縣地舊名漸湮矣今人

但知梅邑曾屬九江郡而不知實爲尋陽縣也潯本作尋後人加水（節錄考田詩話）

黄梅縣志卷三

地理志

疆域

憬彼楚東雄藩畫疆毗連三省鄂皖豫章壤錯犬牙鞭臨馬腹四鄙是保四鄰斯睦枕山跨嶺襟江帶湖川原寥廓城市田廬雖曰邊陲亦云險阻水陸通衢愼玆門戶志疆域

梅在黄州之東廣五十五里袤一百七十里東至江南宿松縣二十五里雙墩爲界至宿松縣治三十五里西至廣濟縣三十里雙城驛河爲界至廣濟縣治九十里南至江西九江府一百里大江爲界至九江府治一百一十里北至蘄州唐

家山七十里爲界至蘄州治二百四十里東北至廻旆嶺宿松界四十里東南至宿松鴿鷀嘴界六十里西北至中峯山廣濟界五十里西南至廣濟壠坪鎭界九十里西至蘄州陸路一百六十里水路二百一十里西至黄州府陸路三百五十里水路三百九十里西至武昌會城陸路五百一十里水路五百七十里東至江甯陸路一千里水路一千里東至京師陸路二千八百里西至京師陸路三千二百里水路三千五百里按梅於天下爲撮土以一縣廣袤計之東西稍狭南北較長則古侯國之地域民而居飲食教誨自成風氣習氏曰各在其地者有自然之限隔邊境小民各隨水土語音聲音爲之不同以是知古人之畫疆分界非用其私智也

附形勝論

立國者爭勝於無形亦爭勝於有形以無形立其體而以有形爲之用方面之環拱遠近之捍徹內外之控馭相時而理各擇所要其形勝之謂乎梅居楚尾爲全省門戶地當孔道往來絡繹北走京華南馳百粤跨吳會於下游聯豫皖以接軫舟車輻輳豈非四通之境八達之衢哉此大勢也以接壤言之地各犬牙互錯譬之於身此爲腹中潛皖頭顱蘄廣肘腋伸足南向則潯陽匡廬山水環抱亦足雄視一方矣然猶外藏耳其在內地火燄諸峯從英霍盤礴而來爲邑鎭山由

妙高下排子融結縣治左右各抽數大支羅列起伏萬疊層巒凡水皆東流而隨龍之水獨西流四十里折而南下大江汪汪自鄂渚直走數百里襟帶於外所謂長江天塹不可飛而渡也中函太白陶水之險波濤浩渺源感涉三湖爲之尾閭洵哉吳楚之奥區荆揚之咽喉舊志謂東通佛坐嶺是爲東隘西通雙城驛是爲西隘淸江鎭是爲南隘楊子九門山是爲北隘停前驛是爲東北隘壠坪保賽廟是爲西南隘涉湖口段姚（俗作窰）是爲東南隘考田四渡河嶺脊是爲西北隘此恐不足盡其要害也形勢所在必周覽重地所係考古昔成敗得失之由審其緩急布算指畫以成保障如梅在唐時

李希烈兵至蔡山謂險不可攻蓋江爲之阻也王仙芝竄梅
曾元裕破之古角山迴旆嶺是其擒縛處以此觀之西南之
險在江胥小出沒守江則梅可守矣東北負山爲固跳梁者
旋見撲滅在昔已有成效而唐家山第一要地背蘄面黃路
徑斗仄一夫當關萬人莫上有志者未雨而綢繆之斯得王
公設險之道也與

黃梅縣志卷四

地理志

山川

大清會典載老寺山古角太白河繞湖環山重水複建置彈丸聚
米可爲杭葦可渡蘊玉懷珠秀靈布濩卓立城闉豁然四顧
舟車所達百里有奇延緣岡阜旁及渚池鉅細畢載流覽無
遺志山川

諸山

卓壁山縣東十五里

茅栗山縣東十五里

古禒山縣東二十里山分上中下重岡複嶺與停前驛諸山
相連絡

馬頭山縣東南三里山勢昂如馬首稍上曰熊家山稍北曰
龍泉山曰踏石山石上有虎跡視之宛然

筆架山縣東南十里連起數峰參差如筆架其旁爲香爐山
德章山舊有廣巖二大師及清身道者眞身在焉今無考

馬鞍山縣東南十里相傳山頂有天窗洞其委通源湖見撫
閭旁有蕭山地遠塵囂頗稱幽邃

獨山縣東南二十里旁有小木嶺大木嶺山

東觀山縣東南三十里聳立湖邊邑中諸水繞之以達於江

閟宮山縣東北二里一曰東嶽山

石門山縣東北十里

多雲山縣東北十五里爲流支禪師道場山頂常有雲氣旱時土人候爲雨徵

烏牙山縣東北二十里

東山一曰馮茂山縣東北二十五里爲大滿禪師道場山頂有白蓮峯洗手池山腰有講經臺闘法洞皆五祖遺蹟有記見藝文

龍坪山縣東北五十里深入爲唐家山與蘄州接界

獅子山縣東北五十里

南山縣東北六十里爲圓證祖師道場山半有千仞石壁鐫金剛經一部於上今爲苔封不可識

北山縣東北六十里爲無迹祖師道場與南山頂背相依晨鐘暮鼓互爲響應故有南山煮火北山煙之語

鼓角山縣東北七十里山勢迢遞起伏無端遥望修篁倚石老榦臥雲百丈飛泉從山腰瀉入澗中清流見底寒光逼人鼓一作古

天衢山縣東北七十里山徑紆仄至頂平曠如衢傍有大坪小坪石壁嶙峋高踞衆山之巔延袤至迴旆嶺則委蛇環抱勢如展旗過此爲宿松界有記見藝文

桐油山縣南三里

金牛山縣南八里附近者爲天馬山團山炊瓶山龜山雙尖山鵓子山諸峯林立勢極縱横

茅屏山縣南十里

上新山縣南二十里

下新山縣南二十里

蔡山縣南七十里相傳古大江經其下石崖纜迹猶存上有龍王廟峯頂寺今俱廢下有義門齊國夫人墓

赤土坡縣西三里

毛光山縣西七里稍前爲金鐘山

瓦石山縣西十五里漢黥布所築東西二城在內

西山一曰破額山縣西三十里爲大醫禪師道場山形迴抱如螺絕頂雙峰屹立縹緲霄漢間前有瑤鳳山獅子山大葉山勢甚磅礴備極巖岫之奇他如受法洞卓錫泉洗筆池石魚磯古蹟甚多

黃梅山縣西四十里山多梅樹相傳邑之取名以此

路頭山縣西南十里稍右曰福盤山

掘茶山縣西南十五里

焦墩山縣西南二十里

舒城山縣西南三十里在太白湖中四面皆水明邑人黃景

恆胡君孚吳之棟等避兵於其上

遊螺墩縣西南三十里狀如覆釜每於雨暗霧蒙時望之若浮於湖中上有邑贈君黃見溪墓

沙羅嵜縣西南四十里

粉壁山縣西北十里山形壁立石色如粉又五里爲安德山

考田山縣西北三十里自楊梅嶺入其西爲大竹山小竹山

高山縣西北三十里爲静鑑祖師道場

石牌山縣西北三十五里深入爲三十六水一水迴環三十六度斜遶諸山而出其下爲宋公飛仙臺內有黃齡洞即宋公修煉處稍右曰中峰山

北邙山縣北里許山頂平正如玉枕爲縣治來脈其上爲鳳臺山相傳羅致福真人昇仙於此明志云爲縣龍腦氣不可輕有豎造居葬山頂及掘取赤土致傷來脈永宜禁止舊有昭王廟不置鐘聽圯不修及城內北門街正街轂隮尸縣龍過脈禁立廟宇

七嶺岡縣北七里分七支而行其上爲菩提廣福山後爲黎曬山稍轉爲轂犄山爲台望山右曰汪山口曰卓壁嶺曰佛坐嶺

豹兒山縣北二十里東抵赤壁號曰小溪山內有梅師嶺峯石洞洞頗幽邃堪供遊賞

程晃嶺縣北二十五里

將軍山縣北三十里

上寺山縣北四十里

梅水山縣北五十里山分上中下層疊如波

紫雲山縣北七十里爲老祖道場疊峯壁立其巔寬平墾田數十畝中有出木池出米石前有噴雪巖迤西六七里有白雲洞火焰尖石壁嶙峋下臨絕淵

諸水

縣河發源於小溪山三了嶺經多雲山下過陶家鋪河至沙河會諸水於鐵墦口合流今築鐵墦口獨小溪山一水從縣河出其東北一帶環城之水俱由東關蘆花橋與縣河合迴抱縣城斜轉向西曲折而下迅流奔注至黃連嘴入大港匯張家湖

按前明舊志縣河之水當縣衙儒學之前臨堂反跳與堪輿不協嘉靖間縣令梁廉買居民徐華等地開濬新河纏繞縣學二基與射圃水合循演武亭夫後河道淤塞水從段家洲南邊直出乾隆七年知縣邵豐鍭聚邑中紳士議上築鐵墦口俾外流不侵內河下築段家洲南邊河口諺云生起段家洲科甲滿街遊擁演武亭側古河繞縣衙儒學之右又建文昌閣於水口雖用形家言亦河流故道如此也

東河一發源於唐家山龍坪山麓下隆斗河經下橋河至兩河口合流　一發源於古角山經停前驛河至兩河口泛

柘林鋪下鐵塘口　一發源於茅菓山下安亭港出悠悠河至龍泉山與大河口合三河共爲一河從鐵塘口北注縣河今築鐵塘口與縣河遂分自鐵塘口下復分爲二一爲殷家河謂之中河至卓岸與縣河合　一爲馬頭橋河謂之南河至黃蓮觜之上與縣河合匯張家湖

西池發源於茅溝沖轉和尚橋塥經王家橋塥下西池塘穿射壇橋西流出卜家橋會縣大河

西河一發源於王正叕小沖轉余曇嶺下黃金塥至徐伯全河度下山橋更合上山橋水出郭塘橋入團魚汊匯張家湖　一發源於安德山經什村廟燕支坂楊水橋漆木港

入大河下濯港　一發源於青草太平六渡河經考田沖下大河鋪至白花坂分流爲二其西流者入長安湖其東流者下桂家賽入濯港　一發源於大葉山經雙城小河斜下龍頭山河至舒城山入太白湖

按邑中諸水西河或入太白湖由白湖渡出或由濯港出至黃蓮觜俱與東河諸水會張家湖遶下新鎮過源湖口走東觀出急水溝入大江

安亭港縣東十五里

大港縣東二十里

古港縣東二十五里

黃花港縣東南二十里

濯港縣西南二十里

清油港縣西南三十五里

源湖縣東南三十里有前後二湖

感湖縣東南五十里

涉湖縣東南六十里

張家湖縣南二十里

長安湖縣西南三十里

太白湖縣西南四十里

七里湖稀場湖俱在大圩之內離城五十里

楊林湖縣西三十里

陶水湖縣西南四十里

柴池湖縣西南九十里

白湖渡縣西南四十里

大江自廣濟龍坪下入黃梅界舊繞蔡山故蔡山有古江心寺後長鴻腦洲大江流經洲外蔡山之江漸淤後又長新洲而江遂三分至封郭洲復合爲一其勢皆由北而南歷清江楊穴江勢皆由西而東

邢家港在孔壠邑先有麻鐵魚線之累邢御史寶奏免業甲遂輸此港以酬之名報德河　補載

黃梅縣志卷五

地理志

古蹟

儒生尙友千載一堂心嚮往之遥挹幽芳矧茲古蹟參考綦詳或爲城池或爲淵壑方外徜徉詞人寄託勝迹昭然非緣穿鑿居稽勿僻博采舊聞溪山亭榭花樹煙雲雪泥鴻爪撫景凝神志古蹟

南晉州廢城在縣南唐書地理志武德四年以縣置南晉州又析置義豐長吉新蔡塘陽四縣尋廢 一統志

新蔡舊治在縣西白花坂遺址今皆犂爲畦畛

長吉舊治在濯港郭家嘴

義豐舊治西去大河鋪里許遺址至今存

塘陽舊治在縣南十五里 明縣志

蔣志曰梅邑原名新蔡其治不可考矣舊志以白花坂當之非也謂夏商周時卽有新蔡地說本無稽沿草表已明辨之又據文獻通考謂晉武於九江王英布舊城立南新蔡郡而一統志謂九江城在縣南七十里則舊治當在今之蔡山鎮或以縣名山或以山名縣均未可知且南晉州析置四縣而新蔡居一云舊治在白花坂去今治西纔二十里耳又謂義豐舊治在大河鋪亦今治西二十里長吉舊治在郭家嘴亦今治西南二十里塘陽舊治在今治南十五里通計不越三十里之遥而分置四邑此說之不足憑者也至元人汪堯舉作令治記云漢置新蔡而黃梅之名改於唐李翺竟謂新蔡卽今縣治夫新蔡之名不聞於漢而黃梅之名不始於唐李翺憲宗時人開元間李玭應制作廬山碑文自稱梅臣白居易渡潯陽作雨阻黃梅詩皆先翺而有其名此以知其參稽失實又安能援其言以爲確據乎夫梅邑雖山川險要素無藩封鎮撫史册無可考證而學士弔古又不能核其由來此訛之所以至今傳也歟

九江城在縣西南七十里英布所築以屯兵者 一統志

東縣城西縣城亦英布所築在縣西十五里 舊志

胡任學三城攷 按三城皆英布所築及考布生平兵事無隻輪及梅土者布初從楚爲當陽君救趙擊秦至新安入咸陽兵俱西向及歸漢屯成臯戰滎陽會垓下在豐沛之閒與梅懸絶卽謂布封爲九江王考地理志九江王都六故城在廬州府舒城縣東南六十里不得指此城以實之或云布築此以示背楚歸漢此其說又非也隨何說布時楚使者在布所布陰許畔楚語未敢泄乃爲何所劫閒行歸漢豈肯顯然築城以示哉卽爲備羽而築羽都彭城出兵必臨

淮不築城淮上扼之而從事鞭長不及之梅布縱寡謀斷不出此蓋嘗以理度之而知或爲反漢時築也布反必由鳳陽出汝甯一帶設前向爭鋒漢別遣一將走襄樊浮江漢順流而下則巢穴危矣布甯不算及此歟況帝親征樊噲亦從漢書樊噲擊布陷陣而徐僮之戰未見噲兵及考廣濟志載有樊噲城在武山湖濱係征布築也以此參觀帝擊其前噲躡其後則布既與帝遇於蘄西（蘄沛縣鄉名非蘄州）而又築城於梅以樹一軍爲噲對壘無疑或曰陳涉之起布見番君番君以女妻布聚黨數千引兵北向焉知不道梅而築此若然則東鯨西鯨城以布名是已而九江城何以

名乎以爲非出於一時之爲則前以名稱後以王著斯得之矣

藥師城縣北二十里唐李藥師領兵過北築以避冦者（舊志）

百萬城一名桐城砦在多雲山之麓唐曾元裕駐兵之所下有百萬陂亦裕所鑿（舊志）

菩提城唐福山劉秦主築以避兵今爲董家城

董公城在濯港之南董公築以避水與兵者

紅花寨龍平砦假宋高宗將戚方駐兵之地

冦師洲在縣西南七十里漢冦恂平河內駐兵其上故名

太子驛即今停前驛梁武帝行兵駐此産昭明太子蕭統故名（以上俱舊志）

薛志曰太子驛原爲太子洑一統志謂在縣南七十里當是今之清江鎮在唐時爲臨江驛若停前驛則在縣北四十里明洪武十四年知縣黃子政奏建前此並未嘗有驛舊志似訛至謂以産昭明太子得名一統志亦載此說然據梁書昭明太子蕭統以齊中興元年生於襄陽不在此地且宋書宋蒼梧王元徽初使王奐鎮夏口時桂陽王休範剌江州以舟過潯陽恐爲所劫留自北岸太子洑竟去是宋時已有太子洑之名驛蓋因洑得名耳

第一山明太祖戰陳友諒至意生寺御書此三字匾額至今

猶存

萬柳堤即曾公堤長四十里植柳數萬株遂以爲名當時民歌曰青青柳勝甘棠夏日不熱樹生凉

南烏崖碑烏崖即南山在縣東北五十里上有靈峰院唐白居易撰碑及宋張商英輪藏記舊志又謂石上有符洗刷視之則有南烏崖三大字傍書大宋慶元四年里人王仲瑄襯落筆山人沈百藥書

李玭讀書遺址在東山之麻林窪

西園瞿九思著書處在縣南二十五里

慈雲塔潛確類書附四祖山即舊志所云毘盧塔未詳所出

廣濟舊志謂大醫示寂於此則亦一仙蹟也

碧玉流在四祖山靈潤橋下中有小石磯狀如魚潑潑欲上唐柳公權書碧玉流三大字刻石現存

黃齡洞卽梅山福主朱公諱益修仙處也在城西北三十五里劉宋元嘉末縣尹劉君弼詣洞祈雨公延入圍棋聯吟是後洞所榛莽人迹罕到每於雲影中見有朱衣躍馬而行者夜半或聞子聲丁丁然洞外有潭至今每逢天旱禱潭輒應

玉蟾池在縣治東昔人鑿池得白石狀類玉蟾故名今淤

出米石在老祖寺僧道悟修建寺宇烏沙龍王助工有米自

黃梅縣志　卷五　古蹟　五

石竇出

墜腰石在東禪寺六祖繫腰以舂米者今其石尚存

俊逸亭在鮑明遠墓前取杜詩俊逸鮑參軍之句後遷譙樓迎賓館側今廢

鴛鴦亭在思姑巷世傳徐拭妻齊氏夫婦相和敬而齊事姑尤孝所居有塘塘畜鴛鴦齊每稱觴鴛鴦隨之姑死鴛鴦飛去齊思之不已致殞拭亦隨亡里人悼之以思姑名巷今廢

濯足亭在治北洗腳坡羅眞人於此濯足飛昇邑人熊偉構亭於上匾曰濯足遺址

松風亭在治西太平橋邑人曹麟建以習隱者

懷佳亭邑人陳經以其祖陳崇作東佳書院於江州因作亭於黃邁考名曰懷佳

義樹宋元間生於劉健家兩樹交生互相盤結學士劉忠山爲之記以爲一家和合徵也今尚有繪圖存

紫荆樹元人嚴仲祥子姓蕃盛手植紫荆於庭蓋效田氏故事也後累世同居所著家訓數十條子孫皆謹率之

王官人樹在白湖渡下義官王受鏡栽樹施茶故至今稱王官人樹

白蓮五祖手植在東山白蓮峰頂其花尚存

黃梅縣志　卷五　古蹟　六

白牡丹在意生寺相傳有從南海來者遇一婦人以此花寄植五祖生處碧色層臺至今猶茂若他處移栽卽萎

龍骨春花產於鼓樓東玉色奇香似楊州瓊花今無

黃梅十景

東山白蓮見上

西山碧玉見上

南山古洞石洞寬廠如屋數間內有石桌古字

北山喬木是名娑羅樹在北山寺無跡祖師手植大可數十圍枝葉叢生僧於其下甃圓池月光下射樹影倒池中儼如月窟後有天章禪師掛錫於此娑羅忽放異香

鍬雲霽雪　山高風疾積雪深於他處霽後一峰獨出望如銀屏

清江煙雨　雨中春樹江上煙波遠望潯陽城郭直如海市蜃樓

濯港晚渡　湖光掩映煙樹參差落日催人茫茫前路今築石橋以濟

西池夜月　相傳池水有光夜明如月雖朔晦皆然

多雲樵唱　樵子放歌響應山谷有似屬和之者

太白漁歌　漁舟千艇朝暮歌聲不絕故有傾倒太白聽漁歌之句

紅梅閣　在北關外閣前舊有梅一株香艷異常邑舉人王應奎建閣後廢

黃梅縣志卷六

地理志

風俗

陳詩觀風化民成俗王道之隆驗諸蔀屋今昔殊情我懷棖觸昔樸而今華而漓迫經兵燹返古矯時由奢入儉世變風移若夫五禮所垂悉循故轍喪祭冠昏儀文有節件繫枚舉咸正罔缺志風俗

按通考梅在三代爲揚州民二男五女人性輕揚尚鬼好祀秦漢六朝無可稽隋書地理志自平陳之後尚醕質好儉約喪紀婚姻漸率於禮由唐洎宋燥濕剛柔迭有所主風亦屢變如云山水清遠士風厚善則見於蘇軾跋韓魏公詩後民有魚稻之利農惰而田事不修則見於張耒雜志風氣和平訟獄稀少則又見於秦觀謝表有明三百年士守舊德農安先疇通志及府志皆云黃梅民惟力農不事商賈游俠前明舊志亦云梅俗地沃風醕士習禮教好學而謹樸而不陋彬彬有鄒魯風

國朝百餘年來漸摩教育飲和食德洽於泰甯每科應試者近三千人雍正年間循例題請奉

旨升爲大學邇來科甲聯翩所在皆學舍聞書聲風近古矣又泉甘土沃民勤於農塘堰皆修飭蓄洩有方連年豐稔計畝

可獲五六石不等生齒日繁膏腴盡闢曲隖平湖皆成利藪家室豐盈禮法漸起如婚禮擇門第輩行相當者媒氏通言然後納采禮用色繒釵釧羊酒之類請期亦如之親迎壻往婦家奠鴈迎婦歸壻婦交拜合巹是夕戚族咸集主人具茗酌明日新婦見於堂中拜先祖拜舅姑拜尊長三日同門拜婦族喪禮初終寢於地既絕乃哭治棺衾稱家有無喪次立銘旌用他氏銜不設魂帛作木主安靈座請道家招攝如是者三越七日因地支相沖恐魂魄離散亦爲慰招以七七爲度弔喪主人開堂設具分白用鼓樂修佛事靡然不惜非此則人謂儉其親矣葬無定期有信

形家言遷延以俟者亦有草率渴葬者葬屆期啟柩姻婭及所知咸共祖奠酬以布帛題主祀土之禮蓋缺如焉葬用灰炭和土堅築納銘旌於壙中不置芻靈明器之物三日加土封如馬鬣伐石立表祭禮富家大族皆立祠然皆合族公立歲暮合食祀祖者非五服宗子祀先之古法也清明重陽祭於墓祖考生忌日與禮宜時享者雖有祠亦必於本家中堂致虔歲時立春前一日迎春於東郊士女往觀覘土牛身以定水旱覘芒神衣帽以定晴雨次日祀神鞭牛如儀元旦賀節讌飲上元夕張燈清明簪柳踏青兒童戲風鳶端午插艾飲菖蒲酒裹角黍相餽遺爲競渡之戲七夕乞巧中秋賞月重陽登高十一月慶賀長至節十二月二十三日夜祀竈神二十四日小除潔埽舍宇除夕張春帖子於門通宵炮竹他如儺禮朱衣執旗鳴金口誦消沴祈福語村落報賽斂錢宰牲飲福與他邑都無殊惟三月初三日爲大醫禪師誕辰十月二十二日大滿禪師誕辰萬衆進香紛繁雜遝又五月二十八日城隍大會先期埽除街道排列儀仗擁神出巡八月二十二日宋昭德侯神會亦然至西鄉村俗建壇設額誦經演劇更爲動衆俗云報功靡然繁費矣

明署縣曾維倫風教論云余以耳目所睹記舊聞稱黃梅

民俗力農不事商賈游俠柔弱畏訟訟獄稀少士習禮教勤學而文樸而不陋彬彬有鄒魯風蓋亦易治之區也比以縣官墨酷百姓上變當事者以紀綱之故不能輒屈吏以伸民凡上變告言縣官墨酷狀者一切罹於法而並逐吏此非不明知縣官墨酷民不堪命也然黃梅自是被惡名號難治幾九年矣歲辛巳會令報闕而當事意頗難梅猥謂惟不佞可往代者凡再檄辭之力不能得始於壬午春至於今將一年所鞠躬受事早作夜思一切利民者輒亟興之其害民者輒大芟之則見其民循循趣教化惟謹無所謂難治者至其風俗大端土廣人稀一夫受瘠田不

下十餘畝水鄉苦潦山鄉苦旱一歲之入不足支所出以故輸賦不能前而官以是病其工匠無土著率四方來者取相通而食凡開張百貨通鹽利者又皆三吳徽歙之人若士則居恒佔畢守其師說文平無甚奇偉間有探秘石室博極掌故者又以爲不可以取世資得尊顯無所用之而好異之士又雜以奇詭文駁而不純以故士風大頹追不佞至於是首興學校重科舉愛惜人才亟爲崇起之風始稍稍振既余數歷揹循且久始採得其俗則守禮之家固多而頹風倣化如傳所云賤妨貴少陵長遠間親新間舊小加大淫破義者抑往往而有夫安上治民莫如禮禮

以節民心而政以行之刑以防之奉法行禮必自貴始然後民從令和睦浹洽教化貴賤有別長幼有序也是故聖人以人性有男女之情嫌微之別爲制婚姻之禮有交接長幼之序爲制鄉飲之禮有哀死思遠之情爲制喪祭之禮有尊尊敬上之心爲制朝覲之禮此皆通神明本人情正名分萬世不易者也今邑或閒有崇禮正行矩步規趨一稟約束者則鄉黨比周而嗤其迂遠余既毅然振奮業已稍矯正之後之君子幸得受梅事毋徒務簿書斷獄聽訟而已其慨然滌舊圖新驅邪歸正著爲教令與民更始則致太平之基舉郅治於三代之隆者端在茲乎端在茲乎

舊志曰余讀曾公禮教之論而不禁瞿然念也夫習氣風尚因地而異隨時而變固不無江河之虞而忠厚在人是非不泯一轉移間未有不翕然應者古者六禮不具貞女不行其在家禮亦祇備納采請期親迎數節而已然家無木主無高曾祖考之祠則醮子醴女奠鴈廟見之禮必不能行所謂敬人道之始而重親身之支者皆失矣喪次銘旌題如他氏通稱是矣贅之以他氏銜是有炫耀之心也非禮也設魂帛安靈座事生之道也木主神明之也未葬不作主孝子不忍也且木主與銘旌接埋銘旌而後題主

不待成墓而即歸安主行虞禮神不可一日無棲故祝曰舍舊即新也禮初終亦招攝記云皐某復是也然三日始招七七盡招豈倘近於人情耶請道家作佛事竟見於儒士之家斯亦奇矣昔有人問於吾鄉曹月川先生曰我欲行家禮我家無秀才月川答曰爾家無和尚如何作佛事念及此不亦深可慨耶或曰佛氏云人當五七見五閻王爲祈禳之誕妄尤甚夫三日成服朝夕哭奠朔望加隆時物必薦斯亦足矣且未葬以前有奠而無祭安用逢七祭也三月而葬期不容踰即欲稍緩斷不可踰小祥小祥變除之節也久而不葬主喪不除父母而賓客之可久淹乎

形家言不可盡廢程子有五不葬而地氣地風之說朱子亦言之用形家點穴是矣然其日月拘忌不必聽觀春秋雨不克葬庚寅日中而克葬可知也破土必祀土然凶服不可交神故請賓賓自祭之孝子不與焉事畢酬之所以盡心安厝也題主之禮必不可廢無主則宗法廢而一切禮事俱無從起但擇子弟善書者爲之甚簡便若必請賓則涉繁縟矣用灰隔辟蟲蛇獾此邑俗之美也塗車芻靈自古有之其曰明器神明之也有仁智之道自不可廢表誌所以表親分固得爲矣又何憚而不自盡也乎虞祔練祥禫始有祭其閒變除有節升祧有義深爲考究自有不

可缺者古有四仲祀主之祭而不祭墓然吾聞孫夏峰先生云吾先人之衣冠在焉況體魄乎然要以祀主爲正禮必三獻宗子主之子弟贊之自可成禮不得簡畧也至於四時節序如寒食端午重陽七月望十月朔之類必祭墓祀后土可簡行之蓋祭不欲數不欲煩也歲暮公祠祀祖合食敦睦之大節也以成禮爲貴無失先祖初祖之禮意斯得焉他如歲時諸俗以及迎神報賽禮云百日之蜡一日之澤與民休息無妨爲樂然靡費過甚亦自可惜夫家居食用猶且量出以爲三年之蓄而况斯之無益過當者乎古之八蜡視年之順成通與不通以記四方惟約之以

禮自無事焉夫曾公禮教之論在古人皆有成書無容鏤述而人情因循不能不爲之吹噓也夫官之所恃者法即國家律例詳明典章該備亦不閒取民生日用紅白細微曲折一有不合而即繩之以法也法之所窮則轉移風化之機不得不望於紳士士君子讀書稽古自命宏通其於孝友睦婣任恤之道儀禮通解家禮諸書知之必悉而由身以及家由家以及鄉漸推漸遠將必有以動人之天良而發其忠厚之願者又何患風之不可易化之不可成也哉

黃梅縣志卷七

地理志

物産

水田植禾屢豐望歲沙隴宜棉是名吉貝惟食與衣民生攸賴雜糧瘠饑與稻無殊傍山磽确種淡巴菰覃及藪澤利在蒲魚土地所宜動植蕃育地不愛寶辨物類族駢坒滋生於焉採錄志物産

穀類

洗耙早 救公饑 流水早 一刀齊 飛上倉 黃金稉 烏穀 見秋紅 竹椏秈 蓋草秈 八月白 清

水稉 芭茅秈 柳條稉 烏節稉 赤米稉 大麥
小麥 蕎麥 米麥 粟有秈稉二種 黍 芝蔴 塍豆即黃豆
黑豆 紅豆 青豆 蠶豆 刀豆 扁豆 茶豆 莢豆 [illegible]豆 菉豆 豇豆

蔬類

芥菜 白菜 菠菜 油菜 芹菜 豬根菜 莧菜
辣菜 葱 蒜 薤 蘿蔔有紅白二種 薺俗名地菜 笋 蕨菜
韭菜 山藥 芋頭 紅芋 百合 茼蒿 鷄頭 雨
花菜 蕹

瓜類

絲瓜味甘性冷小兒痘瘡方出未出以其近蒂者三寸連皮燒灰存性爲末用沙糖調服多者可少 東瓜
西瓜 南瓜 菜瓜 苦瓜 葫蘆 瓠子 茄子紫白二種 王瓜

果類

梅 杏 桃 李 櫻桃 烏梅 海桃 棗 栗
枇杷 柑 橘 蓮子 藕 菱 銀杏俗名白菓 石榴 芡實 荸薺 木瓜 水晶葡萄 柹 梨

花類

葵 芍藥 鷄冠 木樨 桂 夜落金 梅紅白二種 蠟梅 七里香 十樣錦 月季 石竹 觀音蓮 四面

蓮 血頭蓮 錦邊蓮 菊種不一 紫蝴蝶 百日紅 千葉榴 芙蓉 薔薇 海棠名類甚多 蘭 蕙 山丹 梔子
紫荆 紫薇 金鳳 玉簪 牡丹紅紫二種 唐棣 三台
漢宮秋 翦細蘿 杜鵑 繡毬 荷包牡丹 酴醿
玫瑰 山梹 滴滴金 玉蘭 瑞香 萱

竹類

貓竹 筀竹可縁以制器 斑竹 紫竹 苦竹 水竹 荆竹
叢竹

木類

椿 樟 松 柏 楓 檜 槐 檀 栗 柳 楊

桑 楮 柘 柞 櫨 杉 蠟樹 朴 樱 楕 棟
桐 棠 白楊 皂角 梓

藥類
白术 土牛膝 桔梗 地榆 香附 天南星 柴胡
益母草 半夏 石菖蒲 烏藥 枳殼 茵陳 天花
粉 萹蓄 地骨皮 枸杞 黄精 茯苓 艮薑 山
查 瓜蔞 皂莢 荆芥 紫蘇 車前子 貫眾 五
加皮 玉竹 白芨 細辛 葛根 金銀花

草類
艾 蓼 藍 葛 菖蒲 芭蕉 蒿 蘆 芝 葦

芒 茅 藻 萍 虎刺 接骨草 酸醬草 馬鞭草
狗尾草 佛指甲 虎耳草 鳳尾草 龍鬚草 翠雲
草 鹿脚草 劈樓松 稗 斷腸草毒人至死

鱗屬
鯉 鯽 鯽 鮎 白魚 鱔 鰌 鯿 鰱 鱤 鯏
烏魚 鱅魚俗名胖頭 銀魚 鱖一名桂魚巨口細鱗唐詩桃花流水鱖魚肥 鰟
魷 黄鰭 鰻出太白湖肥嫩甘美饌中佳品 鱒

介屬
龜 鱉 螺 蝦 蚌 蟹 鼉

羽屬
鴈 雉 鷹 鷂 翠 鸛似鶴赤脚無朱頂 鶺鴒 秧鷄 竹
鷄 燕有二種 鷺鷥 梟 鴉 鳩 布穀 百舌 啄木
鸞 白頭翁 錦鷄 杜鵑 麻雀 鴿 畫眉 鸜鴿

毛屬
虎 豺 狸 狐 豹 鹿 獐 麂 兔 獺 猴
野豬 豪豬 獾 鼠 野貓

蟲屬
蠶 蜂 蝶 蜻蜓 蜩夏蟲 蟬秋蟲 螢 蜘蛛 蟢 蟋
蟀 果蠃 蚯蚓 蛾 蠅 蠅虎 蟻 飛蟻 蚊

壁虎 斯螽 土狗 蝦蟆 蝙蝠 螳螂 蝎 蚱蜢
蜈蚣 蛇毒人至死 蠐螬 蝸牛 蜣螂 蜥蜴 促織

畜屬
馬 驢 騾 牛 羊 豬 犬 貓 鵞 鴨 鷄

貨屬
棉花 煙葉 絲 菜子可作油 青靛 檾麻 葛麻 苧
麻 布 石灰 麪 酒 蠟 蜜 茶葉

黃梅縣志卷八

建置志

城池

漢水方城楚風斯競屬在一隅基址規定金城湯池東陲之勝六門列帀四達遹塗掘谿弁澗納於清渠兵燹迭警功紀發弧日月重光干戈永息築斯鑿斯帀廛充塞躋彼堞樓彌望黍稷志城池

城周五里二百四十二步高二丈五尺零計垛口三千七百五十有奇上濶九尺底闊一丈四五尺不等爲門有六東曰仁育北曰拱辰西曰正義南曰文明西南曰化龍卽天衢門

東南曰小南門卽便民門舊西南隅有利道門久塞門各建有譙樓環城爲池北乃縣脈過處不可深鑿東當河之半面南盡恃河爲險西亦阻塘瀦水惟西北東北各掘濠一道深闊各丈餘

明以前無考成化二年知縣朱璧築土城高一丈建四門亦掘有濠後土賊劉汝國犯之不能拒守萬歷二十二年巡撫郭惟賢題建石城時長沙通判孫鋐署縣事董其工至二十六年戊戌始成崇禎十五年獻逆竊亂梅因增城濬濠守之卒爲所屠知縣張聯芳復繕之城樓俱燬未復

國朝順治十一年知縣徐昱始修城樓因南門久閉至是復開以昌文運兼填北濠培來脈雍正四年知縣李珣修西南城缺壞數處並禁北濠來脈之取土者乾隆六年化龍門右傾裂知縣邵豐鍭修補乾隆九年小南門一帶水嚙城脚倒壞數十丈知縣楊綝時一再修完於城外作石攔數處以遏河勢乾隆十八十九二十年西東北各處城身坍卸牆堞傾壞知縣薛乘時節年修理兼葺各座譙樓六門俱無卡房又捐買居民鄢姓羅姓胡姓等基屋蓋造卡房給兵役棲止以司啟閉其南門基屋俱係貢生吳承恩捐出道光年間知縣俞昌烈勸捐修葺出財力者議敍咸豐年間髮逆疊次竊據城池破碎知縣覃瀚元率士民重修起各門城樓捐建東門西

門月城及兩門外石橋改西關外石路

黄梅縣志卷九

建置志

公廨

叔孫館牆一日必葺矧我公署宏規宜立旁稽各廨並委烽煙僦居民舍幾二十年土木重興閈閎布列邑有絃歌陽春白雪坊街井巷軌躅交攢居高馭下敬爾在官志公廨

縣署在城西南隅為宋鮑麥軍宅故址元以前無考皇慶元年縣令樊懋侁創建縣治頭門外甬道建木坊扁曰楚東雄藩又前屏牆一座

明洪武九年知縣唐輔修葺十四年知縣黄子政建鼓樓成化六年知縣戴中重新縣治自儀門至頭門左側為汙從政

基地將縣前鋪基抵換以擴治基萬歷末年知縣鍾纈俊建石欄杆於堂下改新鼓樓崇禎十五年十二月獻逆陷城署盡燬知縣張聯芳搆草舍並治廳三閒

國朝順治十一年知縣鄧源濬建圜堂三閒坐樓三閒顏曰梅閣康熙四十三年知縣曹世璞改建大堂乾隆二年知縣莊標於儀門內建誡牌坊一座七年知縣邵豐鍭建具瞻亭二座十七年知縣薛乘時於圜堂西建書房三閒顏曰集益軒二十年重建大堂鼓樓又建俊逸樓二十一年重建儀門俱咸豐七年賊燬光緒元年知縣覃瀚元率士民重建悉復舊規遷俊逸樓於東北隅易其榜曰俊逸堂公暇課生童詩賦

縣丞署在縣治東乾隆二年縣丞張文德十八年張一飛疊修後移駐清江鎮賊燬

典史署在縣治儀門東乾隆十八年典史季九鳳增建咸豐七年賊燬

教諭訓導署在　文廟之東

停前巡檢兼驛丞署在停前鎮縣東四十里賊燬

新開巡檢署在新開鎮縣西南七十里明洪武二年設地濱江歲久屋壞成化六年知縣戴中巡檢孫成重建正廳倉厫門樓俱備後頹壞

孔壠巡檢署在孔壠鎮縣南五十里明洪武二年設清江巡檢駐清江鎮後以縣丞移駐清江以清江巡檢移駐孔壠鎮咸豐中賊燬今移建黄豆廠舊址存

城守署在西關內即兵備道舊址咸豐七年賊燬基地左抵吳八牆腳右抵城腳馬道胡八屋亦屬營基後抵汪八牆腳前抵劉家塘路通曹家巷

萬壽宮在東關內

大殿一東西朝房二門五門外左右有圍牆前有照壁咸豐七年兵燬同治十三年知縣覃瀚元率士民重修尚未竣工值三大節慶賀　及開讀

詔書在此行禮

慶賀禮節

順治間定凡元旦冬至

萬壽節文武官俱設香案朝服望

闕行三跪九叩禮州縣文武俱於前一日朝衣習儀至本日厥明

各官俱至

上諭亭立通贊唱鳴鼓五通鼓畢通贊唱糾儀官進文武官進俱以次進至丹陛下通贊唱糾儀官贊班衆官排班班齊通贊唱跪叩興文武分東西俱行三跪九叩禮興散班旁立俟糾儀官行禮畢退

開讀禮節

順治十一年定開讀儀節凡遇

詔書至文武官員具龍亭綵輿儀仗鼓樂出郭迎接齋詔生下馬奉

詔書至龍亭中南向齋生立於亭東文武官具朝服北向行三跪九叩禮鼓樂前導齋生上馬隨龍亭後行至

上諭亭門外文武分東西俯伏候龍亭至庭中衆官以次入序立齋生立龍亭之東西向贊禮生贊排班樂作行三跪九叩禮齋生奉

詔授宣讀生宣讀生跪受詔開讀案前宣讀衆官皆跪聽宣讀畢宣讀生奉

詔授齋生捧至龍亭中衆官行三跪九叩禮畢皆退送齋生回原接所謄黄頒行

察院在東門内明嘉靖四十二年知縣劉伯源買民地建立後移縣署右邊以館差使咸豐三年賊燬

試院同治十三年知縣覃瀚元創建

梅邑舊無試院每值考試縣署大堂及書役各房鱗次滿座咸豐間署燬又就學宮空地搭草棚及帳棚數處考官借齋宿官廳爲點名受卷之所天雨棚漏考生雜遝殊非體制且舊例應試自備棹椅皆以錢雇寒畯維艱知縣覃瀚元屢議創建衆頗難之乃毅然自任事在必行通稟上

憲按戶勸捐度地縣廨東偏有倉廒捕署舊址寬廠如式遂於同治十三年九月派紳興造九閲月而告成受卷堂一南向堂右書房一耳房一左厨一文場東西各廿四楹坐號二千有奇龍門西向由捲棚直達縣署大堂即以大堂爲點名堂進場放牌亦由縣署頭二門出入不另設門堂因地制宜費亦從簡也院東圍牆外有街一條自後直前抵學宮後牆可巡風

京師黄梅會館舊名仁壽菴在宣武門外將軍教場衚衕口車子營路北同治五年置共十二間光緒元年復買館後基地並後屋五間

以下俱遵舊志存載

主簿署在縣治西缺裁署廢

稅課局舊在縣治東丁字街元末罷局明初復開正統元年以課額不敷遂罷後改立五顯廟

源感湖河泊所在新城鄉縣南二十里明初開設成化七年知縣戴中所官冷廉重建廳厫門樓隆慶元年官裁署廢

桂家賽河泊所在新城鄉縣南二十里明初設後廢

楊家穴河泊所在新城鄉縣南八十里明初設後廢

渠池湖河泊所在長樂鄉縣西九十里明初設後廢

太白湖河泊所在永福鄉縣西三十里明初設署建於沙羅嘴之廖樂溪隆慶元年以後河泊所官五缺俱裁官署尋亦俱廢

分憲二司在鳳凰池二司相連明知縣戴中買民鄢鎏地建立後廢

兵備道在西關內座樓一重後廢

孔壠公館明萬歷間楚藩臬二司以九江至黃梅近百里中途無駐驂之處給銀二十兩與知縣張維翰建正廳三間後頹廢基址無考

演武亭在城外西南隅廳一間左有旗纛臺右有金鼓臺遺址尚存

陰陽學在西郊後改急遞鋪左今廢

醫學在東郊後改急遞鋪右今廢

僧會司在東禪寺今廢

道會司在泰源觀今廢

附

養濟院在西關外後圮嘉慶初移北關外兵燹同治十年知縣覃瀚元擇北關外高阜捐廉重建（又於十一年稟添孤貧二名勸諭龔宏開宏程捐田稞一十九石五斗以爲添設二名永遠之費）

育嬰堂在東關外前後瓦屋三間隙地一塊雍正十三年國學趙世法獻久廢

附 街道十五

東長街（東門外關廂至先農壇）　東市街（東門內至左家巷）

稅務前橫街（左家巷至塔下巷）　南市街（塔巷口抵驥騰坊）

河街（南市街希蘭坊西轉逼鳳凰池）　縣前街（出化關斜轉一帶抵河橋）

新街（在縣右）　鳳凰池街（在縣左）

四牌坊東街（由坊下抵五顯廟）　西市街（四牌坊抵西門）

西長街（西門外關廂抵柵門口）　北市街（四牌坊抵北門）

北長街（北門外抵北邙山）　大小二南門街（各出抵河）

坊十四

畢家坊（東城外）　承詔坊（泰源觀後晉惠帝詔爲羅眞人立觀故以名坊）

忠孝坊（左家巷左）　希蘭坊（稅務前）　上春坊

下春坊有巷俱穿南市　翔鸞坊鳳凰池　宣宣坊
宣化坊俱西關內　市曹坊分司左橫穿鄭家巷　崇信坊小南門
宣範坊大北門　金城坊西城外　貞元坊左家巷右

井十

萬家井縣前今廢　忠井張訓聞建文遇難正衣冠拜赴井死故名在五顯廟東
清泉井五顯廟後　義井在四牌坊後邑人石溥捐地修之有記嵌井邊石牆
明汲井在儒學內　段家井在段家巷井石欄鐫政和三年立蓋宋徽宗時穿也
司邊井在鄭家巷　孫公井署縣孫鉉建城鑿此井在西門內
通會倉井在西關外　護坊雙井御史石金子溥鑿以護繡衣坊

補載

登雲坊戊子科舉人汪害立在西街今廢
登科坊辛卯科舉人商玖立址無考
雲梯坊庚子科舉人邢繼祖立址無考
經魁坊丙午易經魁朱銘立址無考
解元坊乙卯解元商瑜立在西門今廢
擢秀坊舉人吳顗立今廢
鳴鳳坊丁酉科舉人魏澄立今廢
青雲坊庚子舉人王忠立今廢
驥騰坊辛卯舉人王麟立在南街今廢
觀光坊在西大街今廢

進士坊永樂甲申進士韓中立今廢
四牌坊御史邢纓給事中邢寰舉人邢奎邢璧立在四大街中今廢
亞方伯坊丙戌進士四川叅政胡鳳立在西街今廢
繡衣坊御史石金立在西街坊左則原有勅書樓
三代登選科第傳芳坊舉人洪晟經魁洪模太僕卿洪恩立在學宮左今廢
進士坊進士瞿晟立在東街
御史坊御史段尚繡立在西街中
天池鯤化坊舉人章宗理立在西關外　以上俱見舊志

黄梅縣志卷十

建置志

祠祀

報功崇德祀典爲昌犧牲玉帛黍稷馨香秬鬯沈標燎爲民降
祥禮儀孔明祝宗諏日祠不一區祀不一律來格來歆衣冠
秩秩神道設教匪嬶以邪聰明正直福我萬家春秋報賽承
事無諱志祠祀

社稷壇　在北郊山路西建有官房牲房壇方二丈高三尺
陛三級四周甃以石前後空地數十丈夾道樹松後俱廢雍
正十年知縣錢家暨建修祭臺每歲春秋仲月上戊日致祭

社主左　稷主右　神牌高二尺四寸廣六寸先期致齋三
日

祭品　帛一黑色　豕一　羊一　鉶一　籩四
豆四　簠二　簋二社稷神祇先農品味同　爵三

禮節

祭日各官具朝服至壇贊禮生引至行禮處通贊唱排班承
祭官及各官排班立唱班齊瘞毛血迎
神贊引生贊跪叩興承祭官及各官俱行三跪九叩禮興通贊
唱奠帛行初獻禮贊引生引承祭官詣盥洗所盥手授巾畢
贊詣

司社神位前承祭官至案前立贊引生贊跪承祭官跪贊獻帛司
帛生捧帛跪進承祭官受帛拱舉獻畢贊引生贊獻爵司爵
生捧爵跪進承祭官受爵拱舉獻畢贊引生贊叩興承祭官
叩頭興贊引生贊詣
司稷神位前承祭官獻帛獻爵如前儀畢贊引生贊詣讀祝位承
祭官詣讀祝位立贊引生贊跪承祭官及各官皆跪贊讀祝
文畢贊叩興承祭官及各官三叩興贊復位承祭官復位立
通贊唱行亞獻禮贊引生贊詣
神位前獻爵如初獻儀畢贊引生贊復位承祭官復位立通贊
唱行終獻禮贊引生贊詣

神位前獻爵如亞獻儀畢贊引生贊復位承祭官復位立通贊
唱飲福受胙贊引生贊詣受福胙位承祭官就位立捧酒胙
者捧酒胙至福胙位右旁跪接酒胙者左旁跪贊引生贊跪
承祭官跪贊飲福酒承祭官受爵拱舉授接爵者贊受胙承
祭官受胙拱舉授接胙者贊叩興承祭官一叩興贊復位承
祭官復位立通贊唱謝福胙贊引生贊跪叩興承祭官及各
官俱行一跪三叩禮興通贊唱徹饌送
神贊引生贊跪叩興承祭官及各官俱行三跪九叩禮興通贊
唱讀祝者捧祝司帛者捧帛各詣瘞所通贊唱望瘞贊引生
贊詣望瘞所承祭官至望瘞位立俟祝帛焚半贊禮畢退

祝文

維

神奠安九土粒食萬邦分五色以表封圻育三農而蕃稼穡恭
承守土肅展明禋時屆仲春秋敬修祀典庶丸丸松柏鞏磐石
於無疆翼翼黍苗佐神倉於不匱尚饗

神祇壇　舊在馬頭山余家庄後明成化間遷縣東関宮山
後廢雍正十年知縣錢家暨奉文修建風雲雷雨居中帛四
山川居左帛二城隍居右帛一每歲春秋仲月上戊日致祭
祭品　帛七　羊一　豕一　鉶二　籩四
豆四　簠二　簋二　爵二十一

禮節與社稷壇同

祝文

維

神贊襄天澤福佑蒼黎佐元化以流行生成永頼乘氣機而鼓
盪温肅攸宜磅礴高深長保安貞之吉憑依鞏固實資捍禦
之功幸民俗之殷盈仰神明之庇護恭修歲祀正值良辰敬
潔豆籩祇陳牲幣尚饗

先農壇　在東関外正房三間左右各一間壇高二尺一寸
廣二丈五尺耤田四畝九分後俱廢每歲仲春亥日巳時致
祭午時行耕耤禮先期致齋二日　神牌高二尺四寸廣六
寸
祭品　爵三　青帛一　羊一　豕一　鉶一和羹
簠二黍稷　簋二稻粱　籩四棗栗桃餅　豆四兎醢芹菹　魚醢菁菹

祝文

維

神肇興稼穡粒我烝民頌思文之德克配彼天念率育之功常
陳時夏茲當東作爰服先疇洪惟
九五之尊歲舉
三推之典恭膺守土敢忘勞民謹奉彝章聿修祀事惟願五風十
雨嘉祥恆沐於

神庥庶幾九穗雙岐上瑞頻書於大有尚饗

禮節

惟迎神及送神二跪六叩讀祝一叩謝福胙一叩改望瘞爲
望燎餘與社稷壇同祭畢各官更蟒衣詣耕耤所正印官秉
耒屬官一捧青箱一播種正印官右手扶犂左手執鞭行九
推禮農夫終畝耕畢各回官廳更朝衣望
闕行三跪九叩禮仍將遵行耕耤日期具報

耕耤器物人役
農具一赤色　牛一黑色　籽種箱一青色
耆老一牽牛　農夫二扶犂　農童六習歌

常雩壇　在縣東關外乾隆七年定每歲四月十八日舉行
常雩之禮不另立雩壇卽於先農壇行禮神牌社稷居中山
川居右先農居左祭品禮節與先農壇同
祝文
恭膺
詔命撫育羣黎仰體
彤廷保赤之誠卲農勸稼俯惟蔀屋資生之本力穡服田令甲爰
頒肅舉祈年之典惟寅將事用伸守土之忱黍稷惟馨尙冀
明昭之受賜來牟率育庶俾豐裕於蓋藏尙饗
迎春　祀芒神　先一日用鼓吹香亭正印官及各官公服

迎春於東郊禮生贊上香贊酹酒正印官三上香酹酒行一
跪三叩禮畢舁芒神及春牛先期照式塑造屆期置郊迎所置署前春牛南
向芒神在東西向立春日陳香燭酒果祀芒神禮生贊奠酒
正印官奠酒三爵各官行一跪三叩禮畢各執綵杖執事者
擊鼓三聲各官環鞭春牛者三謂之鞭春
城隍廟　明洪武二年勅封鑒察司民顯佑伯廟在縣治西
乾隆四十二年移建大南門內舊址改建察院咸豐四年兵
燬九年知縣覃瀚元重修攷祭典歲無特祀春秋附祀於神
祇壇祭厲壇則奉其主以涖之有司每逢朔望入廟上香行
一跪三叩禮

僧雪林置蔡山高沙陂民糧一斗科米散入各戶知縣歐
陽地有碑記僧小朗買楊姓朱家洲地半股陳姓洲地
六分五釐俱獻入廟知縣張雲松有碑記乾隆四年郭公
純獻香燈田一十七畝有碑記
邑厲壇　明初在北郎山村官塘右後廢乾隆十八年知縣
薛乘時建祭臺一座每歲清明日七月望十月朔日致祭先
期守土官備香燭公服詣城隍廟上香行一跪三叩禮焚牒
以祭厲告至日黎明禮生奉請城隍神位入壇居中壇下牓
四鄉孤魂等衆居右流寓無祀鬼魂等衆居左用羊三豕三
飯米三擔香燭酒紙隨用

禮節
禮生引守土官公服詣城隍神位前贊跪守土官跪贊上香
守土官三上香贊叩興守土官三叩興退執事焚楮帛守土
官詣燎爐前祭酒三爵退城隍神位禮生奉還入廟
祝文
遵承禮部劄開闔境無祀鬼神等衆事欽奉
皇帝聖旨普天之下后土之上無不有人無不有鬼神人鬼之道
幽明雖殊其理則一今國家治民事神已有定制尙念冥冥
之中無祀鬼神昔爲生民未知何故而歿其間有遭兵刃而
橫傷者有死於水火盜賊者有被人取財而逼死者有遭刑

禍而負屈死者有天災流行而疫死者有被人强奪妻妾而死者有爲猛獸毒蟲所害者有爲饑餓凍死者有因戰鬬而殞身者有因危急而自縊者有因牆屋傾頽而壓死者有死後無子孫者有子孫不能祭祀者此等鬼魂或終於前代或沒於近世或兵戈擾攘流移於他鄉或人烟斷絶久缺其祭祀姓名泯沒於一時祀典無聞而不載此等孤魂死無所依精魄未散結爲陰靈或依草附木或作妖變怪悲號於星月之下呻吟於風雨之時凡遇人間節令心思陽世魂杳杳以無歸身墮沈淪意懸懸而望祭興言及此憐其慘悽故勅天下有司依時言祭期於神依人而血食人敬神而知禮仍命

本處

城隍以主此祭欽奉如此不敢有違謹設壇於城北置備牲醴羹飯專祭在縣境内無祀鬼魂等衆靈其不昧來格來歆

尚饗

馬祖廟　在縣署側每歲六月二十三日神誕致祭用羊一鵝一鴨一雞一菓品全席行一跪三叩禮

旗纛壇　在演武門外每歲霜降武官致祭

祭品　帛一　羊一　豕一

關帝廟祀典　廟經兵燹每歲擇城内公所設主致祭

聖帝封號始於明代致崇極於

國朝順治九年　勅封忠義神武　關聖大帝以後疊加靈佑仁勇威顯護國保民精誠綏靖等字咸豐三年升入中祀加封三代爲王頒發祝文樂章每歲春秋仲月吉日及五月十三日致祭先期致齋二日

春秋仲月祭品

爵三　帛一白色　豕一　羊一　牛一

鉶一　簠二　簋二　籩四　豆四

五月十三日祭品

帛一白色　豕一　羊一　牛一　果五盤

禮節

祭日各官具朝服齊集廟左門垣陰陽生報鼓三通贊引生引承祭官陪祭官至東西階下通贊唱樂舞生排班序立執事生各司其事承祭官就位陪祭官各就位贊引生贊各官就位通贊唱瘞毛血執事生二人捧毛血盤出西正門瘞畢由東正門入通贊唱迎　神樂奏格平之章樂作贊跪叩興承祭官陪祭官行三跪九叩禮樂止通贊唱奠帛爵行初獻禮樂奏翊平之章舞羽籥之舞樂作贊引生贊承祭官詣盥洗所盥手授巾畢贊升壇引由東階入殿左門詣

關聖帝君位前贊跪上香奠帛爵叩興如文廟儀畢通贊唱就讀祝位贊引生贊承祭官至殿中拜位立樂止通贊唱承祭

官跪陪祭官皆跪讀祝文司祝生跪讀祝如儀樂作贊引生
贊叩興承祭官陪祭官皆三叩興贊復位承祭官復位樂止
通贊唱行亞獻禮樂奏恢平之章舞同初獻樂作贊引生贊承祭
官升階詣　神位前奠爵於左如初獻儀退降階復位樂止
通贊唱行終獻禮樂奏靖平之章舞同亞獻樂作贊引生引承祭
官升階奠爵於右如亞獻儀退降階復位樂止舞佾生肅退
通贊唱飲福受胙贊引生贊詣受福胙位引承祭官由東階
入殿左門至殿中拜位立司福胙生二人奉福胙進承祭官
受福胙如儀復位通贊唱謝福胙贊跪叩興承祭官陪祭官
行三跪九叩禮通贊唱徹饌樂奏彝平之章樂作徹畢樂止

通贊唱送　神樂奏康平之章樂作贊跪叩興承祭官陪祭
官行三跪九叩禮樂暫止通贊唱司祝生奉祝司帛生奉帛
恭送燎所承祭官避立拜位東側俟祝帛生過復位立樂作
通贊唱詣望燎所贊引生引承祭官詣望燎所立視祝帛焚
半贊禮畢各退

春秋仲月祝文

惟
帝星日英靈乾坤正氣允文允武紹聖學於千秋至大至剛顯
神威於六合仰聲靈之赫濯崇典禮於馨香茲當仲春秋用昭
時亯惟祈
昭格克鑒精虔尚饗

五月十三日祝文

惟
帝九宇承庥兩儀合撰崧生嶽降溯誕聖之靈辰日午天中屆
恢台之令序聰明正直壹者也千秋徵肸蠁之隆盛德大業
至矣哉六幕肅馨香之薦爰循懋典式展明禋苾芬時陳精
誠
鑒格尚饗

樂章

迎神奏格平之章　懿鑠兮焜煌
神威靈兮赫八方偉烈昭兮累世祀事明兮承光達精誠兮黍

稷馨香儼如在兮洋洋
初獻奏翊平之章　英風颯兮
神格思紛芝蓋兮龍旂蘭桂醑兮盈卮香始升兮明粢惟降鑒
兮在茲流景祚兮翊昌時
亞獻奏恢平之章　觴再酌兮告虔舞干戚兮合宮懸歆苾
芬兮潔蠲扇巍顯翼兮
神功宣
終獻奏靖平之章　鬱鬯兮三申羅籩簋兮畢陳儀卒度兮
肅明禋

神降福兮宜民宜人
徹饌奏懿平之章　物惟備兮咸有明德惟馨兮
神其受告徹兮禮終罔咎佑我邦家兮孔厚
送神奏康平之章送神奏其一望燎奏其二　幢葆葳蕤兮
神聿歸馭鳳軫兮驂虬騑降烟熅兮餘紛緋願回靈盼兮德洽
明威其一
焄蒿烈兮燎有煇
神光遙燭兮祥雲霏祭受福兮茂典無違庶揚駿烈兮永奠疆
畿其二
後殿三代神位　同日致祭

曾祖光昭王　正中
祖　裕昌王　左
考　成忠王　右
後殿祭品
帛一白色　豕一　羊一　籩四　豆四
禮節行二跪六叩禮承祭官詣各爐前奉香餘同前殿
春秋仲月祝文
惟
王世澤貽庥靈源積慶德能昌後篤生神武之英善則歸親宜
啓尊崇之報超上公而列爵
錫命優隆合三世以肇禋典章明備恭逢諏吉祇事薦馨尙饗
五月十三日祝文
惟
王廸德承家纍仁昌後崧生嶽降識毓聖之有基木本水源宜
推恩之及遠封爵特超於五等馨香永薦於千秋際仲夏之
屆時命禮官而將事惟祈州縣致祭禮官句宜更用
昭格鑒此精虔尙饗
廟址在化龍門外河南明撫院郭惟賢捐田二十七畝五
分乾隆二十一年貢生吳如渭捐廟後田四畝
文昌帝君祀典

咸豐六年文昌升入中祀每歲春秋仲月吉日及二月初三
日致祭其祭品禮節與關帝廟同
春秋二祭祝文
惟
神道闡苞符性敦孝友並行並育德侔天地以同流乃聖乃神
敎炳日星而大顯仰鑒觀之有赫示明德之惟馨茲當仲春秋
用昭時啓惟祈
歆格克鑒精虔尙饗
二月初三日祝文
惟

神功參橐籥撰合乾坤溯誕降之靈辰三台紀瑞度中和之令
節九宇承暉若日月之有光明闡大文於孝友如天地無不
覆載感至治於馨香爰舉上儀敬陳芳薦精禋罔斁
神靈式臨尙饗

樂章

迎神奏丕平之章　秉氣兮靈躔翊文運兮赫中天蜺旌兮
戾止雕俎兮告虔迓
神庥兮于萬斯年
初獻奏俶平之章
神之來兮籩豆式陳
神之格兮几筵式親極昭彰兮靈貺致蠲潔兮明禋升香兮伊
始居歆兮佑我人民

亞獻奏煥平之章　再酌兮瑤觴燦爛兮庭燎之光申虔禱
兮
神座儼陟降兮帝旁粢醴潔兮齋遫將綏景運兮靈長
終獻奏煜平之章　禮成三獻兮樂奏三終覃敷元化兮縈
神功馨香達兮肸蠁通歆明德兮昭察寅衷
徹饌奏懿平之章　備物兮惟時告徹兮終禮儀
神悅懌兮鑒在茲垂鴻佑兮累洽重熙
送神奏蔚平之章送神奏其一望燎奏其二　雲軿駕兮風旂招
神之歸兮天路遥瞻翠葆兮企丹霄顧迴靈眷兮福我朝其一
烟熅降兮元氣和
神光燭兮梓潼之阿化成耆定兮櫜弓戢戈文治光兮受福則
那其二

後殿　同日致祭祭品禮節俱照關帝廟後殿儀

文昌帝君先代神位

後殿春秋祝文

教詒式穀垂抑邪扶正之規禮重升馨著崇德報功之典載
稽譜牒祇肅苾芬惟
文昌帝君學裕本原道參位育緬馨香之至治久極尊崇申報亯
之隆文宜昭誠敬聿升中祀式舉上儀於戲德迪前光十七
世仁風普洽慶餘積善億萬年文運長新敬布明禋尙祈

昭鑒尙饗

後殿二月初三日祝文

惟
文昌帝君道備中和神超亭毒稟詒謀而允紹欽毓聖之有基雲
漢昭回際嶽降裕生之會馨香感格與水源木本之思式肇
明禋用光彝典尙祈
神鑒亯此清芬尙饗

文昌閣舊在化龍門外當縣河水口後圯邑令部豐鍊據形

家言謂縣前河流向西直注於一邑財富文星均未宜欲建閣先宜改河俾東來之水南折而北環城轉西合西池之水而出與大河合建閣其間地爲陳姓沙洲貢生陳士楫士元生員陳士霖又新願以入公建閣工未畢邵令調任闔邑屬紳士完繕費苦不給邑國學翁于智捐貲督理總其成功舊河既塞漸次開田歲可得穀三四十石以供文昌香燭嘉慶道光間邑士人重修二次咸豐七年燬於兵同治十年知縣覃瀚元率士民重建

岳王廟　在西關外明萬曆七年勅祀宋忠武王世襲祀生二員主之有司於春秋戊日致祭用帛一羊一豕一行二

跪六叩禮　乾隆十一年重修頭門前抵街道下重爲祭祀更衣所中有衛堂上重正殿明三暗五後園至田岸十有餘丈左邊正殿後有舊牆脚至西池塘岸右邊正殿外有岸六七尺直至田後兵燬今移建西關内

昭王廟　祀宋公飛仙俗所稱梅山福主是也邑中香火儘多其附郭在北關外者曰昭王廟宋景德三年天下大疫縣尹李愍全家染患王救治得痊尹感王德爲建廟於北叩山至明封爲昭德侯（廟額稱王時俗好大之誤）因以名廟乾隆十一年有黃姓絶產二十畝知縣楊龢時准其入廟二十二年蔣蒼璧又施田五斗菜園一塊每歲春秋仲月戊日致祭行一跪三叩禮

郭公祠　在縣治西巡撫郭惟賢建梅城因建祠祀之祠久廢每歲春秋丁祭日承祭官詣西郊德政碑前致祭行一跪三叩禮

忠烈祠　在東關内邑進士石有恆任長興縣知縣元旦殉難奉　勅建祠每歲春秋丁日致祭行一跪三叩禮祭品與岳王廟同

忠節祠　在停前驛街咸豐九年撫憲胡林翼題奏奉旨黃梅縣殉難官弁紳民並節烈婦女准其立祠以示優恤（姓名另傳）知縣覃瀚元率闔邑公建胡文忠公特書忠節祠並浩然

之氣匾額

帥文毅祠　在東關内邑編修帥遠燡在江西東鄉勦賊殉難奉　勅建祠專祀（兄子疇廩生萬泰附祀）

祠祀附載凡非秩祀者俱列附載後

鮑公祠 祀劉宋鮑參軍照字明遠舊在鼓樓門外後改建儀門右每歲春秋戊祭及朔望必臨焉行一跪三叩禮史載明遠爲秣陵令後爲參軍舊志載參軍嘗居梅縣治乃其居之故址梅故祀之祠塑公像用甲胄公文士豈以史載爲亂兵所殺遂疑公與亂兵鬬耶明遠作白頭吟自傷清直芬馥謗起鑠金傳載明遠爲宋景所害是明遠未嘗以亂兵死也史失攷耳

鮑母祠 在縣署後署內東北偏舊有塚因建祠供女像甚靈異相傳爲參軍妹令暉後攷正實係其妻張文姬故稱

鮑母有辨見藝文

陶公廟 在上新一名高廟祀晉太尉陶侃有記見藝文

晏公廟 在段家洲名戌仔宋末清江鎮人入元爲文錦局堂長因病歸舟發尸解人以爲神常有靈異顯於江湖封平浪侯萬歷庚申汪可受建廟貢生汪方長重修

李公祠 在下新鎮元時公爲宿松令於松而神於梅南鄉奉爲雨澤之神有功德於民則祀之相傳以爲助應忠節李侯云名伯約四川人

金沙廟 在山南鎮祀毛一公名靈宋臨川人館梅佘劉三姓家卒葬於合石山口相傳死爲雨神每多異驗劉鍵立廟祀之後移祀於建龍庵又有毛公庵在屯頭舊職員石遠曾同六廠公建

馮公祠 在下新鎮萬歷間議立稅廠兵巡道馮公名應京字慕岡泗洲盱眙人止之建祠祀焉

來公祠 公名三聘在東關外邑人勒碑肖像祀之明季像燬於兵碑亦淪沒乾隆年間知縣薛乘時訪求得之土中乃捐建於東嶽廟側春秋致祭今廢

武公祠 公名圖功在來公祠左今廢

姜公祠 公名忻在西關外今廢

曾公祠 公名維倫本府推官萬歷十年署縣事有德政祠在西郊今廢

徐公祠 公名澤今無攷

瞿孝子才八祠 在貞節坊右巡撫郭惟賢爲瞿甲建今廢

救護

每逢日食預行出示曉諭僚屬剋期設鼓於儀門設香案及鼓於露臺上向日陰陽生報日初虧各官素服行二跪六叩禮班首官上香畢擊鼓三聲衆鼓齊鳴及報光圓鼓聲止各官吏朝服行二跪六叩禮畢各退月食儀同

祈雨

先一日各官齋戒禁屠宰正印官素服步行至城隍廟上香焚疏遂於昭王廟注水盈缸插柳枝陳設香案香蠟拜位用

席僧道各一班至次日清晨開壇誦經各官素服步行鼓樂前導至昭王廟禮生引至拜位前通贊唱行一跪三叩禮道會司讀疏文焚疏畢行一跪三叩禮退至經壇上香亦行一跪三叩禮退如三日內未得雨再致敬祈禱禮亦如之雨降即穿補服詣城隍廟昭王廟行報祭禮儀同

祈晴

專在城隍廟設壇行禮拜席用紅氈餘與祈雨同

黃梅縣志卷十一

地理志

村鎮

梅有四鄉分卌六鎮鎮以轄村畛隰不紊衆商藏市老農服田星羅碁布毗接人煙瓦屋茅茨高下同井陸挽棵車水通竹艇廣蘄西北江皖南東化行俗美異境同風志村鎮

縣有四鄉曰新城曰長樂曰永福曰鳳源中分三十六鎮除縣市鎮附郭外有三十五鎮聚居成市者惟停前新開孔壠濯港下新獨山元角楊樹其餘皆為村落

東曰新城鄉分八鎮東抵宿松界

項橋鎮離城五里

上深村 中深村

下深村

山南鎮離城五里

山南上中下三村 潸流西村 潸流前後二村

太湖村 排子村 屯頭村 松山前後二村

雞公村 河南村 河西村 龍安前後二村

河南下保村 河南上保村

張林鎮離城十里

優游村 七里村 高艮前村 南湖塘村 栗樹村

竹塘村 桐城村 桐城後村 上湖塘村 寺前村

窰坊村 安定前村 陳子西村 上陳家村 袁家西村

方家村 安定後村 陳子東村 上七里村

上沿鎮離城十五里

上沿港總村 源湖東西二村 山角林村 永豐村

東西保二村 熊家上下二村 金保前村 蕭家村

居仁中村　居仁前後二村　西北石上中二村
長溪中村　長溪東西二村　楊木角東西二村
新安後村　新安東西二村　周家村　水滴林村
金牛村　金牛前後二村　鄭家村　鄭家北村
上新保　保甯村　北城東西二村　毀塘村
泰和村　新城村　陳家雙廟二村

下新鎮離城二十里
東保村　上灣　中灣
西保村　下灣　芭茅村

獨山鎮離城二十里
石曹村　蕭家村　新興村　周家村　楊家村
硯塘村　李家村　三家村　義林村　白龍村
鄧家村　唐家村　石牌村　三口村　東保村
西保村　南保村　北保村　中保村　後保村

黃花鎮離城二十五里
周家村　東北村　顏家村　西保村　後保村
石潭村　前保村　二保村　埋賽村　汪家村

李家村　湖東村　小源寶村
王家村　東觀村

卓壁鎮離城三十里
樸林村　新田村　何家村　東西保二村　韭山中村
陶家村　白羊村　優游村　上中保二村　河浴中村
陳子東中二村　梅家上下二村　袁家東西二村
小陂上下二村　高梁前東二村　韭山前後二村
緣蔭村

南曰長樂鄉分十鎮南抵德化界

張湖鎮離城五里
萬畲全村　金鍾村　前保村　後保村
趙家城村　邊家村　五廟東西南三村
下保南北二村　谷塘上下二村
白湖前後二村　北圍村

濯港鎮離城二十里
長吉村　松坪村　散水口村　逝水坂村
後保村　羅家村　北岸村

黃連鎮離城二十五里
柘林寺前保村　後保村　東石湖前保村　後保村
西石湖前保村　後保村　汪家圩中保村　三塅保村
劉家圩東保村　五廟南村　五廟西村　下呈坂村
江蔣李西保村　黃家墩村　項家圩村　陳家河村
陳家林村
佘家圩村

白湖鎮離城四十里
蘄湖西村　蘄湖東村　白口前村　白口中村
白東村　半面城村　龔家祈村　董公城村
東保村　中圍後村　上竹墩村　下竹墩村
中圍村　陂東村　於湖村　新安村
楊林湖上下保村　半面城前村
地保村　半面城後村

新開鎮離城九十里

官地村　樓花村　趙家村　郭家村　星晝村
新安村　鄧家村　張家村　王家村　龍行村
太平村

孔壠鎮離城五十里
東廂　前保村　後保村
西廂　新安村

塘穴鎮離城七十里
新興村　橫港村　中保村　上保村　大樹井下保村
保甯村　五方村　三家村　土保村　中甯保村

謝灘鎮離城八十里
新開堡村　陳家堡村
崔家堡村　雷家堡村

清江鎮離城九十里
一祀村　土地堂
黃梅村

楊穴鎮離城一百二十里
丁家上村　丁家下村　馮家上村　馮家中村
馮家下村　張家上村　張家中村　張家下村
柴貞下保村　中保村　下保村
重興上保村　向家洲　新立村
西曰永福鄉分九鎮西抵廣濟界
金林鎮離城二里
瓦石東村　太平村　青長村　泥坡村　上谷庳村
瓦石西村　鷺婆村　桃木村　羊婆村　下谷塊村
什村鎮離城十里
六陂東村　六陂西村　北後長村　中後長村
豐樂村　向福前村　向福後村　蘆塘前村
蘆塘後村
南陽村
楊樹鎮離城十五里

東潭村　蟠龍村　金城村
羣居村　什城村
路頭鎮離城二十里
黃籙村　青竹村　赤安村　長繼前村　長繼後村
松坪村　網罩村　舒城村　西獨山村
劉塘鎮離城二十里
議步村　長安村　大格村　小格村　竹塘村
西五村　東五村　永安村　白花村
元角鎮離城二十五里
魯陂村　長平村　宗睦村
大醫村　白露村　板橋村
太白鎮離城三十五里
新興村　湖塘村　西安村
錢萬村　東安村
塅塘鎮離城四十五里

湖西村　北南東村　北南西村　新建湖西村
中堡村　中堡吉村　北南中村
蔡山鎮離城七十里
西村　東村　園村　茅庵村　周家村　鄧家村
田家村　胡家園村　鴨兒村　大安村　費家村
黃家村　劉家村　張家西村　涂家村　軍屯村
古城村　孟旺村　梅家村　胡家東村　陳埠村
小陽村　大灣村　太平村　新安村　十家安村
山南前村　陳家井神村　山北後村
北曰鳳源鄉分八鎮抵宿松蘄州界
茶兒鎮離城五里
岳家村　清長村　下深恩村　東寶坂村　西寶坂村
祝子村　栗木村　上栗木村　中栗木村　下栗木村
董家檀木村
宛家堡村
多雲鎮離城二十里

上百萬村　下百萬村　中百萬村　上伎伴村
下伎伴村　東白馬村　西白馬村　後白馬村
上蟠龍村　下蟠龍村　長壽村
渡下前村　渡下後村
考田鎮離城二十里
新塘村　白馬村　考田村　桐水村
宂埠村　永安村　黃梅村
小溪鎮離城二十五里
石陂村　石骨村　河中都統村
河西村　苦竹村　連濱村
東山鎮離城二十五里
西七畝村　南七畝村　東七畝村　蔡家田村
石壁南村　上湖鍾村　下湖鍾村　西赤塘村
山前村　龍門村　龍池村　亭子村　棗木村
白楊村　河東村　赤塘村　車門村
龍坪鎮離城四十里

西冲村　白土村　望江村　小仵河村　高草欲村
長溪村　千竹村　山丫村　石稻場村　楊家山村
上保村　中保村　下保村　河東村
千壁村　白沙村　徐家村

停前鎭離城四十里

什廟村　停前村　百倍村　百吉村　界首村
觀興村　屠司村　顧冊村　大家村　田冲村
上里村　龍頭東村　龍頭西村　塔草前後二村
白龍村　柴下中村　張家東村　張家中西二村
拿泥後村　河洛上村　河洛中村　河洛下村
陳子西村　小陂上村　小陂下村　白狗村

古角鎭離城六十里

東嶽村　南山冲村　古角東村　古角西村　山吳村
石槽村　北草坂村　萬家山村　十八枓村　大平村
小平村　落溪口村　安樂村
谷聚村　牛角壠村

黄梅縣志卷十二

建置志

水利

岷江奔瀉彭蠡環瀠梅介其間彊理縱横山澗在後瀑濺雷鳴外重堤塍内資塘堰築土鳩工宜勤完繕防禦既堅灌溉亦徧廣疏溝洫競治田疇毋使横溢乃慶有秋時哉勿失未雨綢繆志水利

河堰邑古角龍坪小溪考田等處皆崇山峻嶺溪水下注各成一河沿河築壩以防汎濫穿竇開堰以資灌溉於是山田始收其利而各河蜿蜒入湖經三四十里所歷平原曠野兩岸皆有壩有堰於是阪田始收其利脩堰之制或石或版計畝醵金各有簿錄天乾放水按畝分番各有部署其首尾所不及亦閒有池塘地勢宜然也

塘港上沿黄花及無河等處山勢漸趨平壤山腳之溝深廣不踰尋丈水無所瀦於是築岸爲塘引水成港大率田居其十水居其一藉資灌溉其修放之法與堰相若而兼可養魚享有餘利

外堤自廣濟界牌石入邑蔡山地方爲保賽口下長若干丈爲涼亭口下長若干丈爲丁家口外設大灣塘下長若干丈爲裔家口下長若干丈爲沙灣口外爲黄泥口塘以上

數口俱高均蔡山地方下長若干丈至新開地方爲潘興
口外爲余家匯塘此口地勢稍低距江近最險要堤內有
何家口月堤解家口月堤幫護下長若干丈至德化何家
堡經蘄衛王家口約計三十里入邑謝瀸地方爲馬路口
下長若干丈過蘄衛沈家口又爲邑梅家口下長若干丈
爲胡家口下長若干丈入楊穴地方爲楊家口一號下長
若干丈歷蘄衛鍾伍堤汪家口金家口爲楊家口二三號
下長若干丈歷蘄衛蒲塘口爲楊家口四號下長若干丈
爲劉左口歷蘄衛正港口段姚街駐此正港口隄盡爲邑
董家口下長若干丈入江南宿松界是隄濱長江百餘里

舊名康公隄乃明康武毅茂才築以障江流者累脩于邑
令楊本俊范國超年代已遠不能悉詳明萬歷三十六年
洪水泛溢決口數十處邑令桂生芝沿隄周濟請帑建隄
自保賽口至董家口高廣倍昔百姓利賴名曰桂公隄
國朝康熙四十四年巡撫劉奏准空壓田畝公議攤補立有碑
記雍正乾隆間知縣李珣楊瀜時遍脩諸口挽築月隄不
數年又漸塌缺乾隆二十年江水北泛隄勢甚危知縣薛
乘時按畝均夫晝夜搶築始得無恙其空壓田地悉照舊
例攤補又自楊家口堤起下至宿松界名石公隄即桂公
隄尾也緣彭蠡北注江岸衝擊崩塌楊穴一帶又低下上

通太白源感諸湖險汛可慮順治間邑舉人石鎮國官廬
鳳道駐皖城檄會松化梅三邑會脩作堡房堤上令民駐
守又飭積穀備歲脩一時利賴後因地界三邑人各異心
日漸傾頹康熙雍正間知縣戴紹祖李珣均經脩築有碑
紀事 舊志

內隄 自外隄沙灣口起名極了壩下長若干丈至王家口又
長若干丈至孔壠爲孔壠塘轉東南行下長若干丈過嚴
家閘至塘穴爲塘司月又下長若干丈抵外隄馬路口止
隄內爲塘穴等處地土平衍內有南北柴池湖及化邑封
郭二洲隄外爲太白湖尾溢入謝瀸鎮爲賽感湖夏漲則

湖水南泅萬歷四十八年邑令鍾顴俊因築是隄以障湖
水名鍾公隄 舊志
前二條俱舊志所載內稱外隄乃康公茂才所築似失實
據德化志載封郭洲隄係明萬歷三年江西巡撫楊成督
德化令俞汝爲創建綿亘三十里並約楚當塗築隄數百
丈與是隄接則外隄後二百年始有何得云康公康公所
築係今驛路隄即昔之江隄前此隄外皆濱江窪土後漸
淤滿成熟始行建圩名潘興此前後大較情形也又稱內
隄係萬歷四十八年縣令鍾顴俊所築名鍾公隄後敍嚴
家閘又云梅築內隄防湖患於是化邑二洲水無所洩萬

歷三十五年買得嚴姓田地開河建閘前敘建隄在四十八年後敘因隄開閘在三十五年前後倒置自相矛盾舊志之不可盡信明矣惟是各口遞接相距丈數雖今昔不同而名目段落次第敘記昭然仍舊存之以備攷驗其自乾隆以後脩建及屢次崩江遷隄各情事一一釐定詳載於後

沿江隄（即外隄）自廣濟界牌石保賽口起至潘興圩汪家廟止計長七千餘丈過化邑封郭隄又自馬路口起至宿松之同仁隄止計長三千餘丈中間上段之涼亭口丁家口商家口沙灣口潘興口下段之梅家口胡家口楊家口劉左口正港口董家口其相距丈數各有分堤册可稽第近年來江岸崩塌壖腳屢移上段惟新開街市坍卸吸成龍蕩移退東北四五里許餘無甚變易下段謝楊二鎮則崩徙頻仍不知紀極有邑人楊才藻江隄畧云粵自乾隆末知府初之璞建長江隄名初公隄歷嘉慶道光間地勢情形無大更變道光十一年洪水泛溢初公隄潰決無存謝楊二鎮江沙瀰漫望之如堆灰積雪十二年知縣鄧蘭薰請帑數萬自張家界至段姚嶼沙取土建長隄二十餘里以江岸偪近內移二三里至此情形一變十三年又大水楊家口連劉左口潰數百丈十四年知縣賴以立與前任鄧

分責賠脩隄腳又內移里許二十八年水愈大楊劉二口潰千餘丈是歲荒甚知縣金崇城詳請以工代賑於二口潰處新建隄千餘丈江岸愈偪隄又內移一二里至此情形又一變二十九年巨浸稽天為數百年所未有不惟所脩新隄沖潰無存即村庄房屋民屯田地漂沒沖壓殆盡邑之清江段姚二鎮市從此就廢三十年春知縣鮑開運稟借閒款數萬金脩隄是屆工程第沙上加隄未掘沙取土隄亦內移一二里至此情形則大變咸豐初隄幸無恙而崩坍猶未止八年知府周炳鑑奉檄勘坍塌沙壓詳覆有云某至該處履勘其地勢低窪迎溜頂衝不數年恐所賸沙壓田地無有即一帶長隄難保無患其言果驗九年江岸陡卸楊家口至董家口一帶勢如裂帛或一塌數十丈或一塌百餘丈十年至同治五年閩縣照糧攤費知縣覃瀚元連挽月隄五次六年知縣多壽自正港口至董家口又挽月隄一次至此情形愈一大變七年楊家口隄因前鮑令未掘沙水浸沙浮潰數十丈八年知縣楊應桓派費築潰口於內復挽月隄護夏大汛劉左口又潰數百丈地低水激舒公章湖等圩並許黃二伍盡被沖壓無復田廬景象九年知縣覃瀚元請款萬餘金從楊家口四號起至董家口抵宿松隄止建脩新隄腳內移三四里至此

情形變易極矣夫昔年江岸有洲洲內有套套內有民屯田地始行建隄隄內有段姚街市及衆姓居址田地越四十餘年新建長隄四次補挽月隄七次所移入十餘里之地俱落江心桑田滄海之說不信然乎此畧最爲詳明附録存驗

驛路隄（即內隄）自丁字壩起至孔壠楊泗廟止長七千二百二十丈自楊泗廟起歷王家壩至黃泥塘止長三千六百丈共一萬零八百二十丈此隄實係康公所建後來疊次修築不能悉載同治八年大水沖潰十年春梅化兩邑會經會稟湖廣制憲李江西撫憲劉　奏撥釐局官錢修復

內湖隄 自周宣口起歷白湖馮家圩至孔西馬坊口止計長七千八百四十丈又自穀壩頭起歷聶家圩邢家圩周成一圩至嚴家閘止計長五千四百丈又自嚴家閘起歷板橋至毛家店止計長六千三百丈計全隄共長一萬九千五百四十丈自周宣口至白湖渡隄工障上游太白湖水折而南抵馬坊口十里自穀壩頭歷嚴家閘至毛家店隄工綠近年下游湖水泛漲沿湖田廬盡淹知縣覃瀚元董率紳民修築此隄編列接壤六圩連化閘儼然湖內一長城十四字號經營數年訖工障下游源感涉諸湖水不致上侵隄內地勢窪下而遼闊比年保固已見成效

曾公隄自孔壠東北行經白湖渡中路庵至濯港北止計三十餘里緣太白湖水南阻王文通圍東趨白湖渡達黃連入源感湖下濕泥濘行路艱難乃於渡口南北横建長隄以遏水勢俾其直下而此隄高燥遂成官道蓋萬歷十年署縣事曾維倫捐俸所建者也萬歷四十八年知縣鍾龥後捐俸勸脩廣爲增益覆沙其上沿途樹柳時人又名鍾公隄

國初三藩反側師旅頻經兼以連年水患馬蹂其脊水齧其根在在如脫齒裂膚矣康熙十五年知縣李成林及縣佐樓自新捐俸脩築隄復如初立有碑記迨後又漸卑平行人苦之至乾隆十八年里人何士清又爲募脩道光閒邑國學石景熙屢奉札脩培

民隄 蔡山鎭四處顏家圩周家圩嚴家圩張家圩新開鎭二處新建圩子壩圩謝灘鎭十四處板橋圩張家圩廖家圩趙家圩劉家圩翟家圩嚴家圩袁家圩陳家圩王家圩新圩莊家圩魏家圩費家圩楊穴鎭二十處楊家大圩張湖圩舒公圩楊家小圩張家圩張家小圩周家圩梅家圩梅家新圩王家圩劉家圩方家圩詹家圩梅家大圩湯家圩馮家圩張家新圩周家大圩段家圩李家圩黃花鎭一處何家圩上治鎭一處李家圩塘穴鎭十五處嚴家圩李冕

圩范家圩殷家圩殷家細圩石家圩王家圩王家新圩王
家頭圩王家二圩蔡家圩劉家圩沈家北圩沈家南圩十
家圩孔壠鎮十處高家圩楊隄圩熊家圩九房圩梅家圩
項家圩沈家圩湯家圩陳家巷圩碗皃圩山南鎮八處陳
家圩和尚圩段家圩祝家圩忙摅圩大圩細圩鍋巴圩張
湖鎮五處鄭家圩程家圩熊家圩張家圩先稻圩黄連鎮
十處劉家大圩劉家細圩汪家圩蔣家圩李家圩破圩五
祖圩項家圩段家圩新圩濯港鎮三處袁家圩陶家圩傅
家圩路途鎮六處桂家大圩桂家細圩余家圩張家圩范
家圩詹家圩白湖鎮七處蘇家圩王家新圩易家圩瞿家

圩王家圩馮家圩新立圩壜塘鎮一處王家大圩以上一
十五鎮共圩一百八座惟壜塘鎮王家大圩名王文通圍
長大而有禪官隄自白湖渡南岸起西南至廣濟龍坪界
抵外隄凉亭口止綿亘二十餘里圍田地數萬畝內有羅
家橋杉木橋外有陶丞橋以爲蓄洩太白湖水南漫大圩
民隄足以遏之西南官隄賴以障蔽乾隆十三年冬奉本
府王檄爲遵飭查核事奉布政司抄奉撫部院彭牌開乾
隆十三年十月二十日本部院摺奏臣於二月內抵任後
接讀
諭旨將湖河灘地禁止侵佔一案作何辦理之處查明具奏隨經

檢查舊案以楚省積水之區俱係納有糧課並非官湖可
容侵佔至湖邊江岸隙地私築小垸歷係嚴行禁止等因
聲明覆奏在案半載以來臣時時留心體察兼採輿論乃
知其閒仍有倘需籌畫者蓋少一阻水之處卽多一容水
之區則私垸之設不可不旣乎其實也查荆襄一帶江湖
袤延千有餘里一遇異漲必藉餘地以資容納考之宋孟
珙知江陵時曾脩三海八櫃以設險而瀦水後豪右據以
爲田汪葉力復之又荆州舊有九穴十三口以疏江流會
漢水是昔之策水利者大都不越以地予水之說也自滄
桑變易故迹久湮現在大江南岸止有虎渡調弦黄金等

口分疏江流南入洞庭汛漲時稍殺其勢至漢水由大澤
口分派入荆夏秋汛漲又上承荆門當陽諸山之水匯入
長湖下達潛監瀰漫無際所恃以爲蓄洩者譬諸一人之
身江邑之長湖桑湖紅馬白鷺等湖胸膈也監潛沔陽諸
湖下達沌口尾閭也其閒瀠洄盤折之支河港汊則四肢
血脈也胸膈欲其寬尾閭欲其通四肢欲其周流無滯無
如三襄之水性濁多沙最易淤積有力者因之趨利如鶩
始則于岸脚湖心多方截流以成淤灘則藉水糧魚課四
圍築隄以成垸在小民計圖謀生惟恐不廣而不知人與
水爭地爲利水必與人爭地爲殃川壅而潰蓋有自矣臣

伏查舊案援據判宜施道屠嘉正安襄鄖道王槩議將未
有之垸永禁私築已潰之垸不許脩復等因詳請飭遵補
偏救弊誠爲允當惟是利之所在民閒每不憚百計以求
勝而地方有司未能規及遠大少不留意則私築之弊仍
有不能免者縱令道府清查而曾否加添究屬無憑臣再
四熟籌竊以爲積習既成挽回非易今欲復三海八櫃之
舊勢誠不能亦必杜其將來而不使垸之增多則當先查
其現在而確知垸之定數惟有檄飭各該州縣於冬春之
際親行履勘將該州縣所有現垸若干各依土名查造清
册由府核定賫送各衙門存案嗣後卽以此次所查著爲

定數聽民安業此外永遠不許私自加增卽一垸之內亦
不得再爲擴充仍令該道員於本年出巡之便逐細詳查
加結具報則有無增添按册可稽而各州縣之實心奉行
與否亦可藉以查核勸懲至此後遇有淤灘原係民閒納
糧之地或種麥豆或取柴草均聽自便但不得另築垸堤
以防水路如此則愚民不致因小失大地方有司亦不敢
姑息怠玩自遺參處而與水爭地之錮習或可稍息矣所
有臣查明水道情形各現在籌辦緣由恭摺奏明伏乞
睿鑒謹　奏乾隆十三年十一月二十八日奉到
硃批只可如此辦理知道了等因抄奉由司行府卽便欽遵查照

飭縣履勘將現在之垸各依土名查造清册由府核定賫
送存案嗣後卽以此爲定數永遠不許私自加增亦不得
再爲擴充仍聽該管道員於出巡之便逐細詳察加結具
報　院憲并移本司查考章程定後按册可稽地方官果
能實心奉行自不致再有加增擴充之事倘敢姑息怠玩
查出飛揭嚴參等因抄案到縣知縣任重履勘將現在之
垸各依土名查造清册五本由府查核賫送存案至今永
遠遵行舊志　今圩名更易圩數增減類多不同如蔡山之
翟家圩高家西圩新遠圩孔壠之聶家圩邢家圩周成一
圩塘穴之江家圩廖家圩三斗坵圩七斗坵圩軍圩南圩

則更其名新開之寶興圩福興圩濯港之陳家沙圩魏家
圩蔡家沙圩則增其數謝灘之統眾圩爲板橋圩則又減
其數今昔變遷考古者不可執一以論也
嚴家閘在塘穴鎭驛路隄上其西南爲德化封郭二洲緣梅
邑築驛路隄以防湖患於是化邑二洲水無所洩歲苦淹
沒萬歷三十五年化邑知縣孫同倫相地形勢惟梅邑塘
穴驛路隄建閘俾水北出感湖爲便因具文詳請兩省督
撫會題允行梅庠生嚴復所慨將田地一塅與化邑開河
建閘其水道寬五丈長十五里化民運土載版以時修築
每歲認納水道錢糧一十兩零四錢其銀額編封郭兩鄉

正供之內里民交納復所子孫每年具帖領收承爲定例
舊志
按內湖隄十四字號內儆城二字號工險土難知縣覃瀚
元捐錢六伯七十五串置買孔壠三泰錢舖基屋壹座每
年賃租以作儆城二號歲修錢糧撥入公基內完納通稟
立案

黃梅縣志卷十三

建置志

津梁

道路津梁足覘政治舟楫可通民忻旣濟徒輿攸分古存遺制邑多湖港山泉所瀦匯流趨欲舉足趦趄有以達之迺利衝衢彼岸可登坦途共履或翼扶欄或招舟子王道平平方隅如砥志津梁

縣河渡已建橋

濯港渡縣西南二十里通太白湖已建橋

柘林渡縣西南十五里

白湖渡縣南四十里建橋築堤以通行人橋之修廢詳後按薛志云堤長三十餘里上通濯港下達孔壠一遇雨雪泥濘沒踝行者苦之乾隆十八年有里民何士青醵貲結伴往南海進香歸後計餘錢千文青曰此錢無所用我日支飯食挑土塡路盡一生氣力得尺則尺得寸則寸以結目前善果何如衆皆悅從堤左近無可取土往挑數里外亦不敢告瘁餘錢旣罄羣相感動升粟斗米爭輸助工何益踴躍數月塡有里許而里中好善有力者謂塡土不如甃以山石之可久於是有捐砌數丈及數十丈者四鄉聞風興起亦復捐助接踵乘時道經於此而加獎掖並捐給俸

金現砌石路約畧十有一二然由此精進不輟數十里崔嵬不平之道固不難積日觀成落成之後當將首士及捐施督理者姓名勒石紀功以垂不朽夫精衛塡海梁燕壘巢有志者事竟成豈虛語哉何士青以一鄉民矢願精專而好善者又能鼓舞以襄盛舉以此見善根於性而我梅之樂於從善爲可嘉也

傅公渡孔壠下五里

楊家渡由孔壠往封郭洲渡此

東觀渡縣東南二十五里經感湖涉湖至段姚

黃逆嘴渡去縣二十里冬月水涸梅民糧運清江取徑於此

清江嘴渡卽明史所云南有清江嘴

舊志云黃梅縣南行九十里至清江鎮市連德化之小池口往九江者必由小池口渡江蓋德化有渡船而黃梅無渡船也往例梅之馬往九江則駐江頭櫃房馬夫送使客至小池口過渡潯陽驛馬於南岸接遞如潯陽馬送黃梅必渡過小池口到縣換馬所以黃梅無馬船而德化有馬船也順治十二年小池民以泊宿過兵起釁諉告黃梅舊有馬船申道轉申江西撫院移文湖北撫院批下江防道道批黃梅縣知縣祁山將舊無馬船情由申道轉申撫院批詳在案十三年江西復移文湖廣批道行縣知縣孫琦畫二處地形併舊無馬船情由申明再蒙批准在案

鳳凰池橋明志在縣正街今淤

明月橋明志在城隍廟東蓋城隍廟原在西關外後遷基改造數次故府志云橋在西關外

蘆花橋在東門外舊志云寇過橋廢順治十年義民龔德甫重建

平政橋在小南門外明知縣鍾顴俊建後圮國朝順治閒邑舉人蔣文重建雍正閒邑貢生石天如諸生石天授等捐脩一次道光初邑知縣石文彩捐修一次二十八年水大至橋盡傾無存邑國學石寅賓重新捐造至今鞏固

殷家河橋在山南鎭雍正十一年義士宛美石建

馬頭橋在馬頭山下故名小南門外里許昔有橋被水沖圮乾隆三十二年桂朋蘭桂躍僊捐銀移下十餘丈建

文昌橋跨縣河通　關帝廟因水口有文昌閣故名今閣已遷建段家洲古橋廢

下家橋在佛母塔左明萬歷閒已建橋後圮邑舉人蔣文脩乾隆二十一年元孫志坤重脩咸豐年閒又圮同治年閒文裔孫復脩

辭母橋在西池傳爲五祖初出家離母於此

太平橋在西關外通會倉左雍正十年衆姓重脩

霍家橋縣東三里

清流橋縣東南三里

老鸛橋縣東三里東嶽廟前通宿松大路昔有木橋屢被水冲乾隆三十五年桂在蟾桂彌高建

西河橋縣東四里通宿松大路水源小溪流通縣河乾隆二十九年桂朋蘭建

沙河橋縣東五里知縣楊本俊建石梁熊勷重脩

青山橋東門外張林鎮離城八里悠悠河通宿松大路桂世紋建

高梁橋東門外悠悠河離城十里乾隆三十八年桂同姜建

仁壽橋在項橋鎮義士項世金建被水冲圮道光八年義士桂燦庚募衆重脩

項家河橋在項橋鎮項仁戶建乾隆十九年橋圮復脩

宋家河橋縣東七里知縣楊本俊建石梁

聶母橋在項橋鎮乾隆三年聶煒南重脩

兩河口橋在多雲鎮知縣鍾顯俊建後圮邑諸生喻于道重脩

石頭橋俗呼石橋頭在卓壁山下

土橋鋪橋在東山鎮康熙庚戌年僧印心募建

清江橋在停前鎮順治元年建

按清江橋即驛路所經之橋長拾柒丈有奇爲七省通衢舊志名曰清江令閘鎮不能舉其名但曰驛路橋而已驛路有橋長至十數丈志斷無不載之理其即爲清江橋無疑嘉慶十五年龍水冲圮其半本鎮六甲各置田備歲脩接石以木春漲時猶病涉焉

勒馬橋在停前鎮唐招討使曾元裕大破王仙芝於黄梅至此勒馬遂名康熙四年衆姓重脩

獨山橋在獨山鎮橋久廢康熙年間僧千齡募化重建雍正十三年李顯周募衆重修道光年間監生何廷森重建石欄干

顔家橋在黄花鎮萬歷元年邑庠顔懐仕建雍正十二年國學顔日陞等重脩

道觀橋在獨山鎮雍正十三年桂用及爲首募建

女兒橋在馬鞍山下

上沿港橋縣東南七里

存仁橋在上沿鎮雍正年間邑貢生郭承樸建

宋公橋在張湖鎮雍正年間諸生洪際盛等重修後被水冲圮

黄花港橋在南門外黄花鎮離城二十里監生桂開繩建

文運橋在化龍門外關帝廟側乾隆四十二年桂曬僊捐銀

壹千叁百餘兩桂景陽助銀貳百兩建

黃覺橋縣西南十五里

白鱔橋縣西南六十里邑人王殿五建

谷塘橋西門外五里通京大路昔有橋被水沖圮乾隆四十年桂履青重建

上谷塘橋在張湖鎮

下谷塘橋在張湖鎮乾隆二十年聶方曙重脩

毛家壠橋在謝灘鎮生員楊再思建

蝦蟆石橋在什村鎮乾隆十五年邑貢生余挹秀重建

上山橋在金林鎮縣西五里邑國學喻于智重脩

下山橋在金林鎮雍正十年眾姓重脩

福壽橋在福盤山下陳竟成袁文潔募建

百子橋在恩子山下乾隆二十二年生員陳竟成建

馬踏橋在金林鎮雍正十年魏奠三等募脩

大河橋在大河鋪於益吾建後於煥才重脩

兩河口橋在大河鋪下里許

王家河橋在大河鋪下七里

彈子墩橋在王家河橋東里許通廣濟錢秉鑑暨其孫壽光先後募修

胡祿橋在意生寺西上通大河鋪下通濯港舊有石橋邑進士張銘曾飼牛沽酒於此後題曰飼牛已去朝金闕沽酒依然過石橋康熙四十七年洪水沖圮義士夏九岸易以木時廢時修人仍病涉至乾隆十七年吳洪桂趙懷貞等募眾重修石梁

高橋在路途鎮上通胡祿橋下通長安橋

長安橋在劉塘鎮通廣濟黃姓建

余家橋相連三座在路途鎮乾隆二十三年邑貢生余肇礎建

黿殼橋縣西三十里昔時有人獲大黿以其殼爲橋因名後易以木

沿路溝橋俗稱閻王溝邑國學吳洪桂建

土橋去濯港半里許當京省孔道舊無橋鄉賓喻穎建乾隆三十八年孫婦孀節葉氏改建

東塥橋在濯港東

濯港橋鄉賓喻穎建其子于道等屢圮屢脩後孫婦孀節李氏築堤改造

葉公橋在清油港知縣葉鏜建

白湖渡橋知縣朱璧建明末居人斷橋以拒寇大石毀碎

國朝順治十年重募脩建歲久又圮康熙年間邑令張雲松捐俸倡募屬老僧眞一主其役四載告竣厥後踵其事葺治者不一雍正十三年邑令莊橒捐貲六百重脩以垂久遠

邑貢生李時炎胡式南督理後傾圯乾隆年閏桂燦庚等捐脩歷七十餘年漸圯知縣單瀚元議脩仍屬桂姓紳士董其事同治十一年工甫開而大水衝突橋圯過半捐募不及乃爲權宜之計架以巨木蓋猶未蕆事云

通理橋在白湖渡之下地汙下春水漲湖則人苦之萬歷十年知縣曾維倫捐募築四十里長堤堤左接邢家港右連眠羊湖堤塞湖水不通復建一橋以通二水便往來

陶公橋在縣西四十里

羅家橋去白湖渡十五里

蔡家橋在蔡山

雙城驛橋在元角鎮袁少泉建

靈潤橋即四祖花橋見通志

横山河橋在元角鎮通宿松廣濟驛路

楊樹橋在縣西十五里

聶家橋在楊樹鎮聶伯敏建

長壽橋在楊樹鎮由後山鋪通蘄州邑貢生李季章建

桃花鋪橋在多雲鎮邑國學李時旺建

夏家橋在陶家鋪東久廢

和尚橋在北關外二里

渡河橋在多雲鎮僧大楞募修今歸衆姓

於家橋在多雲鎮於益吾建

楊明橋在多雲鎮陶瑞祖建乾隆十四年陶又文脩

望雲橋即南山花橋每歲大旱土人入山禱雨至橋上望雲氣以占雨候故名

飛虹橋即五祖花橋

山耳橋在車門鋪東

錫公橋在多雲鎮小溪河康熙丁亥年程錫公建

大河口橋在古角山口

渡下橋在龍坪山口河濶水急邑人盧立吾募化建造後圯

方家橋縣東北十五里久廢

匡家龍宕橋在東山鎮雍正元年王正先募脩

龍錫橋在東山鎮陳龍錫建乾隆十七年白象彩重脩

師塘橋在板橋鋪西

唐家橋

松陽橋康熙四年知縣黄玉鉉重建

參石版橋建自明朝相傳程法司二子爲此橋土神

江家橋在縣東十里

艮心橋在東關外桂履青初建其子敬成利見中明踵成

永福橋在張林鎮桂世壁建

衙砂橋在東關外往宿邑孔道國學桂燦庚貢生鹿鳴建

冀家橋在項橋鎮冀懋後裔建後圮宏開宏程率六房補修

柘林鋪橋在項橋鎮石橋圮黃克成募建木橋

周均橋在張林鎮悠悠河嘉慶間周昌崧捐修

桐城橋在張林鎮悠悠河同治九年衆姓重修

張家橋在張林鎮悠悠河菩提堰

報恩橋在張林鎮桂景陽建

過路灘橋在張林鎮義士程之曙捐田建立木橋水漲設渡

福壽橋在阜壁鎮元鼻塘傾圮道光初項心安重修

楊家橋在阜壁鎮國學桂燦庚建

通濟橋在阜壁鎮黃婆嶺山衝尤文華捐修

大板橋在獨山鎮尤文華捐修

塥口橋在獨山鎮尤文華建

新橋在獨山鎮道光間貢生何瑛建

義生橋在獨山鎮王緣衝口尤文華及孫其拔迭修

青石板橋在黃花鎮本木橋屢廢國學陳學堯妻柯氏改建石梁

平成橋在上沿鎮貓兒塥嘉慶元年郭成萬建

張國輔橋在上沿鎮桂日崇建

太平橋在白湖鎮石湖北岸

朱家橋在路途鎮康熙間職員朱方旦募修

平橋在濯港鎮土橋接頭嘉慶間王雲開張俊德雄飛倡捐募修

世德橋在濯港鎮涼亭口喻姓建

郭家橋在蔡山鎮郭仙洲募建

文兒橋在劉塘鎮王必祐建後圮曾孫歲貢王蓮炬暨里人國學余春育以昌募修

馬溺河橋在劉塘鎮王學鵠妻梅氏建

臙脂河橋在楊樹鎮道光八年建

生鐵爐橋在楊樹鎮道光間建

浪龍口橋在什村鎮縣西二十里李永隆建

保泰橋在什村鎮

梅司嶺橋在什村鎮柳本榮捐修

雲山橋在多雲山下合鎮公修

太平橋在多雲鎮國學桂行健建子職員漢殿重修

兩河渡在東山鎮邑紳桂學彭馥林用章等捐田設渡

新橋在東山鎮國學石喆建

螽斯橋在停前鎮夏家灣嘉慶末國學岳騰建

渡溪河大橋在茶兒鎮程渡溪建橋下自商家河抵縣城北門十里其石路係國學商萬聲來德恩來文學步瀛等捐貲修砌

黄梅縣志卷十四

建置志

寺觀

名山勝境緇黄占之金錢布施於世奚裨然在吾梅仙鄉佛地祇樹長青曇花不墜維彼檀越資福緇經亦有詞客題壁怡情傑閣飛甍輝煌金碧我心廓然何空何色志寺觀

高塔寺在城東南隅寺肇於唐燬於黄巢初名彌陀寺宋天禧間沙門仁秉上春坊民唐守忠兄弟建殿亭舍宇及甎墖一座十二級高一百七十尺内坐鐵鑄四大部洲菩薩一尊名高塔寺明永樂五年僧永恭置佛堂廊房後燬乾

隆年間僧德珍募化重建邑人石燦有記咸豐四年寺被兵燬今唐姓復建後重

泰源觀在城東晉武帝爲羅真人建置道會於内乾隆丁卯貢生喻化鵠等重建今被賊燬

三官殿在泰源觀右雍正九年建今被賊燬

天后宫在東關内

都天廟在大南門城外河灘名古梅山賊燬今移建南門内

炎帝廟在小南門内

財神廟在西關内

老寺在紫雲山去縣四十里千歲寶掌和尚建當四五祖闡化之際寶掌年最高故稱老寺

四祖寺在縣西三十里爲大醫祖師道場祖得法於三祖璨唐初卓錫西山有真身塔曰毘盧至明正德間祖頂出火像與寺俱焚荆王鑄像重建萬歴間圯御史王珙建咸豐四年冬賊燬今重建

五祖寺縣東北二十五里昔馮茂長者以其山爲大滿禪師建道場一名東山一名馮茂山唐宣宗勅建大中東山寺南唐加師號曰廣化宋景德中改賜額真慧元至順間勅賜師號曰妙圓普覺禪師至明萬歴間寺燬於火重加修建咸豐四年冬賊燬今僧清洋募建

東禪寺在西南城外爲六祖受衣鉢處寺有六祖殿汪可受建五祖殿石崑玉建後燬乾隆十七年邑人白象彩重建咸豐五年賊燬

北山寶相寺在鼓角山無跡祖師道場唐長慶元年建今僧隆山募修

南山靈峰寺在鼓角山圓證祖師道場去寺百餘步祖塔在焉寺之西楚靜國師塔亦在焉

惜字閣在東關外明末燬於兵　國朝邑人喻于德重修並施田五斗咸豐間賊燬

東嶽廟在東關外歴係桂姓修咸豐初賊燬同治年間桂姓

重修

奎閣在化龍門外賊燬

佛母塔在西南城外去東禪寺數武爲五祖養母堂母沒卽葬於此石塔尚存

武當宮在西關外萬歷十年推官曾維倫建後把司馬汪可受重建廊有可受遺像俱被賊燬

鳳臺觀在北邙山相傳羅眞人丹成化鳳飛昇故名久廢

龍華寺在北關外曉愚禪師建有五祖侍者道初住此後燬於紅巾賊乾隆十三年邑人白象彩重建今被賊燬

東永福寺在東關外二里許朗公祖師自段窰渡江建資福寺於楊家穴過感湖建慶源寺於東觀至石人腳建蓮花庵至馬鞍山建黃荊庵最後建東永福寺旋寂於此塔在寺中

靈泉寺在卓壁山去縣東二十里五祖初結庵處

蓮花庵在獨山鎮舊有于聖龍王寄祀於此

黃荊庵在上沿鎮一名蘆泉古刹庵左阜有井相傳卽朗公植蘆處事見仙釋

南嶽雜公廟在小南門外里許邑人劉鍵立今移建前數丈許

泉水庵五祖曾卓錫於此有泉如沸祖喝之卽止至今猶然

紫虛觀在獨山鎮王月航眞人修煉處天順二年建

慶源寺在東觀

資福寺在楊家穴康熙十八年重修

高廟在下新鎮

總管廟在下新鎮

柘林寺在黃連鎮遠公祖師建遠公初建寺於港北屬張家湖明永樂間勑賜護國寺遷港南名柘林寺

黃蓮庵在黃連鎮汪家圩汪可受建貢生汪方長重修

關帝廟在下新鄉官石鎮國建閩鎮士民重修今廢

文昌閣在下新與　關帝廟對峙縣中諸水出口處於兩岸建墩立廟以爲關鎖後廢

青龍庵在楊家穴康熙丁未楊明仲建有四戶施田碑記併田地草場

青蓮庵在路途鎮長安湖口因庵前有蓮得名相傳達摩過此康熙二年僧易明重建

離母墩在灌港橋東相傳五祖離母於此

中路庵在縣西南三十里咸豐間修造亭閣輪奐一新後水傾同治七年改建白雲寺

斗姥庵在孔壠鎮順治初年建

炎帝廟在孔壠街口東西街公修

關帝廟在孔壠東街舊爲眞君廟邑明進士邢寰建咸豐年間兵燹多將軍隆阿重建毀祀 關帝糧在邢戶完納

文昌宮在孔壠街東半里許

地藏庵離孔壠鎭三里康熙乙亥年重修

龍華庵在孔壠鎭東三里乾隆癸酉僧心照重建置有香花田地

接待寺去孔壠十五里四祖所建邑人洪任予重建

一宿庵在孔壠鎭邑人邢懋學捐基鼎建昔無能大師一宿於此故名汪可受題匾曰一宿覺處

楊泗廟在孔壠鎭乾隆初年西街公建咸豐四年賊燬今仍

舊址重修

福主廟在孔壠西鄉五厰公建今廢遺址在楊泗廟後

龍池寺在孔壠鎭西周家龍蕩口

蔡山寺在邑西南江畔古名江心寺山石鐫有李白夜宿江心寺詩句今江南徙寺名猶仍其舊寺有龍王三尊一木爲之有支遁手植梅一株尙存亦邑之名勝也

雨曇庵昔六祖渡江時息此

五福庵在路途鎭乾隆壬戌年胡余張等五保重修

西永福寺在劉塘鎭爲四祖始興之地明永樂勅名瑜珈寺

福主廟縣西三十里黃姓公建

圓通寺在金林鎭廟宇齋地邑人洪直菴建

石大神祠在李林側生員李桂建

意生寺在縣西十五里相傳周氏之孕五祖父母逐之居廢齋中卽寺碑之所稱化城山也周意欲於此生子不果乃生於黃達埠後仍棲止廢齋祖長乃買其地建寺旁有前明國師塔僧錄司大雲塔乾隆十七年住僧維彩捐貲重建

西山普同塔燬於火康熙間鄉賓吳之芬建堂宇捐田五畝爲香火貲乾隆乙亥之芬孫瑋瑋擴其垣而重新之

西峰庵在考田鎭僧雲巖建後僧明心潙蓮重修

天池庵在考田鎭梅水山後廢

古佛寺在保賽涼亭口五祖弟子掘地得銅佛鐵金剛因建寺故稱古佛寺

荆竺庵一名金竹洞在考田鎭六渡河界嶺山麓鄉賓喻頴建

大洋廟在考田山去縣三十五里爲宋公飛仙建上有黃齡洞爲宋公修煉之所取洞水洋洋故名廟肇唐武德二年乾隆壬申僧心參募化二十七村重修貢生李天助督工兩閱寒暑並捐貲以佐成功

白馬寺在考田山張金祖師道場

高山寺在考田山名高山普照寺乃靜鑒祖師肉身道場也
師曾演法於石牌山道鏡庵
新寺即道鏡庵明程夢麟有記　國朝石仙朗桂寅初徐國
鼎吳天相程國治柳焕眉王瑞卿等七姓重建
龍峻寺爲天王道悟闡化處道悟過蘄春登雙峰初卓錫於
此久乃建上寺最後於紫雲之巔即寶掌故址結庵雍正
二年僧募建寺於初卓錫處
上寺道悟建久廢
中寺靜川禪師建靜川亦寶掌後嗣法者寺久廢
巢雲寺舊名踯步園汪可受建可受解組歸習靜於此後改

建爲寺內有可受祠塑像祀之有山場科米三斗汪戶完
納乾隆二年監生汪掄等重建
來雲庵古名棲江寺在龍坪鎮烏鵶尖僧如山道衍建雍正
七年廟宇傾頹僧徹悟明久重修
梅源寺即蓮苞尖在龍坪鎮係邑廩生石純若山場內建壘
莊書院讀書其中康熙六年重建
五桂峰庵在龍坪鎮苗家崖因庵前有桂一幹中分五枝故
名乾隆戊辰僧月至重建
什村廟在什村鎮祀福主閭鎮公建
菩提寺在唐福山董家城流支祖師建後有天峰和尚居此

多雲庵流支祖師移錫處後寂於此其塔尚存
禪定寺在縣東北三十里白蓮峰後亦五祖飛錫處其勝有
凌霄峰明月池汪可受題有禪定池開千古月凌霄峰帶
五湖煙之句寺側有中素禪師塔邑人石燦爲之銘
石道眞仙廟祀唐方士姜通里人禱雨輒應立廟祀之
汪家庵廩生汪流宣等建康熙甲辰生員汪卜臣重建
圓通庵在金林鎮十里鋪僧德歐瑞彬見如等建廟置産
來鎮庵在新開鎮祀唐睢陽張公今前後皆水衝龍蕩廟墩
屹然如故亦靈異也
甘露庵在塘穴鎮

清漣庵在塘穴鎮明天啓間邑生員嚴助理羨河水清漣結
廬於此後人因以名庵
朝陽庵在獨山鎮嘯壘（俗云小麥）山相傳有白衣龍王修煉於此
明宣德間邑人何明宇募建
高山廟在黃花鎮
三聖殿項橋鎮
觀音古刹在小溪鎮閭鎮公所
元妙觀在濯港鎮供眞武神像
龍王廟在孔壠東鎮聶耳圩內邢彤友建後獻公
圓城庵在張湖鎮掘茶山劉應端戶建立

真君廟舊在孔壠東街咸豐四年兵燬七年多將軍隆阿就址改建　關帝廟後真君廟遂移建西街

觀音菴在孔壠西鎮北池口康熙二十四年建茅菴乾隆五十一年祈雨輒應徐懷恭獻基地一幅四堖士民捐石助木遂成茲菴

華嚴菴在考田鎮先年向姓施作合縣公所田山竹木歸住持僧取利自給勒有碑記

五顯廟在小南門內丁字街乾隆間燬於火

武聖殿即五顯廟基改建今被兵燬

三義殿在東關外兵燬光緒元年重建

玉華宮在孔壠東圩

黃梅縣志卷十五

賦役志

戶口

生齒之數版籍備書口錢丁銀後世征輸差役雇役庸調紛如兵燹頻經更增羇旅錯雜城鄉主戶客戶世代遞傳僉稱樂土我

朝寬大丁隨糧徵軍興廿載戶不抽丁休養生息仁壽同登志戶口

宋元以前無考

明洪武元年勘合五千四百三十二戶二十四年編軍民戶

爲戶者一萬一千三百八十有二爲口者男婦七萬八千七百三十有三宏治年軍民戶爲戶者七千三百二十九爲口者男婦六萬六千一百一十七隆慶六年軍民戶爲戶者七千六百七十六爲口者六萬六千三百六十八生齒之數如此洪武舊額丁二萬六千五百一十九丁嘉靖三十六年止存册丁四千九十二丁倘冒原數三十七年知縣胡效忠申減虛數倍增實丁作一萬二百七十丁後開除二丁實在丁一萬二百六十八丁賦額之數如此終明之世以是爲率

萬歷十年署縣本府推官會維倫以戶額立久伵陌二消長歲殊甚者零丁孑立且與丁糧累千者比小戶何以堪因取

大小戸計其丁糧平之大者析戸小者朋戸當時稱便
按洪武十四年創編賦役黄册以一百一十戸爲一圖其丁多者十戸爲里長餘百戸爲甲首明史食貨志曰成丁曰未成丁凡二等民始生籍其名曰未成丁年十六曰成丁成丁而役六十而免其役法立弊生里中有丁糧六七百者有數石數斗者有州民置糧累千寄戸逃役者而當役則照里輪充不均甚矣萬歷十一年署縣事本府推官曾維倫盡收大小戸暨州民均派里甲以八十石爲率五日成籍積弊悉平民有扶危挈弱治病良方之頌

國朝因明原額人丁一萬二百六十八丁并加增顔料等項每

丁派銀三錢五分六釐四豪二絲一忽六微六塵九纖六渺共銀叁千陸百伍拾玖兩柒錢叁分柒釐柒豪叁忽玖微玖塵（賦役全書）

順治初年以死亡過多凡兩審而兩減之除故絶五千五百七十三丁順治七年奉布政司將所除丁附入秋糧内帶徵
順治十一年知縣鄧源濂奉文編審又減除故絶八十五丁五分增出四千二百三十丁五分以所增之數補兩次減除之數尚少一千四百二十八丁請豁不允每戸分帶三丁四分（舊志）
康熙四年奉文豁免運夫丁三百六十二丁實在人丁九千九百六丁實額銀叁千伍百叁拾兩柒錢壹分叁釐伍絲玖忽捌微壹塵叁纖康熙十一年至二十一年編審額外增益人丁三百六十六丁派增丁銀壹百叁拾兩肆錢伍分叁豪三絲八微五塵六纖四渺（舊志）
按成丁而役國有常規梅境道通十省差役繁多百姓苦之康熙二十一年知縣吴景恂奉令均役邑人勒碑頌之
康熙二十五年至五十年歷次審增二十七丁新舊額内額外共壹萬貳百玖拾玖丁實徵銀叁千陸百柒拾兩柒錢捌分陸釐柒豪柒絲伍忽柒微肆塵柒纖陸渺（賦役全書）
五十五年編審增益滋生人丁壹百肆拾玖丁六十年編審

增益滋生人丁壹百伍拾柒丁
雍正四年編審增益滋生人丁壹百捌丁六年彙同不在額徵丁銀以内之優免丁銀壹百貳兩叁錢貳分玖釐貳豪肆絲陸忽伍微連額徵銀經督部院邁　撫部院馬　題准丁隨糧派自雍正七年爲始歸入閤省糧銀均攤加原徵肆拾肆兩柒錢柒分貳釐捌豪肆絲叁忽捌微捌塵捌纖貳渺玖漠柒茫柒沙玖灰欽奉
上諭豁免今實徵銀叁千柒百柒拾叁兩壹錢壹分陸釐貳絲貳忽貳微肆塵柒纖陸渺（優免之數在内除之即是康熙五十年原額　以後徵額準此）
九年編審增益滋生人丁壹百捌拾伍丁

乾隆元年編審增益滋生人丁壹百陸拾捌丁六年編審增益滋生人丁壹百叁拾柒丁十一年編審增益滋生人丁壹百壹拾捌丁十六年編審增益滋生人丁壹百叁拾壹丁

丁賦曠典

自康熙五十五年以後編審增益滋生人丁欽奉

恩詔以康熙五十年丁册定爲常額續生人丁永不加賦

乾隆三十七年六月欽奉

上諭五年編審不過沿襲虚文無裨實政嗣後編審之例永行停止

四鄉圖籍

四鄉曰新城曰永福曰鳳源曰長樂分爲四十二圖每圖十戶凡四百二十戶每歲每圖輪一戶爲里長新城鄉在縣東南原八圖後增二圖爲十圖永福鄉在縣西原十三圖後減二圖爲十一圖鳳源鄉在縣東北原十圖長樂鄉在縣南原十一圖皆如舊梅例十年之間有三大差一條銀一南糧一漕糧各有解戶及幹辦公務四鄉各僉一人董之順治十年知縣鄧源濂增減定圖按數均役民猶苦於門戶至康熙二十三年邑令吳景恂申詳上臺題准革除里牌戶置花册由是人人便於輸納

黃梅縣志卷十五

賦役志

田賦

禹貢九州則壤成賦什一取民永垂法度惟我

聖朝薄斂輕徭正供以外不溢秋毫梅地濱江崩沖沃土減額除糧三農皷舞漕今改折定價便民撫臣入告益廣

皇仁志田賦

明洪武元年勘過田地塘壹千捌百伍拾伍頃玖拾貳畝壹分玖釐伍毫米壹萬柒千壹百貳拾壹石貳斗壹升壹合捌勺絲絲叁拾柒觔壹兩肆錢柒分玖釐　二十四年官民田地塘伍千肆百叁拾頃叁畝叁分米叁萬柒千壹百叁拾貳石柒升玖合伍勺麥伍百壹拾石貳斗壹升陸合柒勺折絲絹貳百壹拾玖疋捌寸農桑折絹肆疋玖寸陸分　隆慶六年官民田地塘伍千伍百零壹頃壹拾畝貳分米叁萬陸千伍百壹拾玖石壹斗肆升伍合肆勺麥肆百玖拾捌石陸斗壹升貳合伍勺絲貳百柒拾玖觔壹拾叁兩伍錢肆分　明志

曾維倫曰稽古田有定分賦有定法故太宰以九賦斂財九式均節周官紀之備矣大都什一而稅國家則襄之初率相准此自起運加耗諸邑帶徵與兩京諸曹派辦一方百費供需歲增月益而徭兵夫馬又無不自丁田出者民

不堪矣膠東相稱田賦爲果實民爲根苗有司爲灌溉旨哉言乎

萬歷十三年知縣來三聘奉旨丈量田肆千伍百柒拾叁頃肆拾貳畝柒釐叁毫內上田叁千伍百玖拾柒頃貳拾肆畝捌分貳釐每畝秋糧陸升伍合中田捌百伍拾肆頃玖拾壹畝伍分玖釐叁毫每畝秋糧叁升二則田每畝帶派夏稅大麥柒抄玖撮捌圭捌粒叁粟小麥陸勺玖抄陸撮貳圭壹粒柒粟稅絲陸釐捌毫肆絲叁忽桑絲壹毫貳絲伍忽伍微貳塵玖渺下則田壹百貳拾壹頃貳拾伍畝陸分陸釐每畝秋糧叁升無夏稅　地貳千貳百捌拾叁頃肆拾肆畝貳分柒

釐肆毫內上地九頃壹拾捌畝肆釐肆毫每畝秋糧陸升伍合中地玖百壹拾頃叁拾陸畝捌分貳釐每畝秋糧伍升下地捌百貳拾頃叁拾壹畝叁分伍釐壹毫每畝秋糧叁升柒合柒勺玖抄叁撮貳圭壹粒壹粟三則地每畝帶派夏稅大麥柒抄玖撮捌圭捌粒叁粟小麥柒勺柒抄陸撮壹圭稅絲陸釐捌毫肆絲叁忽桑絲壹毫貳絲伍忽伍微貳塵玖渺下下地伍百肆拾叁頃伍拾捌畝伍釐玖毫每畝秋糧壹升無夏稅　山貳百貳拾頃柒拾柒畝貳分捌釐玖毫每畝秋糧貳升無夏稅　塘貳百叁拾貳頃伍拾伍畝玖分伍釐貳毫每畝秋糧陸升伍合帶派夏稅麥絲與上田同以上共秋糧

叁萬陸千伍百壹拾玖石壹斗叁升伍合肆勺柒抄夏稅大麥伍拾壹石叁斗貳升壹合伍勺小麥肆百肆拾柒石貳斗玖升壹合壹勺麥共肆百玖拾捌石陸斗壹升貳合陸勺稅絲貳百柒拾肆觔壹拾貳兩叁錢肆分陸釐陸毫貳絲桑絲伍觔陸錢肆分 舊志

國朝因明畝數永爲定額

舊志秋糧初有官米民米之分以後奉例不分官民一起編差又有夏稅秋糧之制後夏稅併入秋糧凡有加派俱以秋糧爲主遂不分下則田地一起坐派

國初除報老荒柒千有奇緣彼時人稀未盡開墾自順治十一

年知縣鄧源濬以開墾報上民初苦之承平日久休養生息人多力勤荒壤盡成膏腴梅之人食德飲和樂輸將而勸率作有以也夫

府志田地山塘原額柒千叁百壹拾頃壹拾玖畝伍分伍釐載秋米叁萬陸千伍百壹拾玖石壹斗叁升伍合肆勺柒抄其夏稅麥肆百玖拾捌石陸斗壹升貳合陸勺夏稅絲桑絲俱入秋糧帶派共折徵銀貳萬貳千玖百柒拾兩壹錢壹分玖釐陸毫壹絲伍忽陸微捌塵貳纖陸渺加增遼餉銀伍千壹百陸拾叁兩陸錢玖分叁釐肆毫叁絲叁忽伍微伍塵叁纖通計徵銀貳萬捌千壹百叁拾叁兩捌錢

壹分叁釐肆絲玖忽貳微叁塵伍纖陸渺
南糧本色正米柒千伍百陸拾伍石貳斗　加二五耗米壹
千捌百玖拾壹石叁斗
通志載黃州府原額南糧開除黃梅麻城黃安三縣南米
貳萬陸百壹拾捌石貳斗伍升零餘縣皆征本色　按梅
邑挽舟逆水運糧甚艱康熙三十八年十二月內奉　總
督部院郭爲特請
皇仁等事案內題允奉
旨改折每石折銀柒錢共折銀陸千陸百壹拾玖兩伍錢伍分　昜
徵南糧驢脚折銀壹千壹百叁拾肆兩柒錢捌分
丁糧優免充餉銀貳百柒拾兩陸錢伍分柒釐壹豪叁絲壹
忽壹微（府志注優免丁銀總在數內）
地丁帶辦匠班銀壹拾兩捌錢
匠班一十一名每年征銀壹拾兩捌錢解司充餉原因匠
戶無征經前督部院郭　撫部院年　題准地丁銀內公
攤自康熙三十九年爲始
民糧帶派南北柴池湖課銀壹百柒拾叁兩捌錢叁分貳釐
叁豪
額設湖洲雜課銀肆百陸拾陸兩伍釐陸豪玖絲陸忽捌微
壹塵伍纖（應徵乾魚麻鐵線膠等項明邑紳邢寰疏請改折）　如遇閏月加徵銀柒

拾捌兩陸錢壹分肆釐叁豪柒絲捌忽
按民糧帶派柴池湖課及額設湖洲雜課本縣實征折解
乾魚銀壹百叁拾捌兩貳錢伍分伍釐陸豪貳絲叁忽肆
微玖塵黃麻正銀壹百壹拾柒兩玖錢肆分伍釐陸豪壹
絲陸忽貳微伍塵每兩京扛銀玖釐該銀壹兩陸分壹釐
伍豪壹絲伍忽熟鐵正銀貳百陸拾柒兩叁錢陸分叁釐
叁豪柒絲伍微每兩京扛銀玖釐該銀貳兩肆錢陸釐貳
豪柒絲壹忽伍微柒塵伍纖線膠正銀貳拾伍兩柒錢陸
分叁釐肆豪每兩京扛銀玖釐該銀貳錢叁分壹釐捌豪
柒絲本府湖課鈔銀本縣實征銀捌拾陸兩捌錢壹分叁
豪叁絲　梅邑水鄉居半業漁資生者頗多特將各湖額
課及遇閏加徵一一分載於後以備鉤考
太白湖額銀壹百貳拾叁兩柒錢壹分捌釐　加閏銀貳
拾壹兩貳錢貳分陸釐捌豪陸絲
七里湖額銀壹拾柒兩貳錢貳分貳釐　加閏銀伍兩肆
錢玖分玖釐
桂賽上湖額銀叁拾兩叁錢伍分伍釐　加閏銀柒兩陸
分伍釐玖豪伍絲
桂賽中湖額銀陸拾壹兩肆錢柒分伍釐　加閏銀柒兩
壹錢陸分貳釐伍絲

桂賓下湖額銀叁拾兩叁錢伍分伍釐　加閏銀柒兩肆分柒釐玖毫伍絲

慼湖額銀壹百柒兩柒錢伍分伍釐　加閏銀壹拾玖兩柒錢肆分叁釐肆毫

源湖額銀陸拾叁兩捌錢捌分陸釐肆毫　加閏銀柒兩叁錢壹分柒釐陸毫

涉湖額銀叁拾壹兩貳錢叁分肆釐壹毫　加閏銀叁兩伍錢伍分柒釐陸毫玖絲

以上共額銀肆百陸拾陸兩伍毫　共加閏銀柒拾捌兩陸錢貳分伍毫數目分析過多微有釐毫不符仍照正文報解

人丁項下實徵銀數見戶口志　合計地丁正雜舊額新加除無徵豁免實徵銀肆萬伍百捌拾貳兩伍錢伍分肆釐壹毫玖絲玖忽叁微玖塵捌纖貳渺內除優免丁銀壹百貳兩叁錢貳分玖釐貳毫肆絲陸忽伍微共實徵銀肆萬肆百捌拾兩貳錢貳分肆釐玖毫伍絲貳忽捌微玖塵捌纖貳渺

隨徵耗羨額銀肆千肆百伍拾貳兩捌錢貳分肆釐捌毫

按地丁等項帶派柴池湖課額設湖洲雜課原額徵銀肆萬肆百捌拾兩貳錢貳分肆釐玖毫伍絲貳忽捌微玖塵捌纖貳渺雍正二年督部院楊　題准加一耗九年撫部院王　題准共加一一耗以爲養廉充公之資梅邑隨征耗羨肆千肆百伍拾貳兩捌錢貳分肆釐捌毫正耗共徵銀肆萬肆千玖百叁拾叁兩肆分玖釐柒毫伍絲貳忽捌微玖塵捌纖貳渺

漕糧本色米貳千柒百貳拾叁石捌斗貳升肆合府志

賦役全書本色正米壹千柒百貳石叁斗玖升　加四耗米陸百捌拾石玖斗伍升陸合　又糧道詳請於肆斗外加耗米貳斗順治九年四月巡撫遲　題請免加戶部覆奏

旨免加貳斗耗米康熙十一年奉文另正米壹石徵給贈貼米貳斗

共徵贈貼米叁百肆拾石肆斗柒升捌合府志總其數而紀之

起運明起運夏稅絹貳百貳拾叁疋貳丈伍尺肆寸捌分秋糧米壹萬陸千捌拾石陸斗陸升貳合額辦派辦銀壹千柒百貳拾肆兩柒錢捌釐柒毫零鹽鈔銀貳百捌拾貳兩貳分貳釐肆毫零

國朝起運項下盛京絹正扛貳百肆拾壹兩柒錢玖分玖釐柒毫江南農桑絹正扛貳兩玖錢陸分叁釐伍毫新加北絹柒拾陸兩玖錢叁分陸釐柒絲京庫正扛叁百肆拾捌兩貳錢柒釐捌毫太倉米折正扛費銀柒百壹拾叁兩壹分

玖釐兒軍折色正扛叁千捌百玖拾壹兩叁分壹釐隨漕楞木松版銀陸兩捌錢玖釐伍豪運糧官軍行月糧銀陸百貳拾玖兩貳錢柒分陸釐江西運糧官軍月糧併司農改抵共叁拾兩叁錢叁分叁釐三六耗蓆輕賫銀叁百壹拾捌兩玖分伍釐淺船銀併辰州軍餉改抵共壹百貳拾壹兩陸錢陸分南糧蓆竹江濟共銀叁百捌拾貳兩肆錢原派辰餉改抵貓竹貳拾貳兩伍錢貳分部解南兌二運官盤費貳拾肆兩伍錢北京富戶壹拾貳兩貳錢肆分解南戶口鈔併辰餉改抵共正閏扛費壹百叁拾貳兩伍錢叁分伍釐宗祿折色茶價官員柴薪民校等銀共正扛伍

千肆百壹兩壹錢貳分貳釐盛京藥味併辰餉改抵共銀壹拾玖兩捌錢玖分解南藥味陸錢陸分玖釐南柴薪貳拾肆兩帶閏捌錢緞疋翎毛天鵞活鴈鵝鴉麂皮共銀壹百貳拾捌兩肆錢壹分伍釐營繕司料正扛費共伍百玖拾捌兩壹錢貳分偏橋倉併辰餉改抵屯田司料共貳百柒兩伍錢玖分軍器併辰餉改抵共壹百貳拾陸兩伍錢貳分胖衣褲鞋銀伍拾捌兩伍錢偏橋倉併辰餉改抵白硝麂皮共叁百玖拾玖兩捌錢肆分柒釐綾紗紙價捌拾兩貳錢壹分光祿寺甲丁庫供應併辰餉偏橋改抵共正扛費銀伍百捌拾陸兩陸錢叁分貳釐新加顏料蠟茶黄

白蠟銀肆百柒拾玖兩貳釐肆豪舊志 蕭蘊樞云京邊錢糧如宗祿歷日舊在撥運歷日解京宗祿充餉故皆入起運

乾隆年起運解司地丁湖課等銀貳萬壹千肆百叁拾伍兩貳錢捌分伍釐貳絲柒忽肆微叁塵玖纖伍渺伍茫內除潘興口等處前已奉文豁除坍塌銀壹百壹拾陸兩貳錢壹分陸釐又知縣覃瀚元勘明潘興口嚴家洲費楊邱等處坍沙災苦通詳 各憲奏請彙入湖北通省長緩案內除額銀肆百叁拾貳兩貳錢叁分肆釐又勘明郭李等六圩坍沙災苦援案通稟 各憲歸入通省長緩案內除額銀壹百柒拾叁兩肆錢捌分叁釐實徵銀貳萬柒百壹拾

叁兩叁錢伍分貳釐遇閏加征湖課銀柒拾捌兩陸錢壹分肆釐叁豪柒絲捌忽內除 關帝廟三祭銀叁拾伍兩柒錢肆分陸釐雍正七年奉文在於起運項下撥給又除撥補膳夫銀壹錢壹分捌釐壹豪肆絲陸忽陸微陸塵柒纖貳渺伍漠捌茫

南糧改折銀陸千陸百壹拾玖兩伍錢伍分內除潘興口等處前已奉文豁除坍塌銀叁拾陸兩柒錢壹分又知縣覃瀚元勘明潘興口嚴家洲費楊邱等處坍沙災苦通詳各憲 奏請彙入湖北通省長緩案內除額銀壹百叁拾陸兩叁錢肆分壹釐又勘明郭李等六圩坍沙災苦援案

通詳　各憲歸入湖北通省長綏案內除額銀伍拾肆兩柒錢肆分柒釐陸毫實征銀陸千叁百玖拾壹兩柒錢伍分壹釐肆毫起運解道

南糧驢脚銀壹千壹百叁拾肆兩柒錢捌分內除潘興口等處前已奉文豁除坍塌銀陸兩貳錢玖分叁釐叉知縣覃瀚元勘明潘興口嚴家洲費楊耶坍沙災苦通稟　各憲奏請彙入湖北通省長綏案內除額銀貳拾叁兩叁錢柒分叁釐叉勘明郭李等六圩坍沙災苦援案通稟　各憲歸入湖北通省長綏案內除額銀玖兩叁錢捌分陸釐柒毫實征銀壹千玖拾伍兩柒錢貳分柒釐叁毫

隨漕銀壹千壹百壹拾壹兩叁錢捌分貳釐柒毫壹絲柒微壹塵貳纖伍渺內除買辦蘆席銀壹兩肆錢肆分柒釐叁絲壹忽伍微外實征銀壹千壹百玖兩玖錢叁分伍釐陸毫柒絲玖忽貳微壹塵貳纖伍渺內除潘興口等處前已奉文豁除坍塌銀伍兩玖錢陸分捌釐叉知縣覃瀚元勘明潘興口嚴家洲費楊耶等處坍沙災苦通稟　各憲奏請彙入湖北通省長綏案內除額銀貳拾貳兩壹錢捌分貳釐叉勘明郭李等六圩坍沙災苦援案通稟　各憲統歸入湖北通省長綏案內除額銀玖兩壹錢玖分肆釐柒毫實征銀壹千柒拾貳兩伍錢玖分玖毫柒絲玖忽貳微壹塵貳纖伍渺　以上驢脚隨漕共銀貳千壹百陸拾捌兩叁錢壹分捌釐貳毫柒絲玖忽貳微壹塵貳纖伍渺俱解糧庫派支各營外蘆席銀壹兩肆錢肆分柒釐叁絲壹忽伍微統入隨漕批解

府志隨漕銀入撥運項下

隨征一分耗羨銀肆百肆兩捌錢貳釐貳毫伍絲三分耗羨銀壹千貳百壹拾肆兩肆錢陸釐柒毫伍絲俱解司七分耗羨銀貳千捌百叁拾叁兩陸錢壹分伍釐捌毫內扣本縣坐支養廉銀玖百兩外壹千玖百叁拾叁兩陸錢壹分伍釐捌毫解司

撥運　明朝夏稅麥叁百石秋糧折色銀肆千捌百捌拾貳兩

壹分壹釐陸毫捌絲

國朝撥運項下按察司轎傘扇夫銀伍拾兩肆錢順治十四年奉裁捌兩肆錢聽事吏銀貳拾捌兩捌錢奉裁肆兩捌錢鋪兵銀壹拾肆兩肆錢奉裁貳兩肆錢禁子銀壹百壹拾伍兩貳錢奉裁玖兩貳錢皁隸銀捌拾陸兩肆錢奉裁壹拾肆兩肆錢修倉刑具銀肆拾兩康熙十七年全裁　驛鹽道吏書銀壹百玖拾貳兩順治十四年裁半康熙元年全裁皁隸銀捌拾陸兩肆錢順治十四年裁銀壹拾肆兩肆錢　同知書辦銀陸拾肆兩捌錢順治九年裁銀貳拾捌兩捌錢康熙元年全裁　經歷馬夫銀柒兩貳錢順治

九年裁銀壹兩貳錢　知事書辦銀柒兩貳錢順治九年裁銀壹兩貳錢康熙元年全裁馬夫銀柒兩貳錢順治九年裁銀壹兩貳錢後知事缺裁此項工食另款解司充餉　照磨書辦銀柒兩貳錢順治九年裁銀壹兩貳錢康熙元年全裁門子銀柒兩貳錢順治九年裁銀壹兩貳錢皁隸銀貳拾捌兩捌錢順治九年裁銀肆兩捌錢馬夫銀柒兩貳錢順治九年裁銀壹兩貳錢　齊安驛驛丞俸銀叁拾壹兩伍錢貳分雍正六年裁書辦銀柒兩貳錢順治九年裁銀壹兩貳錢康熙元年全裁皁隸銀壹拾肆兩肆錢順治九年裁銀貳兩肆錢雍正六年全裁　司獄司俸銀

叁拾壹兩伍錢貳分書辦銀柒兩貳錢順治九年裁銀壹兩貳錢康熙元年全裁皁隸銀柒兩貳錢順治九年裁銀壹兩貳錢　軍儲倉大使俸銀叁拾壹兩伍錢貳分康熙三十九年裁書辦銀柒兩貳錢順治九年裁銀壹兩貳錢康熙元年全裁皁隸銀壹拾肆兩肆錢順治九年裁銀貳兩肆錢康熙三十九年全裁　軍儲倉副使俸銀叁拾壹兩伍錢貳分久缺另款解司充餉書辦銀柒兩貳錢順治九年裁銀壹兩貳錢康熙元年全裁皁隸銀柒兩貳錢順治九年裁銀壹兩貳錢後全裁　後湖河泊所俸銀叁拾壹兩伍錢貳分久缺另款解司充餉書辦銀柒兩貳錢順

治九年裁銀壹兩貳錢康熙元年全裁　時憲書銀壹拾柒兩壹錢伍分柒釐捌毫柒絲解費銀壹錢伍分肆釐肆毫　科舉銀玖拾兩壹錢壹分康熙十七年裁銀肆拾伍兩伍分伍釐解費銀捌錢壹分玖釐玖毫玖絲康熙十七年裁銀肆錢伍釐肆毫伍絲伍忽　表袱銀玖兩叁錢康熙十四年裁銀肆兩陸錢伍分

乾隆十九年撥運確數共額銀陸百貳拾肆兩玖錢捌分玖釐壹毫肆絲玖微玖塵玖纖叁渺叁漠伍茫備載於左

按察司轎傘扇夫七名工食額銀並補荒共實銀肆拾貳兩　聽事吏四名工食額銀並補荒共實銀貳拾肆兩

鋪兵二名工食額銀並補荒共實銀壹拾貳兩　皁隸一十二名工食額銀並補荒共實銀柒拾貳兩內抽貼補禁卒工食銀貳拾兩　禁卒一十六名工食額銀並補荒共實銀玖拾陸兩　驛鹽道皁隸一十二名工食額銀並補荒共實銀柒拾貳兩以上司道役食內提二成並減平解司　本府經歷馬夫一名工食額銀並補荒共實銀陸兩內扣減平　照磨門子一名工食額銀並補荒共實銀陸兩　皁隸四名工食額銀並補荒共實銀貳拾肆兩　馬夫一名工食額銀並補荒共實銀陸兩以上照磨衙門三款乾隆二十八年全裁　司獄司俸銀叁拾壹兩伍錢貳

分　皁隸一名工食額銀並補荒共實銀陸兩以上二款
於乾隆二十八年全裁　本府知事馬夫銀伍兩玖錢肆
分陸釐捌毫叁絲肆忽奉裁　軍儲倉大使俸銀叁拾壹
兩貳錢肆分柒毫壹忽貳微捌塵　皁隸工食銀壹拾壹
兩捌錢玖分叁釐陸毫陸絲捌忽以上二款順治九年全
裁　軍儲倉副使俸銀叁拾壹兩貳錢肆分柒毫壹忽貳
微捌塵　皁隸工食銀伍兩玖錢肆分陸釐捌毫叁絲肆
忽以上二款奉裁　河泊所俸銀叁拾壹兩貳錢肆分柒
毫壹忽貳微捌塵奉裁　齊安驛驛丞俸銀叁拾壹兩貳
錢肆分柒毫壹忽貳微捌塵　皁隸工食銀壹拾壹兩捌

錢玖分叁釐陸毫陸絲捌忽以上二款奉裁　布政司時
憲書銀壹拾柒兩伍釐捌毫叁絲肆忽壹微壹塵叁纖玖
渺叁漠解費銀壹錢伍分叁釐叁絲壹忽捌微陸塵壹纖
陸渺　科舉銀肆拾肆兩陸錢伍分伍釐柒毫陸絲柒忽
陸微肆塵伍纖解費銀肆錢壹釐玖毫壹忽玖微捌纖捌
渺伍茫　表褫銀肆兩陸錢捌釐柒毫玖絲陸忽叁微伍
塵通共撥運項下除撥解司道府經役食外其提成減平
及奉裁各款布政司衙門各款俱解司庫

存留明朝夏稅麥壹百柒拾捌石壹斗肆升肆勺秋糧米肆
百玖拾壹石貳斗伍升陸合貳勺折色銀壹千捌百肆拾
叁兩玖錢

國朝存留項下本縣知縣俸薪銀陸拾叁兩肆錢玖分順治十
四年裁銀壹拾捌兩肆錢玖分　心紅紙張油燭共銀叁
拾兩順治十四年裁銀壹拾兩康熙十七年全裁　修宅
家伙銀貳拾兩順治九年全裁　迎送上司傘扇銀壹拾
兩順治十四年全裁　吏書銀壹百貳拾玖兩陸錢順治
九年裁銀伍拾柒兩陸錢康熙元年全裁　門子銀壹拾
肆兩肆錢順治九年裁銀貳兩肆錢　馬快銀壹百肆拾
肆兩順治九年裁銀玖兩陸錢十八年裁草料銀捌拾陸
兩肆錢　民壯存銀壹百捌拾兩係三十名民壯支領雍

正十一年裁民壯二名工食銀壹拾貳兩解司　皁隸存
銀玖拾陸兩雍正六年奉文撥給仵作餘銀仍給皁隸
燈籠夫銀貳拾捌兩捌錢順治九年裁銀肆兩捌錢雍正
五年全裁　禁卒銀伍拾柒兩陸錢順治九年裁銀玖兩
陸錢　修理倉監銀貳拾兩康熙十七年裁　轎傘扇夫
銀伍拾兩肆錢順治九年裁銀捌兩肆錢　倉書銀壹拾
貳兩順治九年裁銀陸兩康熙元年全裁　庫書銀壹拾
貳兩順治九年裁銀陸兩康熙元年全裁　庫子銀貳拾
捌兩捌錢順治九年裁銀肆兩捌錢　斗級銀貳拾捌兩
捌錢順治九年裁銀肆兩捌錢　縣丞俸薪銀肆拾捌兩

貳錢貳釐順治十四年裁銀捌兩貳錢貳釐 書辦銀柒兩
貳錢順治九年裁銀壹兩貳錢康熙元年全裁 門子銀
柒兩貳錢順治九年裁銀壹兩貳錢 皁隸銀貳拾捌兩
捌錢順治九年裁銀肆兩捌錢 馬夫銀柒兩貳錢順治
九年裁銀壹兩貳錢 典史俸銀叁拾壹兩伍錢貳分
書辦銀柒兩貳錢順治九年裁銀壹兩貳錢康熙元年全
裁 門子銀柒兩貳錢順治九年裁銀壹兩貳錢 皁隸
銀貳拾捌兩捌錢順治九年裁銀肆兩捌錢 馬夫銀柒
兩貳錢順治九年裁銀壹兩貳錢 新開口巡檢清江嘴
巡檢郎孔壠巡檢二員俸銀共陸拾叁兩肆分 書辦銀

壹拾肆兩肆錢順治九年裁銀壹兩肆錢康熙元年全裁
皁隸銀貳拾捌兩捌錢順治九年裁銀肆兩捌錢停前
驛驛丞俸銀叁拾壹兩伍錢貳分 書辦銀柒兩貳錢順
治九年裁銀壹兩貳錢康熙元年全裁 皁隸銀壹拾肆
兩肆錢順治九年裁銀貳兩肆錢 教諭訓導二員俸銀
各叁拾壹兩伍錢貳分順治十六年訓導缺裁康熙年間
訓導奉復設二官共俸叁拾壹兩伍錢貳分乾隆元年奉
文教職加以品級給與全俸其加增銀兩赴司請領新舊
二項共俸銀捌拾兩 書辦銀柒兩貳錢康熙九年全裁
門斗銀叁拾陸兩順治十六年裁銀壹拾肆兩肆錢又

補裁銀柒兩貳錢 齋夫銀柒拾貳兩順治十六年裁銀
叁拾陸兩 膳夫銀肆拾兩廩生支給順治十四年裁銀
貳拾陸兩陸錢陸分陸釐陸毫陸絲陸忽陸微 喂馬草
料銀貳拾肆兩順治十六年裁銀壹拾貳兩康熙十七年
全裁 廩生二十名共銀壹百肆拾肆兩原於學倉米內
支給順治十四年裁銀玖拾陸兩康熙二年裁銀肆拾捌
兩康熙二十四年奉復廩糧銀肆拾捌兩支給廩生係起
運項下撥給
龍亭儀仗修理銀貳兩康熙十七年裁 文廟二祭共銀肆拾
兩 名宦鄉賢二祭共銀柒兩 崇聖祠二祭共銀柒兩

岳王廟祭祀銀肆兩香燭銀壹兩貳錢陸分原在學倉
內支給乾隆七年均祭案內減銀貳錢壹分 神祇壇二
祭共銀壹拾貳兩乾隆七年均祭案內減銀貳兩 社稷
壇二祭共銀壹拾兩 邑厲壇三祭共銀壹拾貳兩乾隆
七年均祭案內減銀壹兩 霜降祭祀操賞銀叁兩乾隆
七年均祭案內奉裁 厲祭米折銀壹兩貳錢貳分乾隆
七年均祭案內設立 關帝廟三祭銀叁拾伍兩柒錢肆
分陸釐雍正七年添設 先農壇祭祀銀伍兩乾隆五年
奉文將耤田存穀變價動用如有不敷仍於司庫存公銀
內湊給 常雩壇祭祀銀伍兩乾隆七年設立係司庫存

公銀內動支　鄉飲二次共銀壹拾兩順治十四年裁銀伍兩　兩巡司弓兵原額銀叁百貳拾陸兩伍錢玖分肆釐順治十四年裁半後又裁銀壹百捌兩叁錢壹分叁釐

額設鋪遞一十五鋪永充鋪兵銀叁百捌拾伍兩伍錢又將裁減弓兵工食銀壹百捌兩叁錢壹分叁釐撥補鋪兵衣鞋　各河渡夫銀壹拾玖兩玖錢貳分陸釐柒毫順治十四年裁半　吹手銀係民壯內扣出　迎送皁隸銀壹百壹兩陸錢陸分陸釐　門神桃符春牛芒神花鞭封印開印牲醴共銀肆兩順治十四年全裁　孤貧十三名歲支口糧共銀貳拾叁兩肆錢每名支花布銀叁錢共銀

叁兩玖錢二項原於本縣倉穀內支給乾隆三年奉文小建扣除遇閏加增併每名每年增給銀肆錢貳分於司庫地丁銀內撥給　孔壠公館厨子銀壹兩捌錢叁分雍正五年全裁　供應銀肆百貳拾玖兩順治十四年全裁　備用銀壹百陸拾伍兩肆錢康熙十七年全裁　歲貢盤纏銀壹拾伍兩康熙二十七年全裁　歲貢花紅酒席銀壹拾兩正陪二名赴考脚力每名壹兩共銀壹拾貳兩二年一貢每年該銀六兩乾隆二年奉文將此項銀兩按年解交司庫合計出貢名數均派給領六年報銷一次　歲科考生童合用試卷供應給賞等項每年銀陸拾兩順治十四年裁半康熙十七年全裁　科舉銀玖拾玖兩康熙元年裁半二十六年彙入起運項下造報　科場對讀謄錄銀壹拾捌兩三年一次每年該銀陸兩康熙十七年裁銀叁兩　新舊會試舉人長夫以七名爲率每名長夫銀貳拾肆兩共銀壹百陸拾捌兩三年一次每年該銀伍拾陸兩雍正九年奉文將此項銀兩按年解交司庫遇會試之年按照會試舉人名數均派給領　本府應　朝盤纏銀陸兩順治十四年裁銀肆兩康熙十七年全裁　本縣應　朝盤纏銀正佐肆拾兩首領官貳拾伍兩該吏拾兩造冊紙張工食銀陸兩共銀捌拾壹兩三年一次每年該

銀貳拾柒兩順治十四年裁銀壹拾捌兩康熙十七年全裁於二十六年奉文彙入起運項下造報

乾隆十九年存留確數共額銀壹千玖百柒拾壹兩伍錢玖分伍釐玖毫伍絲陸忽肆塵貳纖伍漠陸茫備載於左

本縣知縣俸原額銀肆拾伍兩除核減補荒實征銀貳拾兩伍錢捌分捌釐叁毫壹絲肆忽捌微柒塵捌纖壹渺肆漠貳茫解司　門子二名工食額銀並補荒共實征銀壹拾貳兩　馬快八名工食額銀並補荒共實征銀肆拾捌兩　民壯二十八名工食額銀並補荒共實征銀壹百陸拾陸兩伍錢壹分壹釐叁毫伍絲貳忽　乾隆元年奉文

加增器械銀貳拾捌兩赴司請領不在該縣額征之內
仵作三名工食額銀並補荒共實征銀壹拾捌兩　站班
皁隸一十六名工食額銀並補荒共實征銀柒拾捌兩
迎送皁隸一十七名工食額銀並補荒共實征銀壹百壹
兩陸錢陸分陸釐伍豪　禁卒八名工食額銀並補荒共
實征銀肆拾捌兩　轎傘扇夫共七名工食額銀並補荒
共實征銀肆拾貳兩　庫子四名工食額銀並補荒共實
征銀貳拾肆兩　斗級四名工食額銀並補荒共實征銀
貳拾肆兩　吹手四名工食額銀並補荒共實征銀壹拾
玖兩壹錢叁分貳釐玖豪柒絲陸忽玖微壹塵貳纖叁渺

肆漠　縣丞俸原額實征銀肆拾兩解司　門子一名工
食額銀並補荒共實征銀陸兩　皁隸四名工食額銀並
補荒共實征銀貳拾肆兩　馬夫一名工食額銀並補荒
共實征銀陸兩　典史俸原額實征銀叁拾壹兩伍錢貳
分解司　門子一名工食額銀並補荒共實征銀陸兩
皁隸四名工食額銀並補荒共實征銀貳拾肆兩　馬夫
一名工食額銀並補荒共實征銀陸兩　清江巡檢卽孔
壠巡檢俸原額實征銀叁拾壹兩伍錢貳分解司　皁隸
二名工食額銀並補荒共實征銀壹拾貳兩　新開巡檢
俸原額實征銀叁拾壹兩伍錢貳分解司　皁隸二名工

食額銀並補荒共實征銀壹拾貳兩　停前驛驛丞俸原
額實征銀叁拾壹兩伍錢貳分解司　皁隸二名工食額
銀並補荒共實征銀壹拾貳兩　教諭訓導俸原額實征
銀叁拾壹兩伍錢貳分解司奉文加品銀肆拾捌兩肆錢
捌分赴司請領不在該縣額征之內　齋夫六名額銀叁
拾陸兩　門斗五名工食額銀並補荒共實征銀壹拾肆
兩肆錢　廩生二十名復額廩糧實征銀肆拾捌兩　膳
夫二名額銀並撥補共壹拾叁兩肆錢陸分玖豪伍絲叁
忽叁微叁塵肆纖伍渺壹漠陸茫　永充鋪司二十一名
徭編鋪兵六十名工食衣鞋額銀並補荒共實征銀肆百

玖拾叁兩捌錢壹分叁釐　各巡司永充徭編弓兵工食
衣鞋額銀伍拾肆兩玖錢捌分肆釐以上坐支役食各款
奉文由司扣收三成並六分減平銀兩　文廟祭祀原額
銀肆拾兩　崇聖祠祭祀原額銀柒兩　名宦鄉賢祭祀
原額銀柒兩　關帝廟新增祭祀額銀叁拾伍兩柒錢肆
分陸釐　岳王廟祭祀原額銀肆兩　石忠烈廟新增祭
祀額銀肆兩係社稷壇邑厲壇祭祀銀內撥給　神祇壇
祭祀額銀壹拾兩　社稷壇祭祀額銀捌兩　邑厲壇祭
祀額銀玖兩　厲祭米折銀壹兩貳錢貳分香燭米折銀
壹兩伍分　武黃江防民壯工食銀貳拾肆兩道光年間

奉文添設內扣減平　各河渡夫工食額銀玖兩玖錢陸分叁釐叁豪伍絲內扣減平　孤貧一十三名口糧花布原額銀貳拾柒兩伍分捌釐玖絲肆忽柒微又加增補荒銀伍兩柒錢壹釐玖豪伍忽叁微共實銀叁拾貳兩柒錢陸分　鄉飲額銀肆兩玖錢伍分伍釐陸豪玖絲伍忽

隨漕項下買辦蘆蓆銀壹兩肆錢肆分柒釐叁絲壹忽伍微　解謄錄對讀生半存銀貳兩玖錢柒分叁釐肆豪壹絲柒忽　解舉人會試長夫銀伍拾伍兩伍錢叁釐柒豪捌絲肆忽　解部寺解費銀壹百叁兩叁錢玖分伍釐貳豪伍絲壹忽貳微肆塵伍纖貳渺　解裁缺燈籠夫工食

銀貳拾叁兩柒錢捌分柒釐叁豪叁絲陸忽　解裁缺孔壠公館廚子工食銀壹兩捌錢壹分叁釐柒豪捌絲肆忽叁微柒塵　解本縣俸內核減補荒銀貳拾壹兩玖錢捌分貳釐柒豪柒忽捌微壹纖捌渺伍漠捌茫每年攤減數多不一　解裁缺縣丞民壯工食銀壹拾壹兩捌錢玖分叁釐陸豪陸絲捌忽　解歲貢花紅酒席腳力銀伍兩玖錢肆分陸釐捌豪叁絲肆忽以上俱交司庫存留支給

驛站　明萬歷間縣額轎扛長夫二百三十名腳馬六十四夏口驛夫三十八名金口驛夫一十四名李坪驛夫二名齊安驛夫二名蘭溪驛夫一名陽邏驛馬七匹停前驛馬十四匹

國朝驛站項下額征銀數備載於左

一額設扛夫一百三十七名工食銀壹千貳兩捌錢肆分雍正六年奉文裁夫二十七名減工食銀壹百玖拾柒兩陸錢肆分今現設扛夫一百一十名工食銀捌百伍兩貳錢

一縣驛原設馬七十匹馬夫三十五名獸醫一名額設工料藥餌等銀一千伍百捌拾玖兩貳錢雍正六年奉文裁馬十五匹馬夫七名半藥餌銀壹拾伍兩共裁銀叁百叁拾玖兩今現設馬五十五匹馬夫二十七名半獸醫一名共支工料藥餌等銀壹千貳百五十兩貳錢縣驛原設支

應銀壹百叁拾陸兩雍正六年奉文裁銀壹拾伍兩今現設支應銀壹百貳拾壹兩

一停前驛原設馬捌拾匹馬夫四十名獸醫一名原額工料藥餌等銀壹千捌百壹拾伍兩貳錢雍正六年奉文裁馬十匹馬夫五名藥餌銀壹拾兩共裁工料藥餌等銀貳百貳拾陸兩今現設馬七十匹馬夫三十五名獸醫一名共支工料藥餌等銀壹千伍百捌拾玖兩貳錢本驛原設支應銀壹百叁拾陸兩雍正六年奉文裁銀拾兩今現設支應銀壹百貳拾陸兩原屬縣管於雍正八年奉文歸併

驛丞管理

一孔壠驛原設馬七十四匹馬夫三十五名獸醫一名額設工料藥餌等銀壹千伍百捌拾玖兩貳錢雍正六年奉文裁馬十四匹馬夫五名藥餌銀拾兩共裁銀貳百貳拾陸兩今現設馬六十匹馬夫三十名獸醫一名共支工料藥餌等銀壹千叁百陸拾叁兩貳錢本驛原設支應銀壹百叁拾陸兩雍正六年奉文裁銀拾兩今現設支應銀壹百貳拾陸兩本係縣驛夫馬工料歷係縣管支應藥餌銀兩清江司帶管清江鎮設渡夫工食並修船物料等銀伍拾壹兩貳錢肆分渡夫按季支領渡送火牌勘合　部文等

項以上徑支三驛夫馬工料藥餌支應等項共銀伍千肆百叁拾貳兩肆分

一酌用買馬銀壹千壹百捌拾伍兩

一夫馬住支工料銀壹千貳拾叁兩陸錢肆分以上俱解驛庫　總計驛站各項共征額銀柒千陸百肆拾兩陸錢捌分內除潘興口等處前巳奉文豁除坍塌銀肆拾壹兩肆錢玖分伍釐又知縣覃瀚元勘明潘興口嚴家洲費楊邛等處坍沙災苦通稟　各憲奏請彙入湖北通省長緩案內除額銀壹百伍拾肆兩叁錢貳分玖釐又勘明郭李等六圩坍沙災苦援案通稟　各憲歸入湖北通省長緩案內除額銀陸拾叁兩貳錢玖釐實征銀柒千叁百捌拾壹兩陸錢肆分柒釐

國初孔壠無驛因康熙十三年爵鄖二憲核查各省驛站以梅城馬送清江日行百里馬力不支　題請孔壠添設一驛增馬七十四匹庶腳馬不致疲敝而驛馬亦悠然有餘力焉

康熙十四年奉文建立

兌軍本色額漕米貳千柒百貳拾叁石捌斗貳升肆合隨征加一耗米貳百柒拾貳石叁斗捌升貳合肆勺內除潘興口等處前巳奉文豁除坍塌米壹拾伍石壹斗伍合柒勺外又知縣覃瀚元勘明潘興口嚴家洲費楊邛等處坍佔

挖壓災苦通詳　各憲於咸豐十年經督撫部院堂官胡題奏奉

上諭允准彙入湖北通省長緩案內除額米伍拾陸石壹斗貳合壹勺又知縣覃瀚元復勘明郭李等六圩坍佔挖壓災苦通詳　各憲於同治十三年經督撫部院堂李翁題奏奉

旨允准援案歸入湖北通省長緩案內除額米貳拾貳石伍斗伍升貳合伍勺實征額米貳千陸百叁拾石陸升叁合柒勺隨征加一耗米貳百陸拾叁石陸合肆勺

舊例歷征本色咸豐八年撫憲胡　奏定各州縣改折章程黃梅應征額漕每石連加一耗米水腳兌費券票共折十足制錢肆千五百文斗升合勺照數科算不准多索分文

勒碑縣署前

蘆課左家溝長生洲二處蘆洲地嚴家新淤子洲江北岸新淤民糧附腳向家洲中副水洤上墈下墈附腳新淤上下水凹蔡山對江新生洲上下墈附腳中副溝洤大灣新淤民糧附腳額征蘆課銀柒拾伍兩肆錢玖分肆豪捌絲陸忽壹微叁塵柒纖捌渺肆漠隨正征收蘆課加一一耗羨銀捌兩叁錢叁釐玖豪陸絲解一分耗羨銀柒錢伍分肆釐玖豪伍忽解七分耗羨銀伍兩貳錢捌分肆釐叁豪肆絲惟三分耗羨銀以捌錢捌釐柒豪肆絲叁忽肆微柒塵撥補祭祀荒缺餘銀一兩四錢五分五釐九豪七絲一忽伍微叁塵附入地丁三分耗羨銀內解司

府志原額新增至乾隆四年以前稀蘆熟地草塌草壋實征銀玖拾壹兩壹錢貳分叁釐叁豪貳絲叁忽陸微柒塵壹纖捌渺肆漠乾隆九年大丈案內新增課銀肆兩玖分柒釐肆豪陸絲貳忽肆微玖塵捌纖共原額征銀玖拾伍兩貳錢貳分柒豪捌絲陸忽壹微陸塵玖纖捌渺肆漠因向家洲崩塌經洲戶楊胡費等控准乾隆十四年奉文開除課銀壹拾玖兩柒錢叁分叁豪叁塵叁纖實征銀柒拾伍兩肆錢玖分肆豪捌絲陸忽壹微叁塵陸纖捌渺肆漠

雜稅額解牙帖稅銀貳拾兩玖錢兵燹之後經部議奏分別

繁盛偏僻科則　繁盛三則　上行叁兩　中行壹兩五錢　下行柒錢五分　偏僻三則　上行壹兩五錢　中行柒錢五分　下行肆錢五分　黃梅現照偏僻三則按帖分別徵收報解

田房正額銀玖兩叁錢貳分盈餘銀兩儘收儘解原無定額

當稅每典每年納銀伍兩兵燹後歇業

徭役各鋪司丞充兵二十一名又徭編六十名　各巡司丞充弓兵六名又徭編五十三名　工食俱載存留項內

黄梅縣志卷十六

賦役志

蠲卹

惟正之供寬之以蠲更有賑卹以憫凶年自來荒政未之或先梅處澤國水患不息議卹議蠲俾資粒食贗戶詳稽魚鱗列册偏災恆有實惠難施蠹胥黠役輒售其欺行部履勘司牧愼之志蠲卹

宋淳熙七年蠲賦予粟

明正統十三年免秋糧

萬歷三十六年邑令桂生芝號泣請賑

國朝順治元年蠲免　十四年發賑　康熙元年蠲免　三年蠲免　二十五年蠲免　二十九年蠲免　四十四年蠲免　五十年蠲免　雍正五年黃梅水災動用倉穀減價平糶以惠窮民並本年錢糧全行蠲免其已完納者准作六年應完之項　八年蠲免九年分錢糧　乾隆十年蠲免十三年分應征錢糧除漕糧項外其地丁銀米一槪免征以上錄舊志

嘉慶元年蠲免

二年蠲免

七年蠲免

九年蠲免

道光三年成災八分蠲免發撫賑

十一年成災八分蠲免發撫賑

十三年成災七分蠲免發撫賑

十四年成災六分蠲免以工代賑

十五年大旱請緩一年征還

十九年成災五分蠲免發撫賑

二十一年成災五分蠲免發撫加賑以工代賑

二十四年水災請緩

二十八年成災八分蠲免發撫加賑是年勘災委員鄭肇熙李明墀捐銀千兩助賑

二十九年成災八分蠲免發撫加賑以工代賑

咸豐十一年成災六分蠲免

同治八年按各鎭災情輕重五六分不等蠲免發賑

九年按各鎭災情輕重五六分不等蠲免

十一年水災請展緩一年帶征

黄梅縣志卷十六

賦役志

積儲

常平之制增減適宜義倉斂散春秋以時苟無治人徒法徒善試行社倉弊端迭見讒愿規避奸猾侵漁責償富室破產忽諸大學有言爭民施奪養人害人無蹈迂闊志積儲

常平倉原儲穀一萬四千二十石被賊後無存開報有案

社倉自雍正二年起至乾隆二十年止本息共應存穀二萬二千四百五十六石零各鎮收放弊竇叢開倉無升粒之存民有賠償之累流弊滋甚詳見後篇

喻文鏊東城社倉捐田記 康熙五十五年大學士張伯行請立社倉

上以李光地爲直隸巡撫亦曾奏及卽知此事言甚易行甚難後果無成效倉庫竊藏設官專理尚且虧空他何待言尋六十年直隸河南山西陝西被旱奉差山西賑濟大臣都察院左都御史朱軾建言請於晉省立社倉

上又以社倉之事李光地行之數年無成效張伯行復請有

旨會議至今未奏凡社倉必擇殷實之人董其事其人既非官吏無權無役所借之米何人催納豐年不完亦無如何若還歉收更難完納其初將眾人之米扣出收貯及缺空之時必令司事者償賠是空將眾人之米棄於無用而司事者無故爲人破產旋又以朱軾親至山西深知地方情形既請立社倉着仍詣山西鼓勵試行嗚呼大哉我

聖祖仁皇帝軫念黎元亟於賑貧亦未嘗緩於安富惟秉以大公之心不啻舉天下之茅檐蔀屋而爲之家閱戶臻洞悉利與弊之相爲倚伏始與終之互爲權衡務期有利而永無弊善始而尤貴善終蓋

聖明之燭照數計

宵旰之憂勤舉非臣下所能及其萬一也吾梅社倉立於雍正二年各鄉村司事者三十五人久且倍之在城者亦隨門區而

爲六久亦倍之不得其人則侵漁之弊生卽得其人而借戶完納遷緩遲逞有借而無還司事者不能強幸而官爲準理加以案比紛紛藉藉轉相牽引卒難科數司事者已多衙門胥吏之費至於歲歉不計前不償則後無可借而強借之弊生司事者百計稱貸賠償則一經出借之年顛破數十人之產但乞遞踐更而輪當受代者輒又鬨風遠徙不願承充而規避之弊生夫社倉之弊起於有借無償不償而仍欲借今在鄉之三十五倉司事者不堪其弊已將現貯之穀按戶均分倉無升粒之儲名存實廢而閭里反安無事官府每歲鈎稽虛實徒屬具文轉責胥吏受賕

而已是無社倉也在城者本無農民告借者皆無業游惰例不應借借亦不復償而不准借則譁司事者不能以口舌爭每值歲歉米貴蠭擁司事者之門詬詈兇橫燬垣壞屋徽纆拽司事者於市曹起而叢辱之識者憂其長亂是有社倉不如無社倉也夫司事之有意欺侵可以法繩借戶之無力償納不可以理諭然則不責其償而後可不責償而仍給而後可於是在城者乃議一門所有各甲有力者各輸錢若干貫買田若干畝穀可侵漁而田難乾沒穀有盈虛而田爲永業門推擇殷實植品者數人司其事歲收所入貯於倉入簿錄歉則俵散給無食者以濟急而不責其償不責償而仍給繩繩不已司事者亦不得以有借無還爲口實而諸弊可免以視在鄉之三十五倉名存實廢者相去遠矣是不泥古法而有合於立法之意不擅改社倉之名而能收社倉之效者也夫社倉惠民朱子行之於建安孝宗嘗下其法於諸路南城宜興而外不聞行眞西山行之於長沙他不槪見我

國家行之垂七八十年矣而猶未免弊生南北地勢雖異而人情大畧相同使皆易捐穀而捐田易貸穀而賑穀有救乏之益無追償之勞由在城以暨在鄉卽由一邑以暨天下庶幾三年九年之蓄其有裨於荒政多矣又安見社倉之

終難行哉嘉慶十八年十一月望日

乾隆三十九年知縣曾麟閣涖任周知民間疾苦始倡分穀之議諭令各鎮各姓將倉穀盡數按戶均分訖無一存留前此五十年之轇轕一旦廓清然後民得安堵至道光元年署知縣楊昌詳請復興社倉出示盤查票拘倉長勒索陋規人情洶洶適新任總督部堂李公鴻賓馳驛赴省道經黄梅士民沿途呈控且有先行越境而赴告者不能悉記邑舉人鄧錦等具稟云

爲勦弊安民頂恩咨奏事恭惟我

朝

列

聖相承庶政具舉

皇猷既見其蕩蕩吏治亦著其蒸蒸然治於此見有一弊焉有不得不爲我　憲臺稟者蓋弊之出於民惟民勦之而已著其效而弊之出於吏非　憲勦之不能清其源其言弊之出於民者奈何則社倉是已其倉穀隸於倉長有放有收有告退有報頂當其放也貧者若取諸宮中强者偏視爲己物穀不稱心爲合者咸堪裂眦數未如意鯨吞者怒可衝冠或一人而併數人之所需或數姓不敵一姓之所取已集菀人集枯豈畏五申三令弱之肉强之食依然十室九空當其收也門到戶說舌敝耳聾或以低穀抵搪或以半償支展習見其人

偏等死喪逃亡之不納明知有穀乃至升斗合勺之不交賠一年而二年三年無不盡賠騙一家而五家十家因之悉騙當其告退也或被李於豪胥前事已清者提其未清或受制於悍差舊役應卸者捎其不卸期云過矣雖過期尚在糾纏屆已滿焉至下屆猶在羅織誰非析產以破家乃至賣兒以貼婦當其報頂也富家行賄而暗更其名貴人倚勢而硬抗不認理宜輪役按期則遷於他鄉議應朋充聞信乃逃之別所新舊遞接報之者難免鼠牙雀角之爭彼此互推頂之者悉屬長厚樸拙之子一膺重役即隕深淵邑士人苦此苛法久矣爰於乾隆三十九年始倡分穀之議而數世淩暴之患

於焉頓熄治所謂弊之出於民而民自勦之者此也其言弊之出於吏者奈何則社倉之盤查是已蓋社倉之分其議起於民間人皆得穀家自建倉分撥維均兼併者不得逞其譎安頓得所侵蝕者烏能用其刁洵法良而意美亦渠靜而風恬夫何見困於社穀未分之先復胎禍於社穀既分以後奉上憲之來行假盤查曉諭父老挾本官之律令藉盤查恐嚇鄉愚戶長督以甲長以盤查勒索四鄉原差繼以催差以盤查苛派通鎮每易一歲則檄委員下鄉盤查之利市必不可少偶調一官則與倉長出結盤查之陋規愈有所增悉索未遂者則以違抗盤查稟於公而置之圜土谿壑已盈者則云眼同盤查復於上而脫於覆盆挾君虐民操縱由其筆下舞文弄法出入任其舌端盤查本以詰民之奸豈知民則無奸而奸之生於盤查者其奸較酷盤查祇以防民之蠹豈知民則無蠹而蠹之生於盤查者其蠹更深嘉奇貨可居一任左提右挈痛大益不止猶是火熱水深與其奉行故事治此盤查之虛名則害去半倘留其半曷若掃除弊端革此盤查之舊例斯民已安盍見其安茲政於不調無事模稜而持兩可瀾迴於既倒幸勿逡巡以待來年治所謂弊之出於吏必賴憲以勦之者此也方今

聖天子隨時取中因心作則理惟衷諸一是策必出於萬全政在養民推放而四海皆準去其害馬凜遵於永世無窮幸　台星

之乍臨庶

宸闈其未遠電茲蕪詞懇發數十年未潰之毒達之黼座俾錫億萬姓無疆之休謹稟

湖廣總督部堂批

查社倉穀石係民間自行捐積以資儲備應聽該紳民等公舉殷實老成人經理無許官吏藉端盤查致滋紛擾據黃梅縣舉人鄧錦梅芳等以該縣丁書曾玉堂等盤查社穀勒索錢文等情紛紛至本部堂行轅具控如果屬實不特該丁書任意詐贓難保該縣無授意情事仰北布政司

會同按察司即飭黃州府親提全案人證秉公研審確情
按例參辦毋稍徇延徐占鰲等呇詞並抄件附行

督部堂批黃州知府禀
該縣楊昌任內所出示票既經全行繳銷差書亦已分別
究懲地方安靜民無閒言所有鄧錦梅芳等控案如禀免
再提審以省拖累仰北布政司會同按察司轉飭知照繳
票抄行

黃梅縣志卷十七

學校志

學校

師表常尊泰山共仰
宸翰題榜左學右學實資蒙養額升大學雍正三年畤糧敵愾
列聖相承
恩錫自天修文偃武增弟子員俎豆莘莘夙崇祀典鄉飲賓興學
規學產旁逮書院良材是選志學校

文廟建置源流

唐宋以前無考元至元己卯縣尹秦（曹志作堯都秦君）創今學基在
縣治左至正六年縣尹喬思忠建兩廡戟門講堂繪聖像制
禮器清學田元末燬於兵明洪武三年知縣唐彬奉旨建學
宮改尊道堂為明倫堂下置兩齋東曰進德西曰修業景泰
六年知縣王端建文昌祠尋廢成化元年知縣黃武修學宮
兩廡建饌堂一所後廢六年知縣戴中重建學宮啟聖祠並
東西兩齋正德三年鑄聖像於石撤神主後壁嘉靖十六年
知縣梁廉奉旨建敬一亭於明倫堂後正殿東明汲井傍創
一門題額曰數仞宮牆明倫堂左出建禮門右出建義路隆
慶三年知縣姜忻鑿泮池跨月橋置名宦鄉賢二祠於戟門
左右創站棚於明倫堂前萬歷十年署縣事推官曾維倫重

修櫺星門外砌石道數丈豎天衢坊旁列木柵護之三十六年知縣桂生芝重修聖廟及兩廡明倫堂敬一亭末年復圮生員王敬臣偕闔邑紳士重建崇禎十五年燬於兵

國朝順治六年知縣陳覲天教諭張士淑諭諸生捐優免銀買地重建聖殿十七年教諭蕭蘊樞捐俸重修殿前格扇及兩廡啓聖祠明倫堂康熙四年訓導吳祖堯捐貲暨諸生優免銀修聖殿兩廡及名宦鄉賢諸祠十七年知縣李成林重修名宦鄉賢二祠四十五年知縣曹世璞建啓聖祠六十年知縣戴紹祖雍正十三年知縣莊樸因舊加修乾隆二十年知縣薛乘時倡捐重建擴基二丈有奇戟門易木爲石櫺星門

改用青石築泮池月橋環以石欄德配天地道冠古今舊木架改用青石改建名宦鄉賢二祠及忠義孝弟祠道光初年邑紳疊經修葺咸豐七年兵燬僅存正殿八年草創兩廡九年修兩廡及大成門十一年修崇聖祠因陋就簡規模畧具同治十二年大興工役修大成殿及兩廡大成門崇聖祠齋宿之所煥然一新前後皆知縣覃瀚元率士庶重修不辭勞費有碑記見藝文

崇祀源流

周敬王四十一年魯哀公誄孔子曰尼父

漢高祖十二年過魯以太牢祀孔子

平帝元始元年追謚孔子爲褒成宣尼公

明帝十五年帝東巡至魯祠孔子及七十二弟子

章帝元和二年東巡還幸闕里以太牢祠孔子用六代之樂

晉成帝咸康元年帝釋奠於國學

宋文帝元嘉十九年詔修孔子廟復學舍召生徒

齊武帝永明三年詔釋奠先師設軒縣之樂六佾之舞

梁敬帝太平二年詔修孔子祀

陳後主至德三年詔建孔子廟

北魏孝文帝太和十六年詔謚孔子曰宣聖尼父使有司行奠獻之禮

北齊文宣帝天保元年詔每歲春秋仲月行釋奠禮每月朔祭酒領師生階下行禮

周靜帝大象二年追封孔子鄒國公

隋文帝仁壽九年制釋奠樂章詔國子寺釋奠以四仲月上丁州縣學以春秋二仲月上丁

唐高祖武德二年詔有司立周公孔子廟

太宗貞觀二年詔以孔子爲先聖顏子爲先師二十年詔自今釋奠國學祭酒初獻司業亞獻博士終獻州縣學守令初獻丞佐亞獻博士終獻

高宗乾封元年帝過曲阜贈孔子太師祠以少牢總章元年

尊孔子爲文宣王贈顏子曾子封爵而配享
元宗開元八年詔十哲爲坐像曾參亞之二十七年尊孔子
爲大成至聖文宣王贈弟子公侯伯爵
周太祖廣順二年帝如曲阜謁孔子拜其墓
宋太祖建隆元年帝視學謁孔子詔增葺祠宇塑繪先聖先
賢像
眞宗大中祥符元年帝至闕里謁孔子廟加謚元聖文宣王
遂拜其墓五年改謚至聖文宣王
仁宗景祐元年詔釋奠用登歌
神宗元豐七年增孟子配享

徽宗崇甯四年增文宣王冕十二旒服十二章執鎮圭廟門
立二十四戟並同王者之制大觀二年詔子思子從祀
度宗咸淳三年以曾子子思與顏孟並配享升顓孫師於十
哲
元成宗大德十年行釋奠禮牲用太牢樂用登歌十一年加
孔子號曰大成至聖文宣王
文宗至順元年詔封聖父啟聖王聖母啟聖王太夫人
明太祖洪武元年詔以太牢祀孔子於國學後遣使詣闕里
致祭定釋奠制賜衍聖公田三千大頃置林廟灑掃戶十五
年詔天下郡縣通祀孔子

成祖永樂八年正文廟繪塑衣冠令合古制
宣宗宣德三年命禮部考正從祀先賢名位頒示天下
世宗嘉靖九年更定孔廟祀典尊孔子曰至聖先師去肖像
易木主春秋祭祀國學用十籩豆天下郡縣八籩豆舞六佾
四配六籩豆十哲四籩豆兩廡如之廟稱大成殿門稱大成
門罷公侯伯封爵别立啟聖祠中祀啟聖公孔氏以顏無繇
曾點孔鯉孟孫氏配俱稱先賢某氏兩廡以程珦朱松蔡元
定從祀俱稱先儒祭禮與文廟同
神宗萬歷二十三年以周輔成從祀啟聖祠
國朝

世祖章皇帝順治元年定優渥聖裔之制
二年詔尊孔子爲大成至聖文宣先師
十四年定文廟尊稱曰至聖先師孔子親行釋奠
九年臨雍釋奠
聖祖仁皇帝康熙八年臨雍釋奠
十七年文廟工成臨雍親祭
二十三年東巡詣闕里釋奠行三跪九叩禮
頒御書萬世師表額
謁先聖墓行一跪三叩禮
二十五年詔春秋二祭武官二品以上並令陪祭仍令正印

官主祭
二十六年詔設樂器籩十豆十樂用六佾
立御製闕里孔子廟碑　孔子贊碑　四配贊碑
二十九年立文廟下馬碑
詔修孔子廟
三十二年廟成遣皇子致祭
三十八年立御製重修闕里孔子廟碑
四十三年以西征噶爾丹凱還告成太學頒平定朔漠碑勒
石學宮
四十九年詔直省同城大小武職一體入文廟行禮

五十一年特諭升先賢朱子於十哲之次
五十五年題准欽定樂章皆取平字之義府州縣一體賫奏
世宗憲皇帝雍正二年詔改幸學爲詣學臨雍釋奠冊封孔子前五
代爲王更啓聖祠曰崇聖祠以先賢張載之父迪從祀直省
府州縣學附建忠義孝弟祠仍建節孝祠於學宮之外
三年部頒文廟禮樂圖籍
詔避孔子聖諱郡縣丁祭用太牢
四年頒御書生民未有額詣廟釋奠奠帛進酒皆跪獻著定
例遵行
七年以西征羅卜藏丹津凱還頒平定青海告成太學碑

八年立御製重修闕里孔子廟碑
詔設闕里聖廟執事官四十員
九年詔修孔林
高宗純皇帝乾隆三年詔升先賢有子於東序哲位卜子之次東西共是
十二哲
四年頒御書與天地參額
八年頒丁祭旋宮之樂
十年頒發祭樂二器存學
十三年東巡至曲阜詣孔子廟釋奠行三跪九叩禮
詣孔林謁先聖墓行一跪三叩禮

立御製闕里孔廟碑
十四年頒平定大金川告成太學碑文
十六年南巡遣官祭告孔子
二十年頒平定準噶爾告成太學碑文
二十一年東巡至曲阜詣孔子廟釋奠詣孔林酹酒
二十二年南巡至曲阜詣孔子廟上香孔林酹酒
二十四年頒平定回部告成太學碑文
二十七年南巡至闕里詣孔子廟上香孔林酹酒
三十年南巡遣官祭告孔子
三十三年頒周範銅器十於太學

三十四年重修太學孔子廟親詣釋奠立碑
三十六年東巡至闕里詣孔子廟釋奠孔林酹酒
頒周笵銅器十於闕里
四十一年頒平定兩金川告成太學碑文
東巡詣闕里釋奠於先師
四十五年南巡遣官祭告孔子
四十九年南巡至曲阜詣孔子廟上香
五十年臨雍釋奠於先師
五十五年東巡詣闕里釋奠於先師
仁宗睿皇帝嘉慶三年臨雍釋奠於先師

四年頒御書聖集大成額
十三年詔發帑重修闕里文廟及顏子專廟
宣宗成皇帝道光元年頒御書聖協時中額
二年臨雍釋奠於先師
二十三年詔山東巡撫謹修闕里祀典
文宗顯皇帝咸豐元年頒御書德齊幬載額
七年以先賢孔孟皮配享崇聖祠
穆宗毅皇帝同治元年頒御書聖神天縱額
二年更定東西兩廡位次頒發通行
皇上光緒元年頒御書斯文在茲額

大成殿奉祀

至聖先師孔子

東配

復聖顏子 魯人名回字子淵郳國之後漢永平十五年祀七十二弟子顏子位第一魏晉祀孔子均以顏子配唐貞觀二年以孔子爲先聖顏子配饗

述聖子思子 名伋字子思逮事聖祖宋大觀二年從祀端平三年升列哲位咸淳三年配享

西配

宗聖曾子 名參字子輿魯南武城人唐開元八年從祀宋咸淳三年配享

亞聖孟子 名軻字子輿宋元豐七年配饗明洪武五年罷配享踰年復之

以上配位宋以前皆稱封爵元至順元年贈顏子兗國復

聖公曾子郕國宗聖公子思子沂國述聖公孟子鄒國亞
聖公明嘉靖九年改稱復聖顏子宗聖曾子述聖子思子
亞聖孟子
國朝因之

東哲

先賢閔子 名損字子騫魯人唐開元八年從祀

先賢冉子 名雍字仲弓伯牛之族唐開元八年從祀

先賢端木子 名賜字子貢衛人唐開元八年從祀

先賢仲子 名由字子路魯之卞人唐開元八年從祀

先賢卜子 名商字子夏衛人唐貞觀二十一年以經師從祀開元八年以十哲從祀

先賢有子名若字子有魯人唐開元八年從祀　國朝乾隆三年升列哲位

西哲

先賢冉子名耕字伯牛魯人唐開元八年從祀

先賢宰子名予字子我魯人唐開元八年從祀

先賢冉子名求字子有仲弓之族唐開元八年從祀

先賢言子名偃字子游吳人唐開元八年從祀

先賢顓孫子名師字子張陳人唐開元八年從祀宋咸淳三年升列哲位

先賢朱子名熹字元晦婺源人宋淳祐元年從祀　國朝康熙五十一年升配東哲末位乾隆二年改移西哲末位

以上哲位宋以前皆稱封爵明嘉靖九年改稱先賢某子

國朝因之

東廡先賢

先賢公孫僑字子產鄭大夫　國朝咸豐七年從祀

先賢林放字子邱魯人唐開元二十七年從祀明嘉靖九年改祀於鄉　國朝雍正二年復祀

先賢原憲字子思宋人鄭元曰魯人唐開元二十七年從祀

先賢南宮适字子容魯孟僖子之子居南宮因姓唐開元二十七年從祀

先賢商瞿字子木魯人唐開元二十七年從祀

先賢漆雕開字子若蔡人唐開元二十七年從祀

先賢司馬耕字子牛宋人唐開元二十七年從祀

先賢梁鱣字叔魚齊人唐開元二十七年從祀

先賢冉孺字子魯魯人唐開元二十七年從祀

先賢伯虔字子析魯人唐開元二十七年從祀

先賢冉季字子產魯人唐開元二十七年從祀

先賢漆雕徒父徒一作從字子有一字子文魯人唐開元二十七年從祀

先賢漆雕哆一作侈字子斂魯人唐開元二十七年從祀

先賢公西赤字子華魯人唐開元二十七年從祀

先賢任不齊字子選楚人唐開元二十七年從祀

先賢公良孺家語作儒字子正陳人唐開元二十七年從祀

先賢公肩定肩家語作堅字子中一字子仲魯人唐開元二十七年從祀

先賢鄡單字子家唐開元二十七年從祀

先賢罕父黑字子索魯人唐開元二十七年從祀

先賢榮旂字子祺一作祈魯人唐開元二十七年從祀

先賢左人郢字子行魯人唐開元二十七年從祀

先賢鄭國字世徒魯人唐開元二十七年從祀

先賢原亢字子籍史記作原亢籍魯人唐開元二十七年從祀

先賢廉潔字子曹一作子庸衛人唐開元二十七年從祀

先賢叔仲會家語作會字子期魯人唐開元二十七年從祀

先賢公西輿如字子上齊人唐開元二十七年從祀

先賢邽巽字子斂魯人唐開元二十七年從祀

先賢陳亢字子亢一字子禽魯人唐開元二十七年從祀

先賢琴張名牢衛人唐開元二十七年從祀

先賢步叔乘字子車齊人唐開元二十七年從祀

先賢秦非字子之魯人唐開元二十七年從祀

先賢顏噲字子聲魯人唐開元二十七年從祀

先賢顏何字冉魯人唐開元二十七年從祀明嘉靖九年罷 國朝雍正二年復祀

先賢縣亶字子象 國朝雍正二年從祀

先賢牧皮力牧之後與琴張曾皙爲友 國朝雍正二年從祀

先賢樂正克孟子弟子 國朝雍正二年從祀

先賢萬章孟子弟子 國朝雍正二年從祀

先賢周敦頤字茂叔道州人宋淳祐元年從祀

先賢程顥字伯淳河南人宋淳祐元年從祀

先賢邵雍字堯夫河南人宋咸淳三年從祀

西廡先賢

先賢蘧瑗字伯玉衛大夫唐開元二十七年從祀明嘉靖九年改祀於鄉 國朝雍正二年復祀

先賢澹臺滅明字子羽武城人唐開元二十七年從祀

先賢宓不齊字子賤魯人唐開元二十七年從祀

先賢公冶長字子長魯人唐開元二十七年從祀

先賢公皙哀字季次齊人唐開元二十七年從祀

先賢高柴字子羔齊人唐開元二十七年從祀

先賢樊須字子遲魯人唐開元二十七年從祀

先賢商澤字子秀一作子季魯人唐開元二十七年從祀

先賢巫馬施字子期陳人唐開元二十七年從祀

先賢顏辛字子柳魯人唐開元二十七年從祀

先賢曹卹字子循蔡人唐開元二十七年從祀

先賢公孫龍字子石魯人唐開元二十七年從祀

先賢秦商字丕茲魯人唐開元二十七年從祀

先賢顏高字子驕魯人唐開元二十七年從祀

先賢壤駟赤字子徒壤家語作穰徒作從唐開元二十七年從祀

先賢石作蜀字子明秦之成紀人唐開元二十七年從祀

先賢公夏首字子乘魯人唐開元二十七年從祀

先賢后處字子里齊人唐開元二十七年從祀

先賢奚容蒧字子晳魯人唐開元二十七年從祀

先賢顏祖字子襄魯人唐開元二十七年從祀

先賢句井疆字子强家語句作勾衛人唐開元二十七年從祀

先賢秦祖字子南秦人唐開元二十七年從祀

先賢縣成字子橫魯人唐開元二十七年從祀

先賢公祖句茲字子之魯人家語無句字唐開元二十七年從祀

先賢燕伋字子思秦人唐開元二十七年從祀

先賢樂欬字子聲欬家語作欣正義曰魯人唐開元二十七年從祀

先賢狄黑字晳之衛人唐開元二十七年從祀

先賢孔忠字子蔑家語作弗孔子兄孟皮之子唐開元二十七年從祀

先賢公西蒧字子尙魯人唐開元二十七年從祀
先賢顔之僕字子叔魯人唐開元二十七年從祀
先賢施之常字子常魯人唐開元二十七年從祀
先賢申棖字子續魯人唐開元二十七年從祀
先賢左邱明中都人楚左史倚相之後唐貞觀二十一年以經師從祀
先賢秦冉字子開蔡人唐開元二十七年從祀明嘉靖九年罷　國朝雍正二年復祀
先賢公明儀　國朝咸豐三年從祀
先賢公都子孟子弟子　國朝雍正二年從祀
先賢公孫丑孟子弟子齊人　國朝雍正二年從祀
先賢張載字子厚郿縣人宋湻祐元年從祀
先賢程頤字正叔明道之弟宋湻祐元年從祀
以上先賢位宋以前從祀者皆稱封爵明嘉靖九年改稱
先賢某子周張程邵五子嘉靖時稱先儒崇禎十五年改
稱先賢位在七十子之下漢唐諸儒之上
國朝俱稱先賢不稱子
東廡先儒
先儒公羊高周末齊人子夏弟子唐貞觀二十一年從祀
先儒伏勝濟南人唐貞觀二十一年從祀
先儒毛亨魯人　國朝同治二年從祀
先儒孔安國孔子十一世孫唐貞觀二十一年從祀

先儒后蒼東海郯人明嘉靖九年從祀
先儒鄭康成東漢北海高密人唐貞觀二十一年從祀明嘉靖九年改祀於鄉　國朝雍正二年復祀
先儒范甯字武子晉鄢陵人唐貞觀二十一年從祀明嘉靖九年改祀於鄉　國朝雍正二年復祀
先儒陸贄字敬輿嘉興人　國朝道光六年從祀
先儒范仲淹字希文蘇州吳縣人　國朝康熙五十四年從祀
先儒歐陽修字永叔廬陵人明嘉靖九年從祀
先儒司馬光字君實夏縣人宋咸湻三年從祀
先儒謝良佐字顯道上蔡人　國朝道光二十九年從祀
先儒羅從彦字仲素延平人明萬歷四十二年從祀
先儒李綱字伯紀邵武人　國朝咸豐元年從祀
先儒張栻字敬夫綿竹人宋景定二年從祀
先儒陸九淵字子靜金溪人明嘉靖九年從祀
先儒陳湻字安卿龍溪人　國朝雍正二年從祀
先儒眞德秀字景元浦城人明正統二年從祀
先儒何基字子恭金華人　國朝雍正二年從祀
先儒文天祥字宋瑞廬陵人　國朝道光二十三年從祀
先儒趙復字仁甫德安人　國朝雍正二年從祀
先儒金履祥字吉夫婺之蘭溪人　國朝雍正二年從祀
先儒陳澔字可大都昌人　國朝雍正二年從祀
先儒方孝孺字希直天台人　國朝同治二年從祀

先儒薛瑄 字德溫河津人明隆慶五年從祀

先儒胡居仁 字叔心餘干人明萬歷十二年從祀

先儒羅欽順 字允升泰和人國朝雍正二年從祀

先儒呂柟 字仲木高陵人國朝同治二年從祀

先儒劉宗周 字啟東山陰人國朝道光二年從祀

先儒孫奇逢 字啟泰容城人國朝道光八年從祀

先儒張履祥 字考夫浙江桐鄉縣人國朝同治十一年從祀

先儒陸隴其 字稼書平湖人國朝雍正二年從祀

西廡先儒

先儒穀梁赤 周末魯人子夏弟子唐貞觀二十一年從祀

先儒高堂生 秦末漢初人唐貞觀二十一年從祀

先儒董仲舒 廣川人元至順元年從祀

先儒毛萇 趙人唐貞觀二十一年從祀

先儒杜子春 河南緱氏人唐貞觀二十一年從祀

先儒諸葛亮 字孔明瑯琊陽都人國朝雍正二年從祀

先儒王通 字仲淹龍門人明嘉靖九年從祀

先儒韓愈 字退之修武人宋元豐七年從祀

先儒胡瑗 字翼之海陵人明嘉靖九年從祀

先儒韓琦 字稚圭安陽人國朝咸豐二年從祀

先儒楊時 字中立將樂人明宏治八年從祀

先儒尹焞 字彥明一字德充世爲洛人國朝雍正二年從祀

先儒胡安國 字康侯崇安人明正統二年從祀

先儒李侗 字愿中延平人明萬歷四十二年從祀

先儒呂祖謙 字伯恭萊人南渡後徙婺州宋景定二年從祀

先儒袁燮 字和叔鄞縣人國朝同治七年從祀

先儒黃榦 字直卿福州閩縣人國朝雍正二年從祀

先儒蔡沈 字仲默建陽人元定之子明正統二年從祀

先儒魏了翁 字華父邛州蒲江人國朝雍正二年從祀

先儒王柏 字會之金華人國朝雍正二年從祀

先儒陸秀夫 字君實鹽城人國朝咸豐九年從祀

先儒許衡 字平仲河內人元皇慶二年從祀

先儒吳澄 字幼清撫州崇仁人明正統八年從祀嘉靖九年罷國朝乾隆二年復祀

先儒許謙 字益之婺之金華人國朝雍正二年從祀

先儒曹端 字正夫澠池人國朝咸豐十年從祀

先儒陳獻章 字公甫新會人明萬歷十二年從祀

先儒蔡清 字介夫晉江人國朝雍正二年從祀

先儒王守仁 字伯安餘姚人明萬歷十二年從祀

先儒呂坤 字叔簡甯陵人國朝道光六年從祀

先儒黃道周 字幼平漳浦人國朝道光五年從祀

先儒湯斌 字孔伯睢州人國朝道光三年從祀

以上先儒位明嘉靖以前從祀者皆稱封爵嘉靖九年改稱先儒某子

國朝稱先儒不稱子

崇聖祠正位

肇聖王木金父公　正中南向

裕聖王祈父公　東一室

詒聖王防叔公　西一室

昌聖王伯夏公　東二室

啟聖王叔梁公　西二室　皆南向

以上正位明嘉靖九年於

大成殿後立啟聖祠祀叔梁公

國朝雍正元年

詔封孔子先世王爵合祀五代更名崇聖祠爲

崇聖祠

東配

先賢孔氏孟皮　國朝咸豐七年配饗位在顏氏之上當西配曾氏之上

先賢顏氏　名無繇明嘉靖九年配饗

先賢孔氏　名鯉明嘉靖九年配饗

西配

先賢曾氏　名皙明嘉靖九年配饗

先賢孟孫氏　名激明嘉靖九年配饗

東廡先儒

先儒周氏　名輔成明萬歷二十三年從祀

先儒程氏　名珦明嘉靖九年從祀

先儒蔡氏　名元定明嘉靖九年從祀

西廡先儒

先儒張氏　名迪國朝雍正二年從祀

先儒朱氏　名松明嘉靖九年從祀

以上先賢先儒位明嘉靖時稱先賢某氏先儒某氏

國朝因之

木主攷　明嘉靖九年定

先師主高二尺三寸七分闊四寸厚七分座高四寸長七寸厚三寸四分朱地金書四配主高一尺五寸闊三寸二分厚六分赤地墨書　崇聖祠五主亦如之十哲兩廡高一尺四寸濶二寸六分厚五分皆座高二寸六分長四寸厚二寸赤地墨書　按梅有先師像石刻爲吳道子筆道子畫坐立行三像此立像也自江陵專梅孝廉蘭文鐫石建龕勒木主後

名宦祠

元

喬思忠

明

戴中　金章　朱璧　來三聘

桂生芝　武圖功以上俱知縣　李美縣丞　蔡敏主簿

李震　沈鑨　蕭廷儲　唐世卿以上

俱教諭　顏樸　席懋俱訓導

國朝

李珣知縣

鄉賢祠

宋

岳雲

元

郭友直

明

石金　吳宗吉　韓中　邢纓　邢賓　胡鳳

瞿晟　石崑玉　石有恆　瞿九思　洪晟　王麟

向榮　張桂　王忠　陳昉　瞿甲　段尙繡

潘文浩　沙瑞　鄧俊　龔樾

國朝

帥承瀛　帥承瀚

誕辰

每歲八月二十七日恭值

至聖先師誕辰文武官各致齋一日不理刑名禁止屠宰

正殿祭品

篚一帛白色　酒罇一　白瓷爵三　牛一　羊一

豕一　登一太羹肉汁不用鹽醬　鉶二和羹用鹽醬　簠二黍稷　簋二稻粱

籩十形鹽　藁魚　榛　棗　菱　栗　芡　鹿脯　白餅　黑餅

豆十韭菹　菁菹　芹菹　筍菹　醓醢　兔醢　魚醢　雁醢　脾析　豚拍

四配祭品東西各一案

篚一帛二白色　羊一　豕一　白瓷爵三　酒罇一　鉶二和羹

簠二黍　簋二稷　籩八形鹽　藁魚　脯　榛　栗　棗　菱　芡

豆八韭菹　醓醢　芹菹　兔醢　筍菹　魚醢　菁菹　雁醢

十二哲祭品東西各一案

篚一帛白色　豕一　豕首一　白瓷爵六　鉶六和羹

簠六黍　簋六稷　酒罇一　籩四形鹽　鹿脯　棗　栗　豆四

菁菹　魚醢　筍菹　兔醢

東西廡祭品東西各二案

篚一帛白色　豕三　簠一黍　簋一稷

籩四栗　棗　鹿脯　形鹽　豆四菁菹　筍菹　魚醢　兔醢　銅爵四

樂器

麾　金鐘　玉磬　鼓　搏拊　柷　敔　琴

瑟　笙　排簫　簫　笛　塤　篪

舞器

旌節　羽　籥

國朝乾隆九年暨十八年所頒祭器樂器今俱殘缺無存

大成殿祝文 乾隆九年　頒

維某年月日某官某致祭於

至聖先師孔子曰惟

先師德隆千聖道冠百王揭日月以常行自生民所未有屬

文教昌明之會正禮和樂節之時辟雍鐘鼓咸恪薦於馨香泮水

膠庠益致嚴於籩豆茲當仲春秋祗率彝章肅展微忱聿將祀

典以

復聖顏子

宗聖曾子

述聖子思子

亞聖孟子配尚饗

樂章

迎神奏昭平之章 無舞

大哉

孔子先覺先知與天地參萬世之師祥徵麟紱韻答金絲日月既

揭乾坤清夷

初獻奏宣平之章

明德玉振金聲生民未有展也大成俎豆千古春秋上丁清酒既

予懷

載其香始升　舞羽籥之舞

亞獻奏秩平之章

式禮莫愆升堂再獻響協鼗鏞誠孚罍甗肅肅雝雝譽髦斯

彥禮陶樂淑相觀而善　舞如初獻

三獻奏敘平之章

自古在昔先民有作皮弁祭菜於論斯樂惟

天牖民惟

聖時若彝倫攸敘至今木鐸　舞如亞獻

徹饌奏懿平之章 無舞

先師有言祭則受福四海黌宮疇敢不肅禮成告徹毋疏毋瀆樂

所自生中原有菽

送神奏德平之章 無舞

鳧繹峩峩洙泗洋洋景行行止流澤無疆聿昭祀事祀事孔

明化我烝民育我膠庠

舞譜 舊志

初獻

自 稍前向外 開籥舞　生 蹈向裏 開籥舞

民 合手蹲 朝上　來 起辭身向外高 舉籥面朝上

誰兩兩相對蹲東西兩向　底合手蹲朝上
其正揖　盛起平身出左手立
惟兩兩相對自下而上東西相向　師稍前舞舉籥垂翟
神中班轉身東西相向立惟兩中班十二人轉身俱東西相向　明舉翟三合籥
度稍前向外垂手舞　越蹈向裏垂手舞
前向前合手謙進步雙手合籥　聖回身再謙退步側身向外高手回面向上
粢正蹲朝上　帛稍舞躬身挽手側身向外呈籥耳邊面朝上
具正揖　成起辭身挽手復舉籥正立
禮兩兩相對交籥兩班俱東西手執籥　容正揖
斯向外退挽手舉籥向外面朝上　稱回身正立

黍稍前舞　稷正蹲朝上
非左右垂手兩班上下俱雙垂手東西相向　馨起合手相向立
惟左右側身垂手向外開籥垂手舞　神右側身垂手向裏垂手舞
之正揖朝上　聽躬而受之躬身朝上拱籥而受之三鼓畢退

亞獻

大左右進步向外垂手舞　哉右向裏垂手舞
聖向外落籥面朝上　師退回正身立
實正蹲　天起身向前轉向外舞
生向裏舞　德合手謙進步向前雙手合籥存謙
作兩兩相對自下而上兩班相對舉籥東西立　樂上下垂手惟兩中班上下十二人俱垂手轉身東西相向

以轉身東西相向立　崇相向立兩班上下以翟向籥
時稍前舞蹈兩班上下俱垂手向外　祀向裏垂手舞
無合手謙進步向前垂手合籥　斁回身再謙兩班上下東西相向合籥立
清稍前舞向外開籥翟　酤向裏舞
惟雙手平執籥翟開籥翟　馨合籥翟朝上正立
嘉側身垂左手兩班俱垂手向外舞　牲躬身正立
孔雙手舞籥翟躬身　碩躬而受之躬身朝上拱籥受之一鼓而起
薦一叩首舉右手叩頭　羞舉左手叩頭
神復舉右手叩頭　明拜一鼓畢即起躬身三鼓平身
庶三舞蹈舉籥向左躬身舞　幾舉籥向右躬身舞

昭舉籥復向左躬身舞　格拱籥躬身而受之

三獻

百向外開籥舞　王向裏開籥舞
宗側身向外面朝上　師朝上正立
生兩班上下兩兩相對交籥　民合手鞠上正蹲
物側身向裏落籥　軌合籥朝上正立
瞻向外開籥舞　之向裏開籥舞
洋開籥朝上正立　洋合籥
神向外開籥舞　其向裏開籥舞
甯進步向前雙手合籥　止回身東西相向手謙

酌向外開籥舞　彼向裏開籥舞
金開籥朝上正立　罍合籥朝上正立
惟向外垂手舞　清向裏垂手舞
且朝上正揖　旨躬身而受之
登躬身向左合籥舞　獻躬身向右合籥舞
牲躬身復向左右舞　三合籥朝上拜一鼓便起身
於側身向外垂手舞　嘻側身向內垂手舞
成朝上正揖　禮躬身朝南受之三鼓畢起身

禮節

每歲春秋仲月上丁日致祭先期正印官移知學官傳集諸生敬謹將事致齋三日豫辦牲牢祭品陳設祭器樂器恭繕祝文張職事榜於黌牆先一日承祭官至文廟觀樂畢具朝服行三跪九叩禮畢至省牲所香案前獻爵奠酒揖举牲取血執事生捧送各壇供奉俟安設畢乃退正祭日子時設庭燎承祭官分獻官暨在城武職一體陪祭官齊集更衣所陰陽生報鼓三通贊引生引至東西階下通贊唱樂舞生排班序立執事生各司其事承祭官就位分獻官暨陪祭官各就位贊引生贊各官就位通贊唱瘞毛血執事生二人捧毛血盤出西正門瘞畢由東正門入通贊唱迎神樂奏昭平之章樂作贊跪叩興承祭官分獻官陪祭官行三跪九叩禮樂止

通贊唱奠帛爵行初獻禮樂奏宣平之章舞羽籥之舞樂作贊引生贊承祭官詣盥洗所盥手授巾畢贊升壇引由東階入殿左門詣

至聖先師位前贊跪上香承祭官跪司香生跪奉香承祭官三上瓣香贊獻帛司帛生右跪奉篚承祭官受篚拱舉左授司帛生興奠於案贊獻爵司爵生右跪奉爵承祭官受爵拱舉左授司爵生興奠於墊中贊叩興承祭官一叩興通贊唱就讀祝位贊引生贊承祭官至殿中拜位立樂止通贊唱承祭官跪分獻官暨陪祭官皆跪讀祝文司祝生詣祝案前三叩興奉祝版跪案左讀祝畢興安祝版於

正位前篚中三叩興退樂作贊引生贊叩興承祭官分獻官暨陪祭官皆三叩興通贊唱承祭官行配饗禮分獻官行分獻禮贊引生引承祭官以次詣

四配位前贊跪上香奠帛爵叩興儀同退降階復位贊引生分引兩序分獻官升東西階入殿左右門詣

十二哲位前贊跪上香奠帛爵叩興退降階復位均如儀贊引生分引兩廡分獻官入東西廡詣

先賢

先儒位前贊跪上香奠帛爵叩興退復位儀同樂止通贊唱行亞獻禮樂奏秩平之章舞同初獻樂作贊引生引承祭官升階

詣
至聖先師位前暨
四配位前奠爵於左如初獻儀兩序兩廡隨同分獻畢均復位
樂止通贊唱行終獻禮樂奏敘平之章舞同亞獻樂作贊引生引
承祭官升階奠爵於右如亞獻儀兩序兩廡隨同分獻畢均
復位樂止舞佾退通贊唱飲福受胙贊引生贊詣受福胙位
引承祭官由東階入殿左門至殿中拜位立司福胙生二人
自東案奉福胙至
正位前拱舉退立於承祭官之右接福胙生二人自西案進立於
左贊引生贊跪承祭官跪贊飲福酒右司福酒生跪遞福酒

承祭官受爵拱舉授左接福酒生興贊受胙如飲福酒之儀
贊叩興承祭官三叩興贊復位引承祭官退降階復位通贊
唱謝福胙贊跪叩興承祭官分獻官暨陪祭官均行三跪九
叩禮通贊唱徹饌樂奏懿平之章樂作徹畢樂止通贊唱送
神樂奏德平之章樂作贊跪叩興承祭官分獻官暨陪祭官
行三跪九叩禮樂暫止通贊唱司祝生奉祝司帛生奉帛恭
送燎所承祭官避立拜位東側俟奉祝帛生過復位樂作通
贊唱詣望燎所贊引生引承祭官詣望燎所立視祝帛焚半
贊禮畢眾官皆退

崇聖祠正位祭品

篚一帛五白色 羊一 豕一 白瓷爵五
鉶一和羹 簠一黍 簋一稷 酒鐏一
籩八與正殿四配同 豆八與正殿四配同

配位祭品東西各一案

篚一帛白色 豕一
簠一黍 簋一稷 銅爵三
籩四與正殿哲位同 豆四與正殿哲位同

從祀祭品東西各一案

篚一帛白色 豕一 銅爵三
簠一黍 簋一稷

籩四與正殿哲位同 豆四與正殿哲位同

崇聖祠祝文乾隆九年頒

維某年月日某官某致祭於
肇聖王
裕聖王
詒聖王
昌聖王
啟聖王曰惟
王奕葉鍾祥光開聖緒盛德之後積久彌昌凡聲教所覃敷率尊
源而溯本宜肅明禋之典用申守土之忱茲屆仲春秋聿修祀

事以
先賢孔氏
先賢顔氏
先賢曾氏
先賢孔氏
先賢孟孫氏配尚饗

禮節

丁祭日承祭官分獻官齊集前更衣所贊引生引至階下通贊唱執事生各司其事承祭官就位分獻官就位贊引生贊各官就位通贊唱迎神贊跪叩興承祭官分獻官行三跪九

叩禮通贊唱奠帛爵行初獻禮贊引生引承祭官詣盥洗所盥手授巾畢贊升壇引由東階入殿左門詣
肇聖王位前贊跪上香承祭官跪司香生跪奉香承祭官三上瓣香贊獻帛司帛生右跪奉篚承祭官受篚拱舉左授司帛生興奠於案贊獻爵司爵生右跪奉爵承祭官受爵拱舉左授司爵生興奠於壂中贊叩興承祭官一叩興贊引生引承祭官以次詣
裕聖王位前
詒聖王位前
昌聖王位前
啓聖王位前贊跪上香奠帛爵叩興儀同通贊唱就讀祝位贊引生引承祭官至殿中拜位立通贊唱承祭官跪分獻官皆跪讀祝文司祝生詣祝案前三叩興奉祝版跪案左讀祝畢興奉祝版安
肇聖王位前篚中三叩興退贊引生贊叩興承祭官分獻官皆三叩興贊復位引承祭官退降階復位贊引生引分獻官升東西階入殿左右門詣
配位前詣
從位前跪上香奠帛爵叩興復位均如正獻儀亞獻各獻爵於左終獻各獻爵於右均如初獻儀通贊唱徹饌徹畢通贊唱

送神贊跪叩興承祭官分獻官行三跪九叩禮通贊唱司祝生奉祝司帛生奉帛恭送燎所承祭官避立拜位東側俟奉祝帛生過復位通贊唱詣望燎所贊引生引承祭官詣望燎所立視祝帛焚半贊禮畢各退

名宦鄉賢二祠　分官致祭行一跪三叩禮

祭品　帛一（白色）　爵三　豆四　豕一　祝文（各縣隨宜酌擬）

忠義孝弟祠　祭品禮節與名宦鄉賢祠同

祝文

維

靈稟賦貞純躬行篤實忠誠奮發貫金石而不渝義問宣昭表

鄉閭而共式祇專懋彝倫之大性摯莪蒿克恭念天顯之親
情殷棣萼楷模咸推夫懿德
綸恩特闡其幽光祠宇維隆歲時式祀用陳簠簋來格几筵尚饗
禮節
贊引生引詣拜位前唱就位跪叩首叩首三叩首興平身行
獻禮引詣香案前焚香跪獻爵獻爵三獻爵讀祝文畢叩首
興復位跪叩首叩首三叩首興平身焚祝文禮畢

節孝祠　祭品禮節與忠義孝弟祠同
祝文
維
靈純心皎潔令德柔嘉矢志完貞全閨中之亮節竭誠致敬彰
閫內之芳型茹冰蘖而彌堅清操自勵奉盤匜而匪懈篤孝
傳徽
綵綸特沛乎殊恩祠宇昭垂於令典祇循歲事式薦尊罍尚饗

黃梅縣志卷十八

學署
明倫堂舊在
聖廟後東有祭器書籍庫西有興文土地祠後有敬一亭亭之樓
為尊經閣堂之下兩翼東曰進德齋西曰修業齋東出曰禮
門西出曰義路後俱廢
乾隆二十年新建明倫堂在
聖廟東前有儀門三間又有頭門為儒學門門外新造奎文閣一
座石礎木架樓三層廣圍三丈四尺高三丈許堅緻宏敞
教諭署舊止小屋三間順治丙申冬盡圮新建在明倫堂東
前有書廳二間中廳一後有一堂兩房側屋一直四間
訓導署在崇聖祠東側明倫堂後中廳一廳側有書房二間
廳後一堂兩房西有廚屋二大間　咸豐七年俱燬

學額
漢武帝始置弟子員唐制上縣四十人中縣三十五人下縣
二十五人宋無定額崇甯三年以費廣難贍三分汰一元有
大學生小學生樂生十五人其盛也至五十人皆受廩於學
明洪武十五年定縣學二十人給廩膳仍免差徭二丁宣德
三年增廣生員如正額正統十二年於常額外選軍民子弟
願入學肄業者為附學生

國朝定制歲科取入大學十五名中縣十二名小縣八名雍正三年奉文廣額大學五名中三名小二名永著爲例黃梅縣係大學額取進二十名武生歲科并試仍舊額取十五名咸豐九年捐輸案內暫廣文武各二名永廣各二名同治二年八月捐輸案內永廣文武各七名同治六年又暫廣各三名每試文學定額二十九名武學定額二十四名其奉
恩詔加廣無定額府學文武學額前撥至四五名後多少不一聽學院臨考撥入　廩膳生二十名廩糧見賦役志　增廣生二十名

學規

順治九年禮部

題奉
欽定條約八款頒刻學宮臥碑
朝廷建立學校選取生員免其丁糧厚以廩餼設學院學道學官以教之各衙門官以禮相待全務養成賢才以供
朝廷之用諸生皆當上報
國恩下立人品所有條教開列於後

一生員之家父母賢智者子當受教父母愚魯或有非爲者子既讀書明理當再三懇告使父母不陷於危亡

一生員立志當學爲忠臣清官書吏所載忠清事蹟務須互相講究凡利國愛民之事更宜留心

一生員居心忠厚正直讀書方有實用出仕必作良吏若心術邪刻讀書必無成就爲官必取禍患行害人之事者往往自殺其身常當猛省

一生員不可干求官長結交勢要希圖進身若果心善德全
上天知之必加以福

一生員當愛身忍性凡有司衙門不可輕入卽有切己之事祇許家人代告不許干與他人詞訟他人亦不許牽連生員作證

一爲學當尊敬先生若講說皆須誠心聽受如有未明從容再問毋妄行辯難爲師者亦當盡心教訓毋致怠惰

一軍民一切利病不許生員上書陳言如有一言建白以違

制論黜革治罪

一生員不許糾黨多人立盟結社把持官府武斷鄉曲所作文字不許另行刊刻違者聽提調官治罪

講約

每月朔望於明倫堂設香案屆期文武官俱至衣補服禮生唱序班行三跪九叩禮興退班齊赴講所軍民人等環列肅聽禮生唱恭請開讀司講生詣香案前跪恭捧
上諭登壇木鐸老人跪宣讀畢禮生唱請宣講
上諭第幾條司講生按次宣講畢各退外各集鎮約正值月宣講

賓興

每鄉試屆期縣主擇賓興吉日先期具啓請各優等生員工房於儀門内造具月橋至日大堂東西兩旁設案陳酒果學師先至諸生各肅衣冠齊集儀門外主人三揖升大堂西向立諸生由儀門升堂向上三揖次學師三揖次僚屬官一揖揖畢主人執爵獻諸生揖辭諸生年長者一人酢主人辭三揖三讓諸生就客位主及學師就主位酒三巡禮房呈送花紅諸生各簪花紅訖復向上三揖辭鼓樂前導跨月橋出龍門諸生前行主及學師皆送至文昌閣由閣門進諸生仍分立兩旁立飲三杯飲畢諸生三揖主人内轉諸生送至道旁揖學師内轉復一揖

鄉飲酒禮

戒賓

主人具啓升大堂將啓安綵樓内主人詣綵樓前北向綵樓再拜禮畢升座使者舁綵樓鼓樂前導由儀門出至賓門賓俟於門俟綵樓至再拜迎綵樓入安中堂再拜乃升發啓畢再拜勞使者使答拜使者出再拜而送之使答拜介眾賓亦如之

陳設

賓席明倫堂西北南向主席阼階上司正僚屬位於主席北稍郤皆西向介席西階上東向對主席眾賓席次賓席少後亦南向皆特座堂屏風南稍東置棹南向安酒尊二元酒在西清酒在東堂東北饌位有饌則設無饌則否月臺上阼階下東序設主眾贊坐位西階下西序設賓眾贊坐位月臺北堂下兩階間設石磬一磬前設司正揚觶案一月臺南正中設律誥案一月臺東序下設盥盤一帨巾一盛爵觶盤一滌器盤一皆北向

習禮樂

前期數日學師率禮生執事者及樂正歌童嫺習於明倫堂前一日主人率僚屬至庠省視所習令其皆合節奏（主賓介司正僚屬各用相禮一人在役唱贊或庠生或各賓子弟門生隨位侍立）

速賓

主人具速啓升大堂如戒賓儀賓介迎送皆如前儀既速賓隨率僚屬至明倫堂俟賓介及眾賓送使者出介及眾賓即皆至於賓門外俟賓同往

迎賓

主人命相俟賓於門外賓介至相入由阼階升對主人揖曰賓至主人出迎再拜賓賓答拜一拜介介答一拜揖眾賓（註差卑也拜揖主人西面賓東面）主人先入由門右賓厭介介厭眾賓皆入門左（註引手曰厭）主賓三揖至階三讓主人升賓及介眾賓始升主

人阼階上當楣北面再拜賓西階上當楣北面答拜三揖者將進揖當途揖當階揖也

讀律令

主東序賓西序分列皆坐獻茶畢凡執事及相者皆隨位侍立於後側贊唱讀律令引讀令者齋長為之至月臺南北面唱賓主以下皆立唱揖齋長於案前揖賓主以下皆揖展律令於案讀云凡鄉黨敘齒及鄉飲酒禮已有定式違者笞鄉黨敘齒自平時行坐而言鄉飲酒禮自會飲禮儀而言

條例

一鄉黨敘齒士農工商人等平身相見及歲時宴會揖拜之禮幼者先施坐次之列長者居上如佃戶見田主不論齒敘並行以少事長之禮若親屬不拘主佃止行親屬禮

一鄉飲酒禮序長幼論賢良別姦頑其坐席間高年有德者居上高年謹篤者次之以次敘齒位列其有曾違條犯法之人列於外坐不許紊越正席違者照違制論敢有誼譁失禮者揚觶者以禮責之

讀畢唱揖主賓以下皆揖齋長復位

主人獻賓

唱設賓饌案執事者於賓案上視賓年齒設品六十者三七十者四八十者五九十者六皆用大盤盛狗肉肩肺脊脇肺胳豫設停妥擡詣賓位主人揖賓遂詣爵盤所賓由西序降主人辭言復西序位賓對言承隆禮不敢當主人南向盥手乃洗爵於滌器盤

賓進滌器南東北面辭主人對辭賓復位復西序位東面立主人卒洗賓拜洗在西序東面一叩首主人投爵於執事者西面答拜主人受爵一揖一讓升賓升西階上疑立疑立者恭敬以俟主禮側身而待之也主人持爵詣酒尊所實爵向賓席西北面獻賓賓西階躬身主人少退避辭之賓平身主人持爵安賓案偏西蓋空脯醢處賓爵在其西進受爵主人退至阼階上再拜賓降西階上答拜薦脯醢執事者進脯一醢一各小盤盛之再設二空小盤於脯醢盤內一層共四小盤皆在大盤北內一層賓進由席西方入立祭脯醢以箸分脯醢於二小盤執爵奠於脯醢東嚌肺略嘗少許祭酒三傾酒於地少許啐酒略嘗少許賓出席前向主人阼階東面拜一叩首告旨啐而告旨者猶今人初嘗酒而贊酒美也主人北面答拜賓興取爵卒爵降

西階上再拜主人答拜

賓酢主人

設主人饌案用四大盤如賓席式賓降洗盥手賓東北面盥洗主人西南面辭洗不拜揖升實爵拜送祭嚌俱如主人獻賓儀唯啐酒不告旨少一拜不告者以所飲乃己酒也主人卒爵拜崇酒言賓崇重己酒不嫌其薄拜謝之也阼階上北面

再拜賓答拜

主人酬賓

主人揖賓答揖遂降自阼階賓降自西階主人辭降賓停立於西序東面主人取觶於盤大杯洗於滌器賓不辭洗以主人將自飲也亦不拜洗主人卒洗一揖一讓升賓西階上疑立主人詣酒尊所

賓觶捧觶復阼階上立揖賓亦揖祭酒遂自飲卒觶再拜賓
西階上答拜按酬勸也恐賓不飲故自飲以勸之所謂導飲也主人復降洗賓又降
辭不拜洗如前儀揖讓升賓復西階上疑立主人上實觶西北面奠
觶於賓席薦西賓躬身主避辭如獻賓儀賓進受觶移觶於
薦東降西階再拜主人答拜

主人獻介

主人揖賓降賓降於西序東面立唱設介饌案主人揖介詣
洗所介降主辭如賓禮惟不拜洗殺於賓也主人升實爵介升西階上
疑立主人西南面獻介介西階上北面躬身主人少退避辭
之介平身進受爵主人奠爵於席偏南遂退於西階上立於

介東介亦退於西階上立於主西主人北面再拜介答拜薦
脯醢介升席立祭脯醢分脯醢於小盤但不嚌不啐不告旨下於賓也遂退至西階
上再拜主人答拜

主人自酢

介降洗主人降辭如前儀介卒洗主人自盥手主人自飲而盥者達介意
也介主一揖一讓升授主人爵於兩楹之間介西階上立主
人詣酒尊所實爵捧爵退西階上揖介亦揖執爵祭遂飲卒
爵授爵於執事者主再拜介答拜

獻眾賓

主人復阼階揖介降介答揖亦降立於賓南東面主人西南
面三揖眾賓眾賓有三人則三揖一人則一揖眾賓答揖以次於賓介也更主人
降取爵於盤洗眾賓長者一人降詣滌所辭如賓禮卒洗主
人揖讓升眾賓不拜洗亦升如賓禮主人實爵於西階上獻眾
賓眾賓長者一人跪受祭興立飲不拜卒爵賓長降洗由西階
升實爵退至西階上獻主人主人亦不拜受爵立飲揖皆降主
人反爵於盤乃設眾賓饌案亦有脯醢更設司正僚屬饌案
皆如主賓式皆揖皆升入席坐

一人舉觶

僚屬一人由阼階降洗觶升賓不降在席詣酒尊所實觶捧觶詣
西階上北面揖賓出席至僚西亦揖僚持觶祭遂飲卒觶再

拜賓答拜皆興僚由阼階降洗升實觶復至西階上北面賓
西階上再拜僚退西階東答拜興僚進奠觶於薦西賓受觶
奠於東僚復位

迎遵遵與僎同於一人舉觶後乃至或公或大夫公升如賓大夫升如介公則席南向大夫席西向

主人命相候遵遵至門外相由阼階升對主人揖曰遵至主
降阼階詣門內迎遵北面一揖一讓升賓眾及僚屬皆離席
末立遵由西階升主人由阼階升北面再拜遵遵西階北面
答拜設遵饌案主降洗遵辭主卒洗一揖一讓升主持爵升
阼階詣酒尊所實爵向遵席獻遵遵在西階上躬身主退避
辭之遵平身主持爵奠於脯醢南遵進受爵主退阼階上再

拜遵降西階答拜薦脯醢遵進由席北入席立祭脯醢執爵奠於脯醢北嚌脯祭酒卒爵遵出席降西階上北面拜主北面答拜遵揖賓眾賓眾詣西階西答揖遵向東北揖各僚屬僚屬答揖主揖遵請入席

樂賓

樂正率工由西階升樂正北面立西階上東眾工以次排列樂正西立歌鹿鳴四牡皇華三終每歌起首樂正一唱眾工和之一人捧笙率歌童數人入堂下磬南至阼階西北面立眾童以次排立捧笙者西吹笙眾歌

御製補亡詩南陔白華華黍三終每終止以磬乃間歌堂上歌魚麗

堂下歌由庚堂上歌嘉魚堂下歌崇邱堂上歌南山有臺堂下歌由儀合樂堂上歌關雎葛覃卷耳堂下歌鵲巢采蘩采蘋凡四終執事者各獻賓主一杯工告於樂正曰正歌備樂正至賓席前揖告曰正樂備乃降

敬錄

御製補亡詩六章

我逝南陔言陟其岵昔我行役瞻望我父欲養無由風木何補　我逝南陔言陟其屺今我行役瞻望我母母也倚閭歸則甯止　南陔有筍籜實包之孱孱孩提孰燠休之慎爾溫清潔爾旨有今爾不養日月其慆

右南陔三章二章章六句一章八句

有白者華不污纖塵咨爾士兮宜修其身不修其身乃貽羞于二人　有白者華婉茲靜好咨爾女兮宜修婦道不修婦道乃貽羞于二老　白華匪玉涅而不淄白華匪蘭芬乃勝之我擷白華載詠載思　白華匪玉質玉之令白華匪蘭臭蘭之淨我擷白華載思載詠

右白華四章章六句

瞻彼阪田厥黍始華胝足胼手嗟嗟我農夫　瞻彼阪田黍華以秀胼手胝足唯勤斯殖茂　華有不秀矣秀有不實矣其雨其雨矣杲杲出日矣愬予愁之卹矣

右華黍三章二章章四句一章五句

王庚便便東西朔南六符調燮八風節宣　王庚容容朔南西東維敬與勤百王道同　王庚廓廓東西南朔先憂而憂後樂而樂　王庚恢恢南朔東西皇極孰建惟德之依

右由庚四章章四句

澗松童童蛙喦鄰兮邱草萋萋蕩青雲兮凡百君子慎乃託身兮　澗松童童澗則卑兮邱草萋萋邱則畸兮凡百君子審乃所依兮　有崇者邱物無不遂有卓者道思無不智資生育德永植毋替

右崇邱三章章六句

在上曰天在下曰地君君臣臣父父子子　在下曰地在上曰天父父子子君君臣臣　由其儀矣物則熙矣　儀其由矣物則休矣

右由儀四章二章章四句二章章二句

立司正司正卽以相爲之恐有惰容故立司正以監焉

主人自席南方降賓主以下皆立北面揖司正司正出席答揖司正降阼階洗觶升北面受命於主人主人曰請安於賓司正捧觶至賓席前揖賓賓揖許司正詣酒尊所實觶降西階當兩階間北面奠觶於几退拱立乃宣曰恭惟

朝廷率由舊章敦崇禮教舉行鄉飲非爲飲食凡我長幼各相勸勉爲臣盡忠爲子盡孝長幼有序兄友弟恭內睦宗族外和鄉里無或廢墜以忝所生語畢取觶立飲卒觶拜一叩首捧空觶反於盤立於其南

旅酬

賓由座西出席取一人所舉之觶奠於薦東者至阼階上主席南北面主人由座南出席立於賓東賓奠觶於主席南拜一叩首主答拜賓持觶不祭立飲卒觶不洗實觶東南面至主人席南奠觶於主席俎南主人拜賓答拜相揖復位主人卽捧賓所奠觶詣介席南北面介由席南出立於主人之西主奠觶一拜介答如賓酬主人之禮主卒觶復實觶酬介介辭司正升曰

某子受觶介酬衆賓衆賓酬遵遵酬司正司正酬副學副學酬僚屬司正皆隨之儀皆如前遍古人遞於沃盥者今至相禮執事而止卒受者立飲卒觶乃反觶於篚司正復位

二人舉觶必二人者一舉觶於賓一舉觶於介故也

僚屬二人由阼階降洗觶升詣酒尊所皆實觶皆詣西階東北面揖賓介俱出席至西階西亦揖二人持觶祭遂飲卒觶拜一叩首賓介答拜皆興二人由阼階降洗升實觶復至西階東北面賓介拜一叩首二人答拜一人進奠觶於薦西賓辭取觶以興一人進奠觶於薦南介辭取觶以興

徹俎

賓主以下皆降東西序座獻茶堂上徹俎

遂燕

一揖一讓升坐如初凡侍立供執事者各設席於賓主席後皆坐換席面如今禮無算爵無算樂無算者以醉爲節也爵行則奏樂爵止則樂闋故又曰無算樂席完起賓主皆揖鼓吹送賓出庠門外三揖各退

息司正

無介不殺薦脯醢羞惟所有不拘何物徵惟所有徵召也謂可別召僚友也鄉樂惟欲欲聞何樂則使工歌之

舊志薛乘時曰鄉飲之設所以尊賢尚齒教仁讓興禮樂使斯民觀感奮發以化澆淩之習者也

國家額設正項銀兩歲底報銷著爲令飭諸州縣主以牧令爲之僎以諸公大夫爲之無則否賓以致仕鄉官爲之介及衆賓以高年謹篤者爲之教諭爲司正相用僚屬每歲於正月十五日十月初一日兩舉至鉅典也梅以劇邑廢斯禮六十餘年矣非不思舉行以賓介非其人固不濫及歲甲戌邑士人具呈十月朔鄉飲居期公舉賓監生喻于智介生員李菁衆賓耆民吳宗岳三人余以爲禮行於古則實行於今則虛非古禮之不可復也品節或未明尊讓斯不至率循故事悉屬靡文非所以敎孝致養也乃博考經傳斟酌時宜訂斯儀節茲復載諸邑乘併繪以圖俾來者有所持循蓋貴賤明隆

殺辨和樂而不流弟長而無遺安燕而不亂孔子曰觀於鄉而知王道之易易胥覩於此邑之人苟諒余衷善者觀而化不肖者思而返是興化之一大機也則不僾與有榮焉

鄉飲陳器設席之圖

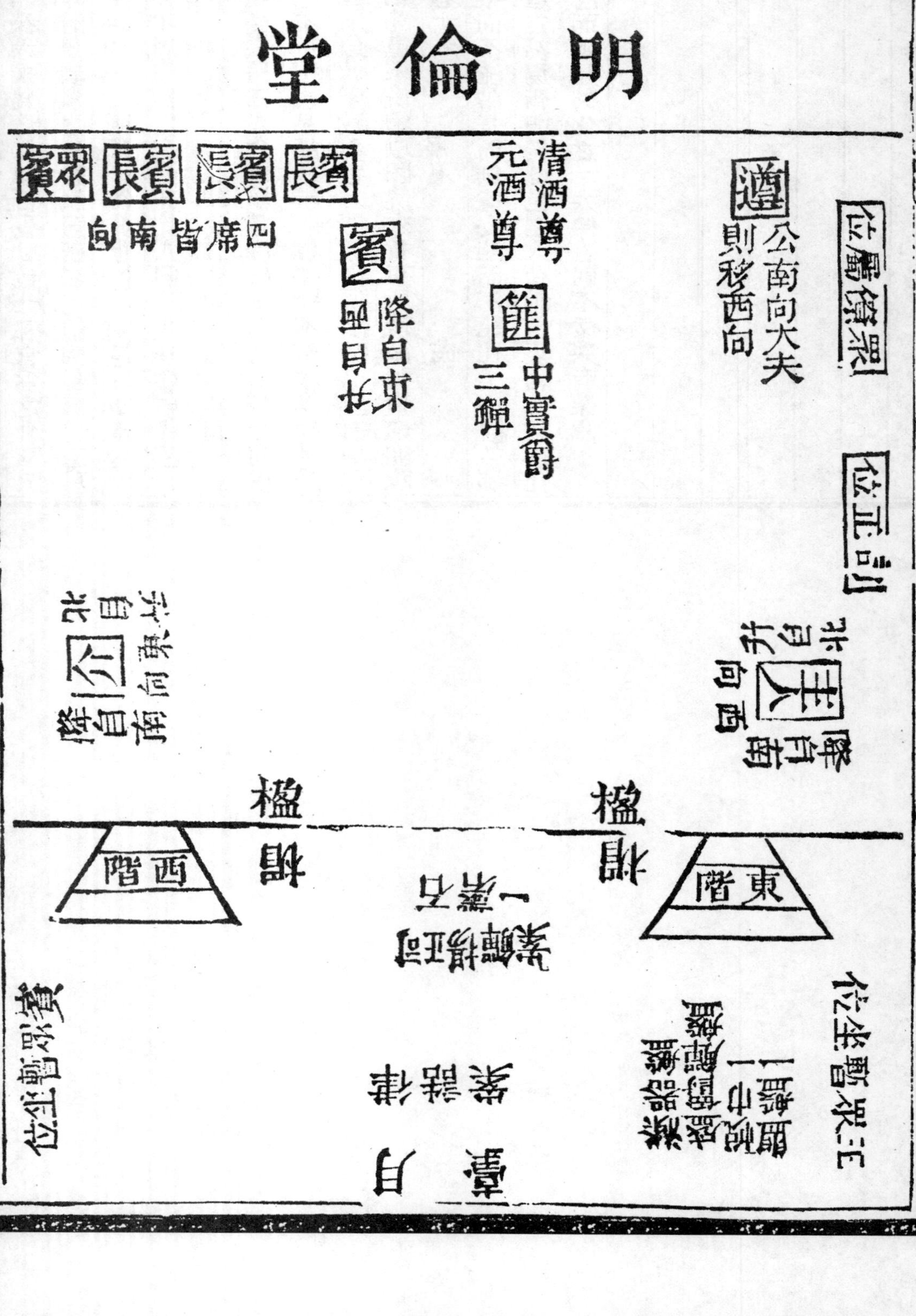

學田

元知縣喬思忠置有學田爲馮政祥戶侵隱明隆慶四年知縣姜忻置田六十三畝坐落尤家坂右庄場一所旱塘五處又置程晃嶺田三十畝順治十三年教諭蕭蘊樞因兵荒後招佃開墾康熙六十一年邑貢生李質友捐界牌石地稞十兩谷塘橋田三十畝租佃隨時

社學

社學舊在東關外明制考選儒童以爲社師順治十六年奉湖北督學道王飭行興復責令報成今學廢而基猶存

射圃

圃舊址在南河之畔相傳鮑參軍視射地也廣輪一百五十
丈有亭曰觀德明成化五年知縣戴中因水沖卸改在教場
西尋廢天啓五年知縣徐澤勘清河南故圃仍建觀德亭如
初今廢

義學 即書院

書院舊在東禪寺之左明嘉靖乙卯知縣張九一建大廳號
舍及奎樓若干間頗壯麗後廢
國朝康熙間知縣張雲崧建於東關外街口爲大林書院乾隆
四年知縣莊標修理課士乾隆七年知縣鄒豐鏇易其名曰
湖梅書院十六年知縣薛乘時重修後俱圮

舊志載張雲崧捐買學田三十畝山地一帶載糧四石坐落
北郊豐都廟乾隆十七年監生余國讓身故乏嗣妻梅氏承
夫志捐田二十畝載糧一石三斗一升四合入義學坐落路
途鎮流秀河歲收租三十五石又乾隆二十年監生錢開泰
捐田二十畝載糧一石四斗歲收租四十石俱爲諸生肄業
膏火之資

義莊五事

一興賢莊創自嘉慶初附貢許有翼而繼之者則闔邑衆姓
疊捐錢置產協成其美者也其捐輸管理細目有碑記簿籍
可稽現實存田伍拾肆担伍斗壹升伍合壹勺計額課壹千
零玖拾担零捌斗捌升伍合又地壹伯貳拾捌畝叁分柒釐
伍毫計額課錢壹伯貳拾貳串陸伯文

一瓊林莊係帥中丞承瀛專置以助闔邑會試資斧者也實
存王家河田柒担壹斗叁升伍合叁勺計額課壹伯叁拾捌
担叁斗零貳合附崇文堂管理

一崇文堂係管理闔邑文考縣府院試暨鄉試正科卷資者
也先是卷費自備寒畯維艱嘉慶丙子國學梅文運倡捐田
玖担伍斗作縣試卷資丁丑貢生商斯美繼捐田捌担叁斗
作府院試卷資旋因歲收不齊二姓復贖田易錢存案發各
典生息備辦道光丙申國學桂中明又另捐錢伍伯緡作鄉

試卷資亦照小試章程合併管理歷有年矣自咸豐初粵逆
滋擾典被燬費無著合邑紳士稟請邑尊創立崇文堂追典
商賠償不足又相率各姓勸捐或田或錢增置產業共計田
捌拾叁担伍斗柒升貳合叁勺額課壹千玖伯零伍担柒斗
永作大小文試卷資其節略細目俱詳崇文堂志

一觀德堂亦管理闔邑大小武試卷資者也初年梅商桂捐
卷價武試卷資仍應試者自備後因設立崇文堂合邑亦另
捐錢捐田備武試卷資立觀德堂管理現存田拾壹担叁斗
捌升貳合計額課貳伯貳拾柒担貳斗伍升

一考棚歲修光緒元年合邑創建考棚落成商顯聖英三戶

公獻東邊圍牆外基地一幅現造崇文堂常住房屋一所並
隙地水井在內國學商煥妻陳氏同男玉璨紹其夫志復私
獻山南鎮河南坂水田壹担零陸升伍合額課貳拾貳担伍
斗陸升貳合伍勺張林鎮柯家嶺夏家灣水田壹担肆斗額
課貳拾貳担伍斗陸升獻契存崇文堂永作考棚歲修之資　又例
貢生黎兆煥承父國學英芳志獻茶兒鎮白湖碑水田柒斗
貳升伍合並隨田山地屋基共課拾捌担陸斗捌升獻契存崇文堂
永作考棚歲修之資　又儒士商叔愷願助考棚歲修捐張
湖鎮水田貳斗課伍担獻契存崇文堂　又儒童張澤縣之妻袁氏
承夫志願助考棚歲修獻路途鎮杜家楓樹水田五斗課拾

担獻契存崇文堂　又儒士盧去非之妻汪氏儒童盧燕賓之母夫
與子好義早逝氏從其志獻茶兒鎮白湖碑水田柒斗貳升
伍合課拾捌担陸斗捌升永作考棚歲修之費獻契存崇文堂　又
國學向昌馥之妻魏氏同嗣子從九啟願助考棚歲修獻金
林鎮洪佀所種之田肆斗捌升課拾貳担獻契存崇文堂

黃梅縣志卷十九

武備志

武備

梅分汛地隸蘄州營塘防城守不多置兵荆揚門戶久歷承
平唐宋以來曾興兵事近二十年粵捻蹂至於鑠王師盪平
醜類洗兵刷馬衽席重登有備無患堡寨風清紅亭翠堠咸
慶中興志武備

城守營

舊設把總一員乾隆四年改設千總領馬兵十名馬十四舊
領步兵六十三名後黃州協鎮詳請添設十名共七十三名

分汛

旱汛八塘

停前鎮塘兵五名塘房官廳三間草房二間煙墩三座望樓
一座　兩河口塘兵五名塘房官廳三間草房三間煙墩三
座望樓一座　五沙坡塘兵五名塘房官廳三間草房三間
烟墩三座望樓一座　中路庵塘兵五名塘房官廳三間草
房三間煙墩三座望樓一座　孔壠鎮塘兵五名塘房官廳
一間住房三間西邊隙地一塊煙墩三座望樓一座　廣司
月塘兵五名塘房官廳三間草房三間煙墩三座望樓一座
清江鎮塘兵五名塘房官廳三間草房三間煙墩三座望

樓一座　下新鎮塘兵三名塘房官廳五間煙墩三座望樓一座　以上係蘄州營分防屬城守營千總專轄查下新係康熙四十一年把總常進國請建原設兵十名後抽七名分補各塘停前孔壠二塘係雍正元年督部院　楊題建五沙中路唐司清江兩河五塘係乾隆九年督部院　阿題建

水汛六塘

大灣防兵三名　黃泥口防兵三名　余家匯防兵五名

陸家嘴防兵三名　清江鎮防兵四名　戴五屯防兵三名

以上屬道士洑營分防安設

水陸各塘乾隆十二年武黃州縣聯銜詳請每塘房一座捐

銀二兩塘船一隻捐銀六錢按季移知各營自行修葺

明制縣設皂隸六十名民壯一百二十六名吹手三十名以備巡守新開司設弓兵二十九名清江司設弓兵三十名以巡江面停前驛設堡兵三十名以防關隘霜降俱來會操

國初設皂隸十六名馬快八名民壯五十名霜降閱操順治十五年知縣徐昱募銃手召練勇士以助城守

城中六門各設堆房民壯看守乾隆十七年知縣薛乘時捐買民基建造卡房

新開清江二鎮乾隆五年奉文設救生船二隻每隻舵工二名水手五名每名一月工食銀五錢赴司領給閏不加增

驛站

縣驛原設馬七十匹馬夫三十五名獸醫一名雍正六年奉裁馬十五匹馬夫七名半現設馬五十五匹馬夫二十七名有半獸醫一名

停前驛原設馬八十匹馬夫四十名獸醫一名雍正六年奉裁馬十匹馬夫五名現設馬七十匹馬夫三十五名獸醫一名

孔壠驛係康熙十四年因舒鄔兩憲　題准添置原設馬七十匹馬夫三十五名獸醫一名雍正六年奉裁馬十匹馬夫五名現設馬六十匹馬夫三十名獸醫一名

清江驛現設渡夫渡船船料工食銀渡夫按季支領

急遞鋪在縣前總鋪司一名承充鋪司十名徭編鋪兵五名

柘林鋪在縣東十里承充鋪司一名徭編鋪兵四名

土橋鋪在縣東二十里承充鋪司一名徭編鋪兵四名

三渠鋪在縣東三十里承充鋪司一名徭編鋪兵六名

畢家鋪即停前驛東通太湖楓香驛在縣東四十里承充鋪司一名徭編鋪兵四名

金鐘鋪在縣西十里承充鋪司一名徭編鋪兵五名

大河鋪在縣西二十里通廣濟雙城驛承充鋪司二名徭編鋪兵四名

㲉塘鋪在縣南十里徭編鋪兵三名
濯港鋪在縣南二十里丞充鋪司一名徭編鋪兵四名
白湖渡鋪在縣南三十五里徭編鋪兵四名
孔家壠鋪在縣南五十里丞充鋪司一名徭編鋪兵四名
深溝鋪在縣南六十里徭編鋪兵三名
塢思穴鋪在縣南七十里徭編鋪兵三名
老夾鋪在縣南八十里徭編鋪兵三名
清江鋪在縣南九十里通江西德化縣丞充鋪司一名徭編鋪兵四名
車門鋪　陶家鋪　後昌鋪　板橋鋪　以上由停前抵雙城又設横山鋪未額設司兵
各驛站共額設排夫一百三十七名雍正六年裁夫二十七名今現設排夫一百一十名
以上各項工食銀兩俱詳賦役志

歷代兵事

漢英布屯兵于九江城及東黥城西黥城
元和志九江故城在縣西南七十里兩黥城見地理志
世祖時寇恂屯兵寇師洲
洲在縣西南七十里寇恂平河内經此屯兵其上舊志
靈帝光和三年太守陸康平賊
西陽蠻叛與廬江賊黄穰連結攻沒四縣廬江太守陸康討平之後漢書蠻夷傳
獻帝建安四年廬江太守劉勳兵敗於孫賁走置馬亭
袁術死長史楊宏大將張勳等將其衆欲就孫策廬江太守劉勳要擊悉虜之孫賁孫輔破勳於彭澤勳走尋陽步上置馬亭聞策已克皖乃投西塞今道士洑至流沂地名武昌縣築壘自守而告急於劉表互見劉表傳吳孫討逆傳
晉成帝咸和五年太尉陶侃討郭默斬之
司徒王導以默爲江州刺史驍勇難制侃聞之將兵討默默戰不利入城固守默將宋侯縛默父子出降侃斬之資治通鑑

宋文帝元嘉二十九年新蔡蠻人叛
蠻二千餘人破大雷戍略公私船悉引入湖宋書
宋明帝泰始二年宗藩子頊叛八月平
臨海郡王子頊鎮荆州以鮑照爲前軍參軍梅境在其轄內舊志以縣治爲照宅丙午正月晉安王子勛稱帝於尋陽子頊應之八月沈攸之軍至尋陽斬子勛子頊賜死照爲亂軍所殺宋書鮑照傳
蒼梧王元徽二年桂陽王休範謀襲晉熙王燮沈攸之討平之

休範典籤新蔡有異志收勇士繕器械朝廷陰爲之備夏口居尋陽上游使變鎮之復恐其過尋陽爲休範刼留使自太子洲徑去休範謀襲之建康二年夏五月率衆二萬騎五百發尋陽沈攸之舉兵討之休範留中兵參軍毛惠連等守尋陽惠連等開門降 資治通鑑

梁武帝駐師太子洲 即今之小池口時帝自襄陽下建業

簡文帝大寶二年王僧辯襲于慶於郭默城走之

秋七月侯景將于慶自鄱陽還豫章侯瑱閉門拒之慶走江州據郭默城八月王僧辯前軍襲之慶棄城走 通鑑

孝元帝承聖元年魯悉達以平侯景功授爲北江州刺史寄

治新蔡 王鳳生漢江紀程

梁末江東饑亂扶風人魯悉達糾合鄉人以保新蔡力田蓄穀民攜老幼歸之悉達分給糧廩全活甚衆使其弟廣達將兵從王僧辯討侯景景平以悉達爲北江州刺史 資治通鑑

陳武帝永定三年北齊入寇

五月魯悉達部將梅天養等引齊軍入城 胡三省注魯悉達據新蔡城

悉達帥麾下數千人濟江自歸 通鑑

唐德宗建中四年曹王皋大破李希烈於黄梅

希烈反皋授伊慎兵與賊大戰破之收黄梅次長平 即今孔壠鎮之長平村 殺賊將韓霜露斬級千餘時賊兵柵蔡山險不可攻皋聲言西取蘄州引兵艦循厓泝江上賊聞以羸卒保柵悉軍行江北與皋並西去蔡山三百里皋復放舟順流下急攻蔡山拔之賊還救不及遂大敗之進拔蘄州表慎爲蘄州刺史 通鑑 唐書曹王皋傳 伊慎傳

僖宗乾符四年黄巢寇蘄春尋遁去

巢逼蘄春邑人魏英密遣其子元迯通高駢及蘄黄招討使劉巨容合兵躡之巢轉掠他郡 府志

僖宗乾符五年曾元裕大破王仙芝於黄梅

濮州賊王仙芝屠掠州郡春正月朝廷以曾元裕爲招討

使二月敗仙芝於黄梅大破之殺五萬餘人追斬仙芝傳首京師 資治通鑑

僖宗中和二年黄巢陷黄梅

三月天鳴無雲而雨後黄巢陷州郡至梅民多流亡 舊志

昇元時妖賊諸祐伏誅

蘄州獨木人諸祐以妖術惑衆聚數百人夜行晝息能潛取人財物進士陳起嘗僑居蘄春悉其妖狀後授梅令籍祐爲里長不服起怒會周鄴爲巡撫使帥兵黄梅起藉其兵執祐并其妻子斬之 馬氏南唐書

宋眞宗時賊犯梅城

冦圍城宋公飛仙顯靈解圍鼎德中賊又逼城邑令李處
巡城見宋公當冦道前有二將異形賊乃退舊志
高宗時戚方屯兵龍坪山舊志
高宗紹興元年張俊岳飛敗李成於黃梅
正月以張俊爲江淮招討使岳飛副之三月大敗李成於
樓子莊復筠州江州五月俊追成至黃梅又敗之成奔劉
豫飛招其黨張用降之江淮平了凡綱鑑補
理宗端平三年元侵蘄州嘉熙元年昆布哈率蘄舒光三郡
人攻黃州孟珙擊之遁是時梅有兵亂僑治中洲後復舊見宋史孟珙傳及元史地理志　湖北通志謂中洲即今縣西十里之路頭山舊志作中州誤

恭宗德祐元年元兵略蘄黃諸郡俱下之
伯顏阿术由鄂州順流東下沿江諸郡縣皆望風降宋史
瀛國公紀
端宗景炎二年淮西勤王之師俱敗
五月淮西義士野人原寨主劉源司空山寨民傅高淮人
張德興起兵應文天祥復黃州未數月元將襲破司空山
殺張德興傅高黃州復陷時梅邑知縣程晃保捍有功文
文山集　舊志
元順帝至正十二年李黼大破紅巾賊
正月徐壽輝陷武昌南攻九江舳艫蔽江下江州路總管
李黼檄諸鄉落聚木石於險處遏賊歸路黃梅主簿也孫
帖木兒願出擊賊黼與俱出戰大敗賊兵殺獲兩萬餘人
通鑑
至正二十一年陳友諒陷蘄黃諸郡
八月明太祖遣廖永忠取江州友諒奔武昌進拔蘄州興
國黃梅廣濟　初太祖征友諒駐師黃梅意生寺御書第
一山寺額至今猶存舊志
明嘉靖二十三年甲辰大旱有陳文略之亂見徐志桂侯功德碑記
萬歷十六年戊子大旱饑民道殣相望土賊劉少溪聚衆據
宿松柴家山作亂出沒梅境已丑余孟新劉汝國等相應

滋事踰三年始剿滅之參考府縣志及顧景星白茅堂集
崇禎八年暨十年流賊再寇黃梅詳見忠義石碣傳
崇禎十三年八月江北賊革革里眼左左金王由霍山太湖陷麻
城黃梅嘯虹筆記表
崇禎十五年冬張獻忠陷黃梅
十二月獻賊屠桐城陷無爲州黃梅太湖明史紀事本末嘯虹筆記表
獻賊陷城知縣施廷賢浦江人巷戰被執勸降不屈自刎死
乾隆四十一年　賜謚節愍見勝朝殉節諸臣錄舊志未載惟職官表有縣丞施廷覽或署縣而賢覽以字文相似小誤與
國朝順治二年左兵擾黃梅

三月左良玉以誅馬阮爲名自武昌順流東下舳艫相屬五百里火兩岸民居所過皆成赤土居人竄匿太白湖中闤闠爲墟江千數百里瀰莽長堤馬踏成坑塹 鴻臚洲記

五月大兵逼蘄黃挽纖除道徵民夫例戶出一人 白茅堂集

閏六月英親王爲平流寇

英親王阿濟格追流賊李自成至九江等處水陸並進盡殲之 東華錄

順治五年譚太討平江州亂

江西提督金聲桓叛遣其黨王得仁攻陷九江鄰境皆罹其害八月將軍譚太討平之

順治七年大兵駐段姚 俗作段窰

大亂初平小醜互作不靖兼有左兵餘黨九月剿賊兵駐段姚 舊志 石鎮國傳

康熙十二年知府于成龍敗賊於段姚

十月江右賊出鄂湖陷湖口數縣知府于成龍令守備黑子駐梅之清江鎮伺賊艘至段姚擊敗之 白茅堂集

康熙十三年官軍次於城外

吳逆 三桂 叛進剿兵駐箚於西關外踏傷禾稼民益洶懼知縣李成林急辦船隻以濟師 舊志

康熙二十七年夏逢龍亂邑令閻警繕守備

督營裁兵夏逢龍作亂六月賊舟蔽江下郡邑守土者皆遁知縣歐陽旭與士民設守備晝夜環城巡視官民相倚如家八後進剿兵道出黃梅轉輸供億極力支持 舊志

咸豐二年壬子夏安徽兵弁赴楚過梅

粵逆洪秀全等擾湖南調江北官軍堵禦道經停前驛頗形騷擾

三年癸丑春粵逆下竄金陵道經梅境

正月初二粵逆自鄂省擄男婦約五十餘萬民船數萬貲財婦孺悉置舟中蔽江而下新舊賊夾兩岸行初十十一等日北岸官兵敗於廣濟老鼠峽壽春鎮總兵 恩長 死之

餘兵潰散出梅後山

二月潮勇擾梅

廣東潮勇已經遣散旋乘亂後沿途搶奪二月過梅縣令鮑開運督勇格殺遂遁走

官軍馬隊過梅

閣學 勝保 提督 陳金綬 奉 命率吉林黑龍江等處馬隊進剿金陵二月初十至十五六等日過梅遇雨宿北郎山及東關河灘自備口糧無一擅入民房者

三年秋踞九江賊擾梅

九月初八賊至清油港隔水紮筏搶渡多溺斃同竄九江

四年春賊掠梅孔壠鎮

二月初十踞九江賊數千蜂集孔壠鎮自辰至酉飽掠而去

賊掠梅城

二月十五水路賊約萬餘自蘄州登岸徑至梅城搜括一晝夜捆載而去

賊陷梅城

三月初一踞皖首逆石達開遣賊目張姓侯姓擁賊數萬陷梅前一日礪刃砍松聲言抗降即屠城翼早奄至夜出晝還輪流更代詐稱十萬張賊踞梅城侯賊踞孔壠半月

餘非刑慘戮大肆擄掠閭邑多遭蹂躪

夏賊掠梅穀

五月二十三四等日張賊復由水路沿途擄船泊潘家汊掠常平倉穀及村民倉穀運載而去

冬官兵復梅城

自三月至十月賊踞梅城十一月塔軍門（齊布）初復湖北乘勝東下大捷於田家鎮燔賊舟數萬殲賊無數僞檢點陳玉成自潛太上竄僞燕王秦日綱自田鎮下竄僞丞相羅大綱自江西回竄共收餘燼潛入梅城並分賊衆於西南鄉以抗我師經塔軍門敗陳賊於大河鋪敗秦賊於北邱山敗羅賊於孔壠鎮大小十餘戰皆捷時濯港等鎮附近紳民爲塔公偵導斃賊尤多十一月初四賊焚街道夜遁官兵復梅城

賊復踞梅

十二月初旬塔軍門會水師於南岸賊復踞梅時楚督（楊霈）統北岸兵留廣濟不進副將劉富辰等次大河鋪進攻梅城不克黃梅千總汪國泰陣亡十二日黎明賊掩襲劉軍士卒潰散死數百人黃梅教諭朱贊元與焉

五年乙卯賊踞梅

二月賊建僞城於小池口爲九江犄角以阻我水軍周圍

約數里許內作賊巢閭邑祠堂廟宇搬折殆盡

六年丙辰冬官兵克復梅城

官兵已復武漢水陸並下都將軍（興阿）孔提督（廣順）多都統（隆阿）王副將（國才）及參遊鮑（超）石（清吉）等收復黃梅前後紮營於大河鋪魏家凉亭意生寺王家壩陸家嘴等處

十一月初九知縣覃瀚元入城

賊擾梅大敗

十二月十一夜踞松太賊潛薄梅城官兵設伏以待殲之

七年丁巳春賊擾梅官兵大捷

二月初二賊分三路入寇知縣覃瀚元請空城誘賊都帥

然之未及入城分途抄剿陣斬黃衣賊目三名賊黨無數

三月官兵進攻小池口剷平諸賊壘

逆踞小池口僞城復於段窯楓樹坳陶家嶺等處深溝高壘列營數十座爲犄角勢張甚都將軍指示方畧先遣鮑參將超攻小池僞城牽掣賊勢使不敢出初十日遣多都統隆阿攻段窯十三日遣王副將國才攻楓樹坳十五日多都統自段窯會孔提督攻陶家嶺掃平賊壘三處共殲逆目數十逆匪萬餘自田鎮撓後此爲戰功第一

遊匪踞擾東南北三鄉居民奉令團勇擊散

上遊遺散鄉勇復行嘯聚二月至黃梅東南北三鄉踞食民閒搜括騷擾三鄉紳士稟奉都多二帥令首倡團勇格殺至三月十三四五等日盡由白楊嶺唐公山逃散遊匪之害始息

四月踞皖賊竄梅境

初八日賊竄入停前鎮鄉團堵禦凡七晝夜十二日賊退二郎河十四日復由車轂嶺竄入張林鎮團勇迎擊於卓壁賊小郤十五日仍分股放火包抄兇燄衝胥者四十餘處團勇且戰且郤陣亡三人居守男婦殉難數人

賊破古角鎮

十六日賊悉衆攻古角團勇迎擊於雙塘坳殲賊頗多內

殲黃衣賊目一名衆賊踰嶺襲其後夾攻勇大潰陣亡及居守老弱殉難六百餘人時無寨堡平原居人避亂四山無數棲止林谷若鎮市然自是賊衆踞集擄掠搜拷三閱月始上竄

六月官兵大捷童司牌及太白湖

賊目陳玉成糾皖北饑民並河南捻逆二十餘萬閒道由梅考田什村元角等鎮繞廣濟童司牌造浮橋於港內東通白湖西連武穴營壘綿亙望若長虹欲上圖武漢而下解九江之圍李臬司續賓自南岸渡江統三營分左右中乘賊半渡先施巨礮以斷浮橋使首尾不能相顧然後焚其巢而破其壘左右夾擊賊屍盈港水爲不流其擄民船而肆掠於太白湖濱者早爲礮船所轟時蔡山等鎮紳民出全家勇助戰共平逆壘十九座殲逆目數十名殲賊以萬計時六月二十八日也

秋七月官兵大捷

賊自童司牌破後後路死黨仍留梅境七月初一多鮑二帥率馬步隊攻黃臘村甘家坂王家河五里涼亭等處平賊壘四十八座擒斬五千有奇遊擊陳德茂陶忠泰陣亡先是諸帥見賊勢充斥臨陣頗難殺盡計空大營及梅城使聚而殲旃約於六月二十四夜移營搬運火藥遺火轟

傷總兵王國才殞命是日餘賊果乘閒潛入梅城大掠南鄉一帶居人逃匿湖邊各港汊以千萬計

[illegible]上等率敗餘黨下竄黃梅

[illegible]林翼敗上竄蘄黃之賊於孫家集流水灣等處七[illegible]十月賊分三路下竄踞城

[illegible]梅城賊遁

[illegible]逆撫[illegible]游乘勝追剿規復梅城八月初四賊聞風宵[illegible]池[illegible]偽城湖北肅清

[illegible]十三四等日官兵水陸移營晝夜環攻小池口偽城

賊釜餓粉碎至十五日夜遁湖北肅清

九月官兵將入皖籌黃梅善後策

都將軍諭鄉團紮卡渡河橋防後路以壯聲援逾年始撤

八年戊午春官兵移營宿松

二月官兵大營移駐宿松二郎河等處遣副將石清吉仍留營卓壁鎮紮家橋

官兵軍裝糧餉水運設局由湖至獨山鎮辦理陸運設局由新開胡世柏孔壠濯港縣市至停前鎮辦理每日按派民夫千計

九年己未冬　欽差坐營駐梅

十月曾大臣國藩建大營十餘座於茶兒鎮山麓丁勇夫役約萬餘耕市不驚

十一年辛酉春逆首率大股援皖擾梅

洪逆遣偽英王陳玉成率賊十餘萬分兩枝上竄一枝竄安襄一枝由廬六英霍閒道入蘄黃欲分我軍之勢而解安慶之圍沿途裹脅新舊賊三十餘萬三月十二賊目魁天福踞城十八日賊目王先明等擾龍坪鎮紳民團練督勇迎擊斃賊目三名賊黨百餘獲偽印數顆器械無數保全甚多

夏六月逆首糾捻匪大股復援皖擾梅

洪逆因陳玉成敗衂復遣偽輔王楊輔青糾捻匪十餘萬再援安慶六月二十四五六等日由後山出龍坪考田賊皆裸體被擄者悉黥之最爲慘酷

秋七月官兵克復安慶潰賊回竄復擾梅

七月二十九日官兵克復安慶多都統乘勝追剿餘黨紮馬隊行營於多雲鎮賊知後山築堡不敢經過八月初八九十等日閒道擾水鄉劉塘等鎮紳民督勇迎擊賊復竄蘄黃多都統沿途奮擊擒斬無數知縣覃瀚元率勇隨隊入城

同治二年癸亥春流賊擾梅

粵捻二逆竄麕合股數萬三月竄入梅境沿途多遭蹂躪依山立堡者獲免

同治三年八月賊由廣濟擾梅境皖撫彭玉麐率炮船擊走之

粵捻二賊由廣濟分擾梅之劉塘太白等鎮居民紛紛下竄時皖撫彭玉麐率水營駐湖口縣閻謇遣炮船十餘隻分布內湖堤白湖樵賊聞風遁

賊擾蘄黃界

秋九月粵捻合股擾蘄州漆園等處與黃梅接壤後山各堡砦戒嚴

六年丁卯春流賊擾梅

二月初九至十三等日粵捻糾聚數萬自蘄黃下竄日行數百里燒燬莊村火光徹夜沿江居民倉卒渡江德化令張光裕賃船數百艘濟之散錢米以賑難民其避亂沿湖一帶者賊乘淺水徒涉眾船竄麕各水鎮紳民協力堵禦多設擡鎗水中密置挂鉤賊不得近相持數日賊計無所出偵知官兵追急遂遁生民幸免於難

七年戊辰春正定鎮總兵婁雲慶駐十三營於十里鋪旋奉文遣散

鮑爵府超請假上遊兵勇歸總兵婁雲慶統帶六年冬調赴淮上道經梅七年正月奉檄就地駐紮立十三營於十里鋪勇役約萬餘人至五月奉文給餉遣散內有會匪臨散滋事知縣多壽闔城防變越數日擾及新開等鎮紳民督勇堵禦旋平

堡砦

紅花砦龍坪砦俱宋成方駐兵處舊志

菩提城唐礪山劉砦主築以避兵今僞董家城舊志

董公城董公築於澀港之南以避兵與水舊志

舒城山明末邑紳黃景恆胡君孚吳之棟等公立堡砦全活數萬人詳見義行傳

國朝同治初粵捻竄麕大股合爲流賊到處蹂躪上憲奏行堅壁清野法諭村莊團練據險建立堡砦與城郭互爲犄角一時賴以保全

萬家堡係邑紳鄧文濱兄弟私山眾姓紳耆借基借立在龍坪鎮紫雲山之陽內有鄧文鑑專祠

萬全砦邑紳盧敏等偕眾姓紳耆公立在龍坪鎮排旗尖後抵蘄州界

益美砦萬家堡分立在壠坪鎮栗林尖

長安砦小溪鎮柳楊王程等姓紳耆公立與紅花砦毗連

福星砦同上

雲山堡多雲鎮紳士程淑慎陳志友偕眾姓公立

東山堡東山鎮紳耆公立

高山砦邑紳吳鉞兄弟等偕眾姓紳耆公立在考田鎮

獅頭砦 地界什村考田二鎮之間李何等姓紳耆公立

雙峰砦 邑紳帥遠勳兄弟等偕眾姓紳耆公立在元角鎮雙峰尖

黃梅縣志卷二十

職官志

鄂疆分邑六十八城邑各命官先後遞更載稽仕版備詳姓名梅設宰官僚屬佐治秉鐸有人明倫申義境隸邊陲兼籌武備揆文奮武咸守官方小大繁簡若網在綱孰得孰失輿論昭彰志職官

三代封建土不過同梅地足當一小國官制固殊民社之寄維均

秦制縣萬戶以上爲令減萬戶爲長侯國爲相秩亦如之漢因之秋冬集課上計於所屬郡國而殿最之縣有丞有主簿有尉

通典縣丞主刑獄徒囚主簿主諸簿目縣尉掌捕盜賊及檢覈之事故謂之賊曹漢諸縣皆有之

西晉略如漢制東晉立南新蔡郡官太守南北朝沿革非一至隋始改名黃梅爲縣令

詳見沿革表本府志載黃梅官職齊南新蔡太守一人梁南新蔡太守一人通考謂晉孝武立南新蔡郡府志謂高齊廢南新蔡郡則中間皆爲南新蔡郡無疑矣割據之時疆域原無一定意梁陳間方屬北齊也歟諸說不無異同附識於此以俟考正

唐縣有赤畿望緊上中下六等之差黄梅爲緊縣令一人丞一人主簿一人尉二人驛丞一人凡縣皆有經學博士並助教各一人

潛確類書唐天有六縣畿八十一縣望七十八縣緊一百一十一縣上四百四十六縣中二百九十六縣下五百五十四縣京治爲赤旁縣爲畿其餘以戶口多少資地美惡爲差遞與赤縣二丞他縣一遞判縣事赤縣主簿二他縣一掌勾稽省署鈔目糾正非違監印給紙筆赤縣尉六人餘各有差

宋職官略與唐等

宋史職官初不置丞熙甯四年繁劇縣令戶二萬以上增置丞一員隆興初詔邑大事繁則置二尉

元設達魯花赤一人又名監縣尹一人又名司判正簿一人尉一人典史二人教諭一人

元史職官上縣設達魯花赤一人蒙古爲之尹一人漢人爲之秩官同而印則達魯花赤掌尹封署焉丞一人簿一人尉一人典史二人中縣不設丞餘悉如上縣之制各學皆有教諭

明設知縣一人縣丞一人主簿一人典史一人儒學教諭一人訓導二人巡檢二人驛丞一人河泊所官一人醫學訓科

一人陰陽學訓術一人僧會司一人道會司一人

舊志載洪武乙巳設清江新開二鎮巡檢按明史洪武二年以廣西地接獞猺始設巡檢司以警盜賊後遂增置各處二年歲在己酉其乙巳則始稱吳王之二年也停前驛丞舊志載洪武十四年知縣黄子政奏建則前此未嘗有驛即有驛原不在此或謂太子驛即停前驛尤非是又天啟間裁主簿及訓導一河泊所官裁革已久無可考證故不載

國朝設知縣一人縣丞一人典史一人儒學教諭一人訓導一人巡檢二人驛丞一人醫學訓科一人陰陽學訓術一人僧會司一人道會司一人

順治十六年訓導奉裁康熙四年復設

宋

庾　謙南新蔡太守

梁

垣榮祖南新蔡太守

唐

張玄素知縣河南洛陽人從唐書臨報應記補入

南唐

陳　起知縣有傳

張維郴縣尉

宋

李彪 知縣景德時任

李綱 知縣據曾鞏王逵墓誌銘補入

曾阜 知縣有傳

蔡攄 知縣有傳

唐汝舟 知縣號濟民臨川人據輟耕錄補入

程晃 知縣有傳

陳時敘 主簿

袁標 縣尉有傳

元

忽都不花 達魯花赤蒙古人

樊懋侁 縣尹有傳　喬思忠 縣尹有傳

也孫帖木兒 主簿有傳　陳可大 教諭有傳

按元制縣尹之外又設達魯花赤蒙古人爲之舊志載縣尹三人內曾阜係宋人今更正

明

知縣

洪武 白德誠 貢生　唐輔 有傳　黃子政 舉人

永樂 張同寅 舉人　楊遇春 歲貢　張德 舉人有傳

徐仲勳

正統 錢濟 舒城進士　黃武 歸安薦舉有傳　王端 舉人舊志只入縣丞今遵府志又載入知縣當是前後任

成化 戴中 有傳

宏治 金章 有傳　朱璧 有傳

正德 袁仲吉 進士　林福 舉人

嘉靖 諸偁 有傳　郭基 舉人　梁廉 泰和舉人有傳

劉璋 桂林舉人　程宇 富順舉人　馬應龍 有傳

張九一 有傳　胡効忠 有傳　劉伯源 舉人

楊本俊 有傳　丁儀 舉人　周俊 貢生

徐行慶 進士　陰縉 貢生

隆慶 范德超 有傳　姜忻 有傳　張維翰 貢生

萬歷 蔣煡 舉人　葉鎧 舉人　來三聘 有傳

皮宗詩 舉人　孫鈜 有傳　馮可立 四川人

陳嘉言 江西人　桂生芝 有傳　武圖功 有傳

王繼祖 舉人　鍾顴俊 有傳

天啟 徐澤 舉人　周猷 舉人　饒臺 湖口舉人

崇禎 王質 有傳　何文郁 貴州貢生　張聯芳 有傳

徐長午 見戒顯現果隨錄

附署知縣六人

安　貞有傳　謝朝宣有傳　羅　瀚有傳

瞿孔昕有傳　劉介齡有傳　曾維倫有傳

縣丞

洪武吳　珣　李　顯有傳

永樂張　瑚貢生　殷有常貢生　李　美有傳

王　端舉人

成化端　愷舊志載入主簿今照學碑改正

宏治王懋誠

正德劉　魁有傳　任　讓

嘉靖趙　廸　汪　裕　陳失名

徐　煥有傳　鄭　仕　周　緯

李　英　姚　俒　梁　元

李扶暘貢生

隆慶殷　禮　黃　緯貢生

萬歷黃宗儒貢生　李　庭貢生　于一龍貢生

楊騰龍貢生　周希旦　喻文淩

蕭春復　馬之馴有傳　費應德

天啟姚宏佐　劉定達　董應承

崇禎蘇夢揚　施廷覽勝朝殉節録載知縣施廷賢殉難或其時署縣而賢覽字文小誤與

教諭

成化曾　壽興國人　李　震萊縣人有傳　鍾安定歲貢

王原賓舉人　金　寬舉人

宏治張永壽舉人　正德梁友儲有傳

嘉靖唐世卿有傳　沈　愷舉人　沈　鑨有傳

熊　梁舉人　王廷美歲貢　徐　爵歲貢

蕭廷儲有傳　黃　早有傳　饒光庭

段盡忠有傳

隆慶陳　文有傳　魏　申許州歲貢　張　相南昌舉人

萬歷滕國賢　何子遠有傳　謝自修蒲圻舉人

周敬止舉人　汪堯夫舉人　黃建中舉人

天啟林若偉漢陽人　周玉振

崇禎闕士琦有傳　吳思文江夏舉人

訓導

成化元　仲雲南人　余　浩　王　輔

宏治劉應恢　袁　傳

正德支學禮　王　宣有傳　鄧　琳

阮　鑑

嘉靖龔　章閩縣人　嚴玉振　顏　樸有傳

許　珍　汪廷瑤繁昌歲貢　陳　裕

馬　驥有傳　席　綋有傳　孫勵明歲貢

聶翰　徐慶歲貢　眥用中有傳
胡躬行歲貢　劉佩歲貢
隆慶 程大本歲貢　范堪歲貢
萬歷 謝君相歲貢　劉壽仁　包良臣
雷孟暘　楊梓　李銓
劉師洛　吳世卿　張克勲徐志作堯勲
天啟 張聖化汝南人　李明元
主簿
洪武 蔡徽有傳　王倫
永樂 周庠　湯清　文英

正統 周彥高
成化 孫翼
宏治 鄧忠　賈應
正德 崔琳
嘉靖 常耕　麗元　黃宗乾
楊鍊　樓鳴鳳　麗岡　劉瑄
蔣文欽　劉鍊　金廷梁
隆慶 胡照　何霆
萬歷 劉湘　周湘　程象
王守道　梅子鯨　嚴用禮

劉汝錄　程致中　程紹英
天啟 歐陽旋　以後缺裁
典史
洪武 田大有　丁志宏有傳
永樂 王綱
正統 許貫
宏治 古逼
正德 干雲
嘉靖 身多壽徐志作夏本壽　劉欽　楊廷燕
張銳　熊失名　毛失名

茅麗　朱守儉
隆慶 徐失名　孫失名
萬歷 宋汝高　王繼袍　周之泰
蕭崇周　梁祚　沈時逢
天啟 湛汝龍
崇禎 周上智　鄒天相
巡檢
孫成
以上俱照府志縣志及各碑記編輯不敢遺失一人惟宣
德景泰天順三朝無可稽考時代先後恐不免舛錯耳舊

志朱知縣內載有咸方查咸方係武職闌入文職似誤特爲改正又縣令有堯都泰君見學校志有姓完顔者見列女傳其名俱失考

國朝

知縣

順治張秉紀襄陽人乙酉任　張　典直隸貢生乙酉任

李鑄賓直隸選貢丁亥任　陳覲天江西選貢己丑任

鄧源濬遼東人庚寅任　陳猷赤江西星子舉人

祁　山直隸貢生乙未任　孫　琦直隸貢生丙申任

徐　昱奉天拔貢戊戌任有傳　樓　璇浙江諸暨副榜

康熙趙應登江南上元人

王庭龍福建晉江進士己酉任有傳　李成林奉天廣甯人甲寅任有傳

吳景珣福建人庚申任　歐陽旭江蘇丹徒人乙丑任有傳

胡　湄進士己巳任　張雲松山西祁縣人辛未任

李　錦揚州人　曹世璞唐縣進士癸未任

李世德戊子任有傳　遲日旭監生己丑任

申鵬翔陝西舉人壬辰任有傳　戴紹祖奉天貢生甲午任

李秉乾壬寅任有傳　附金廷襄

金　虞有傳　史鳳輝以上三人在任年分無考附載康熙之末

雍正李　珣河南濟源人癸卯任有傳　吳家寬山東海豐人戊申任

孫叔謙山東歲貢辛亥任　錢家塱浙江嘉善舉人壬子任有傳

莊　櫄江蘇陽湖舉人乙卯任有傳

乾隆邵豐鍭浙江山陰人庚申任有傳　林宸彥福建莆田舉人癸亥任

楊𢢔時廣東大埔翰林癸亥任　任　重四川巴縣舉人戊辰任

薛乘時河南原武舉人辛未任　葉世度浙江仁和翰林戊寅任

曾衍塘山東曲阜貢生壬午任　熊文瑞貴州舉人甲申任

和剛中陝西蒲城舉人甲申任　王緗祖山東濟甯副榜丙戌任

呂世慶浙江餘姚舉人丁亥任　史　易奉天承德進士戊子任

周世英江蘇長洲人己丑任　蔡　葵湖南湘潭舉人庚寅任

潘元會四川舉人辛卯任　王鴻典直隸雄縣舉人壬辰任有傳

曹麟開安徽貴池舉人癸巳任有傳　王廷憲河南睢州進士丁酉任

李敬敏河南鄭州貢生戊戌任　謝紹清江西信豐拔貢己亥任

福　慶漢軍舉人壬寅任　張　璐江蘇如皋舉人癸卯任

何　溥直隸清苑舉人丁未任　胡紹中廣東順德舉人戊申任

附署知縣十八

姚思廉浙江人戊寅任　徐　堅崑山人戊寅任

陳文樞江陵人戊寅任　陳文豫貴州人丙申任

歸朝煦常熟人丁酉任　屈振甲浙江人壬寅任

高爲濟任邱舉人甲辰任　陳士鳳河陽進士丙午任

劉　超通州貢生丁未任　徐　昱金谿舉人戊申任

以上舊志
張　仁　承　佑滿州進士
劉人彥四川舉人　黄應文
嘉慶甘慶臻　徐鑅慶江蘇舉人有傳
吳　鼎　徐　健
王廷琛　楊　慧江蘇人
劉廷模貴州拔貢　楊　慧再任
劉廷模再任　董世臣
王敬祖江蘇嘉定進士丁丑任　周如蘭江西上饒翰林己卯任
道光楊　昌雲南舉人壬午任　張維屏廣東番禺進士壬午任有傳

陶　治浙江會稽人癸未任　賈欲畯雲南羅平州拔貢
鄧　彬廣東嘉應州進士甲申任　許捷陞己丑任
楊　鑣陝西南鄭孝廉方正庚寅任　鄧蘭薰江西舉人辛卯任
賴以立江西奉新進士壬辰任　楊翊清貴州桐仁人癸巳任
舒阿昌滿州人甲午任　王錫田直隸萬全舉人乙未任
賴樹勳廣西舉人丙申任　魏文翰河南鄭州進士丁酉任
賴樹勳丁酉再任　趙富辰四川內江舉人戊戌任
夏廷樾江西新建人己亥任　范興榮江西舉人庚子任
夏雲岫奉天進士庚子任　劉　江辛丑任
金崇城貴州黄平州進士壬寅任　俞昌烈直隸宛平人甲辰任
福昌阿滿州進士乙巳任　梅體萱江西南城進士丙午任
金崇城丁未再任　周汝驤雲南人己酉任
鮑開運安徽六安州人己酉任
咸豐張祥泰廣東番禺舉人癸丑任　覃瀚元廣西藤縣生員丙辰任
同治史維基直隸人癸亥任有傳　多　壽荊州駐防旗生丙寅任
楊應桓江蘇舉人戊辰任　覃瀚元己巳再任
陳祖心河南羅山副榜壬申任　覃瀚元三任癸酉至乙亥
光緒袁　瓚江蘇奉賢拔貢乙亥新任

縣丞

順治趙　紹山西貢生乙酉任　陸道亨戊子任

董復禎河南人癸巳任　章國材浙江人
沈宗文北直貢生丙申任
康熙戴國宰山西歲貢　高如乾山西歲貢
陳嗣起浙江例貢　樓自新浙江諸暨人
沈　鉉浙江海甯人甲子任　汪　會安徽黟縣恩貢乙丑任
李　銓福建晉江監生壬申任　朱丙壽浙江山陰監生壬午任
雍正馬方義唐縣附監乙巳任　楊世澤貴州定番廩生戊申任
孟遇春鑲白旗人庚戌任　張文德四川舉人甲寅任
乾隆益士傑江蘇華亭人庚申任　王世勳江西金谿人甲子任
張一飛江蘇無錫人庚午任　田邦禎滿州人

蘇　挺江蘇江陰人　王廷楸直隸萬全人

鍾　昂福建武平人己酉任

以上舊志

嘉慶李祥鳳江蘇人有傳

道光陳　楨浙江人　朱　坦江蘇人

陳安國　鄭嘉穀

貢佳士山東人

咸豐張致祁直隸人　吳崇信河南鄧州人

同治楊孟祥江西南昌人　王書塤湖南衡山人

劉桂林四川什邡人現任

教諭

順治張士淑蘄州貢生　胡虞濆湖南武陵人

蕭蘊樞孝感人有傳

康熙吳從周應城歲貢丁巳任　周　昆漢陽歲貢己巳任

蔣宏毅江夏歲貢己巳任　彭述憲潛江例貢丁丑任

張　洙漢陽廩貢辛巳任有傳　汪自重江夏例貢丙申任

雍正王　綍歸州舉人乙己任　張士昌江陵副榜癸丑任

乾隆胡其鑾咸甯拔貢甲子任有傳　龔佐龍孝感舉人壬申任

宋紹聖鄖陽拔貢壬申任　潘　英京山人副榜

熊　增歸州人　恩貢　葉修賜興國州舉人辛巳任

杜學審歸州人　恩貢乙未任　黃中道漢陽人廩貢戊戌任

駱文昶孝感人廩貢庚子任　史明儁棗陽人拔貢

以上舊志

嘉慶黃崇祿鄖縣拔貢

道光史銘桂沔陽拔貢　劉學澍孝感解元有傳

朱之淮拔貢　楊繼煥監利拔貢

宋贇元漢陽舉人

咸豐王槐銘保康拔貢

同治杜映藻當陽廩生　唐允恭松滋副榜現任

訓導

順治傅若訓孝感恩貢　蕭仲蔚鄖陽歲貢

康熙吳祖堯鄖陽歲貢丙午任　劉逢吉潛江歲貢乙卯任

周汝楫彝陵歲貢丁己任　彭大年巴陵歲貢甲子任

方　坦漢川歲貢丙寅任　譚必章巴東歲貢壬申任

楊道儀石門歲貢甲戌任　黃正瓊荊門歲貢丙子任

黃之朱慈利歲貢丙戌任　劉友宜監利歲貢戊子任

雍正丁宗綸監利歲貢乙己任　李發榮房縣歲貢己酉任

張　球襄陽歲貢壬子任　李光先安陸歲貢壬戌任

乾隆許元醕房縣歲貢乙丑任　吳應魁東湖歲貢辛未任

屈　海東湖歲貢丙子任　吳　黽襄陽歲貢

高崗 襄陽歲貢庚寅任　曹開濟 東湖歲貢癸巳任
楊作愷 竹谿歲貢丙申任　詹啟模 黃陂舉人庚子任
李先翔 嘉魚舉人乙巳任
以上舊志
乾隆 劉文模 天門拔貢
道光 李丙泉 孝感舉人有傳　伍賢毅 松滋歲貢
王景彝 江夏拔貢
咸豐 張佩 東湖歲貢
同治 陳會隆 應城歲貢　陳兆慶 孝感舉人
王鼎元 嘉魚舉人

光緒 蔡廷瑛 南漳增貢　袁光澍 興國拔貢現任

巡檢

順治 朱之標 浙江山陰人庚子任
康熙 魏文蔚 陝西富平人丁未任　王之珪 陝西渭南人壬子任
李士進 順天大興人丁巳任　李大訓 新城人乙丑任
鍾元徵 浙江會稽人丙寅任　秦宏典 江蘇上元人乙亥任
張文福 山東德州人丁亥任　赫令德 直隸鉅鹿人丁亥任
陸士芳 順天大興人乙未任
雍正 聞澄 順天大興人癸卯任　黃開基 順天宛平人癸卯任
魏銓 順天宛平人丙午任　鄒士麟 江蘇山陽人戊申任

彭天綱 四川宜賓人壬子任　孫季連 順天大興人甲寅任
周禮 陝西扶風人甲寅任
乾隆 趙錦 江蘇吳縣人戊午任　周正斯 順天大興人辛未任
鄭德榮 順天宛平人壬戌任　周嵩 江蘇陽湖人甲子任
邵應鍾 順天宛平人乙丑任　石國相 福建龍溪人己巳任
韓德厚 山西孝義人　孫雲鋒 安徽泗州人己酉任
虞好善 浙江山陰人　祝麟徵 山東諸城人
祝逢盛 河南固始人　張家桂 江西鉛山人己酉任
以上舊志

驛丞 卽停前巡檢

順治 包文申 直隸邢臺人辛丑任
康熙 趙鼎 浙江山陰人乙巳任　徐必達 浙江錢塘人乙丑任
常振國 燕山左衛人丙寅任　馬喆 順天大城人己卯任
沈德韶 安徽石埭人癸未任　程之棨 陝西同州人乙酉任
祝世榮 順天大興人庚子任
雍正 陸鈴 安徽桐城人己酉任　王廷傑 山西安邑人辛亥任
乾隆 焦秉乾 河南靈寶人庚申任　高霞 山西洪洞人丁卯任
施元愷 安徽青陽人辛未任　沈詡 順天大興人辛未任
蕭潤清 貴州平遠州人　許承烈 福建侯官人己酉任
以上舊志

嘉慶王　實山東人
道光劉　振甘肅迪化州人有傳
咸豐楊維新江西清江人　周紹基湖南長沙人現任　以上新開
章　鑑江蘇人　涂　椿
邵　瑛浙江人　吳嗣宗安徽涇縣人
咸豐徐　灼安徽桐城人　朱文彬安徽涇縣人
程啟安河南南陽人
同治馬錫蕃四川人　閻　灝陝西長安人
余德銓安徽望江人現任　以上孔壠
乾隆程大鼎　許兆棠

嘉慶姚奉龍浙江人
道光金奉璋　李廷槐順天宛平人
章清源浙江紹興人　王壽山江蘇高郵州人
黄銘鼎安徽休甯人
咸豐王季良河南人
同治成廷珍陝西人　王祥五河南商水人現任　以上停前
典史
順治時必昌　梁正文
盧續俊直隸束鹿人
康熙徐麟璜紹興人　陸　豐順天大興人甲子任

王　經陝西人　張其秀奉天人乙亥任
張聖銘順天大興人癸未任　高應鳳順天宛平人丙戌任
雍正顧景福山西人癸卯任　葉鳴秀順天大興人壬子任
徐　晉江南人乙卯任
乾隆史　岡浙江人戊午任　季九鳳江蘇江都人癸酉任
陳世瑛江蘇江甯人　楊天符廣東大埔人
劉對墀直隸任邱人　王　惠浙江蕭山人
龔聯之浙江德清人乙酉任
以上舊志
嘉慶古　鳳　曾懋德江西龍泉人有傳

道光俞廷鏞浙江人　何其仁
咸豐徐石麟　龍　霖湖南人
同治阮起沅湖南巴陵人　徐臣燮江西人
楊彝庚福建人　周秉鈞浙江會稽人
馮樹棠廣東人庚午任　劉文輝陝西人
徐鴻恩江西臨川人癸酉任
光緒干彭年浙江諸暨人現任　李延辰江蘇甘泉人乙亥新任

武職

宋

戚方

岳震忠武王第四子

明無考

國朝城守設把總一員乾隆五年黃州協鎮馬大用請改設千總

康熙蔡文成　吕世忠

常進國山西大同人

雍正李廷琦黃岡人　柳友楷均州人

乾隆李世榮黃岡人　鍾玉黃岡人

翁際盛黃岡人　吳燦鄖縣人

劉兆奇德安人　岳雲淩德安人

王仲河南人　蕭金黃岡人

徐敖興國州人　唐萬年江夏人

以上舊志

道光陳聲遠江南人　趙發科黃岡人

李大春江夏人　傅玉成黃岡人

陳錦蘄州人　陶兆麟江蘇人

黃世璋大冶人

咸豐汪國泰蘄州人有傳　吳虎臣蘄州人

胡得魁襄陽人　陳啟大冶人

蔡紹陽麻城人

同治富色哩蒙古人　吳定泰黃岡人

龔定泰蘄州人　李鳳儀黃岡人

光緒汪偉臣蘄州人　李鳳儀再任

附載外委

龍占鼇黃岡人　蔡鴻恩江南人

張以德大冶人　向開武本縣人

司正華黃岡人　周榮春本縣人

周正元大冶人　方定元本縣人

張鴻志本縣人　龔金元蘄州人

方開榜本縣人　桂金和本縣人

王登甲黃岡人　劉潤友蘄州人

陳兆標蘄州人

黃梅縣志卷二十

職官志

名宦（未入祠者附）

勤事定國捍患禦災古人崇祀祭法昭垂梅自南唐代傳名
宦功德允彰馨香式薦遺澤不泯郤黍名棠或宣鐸訓或佐
琴堂往績所貽後人斯仰亟櫽泳澗敢辭執掌志名宦

南唐

陳起南唐進士僑寓蘄春初爲宿鄉令改任秭歸湘鄉萍鄉
三邑後遷梅令有妖人諸祐者妄言能使人貧富聚衆數
百稱爲諸王起至即籍祐爲里長不服執而斬之後拜監

察御史

宋

曾阜字子山江西南豐人鞏之從兄弟嘗爲黃梅令政績無
考宋趙令畤侯鯖錄云梅有峰頂寺去城百餘里在亂山
羣峰間人迹所不到阜按田偶至其上梁間小榜塵滓昏
晦乃李白所題詩其字亦豪放可愛詩云夜宿峰頂寺舉
手捫星辰不敢高聲語恐驚天上人按阜嘗轉漕湖南後
家襄陽子紘字伯容有臨漢居士集孫思字顯道有臨峴
居士集

蔡攄浙江嘉興人質重廉恪淳熙元年授黃梅令舟行赴任
過蘄口夜遇巨風碎船惟底板存蔡憑其上浮漾意眷屬
盡沒矣迨旦風定則皆跧伏板上不失一人旋換舟抵南
岸居人爭來慰勞云昨宵風雷黑暗中聞喧言且救取蔡
通判一家官人豈非蔡公耶事甚奇異後果調泰州通判（從宋洪邁夷堅志錄補）

程晃江西浮梁人宋寶祐二年登文天祥榜進士任黃梅令
時英山寇起身率邑民斬羣賊保捍一方民戴之尋家焉
今程姓皆其裔

袁槱字木叔浙江鄞縣人絜齋燮之弟授黃梅尉時有兵警
木叔亟備守禦或勸他寄妻孥不許妻亦願同死聞者俱
壯之先是尉署將圮鄰有宗姓者請易以他地令許之矣

木叔至不可曰是官舍也若他屬奈公論何力葺治之又
創營房置軍器庫舍北有鳳臺築亭其上名曰覽輝亭後
值歲祲捐粥給食鄰有獄郡守檄鞫之得實守大喜近移
參錄再調饒州樂平縣丞（從宋袁絜齋集錄入）

元

樊楙侁直隸正定人皇慶元年任大興學校課農桑有循吏
聲始改建縣治

喬思忠雲南晉甯人至正時任留心教化修飭學官鑄銅爲
祭器刻石紀學田（詳學校志）

明

唐輔洪武初年任廉敏有爲時縣治燬於兵悉力營建自公署學宫及鄉舍旌亭俱行修整

張德永樂間任修譙樓詳請設停前驛

黄武浙江歸安人由薦舉授廣東按察司知事尋遷黄梅令有善政見戴中傳考滿遷山東莒州知州

戴中江西新淦進士在任三年門無私謁敬老恤貧代完逋賦受牒立判案無留牘修建廟學社學公署儲穀萬石以備賑貸凡有益於民者慨然舉行與黄武後先任有蕭規曹隨遺意後擢監察御史百姓德之立去思碑同年進士

邑丞高唐劉魁爲之記

金章江南上元進士性抗直不事苛刻聽決催科率取式前令之良者民甚便之

朱璧江西樂平進士聽斷明允嚴馭吏胥加意學校尋遷都察院經歷

諸僩浙江秀水進士剛直不阿邑有黠卒數爲民害一日得其人縛之立磔於市豪右屏迹

梁廉江西泰和舉人嘉靖間任政尚簡靜有古循吏風製祭器濬西河有功學校先戴尹以成化戊子任梁以後戊子任民有先戊後戊戴父梁父之謠擢南京戸部主事

馬應龍雲南永昌舉人嘉靖間任性儉素民化之侈俗爲之一變片語決訟囹圄幾空陞道州知州

張九一字助甫河南新蔡進士工詩著有綠波樓集嘉靖間令梅三載善政纍纍擢吏部主事邑人感之條其事勒石曰隆學校曰撫疲民曰慎催科曰謹拘攝曰嚴干謁曰樂咨訪曰清囹圄曰鋤豪强曰息盜賊江西鄒守益作記

胡劾忠淮安沭陽舉人政崇寬大一切利病毅然興革往梅額冊率以虚丁實派民不堪命悉清釐之

楊本俊雲南太和人薄賦寬徭與民休息俸外不妄取一錢在任四年橋梁廨宇多所修建擢海州知州

姜忻字克榮號春宇江西南昌進士初令上海尋改授邑令在任二年痛懲奸吏修葺學宫他如減糶改兑編役築隄善政不可枚舉去之日民遮道泣送豎碑建祠祀之邑人曹麟有記

范德超四川巴縣舉人性寬厚識大體修孔壠楊家穴二壩民便之

來三聘浙江蕭山人萬歷癸未進士授梅令整飭胥役惠養子民有一琴一鶴之風勾攝公事亟除波累徵收草火耗縱有羨餘即充解費先是梅民於五祖山掘得石有若要黄梅安除是來蕭山之語至是適應其讖嘗郊行大風揚

興盡卽遣伍伯捧符跡之俄而飄符入萬工池有屍縛殺
上集匠推知發主詰其奸狀伏法朞年威惠大行奉文清
丈秉公不避權貴事未竣調合肥梅民乞留不得清算原
籍解還黃梅士民德之有疑獄輒裹糧去訴判決訖卽鈐
合肥印故當時有黃梅案牘合肥印之謠後以江西右布
政使終梅民思之崇祀名宦又建祠東關外

孫鋐浙江餘姚舉人初爲長沙通判明萬曆二十二年巡撫
郭惟賢疏建梅城題陞本府同知因委署縣事以董其成
奉公忘私體恤輿情不忍勞民傷財百姓悅服

桂生芝江西貴谿舉人萬曆二十六年任時大水堤潰民居

多漂沒芝親乘舟散給銀米卽請蠲賑建堤工派丁糧遂
成永利悉心捕盜有獲輒盡法痛懲故處荒歲民仍得安
調任去士民請祀名宦邑人石崐玉有記

武國功山東曹縣進士萬曆三十九年任善詩喜文學政尙
清簡詞無大小眞僞悉受而聽之平情折斷入覲留部出
刺辰州陞副使致仕歸百姓思之請入名宦又建專祠東
關外

鍾鑰俊福建上杭舉人優禮待士愛民如子多所修建初作
東西兩坊建鼓樓並堂下石欄修學宮築長堤勞績多端
時有鄉愚倡亂不動聲色以次擒之治梅五載去之日士
民攀轅餞送至清江擁留再四乃去

王質山西進士以兵部主事授邑令清廉自愛植民禮士明
末政令煩苛處以寬裕故世亂而民不擾陞湖廣副使

張聯芳直隸舉人涖任數月獻逆屠城不屈備受毒苦亂定
爲邑築城垣構官署撫瘡痍集流亡得稍安焉順治二年
予以原職不受死之

國朝

徐昱直隸永平人拔貢順治七年任下車首省民間疾苦力
懇緩徵逋欠平市價息爭訟創修邑志舊政纍纍邑多荒
糧請除未報每徵輸展籍憮然民感其德從流離歸集者
數百戶

王庭龍福建晉江人進士康熙八年任樂易眞誠與民休息
雅尙文學工書法案牘之暇閒學求書者弗禁以老致仕
其片紙隻字民間寶之

李成林盛京廣寧人蔭生康熙甲寅涖任丙辰大水瀰漫居
民顚沛鍾公堤沒官道不通會吳逆叛進勦兵駐宿邑西
踏傷禾稼民益洶懼成林急集船渡兵出境復開倉賑濟
設計修鍾堤與邑丞樓自新露夜奔馳募舟載沙鋪堤夾
道植樹遂成康莊倥傯間卒賴以濟後仕至福建布政使
有功德碑

歐陽旭江南丹徒進士涖梅六載清愼多惠政督營裁兵夏逢龍作亂郡邑守士者皆遁公守職不去城守某觀望爲開陳大義令其移駐城外獨與士民設守備晝夜環城巡視與共甘苦拘勞逸相得如家人進剿兵道出黃梅轉輸供億不絶平定後行取刑部主事累官至雲南督學

申鵬翔陝西舉人安靜愊愊聽斷無疾言遽色民自心服清操似水生辰出十餘錢買香楮仰天再拜而已有欲爲碑頌者堅辭弗許相傳暑夜露坐見星墜於前數日卒

李珣河南濟源舉人雍正元年任幹敏機警於刑獄尤詳愼審斷後復反覆體勘有疎誤引咎覆審歲大饑請發倉穀

萬四千石明年穀熟有力還者聽無力者代償之累五六千石邑人文日盛詳升大學廣名額治聲丕著累官山東按察使祀名宦

吳象寬山東海豐進士以調繁任邑令慈祥愷惻不以鈎距爲能平出入絶請託去官邑人謳思喻化鶴有記

錢家塈浙江嘉善舉人宗伯陳羣介弟蕭然若儒素爲治持大體不事煩苛省徭緩征公庭閒靜時手一編尤工作字爲時寶貴考最擢知隨州

莊檁江南陽湖舉人雍正十三年任爲政寬和好引掖人才暇即進諸生課業循循不倦儒度從容調繁黃陂未任引疾歸

邵豐鍭浙江山陰人乾隆五年任風力嚴整吏胥斂手聽斷明敏奸黠罔售其欺尤究心地方利病於城南下流倡建文昌閣以培起人文工未半以最調繁黃岡屬邑士喻于智等經理告成

署任附

明

安貞未詳籍里洪武初以本府同知攝邑篆措置有方守法不撓郡志載名宦

謝朝宣龍溪人正德初以監察御史謫黃州同知攝梅篆謙

恭下士視民猶子在官九月多所樹建

羅瀚江西豐城舉人以本府推官署縣推誠布惠摘奸執法威令大著嘗計餐劃粥侍人匿不進瀚自往食之侍人醒瀚問粥何在欲加刑侍人叩首謂某不謹食污矣瀚笑釋之他日以告郡守曰刑之能冤人如是守大悟一郡訊讞多所平反

瞿孔昕山東濱州人嘉靖間進士以本府司理攝邑篆性端毅不苟嚬笑猾吏望風褫魄不敢舞文再閱月去

劉介齡廣東廣州進士左遷蘄州判隆慶間署縣事性豁達不拘文法遇事動以節省爲念民賴之

曾維倫江西樂安進士萬歷十年以本府司理署縣在任一年民大悅服建兩生祠祀之邑舉人瞿甲爲記其政績甚詳見藝文

國朝

李世德鑲黃旗貢生康熙四十七年由廣濟調署梅篆濟梅接壤邑人稔其治望之如歲涖政威愛交至民大悅服

李秉乾漢軍正紅旗監生康熙六十一年以本府通判攝篆執法嚴而善識民隱放告日收百餘紙就詞判決不煩兩造面質邑駭服其神訟獄衰息公庭闃然

金虞浙江錢塘舉人以試用來任清肅明決胥吏股栗一以節省民財爲念而事無不濟八閱月頌聲載道

縣丞 教諭 訓導 典史

元

陳大可江西人任教諭訓廸有方捐俸周乏興勤法古儼然師道

也孫帖木兒蒙古人至正中任主簿時賊陷武昌舳艫蔽江而下帖木兒願出擊賊江州路總管李黼壯之瀝酒與之誓急檄諸鄉落聚木石於險隘遏賊歸路倉卒無號乃異士卒面統之出戰黼先大呼陷陣也孫帖木兒繼進大破之逐北六十里見通志

明

洪友璋邑人洪武二年以明經薦舉任本縣學訓性量渾融條教嚴密歷任三十二年

李顯洪武十年任縣丞清廉明敏加意學校堂廡齋舍時加修葺

李美籍里未詳永樂時任縣丞節已愛民當路重之頻委署鄰邑篆所過民輒思之

劉魁北直高唐人成化丙戌進士以御史謫爲邑丞博學能文一時碑銘多出其手政尙廉平孳孳爲民興利袪害去之日攀轅者千百人

徐煥江西吉水監生嘉靖間任邑丞持守端潔出入省騶從公庭蕭然數月不聞鞭扑聲以內艱去

馬之駉籍里未詳以明經任邑丞負醇慈愛博洽廉明其去也民思之建碑立亭於武公祠側

蔡敏江南長洲舉人洪武時任主簿清慎愛民食不重味坐不設裀一冠裘踰十八年無幾微矯飾辭引年歸壽八十七

丁志宏順天人任典史性戇直不妄取予每鞫盜賊輒曰無累良善去之日一蒼頭負一布衾而已

李震河南葉縣人任教諭端慤不苟然諾與諸生講解剖析

幾微秩滿當遷諸生請留復任三年

唐世卿浙江海甯舉人任教諭姿性頴異善啟迪未嘗訴詈一人人亦敬服無敢忤者擢黄州通判

沈鏞浙江平湖人任教諭有儁才入名宦

蕭廷儲江西廬陵人任教諭爲人醞藉會督學使者嚴刻公以平恕應之善類獲全入名宦

黄阜四川瀘洲人任教諭剛正不苟合待諸生嚴而有恩

段盡忠山東曹州人任教諭剛直不阿持身嚴肅接諸生雖盛暑必冠帶諸生服其教無敢便服出遊者

陳文江西靖安舉人任教諭襟宇明曠贊知縣姜忻置學田

何子達九江德化縣人任教諭渾厚坦易行不背言去日諸生郊送無不洒涕

王宣江南淮安舉人任訓導行誼孤高讀書談道自樂丁外艱歸復遷禮科給事中轉光祿寺丞

顏樸江西廬陵舉人任訓導問學充洽訓迪嚴正有古人風入名宦

馬驥湖南辰州人任訓導古樸好禮言吶吶不出而誠欵獨至致仕年九十

席懿四川人任訓導敦行礪節軫恤寒士在任一年卒當事賢之入名宦

皆用中四川人任訓導六年質任自然遇事有先見有知其貧者餽遺之辭不受後遷合肥教諭

闕士琦字禑公湖南桃源舉人署教諭學本六經旁通諸子百家詩文横絕一時鐸梅三載日夕課士沾溉餘芬皆成彬雅所著桃源索牌郎當草捕鯉堂稿彰媖集諸刻行世後成進士授南安令

國朝

蕭蘊樞孝感舉人任學諭博學能文喜談經史知縣徐昱纂修邑乘訂正多出其手

張洙漢陽人以廩貢任學諭眞率鮮修飾卻諸生餽遺食用

皆取給於家家以是中落弗恤也其子嘉榕壻段嘉梅俱工詩文與諸生結社會課常樂爲點定和氣薰人歿襄陽教授

胡其鑾咸甯拔貢乾隆九年授學諭謙恭樂易胸有疑義遇人即請決焉每課諸生文亦自擬一稿互相商訂人樂從之遊歷任五年以丁艱去　以上舊志

王鴻典字慎齋號西園直隸雄縣人乾隆己卯舉人初署廣山邮有海剛峰之目權梅事甫下車得縣中猾吏摘發之胥役駭爲神多徙業去聽訟受牒時即訊控者悉得其情署牒尾使持詣中證處釋故時無終訟催科能追呼自無

逋賦嘗謂追呼者遣胥役往受賄耳花戶旣賄賂胥役則
坦然恃以爲安輸納不復踴躍矣治梅僅八月丁艱去梅
人思之
徐鑅慶號朗齋江南甲午舉人初名嵩應某科鄉試文已定
元因病未竣三場乃易置主司刊其文於闈墨署名曰麗
六蓋紅號也鑅因有句云虛名麗六流傳徧下第江南第
一人其權梅講求防江濬河興學諸務悉切事宜工詩古
文書法奇妙舊建文昌閣之四隅有春草夏雲秋雪冬樹
諸亭皆鑅所書額
曹麟開號雲瀾貴池人乾隆乙酉舉人工詩善畫涖梅多善

政其尤蘇積困者莫如罷社倉見積儲志中愛民如子惟
恐胥吏魚肉之有因訟勾攝去役賄不滿壑因毀票誣所
勾者麟笑曰愚民畏罪走匿情也毀票何爲爾欲以此激
吾怒耳若不察墮爾術中矣嚴治之闔邑額手稱頌後以
最績升任去
張維屏號南山番禺人道光壬午進士癸未署梅事値大水
潰隄維屏操小舟徧詢疾苦以聞大吏勘災議賑悉如所
請發賑時禁胥吏侵漁且曰豪猾浮冒愚弱必漏賑有定
數浮冒則此盈彼絀縱不漏猶漏也乃悉心釐清戶口實
惠及民辦災畢乞假去著作甚富黄梅各詩見藝文

史維基號建堂順天大興人由供事議叙從九始官皖蝗不
入境粵匪擾鄂時以防勦功洊保知縣同治二年權黄梅
篆明決果斷聽訟立得其情故案無塵牘嘗謂州縣爲親
民官案懸不結非愼也直度外置之耳不知時日牽延兩
造失業書役訛索訟棍把持小民之皮骨盡矣其言之沈
痛如此放告收牒隨問隨判隨結有神明之稱邑經
兵燹後招流亡墾荒穢連歲麥秀兩岐鄉民以獻笑卻曰
適然耳
劉學澍號雨邨李丙皋號芸田俱孝感舉人同時爲梅校官
學有根柢爲文卓然名程矩步規趨訓迪生員以立品爲

重門牆甚峻非期會不與縣官丞尉相接培植孤寒發揚
士氣澍之子皋之孫科第官秩能各顯其名
李祥鳳籍貫失考以舉人起家令牧性瀟灑不拘繩束初涖
其任因公被議鐫級爲黄梅縣丞善畫尤工山水師法倪
雲林居官安靜以畫自娛傭兒市賈皆能得其尺箋寸幅
而大吏折柬求之輒置弗答蓋以官而隱於畫者
劉振廸化州人任新開司保護隄塍凡新建歲修防險等工
晝夜周巡不辭勞瘁嚴緝盜賊閭閻相安幾於夜戶不閉
在任三十餘年百姓愛之爲之尸祝
曾懋德龍泉人任典史廿餘年事無不便民者勤閱四凡禁

卒之私刑牢頭之橫索悉嚴懲之舊事捕役囑賊誣扳良民買賊贓詐得重賄瓜分之否則坐以窩家愚弱輒罹其毒懋德曰窩賊與買贓兩情也窩賊故藏其人買贓誤市其物愚民無知見賤值誰不買者遽謂之窩可乎況本未買而誣之乎嗣後買贓者概不究涉疑竇者矜耆保釋其明決慈惠父老至今猶言之

汪國泰字耀廷號雲峰蘄州人由武生中道光甲辰武舉咸豐四年署理黃梅千總深得人心冬粵逆據城泰隨官兵帶領頭隊攻城與賊接仗金林鎮兵潰力竭陣亡事　聞得四品　䘏廕子偉臣兩署黃梅千總

黃梅縣志卷二十一

選舉志

鄉舉里選古制雖殊取士必得名判程途典重科名書頒徵辟亦有世官不循資格

皇仁浩大俯錄羣材從戎納粟均晉其階景仰先型策勵後起姓氏同登足光桑梓志選舉

唐世取士之典舊志多畧惟開元中李玭以薦辟著其他皆無所考

宋罷詩賦以經義策論試士梅之進士自王仲瑄始終宋之世列科名者僅見而薦辟亦止載一人

元儒吏兼收銓衡多歧邑之進士始於泰定四年外此可考者舉人四人薦辟二人

明洪武初舉行薦辟邑應選者一人至十五年復行科舉以子午卯酉年鄉試辰戌丑未年會試邑中鄉試者自建文四年始中會試者自永樂二年始隆慶間始中武進士後亦間中武舉歲貢起於洪武嗣是有選貢有恩貢若納粟納馬官生恩生之屬列仕版者咸著於編

國朝累葉栽培澄清仕路邑內沐寵錫者例得志其姓名特爲補脩以彰盛事

選舉表上

宋 進士

崇寧二年癸未 王仲瑄 翰林學士有傳

舊志誤載癸卯今改正

紹興三十年庚辰 陳 義 四川宣撫

嘉定七年甲戌 劉 昕 蘇州太守有傳

紹定二年己丑 劉思齊 昕之姪司制議

舊志載乙丑查紹定無此年分

淳祐元年辛丑 劉應端 昕之孫初任無錫知縣累官浙江僉憲

十年庚戌 劉朝俊 思齊子初任都統後授元招討司招討使

咸淳十年甲戌 魏 謙 工部尚書

王大用 謹按府縣舊志各部宋進士表下有舉人王大用註省元復據文獻通考於新志內存疑已刊數百部矣後查得雍正八年湖廣通志王大用係進士且有宋魏允昜黄宗劉漢傳元魏明郭友直陳子英皆府縣舊志所載舉人者通志統載進士茲俱照通志體例更正通志無科分今仍之

魏允劭 江南運使

黄 宗 御史

劉漢傳 應端子常州府教授

舉人

元 進士

泰定四年丁卯 陳 經 學士中阿察赤榜是科有陳天祥兩狀元一右榜阿察赤一左榜李黼

舊志載至順庚辰查至順始庚午終壬申庚辰係至元六年 汪堯舉 有傳

汪振卿 御史有傳

魏 明 翰林承旨

舉人

許念二 據胡志念二元解元墓在太白湖濱碣摹確鑿前志未載龍起鳳係康熙乙酉舉人府志昭然前志亦未載今亟採入以毋令湮沒云

郭友直 總管府經歷有傳
舊志本傳載至正庚午鄉薦查庚午係至順元年
陳子英 提舉有傳

明　進士　舉人　鄉貢

洪武 十六年詔府州縣學歲貢生員一人
張　訓 鴻臚寺序班有傳
劉彥高 知縣
於　敬 刑部主事有傳
劉仕悉 縣丞

建文四年壬午 舊志載永樂癸未照省志改
是年鄉試以各省兵革有未及舉者於永樂元年補行
馮　性 元劉文斌 萬年教諭
趙　靖 吏目
韓　中
鄂　鎬 吏目
汪　瀚 主簿
黃　禛 檢校

永樂二年甲申
韓　中 登曾棨榜初授行人遷全州知州

三年乙酉
周　才 元熊槩 知縣
陳　淵 主簿

六年戊子
汪　善 元李子春 高州推官遷吉安府
張士緣 知縣

九年辛卯
商　玖 元熊英 通志載御史
馮　敏 主簿

十二年甲午
周　蘊 元賀獻之子合江知縣遷重慶知府
張　翀 照磨
高　昂 經歷
姜時敏
翟　敏 縣丞
黃芳惠 縣丞

十八年庚子
邢繼祖 元高信

二十一年癸卯
劉　禮 元婁昇 封邱縣丞

宣德元年丙午
朱　銘 元黃秉忠 魁學正
潘文浩 知府有傳
洪　亮 縣丞
劉敏學 通判

施　綸 州判
孫　旺
劉　睿 檢校

十年乙卯
商　瑜 舊志解元官蕭山教諭
查是科解元非瑜然舊志載有解元坊基址尚存似非無據俟再參考
黃　茂

正統三年戊午
吳　頵 元王竑 德平教諭
徐　濬 檢校
劉　欽 知縣
濮　端 吏目

			張　儼吏目
			邱　洪
			劉　潛吏目
			徐　鑑府志作徐滦鑑知縣
			袁　俊照磨
			韓　英
景泰元年庚午			江　澄
			李　馥教諭
			汪　岳同知
			張　怡
天順元年丁丑			翟　鉞
			王　頤教諭
			石　信經歷
			黃　讚州判
			胡　機
成化元年乙酉			許　文訓導
			吳　文州判
			潘　銓文浩子訓導
七年辛卯		王　麟元辛鑑有傳	
十年甲午		邢　纓元李邦憲	

十三年丁酉		魏　澄元張才有傳	鄧　俊縣丞有傳
十六年庚子		王　忠元何說推官有傳	徐　用
			龔　麟教授
二十二年丙午		韓　璁元華繼訓導有傳	官　祿光祿寺署正
		洪　晟知縣有傳	
		吳　節州牧有傳	
二十三年丁未	邢　纓登費宏榜御史有傳		沙　瑞紀善有傳
			劉　紳學正
弘治二年己酉		梁　奎元曾大育	梅　琥知縣
		項　淵	
		徐　欽	
三年庚戌	徐　欽登錢福榜用之子行人司正		石　璽
			羅伯暹
			石　鸞主簿有傳
八年乙卯		石　麟元陶寶	胡　瀚
		邢　寰	胡　鑑州判
十一年戊午		廖　紀北闈中式	
十四年辛酉		程仲禮元廖珊會副	李　藻
		向　榮知州	項　潔縣丞

十七年甲子		周球 元王之相南樂知縣	趙忠 審理
		張桂 深州知州	劉瀚
		石金	
十八年乙丑	廖紀 登顧鼎臣榜按察副使有傳		
正德二年丁卯		陳言 元李中華之弟知縣有傳	向必成 知縣有傳
三年戊辰	邢寰 登呂柟榜給事中有傳		程仲義 經歷
五年庚午		洪模 元仵瑜晟之子有傳	翟華 縣丞
		胡鳳	程仲甫 通判陞工部主事
		陳華 有傳	
六年辛未	石金 登楊慎榜御史有傳		
八年癸酉		余慶 元阮朝東知縣有傳	王宗憲 拔貢官知縣有傳
		胡橋 彰明知縣	張清 訓導
			徐鎧
			張璽 主簿
十四年己卯		陳昉 元唐愈賢同知有傳	周龍
			沈淪 縣丞有傳
嘉靖元年壬午		陳晟 元易泉知縣有傳	吳珂 知縣有傳
			余世魁 訓導

五年丙戌	胡鳳 登龔用卿榜參政有傳		洪範 都事
			桂楝
			石鏌 金之弟主簿
十年辛卯		周繼學 元傅頤靖江知縣	李人傑 恩貢
		汪玉 知州有傳	夏文質
			袁滏
十六年丁酉		洪恩 元姚章	沈汀 主簿
		曹麟	
十七年戊戌	洪恩 登茅瓚榜模之子太僕卿有傳		徐鎡
十九年庚子		熊偉 元謝登之知府有傳	程麟
二十二年癸卯		瞿星 元程沂晟之弟有傳	周渭 照磨有傳
二十五年丙午		周宋 元蔡制渭之子武陟知縣	張洪
			張潤 洪之弟拔貢官訓導有傳
		倪民望 知縣有傳	李同雲 知州
		邢奎 寰之子	
二十八年己酉		瞿晟 元吳國倫	
二十九年庚戌	曹麟 登唐汝楫榜兵備副使有傳		田寶 知縣
			盧俊 學正有傳

三十二年癸丑	瞿晟登陳謹榜知府有傳		洪佑教諭
三十三年甲寅			鄧天麒訓導有傳
三十四年乙卯		邢瑩元劉伯燮寰之子知縣	黃卷
		有傳	周京
四十年辛酉		章宗理元王萬善新城知縣	徐廷獻
四十三年甲子		段尚繡元劉守泰監察御史有	李馥宇訓導有傳
		傳	
隆慶元年丁卯		苑如麟元李廷栯	田珊訓導
四年庚午		王應奎元彭大用	丁清訓導
		邢應軫	吳治
			沈輿蘭教諭有傳
萬歷元年癸酉		瞿九思元李登晟之子有傳	胡惟貞教諭
		嚴自寀	何召棠教諭
		王夢麟忠館[illegible]知縣有傳	
四年丙子		邢懋敬元傷逢時	
七年己卯		石崑玉元黃國[illegible]	梅枝訓導
		汪可受	劉楚儒訓導
八年庚辰	石崑玉登張懋脩榜巡撫有傳		程夢麟有傳
	汪可受勳之子總督有傳		柳榮
十年壬午		瞿甲元陳良心九思子有傳	石朝章州判

		龔懋	楊璞訓導
		熊華宇汝璞子	
十三年乙酉		邢懋順元汪起雲	魏廷槐
		邢懋學奎之子	熊華璺
		熊華國偉之孫瑞州推官	熊汝璞
十四年丙戌	邢懋敬登唐文獻榜奎之子		汪美有傳
	龔懋巴縣知縣		汪勳美之弟有傳
十六年戊子		鄒如穎元吳化知縣有傳	陳廷棨副榜
			黃若雲拔貢官知縣有傳
二十三年乙未	邢懋順登朱之蕃榜璧之子員外		王國士
	郎有傳		徐廷鑑知縣
二十五年丁酉		石柱國元熊廷弼應昌子知縣	石有定崑玉子拔貢
		有傳	徐洙知縣
		項楚	李榮教諭
二十八年庚子		胡寄垣元趙嗣芳知縣有傳	李芳春教諭
三十一年癸卯		劉寰元郭士望知府有傳	石應昌知縣有傳
		王夢篆夢麟弟通判有傳	石鍾靈縣丞
		邢懋勳	
		梅啓元知縣有傳	
三十四年丙午		石有恆元張希哲	馮體道

			王夢周忠曾孫荊門州學正
			祝多壽永州學正
			吳鳳翎
			商旭嚴訓導
			邢懋才拔貢官訓導有傳
四十三年乙卯		石有信元何守初崑玉子有傳	余夢龍訓導
四十六年戊午		余鍾岳元陳君寵	張宏道訓導
		陳欽命教諭有傳	張宏慶訓導
四十七年己未	石有恆登莊際昌榜崑玉子知縣有傳		熊汝璘
泰昌元年庚申			劉　宥訓導
天啓元年辛酉		石　確元車萬合	石翰明
		陳　瑜道員有傳	石粹玉崑玉弟
			陳　錫
			石煒然沭陽知縣
			陳龍顏
			張養浩
七年丁卯		宛三奇元譚元春	沈一鳴
崇禎元年戊辰			周士龍
			南祚永

			王賢臣夢麟子
四年辛未	石　確登陳于泰榜有恆子知縣有傳		魯如愚
			魯邦常拔貢
六年癸酉		石鎮國元歐陽瑾本朝曾副兵備道有傳	程甲代
			張　瑛拔貢
		吳　卿知縣有傳	
		洪世講晟之裔知縣有傳	
		張國光	
七年甲戌	宛三奇登劉理順榜知縣有傳		熊啓翼
			郭應昌教諭
			周天度拔貢
			陳　千
十三年庚辰			毛文錦
十五年壬午	張國光柱曾孫官同知是科賜特用出身二百六十三名國光在內榜首史館金壇人	蔣　文元沈會霖有傳	周應夏
		蔣　袒文之弟會副官知縣有傳	洪　度有傳
			曹　鯤
	國朝進士	舉人	鄉貢
順治元年甲申			黎　平
二年乙酉			歐陽佺
三年丙戌		邢秉鈞元李尚隆建順孫有傳	徐　健恩貢

四年丁亥		熊兆師陽山知縣	鄭孟師
			陳萃千之弟
五年戊子	是科直省舉行拔貢	梁憲元刻在恪	魏朔教諭
六年己丑			鄧起鳳教授
七年庚寅			歐陽任
八年辛卯			項城
九年壬辰			熊楚
十年癸巳			董學
十一年甲午		廖士貞江西中式	蔣袞耒陽訓導
十二年乙未			張瀲其讓子副榜官知州有傳
十三年丙申			石瑛有信子
十四年丁酉		程允迪元楊輝斗仲禮之裔知縣有傳	
十五年戊戌			梅開瓊教諭有傳
十六年己亥			黃中醋景恆子
十七年庚子			吳士千訓導有傳
康熙元年壬寅			黃景恆恩貢有傳
二年癸卯	是年詔罷八股以論策取士		趙之牧有傳
三年甲辰			徐之綸瀏陽訓導
六年丁未			陳文蔚

七年戊申	是年詔復以八股取士		石覯國宜都訓導
十年辛亥			石定烈拔貢官知縣有傳
十一年壬子			劉學成宜都訓導
十二年癸丑			吳剛有傳
十三年甲寅			石永年學正有傳
十四年乙卯	是年吳逆道梗楚闈停試		胡懿
十六年丁巳	是年天下監生入試江南		魯覲
十七年戊午		徐奇志元宋敏求	程長治副榜
十八年己未			程之亨
十九年庚申			熊經兆師子
二十年辛酉		黃利通元劉善錫	王豐
		邢維正江西中式	
二十二年癸亥			吳卜祺
二十三年甲子		張光庭元宋如辰教諭有傳	石高年武昌府訓導
二十四年乙丑			熊正拔貢官教諭有傳
二十六年丁卯			汪方長有傳
二十七年戊辰			趙之曾有傳
二十八年己巳			瞿道宏有傳
二十九年庚午			陳夢瀨有傳
三十年辛未			董日躋學之姪有傳

三十一年壬申			石岑年
			張應說據府志增入
三十二年癸酉			李天培
三十三年甲戌	黃利遁登胡任輿榜主事有傳		
三十五年丙子		蔣基豐元蕭蓮芳祖之子有傳	邢維樞德化學萬年訓導
三十六年丁丑			董洪基拔貢
三十七年戊寅			石俊有傳
三十八年己卯		石再華元彭源	石再蘁有傳
三十九年庚辰			石鍾岱有傳
四十年辛巳			石崧
四十一年壬午		潘同炓元朱和均魁有傳	
		黃之卓天門教諭	
		李天培有傳	
		王昇興國學正	
		邢承烈江西中式廣甯知縣	
四十四年乙酉		蔣天柱元夏慶譽祖之孫	王宏業副榜有傳
		龍起鳳漢陽中式	汪夢甲副榜官教諭有傳
四十六年丁亥			梅秀
四十七年戊子		董洪基元李湖教諭有傳	呂士俊
四十八年己丑			石嵊年有傳

四十九年庚寅			石悠遠恩貢有傳
五十年辛卯		周履坦元李天柱榜姓李	李鍾岳
五十一年壬辰			石坦
五十二年癸巳		蔣天柱元金相文之孫教諭有傳	邢臺德化學
		胡梅	
五十三年甲午		石燦元韓王錫教諭有傳	邢煒江西副榜
五十四年乙未			胡康勳本姓陳
五十五年丙申			洪奎有傳
五十六年丁酉			蔣從姬祖之子
五十九年庚子		熊恢元夏力恕有傳	
六十年辛丑			黃之騏
六十一年壬寅			吳世理恩貢有傳
雍正元年癸卯	是科大省加中三十名	黃有福元周邦孚之騏子衡山教諭	趙日助拔貢
			石鈫恩貢
		趙錦倘士謙子	
二年甲辰補癸卯正科	是年湖南北分闈湖北解額五十名	蔣中璧元侯執信文之孫榜姓石有傳	
三年乙巳			吳中鼇
四年丙午	是科五經副榜准作舉人		劉廷相

五年丁未			趙士謙之曾子有傳
六年戊申			熊我蘇正之子拔貢官萍鄉知縣
七年己酉		吳　樂元宋楚望有傳	袁　申副榜官直隸趙州州判
		袁　省東湖教諭	
		黃之騏利遍姪恩賜中書有傳	
八年庚戌			洪　材
九年辛亥			毛必友副榜
十年壬子		汪振聲元張鼇可受五世孫	洪　晉副榜
十一年癸丑			姜祚昌據府志增入
			吳士見
十三年乙卯		洪禹拜元李兆鈺應山教諭	趙錦堂士諭子拔貢
乾隆元年丙辰		張必元元程英銘	石天閶恩貢
恩科			胡鎮楚訓導有傳
二年丁巳			沈之仁德化學貢溪訓導
三年戊午		程同男元郭維本	石際會
四年己未			石磐基定烈子
五年庚申			喻化鵠有傳
六年辛酉			石敏公郡庠有傳
七年壬戌			熊坤蛟恢之子拔貢官咸甯教諭
八年癸亥			石尚志

九年甲子		余函秀元向來雨教諭有傳	
		馮　詔	
十年乙丑			趙　欽
十一年丙寅			汪夢林德化學
十二年丁卯			陳士元
十三年戊辰			錢國棟
十四年己巳			曾光岳恩貢
十五年庚午		石為藝元董南楚	
		石步雲	
十六年辛未			石　鑑有傳
十七年壬申		夏曾浴元張宗崑嘉魚教諭	田必昇恩貢
恩科二月鄉試			喻之琛郡庠
八月會試	石為藝登秦大士榜鑑之子知縣有傳		吳國彥
十八年癸酉		汪振玉元沈發儒廣西西隆州知州	黃際飛副榜
十九年甲戌			於嵩仕選恩施縣訓導
二十年乙亥			吳冀札郡庠
二十一年丙子		胡　芬元蕭學純興國州學正	程一飛有傳
		胡可郁安陸府教授	

二十二年丁丑			張嘉稷
二十四年己卯		蔣方營元蕭芝天桂子嘉魚教諭	
		黎慕蓮鄖西恩施教諭	
二十五年庚辰恩科		宛建侯元梁景陽知縣有傳	洪如淮恩貢
		蔣志坦中壁孫知縣有傳	
二十七年壬午		蔣方熙解元有傳	踰之堂
		石龍光有傳	石之璋有傳
二十九年甲申			梅渭
三十年乙酉		梅渭元李瀆魁有傳	李本質拔貢有傳
三十一年丙戌			胡如炳有傳
			李祚郡庠
三十三年戊子			李經保康訓導
三十五年庚寅恩科		廖驄元朱正常	吳文發恩貢有傳
三十六年辛卯			石元吉副榜
三十七年壬辰			黃大本
三十八年癸巳			陳煥旂
三十九年甲午		胡攀龍元陳詩亞元官知縣有傳	蔣志堉副榜
			吳延齡

		踰文鑾文鏊弟知縣有傳	
四十一年丙申			黎孟鈴有傳
四十二年丁酉			踰文鏴文鏊弟拔貢官巡道有傳
			劉夢元副榜
			石元吉副榜有傳
			胡琛副榜
四十三年戊戌			余士秀武昌府訓導有傳
四十四年己亥			宛映甯恩貢有傳
四十五年庚子		蔣志堉元萬品學正有傳	石有成
四十七年壬寅			余傳奐
四十八年癸卯		帥承瀛元鄭永江	劉夢元北闈副榜官教諭有傳
五十年乙巳			踰文鏊恩貢教諭有傳
			石本涫
五十一年丙午		石然元李鈞簡知縣有傳	
五十二年丁未			洪天鯤有傳
五十三年戊申		石本盛元蕭鎮魁教諭有傳	石純儒副榜有傳
			張書紳學載孫
五十四年己酉		帥承濂元吳海知縣有傳	踰鐘拔貢官教諭有傳
五十五年庚戌			踰桐恩貢
五十六年辛亥			石渠

五十七年壬子		石文漣元蕭林	
		石基善然之兄有傳	
		石文彩知縣有傳	
五十八年癸丑			蔣志塈基豐曾孫
五十九年甲寅恩科		張傑元王烜潛江教諭	
六十年乙卯	石文漣登王以銜榜知縣有傳	聶兆薰元李之渤選授知縣	熊之琰
嘉慶元年丙辰	帥承瀛登趙文楷榜探花官巡撫有傳		何應元恩貢
二年丁巳			黃光泗監利訓導

黃梅縣志 卷二十一 選舉表 主

三年戊午		石安國元黃道袁訓導有傳	
		張純知州有傳	
		李泰交郎陽府教授	
		蔣鏞志坦子	
		李懷若有傳	
四年己未			張裕春
五年庚申恩科		商濯英元鄭承沆魁教諭有傳	程國昌恩貢
		喻元準文鑰子	
		帥承瀚承瀛弟	
		喻元沆文鑾子更名士藩	

六年辛酉		湯思永元劉德銓魁有傳	劉許華副榜官通城教諭
		錢灝教授有傳	余文華副榜有傳
		劉蔚華學正有傳	帥承法副榜
		石遠懷訓導有傳	帥承濟承瀛弟拔貢
		石光榮	帥承洙郡庠拔貢官知縣有傳
		鄧錦教諭有傳	吳光玉
七年壬戌	蔣鏞登吳廷琛榜同知有傳		單天椿
九年甲子		宛承玠元張文玘知縣有傳	
		聶兆芳咸甯教諭卓異知縣	
		熊繡知縣有傳	

黃梅縣志 卷二十一 選舉表 主

十年乙丑	帥承瀚登彭浚榜授檢討官副都御史有傳		商兆梅
			熊麌鹿丙寅有傳
十二年丁卯		萬觀光元劉學澍	吳儁副榜
十三年戊辰恩科		陳煥元涂國用訓導有傳	胡邦彥副榜有傳
		石薦奎歸州學正	王光璵恩貢有傳
		石產瑚	吳鯨石
十四年己巳	喻上藩登洪瑩榜授編脩官守道有傳		宛翼廷
十五年庚午	石產瑚運判有傳		
		喻元霈元楊霖川文鑾子知縣	喻元濬文鑾子副榜官知縣有傳

	有傳		石實副榜
		錢光選知縣有傳	
		李鑾鎡教諭有傳	
		宛夢龍知縣有傳	
		喻元澤北闈中式文錙子有傳	
十六年辛未	喻元準登蔣立鏞榜庶常官知府有傳		吳直鈞訓導有傳
十七年壬申			王學澍有傳
十八年癸酉		喻宗泰元周承鈐鐘之子當陽教諭	吳韓曾
			帥宗森拔貢
十九年甲戌		李贇知縣有傳	袁履脩
二十一年丙子		李承傳元褚于杜	黎元梅
二十二年丁丑			王開琇
二十三年戊寅恩科		趙磊解元教授有傳	吳端恩貢
		梅芳教諭有傳	黃經塾
二十四年己卯		王綬林元丁德泰澠池知縣	熊實校
道光元年辛巳			柳溪恩貢
			陳璽
二年壬午		黃經塾解元有傳	喻樹儔文鑾孫優貢官知縣有傳

三年癸未			鄧朋有傳
			洪景先
四年甲申			吳學謙
五年乙酉		吳開第元萬時喆訓導有傳	周漢章副榜有傳
		蔣傚濂有傳	傅榮椿拔貢官教諭
六年丙戌		桂常青安陸教諭卓異知縣	
			鄧瑩
七年丁亥			李抒愷
八年戊子		吳文林元杜慰昌	
		趙瑛	
九年己丑	吳文林登李振鈞榜授檢討有傳		吳志堊
十年庚寅			余朝藎有傳
十一年辛卯		余懷珠元張琅	汪瀚
		吳鈺有傳	
十四年甲午		余懷珍元張廷璐	洪基副榜有傳
		余錫椿有傳	
十五年乙未			吳秉鑑郡庠
			項元省郡庠
			喻元洽恩貢文鍌子
			余騰霄

十七年丁酉		吳　敬 元彭煥興	帥遠燡 拔貢恩蔭舉人
			宛翼期 郡庠
十八年戊戌			帥宗梓
十九年己亥改行正科		鄧廷筠 元林王魁上紳子覺羅教習	錢光成 副榜灝之子有傳
			熊　寅
		吳　鑠 有傳	
		李濬源 有傳	
二十年庚子改行恩科		吳　鑾 元石意恭	鄧士紳 有傳
		蔣夢樓 有傳	石　聲 郡庠恩貢
		蔣傚江 夢樓弟更名奎樓	

二十三年癸卯		陳得遇 元費楚玉	傅　烇
二十四年甲辰恩科		胡鎮澿 元孫玉田	李廷瑞 副榜
		蔣祖謨 夢樓子更名憲儀歸州學正	帥宗棨
二十六年丙午		余信芳 元鄒崇漢	傅　鳳 有傳
		鄧宗衡 瑩子	
二十七年丁未	帥遠燡 登張之萬榜承瀛孫賜光祿寺卿有傳		宛承琛
二十八年戊申			帥宗[illegible]
二十九年己酉		宛立夌 元張百揆亞元夢龍子	石相煜 拔貢

		陳心傳	單如膏
			胡　烱 郡庠
三十年庚戌			岳兆元 恩貢有傳
咸豐元年辛亥恩科		鄧鍾麟 元周禾田瑩之孫	王荊華
		梅雨田	陳寅賓
		胡　斌 現任咸豐訓導	
二年壬子	蔣奎樓 登章鋆榜戶部主事有傳	喻樹琪 元龔遙峯	雷鳴甲 副榜有傳
		石相煜 北闈中式現任遠安教諭	
三年癸丑	鄧宗衡 登孫如僅榜現任刑部主事		洪生春 恩貢有傳
			陳汝賢 房縣訓導

五年乙卯			蔣慶祚 恩貢
			程應玉
七年丁巳			喻同模 元洽子署枝江訓導
八年戊午並補行乙卯		梅顯相 元徐宗一現任南漳訓導	
		吳　鐸 現任大冶教諭	
		桂月恆 選授武昌訓導	
		黃　鳳 現任咸寧訓導	
		程應玉	
九年己未	宛立俊 登孫家鼐榜刑部主事有傳	吳　錚 元劉燡	汪　炳 副榜有傳
		張昆璋 陝甘中式父翎嘉慶戊	黃森桂

黃梅縣志　卷二十一　選舉表　三七

	喻樹琪郎用知縣有傳	寅年寄籍陝西石泉縣後	
		入學	
十年庚申	陳得遇		翟光斗
十一年辛酉			項榮琳拔貢現任宜都教諭
			劉開第有傳
同治元年壬戌	梅雨田登徐郙榜現任江西瑞金知縣		蔣祖澍恩貢鏞之孫
	張艮璋授編脩		
是年舉行鄉試		尤珪元王貴颺	
恩科並補辛酉		鄧文煥明之孫現任襄陽教諭	
正科		張澈	
		石蓮生	
		張艮珏艮璋弟陝甘中式	
二年癸亥			柯在桂
三年甲子		李炳贇元余雅祥煦肇鑑孫	陳鼎恩貢
		喻璪烈元洽孫	
四年乙丑			吳廉譜
六年丁卯		洪聯芳元亢長青	何錫予副榜
		洪鏊	蔣祖楨
		李春藻	

黃梅縣志　卷二十一　選舉表　三八

八年己巳			蔣瀚
九年庚午		蔣鴻勳元夏燧鏞之孫	
十年辛未			柯龍光郡庠
			石磊
十二年癸酉		王建桓江西中式	梅寶拔貢爾則子
			桂鳳喈恩貢
			王蓮炬
十三年甲戌	洪鏊登陸潤庠榜現署江西峽江知縣		
光緒元年乙亥			王雲燦恩貢
恩科			陳燧
二年丙子			李錫鳳

據通志補遺

		舉人	鄉貢
嘉靖己酉		吳應科	
萬歷戊子		張存意通志表黃梅人傳華容人	
		龔銘	
康熙			孫問禮通志黃梅人府志黃岡人

恩賜

鄧　來 乾隆乙卯 有傳 賜舉人嘉慶丙辰會試 賜翰林檢討
李俊偉 乾隆乙卯 賜舉人嘉慶丙辰會試 賜翰林檢討
黎鳴琴 嘉慶戊午 賜副榜
李懷若 嘉慶戊午舉人己未會試 賜翰林檢討
柱日新 嘉慶戊午 賜舉人己未會試 賜翰林檢討
周闔疆 嘉慶庚申 賜副榜
王金聲 嘉慶辛酉 賜舉人壬戌會試 賜翰林檢討
洪韶寬 嘉慶辛酉 賜舉人壬戌會試 賜翰林檢討
胡心泰 嘉慶辛酉 賜舉人壬戌會試 賜翰林檢討

費　冕 嘉慶甲子 賜副榜 李繼白 嘉慶甲子 賜副榜
王文鑾 嘉慶丁卯 賜副榜 洪國儲 嘉慶丁卯 賜副榜
黃光蟾 嘉慶丁卯 賜副榜 梅　甘 嘉慶丁卯 賜副榜
周邦豪 嘉慶丁卯 賜舉人己巳會試 賜翰林檢討
王學元 嘉慶戊辰 賜舉人己巳會試 賜翰林檢討
石從典 嘉慶戊辰 賜舉人辛未會試 賜翰林檢討
潘太貞 嘉慶戊辰 賜舉人辛未會試 賜翰林檢討
何應元 嘉慶庚午 賜舉人 蔣志圻 嘉慶庚午 賜副榜
吳文网 嘉慶癸酉 賜副榜 蔡澤濟 嘉慶癸酉 賜副榜
程元祥 嘉慶癸酉 賜舉人 歐陽書 嘉慶癸酉 賜副榜

王國材 嘉慶己卯 賜副榜 吳　爔 道光戊子 有傳 賜副榜
李鳴雍 道光戊子 賜副榜 陳有孚 道光癸卯 賜副榜
洪光大 道光丙午 有傳 賜副榜 程鳴鳳 道光丙午 賜副榜
吳爾強 道光丙午 賜舉人丁未會試 賜翰林檢討
宛映梅 道光己酉 賜副榜 石開秀 道光己酉 賜副榜
洪遇春 道光己酉 賜副榜 洪　鐘 道光己酉 賜副榜
熊時榮 道光己酉 賜舉人庚戌會試 賜翰林檢討
傅　鳳 咸豐辛亥 有傳 賜舉人壬子會試 賜國子監學正
湯鎮東 咸豐辛亥 賜副榜 陳如森 咸豐戊午 賜副榜
胡永清 咸豐己未 賜副榜 潘誠一 同治壬戌 有傳 賜副榜

吳其香 同治壬戌 賜舉人
石之松 同治壬戌 賜舉人癸亥會試 賜翰林檢討
汪開源 同治丁卯 賜副榜 程軒躍 同治丁卯 有傳 賜副榜
陳汝昌 同治丁卯 賜副榜 熊遇知 同治丁卯 賜副榜
聶榮椿 同治丁卯 賜舉人戊辰會試 賜翰林檢討
熊元炑 同治丁卯 賜舉人戊辰會試 賜翰林檢討
陳煥林 同治癸酉 賜副榜 王　鈺 同治癸酉 賜副榜
洪大誥 同治癸酉 賜舉人甲戌會試 賜翰林檢討
梅森春 同治癸酉 賜舉人甲戌會試 賜翰林檢討
胡肇澤 光緒乙亥 賜副榜 梅際泰 光緒乙亥 賜副榜

選舉志

武進士 舊志未載科分仍之

明 周乃武 有傳

國朝 張 銘 官洗馬林守備 錢宏勲 有傳 吳錫龍 光緒丙子科

武舉 舊志舒學禮以上未載科分仍之

明 周乃武 蔡 玫 張其謨

李先實 有傳 曹 飛 有傳 戚 佐

國朝 程 曉 有傳 方 昺 王 道

程 信 余 欽 陳師貞

戴時旭 張大經 張 銘

石 鼎 劉之炎 有傳 錢宏勲

張學載 石 奇 有傳 黄之綱

余學益 有傳 錢 傑 舒學禮

黄占魁 嘉慶癸酉科 程萬里 道光甲辰科 柳森春 道光甲辰科

吳錫龍 光緒乙亥科

按舊志武職武科列薦辟之下似屬不倫且職與科混雜一類亦太無分别今將武科仍分進士武舉列文科後不用表薦辟武職各歸其類庶爲允愜

薦辟

唐 李 玭 有傳

宋 戚 容 以博學薦授祭酒

元 陳復一 以德行薦授大理寺評事 陶 復 以學充才贍薦授蘄州别駕

明 洪友璋 有傳 劉嗣儼 以孝廉薦授蜀府典儀正 楊以道 以孝廉薦授兵科給事中

徐士廉 以經明行修薦授教諭 沙 興 以孝行薦授知事 洪彌高 以儒士薦授訓導

洪升遠 以孝行薦授蘄州同知 魏 鐶 以孝弟力田薦未授官 陶 瓊 以人才薦授庫大使

周 俊 以人才薦未授官 吳宗吉 以志行薦授巫山知縣 瞿 罕 有傳

曹 飛 有傳

國朝 石曾圖 有傳 張澤潤 舉孝廉方正

例選 明以前無考

明 陶文美 金 玦 劉宗海 縣丞

金 珏 張廷鳳 程元慶

劉 翰 程仲春 汪 藎 知州

王希旦 州同 吳 完 經歷 程 東 縣丞

宛 梆 經歷 張 錬 主簿 石 錬 有傳

商 圭 經歷 程 鎧 主簿有傳 桂 耀 主簿

向日葵 主簿 程 正 汪 華

汪 迪 州判 石 溥 州判 錢世青

陳 琅 程 度 主簿 錢世柄

胡惟亨　趙顯宗　石　澍
石　濘　胡惟學　石應啟
石應緒　陳一猷　洪紹貞有傳
熊汝璧　楊　炯　楊　炤
熊汝瑗恩府通判　余　濘有傳　陳如錫主簿
王三省主簿　吳廷弼主簿　楊　策
楊　臯經歷　錢　楩　王　極主簿
石　汲　石　沂　程達讖
邢懋祖　曹文華　洪紹哲
楊　勲有傳　向日紅　曹　鳳荊府奉祀正

潘　浪荊府典寶　熊　儒荊府典儀　王廷春
王夢暘州判　胡爾度　汪道陽
石有定　瞿　阜　錢尚仁
蔣　永中書　柯　甲　柯　登
程　藝　黃仲朗　陳　珙
洪世讓　石　輅同知　熊師周
熊齊聖　陳應才　陳世顧
陳　鑑
張　旭經歷　李　道庫大使　柯世隆經歷
曹　容吏目　王　絧巡檢　趙　位州判

邢　相河泊所　李　鑒驛丞　徐　柏主簿
陳世淸典儀　吳　濱典史　陳廷模典史
李　棟倉官　高　烜倉官　徐　湞巡檢
毛　詩倉官　孫　鉞驛丞　陳世治典史
王　林　吳楚奇名山典史　洪紹元有傳
黃　銳庫大使　岳　鳴典史　趙仲偉
陳廷和倉官　張　奎典史　徐大遂
項應舉巡檢　張鵬翔倉大使　李向華典史

右自陶文美以下舊志標目應例自張旭以下舊志標目雜進其所敘列諸人多有名而無官有虛銜而無缺

分省實任殊屬寥寥舊志云按本人所註詮次似非傳信之體因記載已久仍舊存之而總以例選目之

國朝
梅　春瑞昌知縣有傳　余　有蕭山縣丞未就　汪時敏有傳
汪覲躍潁上知縣　吳　璋頓縣知縣　梅可逵羅平吏目
李大晟武定經歷　梅士傑夏縣知縣　李光佑廬陵縣丞
吳　瑛新喻縣丞未就　梅可逵桐鄉縣丞　梅曰瑚江西南豐縣丞
石　欽廣東儋州吏目　石文幹江蘇青浦濠山巡檢　陳之坊直隸平山典史
陳宗焜廣東羅定州吏目　吳紹稷分發江西吏目　李俊傑博羅縣善政司巡檢
黃學溫分發浙江吏目　梅立焜廩貢國子監肄業期滿候選訓導
以上舊志屬應例
李大昆靈山典史舊志屬雜進

以上舊志

梅用調署江西建昌府通判　宛翼權廣西社水巡檢　傅邦黼廩貢署大冶訓導

胡學逑廩貢署南漳訓導　傅家顯戶部員外郎　帥承治廩貢興國訓導有傳

帥宗棫直隸內邱典史　帥宗楡浙江遂昌知縣有傳　張攀梅廩貢署武昌訓導

石步瀛廩貢監利訓導　帥　惺附貢選廣西柳州知府有傳　石　淼署廣東香來廠大使

帥宗槷江蘇吳江知縣有傳　程　銑署安徽來安知縣有傳　吳　鈞廣東留隍巡檢

陳夢蓮河南永城知縣花翎同知銜　帥　珍署板浦場大使　余宗滾廩貢委署蒲圻訓導

趙　礎附貢署房縣訓導　向國楨署江西新建典史　帥遠炳署江蘇銅山縣丞

王景雲河南考城典史　程凝昇戶部河南司主事　余宗熟署江西宜黃典史

黃緋棟署安徽合肥典史　許　馨江西沙溪巡檢　石廷樾附貢漢川訓導有傳

黃梅縣志　卷二十一　例選　七

余　翰廣東曲江縣丞　宛立儔增生署浙江壽昌知縣有傳　蔡　堃署安徽績溪典史

石以鑑文學署安徽壽州州同　鄧鍾祥增貢光祿寺署正　帥遠煒署江蘇震澤縣丞

鄧元祺光祿寺署正　湛如淵附貢署天門訓導　帥遠融安徽壽州吏目

石廷槐選江西瀘溪縣丞　桂一枝附貢委署公安訓導　商　儀署安徽貴池典史

鄧鍾鑾安徽黃雒巡檢　石　騋附監署咸甯訓導　宛立基委署甘肅張掖典史

帥宗杭署江西層山巡檢　梅家駒署安徽吉陽巡檢　湛元珠署安徽黟縣典史

宛志由增貢選安陸府訓導　陳夢梅署安徽城門巡檢　鄧文垣江西株樹巡檢

陳夢蘭河南魯山典史　龔周幹廩貢署隨州訓導　陳　英署河南夏邑縣丞

龔周楨附貢興國訓導

以下皆未履任者　帥宗槃廩生補用鹽知事　袁　鎔廩貢試用訓導

石　騄文學江蘇補用巡檢　吳恩濃廣東補用巡檢　吳恩沛廣東補用鹽知事

帥　銙江蘇補用知縣　宛志聰文學直隸補用縣丞　余　鳳江西補用巡檢

鄧文濱增貢候選府主簿　帥遠燕兩淮補用鹽知事　陳　範安徽補用巡檢

吳　錦州同銜候選縣丞　喻　權文學候選訓導　帥宗樾文學候選訓導

宛立鯉文學候選知縣　於先甲廩生候選訓導　周　易文學候選訓導

吳　鉞文學候選訓導　王霖雨文學候選訓導　何浚雲文學安徽候補巡檢

張　雲文學藍翎六品銜候選訓導　喻樹仔候選府經　帥遠昶候選通判

石揚清文學候選府經　帥以仁候選巡檢　張　琳候選巡檢

帥遠焴候選縣丞　程　元候選巡檢　帥遠榮候選巡檢

程雲錦候選巡檢　帥遠昉候選縣丞　程元功候選巡檢藍翎六品銜

黃梅縣志　卷二十一　例選　八

胡　灼候選縣丞藍翎五品銜　趙元鑑安徽試用縣丞　帥培埰候選主簿

趙漢星江蘇試用縣丞　程元吉候選縣丞藍翎五品銜　潘華宇候選縣丞

喻樹份候選典史　帥培壎候選巡檢　趙元銓江蘇試用巡檢

石　琢候選巡檢　陳　芳候選州判　張志昌山東候補知縣花翎

畢兆麟安徽補用縣丞提舉銜藍翎升用知縣　梅國泰候選典史藍翎　鄧　琅理問運同銜

單如清候選巡檢　汪竟成候選巡檢　黃玉池候選巡檢

黃樹澤候選巡檢　鄧錫恩候選巡檢　鄧銘恩候選巡檢

鄧光玫候選縣丞　鄧廷翊候選巡檢　龔宏開候選縣丞

帥寶琛候選巡檢　帥遠鴻候選通判　胡應鍾候選巡檢

錢啓溶安徽候補縣丞提舉銜　黎　煥安徽試用巡檢　帥　畬江西補用通判

項熙銘候選主簿　項熙鎮候選縣丞　項紹忠候選巡檢

商臣尹安徽補用巡檢　黃　鸞優廪生儘先前選訓導　鄧秉銓候選巡檢

程凝樓候選巡檢　葉　榮候選縣丞　楊鑑清六品藍翎候補巡檢

湯立賢候選縣丞　曹　鋒儘先選用從九

封贈

明

洪彌遠以子友璋貴贈修職郎　洪宇璇以子晟貴贈知縣

邢　暹以子纓貴封御史　徐　用以子欽貴封行人司

石　堅以子泰貴贈千戶昭勇將軍　石　迪封御史

胡世槐以子鳳貴贈邢部郎中　曹　容以子麟貴封戶部員外郎

汪　智以子盡貴贈知州　瞿廷桂以子晟貴贈戶部主事

洪　模以子恩貴贈戶部員外郎　倪鳳岐以子民望貴贈知縣有傳

段　消以子倘纘貴贈知縣　洪　勳以子紹貞貴贈知縣

石丞芳以子崑玉貴封戶部主事　汪　勳以子可受貴封參政

胡聞詩以子寄垣貴贈文林郎　劉維屏以子寰貴贈中憲大夫

周　渭以子彔貴封承德郎　黃　卷以子若雲貴封文林郎

宛一成以子三奇貴贈知縣　梅尚賢以子開璦貴贈修職郎

張惟正以子國光貴贈知縣

國朝

紀尚珩以曾孫正國貴贈光祿大夫　熊華夏以子兆師貴贈知縣

紀天榮以孫正國貴封光祿大夫　紀仲勝以子正國貴封光祿大夫

石應昱以子鎮國貴贈中憲大夫　紀正通以子大昇貴封奉直大夫

黃中理以子利通貴封文林郎　洪夢甲以子世講貴贈文林郎

石日乾以子燦貴封文林郎　錢振楚以子宏勳貴贈明威將軍

夏有常　以子曾浴貴贈修職郎
李方昇　以子光佑貴贈修職郎

以上舊志以下照各姓呈稿先後序次

帥明　以曾孫承瀛貴贈光祿大夫
帥光庭　以孫承濂貴贈文林郎
帥光陽　文學以姪孫承瀚貴贈奉政大夫
帥光庠　增生以姪孫承瀚貴贈奉政大夫
帥光榜　文學以孫承瀛貴贈光祿大夫
帥光正　以姪承洙貴贈文林郎
帥上碧　以姪承洙貴贈文林郎
帥上理　以子承濂貴封文林郎
帥上敬　以姪承瀛貴贈光祿大夫
帥上鈺　文學以姪承瀛貴贈榮祿大夫
帥上文　增生以子承瀛貴封光祿大夫
帥上毓　增生以姪承瀚貴贈通議大夫
帥承泗　文學以子宗棫貴封修職郎
帥承濟　拔貢以弟承瀚貴贈中憲大夫
帥承液　廩生以姪宗栻貴贈奉直大夫
帥宗榘　文學以弟宗榆貴贈修職郎

帥宗栻　郡增生以子逵燁貴贈承德郎
帥逵熹　增生以弟逵燁貴贈承德郎
帥宗棨　文學以弟宗桀貴贈修職郎
帥宗杰　以子逵驫貴贈文林郎
帥逵煌　以弟逵驫貴贈文林郎
喻于智　國學以孫文鏴貴贈中憲大夫
喻之墍　貢生以子文鏴孫溥貴累贈中憲大夫
喻之堅　文學以姪文鑾貴貤贈文林郎
喻士濤　知縣榜名元澤以弟元準貴贈朝議大夫
石峻年　歲貢以孫為藝貴貤贈文林郎
石鑑　以子為藝貴贈文林郎
石志升　以子元吉貴贈修職郎
石夢熊　以子欽貴贈登仕郎
石可成　以子文彩貴贈文林郎
石舉　以子文璉貴贈文林郎
石文桂　以子產瑚貴贈奉直大夫
石卓椿　以子煭貴贈文林郎
石青修　以子遠懷貴贈修職郎
石榮光　以子應逵貴贈修職郎
石景熙　以子駥貴贈修職郎

石寅賓　以子廷樾貴贈修職郎
蔣中璧　舉人以孫志垣貴贈文林郎
蔣天柱　舉人以子方營貴贈修職郎
蔣志坦　舉人以子鏞貴贈奉政大夫
蔣方焯　文學以子志坦孫鏞貴累贈奉政大夫
蔣志培　文學以孫奎樓貴贈奉政大夫
蔣方烇　以子志堉貴贈修職郎
蔣夢樓　舉人以子憲儀貴贈儒林郎
蔣楚蘭　增生以子奎樓貴贈奉政大夫
宛利璧　以子建侯貴贈文林郎
宛近光　以孫建侯貴貤贈文林郎
宛相　附貢以孫名震貴贈文林郎
宛用純　增生以子翼權貴贈登仕郎
宛縉祖　文學以子名震貴贈文林郎
宛炳南　以孫立傳貴貤贈朝議大夫
宛名師　以姪立俊貴贈朝議大夫
宛名揚　從九立俊本生父贈中憲大夫
宛名頤　以子立傳貴贈朝議大夫
宛名周　以姪立俊貴贈朝議大夫

鄧于松　以子錦貴贈修職郎
鄧象賢　以孫宗衡貴貤贈奉直大夫
鄧立賢　以姪孫宗衡貴貤贈奉政大夫
鄧瑩　以子宗衡貴晉贈中憲大夫
鄧奎　以姪宗衡貴貤贈承德郎
鄧宗岱　以子鍾祥貴贈奉直大夫
鄧鍾麟　以弟鍾祥貴貤贈奉直大夫
胡維新　文學以孫可郁貴贈文林郎
胡任學　文學以子可郁貴贈文林郎
胡利勤　增生以子芬貴貤贈修職郎
胡益謙　以孫攀龍貴贈文林郎
胡夢錫　文學以子攀龍貴贈文林郎
胡紹宗　以子斌貴贈修職郎
梅天芳　庠生以子可遴貤封修職郎
梅張衡　邑庠以子顯相貴贈修職郎
梅茂先　以孫雨田貴贈奉政大夫
梅協恭　雨田本生祖貤贈奉政大夫
梅光藻　以子雨田貴贈奉政大夫
商時修　庠生以子濯英貴贈修職郎

商思永國學以子儀貴贈修職郎
錢鮮文學以孫灝貴貤贈文林郎
錢開泰國學以子灝貴贈文林郎
錢丕基國學以子光選貴贈文林郎
李政州同以子贊貴贈儒林郎
李守道以弟贊貴貤贈儒林郎
吳秉純以子文林貴封儒林郎
李佑之增生以子肇鎡貴贈修職郎
吳贊賓國學以子直鈞貴貤贈修職郎
吳元簡以孫鐸貴貤贈奉政大夫
吳周禮以孫士元貴贈武畧騎尉
吳志先以子士元貴贈武畧騎尉
吳疆郡文學以子鐸貴贈奉政大夫
聶俊以子兆芳貴封修職郎
劉元標廩生以子蔚華貴贈修職郎
劉鎮華以子夢元貴贈修職郎
桂焯文學以子常青貴贈修職郎
趙麟文學以孫磊貴贈文林郎
趙煇以子磊貴贈文林郎
趙煌增生磊本生父贈文林郎

余元芳文學以子士秀貴貤贈修職郎
程國瑚監生以孫凝昇貴晉贈朝議大夫
程文炳貢生以子凝昇貴晉贈朝議大夫
程咸倉以子銑貴晉贈朝議大夫
陳士濤以子元吉貴贈修職郎
陳濂以子汝賢貴贈修職郎
陳體齋以曾孫夢蓮貴貤贈通奉大夫
陳竹菴以孫夢蓮貴贈通奉大夫
陳墨林國學以子夢蓮貴贈通奉大夫
陳澤乾國學以子英貴贈奉政大夫
陳書國學以子範貴贈登仕郎
項心安國學以孫榮琳貴贈儒林郎
項順第貢生以子榮琳貴贈儒林郎
龔容卿從九以子宏開孫周楨貴累贈修職郎
龔宏開縣丞以子周楨貴封修職郎
張先達貢生以孫志昌貴贈奉直大夫
張澤潤孝廉方正以子志昌貴贈奉直大夫
李祚恩貢以外孫帥承瀚貴貤贈奉直大夫
潘卓迺庠生以外孫帥宗栻貴贈奉直大夫
張燦字以外孫鄧宗衡貴貤贈中憲大夫

張思誠以甥鄧宗衡貴貤贈中憲大夫
洪爐國學以孫鏊貴貤贈奉政大夫
洪坦文學以子鏊貴贈奉政大夫
梅華敏以子芳貴贈修職郎
畢俊增生以孫兆麟貴貤贈奉直大夫
畢逢春文學以子兆麟貴贈奉直大夫
黃沭本國學以子光泗貴贈修職郎
黃兆慈廩貢以子鳳貴贈修職郎
石其樞廩生以子柏煜貴贈修職郎
鄧朋歲貢以孫文垣貴贈奉直大夫
鄧士藻貢生以子文煥文垣貴累贈文林郎奉直大夫

廕襲

明

汪道春以父可發廕授思恩知府 有傳　石　磐以父有恒廕官至淮海道

國朝

紀大昇以父正國廕授山西蒲州知州陞工部員外郎　廖應拔以父士貞廕授汝川知縣 有傳

帥宗栻以父承瀛廕戶部陝西司主事　帥　晥以父遠燡殉難廕襲騎都尉直隸候補知縣

程開甲以祖銑殉難廕襲雲騎尉　帥元鐸以父疇殉難廕襲雲騎尉

帥遠鼇以父宗楙殉難廕入監讀書　帥培垣以父遠星殉難廕襲雲騎尉

黃承先以父元瑞殉難廕襲雲騎尉　李成業以父梅芬殉難廕襲雲騎尉

盛朝棟以父世瑞殉難廕襲雲騎尉　王宣烝以父贊廷殉難廕襲雲騎尉

王超凡以父成壽殉難廕襲雲騎尉　項書紳以父錦江殉難廕襲雲騎尉

鄧國熙以父文鑑殉難廕襲雲騎尉

武職

唐

唐國徵安南將軍　魏　英封五原郡公 有傳 府志

魏元衡南樂郡公 府志

宋

桂丙四封總幹咍武侯賜葬閤宮山有碑　胡　瑞封成德侯

元

施　綸左衛使

陳國玉大將軍司馬大元帥　陶德甫

燕士貴指揮

明

商定國指揮　於　顯都督贈英山侯 有傳

於　琥顯之子大都督　石　泰昭勇將軍

董　鎧守備

國朝

紀正國鎮國將軍署九門提督世襲阿思哈尼哈番　曾起龍松江千總

董先賢千總　紀大昌長沙守備

曾添達天津都司

以上舊志

黃拔羣安陸千總　程樹基武庠宜城千總

黃連發 署廣濟把總
柳森春 武舉署漢鎮把總
瞿得勝 現任餘千千總
吳士元 現任蒲圻千總
廖德旺 花翎協鎮銜現任上海守備
向茂林 現任貴溪千總
梅金魁 現任貴州上江協右營游擊
黃占魁 武舉候選守備重赴鷹揚宴
宛大勝 提督銜記名簡放總兵鋭勇巴圖魯
羅彬 花翎補用游擊
向洪勝 藍翎補用都司
張潤桂 藍翎補用守備
李泗益 總兵銜補用副將西林巴圖魯
宛乾元 花翎浙江補用游擊
宛立功 補用游擊
洪元旦 花翎補用都司
劉宣元 花翎游擊銜補用都司
羅森 花翎補用都司
王茂元 花翎記名簡放總兵昭勇巴圖魯
陳從善 藍翎補用把總

王月丹 武庠補用把總
邢定泰 補用千總
錢學謙 武庠補用把總
何占魁 武庠補用千總
張錫恩 武庠藍翎補用把總
熊典 補用千總
柳承錫 武庠補用把總
程應堂 藍翎補用守備
周從鵬 分發本省千總

附衛職

李文 鐵嶺衛
商勝祖 廉州衛
周貴 遼東衛
周宗 甘州衛
李榮 金吾衛
張仁七 羽林衛
陳浦隆 鎮勇衛
陳受六 武驤衛
汪受五 義勇衛
蔡春 開原衛
瞿可榮 金吾衛
王勝 南京衛
潘興隆 遵化衛
趙福二 遵化衛
李祖三 武城衛
李勝三 定原衛
宛清 錦衣衛
殷受 武城衛
鄒興 遵化衛
董真 遵化衛
陶勝三 金吾衛
鄒圭 燕山衛
胡受八 錦衣衛
郭郁 遵化衛
張福 紹興衛
周見一 燕山衛
黎福 金吾衛

盛太四 松門衛
楊必英 成都衛
李蒲勝 惠州衛
李文俊 潯州衛
吳宗奇 金吾衛
樊顯一 金吾衛
王安仁 淮慶衛
盧浦勝 濟州衛
石官保 太原衛
湯勝祖 錦衣衛
劉典 金吾衛
錢貴卿 定遼衛
趙蒲勝 薊州衛
陳應辛 濟州衛
劉漢 開平衛
高勝四 鐵嶺衛
張福二 武城衛
徐文庸 盧州衛
王重 遵化衛
戴明 清溪衛
鄭朝衍 常山衛
聶福寅 平溪衛
王省十 平溪衛
廖進三 九江衛
袁受 金吾衛
鄧世昌 淮安衛
方逢貴 金吾衛
劉勝 留守衛
張勝二 遵化衛
鄭保二 定遼衛

方慶二平溪衛　熊　福定遼衛　孫　祖廣甯衛

順治庚子志本附選舉武職後乾隆中年續修誤入賦役且註籍軍字樣致後裔等呈請更正薛姚公批飭仍歸原次志成於乾隆二十二年十月改正於乾隆二十三年七月舊志

黃梅縣志卷二十二

人物志

儒林

通天地人謂之曰儒考訂性理漢宋攸殊後學遞嬗奉爲楷模梅在楚陲山川鍾秀學校如林非等孤陋經師人師噪名文囿大雅宏達代有傳人箕裘受學圭璧束身谷爾多士其步後塵志儒林

明

瞿九思字睿夫十歲從父晟宦吉安事羅洪先十五作定志論後從同郡耿定向游學益進舉萬歷元年鄉試居二年縣令張維翰違制苛派民聚毆之維翰坐九思倡亂巡按御史向程劾維翰激變吏部尚書張瀚言御史議非是九思遂長流塞下子甲年十三爲書數千言歷抵公卿訟父冤甲弟罕屢伏闕上書求宥屠隆作訟瞿生書遍告中外馮夢禎亦白於楚中當事而張居正故才九思乃獲釋歸三十七年以撫按疏薦授翰林待詔力辭不受詔有司歲給米六十石終其身乃撰樂章及萬歷武功錄遣罕詣闕上之九思學極奥博其文章不雅馴然一時嗜古篤志之士亦鮮其匹卒年七十一

周來蘇字子仁世居五祖白蓮峯之東自號蓮峯居士性厭

制舉潛心理窟深得頁知之旨著述甚富明季燬於兵卒後以郡守請立祠於東山歲春秋上戊祭例設豬首一鷄一兎一墓在詹山之東舉邑人石喬年有傳見藝文

瞿罕字曰有九思次子博通五經子史爲父訟寃及請謚凡五伏闕九思卒廬墓三年取先儒朱子所訂孝經古文旁採諸籍爲孝經貫註二十卷存餘三卷考異一卷對問三卷祟禎七年進呈上命刻頒天下學宮十二年授廣東崖州知州罷崖黎月供米平閩人林八亂後緣事罷官卒於嶺外有伏闕稿體孝錄聘君年譜膺薦疏餘力稿自修編自訟編等書行世祀崖名宦

石有恆字季常中丞崑玉長子萬歷丙午舉人已未進士授浙江遂安知縣調長興元旦殉難事詳本傳見藝文恆博通經史爲文簡古肅穆同里瞿太初大推服與李愚公若愚稱楚中二子鄒元標講學京師恆與往來商搉邃密深潛元標善之又嘗詣東林與諸君子講辨程朱問學宗旨諸君子目爲正學故大節奇偉不愧儒宗後　勅建專祠有司春秋祭祀

國朝

石喬年字僊尹礪之子石氏自中丞以次文章氣節重一時所與交多名儒志士喬年目見耳聞濡染成性少治制舉業隨謝去究心古聖賢人之學寂處湖濱抱膝長吟故其經傳議論判別人禽義利之界皆有法度可觀著有畹廬集黃利通爲立傳見藝文

黃利通字曉夫號梧岡晚號懷亭貫澈禮文潛心經術康熙辛酉舉人甲戌進士己卯秋授廣西賀縣知縣會征八排猺人賀附近火燒屏獲猺子房十一等親解軍門并上平猺策切中機宜癸未陞吏部主事服闋補工部營繕司主事踰年告歸高安朱相國作儀禮節畧與利通相商訂利通爲序其作書之旨相國大稱善著有懷亭集石亭後集行世 舊志

黃梅縣志卷二十三

人物志

忠節

龍比皋夔運殊世異揆之臣心原無二致時逢否塞名炳丹青浩然之氣千載如生粵匪捻匪揭竿踵起梅當其衝同袍誼美從容慷慨各矢血誠褒忠有典俎豆升馨志忠節

唐

魏英字時育以義俠聞爲太原兵馬將與高駢友善子元衎尤機警王仙芝據黃梅英發兵七千助招討使曾元裕破之殺五萬餘人追斬之傳首長安黃巢逼蘄春又密遣子通駢及蘄黃招討使劉巨容合兵躡之死者什七巢窘挫轉掠他郡事聞封英五原郡公太子少保元衎左驍衛大將軍南樂郡公

明

張訓官南京鴻臚寺序班告歸養親聞建文遇難拜辭其父士英曰忠孝不能兩全矣乃正衣冠北向投井死後人名其井爲忠井今環井而居者多其子孫

沙瑞字鳳翔以歲貢任甯府紀善宸濠反劫瑞從瑞泣曰如大王謀卽倖成千秋後且稱叛逆矧事未可知何必首亂以憂太后乎濠恚曰若從耶不從且死瑞頓首流血曰大

王急求臣臣固死耳叱之出逾日又脅之不從囚之瑞乃痛哭自經死邑令馬應龍爲題其墓

石金字南仲正德辛未進士拜監察御史按廣西值土官岑猛亂後巡撫姚鏌措置乖方部落復擾以王守仁代之金與同心勦平十八寨還臺值張璁桂萼用事臺中諸御史爭附之金獨立不阿風采凝峻與漢陽戴金有二金錚錚之譽江西副使胡世甯坐發宸濠奸狀逮獄舉朝噤莫敢言金力辨之旋按浙多所建白世廟用方士邵元節禱祈前星金抗疏言當節勞葆和以兆麟趾不宜要諸鬼神因與麻城御史鄧希禮上言時政上不悅命幷察奏尚書夏言等疏救之上益怒俱謫戍金籍宣城久之赦還卒贈光祿少卿

胡鳳字文明嘉靖丙戌進士初令常熟勦禦海寇侯金民得安堵遷廣州守以廉惠稱晉四川威茂兵備副使適白草番煽亂攻關堡當事洶洶鳳調發悉中機宜手縛元俘李保等以獻轉參政告歸卒葬東關外永福寺後

陳瑜字藍生天啟辛酉舉人性篤孝父殁刻像以祀由閩中教諭歷四川萬縣至分守道寇犯蜀閱八月外援不至北面稽首曰臣力竭矣遂殉難葬道署蜀人立祠祀之

周乃武庠生棘闈不利赴武科聯捷授甯波游擊禦倭屢建

奇功後爲倭襲勒降不屈罵賊死

洪世振邑諸生夢祖次子年十三宗伯董其昌督學湖廣愛其才明季城陷死之

陳欽命字祗若萬歷戊午舉人初授直隸玉田教諭明季多難莊烈帝詔天下以勤王備兵策欽命對稱旨擢兵馬司副指揮賊犯闕死之

李先賓官守備作行軍先鋒遇敵奮勇陷賊不屈死

余鈁廩生荆府鳴贊流寇八大王奇其貌脅降不屈賊中一人出對云琴瑟琵琶八王爺極是和氣鈁云狐狸猖狽衆狗才全無人心賊怒殺之

洪宇璜文學遇寇被執罵不絕聲剖心而死

石礪字用之廩生有信予少負奇姿有勇畧崇禎八年賊入黃州破羅田梅城岌岌令張聯芳問計礪曰礪世受國恩祖父以老在告執干戈與捍禦職也第倉卒立事凡濬築儲備編派守禦巡哨及一切灰砲矢石油薪井竈之屬計晝匪易於是破家貲爲邑人倡捐者踵起礪一一經紀悉備擇數人主度支事辦咸立奉祖㫖玉書乞師江西開府廷疏哀懇得標卒三百人兼程抵邑甫入城賊騎突至礪即率衆登陴堅守矢上射如蝟集礪令薦絮被爲油幕懸架堞口外又見賊衆負版排列進攻發火毬焚其版隨砲擊之賊無奈何明日賊多架雲梯逼而上礪令士卒盡力發砲石弩箭用巨鉤挽其梯曳之斃賊無算屍橫城下賊遂聚木料芻藁積尸其中燎之穢烟四塞守者不能立礪令衆口含醋得不亂相持旬日礪晝夜巡城上給錢米相勞苦婦高氏又具橐饘佽助衆益思奮賊知城中有備徐撤去城得全十年冬賊忽飛馳達黃梅城內無知者一難民逸出號城下內驚起礪急登高望則蠢擁將至急令鎔鐵須其奪門用鐵汁沃之賊死門爲錮架巨砲貫入賊營炙熱灰糞盛礶撲之賊不能堪乘其亂縱矢石奮擊賊稍卻明日賊隊忽繞而南大噪曰城破矣礪曰此其意不在

南急趨西北嚴備果悉衆架長梯攀城上礪令擲飛鎗舉前擣鉤法破之又明日賊營北關盛張宴樂礪亦令椎牛饗士鼓吹大作賊魁突陣出中巨砲殪焉復造戰樓施皮帳高出瞰城中礪令截竹爲梨花可數百以鐵函置長竿先鈎掀其帳舉梨花刺樓中縱火勃烈戰樓崩死者枕藉又明日賊掠僧道爲厲賊魂聞兵警殺僧道遁去城復全邑人羣詣礪拜礪答伏地不能起面無人色語咽不成聲未幾以勞卒年四十有四自礪卒後城屢破慘殺焚掠而梅無完壤矣邑士人以其功著城社請列祀典明亡未果所著有怡雲閣夢餘隨筆等書皆焚燬

洪光裕字惟顯庠生同石礪捍城礪死力不支城陷被執罵
賊不屈與子圖同死

國朝

廖士貞字思吉號介石以九江衛籍中江西順治甲午鄉試除四川營山令甫匝月滇孽譚宏彭時亨等復叛攻城援絕士貞被執大罵不屈縛至山寨三閱月百端誘脅不從復押走大竹縣迫降之罵益厲遂遇害贈四川按察司僉事予祭葬廕子應拔入監授汶川知縣祀四川名宦京都昭忠本邑忠義各祠　以上舊志

熊繡字志禾號青齋嘉慶甲子舉人性戇聲如洪鐘爲文亦

蒼莽馳驟與人交直言無諱勢要當前尤抗傲不爲屈初授漢陽教諭被議歸旋開復署通山教諭咸豐初又署通城教諭時粵逆紛竄通城城被陷繡請兵恢復即委攝邑篆緝土匪撫難民政聲大著五年團勇於縣境黃泥坳地方賊大隊忽至攻敗我軍遂遇害時十月初五日也事聞贈都察院經歷加封奉直大夫世襲雲騎尉

帥遠㷁字逸齋一字仲謙道光丁酉拔貢以恩廕舉人中丁未進士選庶常授編修其家世出處生平詳李元度傳及王柏心詩序俱見藝文咸豐六年援例以道員候選謁曾侍郎國藩於江西督歸大吏奏留委用時粵逆擾撫建官軍屢敗㷁憤甚募卒千人自領一軍抵東鄉堵勦賊大至衆寡不敵營被陷手刃數賊力竭而死時兄子疇庠生萬泰同遇害事聞卹賜祭葬予騎都尉世職贈光祿卿謚文毅並　勅東鄉本邑建專祠奉祀

程銑字鵬萬一字醒愚倜儻有幹濟由監生援例除授安徽池河巡檢在任數載歷著政聲及粵逆東下以守禦功保陞知縣咸豐九年代理來安縣事十年四月賊首龔領賊萬餘攻陷來城銑督勇巷戰殺賊多名力竭遇害子元勳隨從堵勦亦同死事聞照知縣卹典加直隸州銜世襲雲騎尉

附載

帥遠星八品銜罵賊不屈死事　聞給予卹典世襲雲騎尉

王以穀文學從協鎮劉富成陣亡

殷兆蘭文學賊脅不從夫婦赴水死賊執其姪某支解之

傅海樓六品軍功隨城守汪勦賊陣亡

程元勛外委五品銜在省城陣亡

杜朝幹國學禦賊被戕　吳鼎元國學禦賊被戕

吳堃從九禦賊被戕　周國均武庠陣亡

朱宗廷不知何鄉人咸豐四年春賊初陷梅擄入城脅以刃不屈且罵賊奇其貌甘言誘之罵益厲扛至城西石梁上

云跪乃免宗廷曰頭可斷膝不可屈賊殺之仍昂然立投
水中亦然士人收而葬之
董明壽新開人咸豐四年冬塔忠武踩營江北匹馬微行天
巳晚賊奄至壽同張心純潛護送至陸家嘴渡江賊覺怒
遂磔壽純亦因逼自溺
以上咸豐四年
李南薰文學罵賊不屈死事 聞淮入孝弟祠並聽自行建
坊以示表異子炳奎廪生
吳正文學遇賊奪刀斃之他賊怒苦以極刑正罵不絕口死
程鳴鳳 恩賜副榜罵賊不屈死

周作楫國學與賊鬬被戕 陳步青文學遇賊被戕
劉李文學罵賊死 汪之疆文學罵賊死
柳光祚文學陣亡 王開昌武庠陣亡
李振春武庠陣亡 陳錫勛武庠陣亡
王拔進國學陣亡 方開榜把總陣亡
練首監生王義順王明鑑文童王森春王錫純李如蘭何宗
彥何錫珪何新梧王利賓何守貞陳漢賢等係咸豐七年
四月十六日督勇於古角鎮禦賊力竭同時陣亡事 聞
各予獎卹有差
帥疇選用布政司理問隨叔謚文毅遠燡在江西東鄉縣陣
亡事 聞贈知州銜世襲雲騎尉附祀文毅祠
吳敔禮年十七因父被執救之不獲赴水死
胡國堂被擄與賊格殺折齒斷舌而死
洪金聲負母遇賊不屈死 帥宗梯護母被戕
以上咸豐七年
石之貞文學被賊擄不從拉之走大罵賊怒刃之
蔡先梅文學罵賊死 桂象巖文學被擄不屈死
吳生廪生被賊逼自盡 盧顯謨國學被執不屈死
洪熺增生被執不屈死 鄧榮昌國學被執不屈死
陳源正庠生被執不屈死 石芬從九遇賊不屈死
洪昌熙從九被執不屈死 許邦謨國學罵賊被戕

以上咸豐十一年
帥宗楙廪貢捐北河通判運同銜在籍殉難事 聞贈道銜
廕一子入監 趙元勳監生偕宗楙遇害
李輝鐙江蘇補用縣在浙江嘉善陣亡 王國棟把總在陝西大荔陣亡
以上同治二年
鄧文鑑字達甫文學在籍團練督勇奪賊矛擒賊目獲賊印
救出難民無數倡資出碁借修萬家堡同治三年秋賊擾
蘄黃界與堡逼近時值戒嚴鑑督勇防險堵禦受害最慘
事聞 勑於本堡內立祠建坊世襲雲騎尉以彰忠義

錢啟湘保舉知縣在甘肅甯夏穆將軍營殉難
錢啟澍六品銜在甘肅甯夏程軍門營殉難
余瀾海軍功在通城遇害　劉印佩六品銜在豫省陣亡
帥連勝五品銜在皖省陣亡
以上同治五年
黃廷槐文學遇賊被戕　李梅芬文學殉難　賜卹
陳烋文學駡賊被戕　黃元瑞文學殉難　賜卹
王贊廷文學殉難　賜卹　張濂儒國學殉難　賜卹
瞿澤宏武庠陣亡　王志堂職員遇賊被戕
鐵世瑞府經禦賊陣亡　王成壽從九殉難　賜卹

帥宗彝從九遇賊被戕　項錦江藍翎殉難　賜卹
以上同治六年
何炳珠古角　何琥珀　何乙巳　何乙元　何學丹
何桂馥　何旺喜　何一發　何以成　汪炳照
汪雨梅文童　汪春雅　汪解貴　何美閣　何建元
何用均　何得貴　何式典　何大庸　何榮盛
何敬業　何經禮　何約禮　何攸作　何廉敬
何廉善　何成有　何權量　何聯元　何艮謀
何旺發　何永盛　何士敏　何七襄　何仁阜
何元善　何有元　何曰選　何四九　何長安

何和尚　何元魁　何四有　何宏源　何細啞
何攸久　向百有　張立本　何學虞　何學堂
何書紳　何志順　何普厚　何喬元　何樹梅
王選青　王格非　王三太　王學光　王宏緒
王奉元　王炳煥　王典蘭　王時敏　王鳳鳴
王奉賢　王長春　王以正　王逢吉　王績熙
王大老　王一老　王學圃　王千老　王細驢
王義和　王澤海　王天順　王義發　王官送
王心一　王自勝　王泰老　王黑子　王德順
王八貴　汪名貴　汪日恆　汪連枝　汪夢熊

向是和　向從德　向從義　向時茂　向觀佑
王煥雅　王蘭香　王學德　王揚貴　汪兆林
汪應扶　汪仁祿　田開榜　田開義　田細旺
田觀福　王士魁　蔣茂秀　蔣學富　蔣四元
何以德　何濟時　吳祥林　吳珍品　吳天一
吳金選　吳爾長　吳元寶　吳田寄　吳花子
徐超羣　徐丙申　徐敎老　徐二貴　李一成
李作朋　李大毛　李高松　李瑞其　李春發
王登禮　王世成　吳遇思　吳福順　吳金陵
吳兆蘭　吳兆祥　吳一賢　吳升聞　帥培悳

王金樹 王佑武 王黑老 王狗老 王繼照
王七老 王艮哉 王榮華 王才德 王應元
王以勳 王成性 王盛德 王濟川 王容順
王天貴 王齊喜 王文山 王海晏 王扶先
王送元 王夢熊 王學元 王學貴 王起富
王茂松 王茂柏 王四保 王行健 王寶珠
王連發 吳道五 吳商寄 吳正茂 李榮方
李保元 王漢川 王毛好 王六壽 王禮厚
孫楚盛 孫楚旺 汪光得 汪從貴 汪有恆
汪燦林 汪劉寄 汪宗太 汪四老 汪六老

何承先 何守先 何義松 何義交 何義賢
何八老 何志純 何四老 王遇武 王祖老
王太福 陳學田 陳發元 陳丙戌 陳才茂
陳貴老 陳二老 王功勝 王曰席 王如柳
王如松 王雙喜 王考槃 王鳳祥 王中正
王茂延 王順貴 王早貴 王福喜 王映齊
王會勝 王文執 王桂馥 王文先 王登老
王奉丹 王用元 王復元 王華選 王華山
王華德 王炳章 王炳文 王三老 王一保
王旺名 王旺喜 王懷音 王海濱 王元茂

王學貴 王官寄 王連芳 王春茂 王末老
王禮健 王柯老 王一老 王茂盛 王大盛
王義志 王義倫 王金華 王松台 王水老
王法老 王成泰 王成貴 王耕野 王楚才
王錦堂 王迎祥 王李寄 王年老 王陳寄
王天啟 王啟堂 王慶元 王三品 王仁壽
王金福 王汝加 王安發 王松舟 王以貞
王得貴 王愛老 王陽春 王如柏 王金寄
王安民 王克讓 王金山 王朝富 王丑老
王長貴 王合明 王名成 王象坤 王如意

王五貴 王德貴 王才元 王官元 王花子
王立家 王心茂 王德盛 王旺貴 王旺元
王佑保 王行火 王喜元 王秀章 王學攸
王德義 王三保 王梅寄 王一昂 張青選
張接豐 張奉梅 汪登貴 王有典 汪名貴
汪重陽 汪末老 汪正家 汪紹逵 汪毛姣
汪成金 陳盈初 陳金福 陳新哲 陳火老
陳斯來 陳益謙 陳再華 陳新晉 陳炎貴
陳天一 陳際會 陳復初 陳復泰 陳孔會
陳金志 陳安民 陳紹春 陳克紹 陳春初

陳遂謙　陳聯芳　柯末老　吳永福　吳一
吳細毛　吳英桂　吳迎福　吳細虎　吳楚
吳銀珥　吳科甲　周義元　陳安育　陳旺和
陳記老　陳新老　陳茂元　胡隆盛　李融和
李乙酉　李虎老　李官寄　何辛老　王隆興
何官寄　王泰山　王誦禮　王三江　王友義
王樹蘭　王心順　王香保　潘火老　向登厚
同鳳美　洪迎照　洪九成　宛齊發　宛田貴
宛士貴　鄭丁亥　石龍老　魯又老　何龍旂
何秉剛　何閏九　何德義　何寅廷　何寅家
何孔春　何六一　何維垣　何乙亥　李秀江
李錦蘭　李楚得　李思義　李國順　劉體乾
李坤山　李常貴　李常富　王騰桂　王爲寶
王知義　王皆老　張華山　張莊敬　王元善
王象奎　何六老　何鴻儀　朱三貴　詹啟富
李末老　田天長　王五賜
以上咸豐七年四月十六日在古角鎮南山冲日雙塘坳打仗陣亡
熊含章咸豐四年陣亡　王義元　吳昇明　潘荒老　何茂森
王德啟　劉士魁　李神保　宛其哲　李掖成
李一元　熊泰春　李楚望以上俱咸豐七年殉難

倬前李華秀　李金保　陳家盛　李樹寄　劉孔皆
劉宛在　何春諒　王正華　周三福　李有元
周金相　周長發　程富老　周潘寄　何學周
祝懷四　祝金財　何騰龍　劉文貴　劉得貴
吳二老　向仁林　劉乙有　劉啟發　蔡老火
何細妍　周陶寄　周金王　唐能元　江五元
金知名　劉鹹選　劉狗老　劉旺喜　陳長貴
劉全老　劉觀壽　周毛妍　周末老　唐宏元
唐世輔　李兆才　王月老　潘錦春　何正順
周世保　周學元　周二妍　何儒林　李兆太
駱楚三　王長青　何啟貴　李開國　李作乂
劉末老　劉集臻　程財源　劉林梅　劉一有
劉天李　向遇時　吳細和　朱毛妍　周甲老
周鴻升　周百寄　周松啓　周狗老　周元發
唐天佑　錢國用　程百寄　程啟壽　王廷英
程仁老　周松栢　田得周　商亮周　徐天長
何瑞林　王四元　唐學文探信被捉　程時發　何習義
鄧八五　周盤元　李叶玉　鄧華彩　劉長珠
劉官賜　姜鳳占　李林福　周依點　鄧秀華
劉道高　何玉恆　何朝珍　劉逢春　鄧魁楚

劉體遠 劉履泰 劉春富 向賓寅 周金有

蔡見發 宋加全 周瑞堂 周明聰 周為林

駱秀田 鄧行攸 鄧作聖 霍得山 徐得盛

王丁貴 李聲遠 胡先發 劉榮貴 劉丁酉

以上咸豐七年四月十六日在古角鎮剿賊陣亡

李服先 陳國選 鄧聚奎 劉多識以上咸豐七年陣亡

鄧國珍 鄧玉亭 鄧經野 鄧秀枝 周宏志

金一峰以上咸豐十一年賊脅降不屈死

項橋周必勝 項燦玉 項煥玉 項從典 桂培發

桂培榮 桂甲老 桂兆蘭 桂九明 桂方春

桂長福 桂開才 桂金老 桂禮和 桂引和

潘海老以上咸豐七年四月十六日在古角停前之南鄉堵剿陣亡 桂來賓 黃五壽

項豫順以上咸豐七年殉難 李宏柱 蔡錦堂 黃在廷

聶懷德 樂長春 樂金喜 徐金富 林求老

柳瓜綿 聶太極以上咸豐七年六月二十四日王鎮軍兵潰二十五日賊勒降不屈死

小溪柳能載 柳普照 柳能志 柳五喜 柳丙火

柳日升 柳攸德 柳辛巳 柳普元 柳三九

柳文謨 柳求老 柳昌茂 柳地久 柳莫選

柳細老 柳文愷 柳太英 柳正元 柳六老

柳蘭溪 施二法 程際盛 程士泰 程楚玉

程細姸 余錦榮 余四福 余壽老 余從老

余玉老 胡恆太 呂章三 陳天貴 陳鳳翥

陳保福 陳登禮 黃加謨 張仁發 王太老

王黑老以上咸豐七年四月十六日在古角停前之南鄉堵剿陣亡 蔡春富 柳榮順

王官保 柳眞貴 鄢九老 鄧大元 胡鳴盛

胡支家 柳子豐時年八十 柳瓊林 柳鳳堂 柳光華

柳新喜 柳宗先 李大稼 李得才 謝天長

柳二老 王新喜以上咸豐七年被擄不屈死

多雲程清賢 程德茂 程蘭芝 程斂學 程昌顯

程榮富 程香賓 程仲謙 程香元 程時和

程士祥 程日知 程國順 程福壽 程秀堂

程太平 程富才 程家壽 董華鳳 董利普

洪一枝 洪秉正 洪金元 洪金山 洪登吉

胡發元 胡家盛 劉效忍 劉斐則 劉先明

張兆鳳 張恆壯 鄭魁文 於清和 於有華

於懷志 於海曙 陶日華 陶玲瓏 桂鳳義

熊長發 陳日虞 陳五貴 陳廷懷 陳振家

潘茂元 周立功 劉八十 呂春年 呂保聯

黃年貴 鄢秉成以上咸豐七年四月十六日在停前鎮堵剿陣亡

程炳元 程秀柏 王大茂 王柏遂以上咸豐七年殉難 楊步高

王天材　王作舟　胡家茂　董昌運　王登泰
陶宏吉
東山張汝猷　張新貴　張丙子　張公煥　張新度
陳功秀　陳貴老　向黑老　向斐元　魯和老
劉應茂　何志儉　郝松茂　程七老　劉直階
劉神賜　劉祖賜　劉如意　歐甲老　潘宗魯
黃體乾　黃仁德　何宏才　魯芝蘭　魯會議
程貢禹　劉以凝　劉文德　孫東勝　魯春桂
以上咸豐七年在停前鎮堵剿陣亡　僧真修　僧真常　何天福
程發祥以上咸豐七年

茶兒桂懷義　馮登瀛　程喬保　程蘭發　程瓊琚
高仲烈　商三和　商生和　商光大　商先知
商福貴　劉官賜　楊創業　李瑞柏　朱明治
黃福元　周先貴　徐官保以上咸豐七年四月十六日在停前鎮堵剿陣亡
程文彬　盧石寄　潘茂蘭　商加壽　商金烈
商百金　商春華　項一貴八品　呂春年　陳宏謨
饒大賓　盛文林　張振家　祝起盛　商金瑞
以上咸豐七年　程國學　程喬保
卓壁袁恆新　袁學貴　僧湧進　袁章斐　袁用中
蔣宗保　陶許貴　潘明達　潘得勝　李福海

李普老　李叔季　蔡長發　蔡六老　潘一發
魏從喜　項玉燦　趙和尚　蔣光生　潘五貴
潘長發　向爲寶　聞神保　聞能義文童　張成玉
趙金榮　張閔之文童　潘日襄　潘學登　潘福全
潘得老　唐家保　金永萬　金開文　金寶和
劉官奇　劉天喜　劉普老　劉登祿　聶爲林
聞太和　方官奇　趙水保　趙爲烈　龔金起
袁翊翥　潘仲江　何盈家　何龍奇　楊有信
詹依梅　蔡學敏以上咸豐七年四月十六日在停前鎮堵剿陣亡　蔡財源
孫括和　潘華甲　潘奉明　鄒太交　王德明

周常貴　蔣尚禮　張攀任　夏地保　王鵬翥
金仁和　金蓮老　馬春林　張效劉以上咸豐七年
山南劉履泰　劉正高　劉學德　劉三元　劉映起
潘育之　石福田　石鴻鵠　石公會　石益之
石蘭猷　石接三　石必發　石錫五　石士豪
陳五賜　陶錦堂　錢時龍　石富有　石次儀
以上咸豐七年六月二十四日王鎮軍兵潰二十五日勒降不屈死　岳朝矩　劉鳴和
張湖章本之　俱咸豐七年被賊執不屈死　章財旺　章細妍　章禮和　章興起
章福賜　周楚有　周當會　周祖老　周楚富

潘錦燦 潘念純 潘廷碩 潘定甲 劉心田
殷遇時 殷細好 歐正興 周則仕 周才富
吳在田 趙學貴 許至業 熊欽鑒以上咸豐七年被擄不屈死
潘來儀七品軍功 樂啟元俱咸豐十一年擊賊被戕 劉映池
吳有富俱同治六年擊賊被戕
上沿黎體任 黎際芬 黎連元 黎麟趾 黎慶龍
黎癸未 黎和尚 黎官寄 黎之泰 黎烈老
郭功茂 陳鳳甲 宛連善 宛國棟 周二虎
趙金璧 劉世勳以上咸豐七年
劉塘於春先 於金烈 吳海揚 李承視 李鳳太

李盛豐 李國興咸豐四年殉難 王春和 黃玉珙 吳五九
李從先 王協和 李啟後 李文樸 李鳳貴
以上咸豐七年殉難 李應文咸豐十一年 李振先
同治二年殉難 於煥然 張履亨俱同治六年擊賊被戕
黃花楊士俊 楊咸萬 楊和尚 楊七壽 周汝賢
周勳臣 黎履平 黎才虎 黎鍾靈 黎端午
黎長青 陳張寄 楊細好 黎周冕 黎丙元
陳柯老 陳義和 陳登厚 陳清明 陳細好
高峻欽 高二虎 周廣元 周雙喜 周心貴
周官賜 陳谷揚 楊徐貴 汪末老 柯三泰

柯大酒 柯德裕 柯加保 柯兩喜 柯海柱
柯秉寬 夏年茂 於龍喜 於二龍 於迎春
於和尚 卬金福 卬火老 卬百元 陳滌泉
王接宗 姚辛巳 姚長青 姚官保 姚金和
姚石寄 顏在前 顏華彩 顏三和 顏復春
顏巳丑 黎官賜 黎三元 黎三連 黎連喜
黎四元 黎宛寄 黎九德 張玉槐 柯六老
柯楊老 柯保治 柯連貴 柯二喜 柯保禮
柯世壽 唐國棟以上咸豐七年
黃連蔣立誠 蔣樹燦 蔣春耕 石旦初 孫正茂

陳浣塵 陳煦輝 王有典 許廣義俱同治六年擊賊被戕
白湖蔣昌秀 蔣懷義 蔣仁壽俱咸豐七年擊賊被戕
獨山殷騰鳳 殷五一 殷本全 黎孔皆 黎能先
黎以調 黎金喜 趙金禮 李輝燦 李燦梅
何富翁 何王老 李二慶 汪春南 何金元
何毛老 何訓初 鄧守信 袁可珍 鄧同祖
孚癸巳 李二老 張承祖 張長春 石普老
桂有典 石生和 石迎和 詹三元 何福保
詹仁喜 戢飛龍 張甲申 張雷老 張保香
張六元 桂三和 桂悠遠 帥上老 詹和寄

詹得喜　王迎賓　潘品端　何松本以上咸豐四年殉難
詹文訓文童　黎海老　宋裕交　宋先貴　宋才老
張善老　尤王寄
路途余三益禦賊被戕余照恆　趙順德　喻敏仁　張全仁
袁有義　張天明　張昌後俱咸豐七年罵賊死　趙友直
李玉樹　戢德光　張國祥　喻　鵬俱咸豐十一年罵賊死
王逢元　王松柏　張文貴　趙浣初子姪　趙隆貴
年十四賊逼大罵溺死王尊五　樊炳文罵賊慘死余連才　胡式清
胡經有蔡山胡大壽俱同治六年殉難
張林陳錫齡　鄧樹勳文童　鄧銘勳文童　周秀蘭　周元吉

陳際虞　張興朝　張四一　張百萬　張加會
石官保　周永茂　周得蛟　潘宗勝　方正和
方中老　何開甲　陳遠福　陳有德　金煥章
劉祥和　劉榮昌　劉加和　舒步交　舒宗廷
王得才　張士和以上咸豐七年四月十六日在古角停前之南鄉堵剿陣亡　張輝燦
周經綸　張壽春　陳士尊賊逼陸岩張大起　汪華貴
潘錫瀚　方鴻軒　劉登賓　程樹模俱咸豐七年殉難
陳寶義軍功在江南攻卡亡　鄧聰睿　鄧恩澤　鄧禮和
張能愷　張時習　張山鳴　張金印　張敦復
周鼎先　鄧嘉賓年十五救父被戕以上咸豐十一年殉難　陳守謨

咸豐十一年雨花臺陣亡程作先　程慶餘俱同治二年殉難　王文炳
壠坪江田老　盧顯功　盧以竹　盧學起　盧振廷
余懷清　向勤家　江得元　江福申　僧福壽
盧咸林　蔡華林　洪膏林被執不屈途中溺死　陳得貴
洪　舒俱咸豐七年殉難　洪井然　陳茂松　商天順
商猷佑　王天賜俱咸豐十一年殉難
縣市余汝漢　王坤發　蔡蘭勳　陳功和　周玉階
帥達焱　吳天時　陳紹有　石表濂　洪元珍
李釆芹　石林元　安朝俸　胡正興　湯道人
宛三元　楊大春　吳茂桂俱咸豐四年殉難　陳可大

許載福　歐連喜　程大興　畢燦湖　鄧宏江
喻樹俊　蔡官寄　趙渾初　李時發　李太來
陳天元　聶觀寄　王以德　魏邦興　邢學春
朱香保　石晉平救父被戕石英烈　石春育　石潔山
石茂華　石盈芝　石惟德　石思美　石元美
石青吉俱咸豐四年被執不屈死　石履成　石德裕　程凝正
龔啟富俱咸豐十一年脅降不屈死　歐正剛　王國棟　徐鑑典
錢萬青　錢來知陣亡吳榮高　吳克謙　岳均華
岳效禹　龔方恒　楊辛志　袁官吉　舒學坤
吳春茂　吳時春　吳遇功　汪經綸蘄州人俱咸豐四年殉難

錢萬茂 洪錫恆 洪育民 吳浩元 吳林松
胡清鑒蔡山 鄧慶安 劉永清俱咸豐七年殉難 陳邦緒
同治六年殉難
什村楊本立 楊立朝 錢文新 鄒茂啟 鄒學先
翟滄海 翟克順 柳正明 柳文奎 張利川
張文亮 張志才 張大順 張廷桂 張明義
方艮佐 程鳳翔 程鳳儀 程福山 程百勛
程正山 程加年 程加楷 程加順 張何老
田春旺 田啟發 洪席珍 徐官福以上咸豐七年殉難
考田李殿魁咸豐七年罵賊死 李聲榮文童咸豐七年賊追溺死 王家茂

同治六年陣亡
金林紀汝恭 李和會 羅德興 羅春發 蔡潛龍
魏煥采 余秀芳俱咸豐四年殉難 馮映梅 周樹青
程來儀 潘明彩 魏煥文 程作舟俱咸豐七年殉難
程萬盛 程啓盛 徐均雅 李祥順 李春桂
李金鑑 劉登寶 龍采章俱咸豐十一年賊擄不屈死
勇丁黃永昌 王仙貴 邢之富 金夷老俱咸豐四年陣亡
雷西順六年陣亡 胡先發 程雲老 何亮初 李癸巳
程大耇 程朝鳳 程光明 陳家奇 劉雨端
石六一 熊玉明 張六元 程天順 李德貴

朱定廷 周耇以上咸豐七年殉難 徐林馥 徐遐齡
項開慶俱同治二年殉難 王金祥 王華先 王八壽
王德華 王金榜 王濟會 王泰平 王家旺
王楚懷 王毓凡 王可久 胡德望 袁玉光
王隆興 李茂章 李漢業 李恒德 胡大受
劉尚志 劉志賓 王艮貴 吳松元 田本學
田世禮 黃紹玉 龔炳哲 王萬順 王紹業
蔡老大 余三陽 蔡啟明 瞿金福 陳三台
陳三保 張和尚 趙文才 余連才 余遇興
劉玉春 周啟才 王真五 洪十元 樊二狗

王大富 王德福 王逢元 胡壽老 桂德意
戴玉階 戴倉海 胡細妍 陳田老 李志富
胡佑保 陳羣瑶 李學之 李雲峰 李正先
李紹和 李鳳太 李德和 李來朝 雷錦心
梅廣川 於文彬 於十喜 於六連 王益茂
王芒田 王春發 王文元以上同治六年在縣屬陣亡
民人孫鼎和 何福保 康元義 戚朱老 汪先得
詹起富 何乘時 劉順貴 王六喜 王德彥
王和尚 吳應元 沈裕興 李節壽 任如意
周志望 張茂貴 李其高 謝高貴 李榮升

蔡發春 嚴之全 楊東升 周念章 劉志元
劉明高 黃四喜 余應元 楊榮升 楊能伸
李元發 朱得勝 涂道榜 涂添泰 陳孔揚
文封德 唐九和 何定魁 鄒大美 郭星恆
王齊芳 陳功有 羅大有 秦 載 胡德友
尹昔賢 黃清發 王國清 吳興萬 楊公成
張長清 金草斗 趙永興 李玉興 吳世榮
唐守錫 關得勝 吳文寬 王太益 陳福壽
龍永貴 段文星以上咸豐七年縣屬殉難 田玉山 陳世六
胡守貴 詹仲王 王宏發 梅立裕 梅光澤

梅慶上 陳茂勝 周天門 熊昭勛 梅之桂
涂丙指 郭宏興 許四喜 許一元 黃六元
黃二好 梅老大 李細好 袁祖旺 袁細好
王旦亭 吳德茂 吳青榮 吳復海 吳士蘭
吳章華 吳兆龍 丁春和 吳五元 黃開業
黃士盛 黃茂功 黃祖賜 黃秀常 戢炯南
戢位壯 戢羣久 戢守儉 戢錡耀 戢得光
陳士育 陳益友 陳七好 陳二好 錢艮能
許有貴 許二和 許三老 許汝明 許結老
趙小山 梅金福 陳煦輝 黃煥适以上同治六年殉難

補勇丁 余長發 張 春 王占元 呂得茂以上咸豐五年崇陽陣亡
以上俱載胡文忠公節義錄 張禮端
李宗綏 項成蘭 洪有朋 洪大志 胡鳳樓
劉錫純 陳黑皮 柳步墀 陳瓊林 王宗坦
蔡金茂 項癸未 蔡金魁 湛品貢 柳思善
朱太老 朱庚老 孫時發 呂明發 吳作新
王偕老 王潤泗 朱旦初 汪丙照 盧麟泰
梅清溪 汪宗駜 鄧協篪 張慶韜 陳得金
陳卧樓 劉士林庠生 熊展也 僧悟參以上各鎮續載

黄梅縣志卷二十四

人物志

宦績

左氏有云楚材晉用學古入官宜乎輿論爲湖前徽肇稱趙宋梅之先達偉業匡時守牧丞倅封圻監司清風亮節徵諸口碑冠倫魁能居今稽古幸值清時各思廷植爰考姓名庶幾接武志宦績

宋

劉昕字公正崇甯年間進士初任眞州牧後遷蘇州守有政聲

元

汪振卿至元間進士官御史端廉直諒不阿權貴解組歸屏跡林泉詩酒自娛舊志曰進有特操退有雅量

郭友直至順間舉人任天臨路總管府經歷以德化民政聲卓然

明

於顯善騎射豁達多大節屢從太祖征伐有功官至前軍都督僉事卒贈英山侯諡武襄

於敬歲貢生授刑部主事小心廉謹多所平反在任十餘年

潘文浩歲貢生任廣西雒陽令慈惠愛民邑有虎患浩爲文禱於城隍越二日虎伏死廟門毛間若有鞭笞痕者嶺獠素爲民害不可制乃以恩誘其黨縛之降由是疆埸靜謐在任十六年御史中丞薦其德能馴虎信可服夷擢梧州知府

鄧俊字偉人歲貢生任四川大足縣丞善政宜民有遺愛碑後崇祀鄉賢

洪晟字化之成化丙午舉人初任教授轉江西永甯知縣未半載卽解組歸崇祀永甯名宦邑鄉賢

吳節字從儉號松軒成化丙午舉人任揚州通判司馬政治官嚴謹馬大蕃息俸滿考績擢授某州牧興學校勸農桑

平寇亂後以疾告休軍民感其德立祠祀之

廖紀字惟修號時陳九江衛籍黄梅人宏治戊午科江西中式乙丑科進士授浙江安吉知州擢南兵部職方副郎轉北工部都水郎尋改營繕奉公執法多忤權豪出知延平府又歷平陽皆有政聲嘉靖五年進廣西按察副使征思恩田州叛苗遘疾卒著有大學管窺一卷見朱彞尊經義考

邢纓字文甫成化丁未進士初任江南常熟令會邑大水發藏賑之活數萬人入爲御史彈劾不避權貴劉瑾憚之後遷雲南副使卒於官

邢寰字伯興正德戊辰進士上彈盜議稱旨超擢南刑科給事中梅薦有麻鐵乾魚線膠木色磨累之苦疏請改折得旨俞允尋轉北禮科都給事以犯顏諫諍爲已任上嘗呼爲酸子禁中有所爲輒問曰邢酸子得毋知乎時車駕將遠狩寰拜伏闕下遮阻自辰至申上令中官傳諭乃退後以事謫廣德州判調太平郡丞陞南昌知府恤礶興賢剔蠹振滯宸濠之變首發其奸年五十三卒於官時將内召聞其歿不勝矜悼諭以禮葬復賜龍牌御書樹之里門以示旌表

陳言字萬年正德丁卯舉人任泗州學正以躬行迪士不拘

拘於文藝遷都昌令卒於任士民合前任潘劉楊爲四令祠祀之

石鸞贛州瑞金主簿征歛有法誠悟長官乞休民强留之卒於官

余慶字蔡江正德癸酉舉人初任江西浮梁令不數月舉按牒所未結者聽斷悉平後補建昌時建昌有豪民李玉成楊時茂盧充王寶等民甚患之慶曰根莠不刈奚長嘉禾力爲翦除輿情允協凡事一以清正自矢後以内艱未起而卒

陳昉正德己卯舉人任淮安同知治事詳明張弛有法沭陽鹽城閒旱災昉賚糜散粟多所全活

向必成字自勉歲貢生嘉靖元年任沛縣令禮士賑貧時雹雪淤河漕運大阻極力濬鑿八閱月始通以疾乞休年八十三

陳晟字德器嘉靖壬午舉人任四川青神知縣剔弊釐奸政尚寬平民甚戴之後以詿誤落職居鄉數年未入城市

汪玉字汝成嘉靖辛卯舉人質性誠確授江西清江知縣以撫綏疲瘵爲政陞廣安知州治績畧同

段尚繡字毅菴嘉靖甲子舉人授江蘇泰興令著聲清廉卓異行取南直隸監察御史時同鄉南糧解役以逋負留滯

南都尚繡傾橐濟之衆感惠者立碑邑西關外以志不朽

洪恩字汝承號午塘幼讀書馮茂山中暑夜挑燈蚊嚙肌膚不覺嘉靖戊戌成進士授戶部河南司主事轉員外郎督儲江西悉革常例犒邊羨餘皆詳請歸公轉浙江衢州知府會倭寇熾兩浙震驚恩設法擒其諜檄諭礦洞散其黨卒戒敕而拊循之調任永昌寬洪慈祥時有洪母之頌擢太僕卿以疾歸杜門家居勸課子弟年六十一終

曹麟字汝祥别號西野嘉靖庚戌進士同科四明徐中行廣陵宗臣下雉吳國倫嶺南梁有譽皆知名士麟素宏博下筆數千言不休故得與四明諸公齊聲譽授許州牧許比

歲水旱盜賊蜂起麟到官即問民俗疾苦旦暮坐堂上頴
以積聚爲務獄訟片言立斷有辜者令以穀贖俾儲倉廩
招徠流移還者數千百人修起邵文莊德星書院歲時課
士給廩餼自是文學斌斌壬子鄉試爲同考官得士稱盛
會劇盜司倘煦聚黨數千人橫行鄭陳間引衆圍許麟深
壁勿與戰照以爲怯力疾攻城麟登陴麾召諸賊姁姁爲
好語陽趣具來降而陰令城下諸濠皆盛沙壅水上流俟
賊半渡決水溺死無算餘皆敗走許兵旋追至襄城擊破
之斬首數百級械繫十餘人以還許賴以安癸丑陞戶部
雲南司員外郎尋轉山西司又轉陝西司丙辰提督永平

山海薊州等處邊餉又奉勑催趲漕運皆稱旨轉大名兵
備會倭奴嗚譟東崖主計者以津門瀕海之衝非麟莫可
任遷天津兵備副使整飭嚴明威望漸著倭偵知相戒不
敢犯於是欲爲復海運計論者甚多其懲貪獎廉暨修濬
訓練緝捕撫綏之類皆有成績先是轉餉塞上稔知諸將
吏所饕食盡充權貴囊槖至是奏實時大將軍仇鸞大學
士嚴嵩相緣爲奸恐禍及遂乞終養民感其德建祠祀之
既歸居潙茂山與黄安耿定向蘄州顧問顧闕黄岡王廷
陳京山李淑談窮理盡性之學索詩文者戶外屨恆滿所
著有肖鶴詩算老吟菊侶詠年六十舉子二人長飛有傳

次文阜邑諸生卒年六十六
邢壁字惟文嘉靖乙卯舉人授福建政和令時倭寇蹂躪民
苦瘠瘵璧下車極力撫循邑寺田自兵變後多爲勢家侵
奪公租莫給璧遍訪山澤中斷碑追還之年六十餘卒
瞿晟字蓮川嘉靖己酉舉人癸丑進士授戶部陝西司主事
行兌江西江西歲漕六十萬大猾藉爲奸利晟至下令曰
公量視私量大矣廩人又陰置一量倍收之民何以堪乃
釐正斗量公私稱便還朝遷員外時倭擾吳越餉道絕師
不宿飽使者數十輩請餉雲中亦歲餘軍興乏食復以請
轉運孔棘而上方采方士言置祭具祠神君歲糜旃檀費

數十萬計部耗焉尚書方鈍計無出詢諸曹郎羣推非瞿
晟莫可者鈍遂以其名上進晟郎中晟旦暮持籌無遑沐
飯凡三月餘盡得諸隱匿狀遂舉劄輓便計百餘條以獻
上覽而體之矣第下戶部得可自是中外府藏復贍給先
是雲中告急朝廷發十萬往賑當事者遽侵沒其半晟疏
劾之當事銜恨中諸分宜相嵩嵩方忌華亭相徐階而晟
故階所舉士遂出知廣平府廣平比歲惡盜起邯鄲臨洺
閭桴鼓晝鳴饑民爭附之晟至徵官民悶狀因捐俸出公
帑市旁郡粟治粥賑饑盜掠富人劉承德廉得其魁遽捕
論死於是羣賊股栗遁去郡賴以安明年夏旱蝗晟以郡

西南之水紆折東北達於直沽可建廣平門蓄洩定計
上臺使臺使報可布麾鳩工成閘內溉田三萬九千頃有
奇復鑿長渠下流繞鷄澤入洺河瀉鹵皆成上腴又從黄
梅召工人往治水車引水廣平始工桔槔時兵部尚書楊
某奏言廣平守有邊材宜建節下部議晉太僕寺卿未行
卒祠名宦鄉賢子九思另有傳
倪民望字威仲嘉靖丙午舉人授南康令捐俸新學宫趣餉
運佐滅三巢上臺張特疏加品俸兼攝鄰縣事一方席安
爲立祠祀之
熊偉字珍山嘉靖庚子舉人授山東兖州府知府循良著績

致政歸特詔進階朝議大夫以示優異朝野賢之
張潤涪州學訓歸里葛巾布衣吟詩自娱
王夢麟字文郊萬歷癸酉舉人任四川彰明令居官不事苛
刻愛民如子解組歸叟稚遮道泣留
程鏜字鳴遠邑監生以例授浙江蕭山主簿時海寇起當事
知其才委守龕山率民兵防禦一方賴以安堵
邢懋順字祥卿萬歷乙酉舉人乙未進士累官刑部員外郎
抑奔競止苞苴著知爾篇自勵會錄四一時平反得活者
數十餘人沒後貧無以殮葉相國向高輓詩有祥卿不愧
眞清吏之句

石崑玉字汝重别號楚陽萬歷己卯中鄉試第二明年成進
士授戶部主事督漕浙江洗除積弊浙民感之內陞員外
郎歷郎中秩滿遷蘇州知府清廉著聲當時有石蘇州之
目蘇人大學士申時行崑玉座師也時行親串在籍者守
令多伺意迎候崑玉恥之其舍中兒暨戚某横里閈崑玉
俱械繫之按狀付法書報時行時行爲優容手慰答之吳
撫李希時行意假查盤事發難以侵罔文致下其事四郡
司李袁可立可立力辨其枉獲免後補浙江紹興府陞運
司轉山東副使調福建參政尋攝臬篆提調壬子鄉試奏
監司異等第一謁選授山東按察使歷南太常卿通政使

擢大同巡撫時塞事孔棘卜失兎請封未果廷議推崑玉
崑玉涖任開誠撫諭旋充使登壇宣封順義王命降勑印
頒宴賞皆稽顙呼萬歲貢名馬邊釁以靖擢吏部侍郎爲
忌者所尼告歸自號無著居士著有齡山堂稿石蘇州集
石居士詩刪行役紀聞湯顯祖董其昌俱爲之序
汪可受字以虛號靜峰萬歷己卯舉人庚辰進士初授浙江
金華令陞禮部主事歷員外郎郎中補江西吉安府知府
陞山西提學副使調江西右參政補山東霸州兵備道陞
按察使轉陝西右布政使擢順天府尹巡撫大同陞兵部
左侍郎丁父憂服闋起授前職總督薊遼保定等處經畧

禦倭已未以病劇固辭奉旨回籍調理庚申以疾卒詔贈
兵部尚書可受登仕邑令至開府幾四十年歷有聲施出
守吉州建白鷺書院著道心亭說下車草與鄒元標等共
談性命督學山右士風丕變兵備霸州特勅與總河李化
龍一體行事拮据四年分轄陝右助修關中書院捐俸置
贍田與馮從吾等互相砥礪巡撫大同值卜失兔媚封未
決情形叵測可受勉持款貢悉費調停西邊甯謐再起總
制東邊拱護京陵親歷巇嶮修飭堡臺奠維畿甸忠勞如
此而未嘗優敘沒後子道春伏闕奏請卹典情詞懇款禮
部左侍郎馬之麒等覆疏奉旨賜予祭葬妻胡氏祔葬磴

一子墓在茅栗山其神道碑在栢林鋪右可受幼嘗與其
門人洪慶援書黃連洲號黃連居士晚修靜紫雲峰自號
三槃居士

石應昌字文臺萬歷癸卯副貢授九江學訓署瑞昌德安二
縣篆尋陞浙江泰順令政平訟簡路不拾遺子柱國舉人
任萬載令

韓璁問學該博制行孤介成化丙午舉人任萬安縣學訓宏
治戊午充雲南鄉試分校尋致仕

鄒如穎字允貞萬歷戊子舉人以才學名任遂安知縣歷官
九年囊橐蕭然致政歸手不釋卷以著述老

吳珂字君佩歲貢授仁和丞以討倭功遷湖口縣尹致仕後
構茅屏處鄉黨高之

石柱國字念恆副貢應昌子萬歷丁酉舉人授江西萬載令
有奸胥以戸頭名目包官害民柱國開列糧戸花冊指實
徵收積弊盡除任三載歸著有苦心北遊二稿

胡尚垣字觀海萬歷庚子舉人少從瞿九思遊學日進善詩
古文授河南南召令潔己愛民懲奸剔弊置義倉建書舍
擢最晉刑部主事未就卒

劉寰字四山萬歷癸卯舉人由助教轉主事出知贛州府捐
俸充餉減賦恤民清廉著績政聲卓然

王夢篆字珍文萬歷癸卯舉人洗酣典籍由江西靖安令遷
廣西平樂通判清苦自甘行李惟圖書數卷而已歸田後
葬族之無主者十一喪清祖塚使闔族知所世守年八十
卒

梅啟元字行素萬歷癸卯舉人授浙江海甯令嚴明果斷邑
多奸猾廉得其狀杖斃之海民安堵以老歸民德之爲立
祠

余澤字東里監生任河南輝縣縣丞尋陞淇縣知縣居官清
介瞿九思贈詩云綠竹猗猗淇水邊由來詩咏武公篇而
今復有瀟湘客一味清風理素絃以內艱致仕晉年八十

有五

石確字敦五忠烈有恆子崇禎辛未進士初授丹徒令有善政調宜興荆溪民變煽動一方確亟詣鄉諭散其黨徐計擒首惡民得安堵一時名士若董其昌陳繼儒等皆詩歌紀其績以艱歸年饑平糶賑濟里人蒙惠者爲豎亭勒碑頌之

黄若雲萬歷癸巳選貢授四川合江令後改新甯捐俸賑饑全活甚衆以循良課績

宛三奇字士常崇禎甲戌進士授江南建德令除盜安民以清惠著遷邑鎸有德政碑宦歸家無餘貲

汪道春字體元可受次子克承父志深識治體可受卒道春詣闕陳父勳績援例請給祭葬優詔慰諭得如其請崇禎初由廕生任北太常寺丞遷南戸部主事以功陞廣西思恩府知府約己裕民恤刑寬賦卓有政聲

曹飛字長卿兵備副使麟長子以廩生中萬歷戊午武舉學有淵源慷慨負大志嘗以籌兵三十六字衍萬言策伏闕上之指陳明末軍政之壞切中時事奉旨授兵部參謀加司務銜後爲當路所沮鬱鬱齎志卒策見藝文馬世奇趙光抃並爲之序另著有說劍集小遊草等編

國朝

石鎮國字球公崇禎癸酉經魁

國初薦由戸部郎中任北直永平道建學崇祀懲豪民兼併歷有治績陞轉安廬兵備道時劇賊朱統錡據飛旗寨稱石城王勢張甚鎮國駐兵太湖與操江御史李日芃合兵攻破之用計降其餘寨擒統錡於英山并爲河皖北獲安宿松德化黄梅接壤地曰段姚濱大江歲有水患檄會三省建長堤民戴其德稱爲石公堤調浙江杭嚴兵备道以老乞歸年七十一子三長輅同知次軏廩生次輡增生

吳卿字更生崇禎癸酉舉人任會化教諭時流寇四起官兵不能敵俘民獻功十三年五月卿應選赴京上疏痛言其

狀詞極懇至如所論光州固始宜設一道臣扼賊衝賊晝夜馳二百里啣枚夜襲可擒今兵不殺賊反以仇民割首獻功以愚主將云云尤爲痛切利害壬午貴州同考官

國初已亥授江西信豐知縣

洪世講字二士崇禎癸酉舉人

國朝邑令徐昱聘修縣志陞任直隸昌黎令畿輔近地號繁劇清白自矢興利剔弊邑有洪母之譽年六十卒子優文學

蔣杲字昇公號瞿舫與仲兄文同舉崇禎壬午鄉試

國初授安徽含山令調補直隸邢臺邢有大案株連甚衆杲至爲之開釋編審丁額減除故絕七百餘丁一時稱平勸學

育才嘗公廉清鄭遞塞苞苴邪民德之立祠以祀所著有
月燈文稿
梅春時字舒白負經濟才
國初薦授九江瑞昌令調永豐佐當事左遷德安丞尋攝縣篆
釐剔奸弊有殊績秩滿予告終養年八十二卒子四燮衡
元鼎俱有聲庠序舊志例選只載梅春無時字
張瀓字眉有順治甲午副榜授江西雩都令政務簡靜康熙
甲寅閩變起他部助亂者據厓石山擁眾至城下瀓開城
以待賊疑其有伏信宿退去陞雲龍州牧祀江西名宦
程允廸字云吉號旋如順治丁酉舉人任山西祁縣令釐弊

除蠹愛民如子未一載丁艱旋里士民祖餞豎碑祁邑東
關
梅開璵字公璐號湛庵歲貢授巴陵教諭每月吉聚諸生明
倫堂諳勸諭復躬自採訪有實行者崇獎備至士風丕
振爲文宏博精深人咸推服
吳士干字仞生號一士歲貢官興甯訓導教人以敦行誼爲
先告歸與弟履友愛年八十七卒子敬修廬墓三年
石定烈字咸可康熙辛亥拔貢任沔陽州學正以卓異授江
西安義知縣冰清自矢勤於聽斷邑素苦差擾爲立徵限
蠲逋賦革陋規安民德之以年老乞歸子三植基國學盤

基歲貢元廩生
錢宏勳字雋臣康熙辛酉武舉壬戌進士任雲南廣羅協都
司威愛交孚營伍翕然節鎮雅相推重凡所奏報多參決
焉以母老乞歸軍民勒石頌之子傑武舉世鑣庠生
程曉字曙光號東白順治辛卯武舉由廬州千總擢榆林鎮
守備身歷艱險折衝撫馭恩威兼施康熙丁卯除本鎮都
司卒於官
張光庭字序皇康熙甲子舉人授武昌教諭周恤寒士培植
眷類年六十卒於任祀武昌名宦
熊正字陛侯以選拔授保康諭保地僻陋日以讀書立品勸

課之士習以變年七十卒於官子我蘇拔貢江西萍鄉知
縣
汪時敏字遜來貢生司馬可受曾孫總漕江球薦授通州判
官練習漕務遷代州州同弊絕風清豪猾斂跡卒年八十
餘子鯤躍穎上知縣
石爌字若木號敬齋學問宏博康熙甲午舉人恩授知縣銜
署棗陽教諭振興人文卒年八十五著有松菊齋詩集子
維默維幹國學
廖應拔字豈九號陟岑文學忠烈士貞子忠烈被執時聞變
出救賊刃傷頭顱瀕死以廕入監授四川汶川知縣拊邊

地馭土司振興文教民始知學兩權灌縣篆疏濬九都水
堰諸邑利賴之時民間頌曰廖公兩世來官於蜀移孝作
忠遠邇廉叔卒於官子珊䟫俱國學
石爲藝字潄芳號簡齋性沈靜博極羣書詩古文詞成一家
言乾隆庚午舉人壬申進士歷任江蘇泰興溧水寶應知
縣治尚清廉累著循聲調任江西崇仁清積逋絕干謁一
如其吏蘇宦歸囊橐蕭然鄉鄰重之子純儒副榜文幹主
簿樹田文學
以上舊志

宛建侯字禹三號樸齋乾隆庚辰舉人由大挑分發湖南歷
署安化溆浦常甯慈利等縣永州通判補辰谿迴避例
改調江西署蓮花廳同知接署永甯補長甯充甲寅　恩
科鄉試同考官性行寬厚樸實本儒術爲吏治前後十餘
年間洊歷兩省七膺民社再權倅貳又中丁內艱履任卒
未久獨長甯俸滿長故鄙邑始受事值歲祲捐資平糶施
粥以德和民閱七年士學民風與化移易以卓異調繁上
饒當道省衢要不堪其劇遂謝病旋省而卒年六十五
蔣志坦字履白號樾齋乾隆庚申舉人由襄陽教諭陞安陸
府教授改陝西紫陽知縣紫山深箐密教匪窟穴其中嘉

慶丁巳匪竄防兵調郡率黨數千突來搗城時士卒器仗
無存召募又不及舉城惶駭坦令百姓閉城堅守已肅衣
冠坐堂皇蓋自分城必破將以死殉也頃之匪遁道上遺
甲參差亟督百姓尾追之獲偵者訊稱城上旗旄兵勇布
滿畏不敢近說雖近誕然保名全城非實有精誠感孚不
及此坦性純厚無蕊言遽色居官以德化民不事敲扑當
時有佛子之稱著有弓治先資各文集
喻文鐺字以載號引山乾隆丁酉拔貢由黃陂訓導歷任陝
西懷遠涇陽縣知縣綏德直隸州知州留壩廳同知甘肅
甘州蘭州知府被議開復改直隸正定府調保定陞通永

道年餘丁內艱引疾不出文鐺明敏精勤自縣令迄監司
所至功施卓越如築懷遠城脩涇陽鄭白二渠辦陝省教
匪軍需防禦省垣拏獲內應奸細創建留壩新城其尤著
者也守蘭州平反州民馬贇一案保全名節官保定首府
每日發審案塡委隨到隨判積卷一空前後服官卅餘年
大率事無難易大小一以詳慎忠厚出之嘗謂讞獄最難
以鍛鍊爲明決譬如折生果而食之匪惟戕物抑亦自伐
其性眞仁人言也懸車時年甫六十子輩俱歷詞垣臺諫
悠游林下廿餘年人爭羨之
喻文鏊字典掖號嵐波乾隆甲午舉人由大挑知縣署直隸

青縣蘽城以仲兄鉻補正定守迴避改山東樂安署惠民調淄川所至以廉能稱蘽城河流迫城歲斂民錢數千築堆以護後河他徙堆不築而斂錢如故鑾曰此錢何名亟罷之又爲除差徭平官價一邑如釋重負在惠民時前官不省獄囚多凍斃爲製棉衣調方藥湯浴粥餌全活甚衆惠漕運久困丁弁悉索値開徵愀然曰竭萬姓脂膏爲若輩飽饞吾不爲也力求去故山東虧空案發州縣官多罣吏議鑾獨超然事外人咸稱明哲焉著有春草園詩集行世

胡攀龍字介眉號海峰乾隆甲午中鄉試第二官鶴峯州訓導陞廣西思恩知縣性樸誠學問淹博書法逼眞魯公初在京館芸楣彭相宅成就多人有齋僮繆姓貧而慧異之商之彭相得與其孫春農兄弟伴讀私給衣履數年學日進爲醵金納監肄業太學有聲旋中京闈官山西知縣子姪顯貴在思恩獲得山中謀亂者數百人訊之多愚陋備晉客勸亟申解龍曰此非眞梗頑失教導耳爲垂涕曉諭累日皆感泣因盡釋之生平盛德事多類此八十歸田猶主講調梅書院數年年九十一

蔣志堉字咸賓乾隆甲午副榜庚子舉人官隨州訓導調歸州學正幼以遺腹子讀書舅家循分守禮比長益砥厲名節司鐸隨歸甄陶士習汲引人才有經師人師之目告歸將躋八旬猶諄諄課子孫年八十三

劉夢元字眉山乾隆丁酉癸卯兩中副車沈酣史籍毋一藝出人爭傳寫由教習授房縣教諭嘉慶辛酉復任光化教諭所至以端士習正人心爲要性清介絕饋遺卒於任所非賻金幾不能歸士林惜之

石然字崇覲號鏡湖乾隆丙午舉人以大挑知縣揀發河南署中牟泌陽補鎭平時襄鄖教匪滋事延及汴境距鎭平邇甚然亟檄文武生議守禦修垣練勇嚴緝勾引奸細諭百姓無妄動境賴以安擢知鄧州丁父艱奉札以軍需未竣留鎭平襄辦泣辭不赴服闋選授廣東和平縣改廣西馬平縣俱以疾辭

帥承瀛字蓮芬號浣溪乾隆己酉舉人以大挑分發山東知縣歷署肥城長山陵縣范縣補博山調益都薦道光辛巳鄉試同考官瀛仁厚長者惡聞笞扑聲而所至多奸民糜訴倥偬不堪其劇大吏稔其人每晉謁必問曰若近爲刁猾困否耶晩宰益都尤稱衝要慨然曰陽亢宗撫字心勞催科政拙余不任催科亦愧撫字歸休乎老我琴書可矣遂告歸掌教調梅書院逾十年知與不知咸仰德望焉

石文漣字懋庸號曼香乾隆壬子舉人乙卯進士歷任江蘇

鎮洋上海陽湖吳縣知縣性亢傚然善決獄官陽湖鄰邑有謀殺親夫經驗無傷一案上憲委訊漣微服密訪抵暮宿蒙館給蒙師無心吐實係與所私用鐵籤從尾閭刺入死者明日提訊卒揭其隱語塞再窮詰信然寘諸法又有控鄰人推牆斃兒者急詣驗額掌有傷適椎髻女子在側辟從人婉詞問曰死者汝何人曰阿弟曰吾知汝弟係汝抱擲軼眉而斃因舉手作狀女泫然曰洵然父母屬勿言也即時斷誣結案他獄類是吳人有石青天之目後以忤
上官罷歸

帥承瀛字士登號仙舟生而穎異見者咸目爲國器年十七舉乾隆癸卯鄉試嘉慶丙辰成進士一甲第三名由編修累遷中允祭酒太僕寺卿通政使左副都御史至侍郎歷吏禮刑工四部充經筵講官風裁整峻推一時人表辛酉戊寅典試廣東江南癸亥戊辰督學廣西山東又疊充
欽差讞案山西陝甘河南山東江南等省所至公正廉明人心帖服道光元年巡撫浙江釐奸剔弊興利舉廢其大者奏請鹽政改歸巡撫兼理停加課銀五十萬歲減商捐外款銀二十萬庫帑無虧商民稱便杭嘉湖三郡大水請帑金留漕艘奏免米販關稅以徠遠商軍民無一流亡又捐費濬西湖修海鹽石塘凡便於國與民者靡不悉心力

經畫務求妥協完善而後已
成皇帝以一代名臣獎厲之良有以也甲申丁艱回籍有應入平餘金八萬胥以舊例告辭曰攜此何用留半作濬湖資餘以濟貧士惸獨可矣浙人感之建生祠於西湖顏曰帥公祠起復奉　召陛見以目疾辭歸家十餘年布衣蔬食嚴飭子弟接鄉人以禮置邑中瓊林莊並合族祀產數百畝庚子卒於家年七十四遺疏薦山左杜受田閩中林則徐國事外不及私蒙　恩優卹賜予祭葬崇祀浙江名宦本邑鄉賢

張醕字步軒嘉慶戊午舉人以大挑分發四川知縣歷任威遠資陽名山興文華陽所至有政聲屢決奇獄有寡婦子年未冠隨伯他讀清明告歸未抵家徧覓無迹伯被控受累寃莫伸醕至詢知中途道旁半里許有尼庵即從此設想僞爲賣繒者私詣庵窺少年尼有身益疑之私念非託神道不能發此覆密遣人夜擲沙庵後近聽之果徐聞女子焚楮私祝隱約稱相公翼日率衆圍庵掘後院得屍嚴訊之係緣乞茶過庵困於羣尼致斃即毀庵法治羣尼斷少尼爲寡婦婦果生子伯得釋邑人神之後以獲盜陞瀘州知州卒於官即葬華陽

蔣鏞字聲亦號懌庵嘉慶戊午舉人壬戌進士授福建連江

知縣陞澎湖通判再遷厦門同知鏞慈惠清正歷著循聲
任連江擒獲蔡牽幫匪數十名殲之四境安堵朱渥沿海
爲亂大帥以書招降渥宣言必得廉惠蔣爺來乃可鏞毅
然往幕客爲鏞危鏞曰此自吾分竟策蹇抵渥船曉以大
義渥果心折就鏞前戮其不用命者數人隨率衆幫船投
誠　朝廷授渥武職海氛立靖澎湖爲臺厦咽喉兵民皆
仰食於臺颶發米難至鏞倡捐勸輸設義倉積穀萬餘石
至今利賴鏞少抳羸幾慮不壽乃讀書仕宦閱卅餘年
出沒風濤賊盜中垂老告歸以德門稱論者以爲厚積所
致云

石遠懷字光先號雲峰嘉慶辛酉舉人性長厚以讀書授徒
爲務不問外事晚得利川訓導利故僻陋不文懷隨事隨
人循循婉諭之使化其鄙僿而漸趨於禮利人德之後卒
於任

帥承洙字遵魯號東巖嘉慶辛酉選拔朝考以知縣分發湖
南署江華桂陽安仁沅陵綏甯攸縣補藍山調衡陽政績
可傳甚多其尤奇者去攸任未匝月大雨雹城內蛟起水
暴漲後任夏避升樹上雹擊死民漂沒無算檄洙復任辦
災稱善有雞髮傭相戲其一人被推跌坐水甕上笑不止
唄之氣絕衆以爲推者毆斃推者弗置辯甘抵償洙勘訊
哀其情致生之邑人大服又有二人爭水隔塘相罵一人
舉鋤擊地一人應聲倒鄉衆鳴官述其異洙驗視身隱隱
青紫瘢詫曰豈有隔塘能死人者乎命涸塘水其足迹一
線瑩瑩可辨洙曰世稱前生刦得勿是耶宜解不宜結斷
舉鋤者備棺殮爲服斬衰邑人愈服明允他獄稱是後遷
岳州同知

石文彩字慕棠號砄山家劇貧不以介意日事詩古文詞同
輩罕出其右乾隆壬子舉於鄉授穀城教諭考最陞江蘇
宜興知縣充壬午鄉試同考官宜大水條陳轉運勸輸諸
章程大府韙之檄合省　律通行又決王姓積訟擒土豪

二人伏法遠近稱快翁以老歸倡行邑中諸義舉著有紫
雲山房文集

帥承瀚字滙百號海門撫軍承瀛季弟由廩生中嘉慶庚申
鄉試乙丑成進士以庶常授檢討性方梗不甚諧俗嘗謂
人生不能植氣節邁等倫奚貴乎通經學古故備歷清要
儲充同考官一久之以少詹事督學順天風益峻取士一
準以經學屏黜浮誇尋遷太常寺卿轉左副都御史嚴持
風紀戢諭秉正人莫敢干以私然不徇情仍不負情有座
師某相權重門如市終歲不一往及被譴出都門衆畏禍
莫有近者承瀚獨厚贐資泣送二百里外某相曰吾悔失

子矣太息而去其力矯趨避世態類如此撫軍在浙時浙
紳吏入都者類來謁承瀚署於門止弗見蔣礪堂相國嘗
有言曰二帥雖兄弟然一主和平一尚嚴峻各極其是人
以爲定評云卒葬京師西山祀鄉賢
喻元準字蕖峯嘉慶庚申與弟元沆同榜舉人辛未成進士
選庶常散館改禮部主事轉員外郎中充寶源局監督京
察以知府用出守廣西柳州護理右江道充丁酉內監試
調署梧州病卒準性踈畧不事周旋久官儀曹辦事畢即
歸宅飲酒賦詩暇或習射自娛達官貴人不一造謁當時
有喻傲子之稱而公事諳練上下和協守柳州斷獄恤商

撫猺練勇大有政聲著有精心齋試帖
喻溥原名元沆又名士藩字公輔嘉慶庚申舉人己巳進士
以庶常授編修改監察御史轉兵科給事歷刑科禮科出
爲廣東雷瓊兵備道溥外和內直居言路侃侃不阿如奏
請飭營規汰漕員查倉匪嚴督撫曲庇懲大幕招搖皆關
要務道光初先後密奏四事悉稱　旨巡視東城同官欲
以查獲賭博入奏溥曰此我輩應辦事奚奏爲其識治體
類如此備兵雷瓊嚴立條規守令奉行維謹沿海地面編
排船甲互相盤詰立循環號簿按月親查一時海疆肅清
大吏倚任奏陞乃積勞成疾未竟其用而卒年五十五

錢灝字博海號若木嘉慶辛酉舉人以大挑授武昌府學訓
導推升荆州教授甄陶士類不愧人師充江漢勺庭兩書
院監院與袁金溪萬籽巖爲文章友同訂楚北金石錄等
書一時從學者多知名士若古韻童輔曹澍鉦其尤著者
著有遜敏堂文鑫餘詩抄
宛承玠字奉廷號覲軒嘉慶甲子舉人由大挑分發江南河
工知縣時河帥黎湛溪有盛名十餘年慶安瀾敘遨　寵
眷玠充當差使黎嘉其勤慎方欲擢用之以丁艱歸起復
署寶應踰年調阜甯寶阜皆濱河苦缺辦賑監工連歲無
間以勞勩當眞除旋又丁艱歸行李外無長物時論高之

喻鐘字公升一字宮聲乾隆己酉拔貢性耿介落落難合工
吟詠尤善詞曲從兄文鏊贈詩曰卯君逸興頗能饒樂府
新詞按玉簫卯君者鐘己卯生也長於授徒館浠川王根
石處最久隨掌教隨州晚授長陽教諭年七十矣子賓同
時司諭當陽會宜郡院試賓至宜省親學使吴知之命幫
辦試事一齋兩教官當時傳爲佳話
石產珝字海融號鏡川好讀書工制舉業領嘉慶戊辰鄉薦
己巳成進士歷主江西吉安萬安清江並江南刊江書院
成就者衆後援例以運判需次兩淮署海州鹽運分司補
淮南泰壩以廉謹稱

鄧錦字瀛植一字絅亭嘉慶辛酉舉人體素羸善自調攝因精岐黃術著長春錄小觀書傷寒新編施藥活人任棗陽教諭捐修　文廟計五百金課士先行後文不受寒士贄儀去之日棗人立碑頌之家居必事關邑中大利害始倡言見積儲志人咸稱廉靜焉又著云云詩集指月文集

喻元霈字芥舟嘉慶庚午舉人由崇陽訓導卓異補直隸博野知縣歷署東明新河保定順義大城霸州知州大名同知性深沈多知慮隨父鑾任最久熟諳吏治初試用委辦發審判決悉當有生員控一戶書案久懸提訊寃生貌枯瘠志苦不伸而書肥面鮮衣情詞傲辨細窮顛末係挾本

官爲輿援者立笞書生感泣曰數年覆盆今始得覩天日矣案結大吏稱之曰能歷任各縣率以除蠹安民爲急年六十九卒於任

帥承治字士安號康衢廩貢生操行不苟工書法隨兄承瀛廣西山東學使任襄力最多晚以教習選授興國州訓導釐剔積習學規一振訓士嚴正不率者斥之州胥陵轢紳士必繩以法士氣得伸尋充江漢書院監院尤爲整飭一掃數十年棠涸雜沓之弊山長袁金溪歎以爲得未曾有也尋卒於監院廨

錢光選字萬青號篤峯嘉慶庚午舉人以教習分發廣東知縣歷署遂溪會同昌化釐弊除蠹卓有政聲戊子充鄉試內收掌補授瓊山瓊首邑政務煩劇措置咸宜有滯獄庀語折之裕如焉邑人大悅臚列其治績勒石於堂丁艱回里尋卒

苑名震字兆鼎號煦軒嘉慶庚午舉人榜名夢龍以大挑籤發浙江知縣歷任分水常山開化政尚寬平尋補餘姚最號繁難而沿海塘工尤疲於奔命屢修屢塌震至日夕巡勘加意修築蕆事督辦大員將申詳敍功震曰此中關天心民命安知其不旋決也告成而已何敍功爲其不干譽類如此生平嗜論文三次充浙闈同考官門下士來謁必

挽留數日縱論高談與會飈舉後卒於任

帥宗栻字時若號援人郡增生中丞承瀛長子道光初元以正二品廕考授戶部主事歷陝西貴州司同時以任子官者率染貴介驕蹇習栻獨循分率職以慎勤稱堂官亟賞之越四年乞假歸省中丞迴赴都供職不忍離遂弗仕家居內外大小調劑適宜與鄉人接深自韜晦每出乘小車絶僕從邑中稱佳公子必首推焉丁酉先中丞卒年五十一餘詳家傳

喻元醑字素人嘉慶庚午副榜與兄霈同科授房縣教諭署安徽石埭太湖知縣充道光癸卯武鄉試同考官埭最稱

瘝瘠莫顧往者檄下怡然就道在任二年拏獲梟匪畧無苦累太湖漕號難治稍不善控訐蠭起醋奉檄監收委曲調劑釁爭為靜謐事竣即權縣事尋病卒

李鈺原名肇鎡字伊村嘉慶庚午舉人幼好學淹貫經義授鍾祥教諭丁艱服闋署公安補授黃陂陂故人文淵藪鈺一以砥礪廉隅為已任士風日進主講望魯書院甄拔單寒至今陂人猶思之

吳直鈞字齋堂歲貢生篤學厲行不與外事嘉慶初粵東學使關晉軒槐過梅聘入幕中襄校去取允協關甚重之晚以截取得蒲圻訓導時蒲邑單振甲賀于遠周人弁等尙皆諸生每應課必文行並厲退相謂曰吳師不惟善教兼以德感人後告歸之日覃賀俱捷南宮選庶常共製泥金屏為壽一時榮之

李贇字日襄一字葆山家素封援例入仕籍者多人贇獨刻意讀書重行誼舉嘉慶癸酉鄉試由大挑分發直隸歷署元城唐縣知縣所至安良善緝奸究廉明著聲補授定州直隸州州同未幾告歸寬閒養望晚而有子以壽終

梅芳字元燮號樹南嘉慶戊寅舉人授宜城訓導遷監利教諭宜素僻為捐廉助膏火勤於訓課人文興起登科甲者後先林立士人感頌

喻樹儔字壽芸道光壬午優貢考取教習分發福建知縣署仙遊儔幼慧善屬文工書法居京師羣期以翰院及為令一切趨奉苞苴習氣皆所不堪適署興化守某貪緣典郡以賀儀不腆銜儔假公事陵折之聲色俱厲儔憤甚一夕暴卒年三十八

吳文林字寶書號森堂沈潛好學動必以禮為諸生名噪郡邑道光戊子領鄉薦己丑成進士選庶常散館授檢討充國史館纂修時列清班者多疎防檢文林獨謹飭持嚴不染氣習乙未科北闈襄校丙申分校禮闈所得士必勗以正如中州周沐潤以名元捷南宮氣甚盛謁見文林曰才不可恃恃才適自伐也後官吳中果以傲慢獲譴其生平愛人以德類此後例應簡放以疾卒同館惜之著有保虛堂文集

帥宗榆字麗垣倜儻多大志少隨父承洙湘南官舍留心經世務道光戊子循例以鹽場大使需次兩淮辛卯奉檄查引漢上峻卻陋規以廉能著丙申除授板浦場大使悉心辦治嘗慷慨自負曰官無大小報國一也僚友以為名言辛丑丁艱服闋補浙江袁浦場大使稽查積弊剔盡無遺越三載遷遂安縣知縣甫及任而卒

帥宗欒字鑑軒少落拓不羈援例以從九分發江蘇署江東

司巡檢陞無錫縣丞保舉知縣署華亭華濱海多盜甫下車即擒其渠魁數人羣醜懾服道光己酉歲大水堤塘傾潰　詔賑恤槳固請展賑三月亟辦海塘[illegible]此尤先務因備樁石躬親修築華人德之尋補吳江會粵逆[illegible]金陵不守民間風駭散時方徵漕無納者因罣吏議[illegible]未歸卒於吳中

宛立俊字偉甫道光己酉中鄉試第二咸豐己未成進士性[illegible]坦易無城府好義疏財涉筆成趣官刑部主事以保薦充熱河都署理刑期滿保陞員外都統復奏留練於理官事宜率廉惠平允無苛刻鉤深陋習人懷其恩旋卒於任

蔣奎樓原名倣江字海臣道光庚子與兄夢樓同榜舉人咸豐壬子成進士授戶部山西司主事勤慎供職性澗疏不喜瑣瑣營逐家無甔石儲置不問或有所得亦復隨手散去在官不名一錢與人交終身無迕卒於京師年五十七

宛立傳字壽人邑增生咸豐間襄辦軍務保訓導擢知縣留浙江補用加同知銜歷任永康壽昌救災決獄以勤敏稱後以鄉征勞頓適丁父艱哀毀七日而卒

續載

劉蔚華字存素嘉慶辛酉舉人任隨州學正以培植士類爲已任雖寒暖罔輟肄業不計修金一時執經問義戶外屨於履滿告歸日多士祖餞依依若有不能別者

趙　磊字崇基嘉慶戊寅解元未仕時家課甚嚴生徒子弟多所成就後任應城教諭推升宜昌教授所至崇實學勵躬修士風丕變一時稱師範焉

帥　惺字根質副憲承瀛長子性孤介不喜攀援以附貢考取謄錄候選布經歷旋改通判需次河工辦事勤敏補徐州分管邳宿運河兼水利通判時領用鈔票工料需現銀礙難辦理典質拮据甑爲生塵仍於工不誤陞廣西柳州知府以粵逆道梗未赴仍留徐州積勞成疾卒年六十七

喻樹琪字小香咸豐壬子舉人己未進士以知縣即用自分

民社難膺投牒改教職選授德安府教授方之任遽卒琪聰敏落拓不問生事家中落窘甚成進士後猶能辭富居貧其胸懷有足多者

商濯英字仲誠嘉慶庚申經魁性渾樸貧而好學文有根底闡藝博大昌明膾炙人口授生徒課題難肴雛者必自成數藝以示之程任雲夢教諭接諸生以禮時稱經師人師

黃梅縣志卷二十五

人物志

文苑

一鄉之内文運將興必有人焉壇坫主盟後先推輓鳴盛和聲竹成於胸筍便於腹染翰飛文彬彬郁郁實驊秘妍非侈科目縹囊緗帙東壁西園洽聞殫見沿波討源文敎日盛戶誦家絃志文苑

宋

王仲瑄崇甯間進士授翰林學士有敏才博極羣書一目十行爲詞章千言立就至今書香不絶

明

洪模字邦憲博學宏才舉正德庚午鄉魁上春官不第遊學秣陵年二十四卒於秣陵子恩有傳

胡宦字仰成諸生學問閎博文不屬草頃刻盈數紙出入六經子史所著有觀瀾集耳聞錄學者稱南村先生

瞿星字景星英姿絶倫以文詞與晟齊名舉嘉靖癸卯鄉試公車北上卒於路

程夢麟字子瑞歲貢幼英敏應試日立成數藝督學姚奇之謂孺子其夙構耶答曰左思一紀公權七步才遲速皆天也遂入郡庠後選四川司李不就與黃岡之禹應嵩段養宏邑中瞿慕川汪逸齋石楚陽胡寄垣諸公爲文章知己萬歷七年纂修邑志後纂修省志著有麟經語錄四書講義忠孝通考諸書

周渭生歲貢穎異少孤依兄授書日記千言年十三以文名諸生間後居山東憲幕有聲譽

余金庠生著述甚富其文清空夭矯詩多激昂豪放自號聽松居士

吳宗吉聰穎過人築梅山精舍工詩古文以薦辟爲英山令

洪度字公度歲貢工詩文兼善篆隸諸體嘗事汪司馬於黃連別業適洪濤浮傲篋至發之乃宋僧道肯集篆金剛經

三十二分字多磨滅度精思七晝夜重臨刊佈一時董元宰何象岡諸公釋以小楷摹勒上石藏京都摩訶庵明季城陷被執不屈死子鳴夏庠生有父風

吳生字觀我庠生幼孤母鄧督課不倦七歲能詩文十四入庠才名藉甚

國朝

邢秉鈞字和石天才煥發年十二入邑庠試輒冠其曹中順治丙戌鄉試爲仇家所傾其絶命詞云皎皎胸臆烈烈肝腸生不逢辰罹此誣枉羣陰蔽明衆忌成黨冢無擔石難脫鉗網視死如歸冤報不爽果三年仇人斯得人咸嘆其

英烈

梅開琮字鼎伯家世業儒多藏書琮年十七善屬文稱名諸生構小齋旁列圖史嘯咏不輟集秦漢以來騷賦詩歌分爲四部正其舛訛顔曰汲古餘編明末兵燹稟梨未就識者惜焉子天佑文學

程朔遠字茲正弱冠食餼學使者以國士目之惜早卒子士英士煥俱文學

陳夢弼字帝佐少靜默研心古學以歲貢循次貢春官與蘄陽顧景星濟邑劉醕驥爲文章交築南村別墅著有團山文集未梓今傳者北遊草一帙

余學益字勝友天姿卓絶早孤家落不廢學湛深經術年六十中康熙年間武舉上司馬不第歸築望雲草堂編今輯古著有半山藏稿北遊草年譜圖咏子鎮芳廪生

石再肇字翊皇貢生性孝友家庭之間秩然有體爲文醕雅淡古不屑時趨子謨誼謐俱文學

董洪基字行中由選拔中康熙戊子鄉試官鄖縣教諭性穎異閉戶讀書爲文援筆立成至今奉爲宗匠

洪奎字景艮歲貢博學多文詞書法得奇峻古筆意教授生徒嚴課程人咸憚之子光瓚文學

石悠遠字皇舉恩貢性英敏究心經學爲文傲岸不羣出門下者皆知名士尤敦古處邑長官每心折之著有半壁堂文集子槐文學

李天培字佑李康熙壬午舉人家貧好讀書爲文不苟數易其稿始出因禮部滯留京邸者數年著有易數大衍參原行世

蔡洲字瀛洲爲人質直不假修飾見人輒畏縮無所容及飲之酒則縱論古今旁若無人任舉經史疑義靡不引伸曲證剖別毫芒爲文精於理法寔心獨造去其鉛華非世所好以諸生老

黄之騏字孟閑雍正己酉舉人伯父利通以詩古文辭名一時梅與荆豫揚三州接壤以文事來質者無虚日之騏既繹伯父指授又以諸名士辨論商摧其文章遂自爲機杼成一家言有志學齋詩文行世年六十始以明經中式乾隆元年　賜中書舍人子姪皆以詩文繼其家聲梅人稱黄家橋黄氏云子有福舉人任衡山諭

胡鎮楚字宅湘刻意厲行甘淡泊嚴義利之界自少至老不輟學胡故名家先世多藏書鎮楚務博覽爲辭章浩博典衍以歲貢授當陽訓導

李枚字西卜庠生博通經史尤熟三傳爲文援引考据縱横馳騁極才人之致年五十始受知學使蔣公圭修延致幕

中幕中馮夔颺儲六雅雨太史咸相推重聲名振江漢間
達於都下惜未數年而卒
熊恢字溥含康熙庚子舉人是科直省中式多知名士恢更
以孝友廉潔爲同人所矜式著有同學試草
喻于德字帝懷頴次子年十二入邑庠與其弟化鵠坦姪之
墉等一門之內自相師友當時諸先達咸稱于德以正嘉
規矩行精思渺論爲不可及早卒子之圻有傳之堂恩貢
汪夢甲字南村諫垣振卿曾孫有夙慧七歲讀莊騷成句中
康熙乙酉副車邑令莊檼延主書院誘迪有方後任通山
諭學日進解組歸遠近爭以文質年八十卒著有菜根文

集子曰掄諸生
梅光祚字若士叔父開珽有聲黌序往來多名宿見光祚穎
異大加歎賞光祚名遂噪爲諸生屢試冠軍著有觀海集
吳剛字柔止歲貢少以孝友稱學問淵博排蕩百家爲詩文
宗匠晚得雲夢訓不就著有鋤經堂消閒草子宏勳敬錫
軒俱文學猷國學
李一鶴字雲騏增生幼穎異究心經史爲文成一家言性好
施與周恤貧乏訓子悉克成立至今以文章世其家著有
懷清堂集子天助貢生菁文學舉鄉飲大賓天民華國天
亶俱國學

石敏公字憲周歲貢性穎異深自韜晦居北村教授生徒成
材甚眾著有北村集
余鎮芳字礪山廩生幼聰慧善屬文矩蒦先正縱橫經史著
有敬義文稿子論秀喬秀繩祖俱文學廷秀國學
吳敬錫文學性英敏好學頗厭科舉文喜讀古書工詩賦兄
弟四人築偕隱軒於驪塵山麓種花植竹詩酒自娛著有
孝經註望雲草等書子永道永治俱庠生
余行芳字表可庠生爲文一主先正不趨時好嗜讀書著有
焚餘筆札子才秀文學
柯士連字兩彝增生賦性敏捷淹通經史尤潛心宋儒義疏

年十二學使蔣以大器期之曰無虛我望後累薦不售赴
試卒於齊安士林惜之子斯唯貢生
於仁字彥昇工制舉業爲名諸生因場屋不第構小齋講習
其中號雲山居士子是承是達文學
吳世傑字南表性嗜學夜五鼓披衣坐帳中吟哦不輟歷數
十年如一日著夢草錄二治齋集子次尾庠生
梅天鈞字陟南諸生廉潔自守日沈酣經史尤嗜曾南豐集
著讀曾蠡測四卷弟銳孝友端方弱冠遊庠子渭舉人與
修邑志
石鑑字冰鏡歲貢勤履靜慎學問精實爲邑雅望邑令吳學

諭王交牒薦人才檄下不就日坐皆春堂訓課子姪著書
自得子爲藝進士任知縣薦文學
洪言坊字行表文學性好學築小齋積書數千卷日與知契
講論其中經宿不寐間出所作人咸折服一時知名士多
出其門著有春草堂集子國輝國魁俱文學國紀國學
吳永逑文庠學本經術詩文橫絶雅好藏書邑瞿氏父子著
作散佚者竭力購求得武功錄體孝錄聘君表啟合集及
詩文雜著數十百篇以存梅邑文獻著有六吉堂集子碧
峰文學
喻坦文學瞽悟絶人爲文悉有法度方望溪先生深嘉嘆之

早卒刻有遺文行世子之坊諸生
石謐字堅吾庠生操行醇謹恪守先民矩矱惟恐失墜精習
書法爲時所貴重自歲科試外不出戶庭者五十餘年
程士煥字肇文庠生幼嗜書過目成誦母慮其弱禁不予膏
火士煥私買香爇之引光就字遍覽經史子集晚棄舉子
業閉門著述有洛水年譜先世彙言南湖藏稿等集藏於
家子許成的元俱庠生一飛歲貢同男舉人
石嵩年字山公增生少負奇才博極羣書時名輩過黄梅者
無不借觀其詩文名大震著有訓勺初言子再華舉人
潘同炓字亥夏康熙壬午舉人性最穎異未一載遍五經注
疏詩文下筆千言邑先輩比之顔謝年三十四而卒士林
惜之
喻化鵠字物外號苑園先世由麻城遷梅皆以種德積文爲
務而化鵠尤能世其業與同里黄之騏熊恢李枚蔡洲楚
中稱黄梅五子然化鵠初不以自慊思自進於古作者是
時桐城方望溪以古文爲天下倡而金壇王已山評騭時
文別裁僞體於初學尤爲有功化鵠既私以自厲又與兩
人往返辨論遞相應和所爲古文多望溪點定而經義則
已山爲之序且掇其尤者入諸選中然化鵠竟無所遇充
貢入太學而卒著有素業堂古文素業堂四書文若干卷

善書法初學李北海晚工懷素大草短箋巨幅世爭寶之
石志升字鴻學邑諸生少孤篤學勵行事母至孝爲文力追
先正不屑時趨所著有苦功錄子元吉爾中副車官教諭
李本質字義民乾隆乙酉拔貢性穎異讀書目十行詩古文
詞佩強豪放在太白長吉之間重爲海鹽朱宗師所奬許
著有白華堂時文自覺堂詩古文集號海上鰲客子佑之
增生孫肇鎡舉人官教諭
石之璋字德符博極羣書力追唐宋大家言駿入古教授生
徒多所成就邑中知名士半出其門以歲貢終子本盛經
魁官教諭

陳大有字有年性灑脫不爲貧累爲文高古淵穆避俗如仇晚博一衿絕意進取以友教來學爲已任凡館處必擇其父兄有行誼者教人子弟一以孝弟禮義導其天機去其俗累故其爲教易入而成就者多所著有滌水文集以上舊志

余函秀字賞眞乾隆甲子舉人素善病體弱不勝衣而性闊達不事拘束詩古文皆抒寫性靈隨手散去獨於制義用力最苦每構一藝杜門靜坐寘然曠然雖嘔血滿地不肯休故所作多窮極幻眇精微奧衍而絕去艱深一歸自然應城程大中丞稱之後以牽連獲譴亦文人厄運然與

程一飛字梯雲歲貢生家世業儒工制舉藝每試與從兄萬里迭冠其曹時有萬里一飛一飛萬里之譽乾隆丙子與修邑乘列傳多出其手邑侯張仁題其齋曰理學淵源弟孝廉同男亦知名

胡如炳字虞濱歲貢生文筆閎博邑令辥乘時見而驚曰予黃岡後身也遂名其稿爲嗣劉集時議修邑乘卽命參校襄輯成編後屢薦不售一以授徒爲務著有嗣劉文集西涯詩鈔

吳文發字有輝貌魁梧積學嗜古文宗韓柳書法臨鍾王時兼應文武試以策論取入武庠年未弱冠恐羈遠志呈銷功益篤閱十年復以五經冠童子試入文庠爲邑知名士以孝友文章世其家

洪天鯤字雨助號澣膜歲貢生好學精思數十年無閒寒暑性卞急世家延主西席稍不合卽時辭去他著作多不傳獨其四書章句定本破俗說之陋一精心探討於集註參會衆說合者予之不合者力闢不肯一字糊塗貽誤後學雖當時嫉其排擊過甚斷然不顧可謂特立者矣惜是書未刊垂老乏嗣漸就湮沒邑人傳其老而無子題時藝感太息焉

石元吉字文璪一字睿城幼穎悟讀書目十行下爲文雄奇軼宕兼韓蘇之長閒以其餘旁涉靈素時稱絕技乾隆辛

卯丁酉兩中副車不一第遂棄舉子業益肆力於經史官崇陽教諭時受聘修棗陽志爲闡舊佚前朝殉難某官著夢魂記後修邑志專任其事不署已名均傳爲佳話元吉在邑中推文章巨手出其門者騰達多人所著有易經遵聖春秋闡義周禮爾雅旁訓焚餘憶草醫方通解等書

熊賡鹿字步樓歲貢生好學至老不輟讀書作文外一無所問邑人傳其軼事甚多大率爛漫天眞言動近腐而文多雄深俊偉之作出其門者類獵取科名以去已獨老且死牖下士林傷之

喻文鏊字治存有道詩人也學者稱石農先生乾隆閒以秀

才充恩貢後注竹谿教諭辭不赴年三十以詩名本篤行爲文章一門百口謹受教約子弟讀書能各顯其名性逼介絶俗弗矜岸異當時賢士大夫比比傾慕求一識面莫可得尊禮之無近遠也居里卿聞善必揚有過者從容含和待其自化生平盛德事不一默默內信不以語人守道之專如此古文出入韓杜之閒詩法昌黎已乃鑪冶百家學與才副嘗游梁宋秦隴聞山川靈奇奔躍腕下詩遂以成今所傳紅蕉山館詩集是也又著有考田詩話八卷紅蕉山館古文八卷湖北先正學行畧不析卷行世無錫秦瀛序其詩萍鄉劉鳳誥爲之跋上高李祖陶序其文見各集中

石本盛字品崧號一泉家貧力學爲文雄深奥博精思妙論閒軼先民與同邑陳大有洪天鯤爲文字交年五十四中乾隆戊申經魁隱居教授崇尚古處族叔元吉盛名譽稱以先生而不名晚官武昌訓導卒後余秋室戴可亭兩太史搜其文不多得僅獲信不山房存稿爲之序以行世

宛映雷字榮階勤學博文兼工書法性長厚不達外務貌如其心嘗以祖塋涉訟太守履勘偉其貌庭詰無多語卽與縱談經義卒得直晚以恩貢就職州判亦不知謁選之無期也老於教讀知名者多出其門

帥上欽字星階增廣生積學敦品生平講求經學以成就後輩爲已任嘗謂人生百行無不從六經做出若髫年受讀至老不能明其義何取讀書故一時遊其門者矩步規行彬彬稱佳士年八十四

王學澍字第五歲貢生好學厲行至老不輟馳譽名場數十年老於授徒遊其門者文藝之外傳其嘉言懿行可以矜式者至今無異詞洵篤實君子也

石安國字樾建嘉慶戊午舉人生平不嫺外務豪於文落筆如風發泉湧按之仍紀律森嚴教生徒日夕講論不輟晚年選長樂訓導將赴任得風疾未果著有榴林文鈔

吳之鏞字叔琳增生性行修潔詩文書法卓然成家幼失怙恃事嗣母愛敬倍至生平枕葄經史旁及醫卜星學無不究研一時名宿咸器之竟以諸生老著有坦齋制藝及詩鈔數帙

黎孟鈴字興東歲貢生幼靈敏以縣府院冠軍入泮博覽經史爲文雄健有根柢與石元吉洪天鯤稱莫逆交著五經衍義唐詩句解尤講韻學別體例考古今同異辨晰精詳卒後書多散佚

鄧朋字卓夫一字冠秋歲貢幼姿鈍力苦於學嘗肄業東山禪室閱三年毎歸省一飯卽負笈去冬夜作文方構思僧

以養餌進設餔盂佐之朋且思且食少頃徹具僧顧而笑其脣齒皆墨蓋啖餌時蘸硯墨而遺餔盂也其專心如此性恬靜博極羣書尤究心於易著有易義拾餘茂林山房文稿挨星圖說等書若干卷

余廷蘭字臨江號晴皋增生出筆峭悍避俗若仇著有齊瑟齋稿行世生平仁厚周慎篤於內行父卒撫其異母弟錫椿自五歲抱置膝上識之無迄於成立爲邑名孝廉可謂古人矣邑喻元鴻襄陽史名儁俱有序

喻元澤字惠伯號渥堂嘉慶庚午舉順天鄉試以教習用知縣掣籤疾作歸主講蘄州麟山書院江漢課藝多所點定

生平精考据學問淵博著有詁訓補義地輿沿革考文選集證古近體詩駢體文各集

蔣楚鐸字傳之文學矩步規行爲文一秉先正世家延課讀必慎擇居停何人始往嘗謂事君交友竭智盡能著著皆分內事非有爲也以故出其門者率無澆詐習族子恩溉孤貧訓課十餘年未嘗責修脯卒底於成溉後述之淚下卒年八十三

湛深字清華號小泉廩生學問該洽著作宏富久馳譽名場爲文浩博雄奇奄有國初風力著有策志合編五經圖考春秋後語漢魏等書集錄待刊

柳可徵字雲衢文學厲行嗜學家屢空脩然忘懷嘗遊幕粵西不染宦場應酬習氣受學洪瀞膜甚契心爲敘其著述精專之詣晚年嘯傲泉石自號嗜閑山人著有石門精舍文稿

陳元吉榜名煥字堯墀嘉慶戊辰舉人品行端重學問淵博精考据成書多種其鄉黨三考四書疑案暨經解邑帥中丞謂其融會眾說辨晰詳明嘗遊江南名家世胄爭師禮之主講海州力闢風氣成就迥異尋常晚官鄖縣訓導

喻元鴻字太沖號鐵仙附貢文鏊長子幼構思苦遲鈍十七八時閉戶瞑坐三閱月忽灑然悟下筆成篇一空前人壁

壘經義外尤善詩歌古文著述多種間以餘力從事篆隸鐫刻金石贋真一見立辨性廉靜一門昆季取青紫者纍纍獨絕意進取敝衣粗食當承平之時常若有無窮隱慮於考田山中築菟裘老焉未幾粵逆陷梅城內一片焦土而山中藏書如故蓋識超也著有時藝古文詩集各若干卷初彭齡陳詩張維屏俱爲之序上高李祖陶曰匏園文和雅似歐石農文奇崛似韓鐵仙文敷暢似蘇祖孫父子一脉相承而面目各别文之所以真也另有觸書家範三經雅言詁餘學庸貫諸書待刊

余朝蓋字觀成歲貢生端介樸實酷嗜學經皆手錄子史集

過目必撮其要洞悉典禮根柢久於授徒苦心誘掖著經
藝餘談分天地人物四部俾易於向方晚年背誦所習經
能了了終卷士林宗之著有管見山房文省府邑古蹟賦
典制大觀待梓
黃經塾字煥書號滌泉少英敏有大志緣先世遷梅未久思
自立門戶折節讀書有聲庠序生平篤內行重然諾里有
爭隙輒排解之人咸服才名益著以歲貢中道光壬午鄉
科第一癸未大水房師張維屏適令梅凡恤災修堤諸務
皆所贊畫保合邑災黎後館江西撫署值大水署撫趙炳
言係塾座師復以施於梅者陳之趙奏撥帑下諸州縣全

活無算晚年著有日知錄四書便解地理質疑待梓
吳開第字以彰號竹門道光乙酉舉人好學多聞著作宏富
性沖和友教及門率循循獎勸不尚嚴峻肄制舉藝者尤
懇懇不惜以金針度人主講調梅書院最久多所成就晚
得建始訓導甫之任遽卒著有四書典腋聽鸝書屋詩集
余錫椿字培園道光甲午舉人幼聰穎而孤受業伯兄廷蘭
即務爲詩歌古文賦尤敏異比長饒名譽與黃岡汪彝仲
廣濟徐吉裳本邑吳杏墅爲石交辨論商榷古道相期尤
留心掌故邑乘遺佚缺略率搜求考訂著爲詩文所存多
清雋之作無鋪砌陳腐積習著有歷代兵事考梓里雜詠
培園詩文集
吳燦如字杏墅諸生先世累葉清芬自幼岐嶷始受學詩古
文詞饒有天籟遊庠後絕意進取家故貧斗室蕭然著述
自娛所傳雨山詩草灌木樓等集皆瀟洒出塵不徒比於
郊寒島瘦也
鄧士紳字佩誠一字芴峯歲貢注銓司訓性敏而篤事嗣母
曲盡其道英年即噪文名而言行悉敦古處授生徒時彥
多出其門年近八旬重遊泮水著有史鈔撮要性理解游
藝編若干卷
洪基字福生道光甲午副榜性聰穎善行草書邃於經學初

年教授生徒課時藝多獲雋登上第者晚閉戶卻掃訂古
今譌誤求眞是著周易釋義學庸辨考尤精者聲韻徵經
一書積日累歲冥神會悟破切反之說引諸書互相證勘
著其得失大致等於顧氏本音段氏音均而簡明過之又
著有十三經得聞萃言漢史辨疑地理辨正詳訓等書均
有功後學曾受宿松劉令聘主講松滋書院
周漢章字大受豪於文者也負姿英異敏益勤學弱冠遊庠
每輩行論文雄辨詞鋒不欲讓人道光乙酉中副車友教
武漢間覽江山之勝發爲文嶽峙淵渟令人不敢偪視門
下承指授者多取科第去咸推爲楚材翹秀焉

李濬源字澄溪號東山道光已亥舉人學問深純為文尙清真不屑為鋪陳藻麗又重氣節與人談忠孝則義形於色侃侃不衰咸豐間粵逆蹂躪邑中被難不屈者多為之敍傳情詞激烈有裨風教

蔣恩濊原名傚濂字酉泉道光乙酉舉人少孤貧從伯楚璠兄弟憐其聰穎收之塾中成就之遂刻意讀書命筆秀拔鄉舉後不沾沾帖括肆力於詩古文辭文清矯詩尤駘宕閒曠詞亦工秀嘗遊許滇生學使幕一切書記序傳率濊代言所著有四六古文竹林老屋詩鈔毛詩廣義

吳鈺字式如號寶山道光辛卯舉人幼穎異出語驚其長老

年二十即知名然狷潔自守一切聲氣交遊悉絕去獨閉戶勤學制義出入大家詩古文亦卓然不染時習上公車十四次未克獲一第博一冷官士林惋惜晚艱家計始授徒掌教調梅書院著有聽桐軒詩文集

吳鑠字衢尊幼聰穎弱冠蜚聲黌序道光已亥舉於鄉再試南宮不第即謝制舉藝肆力於詩古文詞而於詩益粹散佚頗多存者僅袪塵子二卷可謂吉光片羽焉

續載

石龍光字士韜英資卓犖不拘拘繩尺家世多積書經史外泛覽諸子百家時稱博雅為文渾灝精卓不落小家數生平不喜談神仙怪誕事中乾隆壬午舉人享年不永士林惜之

石純儒字江望性沈默讀書嗜古參考不遺餘力平居恂謹自飭者靡所見聞及與談論經史證据精詳素負盛名者皆為屈服當時有邊笥之目中乾隆戊申副榜著有性理淵珍初學詩文範等編

石基善字以建家豐於財不一錯意惟務委巳於學與仲弟然朝夕切劘遂後先舉於鄉而與基善同舉者曰文漣曰文彩皆其祖兔叔輩一門三捷一時傳為盛事時乾隆壬子科也一上公車報罷不再試其為文渾渾浩浩直入大

家之室著有紫雲書屋文集浣香詩集課幼草為時傳誦

蔣方熙字用皞精制藝乾隆壬午春日課二三藝限寸香為度嘗曰文無他奇惟熟能生巧耳果以是科領解先是房師閱至破語即以藍筆抹之主司為大興翁覃溪方綱搜落卷得其文定為榜首覃溪先生贈詩有緗帙盡魚春雨潤練囊螢火夜光微之句

余士秀字渠石由歲貢選授武昌府訓導兼江漢書院監院院長陳愚谷序其文稿云沈思卓識其光黝然時人以為知言

湯思永字慎脩嘉慶辛酉中鄉試第三名文筆矜重華貴人

咸以翰苑目之所交遊多當時賢達世家爭延教讀出門下者率登上第生平著述甚宏因後嗣式微稿多散佚

胡邦彥字爕宇嘉慶戊辰副榜性傲岸與人交際稍涉諈諉干謁恥不屑爲時掇科者競尙路史竹書文選邦彥曰是詭道也讀聖賢書而以此獲遇不如不遇也故垂老以副貢終

蔣夢樓字岑南道光庚子與弟奎樓同舉鄉試幼敏異工詩文年二十補諸生肄業江漢書院與一時英俊遊往來唱和錚錚有聲嘗西入蜀東遊閩得山川之助故命筆絕無俗氛

梅渭字博山號恂齋由明經中乾隆乙酉經魁文藝精深醞厚不蹈時趨嘗與修乾隆丙子薛志著有博古齋文集

趙士泰字雪亭工詩著有雪亭詩集喻化鵠爲之序見素業堂雜著喻文鏊摘其句入考田詩話

錢光成字良言己亥副榜性敏而樸隨父灝任武昌府學訓得力於庭訓者深故其文附灝遜敏堂集後灝有宦績可傳而貽穀傳薪光成實能世其業者另著有存存堂文稿

補遺胡思順　俛之經

按薛胡二志文苑傳均補載明胡俛二人又言其學皆無考因瞿甲上姚禹門書敘及故補附云云今仍之

黃梅縣志卷二十六

人物志

孝友

門內之行稽古聖賢終身黽勉猶或歉然祇父恭兄誼誰克全書誌君陳詩稱張仲陔蘭恪循常棣敬誦本立道生君子所重梅處偏僻俗泯澆漓率車負米讓棗推梨天性各具懿行永垂志孝友

元

張德懋蘆塘村傭也母老妻亡僅一女年饑鬻工養母或與肉必懷歸遺之及兵亂負母逃唐家山從所識丐粒爲炊坐母於上歌舞侑慰自餒不令母知母卒廬於墓旁哀慕終身

明

洪祥字士高事父友璋以孝聞友璋病痼年餘起臥粥餌衣被汚穢必躬治之友璋謂祥曰吾病將愈汝去就室留一僕扶我足矣祥陽諾而陰伏父寢旁是夜父小起呼僕不寤幾仆忽一人掺脇驚曰汝爲誰祥曰兒也特候於此璋持之泣友璋疾愈祥與妻完顏氏益竭力承歡祥喜讀書明義理死生利害了無凝滯壽九十七里閈重其行號曰隱德先生子六俱賢曰亮者金華武義丞

張恩兄光病疽醫言人吮之可活恩含氺啜之再四而愈
周桴性篤孝年十二入邑庠母疾日夕服侍至削肌體母歿
哀號不已遇風雨輒抱棺呼或夢中如狂竟以毀卒里人
傷之
王麟成化辛卯舉人性至孝父葬廬墓三年所得坊金悉分
給族黨之窮獨者
王忠字廷諫成化庚子舉人性至孝親卒哀毀幾絕葬日引
巳出忽暴雨忠欲旋衆云不可忠曰吾父存日畏雷乃冒
雨葬乎伏棺號痛俟霽始襄事後授夔州推官
洪彌遠文學事母極孝足跡絕不履公庭里人重之

倪鳳岐性孝友居父喪哭泣盡哀幾滅性撫幼弟以成父志
子民望舉人
石有信字叔孚萬歷乙卯舉人侍父崑玉能盡人子禮桃源
闕禍公爲作廣南陔歌直指余公特疏薦舉有孝同孺慕
清畏人知之語下部以孝行徵堅辭不出
石鍊性至孝母管氏疾鍊旦夕侍湯藥惟謹至廢寢食竟以
毀卒
程巒少孤事母至孝以躬耕治家置田百畝屋十椽推與弟
共凡里中婚嫁殯殮不給者皆捐貲相助年八十四有司
屢旌之

嚴橋庠生事母至孝以腴田遺弟一夕盜火其家唯戒無焚
橋室欽其孝也
胡思謙五歲母卒即哀號躃踊勺飲不入口後繼母卒不御
酒肉三年哀毀骨立遂以疾卒
沙眞蘭歲貢官英山教諭家貧父母繼亡鬻產治葬弟病調
護倍至又以已田遺弟自甘疏水里人稱之
胡闓紘諸生事父母以孝聞嘗念曰頭上青天歲底合計年
中行事錄一通告天年七十二無病而逝
商覺性篤孝母疾不粒食割股療之罔效母卒號泣不已自
謂奉母無狀當從地下私往横岡山捨身萬仞巖氣絕岸

然而立拾骸者奇之
鄧天麒字東泉甘貧嗜學言動不苟事繼母以孝聞講學授
徒出其門者多豪儁以明經爲豐城訓導
梅法章事母至孝遠近欽服時盜劉汝國戒曰無入其里
魏德明年十二父母俱亡傭身備葬忍飢以活弟妹夜取薪
火照書雖未成名能以詩書啟後
吳楚藩字南岳文學事繼母以孝聞撫姪如已出以詩禮世
其家
瞿甲字太初性穎異書一覽成誦年十二同弟罕至都訟其
父九思寃狀九思得釋天下傳誦其訟寃書年十九中壬

午鄉試未幾卒士林惜之著有與善堂草赫蹏編遺孝錄
忠義錄巡撫郭維賢命邑令建祠題曰孝子才人

胡玉錡性純孝母卒廬墓十載不歸母畏雷每風雷至必繞
墓號泣墓在馬鞍坂中至今名孝子坂

石澍字洪霖國學事繼母以孝稱撫二弟有成

陳頤年字明華廩生母廖卒繼母王年甫踰二十父歿孀居
頤年左右承歡終始無間族黨莫不稱之邑令王學諭傳
署其門曰孝追曾閔

梅廷煒父卒孺慕不輟諸弟感泣相礪遂數世合爨

楊勳歲貢生思恩府同知性仁孝有盜掠其家繼母林氏被
執利刃交加勳出泣請代盜感釋而去

周詡雲隱士來蘇子來蘇卒詡雲廬墓三載足不踰墓垣哀
聲達林谷每遇風雨必俯伏號於墓其父以理學見重儒
林詡雲上請奉檄立祠

喻義文學受業瞿九思門瞿氏以文章孝友聲名重天下罕
又著孝經諸書義於師門講求典禮能無愧門內二親卒
義絕意進取於墓側築館授徒旦暮必奠終身弗替

陳大熹字二南孝友性成才學富有獻賊陷城人曰子未可
以去乎熹曰母在焉往賊至與母俱遇害合家殉難者數
人

國朝

陳文炳字夏玉庠生事節母殷色養備至撫弟教育有成尤
篤友誼受某姓遺孤終身不負其託以學行見重於時壽
九十餘子其雯志陞有傳

洪標字勖思廩生性極孝侍父病十餘年無倦色父歿棄舉
子業葛巾野服與弟樞嘯傲湖濱

梅如岡字淩遠庠生嗜古讀書晝夜不輟居家孝友爲一時
典型子秀貢生華諸生

吳宏勳字治房諸生剛子事後母以孝著撫三弟皆成立博
通經史嘗構三樂堂自題有事親最樂爲善最樂讀書最
樂之句與諸弟講誦其中耄年不倦著有留耕堂集子永
述文學有傳

王德先性孝友竭力承歡親歿肖像以祀篤學厲行一守紫
陽之訓子承鉦國學

洪明字慕孺庠生爲文澹逸古樸以闈試母卒不與殯憤棄
功名日夜號泣成疾卒子國選際盛國器庠生孫禹拜舉
人晉副榜

王洪勳字方虎增生事母孝及卒廬墓三年鍵戶苦吟不干
外事一時推學行純粹子家瑞諸生

胡鎮翼字式南國學與弟紀南奉孀母最孝紀南卒撫遺孤

若已子俾克成立

龔映祥事嫡母至孝母疾兩次割股療之及卒同兄映麒廬墓三載極其哀痛

程之立字位侯庠生早孤事母孝歲儉產落必具甘旨親迎屆期值母疾欲改卜母强之乃成禮三年侍湯藥不離母側母卒結茅墓左晨夕哭奠有馴虎夜鳴若助哀者積傷成疾卒子亦殀妻陳氏苦節終身

瞿道宏字大若羣子歲貢生讀書守禮不墮先世宗風家故多藏書聘君著作尤富亂後散亡道宏奔走購求搜得零篇隻簡顏曰瞿氏世業嘗言他書將來或可獲獨孔廟禮

樂考先時被人從書局借鈔去無復望矣每談及輒嗚咽流涕不自勝金德嘉嘗有贈詩小引詳其事云

吳楚奇字少池九歲割股療父病後官四川名山典史告歸敦孝友爲鄉里矜式父卒守墓側不忍刻離後刻木肖像以祀子之哲之任之楝之桂俱諸生

吳連字任方庠生方七歲時母患痰湯藥必躬親後母病劇禱於神願以身代病立愈與弟國彥相友愛析產交讓不受鄉里稱之

余元芳字淑融庠生兄弟俱極孝友而俱不永其年先是父沒兄弟奉母承歡忽兄世芳紹芳相繼卒痛悼中懼傷母心百計寬慰承順未幾已又病慮不起愈傷母心日夕淚盈盈不止將卒第頻聞低聲云母將奈何聞者泣下子震秀國學士秀文學

吳光業字敬修侍父訓導士千疾病衣不解帶者數年士千歿廬墓三載黃利遇贈詩云栖栖一抔土相對暮山蒼破壁張燈闇單衣卒歲涼風過啼短草淚落結秋霜馴鹿詩常事貧心空自傷子世雍知名

喻于智字醒愚國學鄉大賓生平嗜善凡邑中建學廟文昌閣修江隄諸大工皆捐貲助費身肩其事好施與多隱德荒年窮冬陰以活人性慷慨導人爲善受其呵責者嘗誇示於人曰喻某曾親批我頰矣我豈得爲非哉其感人而

重於鄉如此縣大尹辭公嘗贈以家傳孝友性秉溫良云云且爲之立傳見藝文

黎光輝字子昱國學少孤事母孝母喜施與養志毋違兄弟極相友愛事孤嫂敬養備至他懿行稱是子慕蓮舉人敎諭

喻之塾字荷莊例貢以子文鎔官直隸通永道誥贈如其官父于智好施與動輒費數千緡之塾皆左右之惟恐後里有瞽者曰樊魯瞻以私田售于智矜之仍歲給其租樊死又以給其子至之塾時其子死無後又爲之營葬具匳嫁

其女俾主樊祀其善成父志類如此性嚴毅不可干以私邑令之賢者皆尊禮之前尹王鴻與遇之尤厚王官湖北有廉名人比之海酳安自黃梅移應山延之塾至其署折獄或過當視之塾色若不懌卽斂容請改蓋竊以之塾爲韋佩云敎諸子愼交遊勤學術後皆知名長文鏊詳文苑選舉次文鎔次文鑾俱詳選舉宦績 以上舊志

汪酳厚蔡山人性純篤事父母以孝稱人無閒言母歿廬墓三年道光丁亥紳耆鄰族以孝行請獎學憲王題有堂額

張先達字登龍號兼善以孫縣丞贈官性謹厚篤門內行道光丁亥由儒學暨邑紳公舉孝友學憲王奬之子澤潤咸

豐元年舉孝廉方正父小濟美世其家風

王雲開父早逝孀母孤兒相依爲命比長痛母氏窮苦鞠育孝倍至與兄弟怡怡以承母歡母卒廬墓刻像朝夕奉祀倡修濯港平橋並街西石路二里

梅光藻字治國住城市閱門讀書罕有識其面者事嗣母至孝疾病扶持盡瘁數奇未遇絕意進取課子成進士孫甫拔萃列膠庠人以爲盛德之報

黃鳳高縣市人手藝爲業妻亡無子赤貧不能復娶母老患癱臥牀蓐飲食溲溺鳳高輒抱持上下日以手藝微貲供饔飧藥餌且出餔時歸午出未晚歸按期無失如是者十有餘年母歿痛不欲生謂母舍我而逝誰與扶攜奉侍飧葬畢遂絕粒不食數日而氣絕嗚呼其純孝矣乎邑觀察喻文鎔爲之傳

孫文光文學父患足疾朝夕負之上下出入數年不稍懈而父之足忽愈母目疾幾盲醫治罔效每晨餂之母之盲忽明鄉里忿爭爲之解釋不至於訟其至性蓋如此

費錫鴻爲人樸直簡默母病痞父亦憂慮成疾鴻左右侍疾徧覓醫治不痊乃默禱神祇刲肱和參苓以進母病若失父亦霍然後俱登高年人以爲誠孝感格

傅淩漢歲貢煃之長兄業農秉性篤厚煃妻許氏㓜抱歸若

無乳漢父憂之漢曰是不難與妻李氏謀將所生㓜女出養他姓卽以已乳乳許氏辛勤備至煃之讀書成名亦諸賴培護後兄弟五人析箸煃不忍與漢離復與漢同爨三十餘年敎漢次子珏髫齡入泮亦如漢之所以成已者是兄是弟邑中人歎且羨焉

蔣芬文學生家貧父早卒奉母維謹兩弟皆抱痼疾不能力作芬舌耕以給爲之完婚娶後食指日繁至老不忍析箸鄰里有不肖者父老輒舉芬以示法則

黃上聘字雨亭家貧少孤讀書養母貲束修以供甘旨母素患病誓不遠遊館徐宅去家五里攜弱弟授讀弟有疥疾

窘於步歸省恆負以行慰愛憐意也郡縣試輒冠其曹卒嘗於遇年四十而卒弟兆慈侍母疾刲右臂以進蓋至性萃於一門云

汪炳字兆麟咸豐己未副榜品學見重於時事繼母尤曲盡其道母瞽避亂深山炳負之趨艱苦萬狀當是時人多被擄炳以負母故賊反憐之論者以為孝感

石廷樾字蔭堂號培園善事父母嘗謂人生不能以祿養何讀書為後屢薦未售援例得漢川訓導絕生徒干謁一矯冷宦疲苶習己巳冬送考郡城場未畢得家中父憂凶問急覓舟不問他事同官勸少從容不應遂誤搭青山匪船

是夜至陽邏江中遇害子為父死士林咸傷悼之

項榮善字吉甫國學幼孤孀母程氏病筋骨卅年牀蓐善視湯藥罔懈避亂負母趨湖濱母卒未殮賊突至善守哭甚哀賊感而去當時新墳賊疑藏窖之僞多掘發不敢葬載柩渡湖以避遇風舟覆善繫身於棺誓以死殉漂泊卒獲全葬後廬墓雉巢其側

李振展字時來事母以孝母葬結茅墓側晨昏哭奠枯桐爲之復生鄉人奇之折其葉而傳觀之又有李振剖字本初亦以孝聞執喪七日不食及葬廬墓三年學憲王題其堂額曰篤孝

續載

吳鉷字振玉文學性明敏髫年即經理家政會計無遺善事親克順其志五十年依依如孺子季弟錚體羸善病調護曲至人謂有灼艾分疼之情蓋至性然也

程杰字煥鼎文學性純篤事嗣父母父母孝養如一親偶不懌輒婉容愉色以侍俟溫霽乃退宗族稱之

湛恩字思皇廩生植品厲行邑人士暨學師合辭舉孝友端方學憲王獎之著有五經經解

帥達誥世家子避粵逆亂奉親而耕於山竭力田間曲當親意諸弟就外傅雨雪餽食無倦容伯母老無子攜孀稚附

居近宅誥事之如其母同治丁卯賊大至誥父病負之走山巔次負母賊已偪近意伯母猶在舍復往負之同人戒勿往不聽中途遇害刃自左耳透右耳焉

翟煜恩貢光斗子能文章授徒鄉塾距家十餘里母病歸侍湯藥母恐其曠於課讀戒勿歸煜涕泣去越宿至在視周詳畢復去自是日以爲常至母愈乃已後補廩膳生未逾月遘疾卒

黃梅縣志卷二十七

人物志

義行

一介之微嚴於取與若論散財賁爲善舉古人行惠運租指囷鴻眷䘏涸沾澤雖均梅俗好施不豪而俠尚義傾貲亦足爲法睦婣任恤理得心安白裘杜厦寒唆臚歡志義行

宋

劉世矩元豐間設粥賑饑

徐震元祐時人賑貧紓急不計有無

元

陳子英江州義門之後定康初徙梅十世同居門以內尺帛斗粟無私以明經領鄉薦官提舉元無定康年號恐是泰定二字之誤

嚴仲祥生子十一人九世同居不蓄私財天歷中旌表義門

明

陶文達石銓正統間出穀賑饑陶捐穀二千五百石石捐穀六千四百石上聞遣齎勅獎諭賜坊旌爲義民免本戶雜派差役三年

魏澄成化丁酉舉人邑人有受屈有司者忿莫釋澄爲直之其人謝以金不受居鄉授徒貧者不取其贄

胡慶連家頗豐不嗇蓄財盡出以給族之貧乏者惟癖山水工聲律著愚溪詩稿湖上吟等集

洪夢祖字肖暘庠生家頗豐裕嘗出橐金代人償賦族黨婚葬無養者視爲己任兄弟和協不忍析箸年七十四子世美世振世寵俱文學

李馥字歲貢授徒束修分給諸弟居惟茅屋數椽

盧俊歲貢嘗館縣署端方自持而規切時弊仍多資益累任許州進賢信陽學官俱有師範

洪紹貞字暘所以太學授四川旌陽簿勤敏歷練案無留牘補旌陽令以內艱歸出其餘俸以濟族中貧乏者

張士義遇歲旱罄其廩粟以濟事聞旌義官

邢懋才字樂亭選貢授蒲圻訓導蒲有某生嗜學而貧捐俸佐之後生秋闈冠軍咸稱其知人

黃仲懋歲饑出粟二千五百石助賑旌義官平生於津梁祠祀無不助修

宛湝字宗濟隣有獲盜者將浸之源湖湝固懇縱之一夕於牆內獲布一束莫省其由年餘有馳者遮道拜曰前所括者吾也謹以布謝今改行矣

熊楫嘉靖間歲大祲委露積於場俾便於施與

洪偕以勤儉力田訓人稍有得輒周卹貧乏時稱長者

黎衆表家不大裕能施捨修橋

胡鶡多建橋梁

桂炳性孝友屢輸貲賑乏助公家建置前後邑令俱匾旌其義

胡世柏豪俠好義捐貲周貧乏不憚勞費邑令楊書積善堂旌之

袁少泉喜施與捐貲修雙城橋郡縣俱有旌匾

余亮　嚴文　黃永祚　徐哲　雷景福　許暹

何軏　陳吉　桂友芳　潘世昌　張錦　汪材

吳振義　周浩　錢子鳳　吳晨　鄒最　周儒

黃永滄　羅日星

以上俱義官皆助修廨舍橋梁及出粟賑荒者見舊志

國朝

柳琥字熙春廩生居鄉善排解勸諭人咸重之家頗饒樂善好施詩禮田疇世傳不替

黃景恆胡君孚吳之棟俱庠生崇禎間冦擾蘄黃上憲檄有司聚鄉團聽民各立堡防禦邑西舒城山三面臨水險可扼守眾共推胡黃吳三人主計三人遂會議斷山北陸路引湖水環繞相勢壘土爲城城上設木柵置男婦其中儲火藥弓弩器械開三門君孚長西門景恆長南門之棟長北門四路哨探伺賊遠則眾出耕近地收粟儲山上賊方與石礪角遊騎畧湖邊知山有粟撤兵來攻君孚急呼眾持魚叉殺賊兼放弓弩賊少卻又冬水枯築白湖橋口水濺濮賊壘賊沒斃大半賊隨乘木簰矢攻急君孚招眾排舟載版束草賊矢攢草上或射板片不得入人藏船中架百丈火發斃賊無算賊驚散三人者均衣食息紛競別男女聚眾至十百千萬皆有統紀勤劬至矣故自崇禎乙亥至壬午縣城鄉眾俱破壞而舒城山獨完

國朝順治二年奉督臺修查取賢能砦主赴部面試擢用縣令張秉紀趙之兢道景恆等俱辭不赴

梅天祐字自申庠生天性純樸篤於倫紀推腴產爲祀田復

出所餘量給貧族

汪慎言字敷公貢生兄弟八人皆列文學慎言博學多才性任俠有故人子被誣繫獄慎言爲伸救事得雪里人受逋債家將鬻妻慎言代償其債俾完聚其負氣尚義類如此

胡淑字宗遠諸生君孚子膽畧過人遇事敢爲如革里排清兌弊免征役南漕改歸本地驛銀坐支起運凡有關邑中利害者靡不身肩其任力求盡善而後已至施棺槥助喪葬好義尤難悉數云子利捷維新有則俱有傳

洪世訓字公育諸生有聲藝苑尤好施與遇人急難捐貲救之卒年八十子濤濱俱廩生

石太素字純義庠生惠族卹隣邑中修建有裨地方者輒捐貲助之子昇旦俱文學

王作聖字祚生文學崇禎末避寇山中日出米粥給親隣乏食者有族人因同里侵蝕錢糧牽連被逮作聖慨然代賠子時价有傳

石嵊年字峎山歲貢急公慕義凡邑中建閣開河諸務皆親董其役夙夜勤勞無須臾怠惰

曾式廓字大子廩生雅尙氣誼里人有貧不能葬者傾囊助之及歸家人索其貲無以應徐曰無憂吾爲汝曹種德矣子孫達官都司

王時价字叔藩文學志行純篤生平重義輕財年七十卒先一日檢取篋中借券悉焚之太守李匾曰端廉可風子廷珍理有傳

喻穎字魯成諸生純篤好義崇禎辛巳城破時穎纔十齡適父叔方他往導其母張縋城出重圍走湖濱鄉寨以免及長捐腴產百餘畝以收族人每值年饑輒散粟數百斛以濟于清端公題額旌閭人望攸屬癸酉舉鄉大賓黃利通爲文曰此禮舉行五十餘年升自西階聽鼓琴吹笙工奏鹿鳴之三終而示我周行其色不怍惟穎一人耳

石奇字儒藩康熙辛酉武舉由兵部劾職歷官江西中軍守備學優才敏生平急公慕義時邑十年三差紳胥傾陷偏酷百弊滋生奇慨然呈請公攤凡有應辦照糧均派夙弊悉除子天閭恩貢

柯鼎字定九庠生慷慨好義邑有鬻身償債者鼎憫其窮出三十金以贖值歲歉招衆入源湖取魚代完湖稞子介乾桐文學

王之瀚字祥生諸生性豪俠族隣艱生計者輒倒廩以周堤防橋梁極資修助子露翦俱文學

劉之炎字赤夫康熙辛酉武舉性慷慨里有爭訟者不惜貲解之晚構草堂課子姪輩各有成就子夢龍文學

梅光啟字開士庠生有爲豪家索債將鬻其子於僧者光啟爲質產償之且以餘金授其人曰留此爲日用需勿復貸也

洪大林性慷慨遇江西陳某自中州移父櫬歸里缺資林以五十金助之後加倍酬辭不受

洪世讓字任予國學性喜施予遇歲饑輒捐穀賑之郡守于成龍高其義旌曰文鋒振響

胡道亨字明遠庠生喜推解毎積穀以待拯饑家非素封拮据爲之子利溥利勷文學孫芬舉人

石俊字章民歲貢內行純篤遇族黨緩急解囊捄之晚厭煩

雜與邑中耆老遊譙有洛社風

黃利廣廩貢居心恬退與人言如不出口及其遇事從容順應悉有條理敎子弟以禮待鄉黨時加賙恤子之綱武魁之華文學之綸之緯國學

石永年號鳳池郡廩生以優行歷任武昌府興國州校官年四十解組歸里歲祲出粟千石以貸貧者或米價騰溢減値之半以糶市價始平郡守于成龍旌之

程俊字逸足廩生輕財樂義戊申歲饑俊倡廩救不足鬻產遠糴濟之郡守于成龍旌其義

梅元春字應侯廩生生平樂成人善里中有以貧廢學者爲具束修招致附館子魁才庠生德用雄才國學

黎允明字升友庠生學問該博尤精算數邑令戴修楊穴長堤問所費若干允明步行踹勘戴約用弓丈答曰無須尋呈一册高低廣狹分寸不爽子棟廷佐三才俱文庠

石軏字季布諸生素行清介日率子姪輩賦詩論文門內若師友子天勅天衡天倬俱文學

陳士勳字平占以儉樸起家自奉簡約遇人有急解囊相救待族黨尤極賙卹子攀龍庠生

趙之曾字沂公歲貢性敏嗜學日吟哦小齋不問外事而周卹里黨賑濟饑貧獨關心焉凡借貸弗克償者悉焚其券

卒年八十二子士昇文庠士謙歲貢士泰國學著有雪亭詩集

吳士選字里仁諸生聰明英異計畫指陳視事舉不足辦家故貧慷慨赴人急尤篤內行著有順德堂詩集子亮采廩生

石再卓字不群諸生性豪邁倜儻料事成敗如指諸掌年三十卒孫會圖有傳

於鑑倫字向五諸生性任俠料事奇中邑有興革利病必咨謀焉子謐國學

石時珍庠生事嗣父以孝聞家不甚豐而能竭力施濟鄉里賴之

石鍾岱字洵詹歲貢年十二單騎走都門毅然以經世爲念後數奇重自韜晦日肆力於經史文詞

余學由庠生好讀書飲酒偶有餘粟郎以周人雖升斗亦不自嫌其少也子澤芳庠生

梅嵐芝起家勤儉每與人言必以侈汰爲戒見宗族中有好義嗜學者延至家力爲獎掖一時薰德者多子可達羅平吏目孫士傑夏縣知縣

陳慕陳字宸周增生居鄉授徒常以所入賙貧乏而自處淡泊事母以孝聞與弟合食五十載無間言年七十八子大

經大有俱文學
陳迪字賈席廩生性慷慨貸金不克償者爲焚其券遇人急
難解囊救之子鈍廩生鋭五雲庠生
蔣天桂字蟾木康熙癸巳舉人弟中璧字鳴喈雍正癸卯舉
人敦本睦族遇歉歲兄弟各出粟賙卹不計償橋梁有傾
圮者捐金修築天桂子方營舉人中璧子方焯文庠孫志
坦舉人
程許成庠生性慷慨辦邑公事衆咸推服邑令莊旌其堂曰
賈董宏材
程用五庠生讀書慕義喜賓客每客至備極款洽久而彌篤

吳樂字聲遠雍正己酉舉人爲人古樸不尙文飾事繼母盡
禮友愛兄弟周卹里黨人咸稱之
胡纘祖字皇緒諸生雍正五年歲歉捐穀百石以濟鄉里子
淑振國學
梅文字二郁庠生性謹飭足不踰里巷鄉社讌集循循執弟
子儀捐金建宗祠立約束法祭時第其行誼而優劣之雖
親屬無所避子天鈞鋭俱文學孫渭舉人
吳玉懷字譽章國學好施與每遇歲歉出粟以賑貧乏橋梁
道路多所修治子宏仁庠生宏翥國學
馮宣臣讀書明大義子八人極相友愛家庭雍穆一時無兩

孫詔舉人
李時炎字曰上貢生家豐裕捐田十石爲族公産白湖橋圮
與胡鎮翼襄貲其成木梁
余世芳字偉男文學性孝友每自言凡事有兄弟與俱最是
一樂族有貧者周給不少吝子挹秀附貢函秀舉人
董時亨字次元諸生幼失恃繼母蔣撫之讀書不出戶庭凡
邑中公事無不捐貲佽助子洪功洪德華國復一俱庠生
石凝基字孟端國學家庭友愛推已之産佽助諸弟遇歲饑
凡空乏者捐穀濟之子念誠庠生
吳宏喬字嘉樹附貢性不阿時好遇朋友過面規無少隱嘗

捐貲濟人值公事輒傾囊佽助年三十二卒子延齡歲貢
石會圖字文起凌督學保舉優行貢太學尋卒
石諧字寅亮貢生以孝友端方重與邑鄉大賓喻于智齊名
卒後邑令許爲讚歎不已
喻之圻字蒙泉貢生事孀母以孝聞性任俠常破産以資豪
舉病劇邑人公設醮禳解五晝夜其信義感人如此著有
爐餘集
石偉望字宗魯庠生性慷慨助族中子弟考貲歲歉出穀減
價以濟子淑麟州同兆麟縣丞
洪昱字肇東候選縣丞性慷慨給貧乏喪葬貲歲祲平糶濟

族子國翼國俊庠生國定附貢
梅兆龍字六陽諸生饒才幹每濟急救患不惜貲至爲外戚
捐金贖產保墓鄉里尤義之子士慥國學
胡國義義民拾遺金不昧前縣任詳請給匾旌之
陶承達義士文達後裔性慷慨捐建百萬坂石橋一座雍正
乙卯捐穀壹百担充社倉邑令莊詳請旌閭于啟明國學
黎煥字仲昭庠生少孤事母孝弟亡撫姪如已子子潛升文
學有父風飭家政興祀產歲歉捐私囷三百石以濟
黃中坦字坦然庠生篤學砥行不墮時趨事母以孝聞賑饑
濟貧有古義士風尤嗜吟咏遇物輒賦稱泉石君子年八

十四子利廣貢生孫之綱武舉
廖瑚字橫南忠烈士貞孫汶川知縣應拔子家貧好義長兄
珽國學次璉俱早喪養嫂撫孤歷久彌篤與弟廩生桂怡
怡無間言子燕文學
石學洙字近魯貢生好義俠遇人空乏輒傾橐以濟不計其
償友戚有貧相投者終歲食之歸必贈以資斧其生平任
卹類如此
石志士字君將國學事父母喪葬盡禮爲戚贖產迄今賴之
吳夢梅字調五國學重義輕財甲申江隄決散穀數百石以
賑貧溺子書田三易克成父志建路途鎮河西石橋往來

稱便梅川進士劉斯輿爲紀其事書田附貢生三易優增
生
向正楚性好善見縣東嶧道雨雪泥濘行者苦之乃傾囊捐
修石路募助成工邑人至今稱頌以上舊志
李策德優才贍晉屬文與弟簡同列黌序好爲義舉合邑重
修學廟議置學田策與簡慨然倡捐邑有學田自此始有
碑刻姓名嵌於學宮
吳洪桂字京望國學疏財好義嘗先後修建大河鋪兩河口
及楊柳白湖黃角胡祿等橋或專或募或地而復力所能
及歷久不懈邑紳袁申會爲之傳

程國智字敏才國學生平多義行事孀母盡禮與弟國賓相
友愛戚友因訟至城者多方勸釋之以千金構家塾成就
族中子弟社倉受累倡貲購義產以免之人俱稱厚德云
許有翼字鶴舫附貢好義疏財創立賓興館捐田五十畝又
出錢四百緡助修學宮奎閣書院鄉鄰爭訟嘗賠貲解釋
戚友賴其分潤者不可勝數舉鄉飲賓固辭子俊文學亦
篤學勵行工吟咏以長厚稱
鄧來字禹裔文學貌寢而行俠里中有淩暴事不憚艱辛而
出人於險事訖不受分文餽謝爲文敏捷無比寸晷立成
數藝精悍短小亦如其人年逾八十蒙　恩賜翰林檢討

宛相字大用附貢生家素封饒幹濟邑中公事無不與謀然性剛正鄉鄰忿爭構隙得其一言以釋胥吏之狡詐不敢逞者始畏而終服之尤精醫術嘗自蓄藥餌貧窘乞醫者診之而兼給以藥其生平豪爽揮霍類如此

尤文華字光斗好施予族中孤貧養生送死皆賴之歲歉鬻產以濟所修橋大小凡九座有路出叢塚中恐培築另修石路保全之生平盛德事不可枚舉年一百有三歲子孫林立與次子明義兩代俱五世同堂　旌表建坊

宛映台字崇蘭附貢生捐獻上沿鎮茅坪田肆石捌斗坐落長嶺西南本鎮十六戶輪充保正歲收其入爲辦公之資嘉慶辛酉勒石黃荆庵殿壁具載田地科糧租課及各支應事件

嗣後準而行之歷久無替

梅華敏　贈官父國學文運疏財好義嘗欲捐邑中縣試卷資未果華敏與弟吐玉克承厥志於嘉慶丙子年捐田九十五畝收課生息付禮房承辦每居縣卷存案閤邑賴之

余學文字樸齋慷慨好施嘉慶間獻學署前店房一重爲文廟香火之費近遭兵燹基址尚存

桂燦庚國學好善出於天性家頗饒布衣蔬食樂施濟尤喜繕橋如衡砂橋仁壽橋白湖橋雖費金徹神不恤也宿松石編修葆元贊曰具體大士抗懷葛天游神於素悟道之元嗟爾有眾形氣同焉胡艱於食胡阻於川縣然者粟有乞斯鐲隆然者梁有造斯堅恫瘝在念西銘一篇以補造化以完自然

於開太國學家貲不豐而性好善歲歉施粥盛夏施茶重修渡河橋捐金貳伯兩以襄其事餘多類此

胡楚望字崧庭素好義每值年饑散粟以拯貧困間有書券求貸者與之粟而不受其券亦終無計償事人咸推爲長者

桂遵訓文學桂行健國學兄弟共捐田四石二斗三升永作多雲鎮保甲費凡寄居者概不充保

商斯美字士玉貢生好行善事嘉慶丁丑捐田八十三畝作

合邑府院試卷貲旋恐生弊田贖還繳價錢一千二百緡發典生息便於取辦可謂計周而慮遠矣

朱宣字大林貢生生平好行其德見貧有疾者輒爲之具醫藥居水鄉每值歲饑常賴其力以濟

單清字德昭國學江坍孤冢洗卸雇工陸續收檢買王府埠高地數畝安厝歲時攜殺酒香楮施奠亦厚道也

程萬恩字澤溥國學慷慨好善捐置本鎮義產充保正義租修文明門路又承祖志捐獻田產續修過路灘橋筏

許芬字春溪例授州同幼失怙與從兄文學芳俱岐嶷拔俗

喻文鏊詩云丁卯橋頭兩後生溫能如玉欲驚人後抱疴在牀閏叔祖鶴舫創賓興稟毋趙氏捐田壹伯畝邑人祠芬毋子於館復捐田拾捌畝有奇作香火資

桂利見貢生捐田伍拾貳畝有奇永作項橋鎮義產

桂中明字受釆國學見邑中小試俱有卷資獨鄉試缺此於道光甲午獨捐錢伍百緡存典生息永作鄉試正科卷資今已移崇文堂置買田產

商承德字樹棠國學樂施與邑中橋梁道路竭力修治歲歉出穀分濟族人見府院試卷價不敷道光戊申繼叔斯美志補捐錢貳百緡

梅調元字允茲優增生公正能任事道光間受聘修官堤躬親畚挶開計量督築不辭勞怨上憲獎以宣勤保衞洵不愧云

石景熙字小山國學生而饒幹濟沖和正直精算法熟於丈量道光間水患頻仍疊受聘修沿江驛路各堤搦擋數載合邑利賴又修城辦賑輯學宮繕文昌閣景熙之力居多後幕楚南江浙所至稱能阻兵卒於嚴州分水

王元長字善齋國學家頗饒儉約自奉事關利濟捐貲不惜圩路苦泥濘鋪石數里行人稱便道光戊戌大圩募工賫土費不敷捐賠數百金息合圩訟累

胡春元字輝祖國學樂施予道光壬辰邑大饑出穀千餘石拯濟鄉鄰存活者眾子思藻於大水後拚埋沿堤骸骨至數百塚人謂其能繼父志云

鄧琨字師善議敘運同樸實公正兼裕才略道光間襄辦災賑稱安協道府憲倚重寄以隄工重任琨亦竭盡心力勞怨不辭數十年江隄保固裨益不少歿後邑人咸追念之

續載

石寅賓字茂倫國學性孝而俠手創之業嘗慽不逮親存而悉以赴義舉歲癸丑粵逆東下邑人紛竄南關外橋久廢逃徙者往往陷溺獨捐貲脩復不下二千金洎勒碑不署

名焉時鄰里貧不能遷者近百家悉資遣之其他義產義莊義塾之置在宗族者靡不類是

石揚清字澤海諸生爲人爽直任公事有血性邑中舊捐卷費寄典生息咸豐間被兵典燬費無著揚清邀同眾姓稟縣追典商賠償又相率勸捐置產創立崇文堂搦擋終始不辭勞怨卷費之廢而復舉者揚清之力實多

帥承漢字雲倬文學勤儉居積持家課讀兼能之故子姪多成就嘗捐田培祭邑患火漢倡捐於火神廟側鑿大池甃以石版儲水以備一帀賴之

龔宏開字南垣候選縣丞有應變才勤於幹事咸豐九年辦

理暫廣文武學額各貳名並捐紙筆飯食部費銀貳百兩
同治二年辦理永廣文武學額各七名又暫廣各貳名皆
宏開經紀其事

徐佐周本邑人因公事僑寓省垣凡邑中利弊無不竭力經
紀雍正初年黃梅加增學額佐與有力舊志未載或脩時
佐尚存與

項心安字理文一字仁圃國學重義好施鄰族緩急恃爲道
光間災疫頻仍給錢散藥多所全活時有姑婦不能存活
惟鬻婦始可活姑哭不忍別安聞急止之按日給米婦獲
保全生平善事類此五世同堂

吳光顯字亦臨例貢生弟光烈光成俱國學門內飭禮法三
世以義行稱光顯兄弟克承先志道光間每值水災按戶
口散錢米逃外者給資斧守者予牛種雖費至數千緡不
恤里人稱之

胡廷揩字一純國學資性純篤樂施予道光辛卯大水出穀
賑饑累數次無吝嗇戊申己酉間連歲大水分貲不足與
衣以濟好善出於天性數十年族黨猶稱頌不衰

洪之忠字思進例貢生性恬淡讀書爲善周恤里黨尤精醫術家蓄
藥一廚凡求診治者度不能購藥輒裹藥贈之不受謝年
八十有二

張正羽字騎程生平好義急公鄉里有爭訟竭力排解貧乏
者輒有無相通行之至老不倦他如脩橋濟人儲穀防饑
尤難更僕數年九十

柯淩雲字南士文學篤學嗜古以利濟爲心族有被某姓誣
爲僕者理之不得直鬻產數畝代控其寃得斷歸又途中
見旅客臥病爲延醫調治厚貲送歸生平事迹多類此

湛步雲字鶱飛肄業成均數年屢試優等性友愛與叔父分
產以腴田奉叔而自取其瘠者乾隆五十年大荒往襄樊
購黃豆二百石分給鄰族里人至今能言之

毛應鳳字曉齋國學明敏足任事承管漕艘兩居老成練達

念戶族貧疲捐贖屯糧數十石宗族嘉賴又捐本鎮保義
田二十八畝以免差役之累

李映宿字卓菴文學家素封族衆多浮夸獨以靜鎮出之性
喜施予歲饑賙濟貧乏不欲人知有戚某借金累數百券
叢積病劇時屬某償少許令子姪當前焚券曰留故紙滋
累吾所甚惡也其豪爽類如此

柳應臺積學未遇心存恬退課農桑立致饒裕晚年更喜培
植士類解囊獻產朋助闔邑賓興子孫列庠序多人

洪祖德字薰化國學性誠樸家不中貲而好善若渴嘗助賓
興捐金林鎮田課四十四石邑人至今稱頌

洪爲綬字孟黼文學喜濟人急歲荒出粟賑貧乏鄉里賴以舉火者多人族子弟赴試不給者助以資斧卒年八十六

趙　勳字褒平貢生性冲淡疏財仗義遇人有急難無不解囊相助其生平懿行不可枚舉族黨鄉鄰咸嘖嘖稱會焉

黃　驥字丹墀廩生家素封喜濟人急歲祲磬其所積以賙族鄰時自湖渡驛路常患泥濘捐貲助修不次邑令獎許

商光耀字虎拜好善樂施歲旱出穀千餘石周濟戶族鄰里窮寠賴之

程國瑚國學慷慨好施里中貧寠多賴之砂嶺崗郭家嘴兩處路窪泥濘雨行甚苦瑚創修石路義山古塚纍纍後葬

者輒誤犯前塚瑚各塚爲之立碑其行事類此年八十有五

鄧日章字寅賓國學性豪俠解紛排難婦孺知名里中無賴有嫌於鄉者以陳人首置其門章迴詰得所自來瘞而遣之後鄉鎮有類此者鳴之官一罹法一破家人始服章之才識焉

黃梅縣志卷二十八

人物志

篤行

篤者厚也反之則薄薄俗宜敦新民是作賴有純儒立品遑躁踐期於實德戒其涼毋矜而戾毋肆而狂勵我庸德日用尋常心正身修言近指遠鄉望所歸士風可轉備載其人於以勸善志篤行

明

洪夢甲字唯一篤學勵行至老不廢晚有足疾以壽終子世講舉人知縣世讓國學

沈淪素行清介以明經官長洲丞夙與蘄州洪武山交密後武山督學江南臨長洲同閱長洲卷人不敢以私干

國朝

劉澤世字叔及諸生隨父宦任贛州日以誦讀爲務子樹屏樹玉瑞齡士純俱文學

於璜字文葉庠生平生端謹授徒終身以文學世其家子仁鑑義鑑倫韋奎韋教俱諸生

吳亮采字炯叔諸生素剛正質直有司馬君實風與弟鴻翼日以詩文相勵著有白雪堂稿子世懃國學化大士庠生

李奇字亘藩庠生性穎異博學能文持己端介教授生徒詩

文多成家自號退菴居士
龔華廷字碩先性恬退熟史學訓子弟以謙讓稱忠厚長者
吳軒庠生剛子端方正直疎於財族鄰凶吉事不惜傾囊幼
英敏善屬文然絶意進取杜門歛跡著周易存疑三卷
胡利捷字咸有庠生博學能文試輒異等爲人簡默一守先
正遺規子鎮楚貢生光文學
曾式則字南士諸生天性醕篤閉戶讀書教授生徒子登龍
登瀛逵俱文學
陳其雯字儒士弟志陞字履謙皆諸生自兒童逮老耄怡怡
無間其雯建宗祠置祀產性和緩無疾言遽色志陞頗下

急而真誠自矢有外媚再世而孤力爲撫之二人子孫俱
知名
蔣基豐字東垣晸子康熙丙子舉人刻志讀書學行純粹子
天機國學孫朝萬附貢候選州同
喩于道字函五文學束修勵行一遵禮教子之墉郡庠生
宛士憲文學賦性沈靜立身清潔家庭孝友凡有爭訟得其
一言以釋
余必極字碧開文學爲人矜嚴好禮作止有則未嘗與人忤
而人自不敢犯嘗曰人生惟安分守己最受用故邑中余
氏獨有家法子世芳行芳元芳俱文學紹芳國學

石宏烈字廓仁文學志行醕潔終身不渝耄年築小軒於松
嶺以自頤養年九十三歲子尙志歲貢
趙士謙字六皆歲貢博物洽聞制行卓犖端方子錦倘舉人
錦堂選拔錦雲文學錦心國學
熊國輔字素書增生孝友肫摯氣節端嚴幼與兄恪弟恢構
草堂爲四子文藝每一藝出人卽抄誦子大贇文學
何其藻字素生增生行己端方館縣令周三載不與聞外事
邑人重之
洪演字易策廩生自太僕恩以來子孫克守先緒循循有規
矩演尤名著子其績國學

吳宏岐字鳴岡附貢授州同爲文宗先正善書法嘗出產給
族人鄉有構訟者以理諭之邑令李議舉優行辭不就子
三捷附貢華國大椿俱貢生
於是逵字希上諸生篤於倫紀有從姪再世而孤爲之撫恤
備極艱辛子時中昇平蒔舉俱文學時舉與修府志
陳際時字小藩庠生性謹飭雖居城市日以勤儉孝友訓其
後人子士楫貢生士霖文學士元歲貢
陳雄字南勳庠生好學能文爲人渾厚樸誠築山南草堂教
授生徒從遊者衆
柳時青字煥肩諸生規言矩行爲里黨所矜式尤嗜學雖酷

暑嚴寒未嘗廢業子永年鞏年皆諸生
洪嚋字彝敘增生性温厚敦樸尤好交遊往來多知名士遇
貧友嘗傾囊倒篋自甘澹泊晚年隱居嘯咏著有行餘集
偶存草子言昌望隆言坊俱文學言福言揚國學
梅世英字漢成醕謹自守平居以善化其里黨口不言人過
而耿介之操豪悍者見輒心服子士幹國學萬年庠生
王宏業字登三康熙乙酉副榜天姿聰穎學行純粹成就後
學惟日孜孜子作賓諸生
潘希元恬淡自愛不樂仕進弟履歷尤嚴非義一介不苟兄
弟怡怡至老年不忍析爨邑人比之陳太丘張公藝云

鄭尚文字可珍文學賦性穎悟好學不倦子三俱諸生
桂世升字躡先爲人詳慎儉約修建橋路不惜重貲遇人急
難嘗傾囊相佽年八十子日新文學　以上舊志
聶俊字秀宇廩生積學勵品爲鄉閭所推重家故貧甘淡泊
以館穀營生教讀三十餘年文行並蜚饒有先正典刑見
佳子弟之寒素者樂爲成就不計脩貲故一時名儁逼顯
多出其門下後子與姪均領鄉薦人以爲勤於課學之報
云
洪三玉國學喜施與嘗繕修橋梁捐穀濟困鄉里稱爲善人
而門內之行尤篤

李懷若字超倫爲人方正族鄰有過失者輒規懷若知而嚴
肅之中寓有惻怛嘗有爲債逼而鬻妻者夫妻相泣不忍
别爲代償之事遂止其慈惠多類此年八十舉於鄉明年
賜翰林
何見龍字存雅庠生性恬靜鮮所嗜好操守甚嚴居鄉潔巳
自好享大年孫曾多列黌序
柳濆字和之增生篤於內行授徒先以孝經開諭之使其清
明之氣從本根上發見故能多所成就邑中稱述先正者
必歸焉
蔣楚璠字魯堂郡增生與弟文學楚玕楚琇國學楚珏兄弟

遵祖父訓讀書爲善光門閭邑稱小南門蔣氏云堂伯母
黎貧寡無子迎養十餘年喪葬盡禮再從姪恩濊幼孤貧
撫養教導俾掇科知名他篤行類是
吳鸞字鳳林國學以實年八十赴鄉試賜副榜矍鑠不減後
生士林歎服生平勤學問謹門內之行與人交接藹然可
親邑中知不知皆稱先正典型焉
石志培字必因諸生厚重恭謹言動必軌於正家貧以教讀
爲生塾規嚴肅勤學者爭赴之館中至不能容又篤內行
兄弟和睦每見必以守貧厲節相勉
傅鳳字渭南歲貢　賜國子監學正老於教讀言動不苟居

家以孝友稱訓子弟惟求務實嘗謂人曰吾家無大好處
讀書耕田兩不偏廢而已如生子二人一使耕一使讀耕
者生子又隨讀者讀讀者生子又隨耕者耕耕讀互易可
常可繼此言可作韋弦
柳沅字南臺文學性嚴毅訓子弟務實行居鄉有正直聲族
黨爭訟須其一言立決
於作霖字新吾文學性誠篤衣冠簡淡文如其人幼苦學七
經皆手錄又集四書衆說參酌而折衷焉教生徒先行後
文受其陶成者多勉爲善士
王易贊字維弼增生學裕而氣和教人不事嚴肅如春風煦

物感易入而開發良多游其門者雖更十數年後覩之如
童蒙時可想其誠懇之槩
程咸熙字厚齋從九父兄寄居竹山閱關數千里子身迎父
歸養往返備嘗艱苦又嘗倡捐祭產爲一族所推重
嚴華先字鎮訢國學質行廉厚至老不渝教諭劉學澍深器
之劉岸然道貌而能文蓋同類相取云
柯之薦字兆揚力學未博一衿兄老病奉侍周至兄子在寅
從受學早逝遺孤龍光體羸薦飲食教誨翼而長之俾至
於成人龍光貢成均具述所自常淚下
梅楫字國滋國學性方直不諧俗而善信自足感人每遇閭

里忿爭片言立解有貧不能娶及年荒棄婦者悉竭力助
資令其完聚一鄉之中咸稱長者年踰八旬卒
鄧士潔字鵬海文學性極長厚嘗收租佃以劣穀進令易之
佃抗不易反加橫逆默然歸家衆爲不平將控官究治潔
恐其受累星夜趨佃告之故第云後不可復爾仍收前穀
素行多類此年逾八十重遊泮水
王序字德聲號層修增生性謹嚴動循禮法里居教授剛柔
日課無閒家多藏書口沫手胝幾遍故所學甚博子死於
難孫復殀生平著述遂無一存者
岳兆元字克家號勉齋歲貢生平無疾言遽色鄉有忿爭者

質之元皆帖然服晚年精於地理爲人卜吉非善門不輕
往故不以堪輿家名
周鴻章字玉瓚勤於課讀及門多所成就平居恂恂然不以
才智見而一鄉稱善人積貪餼年資當充貢值咸豐閒兵
燹停試以廩生終
黃元潤字煥章廩生有聲庠序試輒空羣時藝饒有根柢經
史盎然聞人一技一能津津樂道率其虛懷好學之姿可
期遠到中道徂謝士林惋惜
續載
洪兆茲字載育性嗜古不慕名利以詩書孝弟訓子姪同爨

而居者數十人無閒言布衣粗食淡泊家風年八十二

汪福堂字疇五國學豐於財而儉約自處老屋數椽布衣蔬食然見義勇爲嘗捐社田數十畝邑脩文廟文昌閣奎閣皆出貲襄助喻元鴻爲叙其事卒年九十二

鄧期字裕凝國學性剛正而極恬靜戚族爭競者求之急始出一言以相解里閭不肖之行恐爲所聞其令人欽重率類此

柳紹蓮字震宇國學天性樸實生平無奇節異行而寬厚存心和藹接物一鄉推爲善人子孫林立

毛裏字賓寅文學性純謹父早逝事母以孝聞毛氏故軍籍

值造艘費無出舉戶憂惶裏雖例不當軍心關一體與弟文學長裕商之將私產變賣得金數百襄衆協造宗族德焉

程軒躍原名夢鯉字文淵老於諸生以實年八十賜副榜績學植品勤於課讀戶外事概不與閭邑人推重

洪廷灼字文炳增生孝行純篤內外無閒言築室南湖濱歸真返樸不染時習鄉有不舉火者私袖金遺之不令人知

柳昌運字絅尚庠生性渾樸不事雕琢居家以忠厚垂訓接鄉人以和享年近九旬邑尊薛題元氣渾成贈之

潘誠一字鳳操號桐岡文學純樸能文兼工書法嘗遊山東廣西學幕精心校閱所得多名下士居鄉恂恂然其和可飲列學籍六十餘年　恩賜副榜

蔣儆澄字星燦文學性脫畧不問家人生產壹意勤學年四十始博一衿遂無意進取教授生徒一秉先民法式於子弟輩尤多所成就族黨稱之

畢俊字冠千增生少從喻文鰲受業最稱馴謹器識深沈不露里黨稱善人喻詩集中重九看菊云耐久交難得離邊護幾枝要從霜降後看到雪飛時蓋謂俊也

陳清濂字芝茂廩生授徒四十年不計修脯勤於講說隨其資質所至高下淺深咸使領悟邑中稱善教子弟者必推

清濂

劉開第字星鑑歲貢爲人古樸不尚文飾清慎自持而待人忠厚以詩書世其家子孫克自成立

梅紀鼎字盥齋敦品績學事父母以孝稱尤樂善好施推食解衣助施棺木鄉有忿爭者力爲排解無不冰釋

洪　芬字馨樸庠生性友愛能分多益寡居鄉遇大小事慷慨剖決出以至誠罔不帖服至今猶嘖嘖人口年七十二

黃梅縣志卷二十九

人物志

隱逸

微子一篇頗誌畸人丈人隱者夷齊逸民商皓嚴陵次第繼起梅至李唐洊有高士溪山澗壑人競潛蹤簪纓蔓濇羈絆塵空顯晦何常視乎所遇幸際承平誰甘伏處志隱逸

唐

李玭開元時人才學淵博排蕩百家爲詩文宗匠一日明皇夢神自稱廬山使者請立廟廟成詔刺史獨孤正訪諸工文辭者製碑以進作者凡六百八十一人獨玭文稱旨詔舉博學宏詞不赴或勸之玭對曰世所稱詞學何如張九齡裴耀卿賢今概以李林甫罷去予安能保予之必終也竟築室東山麻林之窪讀書談道稱衡門居士

元

汪堯舉字熙甫天歷間進士清介自立終身不仕

明

陳華正德間舉人甘貧嗜學雅好山水琴咏隱多雲破額間不仕

胡子琳字西崑諸生性簡默遇人謙退自下隱居湖濱咏歌終老孫寄垣舉人

周璽讀書甘貧構別業日披吟其中里中婚葬不給者輒致粟帛子渭太學孫宗舉人知縣

汪朝東庠生博極羣書工於吟咏後棄舉子業放浪山水間

陳質吾庠生性穎異文不屬草學使葛屺瞻歎爲雋才後築室古角山著有寒山文集

洪紹元字約所耽酣書史不慕榮利與聘君瞿九思往來最善

石維屏庠生結舍山中讀書砥節薦舉德行堅辭不就

王獻臣字文可庠生性嗜山水工詩結茅窮谷自稱江漢遺民

王宗憲由選貢任廣西灌陽令嚴正自矢不阿當路涖任八月掛冠歸脩然自得毫無慍色

余鐸字與聞庠生通音律工眞草隸書晚年究心禪說子振遠旬遠俱文學

汪淮宏治間兩爲社學師屢膺義辟力辭不就

程仲魯字少愚布衣高尚慕邵康節之風嘗乘小車出入載筆牀茶竈吟咏自若刻有東峰外稿

商顯雅好詩書永樂二年徵文學入京固辭不仕賜號樂耕徵士翰林張和美作寒江歸隱圖送之有畫圖不盡寒江

意千載高風一釣舟之句
石垣國字維甫留心經濟尤精象緯太史李本甯稱其有管
樂才著有象臆詩稿行世
汪美號勉齋仲弟勷號逸齋昆仲孝友相繼入邑庠皆負奇
氣試輒高等食廩餼當歲薦勷名次先美勷曰某弟也不
可以先兄致衣巾美膺歲薦亦不仕作見志吟名其亭曰
省心著有東山雙隱詩集
汪灼美季弟字竹菴幼不能詩中年究心禪學構抱一亭於
竹林深處日吟內典十餘年不接世事久之不假思索輒
成韵後勷子可受貴勷乃迎其兄與弟於樂志亭年皆六

七十餘更相唱和著有怡怡堂詩集
梅尙賢字少溪築室蔡山麓日以經史自娛偶爲詩歌旋焚
其草人勸之就試輒不應
蔣文字素公崇禎壬午舉人遭世亂不仕住煙波深處每得
一魚卽欣然賦詩嘗曰昔人飲水投錢吾以詩易魚亦不
薄其值矣
余振遠字宣臣增生德器深沈明末屏跡烏牙山下以詩酒
文章爲娛賦詩云雲山千萬叠茅屋兩三間未了詩書債
重來補聖賢著有安溪詩集
李芬字應秋庠生端謹自持荆王屢辟府屬弗就後以師禮

徵應之期年稱疾歸賜南家圩田百畝不受晚遭流寇避
寨龍頭山子鴻鵷鷺鶴鳳俱知名
陳珙封君履恒之子瑜之弟淡泊寡營獨居養親伯叔嘗謂
之曰爾事親兄事君忠孝兩字近之
李同雲貢士有夙慧過目成誦常與邑紳建武當宮仕籍雖
未著亦急流勇退人也
國朝
胡維新字方仲庠生心長厚而性近豪放絕意舉場栖隱湖
濱年九十餘足迹不入城市延訪名儒鍵戶訓子子任學
諸生孫如炳歲貢可郁舉人

洪樞字文宿庠生博學能文流寇陷城後歸隱湖濱或勸其
應試輒以疾辭杜門卻軌飲酒賦詩卒年七十一子璧禧
俱文學材歲貢
吳世理字宣三恩貢爲人磊落激昂遇友難輒以身赴博通
古今淹貫閎肆晚除學博不就隱居太白湖吟咏自適卒
年八十六子連庠生國彥歲貢國瑞國學
余紹芳字的書國學性淡雅不甚諧俗別構高樓筆床茶爐
詩卷酒杯具焉每遊眺命僮攜行晚尤嗜禪嘗誡子姪曰
文字語言歸一處卽此可領悟耳子郁秀必達賓秀鳳秀
俱有聲庠序

趙之牧字公造歲貢家貧積學能文以教授生徒爲事例授
訓導不就
汪方長字帶如歲貢幼隨祖可受宦江南慕金陵山水日泛
舟秦淮詩酒自娛後歸築室黄連洲畔愛讀春秋多探秘
要學者宗之
邢士珩字奇甫風流瀟灑與物無競雜羣兒嬉戲里社有相
邀出遊者欣然相從暇則彈棋賦詩悠游自得然大閑不
踰人親之莫得而狎之也
吳履字綏公號覼民廩生嗜古力學淹洽諸子百家斷簡殘
篇不惜貲購致一一手錄邑志燬於兵順治初邑侯徐學

博蕭親謁其廬得手鈔數卷藉以搜輯梅之有志胥其力
也顧淡於進取一試不售輒隱湖濱著作日富邑先達奉
爲楷模及沒黄利通曾達有詩輓之
吳欽崇字敬一國學與伯綏公姪宣三隱處湖濱博通經史
性孝友醕厚周緩急排爭競鄉里有不肖者畏過其門邑
侯李慕之不能致適雍正二年奉文積儲社穀訪宅委任
其事崇捐穀百餘石爲倡一時義士爭應之子夢梅另有
傳
石峻年字嶙士貢生少孤事嫡母二昆以孝友著尤篤志於
學不慕榮利子鑑貢生孫爲藝進士

吳正甫廩生兩躓棘闈不第遂不就試讀書東山寺四十年
時賢高之子益生庠生
石再楫字作舟庠生學識迥異極流指陳時務如聚米畫沙
然深自斂退至今以詩禮世其家
吳輶字季輿國學慷慨捐貲以贊成公事暇與諸兄飲酒賦
詩不問戶外事故子若孫詩禮文章世傳不替
程任英字奎文庠生性疎放蕭然物外常對人長吟知足不
辱知止不殆二語子兆元兆魁俱庠生
吳錫祉字介繁嗜讀書盛暑嚴寒未嘗輟學著有萱草集及
忍性等書年二十餘卒子世理甫週歲長從舅氏黄懷亭

遊學日進著聲文壇孫國彦貢生
石昇字上公庠生賦性聰穎尤勤搜討日以詩禮課子姪屏
跡囂塵自顏其齋曰半隱堂子悠遠恩貢寬文學
潘夢松字蒼如幼英敏善屬文邑先達比以潘邠老杜門斂
跡絕不問外事子同烆經魁同孔文學同熚國學
洪材字宇扶工制藝總角應試前令張取冠多士後絕意進
取以貢生終子國鈞國忠國傑俱貢監
陳鑣字天馭廩生性穎異屏絕外營肆力於學祁寒溽暑未
嘗廢業子星輝諸生
董日躋字瞿岸歲貢工詩文兼善草隸居太白湖濱不與戶

外事子道文學

石中璵字伊璜庠生窮經力學務闡程朱之旨著四書講義

吳太宇魯宗廪生工詩古文辭性嗜書聞有秘本郎重貲購求與邑蔡洲黃之麒輩朝夕論文歲時贍給族黨貧不能試者尤解囊佽之

胡有則字方友庠生九歲喪母事繼母劉飲食不假他手性不喜科舉文手孝經及先賢語錄輯自箴篇子鎮華文學太華廪生

王廷珍字我槐弟理字品三內行純篤通經史棄舉子業築雙隱堂植花竹自娛兄弟不履城市者四十年

邢士鯤字季萬愁順子隱居自樂處儔黨中翛然如鷄羣之鶴善屬詞兼工書法誦其詩文者比之徐山陰云 以上舊志

程萬里字素懷增生早年擅名譽冠軍文膾炙人口後淡於功名與黃之騏喻化鵠爲文章交往來唱和著有忠庵文集

黃之駱字价人廪貢生幼承家學究心詩古文辭制藝則力規先正累薦未遇隱居授徒一以引誘後學爲任每課藝點定畢必構數首以示成材甚衆著有養源書屋制藝

石室字書牀號秋水文學嗜古好奇工吟詠所爲詩悲壯蒼涼兀傲自喜家貧好遊嘗浮漢達湘登天柱祝融最高頂既歸詩益奇崛築室林泉日與黃有福等相倡和每酒後耳熱昂首長吟隨作隨焚棄不復自存稿喻文鏊亟稱之

柯本端字儆侃增生學問淵博叩以經史古書無不了了爲文奥折筆銳而思精出其門者鮮庸俗嘗結完肯小齋與黎孟銓熊虞麗往來論文談竟夕不倦著有五經精義詮解周易會參

余文華字漱石嘉慶辛酉副榜勤學好古經史子集流覽殆遍隱居教讀力戒空疏所改課藝人多愛玩弆笥中不忍棄著有周末史鈔禹貢要覽水道辨等書

喻杰字次奇號木人文學鄉闈三薦未售遂絕意進取具牒

出學籍教授生徒善誘導各因其材多所成就貧而有守不慕聲華故知者卒鮮

何克葆字樹滋邑中以國學知名者也屢踏省闈不遇遂絕意進取專務實行持身律已暗合古人而濟急拯危如饑食渴飲之不容暫緩著有浣齋文稿

王光璵字紹豐恩貢能文章長於教授大河南北往往有延請之者選授天門教諭不就授徒以終

陳元善字古餘郡增生與弟元吉孳孖質樸勤學爲名諸生年及九旬猶能於鐙下作小楷以應官課平時布袍竹杖嘯傲林泉有問以世務時事茫不知所謂年九十一

程咸澧字暉吉家世青箱童試兩取佾生未售遂絕意進取弟咸濟貢成均請與偕澧曰吾生未博一衿死題吾墓道曰處士某某足矣不是羨也性靜謐勤學尤嗜易著有鋤經堂稿卒年九十二

洪光大字仲徽晚得一衿性樸訥曰兢兢以古人自勵與人交和藹中寓勸勉道光丙午　賜副榜嘗屏居一室冥坐澄心靚近日人情時事慨焉太息未幾粵逆擾山中從容引孀女赴死可悲可法著有儀禮易知待刊

梅榮字元炯郡廩生性恬靜恥貪緣不願仕進兄教諭芳欲以俸餘代爲納貲榮婉言謝之曰弟以布衣老長得詩酒

自娛足矣道光己丑捐銀辦卷資學憲賀亟加獎賞

石夔照字漢中廩生性幽靜隱居教授和平中寓謹飭文藝之外日以愼交遊嚴取與爲箴儆精醫術厭人延請然强之仍爲診治常有言曰人生得不入城市大幸也

周加徵字懋功增生貌樸實衣冠近古講學厲行動必求其眞確所爲詩文俱有法度根柢生平淡於進取又居近梅川閉戶御軌人幾忘其爲邑中佳士焉

洪永棠字憩亭廩膳生性穎敏書過目不忘爲文根極理要再三詳審而後下筆故所作多精思妙論抒發性靈生平飭行檢不苟取與四十後獨坐冥心若大有所得者然年

四十八

紳職

蔣會升字浣亭諸生深於經學詳疏細註多發明晚病肺輟書王中表喻文鏊家商摧經史文鏊評其文在班范之間

吳文藻字南濱廩生性和平風雅與輩行談論蘊藉生姿使人心醉生平潔己自持不稍涉非分嗜學植品課讀督生著有聽雨樓試帖咸稱秀雅

何玉琴字鳴豫文學性磊落好古深思出語必驚人不肯一蹈常徑當時稱爲小謝著有三高新亭叢語其孫佑之抱殘守缺絕意功名絃歌獨樂好善喜施著續新亭叢語今

存者家訓一則

洪生春字薰南號墨憨恩貢穎悟能文詩賦尤勝工書法行草擅長與人交恢諧瀟灑妙語解頤然義利甚嚴貧而有守兄本廉早逝撫姪甚成學事節嫂何氏以禮享年九十

雷鳴甲字致福咸豐壬子副榜樸率能文得窺先輩堂奧中年僅中副車遂無心進取放浪山水精青囊之學與人言輒娓娓忘倦然非至好弗與卜吉蓋不同形家云

王夔燦字純青成童入泮氣宇深沈學行爲鄉閭所推重教授徒衆各因其人故一時從遊者率稱英才而多列庠序著有五之堂集及詩稿待梓

方技附

程萬藻字匡汝精青烏術嘗游灊霍英六爲金大司寇光第祖父營葬地頭卜當福某支千生人果驗卽司寇也閤邑謀建魁星閣請藻擇地而基閣成是秋㨗鄉闈者正副九人僉以是德藻藻謝曰適然之數也

陳文斌字武烈江西人從祖父遷梅業醫精其術立起沉疴窮窶者不較藥值常點夜燈以照行人一日視病鄰村晚歸主人以輿送力辭中途遇雨時已二更昏黑不辨路忽見數丈前燈光隱現若近若遠走五六里直達里門則門前照夜之燈也可爲行善者勸著有傷寒纂要等書待梓

王經綸性樸直精岐黃術多用薑桂嘗視病某家就塾中宿與師徒相習爲各診其脉氣一童子素肥澤健固經診之忽大驚曰若何爲至此師詰之曰不旬日矣宜速歸歸果七日而歿

鄭梅占業儒兼精醫學用藥必平常習見者無金石猛烈之劑清補尤勝嘗往來富宦家病藥外言不及他不較謝金亦不乘人之急高聲價恂恂然有儒士風以醫稱從其長也

周金樹字貫亭工書法能作望雲草書梅自喻化鵲石謚之後金其傑出也與圻水王雲廣濟徐襄同時以字名寸逡尺幅人皆寶貴又善勾股筭法著有筭法精言

李　棠字八愚工畫丹青水墨皆大寫生氣勃勃嘗畫破荷葉折枝瓜菓及草蟲游鱗如置身籬落池沼之間蓋能貌其神也先是李本賢工墨菊以文章掩其畫棠其族也

胡　嶼字龍光精繪畫之事丹青着色鮮明歷久不壞畫瀟湘八景於山市晴嵐洞庭秋月能空中起色於山寺晚鐘能象外傳神師法閔貞其外祖也嘗爲鄃文鰲畫黃梅出山圖見考田詩話

李開基字華國候選縣丞好義精醫邑某官病篤延基治生死而肉骨某贈以拯我於危扁額並跋其後曰不計利不

辭勞一意實心濟人利物紀實也基家素豐遇災眚與弟開第發粟散錢捐工助賑等事嘗數數見不書非其所難也精醫不以爲業蓋行方便而不受謝云

黎祖懷字秉廉文學性敏精醫深識內經之旨與人言必摘某段言脉某段言症爲之剖辨分明尤長於傷寒遇奇險輒奏奇效而用藥不多邑中稱妙手焉

劉際華號洗秋文學狷潔無所求投徒本邑及潯陽門下多取科第工書法八旬猶作擘窠大字一揮而就別具風神

蔣兆瑞字樸存國學以岐黃擅名嘗謂讀書降而學醫亦求有濟若術未精輒開方談病是自欺欺人也人以爲名言

黃梅縣志卷三十

人物志

耆壽

絳縣老人自言甲子二首六身詳於盲史尙爵在朝尙齒在鄉鄉飲酒禮俎豆濟蹌里有高年國稱嘉瑞詳奏上聞頻邀褒賜梅民多壽間有期頤作人壽考詩誦雅詩志耆壽

宋

黃眉翁姓名無考永福鄉人寡嗜慾咏歌恬飲咸湻間已百歲遇異人投以藥謂食此可再周甲子果一百六十歲眉黃長三寸垂兩顴故稱黃眉翁

元

楊俊字士元初爲諸生後棄書覓石龕古㮚山中優游俛仰一百三十歲

明

劉珏生平以利濟爲事年一百二十歲

洪勲庠生恩之弟敦孝友周貧窘年八十三歲

蔣彬生五歲不言一日有戲是兒癡者應曰如君喋喋不如嘿嘿一坐皆驚年八十三歲

胡仲寃壽官敦倫尙義年一百歲

沈華庠生異母兄弟十人處之極其友愛年九十六歲

章涵宗理父性剛直生平不御紈縠年七十七歲

李文郁以諸生補藩掾年九十七歲

陳瀾字平橋壽官父所遺産悉讓昆弟自創業累萬餘篤義好施遇貧困輒賑之生八子瑜與欽命皆其裔

石梁庠生隱居自樂日以孝弟訓子孫卒年八十六

曹欽麟之兄壽官恪守家訓舉鄉飲賓

陳鉞庠生年八十歲

曹文獻欽之子壽官

汪浞 石銚 汪希顏俱壽官

洪伯淮操身端潔有古人風年八十歲

汪木克敦友愛年八十三歲

蔣一元字甲吾壽官生八月無哭聲長有雋才好詩禮尊師取友子忠邑庠文㬌同榜舉人

朱錦課子讀書年八十三歲

沈都好施與遇窮乏輒周之年九十九歲

汪朝宣奉食父母必如其所好乃敢進稍有病輒廢寢食年八十三歲

國朝

李一鴳字序隹庠生少孤讀書兼治家政身致素封析箸後

以肥饒者悉與諸弟年九十一歲子天思材捷文學天任
國學孫本質拔貢
石文遠字雯上庠生幼嗜學晚年尤好施與鄉里咸德之壽
九十一長子里三年八十九歲
胡執經字爾問諸生承其家學晨夕咿喔不輟年九十二歲
子濬文學
柳允吉字曾卜力學砥行教授生徒再三開諭年九十三歲
陳五雲字載臣行誼端方年九十歲子康濟煥治炳道濟俱
庠生
汪慎信字作符國學入監肄業三載歸年九十一歲

洪濛字汲只諸生忠厚正直里黨紛爭一言以釋年八十九
歲
余錫字公純庠生明末兵後紀載無存獨以其祖宗邱墓生
死日時及先世詩文詳述以示後人邑中人嘗就問前代
軼事亦遺獻也年九十歲
陳際會字佐臣庠生敦行孝友撫孤姪如巳子年九十三歲
子士蘭又新俱文學
吳之芬字雲裳世居考田族甚繁之芬睦族恤鄰舉鄉飲賓
年九十三歲子士光廩生以避夏逆亂奉父居城時城中
無賴挾制官長移禍士光如瞿九思故事士光于璋奔京

師泣訢刑部得贖歸璋後以保舉任贛縣知縣璋貢生瑛
任新喻縣丞
黎一德字公彝庠生通經史達時務年九十二歲
柳襄御字乘六文學性恬淡不與外事一門敦崇詩禮年九
十歲子方祺國學
石光斗字景山庠生性耿介嚴取與年九十歲子山峻山峰
俱太學
陳介臣敦孝義年九十二歲子大柱文學
石鋭字宗禮國學考授縣丞年九十八歲
蔣士英字犖瞻崇尚節儉以詩禮垂訓年九十五歲

胡執爵字公錫庠生不喜封殖每有餘推給族黨年九十歲
子彪諸生
梅之蘭字夙三庠生至老手不釋卷年九十二歲
吳士卓字亦常庠生工制義從遊者多被曲成年九十一歲
洪喆字荆楚庠生樂善不倦年八十一歲子孫多列黌序
胡鎮嶽字慕山弟鎮嵮字景山兄弟同登耄耋子俱列黌宮
楊芳芹字魯侯國學好施與屢修橋賑饑年八十歲
余國彥字依聖喜周恤人咸德之年九十歲子心達國學
洪廣字公居庠生負才博覽過目不忘年九十六歲子鳴珩
庠生

吳世範字九疇事親以孝聞年九十三歲子樹都增生文蔚

貢生

胡鎮昇字小重庠生雅重道義年九十歲

何彭年字眉山庠生潔修自愛年九十三歲子士賁庠生

梅永祚性謹厚足不入城市年九十五歲

趙宗訓好讀書每拈一題援筆立就年九十三歲

胡淯字眉水性恬淡年九十三歲

黎焜字清臣文學性閒靜足不履公庭年九十一歲子時寅

莫邦俱諸生

洪淑字端士庠生家素封周恤鄉里年九十二歲子則哲廩

生

洪言昌字英蕃與蔡洲李枚共文社年九十歲

田世浩字凌雲父母皆年近百歲敬養無失年八十六歲子

必昇恩貢中桂庠生

黎時旭字方旦工詩文年九十二歲子存心諸生

吳之偉字中郎躬耕不廢學年九十一歲子士華士英俱諸

生

毛秉俠喜讀書暮年猶日吟哦年九十四歲

何長年字蓮仙庠生家貧嗜學年九十歲

李正公端謹醞恪周恤族黨年九十歲

欒屏垣字維之孝弟力行年九十七歲

石明臣生平未入公庭年八十九歲

黃永和性孝友同胞五昆弟始終合食不分爨家財頗厚各

無私囊享高年子光楚國學

熊夢順字順卿為人忠長厚待宗族姻親歷久不替舉鄉飲

賓壽八十七子大鵬

熊大鵬字萬程州同族黨有空乏者解囊相助太守大令均

嘉之年七十八歲子勳國學

王鼎玉質樸醞古耕釣終身年九十三歲

梅介祉居心公平里中事咸取決焉年九十三歲

帥明宇朗生起家課子務樸誠去刻薄年八十七歲子七五

為庠生

熊文鐸字振木濟人危急友愛諸弟年九十七歲子傳和文

學傳科國學

吳鍾崇字宗岳以詩畫篆隸為時所重居心端謹族黨爭競

得一言以釋舉鄉飲賓年九十三歲

陳永昇字濟庵少失怙事母至孝母病癱常在床蓐凡飲食

藥餌永昇必手自調劑親嘗以進衣不解帶者三年比黨

族里甚稱之見人有急輒周給不稍吝優游林下年九十

有一

王正法字可儀性聰穎書過目不再誦壯志弗售築草堂教
授後裔義方有訓年九十五歲
陳心許字去非能讀父書弱冠補弟子員屢試棘闈不第教
授生徒詩酒自樂年九十七歲孫士正士桂俱文學
李天秩字典五貢生候選縣丞行已樸誠涉世質直建祠以
妥宗祀造梁以濟行人年八十五歲子舜扶貢生槐伯國
學
石若舒年九十五歲
商涓字越凡讀書好善忠厚傳家年八十五歲子時修庠生
孫濯英舉人

鄭周禴字絅存國學敦倫尚義篤好詩書年八十四歲手不
釋卷邑人稱之子常泰貢生
許士旂字伯常國學樂善好施人稱長者年八十一歲孫曾
林立有聲藝苑
余鎮字朝綱為人渻樸忠厚傳家邑人稱善年八十歲
陳構字楚書懷仁樂義周濟族黨遇事解囊人多德之年八
十五歲子世杰世榮俱國學
陳東揚幼失怙恃篤于友愛儉樸起家義方訓子年八十五
歲子夢龍國學以上舊志
汪鴻年百八歲建坊　尤文華年百三歲建坊　李玉書年百二歲

桂德脩國學年百一歲　陳方泰年百一歲　張得義年百二歲
周鳳彩年百歲　李錦蘭年百歲　胡春太年百歲
胡日章年百歲　吳蓮懷年九十九歲　胡紹贊年九十八歲
胡鶴鳴年九十八歲　黎起彩年九十八歲　程贊國年九十八歲
梅世才年九十八歲　許國士年九十八歲　柳廷樞文學年九十七歲
柳詩鐘年九十七歲　汪楚善年九十七　胡懷盛年九十七歲
祝登岸年九十七　胡攀麟國學年九十六歲　王映梅年九十六歲
胡天泰年九十六歲　胡廣德年九十六歲　湛俊德年九十六歲
黃志義年九十六歲　王梁棟國學年九十六歲　張如龍年九十六歲
程志登年九十六歲　曹帝彩年九十六歲　劉廷需國學年九十六歲

王正盛國學年九十六歲　尤明義年九十六歲請旌　白羣燦現年九十六歲
董載坤現年九十六歲　蔣熙亭年九十五歲　胡廷光文學年九十五歲
徐登文年九十五歲　項聖瑞國學年九十五歲　鄧銑年九十五歲
鄧斗南年九十五歲　黃大學現年九十五歲　劉子佐年九十五歲
潘芹祿年九十四歲　劉可南年九十四歲　何瓊華年九十四歲
陳廷金年九十四歲　汪繼祖年九十四歲　程高才現年九十四歲
石雲錦年九十三歲請旌　項心安年九十三歲　洪德讓年九十三歲
熊蒼直年九十三歲　嚴祥雲年九十三歲　嚴利貞年九十三歲
胡育材年九十三歲　柯本峰年九十三歲　黎家獻年九十三歲
劉瑾懷年九十三歲　胡正茂年九十三歲　程勝演年九十三歲

黎伯純年九十三歲 劉晉欽年九十三歲 黃元枝年九十三歲
王必祈年九十三歲 吳高然年九十三歲 舒勝年年九十二歲
王世興年九十二歲 鍾文理年九十二歲 程應祥年九十二歲
程德游年九十二歲 張光烈國學年九十二歲 劉燦華年九十二歲
汪全德年九十二歲 劉躍雲年九十二歲 石喬松年九十二歲
何曉山年九十二歲 劉富有年九十二歲 王承求年九十一歲
柳安吉從九年九十二歲 汪福堂年九十二歲 鄧鳳翥年九十一歲
黎步階國學年九十二歲 汪茂栢國學年九十一歲 徐迪存年九十一歲
張正羽國學年九十一歲 黎錦南年九十一歲 何斯盛文學年九十一歲
陳元善郡增生年九十一歲 高士達年九十一歲 錢曰聊年九十一歲

李博愷年九十一歲 周啟祥年九十一歲 殷安衆年九十一歲
黎廷瑞年九十一歲 馮方柏現年九十一歲 陳鳳現年九十一歲
曹萬選年九十歲 梅紀達年九十歲 王保康年九十歲
何在仁文學年九十歲 何克施年九十歲 張慕轅例貢年九十歲
柯本翰年九十歲 何燦英年九十歲 劉匡國年九十歲
劉大勳年九十歲 周國久年九十歲 周隆順年九十歲
周紹參年九十歲 吳勵達年九十歲 吳棻文學現年九十歲
柳燦年九十二歲 項錫節國學年九十三歲 洪備年九十三歲
洪瀚年九十一歲 何錫純年九十三歲 商登象年九十四歲
商羣瑛年九十歲 何弼臣年九十二歲 何[illegible]弇年九十二歲

商克昌年九十歲 何素存年九十二歲 何光裕年九十六歲
尤明信年九十歲

黃梅縣志卷三十一

人物志

僑寓

召伯循行亦留茇憩瞻彼甘棠睠懷盛治惠政及民宜乎衆志至於流寓鴻爪印泥關山萍水南朔東西名人寄跡千古疑思百里烟霞一江雲月烈士騷人流風未歇文軌大同何煩區別志僑寓

南北朝

鮑照字明遠東海人文辭贍逸古樂府尤遒麗劉宋義慶時與大尉袁淑吳郡陸展東海何長瑜並著才名宗藩臨海郡王子頊鎮荆州以照爲前軍參軍掌書記當時梅境在其管內法令詳明德教孚洽居民宜之因留居今邑治基即其舊宅

宋

陳宗達字世顯江州義門陳伯宣之後康定初徙居於梅

胡瑞建炎中元兵至瑞以良家子從軍兄弟六人俱赴敵死子文政收兵還江州過黃梅蔡山江心寺遂家焉

岳震忠武王第四子王討李成駐兵黃梅會詔進屯洪州王以士卒非震莫可彈壓因留震黃梅及王死震懼易姓匿大河間弟霆以父死聞震在黃梅亦潛依焉秦檜憎岳字改岳州爲純州遂從鄂姓孝宗郵錄徙嶺南雲雷支裔而此派不及其後分爲十三戸向有忠武遺金鉦一面地方有警則此金不敲自鳴今已復岳姓世襲祀生祠祀忠武廟

元

洪僑江西饒州忠宣公皓子三洪之裔也元末授江州路建昌令再授廣州路清遠令知世將亂遂掛冠去攜四子二女度淮訪所知道經黃梅遂置田築室隱居於此

張允中鄱陽人元末以進士任戸部主事管九江稅緞因稅額不足降黃梅稅課司尋落職因家於此戸名張宗一

明

瞿大成其先合肥人祖通官右都督父能亦深習兵事佐高帝以開國功官大都督建文中副曹國公李景隆將兵禦燕戰白溝河敗績能及子大芳死之明年成祖定天下其季子大成恐誅遂亡走黃梅家焉後補戍籍從征有功授都指揮得世劵以奉通祀七傳至廣平守晟生九思

楊哲順天人洪武進士任湖廣分守副使弊絕風清吏胥不敢仰覗入籍黃梅離城二十里黃花港建有副使坊

張復字子遠休甯人少以學行自立事親孝親卒始出遊學訪黃梅瞿九思値其被逮入京長子甲上書救父復左右

之瞿得直罷歸復執贄列諸弟子盡發其藏書讀之乃曰學以治心也心念穢雜如野馬亂絲僅聳帨夸人乎製大鞭懸座右每妄念起輒自痛鞭或遍擊几席牀壁如是者二十年著作皆宏麗古雋其他稿自焚惟黃河源流圖考盛行於世瞿九思序其爨下語云是吾徒張子遠所為爨下語耶不圖為苦之至於斯嗟嗟子遠病心惡凡八載病狀三變無怪矣其為書言言皆悟後語夫朝既聞卽何妨夕死乃猶未死豈子在何敢意耶吾讀之始欲泣會予心惡病幾不滅子遠無能為子遠序第天妬此人乃能以白頭自作爨可謂奇甚乃又有程生者鋟刻之亦復大奇雖

然子遠狼狽極矣爨則爨吾不禁吾第謂此吾道百世軀願少自愛愼無令火爇其鬚乃可

梁有儲南海歲貢任教諭董正生徒有胡安定風性清介絕餽遺貧不能歸遂家焉入永鄉戸名梁與一九世孫憲登順治戊子賢書 舊志

黃梅縣志卷三十

列女志

列女

詩缺楚風化始南國游女懷貞幽靜有德梅界江濆遺徽可式生惟盡孝死可成仁離鸞寡鵠茹苦含辛遇雖不一性各完眞澗底古松巖阿孤竹冰雪襟懷宜揚奏牘積厚流光劉傳可續志列女

宋

李氏韓秀妻宣和末秀久客汴姑老病劇氏焚香泣禱懇醫調治姑愈孝養益篤姑語人曰吾今九十三吾媳亦六十

吾媳能代子職也吾非媳何賴焉

元

伏貞孝女許某氏子未婚某子殀女撤環瑱誓不再嫁以養父母家貧工紡績供日用母病疽屢吮之年二十七卒

蒲烈女邑吏蒲汴女年十六為紅巾賊所執女顏色不變紿以隨我至下山橋靜處果從以往比至女乃潛拔簪在手賊逼近之刺賊一目賊伏地衆賊追而刃之罵不絕口死 通志府志俱作麻城誤

明

章氏胡世松妻性純謹事舅姑以孝聞夫病侍湯藥累年夫

亡哀毀幾死壽至一百一歲

翟氏生員熊華問妻待詔瞿九思女性聰慧從父受書過目成誦能爲文鄉黨稱大家會父羅寃女日夜號痛旣適華問日以名行相勖問卒事祖舅姑盡孝後以徵疾遽卒

宋氏鴻臚寺序班張訓妻訓故氏哀毀絕粒幾死强起撫孤守節三十年有司扁其居曰鴈臺

完顔氏孝子洪士高妻李氏藏書孝義傳曰完顔氏貴家女也士高父宗海爲本學訓與縣尹完顔善尹因以女妻其子性質柔婉宗海病瘋氏同士高侍奉竭力不愧孝婦

張氏馮永妻于歸二載永以解運赴京溺死氏年二十二苦節七十餘年通志作陳氏誤

周氏劉瑄妻年二十四夫亡三月生遺腹子詔家貧氏勤織紝撫孤詔復夭氏困苦完節邑令爲之請旌

王氏舉人魏澄妻年二十七澄以會試客死氏甘貧貞守矢志不移有司顏其堂曰松筠勁節

邢氏嚴高妻名聖貞年二十五夫亡守節以終前志云冰節凜然正德間奉旨建坊旌表

陳氏夫家失考年二十六舅姑及夫與叔俱亡僅遺孤姪陳通氏同娣撫之一日盜猝至將刃遺孤氏以身障叩首告曰一家之命懸於此子幸以我代盜怒刺之血迸流盜駭乃逝

釋之年七十餘卒

胡氏經魁洪模妻年二十八夫亡事姑孝訓孤慈嚴兼至孀節七十年卒

羅氏任泗州學正陳言妻子善卒于官署言以思子亦亡氏遠扶二櫬與媳李氏撫幼承繼先業卒年八十六歲

陳氏胡鵷妻年十九夫亡哭泣幾絕遺孤纔兩月舅姑勸之始强進飦粥孤復夭氏以姑猶在不忍遽死事之益謹已乃立鵷兄子爲嗣撫之成立家貧織布易食人曰此節婦布也年七十卒

胡氏生員李文明妻孝廉胡橋之妹歸文明篝燈佐讀文明

死僅遺一女氏年二十七日伏棺下蓬髮穢面水漿不入口者五日後痛哭不絕三年如一日或微勸之嫁氏即誓於夫墓結廬於側植雙柏踰年爲牧豎斷其左二尺許氏跽而泣曰左夫道也奈何見折淚月長與右齊人以爲誠節所感年七十八卒一時徐拭妻齊氏以孝稱與氏同巷居署縣曾維倫題曰孝節巷汪勳贈詩云淚沾枯柏爲誰哀枯柏回生亦異哉何事夫君不如柏哭乾兩眼未歸來苦節愁心一婢知孤燈夜雨共淒其人間重掃蛾眉者羞見當年老侍兒節婦家貧惟一婢相依不忍出嫁俱以壽終誰造訛言暗裡投曉看鮮血滿髑髏如今多少冥行者不畏蒼蒼在上頭有惡

少欲過節婦嫁造貼訛言迅雷驚死

汪氏程太仲妻年三十夫亡矢志守義苦節七十載壽九十九卒通志作江氏誤

周氏程夢斗妻夫遭里中惡少窘辱以死氏痛夫死非命白於有司以不忍暴夫屍讐黨止於坐戍氏以冤未盡雪抱棺毀裂尋嘔血骨立而殞邑人傷之

施氏柯大經妻夫死氏哀毀骨立儀容不飾苦節三十年

嚴氏王修妻性端莊夫死守節四十年懿範嚴肅

王氏生員倪鳳岐妻鳳岐居父喪哭泣盡哀郡志載入孝行鳳岐歿氏年二十餘遺孤民望尙幼家貧氏織紝育孤艱

苦倍嘗後民望中鄉試授南康令隆慶三年以覃恩勅封孺人有貞節賢母之褒年八十餘卒

劉氏舉人瞿星妻事姑惟謹姑臥病侍湯藥不解衣帶者二十日星以會試客死於京訃聞氏三日不食悲號幾死子九韶有異才補博士弟子又殀苦節四十年有司旌其堂曰完貞

汪氏生員熊華夏妻少孤事母至孝居恆喜聞古烈女事長歸夏夏病劇託氏以高堂弱子氏曰君病可痊無慮乃於夜半燃香祝天剸左臂三寸許烹而進之夏病稍甦閱兩月而卒氏哀毀骨立事親撫孤克承夫志忽一日痛哭觸地嘔血數升而逝邑令王繼祖榜其廬曰節烈遺孤兆師舉孝廉爲陽山令夏與氏俱得贈如子官石崐玉贈詩云鸞刀纔執便神傷解腕含辛味怕嘗自矢拌身濡白刃庶幾延命當靑囊情知執手將分手肌盡充腸亦斷腸若續故歡來夢裏何妨偏袒見蕭郎

鄒氏倪乾端妻端歿無子其舅孝廉民望及其姑亦相繼歿氏哀毀不欲生三喪九載艱辛萬狀苦節四十一年兩院旌之

李氏生員瞿平妻年十八夫亡哀痛絶粒日置夫衣冠書籍於庭撫而哭之苦節六十餘年建貞節坊於西關外

黎氏生員王作雨妻年二十夫卒遺孤三歲矢志不移蓬首垢面三年足不履閾制滿人曰孝服可脫矣氏曰此甯有盡期除死方休耳齊衰不改歷四十年邑令陳嘉宣匾曰雪柏年六十五卒

王氏副榜陳廷棨繼室年二十夫亡前室廖氏遺子頤年尙幼氏撫之教愛備至子亦不知非所出也長有才名入邑庠氏年八十七歲邑令武圖功學師謝自修贈額旌之曰慈節雙全

陳氏生員程達都妻孝廉陳言女夫勤學以瘵卒遺二孤氏紡績教訓俱入膠庠萬歷戊申水災斗米千錢氏內自儉

約出粟以周貧乏全活甚眾苦節四十餘年邑令馮可立顏其居曰節義堂

梅氏邢士琇妻琇亡家貧乏嗣氏撫從子爲嗣勤織紝以供朝夕教愛無異已出後嗣子甫入庠亦殁氏守節五十年卒

胡氏生員黃若坤妻年二十三夫亡布衣蔬食教遺孤成立終身以禮佛爲事至五十通慧語家中未來事一一不爽年七十一卒

洪氏生員王聖臣妻貢生洪度女年十九夫臨危誓以偕死夫以遺腹解之及夫卒氏扃閣自守撫孤成立朝夕禮佛

閱二十餘年流賊至氏隨父走恐辱於賊觸城而死

石氏生員曾偉妻獻賊陷城夫婦被擄氏私促夫速逃勿相顧也夫逸少頃賊逼之上馬氏投井賊援出之遂以頭觸石血流滿面罵不絕口賊怒殺之

梅氏生員石一音妻音素有學行性激烈明末丙子流寇至被執不屈大罵遂遇害氏聞之痛哭亦投湖死事聞旌表子磅庠生孫嵛年庠生敏恩貢

洪烈女生員洪世寵女少失怙恃曉於大義年甫及笄爲流賊所執紿之俱往道經烈焰投火死

胡氏生員石砥妻年十六夫亡痛欲身殉取夫書盡焚之曰吾夫生平手不釋卷不忍此書之不隨去也苦節自貞閉室禮佛外人莫窺其面卽眷屬亦不接見年三十一歲卒

周氏庠生胡振鷺妻劉氏振龍妻鷺與龍俱爲賊所殺家產盡荒兩婦年俱少誓死同守安貧守節日用所需取給針黹有稱改嫁於其前者卽引刀自加其頸冰操凜然人稱一門雙節

商氏馮公甫妻氏及姑與夫俱爲流寇所執强氏從氏詐許乞脫姑與夫及得脫氏奔投烈火中罵不絕口死

程氏生員岳懷甯妻堅潔性成素知大義遇寇勒上馬不從寇怒砍頸伏地幸未斷骨尋甦未幾夫故毁容自誓盡瘁

養孤父母欲奪其志遂終身不復歸甯

潘氏生員沈文澤妻于歸甫十日文澤卒卽斷髮毁容閉室貞守終身不易其志

胡氏張惟正妻惟正苦學早逝遺子國光幼氏傷夫志未就惓惓以詩書訓子啜粥茹草命就外傅國光年十二入邑庠氏督課益勤後領崇禎癸酉鄉薦壬午賜進士授上饒知縣陞鎮江同知氏曰但使爾作清官愛百姓吾願畢矣勅贈孺人年七十三卒

周氏生員石顯親妻年二十餘夫亡誓以身殉水漿俱絕姑慰之曰捐軀非節撫哀姑成夫志乃節也因强起旦夕焚

香號泣淚盡血枯兩目俱盲時邑令上其事於巡撫方旌
其堂曰天植完節孀居四十四年卒瞿聘君弔聯云久截
髮剔眸地下相從神不死享耆齡完節人間棄去骨猶香
通志作石
文顯誤
王氏生員石元岱妻年二十二夫亡苦節孝事舅姑義方訓
子會有盜入室舉家驚走氏獨危坐不出賊怪問故抗言
吾夫棄世時囑以毋踰此門敢懼死背遺言乎賊義之卒
年七十歲
邢氏生員石研妻年二十六夫亡堅貞苦節盡出私蓄貨產
還石諸昆獨處一室設夫主泣奠如禮終身不渝

黄氏生員石維錯妻錯亡柏舟自矢貲財千緡悉委諸石伯
叔長齋奉佛閉門苦節以終
陳氏生員嚴之恆妻年十七夫亡操履冰霜苦節四十八年
左兵之亂氏年六十五攜其女投井死
勞氏生員嚴天申妻江西德化人副憲堪孫女年十九夫亡
茹苦守節四十年
徐氏庠生李淑妻年二十夫亡無子寇亂歲荒艱難困苦冰
操彌厲與僕婢二人耕蠶紡績至死不變其志
劉氏王廷賓繼妻年二十夫亡撫五歲孤兒完節以終

國朝

列女

熊貞女生員熊兆吕女許字洪楠楠以疾殁女年十五父母
將別議婚遂引刀割鼻乞身歸洪展墓泣血服斬衰廟見
執婦禮不少渝與孀姑同居歷七十載如一日邑令趙應
登贈以詩曰輕塵弱草幾增悲洗盡紅顏殉所隨半面未
諧琴瑟好兩髦親結死生緍畫眉人憶前因杳劓耳名將
令女垂邈向丹青式巾幗二庭擁鼻更奚爲請　旌
胡氏生員梅亮中妻布政使司胡鳳孫女年二十二夫亡氏
剪髮矢志守節凜若冰霜事孀姑向氏辛勤不輟姑病危

氏焚香祝天祈以身代割股療之姑愈亮中胞伯貢生任
巴陵縣教諭開瓊以事聞邑令康熙壬戌申請　旌表
李氏陳萬鎰妻夫與舅同日病卒哀痛迫切家僅田數畝盡
鬻以治喪時年二十七姑衰老子信倚俱幼氏紡績以供
朝夕值歲荒自忍餓易米奉姑哺子鄉里謂之耐餓節婦
請　旌
廖氏生員喻于德妻忠烈士貞孫女汝川縣令應拔長女廖
故以忠孝傳家氏夙聞大義于德卒氏撫二子長之圻附
貢次之堂歲貢請　旌建坊
胡氏生員劉樹玉妻樹玉早卒氏撫養二子長子山入庠亦

歿媳毛氏同姑守節胡氏請　旌
邢氏貢生熊經妻年二十八夫亡姑貧苦節請　旌
劉氏生員周天柱妻年二十六夫亡事舅姑以孝聞請　旌
子炳相庠生
吳氏程佀瓊妻年十九夫亡無子立姪爲嗣未幾兄嫂俱逝
遺三子撫之如巳出請　旌
程氏生員汪舉一妻總督可受孫婦年二十二夫亡家貧自
茹粗糲奉甘美以養高堂立姪昆裕爲嗣未幾嗣子暨媳
繼亡一子一女皆幼氏復盡心撫恤請　旌
邢氏廩生石天位妻年二十于歸生子不育勸夫納媵未幾

夫歿同志守節請　旌媵姓鄭氏
王氏洪文蘭妻年二十二夫亡守節撫孤請　旌
鄒氏程士達妻年二十六夫亡遺孤歲餘撫之成立請　旌
王氏庠生胡文遠妻年二十四夫亡遺孤甫三月葬夫盡禮
每除夕廬墓側以孤子老婢從哭奠三年不懈請　旌
宛氏庠生蔣茂棫妻年二十七夫亡遺腹生子天標弱冠入
郡庠氏守節至六十四歲卒請　旌
項氏李公亮妻夫早卒族人欲改嫁氏以刀加頸乃止家空
乏日勤紡績餬口前後兩撫嗣子卒年七十九請　旌
商氏生員曾文衢妻年十七夫亡遺腹生子撫育成立苦節

四十六年請　旌
熊氏生員曾逵妻曾逵有文名及卒門戶蕭條日用窘迫氏
忍饑苦節四十二年子光國文學請　旌
王氏生員石維藩妻年二十四夫亡撫三孤成立請　旌
陳氏生員柯詹吉妻夫亡家貧晝夜紡績薪水取給十指守
節三十一年請　旌建坊
劉氏趙燕吉妻年二十五夫亡家貧苦節撫孤有成請　旌
廖氏石載鳳妻夫亡撫孤成立艱苦備嘗請　旌
吳氏國學潘同熼妻適潘無出慮夫絶嗣脫簪買婢夫卒殯
殮盡禮預鐫墓碑喪葬事畢絶粒而死以烈婦請　旌建

坊
姚氏吳承萬妻年二十四夫亡立姪爲嗣守節終身請　旌
建坊
宛氏聶翰臣妻年二十六夫亡子夭立嗣承祧苦節五十餘
年請　旌建坊
商貞女商愜武之女許字張逢龍壻亡女年十九請於父奔
喪完貞四十一年卒請　旌建坊
馮氏太學吳玉懷妻性嚴毅無惰容慢色夫亡遺孤苦節敎
子爲一門前後所倚賴請　旌
石氏洪其統妻年十八夫亡守節事姑姑病篤時氏年已六

十寢食藥餌必躬親不假婢手請　旌嗣子天鯤歲貢生
何氏儒童喻亦懷妻讀書曉大義年十七歸喻兩月亦懷卒
氏撫姪之採爲嗣請　旌建坊之採歲貢生
項氏李文侯妻年二十二夫亡遺腹子焜如撫育成立孝事
太姑及姑守節四十一年請　旌
余氏李焜如妻年二十三夫亡遺子甫五齡矢志撫之事孀
姑家雖貧乏必竭力奉甘旨請　旌
張氏生員石映蒲妻夫歿無嗣撫姪文炳承祧教讀入邑庠
請　旌
張氏國學黃之駿妻年二十八夫亡撫養庶子恩勤備至無

異已出子復不壽撫孤孫成立請　旌
游氏黃利參妻年二十一夫亡生一子僅數日矢志撫養艱
苦萬狀事繼姑以孝聞請　旌
程氏鄭常敬妻年二十二夫亡投繯而死以烈婦請　旌建
坊嗣子紹崧紹晃紹材俱國學
童氏國學劉光朝妻年二十二夫亡遺孤甫二歲撫孤守節
孤殀復擇姪孫爲後請　旌
蔣氏梅嶠妻氏生二子維垌維城夫死後叔獻亦死無嗣氏
以維城繼獻後與獻婦王氏同矢靡他敬事孀姑稱雙節
俱請　旌維垌庠生

王氏黃師憲妻夫死水漿俱絕者數日家人知其有娠持大
義勸之曰黃氏五世獨傳幸而得男緒不絕矣氏乃起遺
腹生子珍入邑庠請　旌
蔡氏張集五妻年二十五夫亡守節終身請　旌
張氏生員趙士昇妻年二十一夫亡撫姪爲嗣苦節以終請
旌
石氏生員洪望高妻年二十七夫亡撫族子承祧守節以終
請　旌
柯氏毛步武妻年二十六夫亡遺子纔週歲家計蕭條氏多
方拮据苦節終身請　旌

趙氏毛帝載妻年二十三夫亡撫姪本凝爲嗣教讀入邑庠
苦節以終請　旌
黎氏王象儀妻年二十三夫亡遺孤五月撫之成立後子媳
相繼亡復撫孤孫守節終身請　旌
劉氏程如玉妻年二十餘夫亡立嗣承祧苦節終身請　旌
何氏詹震寰妻夫病篤焚香籲天割股療之夫亡立嗣葬舅
姑與夫盡禮請　旌建坊
留氏劉凝伯妻宿松人夫歿遺孤僅數月氏年二十四撫孤
成立苦節六十二年請　旌
劉氏李蒲龍妻年二十五夫亡撫姪承祧苦節請　旌建坊

陳氏李紀南妻年二十一夫亡矢志守節請　旌建坊

張氏聞王謨妻于歸四載夫病遺命立姪爲嗣及夫歿氏矢志撫之苦節五十九年請　旌

邢氏柯士昌妻年二十四夫亡立姪爲嗣撫育如已出勤紡績以奉舅姑請　旌

曹氏嚴蓋彝妻夫亡遺孤方幼氏浴繭辟纑以佐餐及孤就傅日不再食不令廢學請　旌

梁氏李懷璧妻年二十五夫亡敬事舅姑立姪爲嗣竭力撫育閲盡艱辛請　旌

梅氏生員石正性妻于歸二年生一子殀夫旋病故氏年二十五立姪爲嗣撫愛訓誨守節數十年請　旌

張氏黄利物妻年二十六夫亡孝事舅姑撫二子成立長子卒與媳向氏同撫孤孫請　旌

余氏鄭遂妻趙氏鄭棋妻俱年二十二夫亡事孀姑鄒氏盡禮守節各二十餘年請　旌

李氏徐士偕妻年十九夫亡家貧撫遺腹子半菽不飽無怨言請　旌

陳氏洪國龍妻年十八未嫁國龍病篤奉父母命往省氏乃割股和藥以進家人罔覺侍病兩載夫卒氏年二十撫姪承祧課廸有法事舅姑惟謹苦節三十餘年請　旌

梅氏潘侶賢妻年二十七夫亡家貧矢志撫姪爲嗣自忍飢寒織絍以事舅姑守節三十七年請　旌建坊

王氏喻叶吾妻于歸二年夫亡立姪爲嗣旋殀復立孫又殀心碎淚枯艱辛備至請　旌

胡氏劉東卉妻年十九夫亡茹蘗飲冰立姪爲嗣教育不啻已出姑病篤奉湯藥不解帶苦節以終請　旌

胡氏王道昌妻年二十五夫亡兩次投繯救免奉翁姑以孝聞撫孤授室後亦殀復與媳趙氏共撫孫請　旌

王氏毛言重妻于歸甫一歲夫死於水遺腹生子值舅病篤氏奉湯藥兩次割股尋愈越三年舅没氏以憂卒子亦殀族人哀之爲請　旌

蔣氏貢生郭承樸妻耒陽教諭蔣袠孫女夙聞禮教事舅姑以孝聞請　旌子元良貢生

王氏楊崙璧妻年二十二夫亡苦節三十三年請　旌

梅氏黄去非妻夫亡撫姪爲嗣請　旌

洪貞女國學國選女孝廉禹拜妹許字梅逢晟逢晟病故女聞訃奔喪不返矢志完貞請　旌建坊

殷氏陳子經妻年二十四夫亡家貧歷盡艱辛苦節五十年

石氏廩生吳士甲妻邑兵備道鎮國女年十九于歸三月夫亡苦節三十一年

陳氏庠生程之立妻苦節識舊志之立孝友傳內今分載守
節年分失考
史氏忠烈廖士貞妻與祖姑王氏姑萬氏同時投繯殉難
邢氏王尙伯妻年十六夫亡守節六十年邑令吳景恂給匾
沈氏吳彝臣妻年二十夫亡撫三月孤長齡五十餘年刻夫
像誦經奉祀尤善文藝著書累德以昌其後
胡氏李世俊妻年二十二夫亡撫一子成立苦節四十三年
子紹銓國學孫繼白恩賜副貢
蔣氏生員胡士文妻夫亡撫孤入泮苦節六十餘年
黃氏吳介繁妻年二十一夫亡苦節六十年孀姑黃貞節賢
明善文藝氏孝養克繼其志子世理恩貢

石氏廩生陳鑣妻夫亡長齡苦節四十年邑令張府憲許俱
給匾
陳氏生員石茂卿妻夫亡守節六十年邑令張獎額
陳氏生員吳景廬妻年二十七夫亡孝事孀姑苦節五十二
年子烽基庠生
梅氏石蒼雉妻年二十夫亡安貧苦節五十年子道庠生
馮氏黃明友妻年二十一夫亡家貧撫孤艱辛備至苦節三
十二年
黃氏生員於是充妻年二十六夫病割股以療夫卒苦節四
十四年
黎氏儒童石槐妻年二十五夫亡撫孤教育守節四十五年
子宏毅秉毅俱庠生
吳氏汪導淮妻夫亡苦節四十年子振崟庠生
祝氏石金縢妻年二十四夫亡守節三十六年子步雲孝廉
程氏吳禰思妻年二十夫亡撫孤世傑入庠苦節五十年
劉氏生員石大年妻年二十九夫亡舅礪以保城盡瘁死氏
紡績事孀姑撫六歲孤苦節五十年子日乾庠生孫爔孝
廉
王氏胡亦任妻年二十一夫亡苦節四十一年

宛氏廩生程兆元妻年二十八夫亡撫數月孤教育成立苦
節五十年
劉氏吳光業妻業以孝聞尋卒氏年二十四苦節四十年
熊氏生員梅鋭妻夫亡撫嗣子如已出事孀姑以孝聞苦節
三十年
蔣氏國學石楫妻年二十五夫亡撫孤孤歿又撫孤孫苦節
四十年
吳氏毛雲書妻夫亡無嗣奉姑守節三十餘年
石氏生員胡鎮國妻夫亡撫孤苦節四十八年
程氏吳晝三妻年二十六夫亡撫孤苦節四十六年

熊氏胡師臣妻年二十夫亡撫孤苦節三十二年子英國學
陶氏馮學潤妻夫亡撫遺腹子苦節五十餘年
石氏生員吳如茂妻年二十三夫亡撫嗣子成立守節五十
三年
董氏邢席珍妻年二十夫亡苦節三十一年
汪氏蔣庚明妻夫亡撫姪爲嗣苦節三十年
洪氏胡軼羣妻年二十夫亡苦節三十六年
程氏吳國瑞妻年二十一夫亡孝事舅姑苦節三十年子文
華國學
劉氏庠生陳霞章妻年二十四夫亡撫孤苦節五十年子慕
陳庠生

王氏石天申妻夫亡立嗣承祧苦節四十年子士崒候選縣
丞
劉氏吳廸若妻年二十九夫亡家貧撫二子苦節三十八年
周氏國學張致中妻嘗刲股療父病致中早卒苦節三十年
石氏陳伯靈妻年二十五夫亡無嗣孝事舅姑苦節三十一
年
李氏胡千仞妻年二十四夫亡苦節四十三年
徐氏生員黎哉明妻年二十五夫亡撫孤煥入泮苦節五十
六年

藍氏石登岸妻年十八夫亡撫嗣子工針黹以事孀姑
胡氏吳引扶妻年二十八夫亡撫孤苦節三十一年
吳氏胡正邦妻年二十四夫亡紡績度日撫孤成立守節三
十一年
陳氏吳孟兼妻年十八夫亡撫子孝事公姑苦節三十四年
王氏石再訓妻夫亡撫二子守節五十年
戴氏儒士胡惟光妻年二十夫亡立嗣苦節三十六年
劉氏生員石再翰妻年二十夫亡撫孤苦節五十年
胡氏吳光表妻夫亡守節三十餘年
張氏石慶揚妻年二十五夫亡撫子授室生孫子媳繼亡復
撫孫苦節三十一年

郝氏張鳳岐妻夫亡殮畢拜舅姑與伯叔遂投繯邑令戴給
匾
石氏增生柯士漣妻年二十七夫亡撫孤苦節三十五年子
斯唯貢生
胡氏舉人趙錦倘妻年二十八夫亡撫子瑛玠俱入邑庠守
節三十年瑛死瑛妻梅氏以死殉遺孤孫一氏撫之玠死
無出玠妻陳氏亦矢柏舟
張氏吳亦愚妻年二十四夫亡寡言笑躬節儉苦節四十四
年

洪氏劉調三妻夫亡家貧立族子承祧紡績度日苦節四十九年

陳氏石松齡妻年二十二夫亡苦節四十年

方氏生員黎存質妻年二十二夫亡苦節四十一年子夢祥庠生

洪氏吳宏維妻年二十七夫亡苦節四十年撫子成立

陳氏廖瑜妻忠烈士貞孫婦夫亡家貧撫三歲孤苦節四十餘年

石氏國學陳天懋妻年二十夫亡撫孤苦節三十年

田氏生員汪曰掄繼室年二十九夫亡家貧撫孤成立

劉氏生員石再章妻夫亡苦節四十五年

蔣氏廩生劉曰凝妻夫卒撫孤苦節三十四年

歐陽氏黎備三妻年二十二夫亡家貧作苦自給守節三十九年

王氏劉正字妻夫亡撫孤成立苦節三十二年

洪氏生員熊成孚妻年二十六夫亡撫一子早卒苦節四十一年

趙氏熊宅三妻年二十夫亡無嗣刲股救姑苦節三十九年

周氏程庭烈妻夫亡家貧艱辛備嘗苦節四十六年

喻氏汪如松妻年二十二夫亡矢志柏舟撫姪爲嗣請　旌

於氏柳昌衣妻夫亡苦節三十餘年

蔣氏貢生吳宏喬妻年二十七夫亡教子延齡爲邑諸生苦節二十二年

毛氏陳光表妻年二十二夫亡撫遺腹子成立苦節五十年

陳氏石翰登繼妻年二十四夫亡撫二子苦節四十六年

石氏柳登岸妻年十八夫亡敬事舅姑撫孤苦節終身

羊氏王廸若妻夫亡無嗣苦節六十餘年

蔣氏洪國韓妻年二十夫亡撫嗣承事舅姑節孝並著三十餘年

石氏國學熊爲城妻年二十六夫亡撫孤姪無異已子苦節三十一年

吳氏潘正詩妻夫亡撫遺腹子子殤遂投繯

石氏詹謙吉妻年十九夫亡撫孤守節終身

王氏胡行秘妻年十八夫亡立嗣承祧苦節三十七年

邢氏生員石泰基妻年十九夫亡撫嗣子成立守節三十三年

程氏生員劉佐國妻貢生程一飛女年二十八夫亡守志撫孤苦節終身

吳氏梅斐然妻年二十夫亡立姪爲嗣苦節三十年

於氏程榮華妻年十八于歸比年夫亡欲身殉因姑老無依

强留殘喘閲四載姑歿氏破額流血絕粒而死
朱氏儒士程體明妻夫亡家貧撫孤成立苦節四十一年
石氏徐書黃妻年十九夫亡苦節終身
黎氏附貢侯選州同壽朝萬妻年二十四夫亡矢志冰霜孝事舅姑撫孤教讀有成守節四十八年請　旌子錫麟國學
毛氏黎最周妻年二十五夫亡家貧無遺腹子子復歿苦節四十年
饒氏方象德妻年二十八夫亡苦節撫遺腹子守節四十六年

余氏生員陳憲章妻夫亡家貧苦節五十餘年
嚴氏生員趙偉妻夫亡立嗣承祧守節三十年
張氏吳鴻傑妻年二十二夫亡撫嗣子苦節三十七年
石氏生員王成棟妻明經坦女夫亡苦節三十餘年
胡氏生員於敏妻年二十二夫亡營夫喪葬畢卽治己棺絕粒而死子永柏文學
柯氏國學熊孚中妻年二十三夫亡苦節三十一年
程氏桂方周妻夫亡苦節三十餘年
汪氏石之爨妻夫亡覩族舉無可依紡績度日苦節四十年子鍵附生

喻氏儒童吳慕陵妻鄉大賓喻于智女年二十夫亡冰霜自持孝事舅姑苦節二十八年
洪氏石舉妻年二十三夫亡撫嗣子苦節三十年
黎氏石象五妻年二十五夫亡撫孤成立苦節三十年
梅氏黃新山妻夫亡撫姪爲嗣苦節三十餘年
章氏柯炳文妻年十九夫亡撫孤子復撫孤孫苦節六十年
吳氏熊揆九妻夫亡撫姪守節三十餘年
向氏駱宗文妻年二十四夫亡紡績度日苦節四十年
黃氏吳嵋山妻夫亡守節三十二年
楊氏洪萬里妻年二十夫亡無子苦節三十年

胡氏黎待聘妻年二十二夫亡家貧撫孤苦節三十二年
王氏袁君和妻年二十六夫亡甘貧撫孤苦節四十餘年
吳氏楊得三妻年僅十八夫亡家貧撫孤成立苦節三十年
胡氏吳韓州繼妻年十九夫亡家貧無嗣事姑以孝聞守節二十九年
羅氏瞿體仁妻年二十夫亡織紝以供朝夕苦節四十餘年
汪氏生員洪國鳳妻年二十六夫亡撫孤苦節終身
余氏王遠士妻夫亡苦節三十年
陳氏嚴澤萬妻于歸一載孝事舅姑夫亾投繯以殉
陳氏徐接三妻年二十夫亡苦節三十年

吳氏王學坡妻孝廉吳樂女年二十二夫亡苦節三十年
石氏吳左柏妻夫亡苦節三十一年
馮氏黎忠一妻年二十夫亡苦節三十五年
周氏吳廷龍妻年二十二夫亡苦節三十年
向氏王九萬妻年二十一夫亡甘貧苦節五十年
黃氏李希哲妻年二十二夫亡撫孤紡績糊口苦節三十四
年
瞿氏史値三妻夫亡苦節三十年
張氏生員胡上選妻年十九夫亡撫孤成立苦節三十一年
袁氏鄭松友妻年二十三夫亡撫孤苦節六十一年

洪氏石聳基妻夫亡苦節三十年
劉氏陶帝懷妻年僅十九夫亡苦節三十五年
袁氏張殿甲妻夫亡撫孤苦節三十餘年
夏氏黃价仁妻夫亡自食野蔬織紝易米以哺子苦節三十
餘年
蔣氏生員洪國泰妻年二十一夫亡撫孤苦節終身
陶氏張步占妻年十九夫亡撫孤苦節三十一年
何氏黎天倚妻年二十夫亡紡績自支苦節三十一年
黎氏熊惠久妻年二十三夫亡撫子成立苦節三十四年
許氏儒童李開泰妻年二十二夫病篤割股救之夫亡子又
早逝同媳胡氏撫孤孫一苦節終身
許氏李占鰲妻年二十夫亡撫孤二苦節五十年
梅氏程道遠妻年二十三夫亡苦節二十一年
陳氏趙東會妻年二十夫亡家貧苦節四十一年
余氏石秉彝妻年二十四夫亡撫孤苦節二十年
鄭氏生員陳天椿妻年二十三夫亡家貧撫孤苦節二十餘
年
蔣氏王廷璧妻年二十七夫亡撫遺孤守節三十三年
殷氏袁書範妻年二十二夫亡無嗣守節三十五年
楊氏袁表範妻夫亡鞠子成立苦節三十二年

李氏儒童石爲葆妻年二十五夫亡苦節五十年子文楹文
學
程氏儒童帥上騰妻年二十六夫亡苦節五十三年請　旌
建坊
嚴氏石瑶階妻夫亡撫孤苦節四十八年
楊氏陳楚玉妻夫亡紡績度日苦節三十年
張氏馮蒼屏妻年二十一夫亡撫孤苦節三十年
吳氏余德芳妻夫亡撫孤苦節四十年男啟秀國學
邢氏熊佳士妻年二十夫亡撫子成立孝事舅姑苦節三十
年

黃氏胡益謙妻年二十三夫亡苦節四十三年子夢錫庠生
嚴氏陳利見妻年二十夫亡撫孤苦節三十餘年
饒氏李時芳妻年二十七夫亡撫孤成立苦節終身
向氏王展南妻年二十五夫亡家貧紡績以養翁姑苦節三十七年
方氏戴玄懷妻年十八夫亡撫遺腹子甘貧苦節四十年
項氏石益疇妻年二十六夫亡遺孤一苦節三十六年
石氏柳來朝妻夫亡苦節其子又少亡媳高氏撫遺孤雙節凜然
張氏石若愚妻年二十夫亡安貧撫孤苦節四十餘年

王氏石中立妻年二十八夫亡撫孤苦節終身
岳氏石兼四妻年二十六夫亡乏嗣貧無寸土紡績養姑自食糠粃苦節三十四年
蔣氏胡承華妻年二十二夫亡苦節三十年
胡氏張艮弼妻年十九夫亡撫遺腹子家貧苦節三十五年
李氏楊藏璧妻年十八于歸夫患病氏割股兩次年二十二夫亡守貧以奉翁姑子年十七亦亡苦節四十三年
馮氏詹泰吉妻年二十夫亡撫孤苦節三十餘年
黎氏張斐存妻年二十一夫亡撫遺腹子苦節五十年
王氏儒童張萬選妻夫亡貧苦矢志苦節三十年

王氏柯經野妻年十九夫亡苦節四十年
王氏庠生聶天根妻年二十六夫亡苦節四十餘年請　旌
劉氏張上儒妻年二十七夫亡乏嗣貧無寸土苦節終身
余氏儒童石希聖妻年二十二夫亡苦節三十餘年
洪氏石承宗妻年二十一夫亡苦節六十年
周氏楊發志妻年二十四夫亡撫遺腹子大璋教以義方苦節終身
石氏國學宛健存妻年二十四夫亡苦節三十年
洪氏石新雅妻年二十夫亡苦節三十年
張氏貢生吳承恩妻年二十五夫亡教子成立苦節終身

劉氏涂虞賓妻年二十二夫亡家貧苦節二十八年
邢氏石軒舉妻年二十五夫亡苦節三十年
潘氏宛際雲妻年二十二夫亡苦節三十一年
石氏曾恒饒妻年二十四夫亡守節三十六年
鄭氏張艮玉妻年二十一夫亡苦節四十五年
王氏陶大士妻年二十二夫亡甘貧撫子成立苦節四十一年
劉氏董定周妻年二十夫亡家極貧冰蘗自守苦節四十八年
周氏張敬先妻年二十二夫亡貧困不堪苦節五十年

王氏儒士胡西一妻年二十三夫亡苦節四十三年子楚珩
國學
袁氏石再屏妻化邑舉人袁天培女年二十夫亡苦節五十
四年
胡氏梅錫九妻年二十八夫亡苦節三十五年以其紡績所
餘捐修孔鎮壩石道二暇
曾氏洪寅賓妻年二十三夫亡苦節三十六年
鄢氏熊拳表妻年二十四夫亡苦節三十七年
汪氏石席豐妻年二十五夫亡苦節三十八年
余氏國學柳成高妻舉人余學益女割股救姑以孝聞夫亡

氏年二十六苦節三十年
洪氏生員石再培妻年二十二夫亡苦節四十五年
帥氏聶光斗妻夫亡撫孤麟時成立入監苦節三十一年
黎氏陳錦還妻年二十六夫亡苦節三十三年
尹氏儒童曾天樞妻年二十一夫亡撫一子苦節三十年
李氏項常泰妻年二十夫亡撫姪成立苦節三十年
周氏儒童湛允詮妻年二十九夫亡撫子成立苦節廿八年
劉氏儒童方黎懷妻年二十一夫亡撫子國盛成立苦節五
十餘年
殷氏國學石志士妻事節姑至孝年二十六夫亡撫孤持家

家漸裕垂老猶甘淡泊子方溶國學
廖氏貢生石學洙妻忠烈廖士貞孫女年十九于歸八載學
洙卒遺孤甫六齡姑耄年氏苦節自守養老撫幼以節終
葉氏喻之型妻年二十八夫亡矢志冰霜撫孤貢生本鑰本
鑰年三十卒復與媳舒氏撫遺腹孫兆瀾迄授室瀾又卒
孫婦吳氏年二十四遺娠墮胎投繯殉節死氏謀於族衆
立嗣承祧苦節五十年與孫媳吳氏同請　旌表合建節
烈坊
黃氏江行遠妻苦節三十一年請　旌
柯氏熊孚中妻苦節三十九年請　旌

桂氏胡周勲妻夫亡冰霜矢志家貧奉姑極孝教子登泰成
名苦節三十四年請　旌建坊
李氏喻葆中妻年十九于歸次年夫亡撫姪本鎬為嗣事舅
姑克孝積貲建橋以惠行人立祠以奉先祀　旌表建坊
謝氏李揚遠妻于歸一載夫故氏遂絕食俟夫喪葬畢投繯
殉節請　旌
蔣氏喻方鍘妻鑲藍旗漢軍甘肅按察使蔣嘉年女喻故貧
氏有偕隱風不知為貴人女也年二十七夫亡粥水不給
矢節自甘後二子相繼歿長媳王氏日刈薪易脫粟事之
人謂節婦粟孝婦薪請　旌

黎氏監生郭炤妻苦節三十年請 旌
陳氏生員石巨濟妻苦節三十一年請 旌
鍾氏劉澄清妻苦節三十年請 旌
項氏李端萬妻苦節三十九年請 旌
喻氏吳德桂妻年二十六夫亡矢志冰蘖撫姪孫艮基爲孫
以承宗祧苦節五十年請 旌建坊
石氏胡猗青妻年十八夫亡苦節四十一年請 旌
廖氏儒童許似海妻苦節三十四年請 旌
張氏周定武妻苦節五十二年
桂氏周履重妻苦節三十二年

黃氏生員吳業妻苦節三十九年請 旌
洪氏石莘野妻苦節四十四年請 旌
石氏岳秀樸妻年二十六夫亡撫孤成立苦節三十三年
王氏黎學蘇妻年二十五夫亡苦節三十四年撫孤祖冕成
立 學憲吳給匾
錢氏儒童顏一占妻年二十一夫亡苦節終身 學憲王給
匾嗣子應鳳國學
張氏儒童吳取高妻苦節二十八年
黃氏生員吳得志妻苦節三十年於乾隆五十一年以雙節
詳請 學憲王給匾

石氏監生陳曰旦妻苦節三十四年 學憲張給匾
陳氏文學帥光庠妻年二十五夫故撫姪爲嗣苦節六十五
年年九十二 學憲吳給匾請 旌建坊嗣子上理國學
孫承濂舉人知縣承洙拔貢知縣
梅氏柯舍英妻年二十八夫亡家貧撫孤成立苦節三十年
趙氏蔡克昌妻于歸一載夫亡勤儉孝慈立姪爲嗣苦節三
十年嗣子文燦候選吏目 學憲吳給匾
熊氏趙啟淐妻年二十六夫亡苦節三十三年撫姪爲嗣
學憲吳給匾
余氏監生李天秩妻年二十五夫亡苦節三十年 學憲吳

給匾
石氏劉中輔妻年二十八夫亡安貧撫孤子之陞職員光衢
文學 學憲吳給匾
尤氏儒士桂德和妻年二十三夫故遺子甫一月氏教養成
立苦節三十一年子長源貢生 學憲吳給匾
吳氏生員於永柏妻年二十三夫亡苦節三十四年撫姪雲
爲嗣雲文學 學憲吳給匾
吳氏陳興周妻年二十六夫亡苦節四十二年撫孤成立
學憲吳給匾
張氏郭守忠妻年二十二夫亡苦節四十三年 學憲洪給

匾
徐氏陳文敬妻年二十夫亡苦節三十九年　學憲洪給匾
劉氏王光斗妻苦節三十五年　學憲吳給匾
胡貞女許字儒童黃光裕年二十光裕歿女聞訃奔喪守貞
三十二年　學憲王給匾
梅氏儒童李利見妻苦節三十四年　學憲吳給匾
陳氏吳錫綱妻年二十九夫亡翦髮付棺投繯以殉舅姑諭
以撫孤始拜泣受命家故貧灌園蔬勤紡績以供甘旨教
遺孤子明禮職員朗庠生請　旌
劉氏洪其達妻年二十六夫亡苦節四十五年子早逝孫陳

常文學　學憲吳給匾
嚴氏柯光斗妻年二十九夫亡苦節五十八年撫孤朝棟本
淵成立入監　學憲吳給匾
趙氏舉人鍾祥教諭蔣天桂繼妻夫歿事庶姑如其姑子方
誉庶出四齡生母歿氏撫養成立人比之陶歐賢母守節
三十年方誉舉人官教諭氏　貤贈孺人
宋氏李鈞秀妻年二十一于歸三載安貧勤績敬事公姑夫
亡殮畢遂投繯殉節
趙氏儒士蔣方烇妻年二十三夫亡誕遺腹子志堉事舅姑
無缺禮撫孤慈嚴兼至志堉舉人

陳氏儒童蔣志堅妻年二十三夫亡撫姪爲嗣苦節三十一
年請　旌
陳氏儒士趙錦臺妻年二十五夫亡立姪承祀苦節四十五
年　學憲李給匾
張貞女許字岳縈衍年十六婿亡聞訃奔喪矢志自守紡績
度日撫姪承祧守貞至老
邢氏陳其讓妻年二十六夫亡撫姪爲嗣嗣子歿氏與媳余
氏同甘冰蘗撫孫世業世業又歿孫媳程氏年二十六生
遺腹男文炯辛苦鞠育三世同心稱一門三節
陳氏儒童李元長妻年二十四夫亡矢志自守撫姪承祧苦

節四十年　以上舊志

列女志

石氏文學帥宗樞繼室年二十一夫亡撫嗣子遠昌成立遠昌歿婦李氏年二十四兩世孀居相依爲命卒能立嗣承祧氏守節五十六年婦李氏現守節三十四年俱請　旌建坊

聶氏帥遠烺妻年二十三夫亡現守節二十七年請　旌

王氏儒童喻光瀛妻年二十九夫亡家赤貧守節五十二年請　旌

趙氏文學喻亮模妻夫病割股以療夫歿氏年二十九守節十七年撫孤六齡四齡年四十五而卒請　旌子寶琛文學璪烈舉人

徐貞女徐賁園女幼字儒童喻景模壻亡女年二十二聞訃奔喪義命自安現守貞五十一年請　旌

桂氏喻樹鈺妻年二十八夫亡守節九年卒

汪氏文學喻樹倬妻年二十六夫亡哀毀而歿請　旌

孔氏儒童喻珊焜繼室年二十七夫亡現守節二十五年

柴氏庠生蔣金榜妻年二十九夫亡守節四十八年請　旌

董氏文學蔣楚璜妻年二十八夫亡守節四十三年子兆朗歿時婦潘氏年十九守節五十年一門雙節

胡氏庠生蔣如松妻年二十七夫亡守節四十一年子兆驤文學

商氏文學蔣兆琛繼室年廿九夫亡守節廿二年請　旌

陳氏儒童蔣兆球妻年二十四夫亡守節二十二年請　旌

陳氏儒童蔣兆啟妻年二十八夫亡守節二十五年

方氏蔣之謙妻年二十六夫亡守節五十二年

梅氏蔣之恪妻年二十九夫亡守節四十四年請　旌

帥氏儒童蔣兆沅妻年二十一夫亡撫嗣之慶未幾舅姑夫弟相繼歿又撫幼叔兆熊幼姪之衢一門三孤以養以教後諸孤能文垂裕家學列黌序者濟濟嗣婦王氏割股療姑衢婦石氏熊媳商氏俱青年守制孫女適劉適梅以節著皆氏之訓也氏守節六十一年請　旌建坊

汪氏儒童蔣之錦妻年二十三夫亡氏知書嫺禮守節四十二年請　旌建坊子煥文學

陳氏蔣之鑄妻年二十七夫亡守節四十七年

汪氏蔣之釗妻年二十九夫亡守節二十一年

程氏文學蔣之鑾妻年二十六夫亡守節十五年卒

李氏蔣之鋭妻年二十九夫亡守節二十六年

舒氏蔣高承妻年二十九夫亡守節十八年

何氏儒童蔣文勳妻年二十三夫亡守節二十七年請　旌

吳氏儒童蔣松亭妻年二十五夫亡現守節五十一年

程氏許新知妻年二十夫亡憂鬱成疾臥病四年而歿請

旌嗣子馨巡檢

蔣氏梅肇裕妻于歸纔一月夫亡以新婦孀居遂終身不出

素幃守節二十五年請　旌建坊

蔣氏儒童劉彬雅妻年二十五夫亡守節二十六年

蔣氏梅肇聰妻年二十一夫亡守節二十九年請　旌

石氏文學蔣之儒妻年二十五夫亡守節二十六年

商氏蔣正榮妻年二十八夫亡現守節三十年

帥氏蔣秀亭妻年二十九夫亡守節四十年

梅氏蔣學琬妻年十九夫亡現守節三十五年

張氏國學李光甲妻年二十六夫亡子婦柳氏珏妻年二十

五夫亡氏守節五十年子婦守節五十二年一門雙節

趙氏王方進妻年二十八夫亡守節五十年子賓文學

石氏蔣環洲妻年二十六夫亡守節三十八年

柳氏儒童蔣學瀛妻年二十五夫亡守節三十年請　旌

喻氏儒童蔣志墻妻年二十三夫亡守節五十九年學憲王

獎額

余氏文學蔣志址妻年二十九夫亡守節四十一年學憲王

獎額

程氏儒童蔣志垛妻年二十三夫亡守節三十三年請　旌

李氏儒童蔣楚鋑妻年二十六夫亡守節五十四年

蔡氏儒童蔣楚鉅妻年二十五夫亡守節三十七年

張氏儒童蔣楚銓妻年二十夫亡守節五十年請　旌

向氏儒童蔣楚鍊妻年二十六夫亡守節三十五年

宛氏儒童蔣佺純妻年二十三夫亡守節三十五年請　旌

子楣綸國學

帥氏文學蔣澤霖妻年二十三夫亡守節三十八年請　旌

嗣子祖澍恩貢

劉氏增生蔣仕純妻年二十八夫亡守節三十三年請　旌

子祖紹附貢

宛氏儒童蔣任純妻年二十八夫亡守節三十二年請　旌

祖紹兼嗣

王氏儒童蔣儆涵妻年二十五夫亡守節二十七年

潘氏儒童蔣祖纓妻年二十八夫亡現守節三十二年

柯氏蔣祖縉妻年二十四夫亡現守節三十四年

張氏國學石金室妻年二十三夫亡守節四十八年請　旌

宛氏國學石志圻妻年二十七夫亡守節三十八年請　旌

胡氏縣丞石其茂妻年二十九夫亡守節四十二年請　旌

錢氏石奎文妻年三十九夫亡守節四十二年請　旌

程氏石璧琇妻年二十六夫亡守節三十五年請　旌
魯氏石安道妻年二十四夫亡守節四十三年請　旌
梅氏石表觀妻年二十二夫亡守節五十八年請　旌
何氏石恒三妻年二十六夫亡守節二十七年請　旌
潘氏國學石玉瓚妻年廿三夫亡守節四十四年請　旌
葉氏石步蟾妻年二十五夫亡守節五十一年請　旌
宛氏石能容妻年二十四夫亡守節五十七年請　旌
王氏石玉瓏妻年二十八夫亡守節五十二年請　旌
張氏石文鑾妻年二十三夫亡守節二十九年請　旌
金氏國學石其權妻年二十九夫亡守節十四年請　旌

嚴氏石珏妻年二十七夫亡守節三十二年
董氏石其苑妻年二十六夫亡守節三十七年請　旌
董氏石其隆妻年二十五夫亡守節三十四年請　旌
黎氏石玉茂妻年二十八夫亡守節五十二年請　旌
蔡氏石遇馥妻年二十八夫亡守節四十五年請　旌
蔡氏石相墀妻年二十七夫亡現守節四十二年
吳氏石伯暘妻年十八夫亡現守節三十二年請　旌
宛氏國學石近光妻年二十四夫亡守節三十九年請　旌
蔡氏石玉琢妻年二十三夫亡守節四十二年
劉氏石相廣妻年二十三夫亡守節二十年

唐氏石相棣妻年二十三夫亡守節二十四年請　旌
汪氏國學石其章妻年十九夫亡守節三十年
柯氏石其榮妻年二十八夫亡守節三十年請　旌
袁氏石相榮妻年二十七夫亡現守節三十六年
商氏石相巽妻年二十八夫亡現守節二十七年請　旌
李氏石含璧妻年二十五夫亡現守節二十五年
黎氏石相燉妻年二十六夫亡守節四十九年
李氏石克毅妻年二十四夫亡守節二十三年
項氏石表義妻年二十七夫亡守節四十七年
桂氏石憲章妻年二十夫亡現守節三十三年

王氏石鎮青妻年二十五夫亡守節三十六年請　旌
朱氏石洪州妻年二十九夫亡守節二十八年
梅氏文學石正性妻年二十二夫亡守節四十一年請　旌
洪氏石烈爵妻年二十八夫亡現守節三十三年
魯氏石達謀妻年二十九夫亡守節四十一年請　旌
李氏石敍尹妻年三十夫亡守節二十一年
郭氏石敍仁妻年二十五夫亡守節五十一年
陳氏石遠雄妻年二十九夫亡守節二十六年請　旌
詹氏石青其妻年二十八夫亡守節五十六年
鄭氏石再淇妻年二十八夫亡守節六十年

唐氏石遠家繼室年二十于歸舅篤疾比年卒越一年夫卒雙櫬在堂氏竭力營窀穸既畢從容赴水死以節烈聞

程氏石青溷妻年二十八夫亡守節二十四年

張氏石青英妻年二十六夫亡守節四十六年

蔡氏石遠詩妻年二十五夫亡現守節三十四年

方氏石會春妻年二十九夫亡守節二十年

葉氏石再玗繼室年二十夫亡守節二十二年

劉氏文學石大年妻年二十六夫亡守節五十三年

柳氏石大涵妻年三十夫亡家赤貧遺腹生女其弟迎歸母家以省親爲辭比往知弟給已將他適遂投繯而死以節烈請　旌

錢氏石烈琛妻年二十九夫亡守節三十五年請　旌

王氏石烈墉妻于歸三月夫即遠出客死未歸氏撫姪兼祧承祀年八十一而終

吳氏石遠翺妻年二十九夫亡守節二十六年

胡氏石遠颺妻年一十八夫亡現守節六十三年請　旌

洪氏石洲妻年二十八夫亡守節五十九年請　旌

柳氏石泉妻年三十夫亡守節二十五年請　旌

柯氏斆石珖妻年二十四夫亡守節二十三年

陳氏石桂烈妻年二十八夫亡守節三十三年

孫氏石桂烈妻年二十九夫亡守節二十六年

蔣氏石瀾妻年二十五夫亡守節四十六年請　旌

藍貞女幼字石青瀧父早世無兄弟孀母孤女相依爲命年十六壻亡女欲奔喪慮無以奉母乃集宗族爲母立嗣然後衰絰歸石毀容自誓撫嗣承祧守貞五十六年請　旌

柯氏石烈榮妻年二十九夫亡守節九年請　旌

陳氏石青烑妻年二十七夫亡守節四十五年請　旌

錢氏石文鏡妻年二十五夫亡守節三十九年

梅氏石映雲妻年三十夫亡事姑能代子職姑疾革氏刲股以進疾尋瘳守節二十五年請　旌

吳氏石珊妻年二十八夫亡守節三十五年請　旌

柳氏文學石思揩妻年廿八夫亡現守節三十二年請　旌

向氏石烈謨妻二十四夫亡守節四十七年請　旌

李氏石烈址妻年廿三夫亡現守節卅四年嗣子翼瑞庠生

王氏石遠燾妻年二十夫亡守節十三年卒

胡氏石寶顒妻年二十八夫亡守節六十三年請　旌

張氏石暉烈妻年二十七夫亡守節五十四年請　旌

王氏石遠細妻年二十七夫亡守節四十二年請　旌

梅氏石廷琛妻年二十六夫亡守節十七年

胡氏石兆鶯妻年三十夫亡守節四十一年

王氏州同石寶謙側室年二十七夫亡守節三十八年　旌

陳氏石遠愷繼室年二十九夫亡守節五十年請　旌

李氏石爲葆妻年二十六夫亡守節十年請　旌

黄氏文學石彩雲妻年二十八夫亡守節二十七年請　旌

葉氏文學石芝晢妻年三十夫亡守節二十六年請　旌

章氏石遠紟妻年二十四夫亡守節四十二年請　旌

王氏石青樾妻年二十六夫亡守節四十六年請　旌

商氏石烈明妻年二十五夫亡現守節三十年

李氏石烈著妻年二十四夫亡守節二十三年

蔡氏石烈輝妻年十八夫亡現守節四十一年

吳氏石遠能妻年二十九夫亡守節五十年

劉氏石元龍妻年二十九夫亡守節二十二年請　旌

王氏石烈典妻年二十八夫亡現守節五十年

商氏文學石元輔妻年廿六夫亡現守節卅六年請　旌

陳氏石青晰妻年二十九夫亡守節四十年請　旌

張氏石新烈妻年二十九夫亡守節三十一年請　旌

何氏石烈義妻年二十八夫亡守節二十四年請　旌

廖氏石烈禮繼室年二十二夫亡守節五十一年請　旌

桂氏石烈智妻年二十九夫亡守節三十五年請　旌

宛氏石烈英妻年二十九夫亡守節三十二年

陳氏石遠峯妻年二十七夫亡守節二十一年請　旌

方氏石青選繼室于歸四十日夫亡時年二十歲守節四十二年請　旌

王氏石青蕳妻年二十九夫亡守節三十三年

周氏石遠恵妻年二十二夫亡守節二十六年

程氏石翼鵬妻年十八夫亡守節三十五年

向氏石翼登妻年二十九夫亡守節十四年請　旌

柯氏石翼聖妻年二十五夫亡守節四十五年請　旌

陳氏石吉翼妻年二十七夫亡守節十七年

嚴氏石之蓮妻年二十七夫亡守節五十一年

詹氏石敍勳妻年二十九夫亡守節四十九年

蔡氏石遠元妻年二十六夫亡現守節二十六年

張氏石烈日妻年二十七夫亡現守節三十一年請　旌

詹氏石遠觀妻年二十五夫亡守節四十八年

盛氏石烈玉妻年二十九夫亡守節二十七年

熊氏石青揚妻年二十六夫亡守節四十七年

陳氏石敍瑞妻年二十五夫亡守節十二年卒

向氏石青梯妻年二十六夫亡現守節四十八年

許氏石青常妻年二十七夫亡守節三十九年請　旌

桂氏石遠猷妻年二十二夫亡守節二十三年請　旌

陳氏石青漢妻年三十夫亡守節四十七年請　旌
陳氏石青圖妻年二十八夫亡守節三十一年請　旌
李氏石青璉妻年二十八夫亡守節十年
劉氏石青梁妻年二十五夫亡守節三十三年
呂氏石青省妻年二十八夫亡現守節三十八年
吳氏石相錩妻年二十八夫亡現守節三十五年
胥氏石相博妻年二十九夫亡現守節三十四年
張氏文學石特蓮繼室年三十夫亡守節三十年請　旌
余氏石烈珠妻年三十夫亡現守節四十七年請　旌
汪氏文學石貞幹妻年二十六夫亡守節十五年卒請　旌

黎氏石韞珏妻年二十八夫亡守節十一年卒
黎氏石清越妻年二十六夫亡守節七年卒
李氏石明鑑妻年二十八夫亡守節二十一年卒
蔡氏誥贈師上敬妻年二十六夫亡守節四十九年請　旌
建坊嗣子承治廪貢訓導
喬氏增生誥贈師上毓妻年二十九夫亡守節五十二年請
旌建坊子承洲承霨俱文庠
洪氏儒童師宗宗妻年二十四夫亡守節十九年咸豐七年
避賊至父家賊氛近乃與父訣從容赴水死請　旌建坊
嗣子遠爀文學

鄧氏儒童師遠炘妻年廿八夫亡守節卅八年請　旌建坊
蔣氏儒童師宗橋妻年二十三夫亡現守節三十八年請
旌建坊子遠源國學
劉氏文學師宗樞妻年廿九夫亡現守節卅四年　旌建坊
梅氏拔貢師宗森妻年二十四夫亡守節四十七年請　旌
建坊子遠炬庠生
熊氏贈官師遠煌妻年二十六夫亡現守節三十八年請
旌建坊
費氏儒童師遠經妻年二十四夫亡現守節三十二年請
旌建坊

沈氏增生戶部陝西司主事師宗栻之側室年二十五夫亡
現守節四十二年請　旌建坊子遠煒縣丞
張氏庠生贈官師遠熹妻年二十二夫亡守節五十二年請
旌建坊子疇布政司理問世襲雲騎尉
張氏儒童師遠驂妻年二十三夫亡守節九年卒
張氏儒童師遠馳妻年二十九夫亡守節二十八年
林氏儒童師宗泉側室年二十六夫亡現守節三十一年
金氏遂昌知縣師宗榆側室年廿九夫亡現守節廿八年
程氏儒童師遠暐妻年二十八夫亡現守節廿三年請　旌
李氏職員師遠鋤妻年二十二夫亡現守節二十九年請

旌建坊子培祥國學
胡氏儒童帥宗鑑妻年二十八夫亡守節二十六年
周貞女周繼先女許字儒童程維藩年十九壻亡女聞訃哀毀成疾越五年而卒請　旌
胡氏儒童聶希賢妻年廿五夫亡守節三十年學憲王獎額
帥氏儒童聶文照妻年廿六夫亡守節五十年學憲王獎額
周氏儒童聶兆芭妻年廿六夫亡守節四十年學憲王獎額
李氏儒童聶元珠妻年二十三夫亡守節四十一年請　旌
嚴氏儒童聶坤元妻年二十二夫亡守節三十一年
殷氏文學吳尙賢妻年二十八夫亡守節二十七年

周氏儒童吳珵連妻年二十六夫亡守節三十三年
汪氏儒童熊金治妻年二十四夫亡守節三十一年
宛氏國學熊之桂妻年二十五夫亡守節四十七年學憲王獎額
鄧氏文學熊鳳炤妻年二十六夫亡守節五十五年學憲王獎額
洪氏儒童熊承湖妻年二十六夫亡現守節廿七年請　旌
岑氏儒童邱德滋妻年二十九夫亡守節三十二年
何氏儒童吳艮才妻年二十四夫亡守節三十年子婦陳氏儒童之楫妻年二十四夫亡守節十三年咸豐七年賊擾時氏已沒婦聞警懼辱赴水死同請　旌建坊
石氏儒童吳文濤妻年廿九夫亡守節卅六年請　旌建坊
潘氏儒童吳文瀚妻年十九夫亡守節三十年
唐氏儒童吳之俊妻年三十夫亡守節五十三年
梅氏儒童吳之槐妻年二十二夫亡守節四十年請　旌
趙氏儒童吳之權妻年十九夫亡守節四十六年請　旌
劉氏儒童吳之枋妻年二十三夫亡守節三十六年
項氏儒童梅定齊妻年二十六夫亡現守節二十六年
熊氏儒童陳大治妻年二十四夫亡守節四十九年請　旌
石氏儒童畢琇瑩妻年二十五夫亡守節二十六年請　旌

鄔氏儒童吳名駒妻年二十九夫亡守節四十年
許氏文學陳茂林妻年二十九夫亡守節三十三年
周氏白鏡晢妻年二十六夫亡守節四十年
夏氏白棟宇妻年二十五夫亡守節七年卒
李氏熊瑞和妻年二十二于歸四十日夫亡守節四十五年
周氏儒童張榮周妻年二十四夫亡守節四十八年
柳氏國學徐明富妻年二十二夫亡黃氏儒童徐明貴妻年廿夫亡二氏家席豐厚皆能食蓼茹蘗以勵其志柳氏守節四十年黃氏現守節四十六年一門姒娣雙節請　旌
王氏文學徐本澄妻年二十四夫亡守節三十餘年

趙氏儒童張腑省妻年二十六夫亡守節五十一年學憲吳
奬額
聶氏儒童張之達妻年二十九夫亡守節四十一年學憲王
奬額
王氏儒童張之聘妻年二十六夫亡守節四十二年學憲李
奬額
李氏儒童張之卓妻年二十八夫亡守節三十七年學憲王
奬額
孫氏張八駿妻年二十五夫亡守節二十七年學憲江奬額
周氏熊政典妻年二十三夫亡守節十八年卒
錢氏儒童黃壽棨妻年二十三夫亡守節十四年

劉氏潘承先妻年二十八夫亡現守節三十二年
陳氏羅春友妻年二十七夫亡現守節三十一年請　旌
王氏石敬成妻年二十八夫亡守節四十一年
李氏劉乙書妻年二十八夫亡守節四十年
祝氏余奐彩妻年十九夫亡守節五十八年請　旌嗣子茂
寮庠生
李氏余奐封妻年二十六夫亡守節四十三年請　旌
梅氏國學余丰雅妻年二十五夫亡守節四十七年請　旌
石氏儒童余宗澤妻年二十二夫亡守節三十三年請　旌

鄢氏儒童余輝斗妻年二十夫亡守節三十二年請　旌
李氏儒童余定宇妻年二十一夫亡守節二十八年請　旌
徐氏國學余定乾妻年二十七夫亡守節二十五年請　旌
劉氏余嘉才妻年二十六夫亡守節二十九年
費氏優增生黃壽椿妻年二十六夫亡守節三十年
王氏職員李濩之妻年十九夫亡守節二十五年請　旌
夏氏廩生李琳妻年二十四夫亡現守節二十八年請　旌
項氏儒童李鴻遲妻年二十五夫亡守節二十年請　旌
石氏儒童李鴻儒妻年廿八夫亡現守節三十三年請　旌
梅氏儒童李光斗妻年十九夫亡守節三十三年請　旌

章氏儒童李聘三妻年二十八夫亡守節十五年請　旌
鄧氏儒童李瑶階妻年二十一夫亡守節十二年
程氏文學項順彝妻年二十八夫亡守節六十年請　旌
李氏項朝棟妻年二十九夫亡現守節三十三年
王氏誥職梅茂先妻年二十夫亡子復殤氏投繯姑涕泣託
以子職乃不敢死姑病割股以療撫嗣如所生姒娣輩劉
氏國樫妻亦青年守節赤貧無子依氏以終其志孫婦胡
氏文學藍田妻夫病割股夫亡投繯仰藥家人日夜防救
卒哀毁以至於死俱請　旌氏後以孫雨田貴　封宜人
魏氏儒童江德隆妻夫病割股以療籲天請代弗瘳以身殉

預借詞以慰其父母遺書以辭其舅姑解纜後面如生年
二十二歲
魯氏廩生程雲妻雲慧而能文以瘵疾卒氏誓以死殉喪葬
畢哀毀而死時年二十六歲
桂氏儒童龔遵路妻年二十五夫亡撫孤成立守節六十二
年學憲賈獎額
程氏儒童龔騰霄妻年二十七夫亡守節四十五年
陳氏儒童鄭叔乾妻年廿三夫亡守節卅六年學憲王獎額
洪氏鄭昭淵妻年二十三夫亡守節三十二年
李氏石守忠妻年二十七夫亡現守節二十四年

岳氏尹學泗妻年十九夫亡守節四十一年　以上縣市鎮
張氏儒童周文哉妻年十九夫亡守節撫遺腹子成立姑近
九旬有癈疾氏竭力承歡現守節五十五年請　旌
黃氏周憲章妻年二十五夫亡現守節三十一年
李氏周采藻妻年二十三夫亡現守節三十一年
吳氏儒童湛成綺妻年二十三夫亡守節四十二年請　旌
蔣氏儒童湛思九妻年二十二夫亡守節三十二年請　旌
石氏湛白珩妻年二十三夫亡守節喪畢自盡
湛氏儒童吳喬林妻年二十二夫亡守節四十年
湛氏李永茂妻年二十四夫亡守節四十年

羅氏樂有芳妻年二十八夫亡守節四十七年
魏氏項學也妻年二十夫亡守節三十年
張氏黃萬興妻年二十四夫亡守節三十六年
陳氏黃登榮妻年二十二夫亡守節十七年卒
吳氏黃仕朝妻年二十四夫亡守節四十九年
柳氏黃其祥妻年二十八夫亡守節二十九年
項氏黃隆方妻年二十八夫亡守節四十二年
洪氏聶柯遠妻年二十八夫亡守節四十年請　旌
黃氏樂蘭聯妻年二十一夫亡守節三十年
柯氏陳育蓮妻年二十四夫亡守節三十八年

呂氏向崇禮妻年二十二夫亡守節三十年學憲王獎額
徐氏儒童李秉疆妻年二十五夫亡守節四十九年學憲王
獎額
王氏儒童李茂模妻年二十一夫亡守節九年卒
李氏許登義妻年二十四夫亡守節四十三年
黃氏許光贊妻年二十三夫亡現守節三十七年
張氏向瓜綿妻年二十八夫死於賊現守節二十二年
吳氏向從樸妻年二十八夫亡守節四十三年
張氏向秀三妻年二十七夫亡守節三十五年　以上項橋鎮
劉氏國學岳孟堅妻年二十五夫亡守節四十年學憲王獎

額子兆元恩貢
張氏儒童岳藩衍妻年二十夫亡守節三十年請 旌
劉氏儒童岳義尙妻年二十九夫亡守節七十三年壽逾百歲請 旌
程氏岳敬上妻年二十二夫亡守節三十年請 旌
余氏儒童岳慶隆妻年廿九夫亡守節四十年學憲王獎額
徐氏儒童岳奇哲妻年三十夫亡守節三十年學憲王獎額
詹氏儒童岳代明妻年十九夫亡現守節四十五年
洪氏儒童岳金懷妻年二十九夫亡現守節二十七年
黃氏岳尙德妻年二十四夫亡守節五十年

桂氏岳永福妻年二十四夫亡守節三十年
李氏劉猗蘭妻年二十八夫亡守節四十八年請 旌
胡氏劉楚材妻年二十九夫亡守節三十二年請 旌
余氏蔡揚烈妻年二十七夫亡守節五十年學憲王獎額
吳氏蔡世發妻年二十七夫亡守節三十年學憲王獎額
趙氏蔡克 妻年十七夫亡守節五十年請 旌
桂氏劉金城妻年二十九夫亡守節三十年請 旌
石氏劉燦連妻年二十八夫亡守節三十年請 旌
洪氏朱倫至妻年二十六夫亡守節五十年請 旌子攸韜國學

王氏朱彝安妻年二十九夫亡守節六十年請 旌
詹氏劉勝瑞妻年二十八夫亡守節四十年請 旌
詹氏劉錫榮妻年二十六夫亡守節三十四年
李氏劉祥開妻年二十八夫亡守節三十年
孫氏劉能讓妻年二十九夫亡守節三十年
李氏劉茂奇妻年二十九夫亡守節三十年
歐陽氏劉曰發妻年二十九夫亡守節三十三年
吳氏蔡蟾桂妻年二十夫亡現守節三十七年
劉氏廖瑤現妻年二十六夫亡現守節四十一年
柯氏武庠廖正茂妻年二十四夫亡現守節二十六年

柯氏廖恒泰妻年二十五夫亡守節十九年卒
張氏陶茂林妻年二十九夫亡守節四十六年學憲王獎額
陳氏張惟寅妻年十九夫亡守節六年卒學憲王獎額
柳氏儒童石奎擊妻年二十七夫亡守節七年卒
余氏袁兩交妻年二十四夫亡守節三十八年學憲方獎額
朱氏袁曙東妻年二十六夫亡守節三十六年（以上山南鄉）
鄭氏儒童鄧鳳章妻年二十八夫亡守節五十二年請 旌子士紳歲貢孫廷鈞舉人
陶氏儒童鄧思敬妻年二十四夫亡守節四十年請 旌
袁氏鄧秀山妻年二十五夫亡守節三十六年請 旌

陳氏儒童鄧鑄海妻年二十六夫亡守節三十九年請　旌
子廷彬職員
石氏文學鄧士洲妻年二十四夫亡守節三十八年請　旌
劉氏儒童鄧玉麟妻年二十六夫亡守節四十三年請　旌
范氏鄧載華妻年二十八夫亡現守節五十一年請　旌
黄氏國學劉懿騏妻年十九夫亡終身如處女同以節稱而
品最粹靜默五十二年請　旌建坊
陳氏國學劉懿駿妻年廿九夫亡現守節四十五年請　旌
石氏陳寶善妻年二十六夫亡現守節四十六年請　旌
袁氏陳巨才妻年二十四夫亡守節五十一年請　旌

袁氏儒童方承昕妻年二十六夫亡守節三十六年請　旌
石氏儒童張眉壽妻年二十三夫亡現守節五十年請　旌
侯氏鄖縣訓導陳元吉側室年二十二歲夫亡守節三十年
請　旌子寶仁增貢
洪氏儒童陳學蓬妻年廿九夫亡現守節三十二年請　旌
鄧氏儒童周立誠妻年三十夫亡守節四十年學憲王獎額
蔡氏陳際華妻年二十三夫亡守節五十八年學憲王獎額
周氏陳鍾符妻年二十五夫亡守節四十九年學憲王獎額
劉氏陳鳳岡妻年二十九夫亡守節四十年學憲王獎額
李氏陳大訓妻年二十夫亡守節五十八年學憲王獎額

張氏儒童鄧三才妻年二十七夫亡守節四十六年
梅氏陳士潔繼妻年廿二夫亡守節五十八年學憲王獎額
王氏陳榮熊妻年二十一夫亡守節三十六年學憲王獎額
廖氏陳光猷妻年二十三夫亡守節二十九年學憲王獎額
子應奎庠生
李氏陳文斯妻年二十七夫亡守節二十五年
孫氏儒童陳引選妻年廿四夫亡現守節五十六年子心一
監生
熊氏舉人鄧鍾麟妻年二十八夫亡現守節二十二年請
旌子毓崙文學

王氏陳智卓妻年二十八夫亡現守節四十七年
周氏陳正路妻年二十六夫亡守節四十三年
黎氏陳金台妻年二十八夫亡守節五十二年
周氏鄧七耀妻年二十九夫亡守節二十二年
潘氏周勝先妻年二十七夫亡守節四十一年
柯氏周道三妻年二十八夫亡現守節三十三年
李氏周道貴妻年二十六夫亡現守節三十四年
熊氏儒童方承勇妻年二十一夫亡現守節三十三年
商氏庠生周均國妻年二十八夫亡現守節二十二年
陳氏儒童張品佳妻年二十九夫亡守節十七年卒

黎氏張㷛禮妻年二十一夫亡現守節二十九年
劉氏張樹滋妻年二十六夫亡現守節三十年
石氏張承緒妻年二十八夫亡守節三十一年
帥氏陳學深妻年二十一夫亡守節三十年
唐氏鄭喬茂妻年二十九夫亡現守節三十六年
袁氏庠生陳山立妻年二十三夫亡守節四十年請 旌子
步鑾文學
袁氏陳元錫妻年十八夫亡守節十一年卒子寶森文學
趙氏儒童陳之偉妻年二十六夫亡守節四十二年
程氏潘宗鼎妻年二十一夫亡守節四十年

李氏儒童鄧廷璋繼妻年廿九夫亡現守節廿一年請 旌
聶氏儒童張殿黃妻年二十八夫亡守節三十三年
周氏魯茂福妻年二十六夫亡守節三十五年
程氏潘錫法妻年二十一夫亡守節三十九年
柯氏周明珂妻年二十八夫亡守節三十八年
陳氏周博錠妻年三十夫亡現守節三十一年
詹氏文學程際青妻年二十七夫亡守節二十五年請 旌
柯氏程艮貴妻年二十二夫亡現守節三十八年請 旌
周氏陳文耀妻年二十二夫亡守節四十四年學憲吳獎額
倪氏劉文質妻質病篤氏割股以療不治時氏年二十九守
節三十七年請 旌
陳氏劉士謙妻年二十四夫亡守節四十五年
李貞女國學李曰樑女許字劉士秀秀亡女年十九聞訃奔
喪守貞五十二年學憲王獎額
張氏儒童劉春華妻年二十三夫亡守節四十五年學憲王
獎額
王氏儒童劉吉妻年二十九痛夫逝哀毀成疾而卒
陳氏國學劉懿驤妻年二十八夫亡守節十八年卒
王氏國學劉炳燦妻年二十三夫亡現守節三十年
陳貞女國學陳心彥女許字程樹模被賊戕女誓不他適憂
鬱成疾閱五年卒請 旌

黃氏劉鶴林妻年二十三夫亡守節三十二年 以上張林鎮
劉氏生員黎元輅妻年廿九夫亡守節五十年學憲王獎額
劉氏儒童黎元榕妻年廿七夫亡守節五十年學憲王獎額
柳氏黎斯熾妻年二十四夫亡守節五十四年學憲王獎額
石氏黎與參妻年三十夫亡現守節四十八年
程氏儒童黎長春妻年二十九夫亡守節四十三年
朱氏儒童黎太乙妻年二十三夫亡守節五十一年學憲王
獎額
熊氏國學黎文瑯妻年二十九夫亡守節四十四年學憲王

奬額
帥氏國學黎文琳妻年卅夫亡守節十四年卒學憲王奬額
劉氏黎崇勳妻年廿六夫亡現守節四十五年
張氏生員黎兆桂妻年二十八夫亡現守節三十九年
陳氏國學黎錦芳妻年二十九夫亡守節三十三年
商氏儒童黎棫芳妻年二十九夫亡守節四十二年
柯氏儒童黎先正妻年二十五夫亡現守節四十六年
陳氏黎揚美妻年二十七夫亡守節五十五年
劉氏黎芳榛妻年二十五夫亡守節五十八年
汪氏黎茂發妻年二十八夫亡守節五十一年

趙氏黎含章妻年二十二夫亡守節四十六年
石氏黎鳳楷妻年二十四夫亡現守節二十七年
石氏黎金蘭妻年二十四夫亡現守節三十一年
劉氏黎仁富妻年二十八夫亡現守節二十七年
程氏黎文炳妻年二十九夫亡守節三十八年
宛氏黎先任妻年二十六夫亡守節三十四年
鄧氏儒童黎貞吉妻年三十夫亡現守節二十七年
李氏汪孟飛妻年二十三夫亡守節四十年學憲王奬額
陳氏汪雲龍妻年二十五夫亡守節三十八年學憲王奬額
洪氏國學汪鳳吉妻年二十五夫亡守節四十年請　旌

李氏汪敦智妻年二十六夫亡守節三十六年學憲王奬額
程氏汪國璽妻年二十七夫亡守節三十年學憲王奬額
董氏汪維百妻年二十六夫亡守節五十一年學憲王奬額
孫氏汪軼凡妻年二十七夫亡守節三十七年撫憲曾奬額
周氏汪澤海妻年廿六夫亡現守節四十七年撫憲胡奬額
於氏汪崙源妻年二十七夫亡現守節三十七年
石氏國學汪華鏡妻年二十六夫亡守節三十年
柳氏汪華兒妻年二十一夫亡守節二十二年卒
陳氏汪作謀妻年二十五夫亡現守節三十一年
黎氏汪彬燦妻年二十七夫亡現守節二十五年

宛氏汪蕙蘭妻年二十六夫亡現守節三十年
宛氏鄒維和妻年二十八夫亡現守節三十九年
歐氏鄒錫朋妻年二十七夫亡現守節二十七年
龔氏陳朝貴妻年二十七夫亡守節三十九年
魏氏張廷榮妻年二十九夫亡現守節四十五年
陳氏李秀蘭妻年二十三夫亡現守節三十年
張氏翁育和妻年二十九夫亡守節三十五年
宛氏廖光宗妻年二十二夫亡守節二十四年卒
徐氏翁茂青妻年廿五夫亡現守節五十一年撫憲胡奬額
嚴氏張立東妻年二十八夫亡現守節三十六年

石氏張爲林妻年二十夫亡守節五十一年
方氏張復旦妻年二十三夫亡守節六十七年
胡氏李開甲妻年二十九夫亡現守節二十一年
程氏郭利常妻年二十四夫亡現守節二十九年
蔡氏李林玉妻年二十六夫亡現守節四十三年
張氏郭若愚妻年二十三夫亡守節三十六年請 旌建坊
蔣氏國學郭佩璋妻年廿四夫亡守節三十七年請 旌建坊
孫氏郭衛藩妻年三十夫亡守節五十四年
李氏郭應春妻年二十九夫亡守節三十一年
劉氏郭廣財妻年二十九夫亡守節二十七年

張氏郭光宇妻年二十九夫亡現守節四十九年
鄔氏郭仁德妻年二十四夫亡守節三十九年請 旌建坊
子攀桂貢生
蔡氏郭光國妻年二十九夫亡守節五十年
汪氏郭明亮妻年二十六夫亡現守節四十六年
張氏陳燦章妻年二十八夫亡守節三十年
程氏李植杰妻年二十七夫亡現守節三十三年
石氏李全益妻年二十夫亡守節四十一年
周氏李登典妻年二十六夫亡守節三十八年
潘氏李天祿妻年二十八夫亡守節三十年

方氏馮業灼妻年二十四夫亡守節三十一年
楊氏馮錫彩妻年三十夫亡守節三十八年
黃氏馮錫三妻年二十四夫亡現守節四十六年
石氏汪作賓妻年二十六夫亡現守節二十四年
紀氏曾毓珉妻年二十一夫亡守節四十年學憲王獎額
張氏汪位和妻年二十九夫亡現守節三十九年
張氏馮成幹妻年二十夫亡守節三十三年
帥氏郭理恆妻年二十七夫亡守節四十年
黃氏郭壽山妻年二十九夫亡守節六十年
邱氏李華楚妻年三十夫亡守節三十二年

李氏汪孔碩妻年二十九夫亡守節十五年卒
陳氏錢啟禧妻年二十五夫亡守節三十一年學憲王獎額
陳氏儒童錢啟潢妻年二十三夫亡守節三十五年請 旌
於氏儒童錢光遴妻年二十四夫亡守節三十六年學憲王
獎額子婦程氏儒童錢啟泗妻年二十三夫亡現守節三
十三年請 旌子榮文學
王氏錢興文妻年二十六夫亡守節二十九年學憲王獎額
龔氏錢敏榮妻年二十四夫亡守節四十年學憲王獎額
葉氏錢啟鴻妻年二十八夫亡守節三十九年
柯氏錢啟洄妻年二十五夫亡守節三十九年

陳氏錢心耕妻年二十六夫亡守節四十一年

胡氏易徽典妻年二十一夫亡守節四十三年學憲王獎額

程氏熊交泰妻年二十九夫亡守節二十五年請　旌子書傳增生孫寅歲貢繡舉人

汪氏熊國嘉妻年二十七夫亡守節二十五年學憲王獎額

蔣氏文學熊映廉妻年廿二夫亡守節廿九年學憲王獎額

石氏熊用楫妻年二十九夫亡守節三十年學憲王獎額

柳氏熊映臺妻年二十七夫亡守節三十五年學憲王獎額

陳氏國學熊禮賢妻年二十八夫亡守節三十二年撫憲嚴獎額子大新文學

吳氏熊海曙妻年二十一夫亡守節二十四年請　旌

石氏熊敬業妻年二十六夫亡現守節五十年

程氏熊龍泉妻年二十六夫亡現守節五十三年請　旌

黃氏熊樂成妻年二十九夫亡現守節三十七年

宛氏柯三泰妻年二十二夫亡現守節三十二年

周氏張從容妻年二十一夫亡守節五十年學憲王獎額

宛氏張學海妻年二十夫亡守節四十六年

黎氏儒童宛上玉妻年二十四夫亡守節四十二年請　旌

石氏儒童宛名昶妻年十九夫亡現守節四十四年請　旌

劉氏儒童宛華復妻年十九夫亡現守節四十二年請　旌

柳氏儒童宛立廉妻年二十四夫亡殉身請　旌

汪氏儒童宛朝聘妻年二十四夫亡守節六十一年請　旌

程氏儒童宛文炳妻年二十二夫亡守節三十四年請　旌

甘氏宛兆昌妻年二十九夫亡守節五十四年

陳氏宛明慎妻年二十八夫亡現守節三十七年

商氏宛明綱妻年二十八夫亡現守節四十四年

黃氏宛維燦妻年二十六夫亡守節二十七年

黃氏宛燦雅妻年二十六夫亡守節四十四年學憲王獎額

柳氏宛學智妻年二十六夫亡守節三十四年

柯氏宛錫琳妻年二十六夫亡守節三十八年學憲王獎額

王氏儒童宛名卓妻年二十九夫亡守節三十年

李氏儒童宛映墉妻年廿三夫亡守節三十年學憲王獎額

楊氏宛忠獻妻年二十八夫亡守節四十一年

劉氏文學宛名謙妻年二十八夫亡守節二十七年

劉氏宛錦章妻年二十一夫亡現守節三十一年

石氏儒童宛立楷妻年二十四夫亡守節二十年卒

張氏宛春泰妻年二十九夫亡現守節三十年

楊氏宛得龍妻年二十八夫亡守節二十八年

陳氏宛廷柏妻年二十七夫亡守節二十五年

周氏儒童宛名灼妻年二十九夫亡現守節三十六年

黄氏國學宛名基妻年二十七夫亡守節二十九年
蔣氏儒童宛承珠妻年二十二夫亡現守節五十八年
石氏儒童宛利脩妻年二十八夫亡現守節四十四年
羅氏儒童宛九階妻年廿三夫亡守節六十五年請　旌
黎氏宛兩盈妻年二十夫亡守節六十七年
陳氏宛一純妻年二十夫亡守節三十三年請　旌
張氏宛華表妻年二十四夫亡守節五十六年請　旌
潘氏宛樹槐妻年二十夫亡現守節五十二年請　旌
王氏宛文燦妻年二十七夫亡守節六十一年請　旌
陳氏宛榮華妻年二十夫亡現守節三十四年

徐氏宛學桂妻年二十夫亡現守節三十二年請　旌
汪氏宛樹廷妻年十八夫亡守節五十四年 以上上沿鎮
梅氏國學洪子岡妻年二十九夫亡守節五十九年請　旌
王氏國學洪祖望妻年二十四夫亡守節六十三年學憲王
奬額
胡氏儒童洪鶴田妻年三十夫亡守節五十一年學憲王奬
額子昌華職員
吳氏儒童洪本韜妻年二十五夫亡守節四十五年學憲王
奬額
何氏儒童洪本廉妻年二十八夫亡守節三十年請　旌建
坊子基副榜
陳氏儒童洪學泗妻年二十九夫亡守節四十一年學憲王
奬額子祖德國學
胡氏國學趙桂蘩妻年二十八夫亡守節五十二年學憲吳
奬額子澤藩例貢
敖貞女敖貴方女許字趙文光派名敵後敵殤女年十五聞
訃奔喪守貞五十二年請　旌
李氏儒童趙正蓮妻年二十二夫亡守節五十二年學憲王
奬額子文蔚國學
劉氏高祟讀妻年廿八夫亡現守節五十四年學憲杜奬額

石氏文庠曾煥妻年二十五夫亡守節五十七年
王氏增生曾煥妻年三十夫亡守節二十九年
李氏儒童嚴軼羣妻年二十六夫亡守節五十八年
黎氏儒童毛光敬妻年二十六夫亡守節三十年
於氏儒童汪子飛妻年三十夫亡守節廿九年學憲王奬額
鄧氏儒童周用達妻年二十四夫亡守節六十年請　旌
董氏陳文寬妻年二十四夫亡守節十八年卒
吳氏儒童洪光麟妻年三十夫亡守節二十四年
熊氏儒童洪祖訓妻年廿九夫亡守節廿七年學憲王奬額
邢氏儒童洪本恪妻年廿八夫亡守節卅三年學憲王奬額

石氏儒童洪斗垣妻年二十八夫亡守節四十九年請 旌
何氏儒童洪文瀚妻年三十夫亡守節七年卒子永吉從九
許氏儒童洪永聲妻年二十一夫亡守節二十九年請 旌
帥氏儒童洪永齡妻年二十夫家請期父與嫡母俱早逝生
母沈閔齡已染沈痾將不起憂弗決氏知之長跽請往于
歸之日卽御妝侍疾湯藥必親閱三月衣不解帶夫亡誓
從地下舅姑曰我二人在奈何氏見舅姑日相對泣恐一
死增堂上憂乃節哀謹奉晨昏十餘年代完子職請 旌
建坊於東山鎮生母沈氏坊側現年五十二歲
宛氏儒童洪永懷妻夫於咸豐七年被賊擄後聞夫亡時氏

年二十九誓不他適守節十四年卒
董氏儒童韓連茹妻年二十一夫亡守節五十六年
周氏儒童陳世賡妻年二十三夫亡現守節三十一年
張氏高鳳麟妻年二十九夫亡現守節三十五年
李氏儒童陳臨春妻年三十夫亡現守節三十四年
宛氏張光鏞妻年二十八夫亡現守節二十四年
徐氏儒童洪昌茂妻年三十夫亡現守節二十四年請 旌
陳氏毛應福妻年三十夫亡守節二十二年
胡氏布經毛光旭妻年二十四夫亡守節四十二年
帥氏儒童毛濟美妻年二十六夫亡守節十三年卒

張氏毛光廷妻年二十三夫亡守節五十九年
淩氏毛光前妻年二十八夫亡守節四十二年
邢氏洪國榜妻年二十四夫亡守節四十二年
許氏高日暐妻年三十夫亡守節六年卒 以上下新鎮
張氏李敏政妻年二十四夫亡守節三十四年學憲王獎額
益氏文學李薦愷副室年廿八夫亡現守節廿三年請 旌
洪氏儒童李光藻妻年二十九夫亡守節二十二年請 旌
程氏儒童李良知妻年廿四夫亡現守節三十三年請 旌
王氏李仲熙妻年二十四夫亡撫孤連藻連芬成立後二子
繼歿氏與子婦　氏　氏共撫諸孫及長孫　又歿復

卒孫婦　氏三世守志現年八十歲請 旌
郭氏李務德妻年二十四夫亡家貧現守節四十年
黎氏李務滋妻年二十九夫亡現守節二十五年
周氏儒童李秀林妻年二十九夫亡守節四十五年學憲王
獎額
謝氏李揚遠妻年二十一夫亡殮畢卽絶粒不食七日而歿
宋氏李陳周妻年二十九夫亡守節三十四年
潘氏庠生李過春妻年廿六夫亡守節五十一年
柯氏李位高妻年二十八夫亡守節五十七年請 旌
宋氏李銜秀妻年廿五夫亡絶粒殉節學憲鮑獎曰貞烈

程氏李義春妻年二十四夫亡守節四十七年請　旌

王氏何卿祿妻年二十三夫亡守節六十七年學憲王獎額

黎氏何以凝妻夫病割股以療延數月夫歿氏年十九撫孤承南紡績爲生歷五十二年學憲方獎額承南歿婦張氏年二十二守志待　旌現年五十六歲

程氏何樹崙妻年二十三夫亡守節三十六年

李氏文學何廷瑚妻年二十七夫亡撫孤宗文成立宗文又歿撫三孫延師課讀苦節歷今四十二年請　旌宗文國學

楊氏何斯貞妻年二十四夫亡守節四十三年請　旌建坊

黎氏何坤岡妻年二十夫亡守節三十七年請　旌

陳氏何坤躍妻年二十三夫亡撫遺腹子守節三十五年

鄢氏詹熙贊妻年十八夫亡守節四十五年學憲王獎額

梅氏詹纘緒妻年二十八夫亡守節三十年學憲王獎額

方氏詹光典妻年三十夫亡守節三十六年學憲王獎額

林氏詹逢時妻年二十二夫亡守節四十五年

何氏詹登台妻年二十二夫亡守節五十年學憲王獎額

方貞女方承榮女許字尤瓊章年十七聞舅與壻病重室惟姑一人且老告於母往侍湯藥入門三日壻亡居無何舅亦亡與孀姑相依母家以女年輕家貧勸之他適女涕詈之絕母家來往守貞十九年請　旌建坊嗣子占魁庠生

陶氏尤廷琮妻年二十七夫亡守節三十三年請　旌

程氏儒童尤璜妻年二十六夫亡守節二十五年請　旌

石氏尤瓊瑛妻年二十六夫亡守節四十四年請　旌

劉氏尤常華妻年二十一夫亡現守節五十年

吳氏詹復山妻年二十八夫亡現守節三十八年

方氏儒童張席皐妻年二十九夫亡守節四十三年學憲王獎額

汪氏儒童潘士韜妻年二十七夫亡守節四十一年學憲王獎額

張氏儒童陳格非妻年二十八夫亡守節三十四年學憲王獎額

樂氏儒童張金裕妻年二十六夫病割股以療夫歿守節五十二年學憲王獎額

郭氏陳龍章妻年二十八夫亡守節二十四年學憲王獎額

李氏陳自省妻年二十九夫亡現守節卌七年撫憲吳獎額

劉氏詹學海妻年二十六夫亡現守節三十六年

程氏儒童詹罄宜妻年二十四夫亡現守節三十九年請　旌建坊

石氏張聯芳妻年二十八夫亡現守節二十六年

鄧氏陳學稼妻年二十九夫亡守節四十年學憲王獎額
洪氏陳茂庸妻年二十八夫亡守節三十年學憲王獎額
劉氏儒童潘近智妻年廿七夫亡守節卌四年撫憲鄭獎額
黄氏潘樹德妻年二十八夫亡守節三十二年
程氏陳嵐桂妻年二十九夫亡守節三十七年學憲王獎額
劉氏陳開華妻年二十七夫亡現守節二十六年
顔氏潘培之妻年二十一夫亡現守節二十九年
石氏陳曉初妻年二十九夫亡現守節二十六年
桂氏儒童殷元吉妻年二十六夫亡現守節四十年
吴氏詹名山妻年二十四夫亡現守節四十年

陳氏宋受益妻年二十六夫亡現守節三十一年
聶氏帥心泰妻年二十六夫亡守節四十年子婦尤氏年二十九夫家和亦亡與姑貧苦守節現年五十八歲
石氏尤茂春妻年十九夫亡現守節三十二年
何氏詹登召妻年二十二夫亡守節五十二年學憲王獎額
陶氏黎岸登妻年二十三夫亡現守節二十八年請　旌
張氏鄧賢鎰妻年二十五夫亡現守節二十五年以上獨山鎭
喻氏文學柯之潔妻年二十七夫亡守節三十二年請　旌
建坊
王氏儒童柯在棫妻年二十一夫亡現守節四十四年請
旌與姑喻氏同坊
胡氏國學柯芳草妻年三十夫亡守節四十年請　旌
李氏儒童柯瑞南妻年二十八夫亡守節三十年請　旌
柳氏儒童柯作梅妻年二十七夫亡守節二十四年請　旌
陳氏儒童柯勳熙妻年二十七夫亡守節五十四年請　旌
余氏儒童柯以文妻年二十九夫亡守節二十七年請　旌
洪氏國學柯昌林妻年二十一夫亡守節五十七年請　旌
余氏儒童柯元哲妻年廿七夫亡現守節四十三年請　旌
石氏儒童柯陶潛妻年三十夫亡守節四十一年請　旌
嚴氏庠生柯中柏妻年廿九夫亡守節三十七年請　旌

周氏柯敦禮妻年三十夫亡守節四十三年請　旌
帥氏庠生柯斐章妻年三十夫亡守節五十六年請　旌
項氏柯容碎妻年三十夫亡守節三十九年請　旌
顔氏柯在清妻年二十八夫亡守節四十四年請　旌
石氏柯在芬妻年二十七夫亡守節五十三年請　旌
石氏柯厚聘妻年二十九夫亡守節五十二年學憲杜獎額
余氏柯廸郊妻年二十四夫亡守節三十年撫憲胡獎額子
在滎文學翰林院待詔
程氏儒童柯庭桂妻年二十五夫亡守節五十六年學憲王
獎額

劉氏柯掄才妻年二十六夫亡守節五十九年學憲俞獎額
金氏儒童柯讚之側室年二十四夫亡守節三十五年學憲
王獎額
柳氏儒童柯在寅妻年二十九夫亡現守節四十三年請
旌子龍光歲貢
陳氏柯鸞鳴妻年二十五夫亡守節四十五年學憲王獎額
楊氏庠生柯金榜側室年二十一夫亡守節五十六年學憲
王獎額
童氏柯禹朝妻年二十四夫亡守節二十三年
張氏柯承先妻年二十九夫亡現守節三十三年
施氏柯章吉妻年三十夫亡現守節三十六年

張氏儒童柯輯瑞妻年二十八夫亡守節三十二年
黎氏柯順憲妻年二十九夫亡現守節三十二年
黄氏柯建羣妻年二十三夫亡現守節三十二年
李氏柯秉信妻年二十二夫亡現守節三十一年
石氏儒童柯之漣妻年二十八夫亡現守節三十一年
劉氏儒童高松友妻年二十七夫亡守節四十四年學憲王
獎額
何氏儒童高恆泰妻年二十九夫亡守節六十一年學憲王
獎額

章氏儒童高利詩妻年二十八夫亡守節四十一年
聞氏李士讓妻年二十八夫亡守節五十九年
陳氏李千仞妻年二十夫亡現守節三十年
熊氏儒童張象德妻年三十夫亡守節四十一年學憲王獎
額
蔣氏陳經魁妻年二十七夫亡守節三十三年
柯氏儒童黎田安妻年二十二夫亡現守節三十六年
宛氏儒童黎敬典妻年二十七夫亡守節三十年學憲王獎
額
石氏顔淑元妻年二十四夫亡守節四十年學憲王獎額

鄧氏顔遇高妻年二十三夫亡守節七十年學憲王獎額
孫氏顔太有妻年三十夫亡守節四十六年學憲王獎額
黎氏顔履年妻年二十三夫亡現守節二十八年
袁氏陳立孚妻年二十八夫亡守節四十九年學憲王獎額
柳氏文學陳義則妻年廿三夫亡守節四十年學憲王獎額
徐氏國學陳慎妻年十九夫亡守節五十八年請 旌
洪氏國學陳之佐妻年二十六夫亡守節六十年請 旌
汪氏陳汝祥妻年廿八夫亡現守節三十一年撫憲胡獎額
汪氏陳任安妻年二十四夫亡守節四十五年學憲王獎額
王氏陳扶勝妻年十八夫亡守節六十年請 旌

湯氏陳敬典妻年二十八夫亡守節三十六年學憲王獎額
柯氏陳育昌妻年二十七夫亡守節三十年撫憲吳獎額
柯氏陳捋藻妻年二十五夫亡守節四十五年撫憲胡獎額
黎氏陳茂秀妻年廿六夫亡現守節四十六年撫憲胡獎額
楊氏陳長青妻年二十七夫亡守節四十一年
石氏陳燮理妻年二十三夫亡守節十九年卒
陳氏儒童克讓妻年二十二夫亡守節四十八年學憲王
獎額
鄧氏黎茂青妻年二十九夫亡守節四十七年
楊氏黎元昌妻年二十八夫亡守節三十三年

柯氏黎必祿妻年二十五夫亡現守節四十五年
胡氏黎錫麟妻年三十夫亡現守節三十九年
楊氏黎秀廷妻年三十夫亡現守節三十六年
王氏黎紹興妻年二十六夫亡守節五十二年
黎氏顏德新妻年二十八夫亡守節四十八年
宛氏黎兆泰妻年二十六夫亡現守節四十六年
祝氏周德貴妻年廿四夫亡現守節四十五年學憲王獎額
吳氏黎全毓妻年二十二夫亡守節五十四年
王氏黎龍吟妻年二十五夫亡守節五十四年
柳氏柯臨晉妻晉素患咳氏事維謹後晉病篤割股以療不
治氏年三十守節十五年卒
洪氏柯彥邦妻年二十七夫亡守節四十年
張氏柯國棟妻年二十八夫亡守節二十二年
陳氏楊以芝妻年二十三夫亡守節二十七年撫憲胡獎額
柯氏楊淮泗妻年三十夫亡現守節三十九年撫憲曾獎額
何氏楊步樓妻年二十三夫亡守節四十一年學憲王獎額
唐氏楊士廉妻年二十夫亡守節三十六年
潘氏周朋遠妻年二十七夫亡守節十一年卒以上黃花鎮
徐氏儒童潘福燊妻年十五夫亡現守節五十四年學憲馮
獎額
桂氏儒童潘福選妻年二十五夫亡現守節三十五年

商氏儒童潘瀑泉妻夫病篤割股以療不治時氏年二十七
夫亡守節三十九年
柯氏儒童潘天權妻年二十夫亡守節卌八年學憲王獎額
黃氏郡庠潘華誥妻年廿一夫亡守節卌一年學憲王獎額
柯氏邑庠潘翱仭妻年二十六夫亡守節四十一年學憲王
獎額
蔡氏潘朝言妻年二十四夫亡守節四十一年學憲王獎額
周氏潘易周妻年二十六夫亡守節四十五年學憲王獎額
金氏潘將發妻年二十九夫亡現守節四十四年

潘氏蔡步瀛妻年二十二夫亡守節五十七年
何氏儒童潘汝楫妻年二十二夫亡現守節四十一年
帥氏張廷楷妻年二十二夫亡守節五十年
郝氏儒童金士濡妻年二十三夫亡守節五十七年
袁氏儒童詹昌泰妻年二十五夫亡守節四十二年學憲王
獎額子能和庠生
蔡氏儒童詹宏馥妻年廿六夫亡守節卅六年學憲賈獎額
張氏儒童詹道梅妻年廿五夫亡現守節卅六年學憲張獎額
吳氏儒童趙成運妻年廿八夫亡現守節三十四年請 旌
汪氏國學趙英才妻年二十夫亡守節五十二年學憲王獎額

吳氏儒童趙宗文妻年二十七夫亡現守節卅五年請 旌
石氏梅華階妻年二十五夫亡守節四十二年請 旌
桂氏儒童梅邦文妻年二十八夫亡守節三十六年請 旌
黃氏儒童梅國潤妻年二十三夫亡現守節三十年
孫氏儒童黎相林妻年二十三夫亡守節三十二年
祝氏歐藹柏妻年二十二夫亡守節二十八年請 旌
吳氏儒童夏之時妻年廿八夫亡現守節三十五年請 旌
陳氏潘德厚妻年二十二夫亡現守節四十一年
桂氏聶日元妻年二十九夫亡現守節三十七年請 旌
蔡氏潘士熿妻年二十夫亡守節五十年

李氏蔡有成妻年二十九夫亡現守節二十二年
周氏金宏點妻年二十三夫亡現守節六十年
劉氏歐春香妻年二十六夫亡現守節五十三年
張氏梅鳳和妻年二十五夫亡守節四十二年
祝氏歐春晏妻年二十二夫亡現守節三十五年
李氏蔡常照妻姑向氏疾篤李割股救之得延壽十八年族
黨悉稱其孝
劉氏唐萬登妻年二十八夫亡守節五十年學憲王獎額
王氏儒童唐道和妻年二十四夫亡守節二十五年卒
劉氏唐良哉妻年二十六夫亡守節三十年

潘氏唐立謀妻年二十八夫亡現守節六十六年
鄧氏唐崇和妻年二十八夫亡守節五十年
何氏陳秀林妻年二十六夫亡現守節四十一年
張氏陳茂林妻年二十六夫亡守節二十四年
王氏梅宏文妻年二十五夫亡現守節三十年
潘氏袁文山妻年二十四夫亡現守節三十六年
張氏魏興周妻年二十九夫亡守節六十二年以上俱卓壁鎮
魯氏儒童潘永昌妻年二十六夫亡守節四十一年請 旌
子華宇縣丞
劉氏貢生章應昌妻年二十七夫亡守節四十七年請 旌

建坊

畢氏儒童章以㻞妻年二十八夫亡守節四十八年請　旌

胡氏章學瑶妻年二十四夫亡守節五十一年請　旌

王氏章琇瓚妻年二十四夫亡守節十五年卒

康氏儒童章一元妻年二十一夫亡守節十九年卒

劉氏章萬隆妻年二十八夫亡守節三十年請　旌

石氏呂經文妻年二十九夫亡守節二十二年

程氏潘有成妻年二十四夫亡守節三十八年

李氏蔡能之妻年二十二夫亡守節四十年

曾氏潘炳全妻年二十八夫亡守節四十一年

孫氏吳德明妻年二十七夫亡守節二十七年

蔡氏陳光耀妻年二十七夫亡守節二十三年

劉氏潘海順妻年二十四夫亡守節二十七年

陳氏周逢時妻年二十五夫亡守節二十五年

程氏熊龍全妻年二十夫亡守節四十七年請　旌以上俱張湖上鎮

李氏儒童劉宏烈妻年二十二夫亡守節四十五年學憲王獎額

胡氏儒童程時習妻年二十二夫亡守節四十八年學憲王獎額

王氏劉益和妻年二十夫亡守節四十七年

石氏黃士明妻年二十九夫亡守節五十年學憲王獎額

章氏黃循泗妻年二十八夫亡守節四十三年學憲王獎額

岳氏黃受言妻年二十五夫亡守節四十二年學憲王獎額

張氏黃志和妻年二十八夫亡守節三十一年學憲王獎額

陳氏舒鴻載妻年二十七夫亡守節三十年

吳氏胡鴻璧妻年二十八夫亡守節三十七年學憲朱獎額

馮氏黃錫勳妻年二十九夫亡守節五十年學憲王獎額

蔣氏歐陽遵業妻年廿八夫亡守節四十六年學憲王獎額

黃氏歐陽雲梯妻年廿一夫亡撫遺腹子成立守節卅九年

高氏劉仲亨妻年二十八夫亡守節二十七年

周氏劉日華妻年二十夫亡守節四十五年

石氏劉遇霞妻年十九夫亡守節四十年

李氏黃寅彩妻年二十九夫亡守節三十年

陳氏黃生福妻年二十四夫亡守節三十年

邢氏黃鴻才妻年二十九夫亡守節四十年

歐陽氏黃模義妻年二十八夫亡守節二十二年

陳氏倪恆茂妻年二十六夫亡守節五十二年

向氏王營業妻年二十四夫亡守節五十六年

吳氏王一清妻割股療夫未愈氏年廿二夫亡守節四十年

歐陽氏陳得勝妻年二十八夫亡守節三十年
魏氏儒童陳翠華妻年二十九夫亡現守節三十二年
洪氏劉明發妻年二十七夫亡守節三十年
宛氏儒童程殿選妻年廿七夫亡守節卌六年子學源國學
汪氏程文彬妻年二十八夫亡守節五十六年
黃氏歐陽志道妻年二十三夫亡守節四十五年
陳氏王廷選妻年二十六夫亡守節六十八年以上俱張湖下鎮
吳氏儒童傅如璋妻年廿四夫亡守節卌六年學憲王獎額
陳氏文學傅錢賓妻年二十九夫亡貧苦守節三十四年子
秉鈞文學

吳氏武生王賓妻年二十九夫亡現守節三十五年
陳氏傅體坤妻年二十八夫亡守節三十八年
蔡氏傅植槐妻年二十九夫亡守節三十五年
嚴氏傅士經妻年三十夫亡現守節二十九年
王氏傅國柱妻年二十八夫亡現守節二十七年
傅氏王秀之妻年三十夫亡守節二十九年
蔡氏龔懷敬妻年二十九夫亡守節五十年
於氏儒童陳欽伯妻年廿九夫亡守節廿二年學憲王獎額
李氏儒童陳仲秀妻年二十三夫亡守節四十九年學憲王
獎額

鄢氏儒童陳星燦妻年二十一夫亡守節四十八年學憲王
獎額
洪氏陳乾富妻年二十四夫亡現守節三十六年
王氏胡華亭妻年二十三夫亡守節二十五年
徐氏生員瞿英妻年二十八夫亡守節四十五年
胡氏儒童雷殿揚年二十七夫亡守節四十四年
梅氏文學雷埜妻年二十九夫亡守節二十三年
程氏文學羅漢濯妻年二十七夫亡守節三十年
陶氏儒童羅文錦妻年廿六夫亡守節四十四年以上俱瞿港鎮
吳氏儒童張和義妻年二十六夫亡守節五十三年學憲馮
獎額

商氏儒童張太運妻年廿八夫亡守節廿八年學憲王獎額
黃氏儒童徐非儒妻年廿八夫亡守節四十年學憲初獎額
周氏儒童黃子直妻年廿夫亡守節五十五年學憲王獎額
劉氏儒童黃鳳藻妻年廿八夫亡守節卌五年學憲王獎額
黃氏儒童張爲敬妻年二十九夫亡現守節五十一年
毛氏徐應堦妻年二十五夫亡現守節二十七年
朱氏儒童徐邦彥妻年二十七夫亡守節二十八年
馮氏儒童徐得廣妻年廿夫亡守節六十一年學憲王獎額
黃氏儒童張理着妻年二十九夫亡守節三十三年

蔡氏儒童黄海揚妻年二十九夫亡現守節二十四年
何氏王仲林妻年二十七夫亡守節四十七年
崔氏陳世表妻年二十二夫亡守節三十一年
王氏陳世冠妻年二十八夫亡守節五十二年請　旌
朱氏陶時忠妻年二十四夫亡守節三十四年請　旌
柯氏陳清和妻年十八夫亡守節六十一年
柯氏陳世亥妻年十九夫亡守節六十六年
陶氏陳茂青妻年十八夫亡守節四十四年
王氏陳廷輝妻年二十八夫亡守節三十一年
蔣氏陳利賓妻年二十九夫亡現守節二十二年

黄氏陳方甲妻年二十九夫亡現守節二十一年
吳氏陶蒼寶妻年三十夫亡守節四十年
劉氏徐開玉妻年三十夫亡現守節三十年
方氏熊德振妻年二十五夫亡守節三十四年
柯氏李位三妻年二十八夫亡現守節三十一年
王氏儒童蔣從龍妻年二十七夫亡守節五十八年學憲鮑
獎額
蔡氏儒童蔣正啟妻年二十七夫亡守節卅年學憲鮑獎額
徐氏國學蔣勳名妻年二十九夫亡守節四十六年學憲王
獎額

程氏儒童蔣子元妻年三十夫亡守節卅一年學憲王獎額
嚴氏儒童蔣效忽妻年二十一夫亡守節二十一年卒學憲
王獎額
黄氏儒童蔣扶堯妻年二十九夫亡守節十四年卒子婦虞
氏茂禮妻年二十五夫亡守節十五年卒姪婦李氏茂進
妻年二十八夫亡守節三十四年學憲王俱獎額
洪氏蔣以時妻年二十四夫亡守節四十六年學憲馮獎額
王氏蔣殿鰲妻年廿九夫亡現守節二十七年學憲馮獎額
劉氏儒童蔣克家妻年二十一夫亡現守節五十九年姪婦
張氏秀柏妻年廿三夫亡現守節卌一年學憲江俱獎額

劉氏儒童蔣貞祥妻年二十一夫亡守節二十四年卒
張氏儒童蔣效宏妻年二十六夫亡守節三十二年
石氏儒童蔣占鰲妻年二十七夫亡守節三十五年
黄氏陳其理妻年三十夫亡守節五十三年子婦李氏不羣
妻年十九夫亡守節六十年孫婦何氏義煥妻年二十九
夫亡守節四十五年學憲王俱獎額
王氏陳大光妻年二十九夫亡守節三十一年子婦項氏繼
修妻年二十六夫亡守節五十二年孫婦鄧氏世緒妻年
二十五夫亡守節三十年學憲王俱獎額
王氏文庠陳文炳妻年三十夫亡守節五十年子婦吳氏文

庠一枝妻年二十三夫亡守節二十八年
王氏陳文榮妻年二十七夫亡守節四十四年子婦蔡氏卉
枝妻年二十九夫亡現守節二十八年
徐氏儒童陳文白妻年二十四夫亡現守節二十六年
程氏陳文亭妻年二十三夫亡現守節五十四年以上俱黄連鎮
張氏商葆元妻年二十三夫亡守節六十二年
胡氏儒童商寅妻年二十三夫亡守節五十七年
梅氏庠生商次伊妻年二十二夫亡守節五十七年
岳氏商丙禮妻年二十八夫亡守節五十二年
李氏商用吉妻年二十五夫亡守節五十六年

梅氏儒童商之紳妻年二十五夫亡守節四十八年
單氏儒童商文徽妻年二十四夫亡守節五十年與姑梅氏
學憲朱給兩世貞徽匾額
張氏商學孟妻年二十七夫亡守節三十一年學憲王奬額
王氏馮應昌妻年二十五夫亡守節三十七年學憲王奬額
梅氏黄承盤妻年二十三夫亡守節五十九年學憲王奬額
盧氏黄國器繼妻年二十一夫亡守節五十年學憲王奬額
梅氏黄有本繼妻年二十八夫亡守節四十年學憲王奬額
余氏黄相在妻年二十八夫亡守節五十五年學憲王奬額
張氏商殿選妻年二十七夫亡守節五十三年學憲王奬額

柯氏商桂林妻年二十四夫亡守節三十六年學憲王奬額
王氏商開善妻年二十六夫亡守節三十九年學憲王奬額
徐氏商茂松妻年二十八夫亡守節三十八年
李氏國學商文星妻年二十四夫亡守節三十四年
張氏商學正妻年二十八夫亡守節四十二年
張氏儒童商作霖妻年二十八夫亡現守節三十五年
徐氏商開緒妻年二十七夫亡現守節三十三年
胡氏儒童商同甫妻年十九夫亡現守節三十一年
瞿氏夏樹勳妻年二十四夫亡守節二十八年
王氏商同軌妻年二十七夫亡守節二十八年
沈氏商澗松妻年二十三夫亡現守節二十七年

黎氏程騰雲妻年十六夫亡守節六十五年
蔣氏王任遠妻年二十一夫亡守節三十二年學憲王奬額
聘氏儒童程智圖妻年二十九夫亡守節三十五年
陶氏王在賓妻年二十七夫亡守節三十五年學憲王奬額
朱氏王列昱妻年二十夫亡守節六十二年學憲王奬額
張氏王亮采妻年二十二夫亡守節三十八年學憲王奬額
董氏文童徐其榮妻年二十七夫亡守節三十五年請　旌
余氏文學徐聘三妻夫病晝夜侍疾夫歿同時自刎以殉時
年二十八歲請　旌

梅貞女許字文童徐邦憲壻亡女年二十一聞訃奔喪矢志守貞越一年卒請　旌

王氏文學徐崑玉妻年二十六夫亡守節三十八年請　旌嗣子詠霓例貢

吳氏文童徐遠嵩妻年十九夫亡守節四十六年學憲許獎額

張氏文童徐恆遠妻年卅夫亡守節四十四年學憲許獎額

董氏徐羽翔妻年二十八夫亡守節四十年學憲王獎額

胡氏文童徐青選妻年二十七夫亡守節四十五年學憲王獎額

李氏文童徐廷桂妻年二十三夫亡守節三十八年學憲王獎額嗣子廣國學

胡氏徐德福妻年二十四夫亡守節三十三年學憲王獎額子祥雲國學

邢氏徐錦堂妻年二十四夫亡守節四十四年學憲王獎額

陳氏徐穀詒妻年二十四夫亡現守節五十四年

許氏徐伯灼妻年二十五夫亡撫遺腹孤現守節二十六年

柳氏文童徐季成妻年廿九夫亡撫遺腹孤現守節廿九年

蔣氏徐鳴盛妻年二十七夫亡守節二十四年

張氏徐楚玉妻年二十四夫亡守節四十年

梅氏徐鳴鳳妻年三十夫亡現守節三十五年

梅氏蔣咸初妻年二十四夫亡守節三十年

陳氏儒童王殳懷妻年二十八夫亡現守節三十六年

周氏蔣士安妻年二十一夫亡撫遺腹孤守節四十五年

楊氏蔣之璋妻年十九夫亡守節五十五年請　旌

藍氏蔣昌煜妻年二十九夫亡守節三十八年

湯氏王順太妻年二十五夫亡守節六十一年

張氏王兆春妻年二十三夫亡守節三十六年以上俱白湖鎮

黎氏儒童單輝甲妻年廿三夫亡守節五十年學憲王獎額

劉氏單天申妻年十九夫亡守節七十二年學憲朱獎額

葉氏單喬年妻年二十八夫亡守節四十六年

葉氏國學單體元妻年廿一夫亡守節卅二年學憲王獎額

王氏儒童單德仕妻年廿二夫亡守節卅一年學憲王獎額

梅氏單德崇妻年二十一夫亡守節五十年學憲王獎額

葉氏儒童單守信妻年二十七夫亡現守節三十五年學憲孫獎額

陳氏單先甲妻年二十六夫亡現守節三十年

戴氏熊振玉妻年二十六夫亡現守節六十年

王氏陳廷贊妻年二十八夫亡現守節二十六年

劉氏陳光閭妻年二十八夫亡現守節二十四年

王氏陳守完妻年二十五夫亡現守節三十二年

胡氏陳載厚妻年二十七夫亡現守節三十一年
汪氏陳國茂妻年二十六夫亡現守節二十五年
梅氏王昭祿妻年二十五夫亡現守節五十一年撫院曾奬
額子禱燦文學
劉氏儒童王學金妻年二十八夫亡守節二十四年
梅氏儒童王元邕妻年二十八夫亡現守節二十七年
郭氏儒童施德海妻年廿四夫亡現守節四十一年請 旌
喻氏駱勝謨妻年二十六夫亡守節六十二年
李氏駱榮貴妻年二十八夫亡守節四十五年
李氏黄登貴妻年二十五夫亡守節二十七年

沈氏熊有光妻年三十夫亡守節四十年
齊氏鄧有志妻年二十八夫亡現守節四十五年
梅氏鄧克敏妻年二十三夫亡守節四十四年學憲王奬額
梅氏儒童鄧月湖妻年二十七夫亡守節二十九年請 旌
雷氏鄧金鑾妻年二十八夫亡守節四十九年
費氏儒童鄧維周妻年二十七夫亡守節五十一年學憲王
奬額
胡氏庠生袁之桂妻年二十夫亡撫遺腹子苦節五十七年
學憲王奬額
蔣氏袁萬沾妻年二十三夫亡守節五十六年子婦徐氏廷
祉妻年二十九夫亡守節四十二年學憲賀俱奬額
費氏袁宣文妻年二十四夫亡守節六十二年撫憲胡奬額
梅氏袁志槐妻年三十夫亡現守節四十五年
梅氏易承烈妻年二十七夫亡現守節三十八年
孫氏陸善廣妻年二十六夫亡現守節三十五年
梅氏汪閶遐妻年二十九夫亡守節五十六年
林氏儒童汪閶敏妻年二十五夫亡守節四十年
陳氏汪闓必妻年二十三夫亡守節二十五年卒
周氏儒童汪衣言妻年二十九夫亡現守節三十八年
王氏儒童汪德昭妻年二十七夫亡現守節四十五年

周氏汪錦春妻年二十九夫亡現守節三十三年
汪氏胡仁魁妻年二十八夫亡守節三十六年
蔡氏董萬清妻年三十夫亡現守節二十七年
李氏張肇衢妻年二十九夫亡現守節二十二年
江氏饒雲燦妻年二十九夫亡現守節三十二年
游氏張文光妻年二十夫亡守節六十年學憲李奬額
喻氏張天縱妻年二十五夫亡撫遺腹子成立守節五十年
學憲江奬額
郭氏張心怡妻年十九夫亡現守節四十一年撫憲鄂奬額
梅氏余文德妻年二十七夫亡守節六十六年學憲李奬額

儀氏汪同樂妻年二十六夫亡守節四十五年學憲王獎額
周氏汪兆蓮妻年二十九夫亡守節三十二年
蔣氏汪兆蓉妻年二十九夫亡現守節二十七年
劉氏胡加貴妻年二十三夫亡守節四十年
鄧孝女職員鄧珍女珍病三年女躬侍湯藥無間寒暑屢以
身禱及卒泣血欲殉適母叉病奉事亦如之半載後母沒
遂嘔血亡時年十九撫憲胡獎額
李氏洪硏思妻年二十五夫亡守節四十年學憲王獎額
陶氏洪朝煦妻年二十四夫亡守節三十年學憲王獎額
周氏熊天貴妻年二十八夫亡守節四十五年

葉氏汪文堯妻年二十八夫亡守節十五年卒
劉氏儒童聶德賢妻年廿九夫亡守節卅八年撫憲嚴獎額
熊氏單守盛妻年二十七夫亡現守節二十八年以上俱新開鎮
邢貞女邢學浣女生兩月許字沈壽豐卽童養夫家年十四
沈病故女矢志守貞終身不返母家家亦貧手製漁具易
錢養翁姑現年八十請 旌建坊
嚴氏梅倫栒妻年二十五夫亡守節二十八年
於氏梅從奎妻年二十九夫亡守節四十三年
周氏梅從燮妻年二十一夫亡守節五十六年
歐氏梅從譴妻年二十六夫亡守節四十一年

趙氏梅從兒妻年二十四夫亡現守節三十四年
毛氏梅倫滋妻年二十九夫亡守節五十二年學憲王獎額
王氏沈三餘妻年二十九夫亡守節五十四年學憲王獎額
李氏沈殿陞妻年二十五夫亡守節三十六年學憲王獎額
曹氏沈經創妻年二十九夫亡守節一十九年
江氏沈賓曹妻年二十六夫亡現守節二十九年
蔡氏沈新郁妻年二十六夫亡現守節四十四年
張氏沈可干妻年二十九夫亡現守節四十八年
單氏沈世太妻年二十八夫亡守節四十一年
廖氏沈厚德妻年二十四夫亡現守節四十四年

魯氏沈厚燮妻年二十二夫亡現守節四十四年
楊氏高乘騏妻年二十五夫亡守節一十八年
俞氏高乘騄妻年二十九夫亡現守節四十八年
張氏袁蘭芳妻年二十六夫亡守節六十年學憲王獎額
王氏張用六妻年十八夫亡現守節四十八年
嚴氏張全泰妻年二十六夫亡現守節三十一年
沈氏王廣敍妻年二十三夫亡守節三十七年
許氏梅倫樵妻年二十九夫亡守節五十年
同氏儒童陳敦厚妻年十九夫亡守節六十六年學憲王獎
額

宛氏儒童陳廸功妻年廿三夫亡現守節四十八年請 旌
胡氏儒童陳燦奎妻年十九夫亡現守節三十二年
吳氏儒童陳葆眞妻年二十八夫亡現守節五十四年
王氏洪輔朝妻年二十八夫亡守節五十四年學憲王獎額
王氏洪顯朝妻年二十八夫亡守節五十二年學憲王獎額
胡氏儒童洪砥純妻年三十夫亡守節三十年學憲王獎額
周氏國學洪澤妻年二十一夫亡現守節六十六年學憲王
獎額
陳氏洪萬里妻年三十夫亡守節五十六年學憲王獎額
趙氏洪九圍妻年二十七夫亡現守節五十五年

汪氏國學邢廷銈妻年二十六夫亡守節五十六年請 旌
建坊子濱泗國學
李氏國學邢忠樸妻年二十九夫亡守節三十六年請 旌
建坊
陳氏文童邢厚炆妻年十八夫病割股以療夫歿孝養孀姑
後嗣子復殀憂鬱成疾現年五十九歲
胡氏陳祿在妻年二十四夫亡守節三十五年
李氏邢思鐸妻年三十夫亡守節三十七年
梅氏儒童邢廷彪妻年廿二夫亡守節卅三年學憲王獎額
張氏儒童邢廷舉妻年廿四夫亡守節五十年學憲王獎額

胡氏儒童邢厚光妻年廿六夫亡守節七年卒學憲王獎額
單氏邢爵一妻年二十五夫亡守節十年學憲王獎額
錢氏儒童邢柏壽妻年三十夫亡守節廿六年學憲王獎額
陳氏儒童邢雨祁妻年廿五夫亡守節六十年學憲王獎額
王氏文學邢學藻妻年二十七夫亡守節五十二年學憲汪
獎額
歐陽貞女父名失考許字邢國轉邢浚女年廿三歲聞訃奔
喪立嗣承祀以孝事姑守貞三十三年
袁氏儒童邢應璧妻年二十六夫亡守節五十七年
吳氏儒童邢仲和妻年二十六夫亡守節四十三年

殷氏儒童邢至剛妻年二十八夫亡守節三十二年
梅氏儒童邢有理妻年二十五夫亡守節四十二年
陳氏儒童邢傳垌妻年二十七夫亡現守節二十八年
袁氏歐陽輝廷妻年廿四夫亡守節五十二年學憲俞獎額
王氏儒童袁燦寘妻年二十夫亡現守節五十八年學憲俞
獎額
程氏袁宗序妻年十七夫亡守節五十五年學憲茹獎額
涂氏儒童項懋常妻年二十六夫亡守節五十二年學憲王
獎額
劉氏邢在漢妻年二十夫亡守節四十九年

王氏文童錢斗魁妻年廿四夫亡憂毁成疾三十一歲而卒
沈氏劉庶矣妻年十九夫亡守節六十年
梅氏錢德釗妻年二十八夫亡守節四十一年
梁氏項慶瑞妻年二十四夫亡守節五十八年學憲鮑獎額
王氏儒童項峻德妻年二十七夫亡現守節五十二年撫憲
胡獎額
陳氏項純一妻年二十三夫亡守節五十年撫憲胡獎額
段氏儒童趙咸裘妻年廿九夫亡守節五十二年學憲獎額
唐氏趙學洙妻年二十夫亡守節五十年
殷氏儒童趙伯和妻年廿七夫亡守節四十年學憲王獎額

郭氏趙峻邑妻年二十六夫亡守節三十年
嚴氏趙彬雅妻年二十八夫亡守節三十年
梅氏儒童趙月華妻年二十夫亡守節四十一年
吳氏趙春和妻年二十三夫亡守節四十年
蔣氏趙瓊英妻年二十九夫亡守節三十年
盧氏趙思認妻年二十八夫亡守節三十年
嚴氏何之瑞妻年二十四夫亡守節四十六年學憲王獎額
汪氏梁泰賢妻年二十夫亡守節五十八年學憲王獎額
趙氏梁中梾妻年二十六夫亡現守節四十六年
嚴氏梁中藏妻年二十九夫亡現守節三十九年

邢氏嚴炳玉妻年三十夫亡守節四十二年學憲王獎額
吳氏儒童嚴鍾靈妻年廿七夫亡守節　年請　旌建坊
石氏嚴有常妻年二十九夫亡守節四十五年
湯氏嚴能文妻年三十夫亡現守節三十年
胡氏儒童湯正詩妻年卅夫亡守節三十七年學憲王獎額
黄氏湯郁彩妻年三十夫亡守節五十年
梅氏湯德盛妻年二十三夫亡守節四十年學憲王獎額
梁氏儒童湯宅心妻年二十九夫亡守節六十年
徐氏庠生湯占鰲妻年二十夫亡守節四十八年
蔣氏邢如賓妻年三十夫亡現守節三十五年

許氏邢首一妻年二十九夫亡守節二十九年
石氏邢學璜妻年二十九夫亡守節四十八年以上俱孔壠東鎮
胡氏王濬哲妻年二十四夫亡守節四十二年學憲江獎額
許氏儒童黄經域妻年二十九夫亡守節三十五年學憲王
子定墉文學
獎額子以鑑文學
段氏傅恆萬妻年二十九夫亡守節十九年學憲吳獎額
陳氏許章紋妻年二十九夫亡守節四十七年
吳氏童興隆妻年二十三夫亡守節三十四年
張氏宋興貴妻年二十二夫亡現守節二十九年

江氏王亭盼妻年二十七夫亡守節六十一年學憲王獎額
李氏王亭吟妻年二十八夫亡守節五十六年學憲王獎額
馮氏儒童王亭相妻年廿七夫亡守節五十年學憲王獎額
錢氏沈方旭妻年二十八夫亡守節二十六年學憲王獎額
子琳職員
單氏職員沈彀妻年二十八夫亡現守節四十二年請　旌
建坊
鄧氏梅萸英妻年二十六夫亡守節四十五年撫憲嚴獎額
夏氏儒童梅文燦妻年二十四夫亡守節五十七年學憲王
獎額
鄧氏梅一枝妻年二十七夫亡現守節三十五年

傅氏梅瑞瀛妻年二十四夫亡守節現年六十八歲學憲張
獎額嗣子鵬程貢生
劉氏陳名揚妻年二十三夫亡守節四十二年學憲王獎額
子燦國學
朱氏陳名理妻年二十七夫亡守節四十五年學憲王獎額
子寬國學
於氏儒童吳宗信妻年二十三夫亡守節五十一年
胡氏吳茂朝妻年二十五夫亡守節四十三年
梅氏儒童曹孝存妻年二十七夫亡守節六十三年

王氏儒童鄭彩光妻年二十八夫亡守節四十一年學憲王
獎額
歐陽氏儒童胡榮檜妻年二十四夫亡守節三十年請　旌
黃氏胡瑞彩妻年二十三夫亡守節三十一年學憲王獎額
張氏儒童胡光路妻年廿九夫亡守節十七年撫憲鄭獎額
劉氏儒童胡錫涓妻年二十六夫亡守節四十一年請　旌
建坊子汝楫從九
嚴氏儒童胡錫汾妻年廿八夫亡守節卌一年請　旌建坊
張氏文學胡錫鴻妻年二十四夫亡守節三十六年
梅氏儒童胡惟新妻年二十三夫亡守節五十年
嚴氏儒童胡文路妻年二十六夫亡守節三十一年

梅氏儒童胡錫文妻年二十八夫亡守節二十三年
殷氏儒童吳錦林妻年二十六夫亡守節二十一年請　旌
梅氏吳錦林子婦儒童吳秀賓妻年二十二夫亡現守節四
十四年請　旌子文蔚例貢
聶氏洪正瀛妻年二十三夫亡守節四十五年
周氏鄧沐泰妻年二十五夫亡守節四十五年
黃氏吳履旦妻年二十八夫亡守節五十六年學憲王獎額
劉氏梅士勝妻年二十一夫亡守節三十年
吳氏梅懷珠妻年二十八夫亡守節三十一年

殷氏梅旦初妻年十九夫亡守節五十五年
胡氏梅蟾桂妻年二十四夫亡現守節五十五年
陳氏梅永盛妻年二十七夫亡現守節三十年
張氏儒童徐大中妻年二十三夫亡守節四十四年學憲王
獎額
趙氏梅宜春妻年十九夫亡現守節六十六年
梅氏儒童劉欽亮妻年二十四夫亡現守節二十七年
王氏儒童萬成貴妻年二十四夫亡守節五十年
張氏祝宏魁妻年二十九夫亡守節三十九年
梅氏劉明發妻年十七夫亡現守節三十六年

桂氏儒童劉克勝妻年二十五夫亡守節四十二年
余氏儒童程煥璽妻年廿三夫亡守節廿八年學憲鮑獎額
羅氏程學翀妻年二十一夫亡現守節五十年撫憲胡獎額
聶氏胡增萬妻年十九夫亡守節六十一年撫憲鄭獎額
吳氏程登瀛妻年二十九夫亡現守節二十五年
安氏曹邦弼妻年二十六夫亡守節四十三年學憲王獎額
以上孔壠西鎮
胡氏國學嚴治桃妻年二十六夫亡現守節六十一年學憲
王獎額子載敬庠生
喻氏儒童嚴匡宇妻年二十七夫亡守節五十一年學憲王

獎額
王氏儒童嚴鎮巖妻年廿七夫亡守節卅七年學憲王獎額
曹氏儒童嚴治嵩妻年廿八夫亡守節廿六年學憲王獎額
聶氏儒童劉維明妻年二十四夫亡守節六十一年學憲王
獎額子紹培國學
吳氏劉紹塤妻年二十二夫亡守節六十二年學憲王獎額
王氏劉文燦妻年二十三夫亡守節三十六年學憲王獎額
范氏劉文圜妻年二十三夫亡守節五十九年學憲王獎額
鄧氏劉碧堂妻年二十九夫亡守節四十四年學憲王獎額
王氏劉景餘妻年二十二夫亡守節五十六年學憲王獎額

沈氏劉呈瑞妻年二十五夫亡守節四十年學憲王獎額
張氏劉祓先妻年二十七夫亡守節三十一年學憲王獎額
戴氏劉瑞梅妻年三十夫亡守節二十一年學憲王獎額
胡氏王傳忠妻年二十四夫亡守節五十二年學憲王獎額
湯氏王鶴春妻年二十五夫亡守節四十七年撫憲吳獎額
費氏儒童嚴濟和妻年二十七夫亡現守節二十九年
吳氏儒童嚴宏謨妻年二十九夫亡守節五十一年
齊氏儒童嚴學洙妻年二十三夫亡守節五十二年
王氏儒童嚴得孚妻年二十三夫亡守節二十七年
邢氏儒童嚴以純妻年二十三夫亡守節三十八年

潘氏儒童嚴本榮妻年二十五夫亡守節二十六年
蔣氏儒童嚴澤湘妻年十七夫亡守節十二年
胡氏儒童嚴治中妻年二十九夫亡守節二十七年
金氏嚴樹基妻年二十九夫亡現守節二十九年
龍氏嚴長青妻年二十二夫亡守節三十四年
殷氏儒童王家務妻年二十一夫亡守節三十九年
吳氏江志剛妻年二十一夫亡守節五十六年
張氏蔡昌唐妻年二十三夫亡守節三十八年
黄氏王繩武妻年二十八夫亡守節一十四年子家和國學
胡氏王式馨妻年二十六夫亡守節三十二年

全氏國學王鳴治妻年二十七夫亡守節三十年
周氏王以耕妻年二十七夫亡守節五十四年
張氏王家峻妻年二十三夫亡守節三十七年
梅氏儒童王家綿妻年二十七夫亡守節三十一年
梅氏王士勉妻年二十九夫亡守節二十一年子秉厚武庠
李氏范章勝妻年二十八夫亡守節四十七年
蔣氏劉昌魁妻年二十四夫亡守節一十八年
吳氏儒童張天贊妻年二十六夫亡守節四十一年子灼議
敍從九
劉氏張心一妻年二十七夫亡現守節四十九年

瞿氏張順功妻年二十七夫亡家極貧守節十九年
馮氏張東初妻年二十一夫亡守節五十二年
崔氏張官懋妻年二十三夫亡守節十二年卒
曹氏張輝先妻年二十五夫亡家貧現守節四十四年
汪氏周光東妻年二十二夫亡現守節四十七年
周貞女周鳳林女許字儒童廖元童養壻家年十四壻亡欲以死殉不納勺飲者七日姑力勸之始進水漿復剪髮自毁事舅姑以孝撫姪爲嗣守貞二十八年
劉氏國學廖景盛妻年二十夫亡守節三十年請 旌
王氏廖階友妻年二十三夫亡家極貧親執鋤耰以養老病之舅姑已常終日忍飢或周之輒卻不受守節三十二年族黨哀其志請 旌

張氏廖階純妻年二十六夫亡現守節二十六年
梅氏廖偉然妻年二十一夫亡現守節五十一年子坤職員
劉氏戴茂本妻年二十五夫亡現守節五十六年以上塘穴鎮
張氏李應鵠妻年二十九夫亡守節四十年學憲王獎額
柳氏李兆珩妻年二十四夫亡守節五十年學憲王獎額
陳氏李兆璞妻年十九夫亡守節七十年學憲王獎額
戴氏李應容妻年二十一夫亡守節四十三年學憲王獎額
柳氏李應謨妻年二十五夫亡守節四十六年學憲王獎額

莊氏費守貞妻年二十七夫亡守節二十九年撫孤遠森成
立遠森又歿婦傅氏年二十八守節四十年撫孤二光庭
郡庠來儀國學莊氏學憲王獎額傅氏請　旌建坊
董氏費遠榮妻年二十八夫亡守節三十六年學憲王獎額
劉氏費遠黃妻年二十四夫亡守節五十八年學憲王獎額
孫氏費守和妻年二十七夫亡守節三十六年學憲王獎額
張氏費近鵬妻年二十七夫亡守節三十四年學憲王獎額
呂氏費承富妻年二十八夫亡守節五十年
殷氏呂光柏妻年二十五夫亡守節四十一年
何氏王載陽妻年二十五夫亡守節五十七年

嚴氏王光裕妻年二十四夫亡守節二十六年請旌
余氏胡天璵妻年二十二夫亡守節三十三年請　旌建坊
謝氏胡高爵妻年二十八夫亡守節三十年
呂氏朱章英妻年二十一夫亡現守節五十七年
周氏黃澤江妻年二十八夫亡守節四十二年
孫氏呂開富妻年二十七夫亡守節四十六年
周氏廖階瑛妻年十九夫亡守節五十四年請　旌
徐氏李澤勳妻年二十八夫亡守節二十二年
劉氏張興榮妻年二十八夫亡守節四十七年
孫氏盧和梅妻年二十七夫亡現守節四十四年

張氏石永傑妻年二十七夫亡守節四十二年
費氏王世清妻年二十八夫亡守節五十五年
朱氏熊從蘭妻年二十七夫亡守節二十一年
張氏費盛發妻年二十八夫亡守節二十三年以上謝灘鎮
萬氏楊方綑妻年二十九夫亡守節二十一年學憲朱獎額
薛氏楊正國妻年二十七夫亡守節四十五年學憲鮑獎額
王氏儒童毛存元妻年二十四夫亡守節四十五年學憲李
獎額
余貞女余繼順女許字張龍生龍歿女年十七聞訃奔喪守
貞六十五年學憲朱獎額

周氏儒童張應春妻年廿一夫亡守節卅二年學憲朱獎額
楊氏儒童張峻宇妻年廿八夫亡守節六十三年學憲王獎
額
錢氏儒童張正朝妻年二十九夫亡守節四十三年學憲王
獎額
汪氏張宗庠妻年二十七夫亡守節三十一年學憲李獎額
周氏國學張之彥妻年二十八夫亡守節四十四年
周氏張足徵妻年二十二夫亡守節四十六年
梅氏張家義妻年二十三夫亡守節四十七年
王氏張隆勳妻年二十九夫亡現守節二十六年

王氏儒童汪光仁妻年二十九夫亡守節四十六年學憲王
獎額
嚴氏儒童汪楚粱妻年廿九夫亡守節廿四年學憲王獎額
閔氏儒童汪楚如妻年二十五夫亡現守節六十年
鄢氏汪德厚妻年二十三夫亡守節二十七年
蔣氏儒童汪德先妻年二十九夫亡守節五十一年
萬氏國學汪濟川妻年二十七夫亡現守節三十四年
石氏邑庠傅家騊妻年二十一夫亡守節三十一年
帥氏邑庠傅榮湘妻年二十一夫亡守節四十三年
汪氏文學傅家讃妻年廿四夫亡守節六十年請　旌建坊

羅氏軍功傅海樓妻年二十八夫亡現守節二十四年
段氏梅達趾妻年二十四夫亡守節六十年請　旌
楊氏梅守樓妻年二十五夫亡現守節五十一年請　旌
李氏梅守玟妻年二十四夫亡守節十一年卒
楊氏梅天雲妻年二十二夫亡守節三十年學憲王獎額
葉氏梅德楷妻年二十五于歸甫數月夫亡撫遺腹子成立
現守節三十年學憲王獎額
王氏段允聲妻年二十五夫亡守節五十四年學憲王獎額
鄭氏段允開妻年二十七夫亡守節六十年
李氏梅燦玉妻年二十四夫亡守節五十六年學憲涂獎額

楊氏貢生梅清澳妻年二十六夫亡守節三十一年學憲李
獎額
陳氏梅倘枝妻年二十五夫亡守節三十四年學憲杜獎額
楊氏梅傳輔妻年二十七夫亡守節四十年學憲王獎額
淩氏文學梅士升妻年二十五夫亡守節四十一年請　旌
建坊子調鼎文學
湯氏梅獻瑞妻年二十四夫亡守節六十一年學憲王獎額
石氏梅鵨齡妻年二十八夫亡守節四十七年學憲李獎額
宗氏胡家鷸妻年二十九夫亡守節二十二年以上楊宍鎭

黄梅縣志卷三十四

列女志

黎氏儒童紀應垣妻年二十三夫亡守節四十五年學憲王
獎額

何氏程金茂妻年二十四夫亡守節二十六年

張氏儒童紀家驥妻年二十五夫亡守節三十二年學憲王
獎額子聲晉附貢

張氏龍遇春妻年二十九夫亡守節四十一年

萬氏龍佑德妻年二十六夫亡守節二十六年

王氏龔致中妻年廿四夫亡守節二十三年卒學憲王獎額

鍾氏龔賓林妻年二十九夫亡守節三十五年

方氏儒童程維珍妻年十八夫亡守節四十八年

吴氏儒童周金蘭妻年十九夫亡守節四十五年

陳氏儒童周大紀妻年二十七夫亡守節三十年

張氏儒童周崇升妻年二十六夫亡守節三十六年

馮氏儒童周大中妻年二十三夫亡守節三十八年

陳氏儒童周咸昭妻年二十六夫亡守節四十六年學憲王
獎額

王氏劉世泰妻年二十一夫亡守節三十二年

郭氏劉元愷妻年二十三夫亡守節三十二年

董氏向肇啓妻年二十夫亡守節三十七年

周氏洪財茂妻年三十夫亡守節二十二年

張氏趙太和妻年二十四夫亡守節三十二年

許氏儒童趙志順妻年二十九夫亡守節四十二年

沈氏許淑陶妻年二十四夫亡守節四十六年

雷氏議敍周南妻年二十九夫亡守節二十八年

徐氏魏志廣妻年十八夫亡守節四十二年學憲王獎額

翟氏魏文燦妻年二十八夫亡守節五十四年學憲王獎額

馮氏儒童李本華妻年廿四夫亡守節卅六年學憲沈獎額

鄧氏儒童李遐齡妻年廿六夫亡守節十年卒學憲王獎額

金氏儒童李端芳妻年廿七夫亡守節廿年卒學憲李獎額

劉氏儒童李能賢妻年二十九夫亡守節四十五年請　旌

商氏儒童李立霄妻年二十三夫亡守節三十二年請　旌

石氏儒童余連奎妻年二十九夫亡守節二十四年

鄧氏劉登賓妻年二十七夫被賊戕守節二十三年

王氏趙維謙妻年二十七夫亡守節三十年

柳氏馬能謙妻年二十五夫亡守節二十八年

鄧氏洪鳴春妻年二十九夫亡守節三十八年

石氏儒童程大賓妻年二十九夫亡守節三十六年

周氏蔡仲臣妻年二十八夫亡守節三十二年

蔡氏吳宗訓妻年二十九夫亡守節四十三年以上俱金林鎮

楊氏儒童余朝純妻年二十九夫亡守節三十八年請　旌

子家瓊國學

帥氏舉人余懷珠妻年二十四夫亡守節三十六年請　旌

建坊子翰縣丞邦士文學

傅氏儒童余家駒妻年十八夫亡守節四十一年請　旌

洪氏儒童李唯平妻年二十八夫亡守節六十三年請　旌

程氏柳文廣妻年廿二夫亡現守節五十一年請　旌建坊

石氏方豐年妻年十八夫亡現守節四十二年請　旌

詹氏儒童程卓羣妻年二十四夫亡守節五十一年請　旌

胡氏儒童陳萬魁妻年廿八夫亡守節廿七年學憲王獎額

石氏儒童余介孚妻年廿六夫亡守節四十年學憲涂獎額

李氏儒童程秀實妻年二十八夫亡守節四十二年學憲王

獎額

趙氏儒童程萬隆妻年二十七夫亡守節四十一年學憲鮑

獎額

胡氏儒童余朝任妻年廿七夫亡守節四十年學憲吳獎額

石氏儒童余文籍妻年廿九夫亡守節三十年學憲陳獎額

黃氏儒童余文明妻年廿五夫亡守節三十年學憲楊獎額

吳氏儒童余文罍妻年十九夫亡守節三十年子婦蔣氏國

學余朝德妻年廿五夫亡守節三十五年學憲王俱獎額

梅氏余文欽妻年二十六夫亡守節三十年學憲王獎額

洪氏儒童余朝煇妻年廿六夫亡守節四十年學憲王獎額

干氏生員李泰來妻年二十四夫亡守節五十八年學憲沈

獎額

馬氏余大成妻年二十四夫亡守節三十一年

吳氏儒童余朝駿妻年二十八夫亡守節三十五年

宛氏儒童余家樹妻年二十七夫亡守節三十年

柳氏儒童余家騏妻年二十九夫亡守節三十年

葉氏縣丞余翰側室翰卒氏年十九守節六年歿

周氏翟物彩妻年二十七夫亡守節四十三年

梅氏儒童馮位中妻年廿六夫亡守節卅一年子槐林國學

張氏儒童馮席珍妻年二十五夫亡守節四十年

許氏儒童馮聲陽妻年二十八夫亡守節三十年

馮氏儒童呂陽春妻割股療夫旋亡氏年廿八守節廿二年

喻氏翟澤進妻年二十八夫亡現守節三十七年

喻氏儒童李翙鳳妻年二十八夫亡現守節三十七年

胡氏田泰階妻年二十九夫亡現守節五十四年

梅氏李泰邦妻年二十九夫亡現守節五十三年

宋氏何體純妻年三十夫亡現守節三十一年

程氏楊行敏妻年二十八夫亡現守節三十九年
何氏呂漢清妻年二十六夫亡現守節三十四年
喻氏李逢年妻年二十八夫亡現守節三十五年
馮氏儒童王學詩妻年二十五夫亡守節二十八年
楊氏王汝翼妻年二十一夫亡守節五十一年
柳氏程茂林妻年二十五夫亡守節二十七年
周氏儒童李紆藻妻年二十三夫亡守節六十五年
姚氏陳永騏妻年二十六夫亡守節三十一年
徐氏貢生余懷瑾妻割臂療夫旋亡氏年二十四現守節二
十七年嗣子鳳從九

黃氏翟天佑妻年二十五夫亡現守節四十五年
陳氏洪慶光妻年二十二夫亡現守節三十五年
黃氏儒童李得貴妻年二十四夫亡現守節四十九年
劉氏儒童李師哲繼室年二十七夫亡現守節五十三年
何氏程灼華妻年二十九夫亡現守節三十三年
田氏徐中明妻年十九夫亡現守節三十七年
龔氏儒童程維珍妻年二十八夫亡守節三十八年
吳氏文學程功妻年二十七夫亡守節三十年
鄢氏國學程魁妻年二十七夫亡守節十五年卒
馮氏程利見妻年二十三夫亡守節二十三年卒

吳氏儒童程鵬妻年二十三夫亡守節二十三年卒
王氏程正隆妻年二十八夫亡守節四十二年
余氏石先貴妻年二十四夫亡無嗣殯殮後投環自盡
王氏柳鴻鈞妻年二十三夫亡現守節三十二年
程氏柳禮濟妻年二十七夫亡守節五十一年
王氏柳春田妻年二十六夫亡守節五十四年
宛氏柳正垣妻年二十四夫亡守節二十六年
呂氏儒童張明遠妻年二十八夫亡守節三十三年學憲王
獎額
呂氏余德元妻年二十九夫亡守節四十一年

程氏余錦秀妻年二十七夫亡現守節四十一年
李氏余家喆妻年二十九夫亡現守節三十一年以上俱住村鎮
胡氏儒童梅汝問妻年廿五夫亡守節十三年卒學憲朱獎額
吳氏錢士玉妻年二十四夫亡守節四十三年
孫氏儒童梅孟培妻年二十六夫亡守節四十二年
胡氏儒童梅應祥妻年二十四夫亡守節三十一年
王氏儒童吳大業妻年二十三夫亡守節六十三年學憲王
獎額
陳氏張金題妻年二十八夫亡守節三十六年
錢氏洪得廣妻年二十六夫亡現守節三十三年

胡氏梅允懷妻年二十七夫亡現守節三十二年
盧氏錢延顯妻年廿八夫亡現守節二十二年
何氏吳明陽妻年二十九夫亡現守節二十四年
袁氏錢萬青妻年二十九夫亡現守節二十二年
王氏吳慶盈妻年二十七夫亡現守節三十二年
董氏錢兆椿妻年二十八夫亡守節三十六年學憲王獎額
汪氏儒童錢兆奎妻年二十七夫亡守節四十二年學憲王
獎額子智光庠生
石氏儒童錢兆松妻年二十七夫亡守節三十一年學憲王
獎額

聶氏儒童吳協鳳妻年廿八夫亡現守節三十三年請　旌
錢氏吳亮采妻年二十六夫亡守節四十四年學憲沈獎額
周氏吳嘉會妻年二十八夫亡守節四十二年學憲王獎額
陳氏聶金榜妻年二十三夫亡守節五十三年
李氏陳敍章妻年十九夫亡守節五十一年
錢氏陳蘩毓妻年二十三夫亡現守節五十年
汪氏吳心傳妻年二十四夫亡守節三十六年請　旌建坊
吳氏儒童魏殿鼇妻年二十四夫亡守節三十六年學憲王
獎額
吳氏龔占魁妻年二十九夫亡現守節二十一年以上俱楊樹鎮

胡氏儒童余玉書妻年二十九夫亡守節二十八年請　旌
建坊孫錫椿舉人
石氏儒童余元輔妻年二十二夫亡氏無他長勤與默二者
而已現年六十歲請　旌嗣子錦瑞文學
張氏余際會妻年二十八夫亡守節二十七年學憲王獎額
吳氏余月朋妻年二十五夫亡守節二十五年學憲王獎額
陳氏余際陶妻年二十六夫亡守節四十年學憲王獎額
洪氏余國太妻年二十五夫亡守節四十年
徐氏余容照妻年二十五夫亡守節三十二年
張氏余爲德妻年二十六夫亡守節四十六年學憲王獎額

王氏余曰庠妻年二十五夫亡守節三十八年學憲王獎額
王氏余受川妻年二十六夫亡守節二十七年學憲王獎額
陳氏國學余克育妻年二十七夫亡守節四十一年請　旌
樊氏余祥瑞妻年二十二夫亡守節三十年學憲王獎額
項氏余二維繼妻年十九夫亡守節五十八年學憲王獎額
石氏余楚珩妻年二十二夫亡守節五十六年學憲王獎額
項氏余懷國妻年二十三夫亡守節四十八年學憲王獎額
朱氏余朝聘妻年二十八夫亡守節三十四年學憲王獎額
子俊德國學
王氏余開甲繼室年廿三夫亡守節四十九年學憲王獎額

王氏余帝年妻年二十八夫亡守節三十二年學憲王獎額
吳氏余秀發妻年二十一夫亡守節四十九年學憲王獎額
王氏余廷槐妻年二十夫亡守節五十二年
宛氏余輝國妻年二十七夫亡守節五十一年請　旌子元
鐸候選府經歷
周氏余輝祖妻年二十六夫亡守節三十三年請　旌
沈氏余全發妻年廿八夫亡現守節三十五年撫憲曾獎額
李氏余可法妻年二十六夫亡守節四十年
王氏余可則妻年二十三夫亡守節二十二年卒
桂氏舉人余信芳妻年二十五夫亡現守節卅二年請　旌

陳氏余義和妻年二十六夫亡守節三十年學憲洪獎額
楊氏儒童余聯科妻年廿八夫亡守節二十五年學憲洪獎
額子攀龍庠生
邢氏朱枝忠妻年二十六夫亡守節四十年學憲王獎額
高氏李芳昇妻年二十夫亡守節七十四年學憲王獎額
黄氏李懋俊妻年二十九夫亡現守節三十九年
藍貞女張超聘妻超歿女年二十一聞訃奔喪守貞三十五
年請　旌建坊
袁氏儒童張澤綿妻年廿九夫亡現守節卅九年請　旌
黄氏儒童張澤堯妻年二十四夫亡守節二十二年卒

趙氏文學張輝旦妻年二十六夫亡守節二十二年卒
張氏李鴻彩妻年二十七夫亡現守節二十三年
黄氏李玉章妻年二十二夫亡守節五十年
陳氏王德萬妻年二十六夫亡現守節六十三年
陳氏王榮貴妻年三十夫亡現守節三十一年
蔣氏儒童王成六妻年二十三夫亡守節七十一年
蔡氏儒童王文扶妻年二十五夫亡守節五十一年
洪氏儒童王連城妻年二十七夫亡守節五十一年
張氏儒童王方秀妻年二十四夫亡守節四十六年
胡氏儒童王漢瑤妻年二十七夫亡現守節三十年

洪氏王鳳鳴妻年二十四夫亡守節五十九年請　旌
梅氏趙玉懷妻年二十夫亡現守節五十三年
陳氏夏春進妻年二十八夫亡現守節二十七年
王氏柳丙煦妻年二十九夫亡子媳又歿撫孫成立守節二
十六年
張氏儒童柳拔俊妻年二十五夫亡現守節二十八年
陳氏熊成萬妻年二十八夫亡守節五十四年請　旌
黄氏熊文高妻年二十九夫亡守節六十年請　旌
吳氏鄭松貴妻年二十九夫亡現守節二十一年
李氏吳承坊妻年二十八夫亡守節二十六年請　旌

黃氏吳先可妻年二十九夫亡守節二十一年

尹氏儒童張應舉妻年二十九夫病刲股以療旋亡現守節

四十三年 嗣子瀲舉人

蔡氏儒童王高照妻年二十七夫亡現守節四十六年

蔡氏王華亭妻年二十九夫亡守節三十六年

張氏王有才妻年三十夫亡現守節二十九年

石氏王魁元妻年二十六夫亡守節二十年卒

張氏王大德妻年十九夫亡守節三十七年請 旌

嚴氏熊近信妻年二十四夫亡守節四十二年請 旌

嚴氏陳學時妻年二十九夫亡守節二十八年

傅氏熊美玉妻年十九夫亡現守節三十六年

蔡氏儒童李燦林妻年二十八夫亡現守節三十七年

於氏吳德庸妻年三十夫亡現守節四十九年

陳氏蔡月瑞妻年二十八夫亡守節三十三年子有成從九

陳氏儒童趙青黎妻年二十八夫亡守節四十一年學憲王

獎額

商氏儒童趙英俊妻年二十七夫亡守節四十一年學憲王

獎額

章氏趙立言妻年二十六夫亡守節四十五年學憲王獎額

黃氏趙士豈妻年二十八夫亡守節四十九年請 旌

胡氏趙得眾妻年二十八夫亡守節五十三年

張氏趙逢順妻年二十九夫亡現守節二十二年

胡氏趙協燦妻年二十九夫亡現守節三十年

桂氏趙秀實妻年二十四夫亡守節二十年卒

王氏趙崑玉妻年二十一夫亡現守節二十九年

徐氏洪鳳高妻年二十九夫亡現守節三十三年

許氏張發育妻年二十九夫亡守節三十四年

陳氏張存舉妻年二十六夫亡現守節二十四年

蔡氏吳迪從妻年二十九夫亡守節二十六年

馮氏桂之期妻年二十九夫亡現守節三十六年

宛氏桂文舟妻年三十夫亡守節二十四年

王氏夏中孚妻年二十六夫亡現守節二十七年

胡氏趙金銘妻年二十九夫亡現守節三十年

李氏周元青妻年二十夫亡守節四十三年學憲王獎額

徐氏趙順德妻年廿八夫被賊戕氏撫孤現守節二十二年

李氏洪鳳翔妻年二十八夫亡現守節二十五年

商氏儒童張鳴喈妻年二十六夫亡守節四十四年請 旌

子郁堂文學

趙氏文學張郁堂妻年二十七夫亡守節三十九年

石氏儒童張夢蘭妻年廿三夫亡守節四十年學憲王獎額

錢氏儒童張懷川妻年二十八夫亡守節三十二年
潘氏文學張俊妻年二十七夫病篤割股救之不治現守節
三十八年請　旌子鳳翔武庠
陳氏國學張錫第妻年二十七夫亡現守節二十四年
王氏儒童張澤尊妻年二十八夫亡現守節三十年
趙氏儒童胡兆麒妻年二十八夫亡守節三十二年請　旌
建坊
王氏儒童胡章泳妻年十八于歸甫二月夫亡守節六十二
年請　旌建坊
陶氏儒童胡紹宗妻年二十八夫亡現守節四十六年請

旌子斌舉人現任咸豐縣訓導
陳氏儒童胡華陛妻年二十九夫亡守節三十三年請　旌
黄氏儒童胡深妻年二十七夫亡守節四十四年請　旌
趙氏胡文鰲妻年二十八夫亡守節五十年
柳氏胡章沼妻年二十八夫亡守節三十四年
張氏胡經有妻年二十九夫亡現守節二十三年
宛氏國學胡佑龍妻年二十九夫亡守節四十七年
周氏胡國昭妻年三十夫亡現守節四十八年
劉氏胡俞膂妻年十九夫亡守節七十四年
趙氏胡邦柱妻年二十七夫亡守節五十六年

張氏胡載揚妻年二十二夫亡守節四十四年
董氏胡志美妻年二十六夫亡守節四十四年
周氏胡禮尊妻年三十夫亡現守節四十三年
陳氏胡魯藩妻年二十九夫亡守節二十七年
黎氏文學喻長源妻年二十六夫亡守節四十年請　旌
洪氏儒童喻樞妻年二十五夫亡守節三十二年請　旌
王氏儒童喻嘉樾妻年二十三夫亡現守節四十二年請
旌建坊
熊氏喻協和妻年二十八夫亡守節三十年
徐氏余志載妻年二十六夫亡守節二十八年以上俱路途鎮

周氏儒童吳本圻妻年二十五夫亡守節四十七年請　旌
建坊嗣子之雝增生
胡氏儒童吳師召妻年二十七夫亡守節三十四年
於氏儒童吳侍賢妻年二十七夫亡現守節四十八年請　旌
梅氏儒童吳彩眉妻年二十夫亡守節三十六年請　旌
劉氏儒童吳馨蘭妻年二十八夫亡守節三十年
陳氏增生黄之駒妻年二十七夫亡遺腹子有本氏教育之
入文庠亦亡子婦劉氏年二十一同氏守節氏守節三十
九年婦守節十八年同請　旌
石氏貢生黄攀妻年二十一夫亡現守節四十三年請　旌

丁氏黃玉昆妻年二十二夫亡守節三十九年學憲王奬額
於氏儒童黃光馥妻年二十二夫亡守節四十三年學憲王
奬額
劉氏黃炳南妻年二十七夫亡現守節三十九年請 旌
陳貞女陳培滋女許字儒童黃錫祚年二十歸黃未婚祚病
故守貞三十二年請 旌
胡貞女儒童黃宗耀聘妻年十九耀亡守貞四十二年學憲
吳奬額
商氏儒童黃學邃妻年廿二夫亡守節卅三年學憲王奬額
錢氏生員黃開榜妻年二十五夫亡守節五十二年

袁氏黃光龍妻年二十七夫亡守節四十一年
劉氏黃文林妻年二十四夫亡現守節二十六年
石氏儒童黃采環妻年二十七夫亡守節五十年
鄭氏儒童黃特達妻年二十七夫亡守節四十三年
王氏黃萬益妻年二十五夫亡守節二十四年卒
帥氏黃仲燦妻年二十九夫亡守節四十年
吳氏儒童黃海瀛妻年二十九夫亡守節四十年
於氏黃長春妻年二十九夫亡守節三十四年
錢氏黃玉堂妻年十九夫亡守節二十四年卒
洪氏國學吳桑妻年二十六夫亡守節五十七年請 旌建

坊子烇之國學
石氏國學吳樹棠繼室年二十五夫亡守節二十年卒妾洪
氏時年二十二守節廿三年卒學憲王奬額曾孫錫龍献
馮氏吳寅谷妻年二十八夫亡守節五十六年請 旌
王氏吳弓冶妻年二十八夫亡守節三十七年請 旌
柯氏儒童吳書山妻年二十九夫亡守節四十餘年請 旌
周氏吳丙正妻年廿六夫亡撫遺腹子守節四十年請 旌
胡氏吳國卿妻年二十三夫亡守節四十六年請 旌
梅氏吳炳然妻年二十四夫亡絕粒而終請 旌
程氏吳良玉妻年二十四夫亡守節三十五年請 旌

李氏吳承佺妻年二十七夫亡守節二十餘年
鄧氏儒童吳冶生妻年二十六夫亡現守節三十餘年
程氏儒童吳燕瓊妻年二十九夫亡守節四十五年
孝婦嚴氏文學李一鵜妻事姑雷氏克謹姑病醫藥罔效氏
割肘肉和藥夜進及晨而病愈
張氏儒童李彩榮妻年二十七夫亡守節三十七年學憲王
奬額子光第從九
程氏李永茂妻年二十六夫亡守節四十一年學憲王奬額
藍氏儒童李宗愷妻年二十二夫亡守節三十八年請 旌
許氏李廿霖妻于歸三載夫亡守節不二咸豐丁巳三月賊

至不及避投繯死請　旌
王氏李卓章妻年二十四夫亡守節五十二年
袁氏國學錢義和妻年二十五夫亡守節三十年請　旌
向氏錢慶盛妻年二十八夫亡現守節三十九年
黎氏生員王以穀側室年二十九穀從軍殉難現守節二十
五年請　旌
蔣氏儒童王協和妻年二十夫救母被賊戕現守節廿二年
柯氏王灼華妻年二十三夫亡守節三十二年學憲王奬額
梅氏王學鵲妻年二十一夫亡守節四十五年學憲江奬額
梅氏王月三妻年二十七夫亡守節三十年學憲王奬額

吳氏王允恭妻年二十六夫亡守節三十四年學憲王奬額
鍾氏儒童趙蘭溪妻年二十六夫亡守節三十餘年
周氏儒童趙升融妻年二十四夫亡現守節三十三年
王氏儒童趙觀斯妻年廿七夫亡守節七十年學憲　奬額
洪氏儒童趙着玉妻年廿七夫亡現守節四十四年請　旌
石氏儒童趙潤珠妻年二十三夫亡現守節三十五年
湯氏儒童趙含輝妻年二十五夫亡現守節三十一年
袁氏儒童於倬祿妻年廿六夫亡守節六十年學憲王奬額
王氏於襟高妻年二十八夫亡守節五十年
梅氏於士聖妻年二十九夫亡守節二十六年

湯氏於廣恩妻年二十九夫亡守節二十七年學憲王奬額
喻氏文學袁之期妻年二十八夫亡守節四十四年
程氏袁金榜妻年二十三夫亡守節三十年學憲王奬額
吳氏儒童袁贊元妻年二十夫亡現守節三十三年請　旌
石氏袁作新妻年二十四夫亡守節三十七年學憲王奬額
桂氏袁益謙妻年二十六夫亡守節三十四年
宛氏袁汝霖妻年二十夫亡守節四十八年
李氏袁森楷妻年二十七夫亡現守節三十六年
蔣氏梅鏡物妻年二十五夫亡守節三十年請　旌
劉氏國學許文青妻年二十六夫亡守節四十四年學憲楊

奬額子瑛庠生
黃氏例授州同許芬妻年二十五夫亡守節四十五年學憲
王奬額
錢氏儒童許希濂妻年十九夫亡氏以身殉學憲王奬額
蔡氏儒童許大鏞妻年二十一夫亡守節三十二年
梅氏儒童許樹柏妻年二十五夫亡守節十三年卒
於貞女父名未詳許字許文剛童養壻家年十九壻亡迨喪
葬事畢女投繯以殉學憲王奬額
熊氏王殿采妻年二十夫亡守節十八年卒學憲龍奬額
徐氏雷景陽妻年二十二夫亡現守節三十年

胡氏雷殿貴妻年二十八夫亡守節三十三年
方氏雷善長妻年二十五夫亡現守節三十五年
梅氏於雲漢妻年三十五夫亡現守節三十五年
王氏於殿采妻年二十二夫亡現守節三十一年
李氏沈紹華妻年二十八夫亡現守節三十七年
黃氏沈紹還妻年二十五夫亡現守節三十一年
吳氏於龍瑞妻于歸七月夫亡覩殮畢遂以身殉
陳氏江芝蘭妻年廿四夫亡撫遺子又亡撫雙孫守節五十年
嚴氏王得珍妻年二十四夫亡守節四十年
蔡氏王萬里妻年二十六夫亡守節四十五年

吳氏王貴旺妻年二十八夫亡守節五十一年
張氏儒童王椿妻年二十一夫亡守節四十二年學憲方獎額嗣子煥國學
趙氏儒童王澤殷妻年廿一夫亡即以身殉因救得甦守節十餘年卒學憲王獎額嗣子蓮炬歲貢
喻氏廩生王穗妻年二十八夫亡守節五十年請　旌
劉氏儒童王錫蕃妻年二十三夫亡守節四十二年請　旌
柳氏儒童王其徽妻年二十八夫亡守節五十年請　旌
丁氏王起祥妻年二十五夫亡守節四十年
錢氏王本琉妻年二十八夫亡同治六年賊逼溺死計守節十五年子敬業文學
盧氏儒童王雲漢妻年二十夫亡投繯救免守節十餘年卒
龔氏王福昌妻年二十五夫亡守節三十年
黃氏王聲諧妻年二十八夫亡守節三十二年
趙氏增生王會春妻夫病割股以療尋卒年二十四守節三十七年學憲王獎額
周氏王季壽妻年二十三夫亡現守節三十八年
汪氏國學王茂華妻年二十六夫亡守節三十七年請　旌
胡氏儒童王會錦妻年二十四夫亡守節四十一年學憲王獎額

胡氏儒童王南薰妻年二十四夫亡守節四十八年嗣子霞燦增生
李氏王宏鈞妻年二十三夫亡守節四十九年學憲方獎額
洪氏王席載妻年二十六夫亡守節三十五年
陳氏王濬川妻年二十三夫亡守節四十五年學憲楊獎額
董氏王與儔妻年二十二夫亡守節五十年學憲楊獎額
蔣氏王啓茂妻年二十六夫亡守節四十年學憲賀獎額
李氏王燦昭妻年二十四夫亡守節四十五年
錢氏王廷楨妻年二十一夫亡守節三十一年
樂氏王階選妻年二十二夫亡守節五十七年

石氏王克勤妻年二十八夫亡現守節二十三年
錢氏陳榮盛妻年二十一夫亡守節四十一年學憲俞獎額
王氏陳賓圭妻年二十二夫亡守節三十五年
王氏陳文彩妻年二十六夫亡守節四十九年
王氏儒童程學田妻年二十七夫亡守節三十五年子琢章
文學
周氏王天久妻年十九夫亡守節五十五年請　旌子秉中庠生
陳氏王之裕妻年二十五夫亡守節五十年學憲賈獎額
趙氏王之騰妻年二十夫亡守節五十三年學憲龍獎額
夏氏王天漢妻年二十八夫亡守節五十七年學憲王獎額

張氏國學吳家桐妻年二十六夫亡守節六十二年請　旌
建坊
喻氏儒童吳曙升妻年二十五夫亡守節六十四年請　旌
建坊
黃氏庠生吳得志妻年廿五夫亡守節四十年學憲王獎額
陳氏貢生吳家梁繼室年二十三夫亡守節五十九年請
旌建坊以上俱劉塘鎮
劉氏儒童徐以信妻年廿四夫亡現守節三十七年請　旌
王氏儒童程斐如妻年廿五夫亡守節廿六年學憲王獎額
錢氏儒童程尊五妻年廿二夫亡守節卅四年學憲王獎額

錢氏葉鳳志妻年二十九夫亡守節四十一年
袁氏王宏儀妻年二十一夫亡現守節三十五年
柳氏儒童王宏賓妻年二十三夫亡現守節三十一年
王氏唐三槐妻年二十八夫亡現守節三十一年
王氏儒童於上達妻年十九夫亡守節五十五年學憲茹獎
額
鄧氏儒童於錫福妻年二十二夫亡守節四十一年學憲王
獎額
吳氏儒童於文思妻年二十九夫亡守節四十七年
張氏儒童於鳳翔妻年二十九夫亡守節三十六年

石氏儒童於彥邦妻年二十九夫亡守節三十年
方氏儒童於舜選妻年二十八夫亡現守節二十二年
周氏儒童葉其宗妻年二十九夫亡守節三十年
余氏洪泰元妻年二十八夫亡守節二十五年
王氏儒童洪本洙妻年廿三夫亡現守節三十七年請　旌
李氏吳裕型妻年二十八夫亡守節三十六年請　旌建坊
喻氏吳臣陛妻年二十九夫亡守節三十二年請　旌建坊
王氏儒童吳霖松妻年二十九夫亡守節十七年卒
石氏儒童嚴艮玉妻年廿二夫亡守節卅八年學憲王獎額
鄭氏嚴成法妻年二十五夫亡守節三十九年學憲洪獎額

陳氏敚正茂妻年二十七夫亡現守節三十年
楮氏夏存之妻年二十九夫亡守節五十六年
吴氏洪春泰妻年二十二隨夫避亂遠徙夫病售簪珥爲湯
藥夫旋亡盡售衣物殯殮扶櫬歸里卽赴水死
王氏儒童袁伯勳妻年二十七夫亡守節二十一年卒
陳氏袁孟端妻年二十九夫亡守節十九年卒
洪氏儒童袁攀桂妻年二十七夫亡守節二十一年卒
石氏儒童王勤炳妻年十五夫亡矢志柏舟聞賊戒嚴墜井
死
程氏於涉川妻年二十七夫亡守節二十八年學憲王獎額

劉氏於林松妻年二十九夫亡現守節三十二年
楊氏袁展喬妻年二十六夫亡守節三十四年學憲王獎額
舒氏袁如衡妻年二十四夫亡守節四十四年學憲王獎額
余氏袁大魁妻年二十八夫亡守節四十年　以上俱元角鎮
江氏儒童項泳友妻年二十九夫亡守節四十二年
盧氏儒童項象柏妻年二十四夫亡守節四十七年
陳氏項世能妻年二十八夫亡守節三十四年撫憲胡獎額
蔡氏項用賓妻年二十二夫亡守節三十八年學憲茹獎額
袁氏項兑易妻年十九夫亡守節五十二年
陳氏儒童項雅量妻年十九夫亡守節五十三年學憲王獎

額子婦湯氏瀛發妻年二十四夫亡守節六十七年孫婦
董氏貴三妻年廿九夫亡守節五十三年蓋一門三節云
黄氏儒童楊家謨妻年十九夫亡守節六十二年
項氏儒童楊林清妻年二十五夫亡現守節四十年
程氏儒童楊林鳳妻年二十四夫亡現守節二十九年
陳氏儒童楊勳先妻年二十三夫亡守節十九年
甘氏儒童周世選妻年三十夫亡守節廿九年學憲王獎額
項氏儒童周裕晁妻年二十九夫亡守節五十三年子婦劉
氏妻年二十四夫亡守節五十二年俱學憲王獎額
劉貞女儒童王金堂聘妻童養夫家堂歿時年十二歲矢志

不二守貞四十七年
周氏甘文彬妻年二十三夫亡守節六十二年
董氏儒童項宜國妻年二十六夫亡守節六十二年
李氏文學項龍飛妻年二十五夫亡守節二十三年　以上太白鎮
陳氏儒童胡楚夔妻年二十二夫亡守節五十五年請　旌
戴氏儒童胡楚耆妻年二十一夫亡守節四十三年請　旌
蔣氏儒童王文虎妻年二十九夫亡守節六十五年請　旌
梅氏儒童胡秀林妻年二十六夫亡守節四十年請　旌
李氏儒童王懋勤妻年二十七夫亡守節五十年請　旌
熊氏儒童胡錫鎏妻年二十三夫亡現守節三十五年撫憲

郭奬額
鄒氏儒童李成實妻年二十三夫亡守節四十六年學憲江
奬額
魏氏儒童劉自明妻年二十三夫亡守節五十九年
梅氏儒童李守典妻年二十七夫亡守節三十六年
黃氏儒童胡彥之妻年二十二夫亡守節四十四年
梅氏儒童李成浚妻年十九夫亡守節三十五年
張氏儒童李思翰妻年二十一夫亡守節五十三年
蘇氏儒童李金鼎妻年二十一夫亡守節四十八年
黃氏儒童王載運妻年二十六夫亡現守節三十七年

林氏儒童王國祥妻年二十九夫亡守節二十三年
温氏儒童王光朝妻年二十二夫亡守節五十五年
鄭氏儒童王誠章妻年二十七夫亡現守節三十一年
周氏儒童王上珍妻年二十六夫亡現守節四十四年
蔣氏儒童王深造妻年二十三夫亡現守節五十六年
汪氏儒童王本厚妻年二十五夫亡守節一十七年
汪氏儒童柳攀賢妻年二十三夫亡守節三十年以上俱坡塘鎮
於氏胡聿脩妻年二十夫亡現守節三十六年
石氏周允恭妻年二十八夫亡守節三十一年
方氏儒童胡天申妻年十九夫亡守節四十二年請　旌建
坊嗣子光淮國學
劉氏國學胡光淮妻年二十九夫亡守節三十四年請　旌
建坊子灼縣丞
黃氏儒童程錦華妻年十五夫亡守節三十九年請　旌建
坊
吕氏儒童胡輝耀妻年二十五夫亡守節五十九年學憲朱
奬額
陳氏儒童胡淑執妻年廿四夫亡守節卅三年學憲王奬額
劉氏儒童胡淑宣妻年二十五夫亡守節五十八年學憲王
奬額

汪氏胡榮悅妻年二十八夫亡守節五十二年學憲涂奬額
詹氏胡增惟妻年二十七夫亡守節四十二年學憲涂奬額
許氏胡萬昌妻年二十三夫亡守節四十二年學憲涂奬額
梅氏胡恆富妻年二十五夫亡守節四十五年學憲涂奬額
梅氏胡文彬妻年二十五夫亡守節四十一年學憲王奬額
王氏鄧宗輅妻年二十一夫亡守節四十五年學憲王奬額
王氏鄧宗贊妻年二十八夫亡守節四十八年學憲王奬額
梅氏周維新妻年十八夫亡守節四十年學憲王奬額
梅氏胡光明妻年二十八夫亡守節四十四年學憲王奬額
黃氏胡懷玉妻年二十四夫亡守節三十九年學憲王奬額

洪氏胡受鼎妻年二十五夫亡守節四十三年學憲王獎額
胡氏周炳顯妻年二十二夫亡守節四十二年學憲王獎額
李氏胡象武妻年二十五夫亡守節三十六年撫憲郭獎額
黃氏胡克明妻年廿六夫亡現守節四十三年學憲王獎額
游氏國學費和鼎妻年三十夫亡守節二十年
崔氏儒童涂開耀妻年廿六夫亡現守節廿四年
王氏涂心泰妻年二十一夫亡現守節五十年
汪氏儒童傅毓枝妻年廿六夫亡現守節廿四年
蔣氏儒童胡秀光妻年廿四夫亡守節四十一年
陳氏胡瞻泰妻年二十三夫亡守節四十四年

劉氏胡茂華妻年廿八夫亡現守節四十六年
易氏儒童張永麒妻年二十夫亡守節三十四年
李氏儒童周賢德妻年廿七夫亡現守節三十五年
彭氏儒童周賢照妻年廿七夫亡現守節三十四年
周氏儒童章文容妻年二十夫亡現守節三十一年
劉氏儒童王賢書妻年廿六夫亡守節四十一年
梅氏張如松妻年廿四夫亡現守節四十五年
陳氏儒童周茂枝妻年廿四夫亡守節三十九年
向氏文學周復初妻年二十四夫亡現守節二十九年予文
瀚文學

桂氏祀生朱鏞妻年廿九夫亡現守節卅五年以上蔡山上鎮
張氏邱有光妻年二十四夫亡守節五十六年
胡氏文學黃東幸妻年二十七夫亡守節五十四年請旌
胡氏文學黃斗亥妻年二十八夫亡守節三十七年
胡氏黃爵縻妻年二十八夫亡守節四十七年
胡氏黃一豫妻年二十四夫亡守節五十二年請旌
王氏黃松廷妻年二十六夫亡守節四十年撫憲郭獎額
胡氏黃巨旺妻年二十六夫亡守節六十年學憲王獎額
張氏黃本立妻年廿九夫亡現守節三十九年撫憲郭獎額
熊氏黃春茂妻年廿九夫亡現守節三十六年撫憲吳獎額

李氏黃之秀妻年二十夫亡守節四十二年撫憲胡獎額
董氏儒童黃崧久妻年廿六夫亡守節四十年學憲王獎額
梅氏黃錫朋妻年廿九夫亡現守節三十一年撫憲吳獎額
胡氏黃錫周妻年廿八夫亡現守節三十一年撫憲吳獎額
梅氏洪德恭妻年十九夫亡現守節三十一年
吳氏汪之復妻年二十八夫亡現守節三十七年撫憲吳獎
額子化龍武庠
蔣氏汪之約妻年二十四夫亡現守節三十七年撫憲吳獎
額嗣子斌武庠
夏氏方敦儲妻年二十二夫亡守節六十年

梅氏方瑞清妻年二十五夫亡守節四十五年
劉氏胡喬齡妻年二十九夫亡現守節三十四年
江氏胡漢昇妻年二十三夫亡守節二十六年
余氏梅從晟妻年二十九夫亡守節三十三年撫憲郭獎額
梅氏李天章妻年二十五夫亡守節四十七年
商氏儒童李再書妻年二十一夫亡守節四十三年子光紳
國學
王氏儒童李再超妻年二十八夫亡守節二十一年卒
張氏李再玉妻年二十六夫亡守節六十三年
徐氏李開鉞妻年二十七夫亡守節四十三年

周氏李瑞楚妻年二十六夫亡守節四十七年
吳氏李再棠妻年二十九夫亡守節四十二年
嚴氏儒童李堦榮妻年二十六夫亡守節五十九年
胡氏李開哲妻年二十七夫亡守節三十八年
聶氏儒童李炳蔚妻年二十九夫亡守節三十一年
胡氏儒童李鍾賢妻年二十一夫亡守節四十二年
蔣氏梅國莊妻年二十五夫亡守節五十八年撫憲嚴獎額
胡氏儒童梅兆禧妻年二十三夫亡守節五十六年請　旌
子南先軍功五品藍翎
胡氏梅和聲妻年二十八夫亡守節四十一年

胡氏梅道存妻年二十九夫亡守節五十五年
王氏梅國祥妻年十九夫亡守節五十九年撫憲嚴獎額
陳氏梅國瑞妻年二十七夫亡守節四十五年
張氏梅體堅妻年二十七夫亡守節四十年
洪氏梅上旭妻年二十九夫亡守節五十九年
鄧氏梅惟懿妻年二十九夫亡守節四十一年次子婦李氏
上智妻年二十八夫亡守節四十四年三子婦胡氏上德
妻年二十九夫亡守節四十五年孫婦王氏國勳妻年二
十九夫亡守節四十年一門四節學憲王璽獎額
吳氏梅國祿之妻年二十五夫亡守節四十八年

吳氏梅鼎從妻年二十九夫亡守節四十年
王氏儒童詹於嶽妻年二十三夫亡守節六十四年
王氏梅華先妻年二十八夫亡守節四十五年子澍國學
何氏梅華賓妻年二十二夫亡現守節四十九年
江氏梅華秀妻年二十九夫亡現守節三十二年
蔣氏梅式法妻年二十五夫亡守節五十四年
王氏高朝佐妻年二十四夫亡守節六十五年
周氏張義純妻年二十二夫亡守節六十七年
陳氏張燦宇妻年二十一夫亡守節二十六年
張氏詹道紹妻年二十九夫亡現守節四十一年

湯氏梅時育妻年二十三夫亡守節三十一年請　旌
張氏梅志善妻年二十五夫亡守節六十三年請　旌
張氏陳華年妻年二十八夫亡守節五十二年學憲王奬額
聶氏陳大川妻年二十四夫亡守節三十八年學憲王奬額
趙氏國學梅紀碧妻年二十九夫亡現守節四十九年子汝
諧國學
吴氏儒童梅倫昭妻年廿六夫亡守節廿七年子紀光文學
汪氏儒童梅倫進妻年二十七夫亡守節五十八年子紀岳
國學
馬氏梅紀陳妻年二十一夫亡守節三十六年
程氏梅樹芝妻年二十二夫亡守節二十八年
梅氏汪敦吉妻年二十五夫亡守節二十七年
陳氏汪樹勳妻年二十二夫亡守節二十九年
金氏許克恢妻年二十七夫亡守節三十四年
王氏梅從塾妻年二十一夫亡守節二十三年卒
王氏職員郭能達妻年二十八夫亡守節四十六年
郭氏柳楚富妻年二十四夫亡現守節三十七年
吴氏王自強妻年二十九夫亡現守節三十四年
章氏王賓墂妻年二十七夫亡現守節三十年
夏氏聶壽亭妻年二十二夫亡現守節五十年子澍藻文學

黄氏儒童梅欽麟妻年二十七夫亡現守節二十五年
汪氏梅從志妻年二十九夫亡現守節二十七年
余氏梅倫郊妻年二十九夫亡守節二十五年
王氏梅鏡光妻年二十七夫亡守節二十四年
郭氏費兆和妻年二十九夫亡現守節三十一年
張氏李得貴妻年二十一夫亡守節四十五年
張氏梅紀佑妻年二十五夫亡現守節四十三年
邢氏梅從本妻年三十夫亡守節三十三年
涂氏胡義林妻年十九夫亡撫嗣孫現守節五十四年
劉氏儒童梅成物妻年二十六夫亡守節三十年
劉氏儒童李登大妻年二十二夫亡守節五十八年
柳氏儒童周道隆妻年二十二夫亡現守節四十八年
黄氏周如昌妻年二十六夫亡撫孫守節五十四年
王氏費加和妻年二十一夫亡現守節四十七年
李氏陳叙賢妻年廿夫亡守節六十三年　以上蔡山下鎮
魏氏儒童商松齡妻年廿九夫亡守節廿八年請　旌建坊
聶氏儒童商萬象妻年廿二夫亡守節三十八年請　旌
程氏產生商廷舉妻年三十夫亡守節五十八年請　旌子
爲臣文學
吴氏儒童商位謙妻年三十夫亡守節四十年請　旌

程氏儒童商萬傑妻年二十八夫亡撫遺腹子成立守節五
十七年請　旌建坊子錫庭附貢
李氏儒童商萬鼎妻年二十九夫亡守節四十八年請　旌
子承德國學
李氏貢生商致中妻年二十九夫亡現守節四十四年子增
芳増生
程氏國學商致和妻年廿六夫亡守節四十年子韞芳國學
何氏儒童商致順妻年二十七夫亡守節三十八年
右三氏皆萬鼎孫婦蓋一門四節云俱請　旌建坊
何氏儒童商樹桂妻年廿八夫亡守節三十六年請　旌

張氏儒童商銘鐘妻年廿六夫亡現守節三十二年請　旌
李氏商鼎烈妻年二十八夫亡守節三十二年請　旌
吳氏商騰蛟妻年三十夫亡守節三十一年請　旌
項氏瞿長發妻年二十二夫亡守節六十年請　旌
徐氏商瑞龍妻年二十九夫亡守節四十年請　旌
梅氏庠生商作舟妻年二十九夫亡現守節四十二年
徐氏商雲會妻年三十夫亡守節四十二年
蔡氏商永茂妻年二十九夫亡現守節四十五年
於氏商寶璐妻年二十九夫亡守節二十七年
鄧氏儒童商樹奎妻年二十四夫亡守節八年卒嗣子邦彩

職員
柳氏儒童商樹梧妻年二十九夫亡守節十二年卒
吳氏儒童商樹華妻年二十七夫亡守節十一年卒
李氏儒童商榮燦妻年二十九夫亡現守節二十五年
黎氏商森椿妻年十八夫亡現守節三十三年
周氏商羽翅妻年二十九夫亡現守節二十四年
桂氏商仁貴妻年廿四夫亡撫遺腹子成人現守節廿七年
錢氏商存仁妻年二十八夫亡現守節二十四年
趙烈女趙閔中女許字儒童商邦俊年十七壻亡女聞訃奔
喪喪事畢拜辭舅姑絕粒亡時年十九歲

陳氏瞿懋和妻年二十四夫亡現守節四十三年
盧氏商協宜妻年二十六夫亡守節三十一年
張氏黄福昌妻年二十四夫亡守節四十六年
袁氏黄紹宗妻年二十八夫亡守節三十年
蔣氏熊星端妻年二十四夫亡守節三十九年
魯氏熊榮章妻年二十一夫亡守節五十八年
王氏熊天才妻年二十一夫亡現守節三十六年
聶氏王永清妻年十八夫亡守節三十二年
陳氏贈官程咸倉妻年二十二夫亡守節二十八年請　旌
建坊子雲錦從九銑知縣

胡氏程炳南妻年二十四夫亡守節四十年請 旌
胡氏國學程國珍妻年十八夫亡守節三十五年請 旌
湛氏程懷倉妻年二十一夫亡守節四十三年請 旌
陳氏儒童程樹本妻年二十二夫亡守節二十九年請 旌
馮氏程琰燦妻年二十四夫亡守節五十年學憲王獎額
王氏程煥雅妻年二十三夫亡守節三十一年學憲王獎額
郭氏儒童程聯奎妻年二十六夫亡守節二十四年
洪氏程其章妻年二十八夫亡守節五十年
吕氏程遇春妻年二十八夫亡守節三十年
柳氏程惟邦妻年二十五夫亡守節三十五年

劉氏程瓊瑤妻年廿八夫亡守節四十五年以上茶兒鎮
車氏儒童王今伯側室年十七夫亡守節八十年學憲王獎額
梅氏王繼昌妻年二十四夫亡守節五十一年學憲王獎額
傅氏王龍發妻年二十六夫亡守節五十九年學憲王獎額
胡氏郡庠生王采熟妻年二十八夫亡守節五十七年學憲
鮑獎額子廷珪郡庠
徐氏文學王珍妻年二十六夫亡現守節三十年
胡氏王運柏妻年二十八夫亡現守節三十一年
項氏樊茂林妻年二十五夫亡守節五十五年學憲王獎額
黄氏鄭雯炎妻夫病割股以療不治時氏年二十守節五十
三年子婦於氏時源妻年二十六夫亡守節二十六年
王氏儒童鄭雯鏞妻年廿七夫亡守節三十年請 旌建坊
柯氏鄭時敦妻年二十六夫亡守節三十年請 旌建坊
王氏鄭常炳妻年二十八夫亡守節三十年
周氏鄭時埅妻年二十五夫亡現守節二十九年
唐氏鄭時健妻年二十八夫亡守節三十七年
洪氏儒童鄭雯紳妻年二十八夫亡守節二十二年
蔣氏儒童鄭雯璽妻年二十四夫亡守節三十年
梅氏儒童鄭雯貞妻年二十一夫亡守節三十年
程氏鄭紹林妻年二十二夫亡撫遺腹子成立守節四十年

學憲涂獎額
吴氏儒童鄭雯杰妻年廿三夫亡守節三十年學憲王獎額
石氏儒童鄭紹然妻年二十四夫亡守節五十六年
石氏鄭紹彩妻年二十夫亡守節五十年
程氏鄭紹鳳妻年二十二夫亡守節四十年學憲鮑獎額
余氏庠生鄭紹誠妻年二十八夫亡守節三十年
何氏鄭雯翀妻年二十八夫亡守節三十年請 旌建坊
查氏程輝廷妻年二十七夫亡撫遺腹子成立守節四十年
程氏鄭過太妻年二十八夫亡守節三十年
張氏程元貞妻年二十七夫亡守節三十年

柳氏儒童呂懋和妻年二十七夫亡守節四十年
柳氏呂從政妻年二十六夫亡守節五十年請　旌建坊
鄭氏儒童程廣陵妻年廿一夫亡守節四十年學憲王獎額
朱氏程斐文妻年二十六夫亡守節五十年
吳氏程春和妻年二十五夫亡守節二十八年
鄔氏儒童程瑞彩妻年二十四夫亡守節七十年
聶氏程樹滋妻年二十九夫亡守節三十年
王氏程振恆妻年二十四夫亡守節四十年
魯氏程廣厚妻年二十三夫亡守節四十年
張氏程皆善妻年二十八夫亡守節五十年

商氏程典銘妻年二十二夫亡守節三十年
李氏程啟富妻年十八夫亡守節四十年
向氏儒童程金亭妻年二十四夫亡守節七十年
柳氏程萬松妻年二十四夫亡守節四十年
胡氏程存雅妻年二十三夫亡守節五十年
趙氏程騰漢妻年二十五夫亡守節三十五年
李氏程稷芝妻年二十七夫亡守節五十年
白氏程汝懋妻年二十一夫亡守節三十九年
何氏儒童陳燧貴妻年二十四夫亡守節三十年學憲王獎
額子名烈國學

洪氏儒童陳茂興妻年二十五夫亡守節三十年請　旌
張氏陶正盛妻年二十二夫亡撫嗣奉姑姑疾割股以療守節四十年
呂氏陶聖祥妻年二十五夫亡守節三十年
張氏國學陶士英妻年二十三夫亡守節六十九年學憲沈
獎額子光澤光泗俱國學五世同堂
蔣氏儒童於介如妻年十九夫亡守節四十年子文彬文學
吳氏文學於永柏妻年二十三夫亡守節三十年學憲吳獎
額子雲文學
劉氏於元善妻年二十四夫亡守節五十年學憲楊獎額
陳氏儒童於象文妻年二十一夫亡守節三十年

龔氏於萬春妻年二十三夫亡守節三十年
於氏黃開元妻年二十二夫亡守節三十六年學憲王獎額
胡氏張登義妻年二十五夫亡守節五十年
劉氏張省山妻年二十一夫亡守節四十年
徐氏劉兆珊妻年二十八夫亡守節二十五年
蔡氏孫郅隆妻年二十七夫亡守節三十年
黎氏潘會元妻年二十八夫亡守節三十年
張氏陳元吉妻年二十四夫亡守節三十年
趙氏陳仲勳妻年二十六夫亡守節三十年
何氏儒童程國析妻年二十六夫亡守節四十年學憲李獎

額子咸春職員孫樹基宜城千總
胡氏程經萬妻年二十八夫亡守節三十年
石氏程志元妻年二十二夫亡守節三十年
周氏張飛熊妻年二十八夫亡守節三十年
梅氏魯贇國妻年二十八夫亡守節四十年
胡氏方久也妻年二十四夫亡守節三十年
黃貞女方名彬聘妻彬亡女年十六聞訃奔喪事公姑維謹
守貞二十九年撫憲鄭獎額
徐氏倪超羣妻年二十六夫亡守節三十年
張氏倪得財妻年二十八夫亡守節四十年

胡氏程國珍妻年二十六夫亡守節三十年子婦石氏咸成
妻年二十四夫亡守節三十二年學憲鮑俱獎額
陳氏程凝儉妻年二十八夫亡守節二十二年學憲王獎額
黎氏程凝琅妻年二十九夫亡守節三十年學憲江獎額
王氏程俊選妻年二十七夫亡守節二十八年學憲張獎額
扈氏庠生程芝芳妻年二十四夫亡守節四十年
胡氏程咸賛妻年二十九夫亡守節七十年學憲賀獎額
梁氏程在邦妻年二十四夫亡守節二十九年學憲王獎額
方氏程邦治妻年二十七夫亡守節十八年卒
周氏程正字妻年二十一夫亡現守節三十一年

何氏張遇富妻年二十七夫亡現守節四十九年
王氏張茂勝妻年二十五夫亡守節三十年學憲王獎額
方氏程體健妻年二十八夫亡守節四十年
項氏李斯勝妻年二十七夫亡守節四十年
朱氏程凝奠妻年二十二夫亡守節五十年
柳氏程德旺妻年二十四夫亡守節五十年
柳氏李伯壎妻年二十夫亡守節三十二年
周氏儒童黃受書妻年廿夫亡守節三十一年
石氏黃昌言妻年十九夫亡守節三十三年
劉氏張萬盛妻年二十四夫亡守節四十年學憲楊獎額

劉氏於迪家妻年二十六夫亡現守節二十九年
余氏孫玉衡妻年二十五夫亡現守節三十四年
吳氏儒童桂超凡妻年二十四夫亡守節三十六年請　旌
徐氏儒童桂庸言妻年廿夫亡守節十三年卒學憲王獎額
石氏儒童桂庸行妻年二十八夫亡守節三十九
張氏儒童桂長安妻年二十三夫亡守節二十三年卒學憲
李獎額
潘氏儒童桂慈航妻年二十四夫亡守節三十六年請　旌
袁氏桂鳳藻妻年二十八夫亡守節十五年卒
石氏從九桂懷芳妻年二十一夫亡守節二十六年卒

陳氏國學桂日進妻年廿八夫亡守節四十年學憲茹獎額

吳氏儒童桂方升妻年二十二夫亡守節四十三年

鄒氏儒童桂毓靈妻年廿六夫亡守節廿五年學憲王獎額

湛氏儒童桂昌先妻年廿二夫亡守節卅三年學憲王獎額

鄧氏桂掞藻妻年二十一夫亡守節三十五年學憲朱獎額

錢氏桂士英妻年二十夫亡守節十七年卒

柯氏桂茂林妻年二十八夫亡守節三十一年

張氏桂石麟妻年二十一夫亡守節四十二年請　旌建坊

商氏桂元吉妻年二十二夫亡守節三十一年

李氏桂倉儲妻年二十九夫亡守節三十五年

陶氏桂春林妻年二十九夫亡守節三十九年

石氏儒童桂日俊妻年二十五夫亡守節九年卒

張氏庠生桂華國妻年二十二夫亡守節四十二年學憲朱獎額

洪氏儒童桂符蘇妻年廿四夫亡守節卅八年學憲王獎額

黃氏儒童桂士賢妻年二十八夫亡守節九年卒

張氏桂香遠妻年二十六夫亡守節五十一年

周氏桂日華妻年二十九夫亡守節三十九年學憲王獎額

洪氏儒童桂烈勳妻年二十五夫亡現守節四十年

李氏儒童桂蘭秀妻年二十六夫亡守節二十五年

柳氏儒童桂澍南妻年廿一夫亡現守節四十五年請　旌

洪氏儒童桂一輪妻年二十夫亡現守節三十九年

汪氏儒童桂馥蕡妻年廿六夫亡現守節三十九年請　旌建坊

張氏儒童桂躍樞妻年二十四夫亡現守節五十四年請　旌建坊子宗堯從九

王氏儒童桂兼三妻年二十六夫亡守節十八年卒請　旌建坊

鄧氏儒童桂殿顯妻年二十二夫亡守節七年卒請　旌

石氏例貢桂壽山妻年二十七夫亡守節六年卒

殷氏文學桂常春妻年廿八夫亡守節卅九年子承緒從九

王氏儒童桂士宜妻年二十六夫亡守節四十五年

顏氏儒童桂章鼎妻年二十八夫亡守節三十七年

郭氏桂孟和妻年二十四夫亡守節四十八年

洪氏桂德盛之妻年二十九夫亡守節三十九年學憲王獎額

張氏桂蘭之妻年二十六夫亡守節四十三年學憲朱獎額

以上俱多雲鎮

劉氏知縣李光佑之繼室年二十四夫亡守節四十年請　旌

王氏儒童李明典妻年二十五夫亡守節二十七年

於氏儒童董嘉會妻年二十八夫亡守節四十九年學憲王
獎額
趙氏吴軒楷妻年十六夫亡現守節三十四年
劉氏吴景周之妻年二十九夫亡守節五十九年學憲王獎
額
桂氏胡熙載妻年十七夫亡現守節三十三年
潘氏王保眞妻年二十夫亡現守節三十一年
程氏王爲信妻年二十八夫亡現守節五十二年
吴氏胡家盛妻年二十二夫亡守節四十年
洪氏知縣李贊之側室年十九夫亡現守節三十六年

石氏儒童李守道妻年二十六夫亡守節三十年請　旌建
坊嗣子梅芳生員
洪氏李賡雅妻年二十三夫亡守節四十年
胡氏生員李卓妻年二十六夫亡現守節三十五年
王氏生員李聲裕妻年三十夫亡現守節三十年學憲王獎
額
胡氏儒童李六謙妻年二十四夫亡守節七十三年請　旌
建坊子欣國學
龔氏庠生李華妻年三十夫亡現守節三十五年請　旌建
坊

錢氏儒童李邦治妻年二十九夫亡現守節三十三年
柳氏儒童李邦懷妻年二十八夫亡守節三十四年
劉氏李鳴玉妻年二十六夫亡現守節三十四年
吴貞女儒童李康年聘妻童養壻家年十三壻亡守貞六十
餘年請　旌嗣子成玉文學
王氏儒童吴艮埜妻年二十一夫亡守節四十五年請　旌
胡氏儒童吴朝覲妻年二十五夫亡守節三十五年請　旌
宛氏儒童吴衍銓妻年廿二夫亡現守節四十二年請　旌
王氏儒童吴爨俊妻年二十六夫亡守節三十一年
岳氏儒童汪庭梧妻年十九夫亡守節四十七年請　旌

吴氏儒童汪庭森妻年二十七夫亡守節三十四年
岳氏儒童汪庭蓬妻年二十夫亡守節四十七年
田氏儒童汪庭萊妻年二十夫亡守節四十五年
張氏儒童王詩撰妻年二十二夫亡現守節三十一年
瞿氏王鳴玉妻年廿七夫亡守節三十年子婦吴氏王本溪
妻年二十一夫亡守節卌一年同請　旌
程氏王惟信妻年二十九夫亡守節三十年
潘氏王保珍妻年二十四夫亡守節三十年
潘氏吴景仁妻年二十一夫亡守節五十年
吴氏徐春發妻年二十三夫亡守節四十年請　旌

劉氏翟禎祥妻年二十五夫亡守節五十九年學憲王獎額
王氏翟德祥妻年二十七夫亡守節四十九年學憲王獎額
汪氏翟騰雲妻年二十八夫亡現守節三十三年以上考田鎮
王氏儒童柳廷猷妻年二十一夫亡撫遺腹子成立守節六十七年請　旌建坊子禮殿例貢
陳氏儒童柳文簡妻年二十六夫亡守節四十二年子維漣步洲俱文學
王氏儒童柳雲峯妻年二十二夫亡守節三十五年學憲王獎額子東籬國學
徐氏儒童柳步鴻妻年二十六夫亡守節六十四年學憲朱獎額

商氏儒童胡利見妻年二十五夫亡守節三十八年學憲張獎額子連奎州同
潘氏庠生鄢開運妻年廿六夫亡守節三十年學憲王獎額
鄢氏國學柳方大妻年二十六夫亡守節四十七年學憲王獎額
徐氏儒童柳寅賓妻年二十四夫亡守節三十九年學憲吳獎額
柳氏庠生程馭竹妻年二十一夫亡守節四十六年
吳氏儒童柳叶宮妻年十九夫亡守節二十二年卒請　旌

聶氏汪文秀妻年二十二夫亡守節五十四年撫憲胡獎額
吳氏陳興周妻年二十六夫亡守節四十三年學憲吳獎額
徐氏儒童鄢德魁妻年二十四夫亡守節四十八年學憲王獎額
黃氏儒童柳雨郁妻年廿五夫亡守節五十年學憲王獎額
商氏柳傳鰓妻年二十四夫亡守節三十六年請　旌建坊子景旦國學
王氏儒童柳毓川妻年廿六夫亡守節卅八年撫憲嚴獎額
張氏儒童楊萬台妻年二十四夫亡現守節五十三年
吳氏儒童楊奎烈妻年二十六夫亡現守節三十二年

傅氏汪德華妻年二十五夫亡守節三十三年
王氏柳兆明妻年二十四夫亡守節三十八年請　旌
吕氏余德元妻年二十六夫亡守節五十年
程氏余景秀妻年二十七夫亡現守節三十六年
王氏鄢學禮妻年二十四夫亡守節三十八年
張氏柳溥采妻年二十六夫亡守節五十年
陶氏黃章垣妻年二十四夫亡守節四十年撫憲郭獎額
桂氏儒童柳傳庵妻年二十五夫亡守節四十九年
鄭氏柳寶廉妻年十九夫亡殉夫自盡
方氏柳傳葵妻年二十四夫亡守節六十年

王氏柳家棨妻年二十四夫亡守節三十四年學憲朱獎額
於氏柳端本妻年二十五夫亡守節五十二年學憲王獎額
石氏儒童柳南喬妻年廿三夫亡守節五十年學憲王獎額
李氏柳傳文妻年二十五夫亡守節三十二年學憲馮獎額
戴氏儒童柳以貫妻年二十五夫亡守節五十五年
汪氏國學柳正楚妻年廿二夫亡守節廿八年學憲李獎額
曹氏柳映蘭妻年二十夫亡守節四十年學憲張獎額
柳氏儒童胡利松妻年二十六夫亡現守節四十七年
許氏胡光廷妻年二十一夫亡守節五十四年學憲王獎額
張氏胡宅中妻年二十二夫亡守節五十八年學憲王獎額

方氏柳榮貴妻年二十五夫亡守節三十年學憲王獎額
干氏柳勝蘭妻年二十三夫亡守節六十三年
於氏柳發元妻年二十七夫亡現守節三十四年
錢氏胡錫可妻年二十八夫亡現守節四十二年
柳氏胡在勝妻年二十夫亡守節四十三年　以上俱小溪鎮
張氏儒童洪賓讓妻年廿五夫亡守節六十年請　旌建坊
張氏洪永慶妻年二十六夫亡守節五十年
桂氏儒童洪昌曙妻年廿三夫亡守節四十年請　旌建坊
程氏儒童洪昌遲妻年十九夫亡守節六十年請　旌建坊
梅氏儒童洪昌政妻年二十七夫郡城試歸巴河溺死守節

三十三年
帥氏儒童洪昌暘妻年廿一夫亡守節三十年請　旌建坊
何氏儒童洪昌嵐妻年二十八夫亡守節五十年　子
汝詒國學
劉氏洪永符妻年二十六夫亡守節三十年
金氏儒童程凝楷妻年二十八夫亡守節五十年
柳氏儒童周高也妻年二十四夫亡守節三十五年請　旌
童氏魯冠羣妻年二十八夫亡守節三十二年
李氏魯立和妻年三十夫亡守節三十一年
張貞女許字程惟佳年十三童養壻家壻亡守貞三十八年

撫憲郭獎額
陳氏袁壽山妻年二十六夫亡現守節三十四年請　旌
倪氏袁科甲妻年二十四夫亡現守節三十年
楊氏儒童張百朋妻年二十九夫亡守節五十六年學憲王
獎額
梅氏儒童孫雲峯妻于歸三月夫亡守節四十三年學憲俞
獎額
周氏儒童孫鳳鳴妻年二十八夫亡現守節二十七年
石氏孫友恭妻年二十九夫亡守節四十年請　旌
項氏儒童陳衍凡妻年二十二夫亡守節三十四年

歐氏儒童陳其仁妻年廿五夫亡守節卅五年子炳燧庠生
洪氏郡庠張澤蛟妻年二十四夫亡守節四十八年請 旌
子炳煥國學
曾氏國學張遇秀繼室年二十五夫亡守節三十一年學憲
王獎額
於氏劉集成妻年二十二夫亡守節二十一年
商氏劉俊吉妻年二十八夫亡守節三十一年學憲王獎額
周氏儒童劉揚休妻年二十二夫亡守節二十九年請 旌
馮氏儒童潘宗武妻年二十六夫亡守節三十二年
劉氏魯登甲妻年二十四夫亡守節六十年學憲朱獎額

黎氏儒童潘會元妻年二十五夫亡守節四十年
潘氏劉才遇妻年二十二夫亡守節三十二年
柳氏文庠魯俊妻年二十四夫亡守節三十五年
張氏魯丕建妻年二十二夫亡守節四十年
張氏朱翠宇妻年二十夫亡守節五十二年學憲朱獎額
楊氏儒童朱若坤妻年二十五夫亡守節四十六年請 旌
洪氏儒童魯典訓妻于歸甫十八日夫亡守節三十五年請
子恩年國學
旌
孫氏程如東妻年二十二夫亡現守節五十三年請 旌

魯氏聶定泰妻年二十六夫亡守節三十二年
余氏儒童劉玉堂妻年廿七夫亡守節卅四年學憲王獎額
鄧氏劉時序妻年二十九夫亡守節二十八年學憲王獎額
蔡氏儒童劉攀龍妻年十九夫亡守節四十年撫憲郭獎額
柯氏孫敢後妻年二十一夫亡現守節三十六年
袁氏儒童劉廷選妻年二十八夫亡現守節三十一年
商氏孫瑞林妻年二十一夫亡現守節四十八年
張氏孫承進妻年二十六夫亡現守節二十七年
王氏孫文華妻年二十九夫亡現守節三十九年
歐氏程殿坤妻年二十六夫亡守節二十六年

歐氏儒童陳知守妻年二十五夫亡現守節三十六年
張氏儒童陳炳漢妻年二十三夫亡現守節三十七年
王氏陳廣遠妻年二十二夫亡現守節六十年以上東山鎮
廖氏儒童洪東燦側室年十八夫亡守節三十八年撫院郭
獎額
岳氏儒童洪崇德妻年二十八夫亡視殮畢投水以殉請
旌建坊
項氏儒童李端萬妻年二十三夫亡撫遺腹子成立守節五
十一年請 旌建坊
方氏國學李明錦繼室年二十四夫亡守節四十五年請

旌建坊

孫氏儒童洪萬韡妻年二十八夫亡守節三十九年

王氏儒童洪天位妻年二十六夫亡守節四十四年

吕氏儒童商林壎妻年二十四夫亡現守節三十四年

何氏張光潤妻年二十六夫亡守節三十年

石氏國學洪昌濰妻年二十八夫亡守節八年卒子謨訓俱汶庠

程氏儒童洪兆福妻年廿四夫亡守節卅二年學憲楊獎額

李氏儒童洪之芮妻年十九夫亡守節卅三年撫憲嚴獎額

聶氏儒童洪昌洲妻年二十六夫亡守節三十一年

王氏洪賜禮妻年二十四夫亡守節六十九年學憲王獎額

張氏國學洪永梅妻年二十六夫亡現守節二十八年

蔡氏洪禮過妻年二十九夫亡現守節三十九年

何氏洪聯恒妻年二十八夫亡現守節二十七年

宛氏洪復興妻年二十二夫亡守節四十二年

汪氏洪永淵妻年二十九夫亡現守節二十九年

陳氏儒童洪昌純繼室年二十四夫亡守節三十三年學憲江獎額子永芳國學

徐氏儒童洪兆祥妻年二十八夫亡守節三十二年學憲王獎額子鏞國學鐘 恩賜副榜

王氏從九洪之義妻年十六夫亡守節卅四年學憲王獎額

張氏項雲萬妻年二十二夫亡守節六十年

柳氏洪映藻妻年二十四夫亡守節九年卒

孫氏陳懷福妻年二十四夫亡現守節三十四年

石氏洪星燦妻年二十夫亡現守節三十一年

桂氏從九洪昌毓妻年廿六夫亡守節卅七年撫憲嚴獎額

湛氏洪道源妻年二十八夫亡守節三十五年

張氏洪幅員妻年二十二夫亡現守節三十四年

洪氏陳復昌妻年二十九夫亡現守節三十九年

石氏洪念文妻年二十八夫亡現守節四十八年

王氏洪叶坤妻年二十四夫亡現守節三十一年

王氏商魚遠妻年二十三夫亡現守節三十五年

孫氏儒童洪福登妻年二十三夫亡守節三十二年子婦石氏丹亭妻年廿八夫亡現守節廿七年俱請 旌建坊

柳氏儒童洪萬程妻程氏産生萬里妻俱二十餘失夫萬程無嗣程生子共撫之柳忽染癱程代辮櫛背負出入柳不德程亦不怨各守節近四十年學憲王俱獎額

王氏洪登祿妻年二十四夫亡現守節三十七年吕氏登魁妻年二十五夫亡現守節三十八年撫院郭俱獎額

何氏江日章妻年二十六夫亡現守節三十三年

柳氏江同撰妻年二十二夫亡現守節四十二年
徐貞女徐春榮女許字儒童洪昌燚童養洪家未及笄燚歿女欲從死舅姑諭以大義乃止遂立燚兄子永續爲嗣現守貞六十一年請　旌建坊
殷氏儒童洪之紘妻年二十七夫亡撫嗣子昌森守節二十九年子婦劉氏年廿六夫亡現守節卅一年請　旌建坊
柯氏盧維貴妻年二十二夫亡守節五十六年學憲王獎額
石氏盧秀直妻年二十二夫亡守節三十三年學憲王獎額
孫氏儒童盧獻文妻年二十四夫亡守節三十年請　旌建坊子楫從九

程氏儒童盧世昌妻年二十三夫亡守節四十七年學憲王獎額
胡氏盧觀我妻年二十三夫亡守節四十一年學憲王獎額
周氏儒童盧茂培妻年二十四夫亡守節四十四年請　旌建坊子錦國學
王氏盧文德妻年二十六夫亡現守節五十年
王氏盧燦江妻年二十一夫亡現守節三十一年
劉氏盧理中妻年二十一夫亡現守節三十年
程氏盧理方妻年二十四夫亡現守節二十八年
程氏盧鎮東妻年二十三夫亡現守節二十九年

商氏儒童劉慶雲妻年二十五夫亡守節五十七年學憲王獎額
魯氏儒童盧顯清妻年二十四夫亡現守節五十五年學憲俞獎額子兆斌文斌俱邑庠
周氏盧煥新妻年二十七夫亡守節四十五年
劉氏商禮觀妻年二十七夫亡現守節四十六年
陳氏蔡德盛妻年二十四夫亡守節五十五年
周氏蔡廣盛妻年二十三夫亡守節三十一年
鄧氏黃待聘妻年二十四夫亡守節四十四年
陳氏黃珍霞妻年二十二夫亡守節四十二年

帥氏鄧糊丞妻年二十九夫亡守節六年卒
潘氏商廣義妻年二十八夫亡守節四十三年學憲王獎額
程氏儒童涂永發妻年二十五夫亡現守節二十八年
金氏王懷賓妻年二十四夫亡現守節二十六年
柳氏洪騏駿妻年二十四夫亡守節三十六年學憲王獎額
孝婦蔣氏宛方梅妻家貧事舅姑得其歡心姑歿舅患癱夫外出哺食澣垢扶掖調護者終舅之世無少閒聞者感泣
江氏儒童盧去非妻年二十六夫亡現守節二十六年
以上巃坪鎮
馮氏周明瞖妻年二十四夫亡守節五十年于興起亦亡時

正室祝氏年二十九側室祝氏年二十一後正室守節四十二年側室守節五十二年學憲王俱獎額赳子涓川國學

韋氏周過泰妻年二十九夫亡守節五十三年

王氏周啟順妻年二十八夫亡守節五十年子茂先職員

何氏儒童周樂安妻年二十一夫亡守節四十九年請　旌

周氏美福堂妻年二十二夫亡現守節四十七年請　旌

孫氏周益我妻年二十九夫亡守節三十八年

龔氏美有堂妻年二十二夫亡守節四十四年請　旌

何氏周能闢妻年二十夫亡守節三十七年

張氏儒童周秀君妻年二十五夫亡守節六十一年請　旌

周氏李木艮妻年二十一夫亡現守節三十二年

張氏儒童李仙桂妻年二十七夫亡守節三十二年

吳氏國學李伯邕妻年二十九夫亡守節三十四年

余氏儒童李濟邦妻年二十九夫亡守節十七年卒

張氏儒童李儀庭妻年二十九夫亡現守節二十三年

王氏國學李燁妻年二十六夫亡守節五十年請　旌

林氏儒童李秀林妻年二十三夫亡現守節三十二年

葉氏胡繩武妻年二十八夫亡現守節三十九年

桂氏文學李純然妻夫病割股以療子婦王氏儒士式義妻孫婦郭氏副榜廷瑞妻均割股救姑一門三世皆以孝聞廷瑞子書甲文學春甲附貢

程氏儒童李開玉妻年二十七夫亡守節三十二年

王氏儒童金富壚妻年二十一夫亡守節四十九年請　旌

劉氏李過章妻年二十九夫亡守節五十三年子婦陳氏合明妻年二十九夫亡守節五十五年學憲王俱獎額

趙氏李東雅妻年二十夫亡守節五十年

汪氏陳金榜妻年二十八夫亡守節五十三年學憲王獎額

王氏國學陳瑩妻年廿七夫亡守節五十四年學憲王獎額

聶氏陳華玉妻年二十五夫亡現守節四十九年請　旌

徐氏儒童劉家望妻年二十二夫亡守節五十三年學憲王

獎額

馮氏儒童劉元寶妻年二十四夫亡守節四十五年學憲王獎額

商氏儒童劉亦卿妻年十九夫亡守節十七年卒

潘氏劉效貞妻年二十四夫亡守節四十年

陳氏劉永盛妻年二十六夫亡守節四十年

周氏儒童劉近智妻年廿五夫亡守節卅五年學憲馮獎額

姜氏劉類之妻年二十一夫亡現守節三十年

商氏劉先泰妻年二十六夫亡守節三十年

向氏鄧孟愷妻年二十八夫亡現守節四十年
張氏周定武妻年二十六夫亡守節四十六年子婦桂氏侶
仲妻年二十夫亡守節三十六年學憲李奬額
陳氏儒童周和貞妻年廿五夫亡守節四十年學憲王奬額
詹氏儒童金學才妻年廿八夫亡守節六十年子維翰國學
洪氏儒童金富耀妻年二十六夫亡現守節二十五年
袁氏王宗華妻年二十七夫亡守節六十年請　旌以上停前鎮
熊氏庠生王龍光妻年廿八夫亡守節六十年學憲王奬額
程氏儒童王宅廣妻年二十九夫亡守節六十年學憲王奬
額子文斗國學

張氏儒童王德俊妻年二十六夫亡守節四十五年學憲王
奬額
黃氏王寶賢妻年十八夫亡守節五十三年學憲俞奬額
何氏王承盛妻年二十九夫亡守節四十年咸豐七年殉難
張氏文童汪登楑妻年卅夫亡守節四十八年學憲王奬額
子琢章文學
袁氏王時若妻年二十八夫亡現守節五十年
何氏王用和妻年二十五夫亡現守節四十八年
汪氏王傑義妻年二十八夫亡現守節三十七年
何氏王介望妻年二十九夫亡守節四十一年

周氏儒童王茂槐妻年二十六夫亡現守節三十一年子一
枚貢生樹德庠生
汪氏王咸明妻年二十四夫亡撫遺腹子守節五十二年
霍氏儒童王俊亭妻年二十七夫亡現守節五十四年
黎氏王恒宗妻年二十六夫亡守節五十二年學憲王奬額
潘氏王義和妻年二十九夫亡守節四十一年
吳氏王師六妻年二十八夫亡守節五十八年
李氏朱可扶妻年二十六夫亡現守節三十九年
鄧氏王士華妻年二十五夫亡守節四十三年
劉氏李雲漢妻年二十七夫亡現守節三十一年

岳氏儒童王德楷妻年二十七夫亡守節五十七年子金巨
國學
商氏儒童王澤萬妻年二十六夫亡守節五十二年學憲王
奬額
張氏王斯行妻年二十六夫亡撫嗣孫現守節四十九年
梅氏儒童王得銘妻年二十二夫亡現守節三十年
龔氏王龍潛妻年二十六夫亡守節五十年
梅氏王乘雲妻年二十六夫亡守節四十八年
王氏汪育之妻年二十四夫亡現守節三十五年
周氏何體洛妻年二十六夫亡守節五十七年

李氏何體澧妻年二十五夫病刲股以療夫亡以身殉姊姒
救免守節五十年
柯氏庠生何金繼妻年二十九夫亡子僅九齡能背誦十三
經古文唐詩旋歿氏現守節二十八年
何氏王樹和妻年二十六夫亡撫兩歲孤及遺腹子守節四
十一年
葉氏汪世傳妻年二十八夫亡守節三十年學憲李奬額
向氏何志遠妻年二十五夫亡撫孤及遺腹守節三十五年
學憲王奬額
駱氏何一輪妻蔡氏何祿書妻均年二十一夫亡於氏何一
揆妻年二十夫亡一門三節守以終身學憲王奬曰清操
鼎峙

石氏李錫勳妻年二十七夫亡守節三十六年學憲王奬額
王氏何召恩妻年二十九夫亡守節三十九年請　旌
汪氏向士富妻年二十六夫亡守節四十四年撫憲郭奬額
王氏何丕建妻年二十五夫亡守節三十五年請　旌
洪氏何同珀妻年二十七夫亡現守節三十二年
王氏何廷瑞妻年二十六夫亡守節三十二年
方氏何芳美繼妻年十九夫亡守節三十年
董氏儒童陳時茂妻年二十七夫亡守節五十四年學憲王
奬額
李氏儒童陳應時妻年二十九夫亡守節三十二年子繼周
國學
王氏儒童陳衡權妻年十九夫亡現守節三十一年
張氏職員何錫瓚妻年二十七夫亡守節十二年卒
陳氏張福之妻年二十二夫亡現守節三十年以上古角鎮
石氏汪成清妻年二十八夫亡現守節三十年
柳氏何德新妻年二十九夫亡現守節四十二年
李氏王南壎妻年二十七夫亡守節四十三年學憲王奬額
周氏王明貫妻年二十八夫亡守節四十八年學憲賈奬額
高氏李香谷妻年二十九夫亡現守節三十四年

潘氏李鍾靈妻年二十九夫亡現守節四十四年
梅氏李光裕妻年二十六夫亡現守節三十六年
孫氏儒童黃瑞蔚妻年二十二夫亡守節三十四年請　旌
蔡氏熊秀先妻年二十八夫亡現守節四十一年
梅氏儒童李殿丞妻年十八夫亡現守節三十二年請　旌
張氏尹超羣側室年十八夫亡守節四十三年
瞿氏知縣喻元湻側室年二十九夫亡守節十九卒請　旌
子樹份職員
汪氏宛富懋妻年二十五夫亡守節八年卒

於氏陳華川妻年二十三夫亡守節二十二年卒
陳氏儒童梅星華妻年廿三夫亡守節五十年學憲茹奬額
徐氏商兆元妻年二十八夫亡守節三十三年
王氏儒童劉仁山妻年三十夫亡現守節二十一年
姜氏張立中妻年三十夫亡守節四十五年
黎氏陳爵麋妻年廿四夫亡守節五十九年請　旌
魏氏陳經理妻年二十六夫亡守節四十七年請　旌
鄧氏陳鳳甲妻年二十八夫亡現守節二十二年
洪氏吳承佑妻年二十七夫亡守節三十一年
黃氏吳登雅妻年二十夫亡守節四十餘年請　旌

洪氏貢生趙鴻超妻年二十三夫亡守節六十三年請　旌
蔣氏儒童梅來璵妻年廿一夫亡守節四十年學憲朱奬額
蔣氏儒童梅來璇妻年二十三夫亡守節三十年請　旌
於氏贈官趙煇妻年二十六夫亡守節五十六年請　旌嗣
子磊解元
程氏孫觀佑妻年二十三夫亡現守節二十八年
許氏蔣蔭熙妻年二十五夫亡現守節二十六年
黎氏李腴道妻年十八夫亡撫遺腹孤守節五十二年
黃氏儒童李容與妻年二十六夫亡守節四十二年
張氏李剛毅妻年二十五夫亡守節三十五年

汪氏李宏紀妻年二十四夫亡現守節五十六年
汪氏儒童楊文秀妻年二十八夫亡守節四十六年
蔡氏儒童黎象九妻年二十九夫亡守節六十年
毛氏黎長春妻年二十七夫亡守節三十三年
姚氏潘松林妻敬事舅姑姑病篤氏割股救之延壽六年
周氏徐應發妻年二十八夫亡守節二十六年
張氏鄧秉彝妻年二十七夫亡守節卅七年
石氏鄧曰恒妻年二十二夫亡守節四十三年
吳氏儒童盧步洲妻年二十八夫亡守節五十二年學憲茹
奬額

程氏郝時旺妻年二十六夫亡現守節四十九年
王氏呂鄧登富妻年二十八夫亡現守節三十八年
宛氏國學程大勳妻年二十九夫亡守節二十二年
嚴氏儒童於三桂妻年二十六夫亡守節四十六年子扶搖
文學
宛氏於超羣妻年二十四夫亡現守節三十七年
馮氏陳曉初妻年二十六夫亡現守節三十六年
呂氏楊松柏妻年二十六夫亡守節二十八年
程氏董鳳貴妻年十九夫亡守節四十二年
劉氏董羣興妻年二十八夫亡現守節四十三年

陳氏程繼善妻年二十四夫亡守節四十二年
熊氏程秉謙妻年二十六夫亡守節三十六年
柯氏程全義妻年二十八夫亡守節四十年
柳氏胡其恕妻年二十五夫亡守節四十一年
程氏陳均泰妻年二十三夫亡守節四十六年
孟氏儒童劉太元妻年二十八夫亡現守節四十五年學憲
王獎額
許氏方百揆妻年二十一夫亡現守節三十一年
石氏李顯明妻年二十八夫亡守節五十年學憲王獎額
胡氏李德富妻年二十七夫亡現守節四十五年

趙氏熊惟寅妻年三十夫亡守節五十五年請 旌
張氏洪鳳翥妻年三十夫亡守節五十年
沈氏梅光程妻年二十夫亡守節三十一年
李氏國學馮味中妻年廿六夫亡守節五十年學憲王獎額
吳氏儒童馮宗海妻年廿六夫亡守節三十年學憲王獎額
胡氏熊慶居妻年二十六夫亡守節三十一年
周氏甘起鳳妻年二十七夫亡現守節五十九年
項氏王宗廷妻年二十九夫亡守節三十二年學憲孫獎額
陳氏王開甲妻年二十九夫亡守節十七年卒
胡氏程有義妻年二十二夫亡守節三十六年

劉氏胡加貴妻年二十三夫亡守節四十九年
陶氏王先富妻年廿三夫亡現守節四十八年撫憲胡獎額
張氏桂啟后妻年二十一夫亡守節五十一年
王氏李之富妻年二十七夫亡守節五十六年
商氏王玉漢妻年二十八夫亡現守節五十一年
柯氏儒童汪禮枝妻年二十五夫亡現守節二十五年
岳氏瞿得交妻年二十五夫亡守節四十六年
王氏吳雄達妻年二十五夫亡現守節四十五年
胡烈女貢生士林女許字儒童吳天涪年二十一壻亡女聞
之痛哭幾絕旋赴水自溺以殉

龔氏國學吳楚稱妻年十七在室父病篤割股以救父立愈
于歸後夫病氏亦如之夫亦愈人俱莫之知氏卒前一日
啟手以示兩痕宛然蓋前爲孝女後爲孝婦云
吳氏黃士首妻年二十八夫亡現守節四十三年
蔡氏帥朝富妻年二十四夫亡守節五十年
柯氏周金倫妻年二十七夫亡現守節二十三年
王氏吳楚能妻年二十五夫亡現守節四十年撫憲吳獎額
宛氏余家聲妻年二十八夫亡守節三十四年
張氏柳緒初妻年二十三夫亡守節二十八年子楷元武庠
潘氏儒童李奎璧妻年二十七夫亡守節四十四年

洪氏儒童李端甫妻年二十六夫亡守節三十一年
王氏儒童李奇章妻年二十夫亡守節四十八年
袁氏龔崇典妻年二十三夫亡現守節二十七年
張氏劉炳奎妻年二十五夫亡守節三十一年
王氏劉開太妻年二十一夫亡守節六十六年學憲李獎額
陳氏劉景星妻年二十八夫亡守節四十九年
張氏李三友妻年二十九夫亡守節三十四年
王氏章琇璒妻年二十四夫亡守節十五年卒
康氏章一元妻年二十一夫亡守節十九年卒
柯氏儒童李慎崴妻年二十五夫亡守節八年卒

毛氏儒童陳運鵬妻年二十八夫亡守節三十四年
郭氏陳才全妻年二十二夫亡殮畢自縊
余氏儒童梅從盛妻年二十一夫亡現守節四十二年撫憲
嚴獎額
張氏李曰咸妻年二十三夫亡守節四十年
張氏儒童李沾九妻年二十五夫亡守節三十三年
張氏黎麟瑞妻年三十夫亡現守節二十年
李氏國學聶炳南妻年二十八夫亡守節三十五年學憲王
獎額
桂氏聶紹顔妻年二十四夫亡守節三十三年

宛氏黎春泉妻年二十夫亡守節三十三年
王氏商世駿妻年二十七夫亡守節二十七年
張氏文學高錫麟側室年二十一夫亡守節二十年卒
劉氏石民則妻年二十五夫亡貧無寸土傭工乞食八無間
言守節二十二年卒
鄧氏許金秀妻年二十八夫亡守節四十三年
張氏徐志祥妻年十九夫亡現守節三十七年
劉氏儒童陳秉宜妻年二十八夫亡守節十八年卒
黃氏曹昭武妻年二十八夫亡守節三十一年
梅氏錢應祥妻年廿七夫亡守節三十七年學憲王獎額

子泰庠生
劉氏宛松貴妻年二十六夫亡守節三十二年
王氏黃壽恒妻年二十七夫亡現守節五十年
柯氏商勝起妻年二十八夫亡守節二十年卒
龔氏誥職陳澤乾妻年二十九夫亡守節三十年請　旌
子英通判
程氏錢啟瀛繼室年二十九夫亡守節二十六年
帥氏趙邦達妻年二十二夫亡守節三十一年
龔氏儒童柳春旗妻年二十九夫亡現守節四十三年子
家彦監生

吳氏陳漢瑞妻年三十夫亡守節四十三年學憲洗獎額

梁氏洪華交妻年二十九夫亡現守節四十六年

陳氏梅餘慶妻年二十五夫亡現守節三十八年

葉氏贈官帥宗渠妻幼嫻禮教于歸能修婦職舅官湖南姑隨任留婦以養伏太孺人得重闈歡伏病篤割股以療立愈人以爲誠孝所感

洪氏儒童桂文奎妻年二十八夫亡現守節廿四年請 旌

錢氏吳衡甫妻年二十八夫亡現守節二十四年

柯氏吳聲和妻年二十六夫亡守節三十年以上各鎮續載

壽婦

盧氏董之璣妻年百九歲

胡氏文學石惺之妻年百三歲請 旌建坊

胡氏吳廷訪妻年百三歲請 旌

王氏石守謙妻年百三歲請 旌

徐氏周正邦妻年百三歲請 旌

黎氏國學畢朋翥妻年百二歲

張氏從九梅載暘妻年百一歲

趙氏文學汪有容妻年百一歲親見七代五世同堂請 旌

陳氏周大成妻年百一歲

石氏王秉鈞妻年百一歲

汪氏熊殿友妻年百歲

程氏倪方茂妻年百歲

張氏國學柳紹蓮妻年百歲

張氏職員嚴念祖妻年百歲

吳氏嚴光榜妻年百歲

殉難婦女

王桂姨梅花地處女賊至女先隨父母遠徙聞賊退歸入門遇賊欲汙之手足據斷不從且罵賊怒縛而支解之

馮氏程咸理妻石氏程咸熙妻妯娌姊婦居同處西關賊突來城懼汙相邀投井死

李氏潘家賢妻 唐氏張于領妻 郭氏節婦石繼忠妻投城死

周氏陳謙恆妻 黃氏吳應先妻 大姨王士秀妻

朱姨王金秀女罵賊死 袁氏劉厚德妻賊逼不屈死 聞氏趙金理妻

蓮姨劉厚德女見母死罵賊被戕 俱咸豐四年 孫氏黃明遠妻八十五歲

陳氏冀啟元妻 許氏李甘林妻 吳氏王考槩弟婦

郝氏潘火老祖母 桂氏王友德妻 陳氏石兆蘭妻

蔡氏商有信妻 於氏熊德昌妻 李氏詹金厚妻

歐氏黎一發母 長姨黎兼才女 柳氏黎紹泰母

姚氏周育川妻 柯氏陳考湃妻 黎氏周孔惠妻

林氏陳蓮桂妻 陳氏顏德善妻 柯氏陳年貴妻

曹氏詹才進妻 柯氏石仁德妻 姚氏陳國順妻

柯氏陳大好妻 朱氏詹廸發妻 唐氏周恒豐妻

何氏李訓四妻罵賊死　許氏李蘭亭妻　李氏王庚老妻
高氏向榮茲妻　孫氏吳起權妻　熊氏周仁興妻
熊氏周怡然妻　嚴氏何得仁妻　學娭周搢女
周氏何一元妻　朱氏何啟元妻　陳氏何長元妻
向氏何德輝妻　王姑何天順聘媳　王氏吳祥林嬸母
周氏吳遇思姪媳　何氏吳遇思姪媳　陳氏王漢川嫂
周氏王登禮姪媳　王氏吳道五嬸母　何氏王遇五弟婦
闘氏王功勝嫂　洪氏何新猷妻　王氏何有元姪媳
順娭何新猷姪孫女　瞿氏何翠華妻　程氏何永盛伯母
張氏何永盛姪媳　潘氏唐際虞妻　王氏周公明妻

王氏李待明妻　向氏劉銘祖妻　洪氏陳煥謨妻
許氏節婦何天衢妻　張氏胡福啟妻　張氏何汝翼妻
何氏王協恭妻　李氏何交孛妻　李氏王升進妻
張氏王升恆妻　何氏王福九妻　方氏程元老妻
洪氏張昉偕妻　羅氏節婦何隆德妻　桂氏周有元妻
方氏陳漢賢堂嫂　周氏陳漢賢堂嫂　董氏呂之芳妻
何氏節婦王秉盛妻　王氏汪在明聘媳　商氏吳永福叔祖母
王氏陳漢賢姪媳　劉氏程斐章妻　熊氏張青選嫂
王氏張青選嫂　王氏李錦蘭姪媳　吳氏
王氏　周氏俱李坤山姪媳　劉氏

周氏俱王騰桂弟媳　唐氏　石氏俱王騰桂姪媳
陶氏胡興旺妻　陳氏周得義妻　何氏周得義媳
妹娭周得義女　細娭　帶娭俱周得義族妹
以上五人俱溺水死　潘氏程慶餘妻賊逼抱子溺死　劉氏方士昆妻
童姑劉氏養媳　周氏陳源業妻　胡氏余官保聘妻
方氏王贊朝妻　王氏程行先妻　藻娭程行先女
汪氏石茂林妻　石氏方映瑞妻　黃氏趙松生妻
郭氏張立誠妻　李氏柳一枝妻　徐氏節婦柳三多妻
劉氏程三元妻　細娭程三元女　張氏程五福妻
呂氏李六壽妻　張氏節婦蔡景堂妻　楊氏程四喜妻

詹氏姜時泰妻　鄭氏蔣祖梯妻溺死　二娭章新起女
蔣氏李樹興妻　六娭周應期女　石氏陳遇春妻
鄧氏陳明宵妻　畢氏章本枝母　劉氏周世則妻
朱氏石守純妻　李氏石錫賓妻　岳氏石以賢妻
桂氏程日新妻　桂娭　細娭俱潘華甲孫女
帶娭潘華甲姪孫女　潘氏李廷光妻　細娭李廷光女
李氏張火老妻　夏氏王延壽妻　細娭聞能義女
楊氏馬春林妻　鄧氏蔡楊春妻　張氏趙景新妻
張氏蔣尚義妻　余氏袁恆選妻　夏氏袁受書妻
向氏袁映雪妻　潘氏蔡以仁妻　劉氏何思永母年九十一

聞氏 潘得茂妻
盧氏 張天從妻
劉氏 蔡仁梓妻
弟娭 趙輝祖女
金氏 湛鳴琴妻
李氏 蔡以志妻
大娭 李以忠女
向氏 蔡松貴妻
陳氏 潘學登妻聞登罵賊死自縊
柯氏 蔡以智妻救母被戕
喜娭 張炳奎女給賊脫身溺死
鄧氏 蔡宜之妻
洪氏 例貢桂朝觀繼妻罵賊死時年七十
余氏 陳玉華妻
劉氏 周則仕妻賊逼溺死
俱咸豐七年
桂氏 節婦監生張迎光妻
鄧姑 王致發聘妻
何姑 汪河清聘妻賊逼溺死
何氏 程百愷妻溺死
袁氏 梅邦輝妻
楊氏 石子潔妻溺死
唐氏 周盈菴妻罵賊死
鄧氏 王茂林妻五月罵賊死數月收葬面如生
喻氏 梅如龍妻賊逼不屈死
李氏 石謙書妻賊突踞城懼污投城死
張氏 石連茹妻罵賊死

陳氏 節婦石蕺三妻聞賊至仰藥死
柯氏 監生張廣懷妻
李姑 李旭堂女罵賊死
蔣氏 何先知妻投水向賊躍罵死
梅氏 監生吳協恭妻賊逼溺死
柳氏 鄧學優妻年八十一
程氏 節婦周明德妻
吳氏 戢守正妻
俱咸豐十一年
王氏 李履中媳
吳氏 袁宗福妻
唐氏 袁泗元妻
陳氏 吳裕祖妻
梅氏 吳錦紳妻
石氏 吳尚愛妻
黃氏 吳秉恆妻
桂娭 黃林富女
先娭 吳孫和孫女
錢氏 黃林富妻
王氏 於茂榮妻
惠娭 黃林富女
吳氏 黃三桂妻
大娭 王世昌女
於氏 黃三槐妻
帶娭 王載祈女
玉娭 王槐林女
吳氏 於庚斗妻
吳氏 王三好妻
梅氏 馬鳳池妻
許氏 馬春林妻溺死

桂娭 馬春林女
先娭 國學袁景星女賊逼溺死
錢氏 文庠吳定邦妻
吳氏 文庠王宗塈妻賊逼溺死
王姑 王連奎女
王氏 黃煥适妻溺死
李姑 李作林女
趙大娭
許饒氏
李金娭
熊益妹
蔡長娭
胡柳氏
陳蔡氏
柳秀娭
李葉氏
張柯氏
柳岳氏
王劉氏
柳氏 胡經先妻罵賊死
洪詹氏
王熊氏
王李氏
費趙氏
胡王氏
周氏 洪習成妻
王氏 何以德姪媳
王氏 汪紹遠姪媳
何氏 王秉盛妻
王氏 汪有恆妻

千娭 文庠帥和琳女遇賊溺死
吳氏 余存之妻
陳氏 龔玉明妻
柯氏 文學湛元瑞妻賊逼自縊
萬氏 宛福老媳
方氏 余存信妻
趙氏 商從周妻
方劉氏
向氏 劉五倫妻
李氏 王青選妻
張氏 胡復起妻
張盧氏
劉氏 蔡壬子妻
劉氏 程文玉母
沈氏 節婦庠生程以鏵妻
劉氏 何元芬妻
余氏 李深秀妻
禹氏 陳元業妻
何氏 殷兆蘭妻
王氏 吳文麟母
於氏 熊展也妻
王氏 吳柏老媳
劉氏 王道濟妻
王氏 吳新皋嫂
程氏 王元老妻
帥氏 董世泰妻溺死
劉氏 帥宗柏妻
魏氏 楊騰雲妻
金娭 潘紹先女溺死
錢氏 程興立妻溺死

熊氏王懷智妻罵賊溺死　石氏趙臨星妻賊逼斫死　福姨熊美洪女賊逼不辱死
夏氏吳承賓妻罵賊割舌斷手死　詹氏洪廣才妻　梅氏許登州妻
換姨許登州女與母梅氏俱溺死　陳氏武庠聞定選妻　張氏何道杼妻賊逼溺死
乖姨蔡有道女賊逼不從傷銃死　李氏劉士瀛妻賊至懼污投繯死　趙氏商宗周妻罵賊死
程氏劉金封妻　黃氏陳浚川妻賊逼溺死　李氏劉漢周妻
石氏李宗呂妻賊逼紿賊溺死　石氏王勤丙妻聞賊至懼污墜井死　陳氏向恒益妻溺死
梅氏程寶書妻　蔡氏吳天順妻　余氏陳玉華妻見夫被擄溺死
石氏國學熊爲桐妻賊逼不屈死俱同治六年　蔡氏項永興妻
何氏李訓日妻罵賊死　陳氏吳玉組妻抱子遇賊以子付祖母奮身入水被賊戳死塘中

黃梅縣志卷三十五

藝文志

徑寸搜寶盈尺羅珍辭林筆海摛藻揚芬掌故所繫匪侈敷陳藝以潄芳文以傳獻長篇短歌披吟忘倦
聖世同文何疋何變詞人輩出纂輯漸繁卷帙旣富割愛從刪虎豹炳蔚此其一斑志藝文

陳情疏　明　瞿九思

臣瞿九思爲恭謝殊恩兼陳微悃懇乞聖明憐臣衰病免臣赴任以終餘年以畢餘業事臣原籍湖北黃梅人中萬歷元年本省鄉試尋以縣事褫革節經先後撫按臣昭雪薦揚於
萬歷三十七年七月內蒙禮部會同都察院題覆伏蒙聖恩復臣衣巾本年十月復蒙聖恩從吏部請授臣翰林院待詔奉命之日不勝惶懼夫翰林地近職親爲清華之選待詔承顏納誨司應對之官是必一代名儒庶幾無忝厥職臣何人斯遂辱斯命臣少習先人之業挾策而上賢書原非矯語巖穴者無端受謗遂隸編氓光天化日之下獨爲向隅之泣每北望神京不禁乘風引領之思豈徒傷其寸長尺短不得一自效於明時臣之戀主之情根於秉彝浹於夢寐亦臣子之必至也今者陛下一旦拔臣於幽廢之中錄臣於顧問之列解臣冤抑發臣肺腑天高地厚莫喻深恩臣有心胸獨不思

生至闕庭百叩舞蹈以鳴千古之盛遇顧臣今年六十有五矣元氣耗於思慮血氣侵於寒暑手足委頓耳目昏眩此皆臣鄉黨及臣從遊之士所明見知雖欲伏闕以陳微悃其勢不能第念聖恩不可以久羈官職不可以虛糜臣既不能以力疾赴任敢無一言以答聖恩之萬一查得先臣被聖恩者率皆敷陳時政今堯舜聖神在上皐夔輔弼於下師師在朝濟濟布列臣又復何言且極知草野之士淺見寡聞無裨宏謨遠畧然一得之愚發於感激亦不自知其迂疏也先是萬歷甲午纂修正史榜求天下知樂之士而所得張敔李文察猶不甚精在樂則疑於淺近在詩則疑於散佚臣載觀秦漢

以來歷代輿圖漢則分爲六十二郡唐則分爲十道宋則十八路獨我朝兩京十三省宛然與周詩二南十三國風符合此殆天意欲國朝詩樂比隆成周臣不自揣遂欲作爲明詩以準周詩如兩京則準二南十三省則準十三國事屬郡國者則準小雅屬京師者則準大雅以廟陵鄉射賓祭樂章則準周頌以天下藩國四彝蕃國朝聘燕饗樂歌則準魯頌以歷代帝王陵廟樂歌及兩雍闕里天下儒學祭孔子樂章則準商頌即於某詩幾章章幾句之下博考國家典故著爲機宜以便省覽至於音律未叶終不可被之管絃又嘗以司馬遷李文利二説就中審度定律呂分寸合之易範律一一桮

符夫以臣之固陋豈敢自謂知樂顧竊念肅皇帝及我陛下加意禮樂大典關係匪細神人賴以和協萬物賴以昭蘇昭德象功於是乎在故臣不識忌諱謬欲以所見著爲詩歌務使詩與律相比律與聲相諧洋洋乎登歌夏擊之餘無興成周之盛然後於臣心始快臣願始售顧困於貧病六七年所而尚未成編伏願陛下察臣病困並無虛飾勅下吏部免臣赴任使臣更加考驗百無一訛然後獻之明廷以備太平之一助至於臣之生平别所著述如六經以俟録等書數年之内漸有成績臣苟病骨支延未塡溝壑他日並得以芻蕘一得之言恭呈睿覽庶幾上答聖明不次之恩下畢微臣深自

引退之素此臣區區之本懷也緣是具本辭謝冒瀆天威不勝戰慄待命之至　吏部覆疏爲本官瞿九思淵源正學粹白眞修馳聲譽於中原大節自無權貴抱奇宄於一旦終身念絕怨尤韜跡垂三十年著書凡十餘種加仁統以俟録諸刻表章經學豈徒託之空言若實用編時務策等書籌時艱信有裨於實際編摩既久掌故尤精崇孔廟則考制成書儼然問禮家法仰明堂而歌詩準古眞是典樂精思一腔愛國之忱形於筆札千古太平之盛業浹於神魂泉石而有斯人廟堂足爲瑞慶邇者雋累牘以典木天殊恩誠渥乞初衣而畢餘業素志彌堅浸假竭數年之尋求庶幾覩大全之

禮樂所有疏乞相應允從查得天順二年江西臨川縣處士吳與弼幣聘來京授以諭德萬歷三十一年四川梁山縣舉人來知德以奏薦授翰林院待詔先後俱得賜歸各令有司歲給月米今九思遭際與二臣同而著述之功不啻倍之既經本官具奏前來相應覆請恭候命下暫准以原官致仕仍令有司月給米五石以示資助書成之日該撫按官具奏進呈本部酌量擢用則國家明揚之盛舉不屬虛文而士人巖穴之藏修可襄至治矣得旨歲給白米六十石助著書書成另擢用

上籌兵三十六字策疏

曹飛

臣曹飛謹奏爲春陽布令景運更新敬獻籌兵三十六字蚤平流寇以佐中興盛業以釋宵旰焦勞事恭惟皇上聰明睿智文武聖明事事敬天法祖念念察吏安民合二帝三王而一之眞億萬載僅見聖人也詎值寇孽未除中原擾攘蕩平無日致厪聖懷凡茲在國在野同爲踐土食毛臣子有不滅此朝食者非夫也自昔有徒跣伏闕獻三十字哭於東市此其忠悃臣亦可憫臣祖容贈戶部郎中父麟兵備副使世受國恩臣自幼從師妻父翰林院待詔瞿九思淵源師學討論經濟以康生投筆中萬歷戊午科武舉數經薦聘不敢受職然草莽微臣義切同讐夢寐寤處實無一夕不以平寇滅賊爲念蓋寇一日不平必無以消羣奸睥睨之雄心一日不盡滅必不能令神京一日高枕而臥然必見寇平寇自是揚湯止沸終非釜裏抽薪謹仰體聖心遵倣祖制廣集輿論鑑從前之敗壞究今日之甚定合之得三十六字承平日久武備不修兵事敗壞必有病源謹首陳兵事夙弊八字曰悖懈怯諱掣耗姑恥惟弊源一窮從茲起徹圖新自可疾施更化善治之方矣軍國重務端有本源用人理財克盡厥職所謂堂堂之師謹陳備兵本源十三字曰輔樞計繕將兵民屯漕河鹽錢税正氣既固邪氣自不能入彼幺麽小醜漸漸消滅安能久長作祟耶干戈四起猝難撲滅須有籌時妙算謹陳兵

防急著十五字曰詔險保審海苗寇蒐優收制火陣車馬循此急著猛省振刷步步做出速速舉行毋蹈故常毋避勞怨庶幾救敗取勝又何難返積弛而登上理耶以上字字見諸行事可裨實用臣讀孔孟之書妄希孔孟之憂時習孫吳之畧謬學孫吳之論兵十年揣摩反覆深思幾經改削心血嘔盡謹將三十六字敷演成篇少抒芻蕘之愚并具勦平流寇一策裝訂四帙進呈伏望皇上特加省覽有當採擇下部酌議刊刻頒行臣一片血忱惟期上慰主懷下救生靈止求用其言不求用其身少能裨補於宗社封疆臣且有餘榮矣無任隕越待命之至謹具本親賫奏聞　兵部覆疏太子太

保兵部尚書臣張鳳翼等謹題爲湖廣黃梅縣武舉曹飛敬獻籌兵三十六字等情崇禎七年三月十三日奉旨兵部議奏欽此欽遵抄出到部查得曹飛慼時倣古伏闕上書獻三十六字衍數萬餘言臣部初閱之下恐其大言無當博而寡要未敢許以爲奇及詳考其所指夙弊及條畫本源急著雖不無一二浮泛然娓娓鑿鑿自天文地理以至兵甲鹽屯一切有關世務之事俱經討究是亦天下之大有心人矣今賊寇交集天子拊髀頗牧臣部正欲得其人以効戡定但從來議事易任事難趙括談兵父不能難殷浩屏居時擬管葛如曹飛者亦安敢遽信其伏龍鳳雛哉留爲臣部參謀俟試有成績再加破格擢用可也相應覆請伏候命下遵奉施行

請補楚中謚典疏　漢陽李若愚愚公

爲易名一代大典褒德千秋盛事謹據會典特舉幽貞事臣竊惟世運剝復全繫人心人心邪正祇賴名教人心者匡復宇宙之具謚法者春秋義也大夫沒則請所以易其名者其制昉於周公而定於沈約杜預蘇洵諸名臣或以全德名或以一事名貞穪惠繆正不妨褒刺並見夫法有賞罰一時之榮辱也謚有貞醜萬世之榮辱也一時之榮辱甚輕萬世之榮辱甚重我國家鄭重其議五年一舉行綦嚴矣然議者多拘攣守文不從名教起念高賢湮沒不傳者比比而是往徐師曾建議止覈人品高下不拘官品泉壤始稍稍生色矣大明會典一款實云官品未高勤事死義例得特謚臣考本朝以四品謚者曾文恪是也以知縣謚者鄧文簡是也鍾同以御史贈大理丞謚矣楊繼盛以員外贈太常卿謚矣何遵以主事贈尚寶卿謚矣陳選以布政贈光祿卿謚矣沈鍊以經歷贈光祿少卿謚矣近議鄒智以州吏目補謚矣楊源以五官監補謚矣何得以官品高下而廢勸懲大典也近奉明旨咨訪謚册發單會議臣楚人也例得言其鄉先正頃如楊漣首發逆謀精忠大節已蒙皇上鑒錄先是給事中李沂抗疏擊大璫杖闕下給事中孟養浩抗疏請册立杖闕下一段義

烈俱載萬歷實錄中秉禮諸臣能任之惟據臣所耳而目之可表可傳者楚有三大賢公論久定祇以官爵未顯議者闕焉臣敢攄赤以聞故戶部員外郎漢川張緒清操苦節胡威劉濙一流人而風節不減薛仁輔惠政不減陸九淵緒夙與張居正友及柄政不少遜始終以忠告相匡其力拒故人巡撫一語至今在海內名人口居然孫覺錢顗矣林居二十年孜孜以講明正學成就人才爲急遠近謂程明道再見晚節上疏乞代師李材死中外義之跡其一二正足廉頑立懦史臣焦竑傳之以告四方而幽芳徒挹嘉名未錫識者恨之故崑山縣知縣黃岡樊玉衡爲諸生便有徐穉非力不食梁鴻

不肯因人熱風節起家兩劇邑家無石儲身無完衣苦節孤
詣一省其師張緒九年滿以吏禮兵啟事皆不報父病乞身
歸竟以孝死學臣董其昌表曰孝介先生銓臣王士騏誌其
墓禮臣郭正域紀其傳至今兩邑尸祝之種種芳猷郯志完
陳瑩中不是過也公議已僉同矣而以官卑不爲請不有知
縣鄧文簡例歟故長興縣知縣贈太僕少卿黄梅石有恆清
操卓識有膽有骨爲令發奸摘伏澡身礪節治平爲兩浙最
壬戌偵知葉朗山謀逆聞於撫臣得先發一日擒其魁請於
朝立磔之不爾則吳越半壁皆震矣逆黨乘元旦拜萬壽禮
突執有恆以報前憤欲因而起兵且逼奪其城印有恆曰有

斷頭將軍無降將軍殺即殺耳朝廷倉庫城池不是我買命
物也遂遇害中外咸謂張巡許遠後身今世何得有此社稷
臣蒙上贈且恤矣而易名大典方在會議臣有恆友也應爲
之請自反此心可對君父臣不愧矣皇上若以臣爲黨言請
徵諸左驗張緒仕留都日久大節清風今留都人仕中朝者
余大成方孔炤等可訪而證也樊玉衡歷中州三吳治績最
著今三吳中州京朝官多矣劉可法顧錫疇等可訪而證也
石有恆死節始末大司馬王洽撫浙時嘗列其狀以聞現在
朝端可訪而證也其可令此三臣者姓字不一耀於春秋也
哉伏望皇上下該部一照會與從公咨議贊筆之臣速定所

以易其名者勿以官階不高而格之世教人心所補裨大矣

清查浙省鹽課疏　國朝　帥承瀛

爲查明鹽庫實在動墊銀數分別追繳輸補並遵
旨核實辦理以節浮費而清款目事竊照浙省鹽庫貯存銀兩經
前鹽政臣廣泰查明墊缺銀一百六十餘萬兩於上年十一
月間奏明飭商提前歸補臣於本年二月間接任因款目紛
繁諸多牽混立即派員將歷年收支各數逐款清查並先將
辦理大概情形恭摺具奏奉
上諭兩浙鹽務綱引則牽新搭舊課款則分征統支係屬致弊之
由現據該撫查明實在情形設法清釐該省鹽政改歸巡撫

兼管帥承瀛莅任之初當趁此時將從前挪移冒混情弊逐
款查明核實辦理不可草率從事致有隱漏此後裁減浮費
劃明款目督率各該商認眞辦運務令年清年款勿得仍前
拖延牽混以期鹺政日有起色將此諭令知之欽此仰見我
皇上整飭鹺綱清釐引課之至意臣荷蒙
畀任力圖報稱斷不敢草率從事以致稍有疏漏茲督同藩臬運
司及委員等將鹽庫正雜款目及商息商捐等項按照各綱
科則並歷年收支細數詳析核對自嘉慶十五年十一月前
撫臣蔣攸銛等清查之後起截至臣到任止應存正課餘價
等銀八十一萬七千一百餘兩核與報部春撥冊數相符此

外報部之帑本公息各雜款及商捐商用之項亦應存銀一百三十四萬二千三百餘兩而核之歷年支放各數已墊出銀二百十四萬五千三百三十兩查有庚辰綱以前積引未完鹽規平費及書院膏火各款銀三十三萬六千四百餘兩一俟引目銷完即可收歸原額又有各商名下應追未繳及變繳未完各款銀七萬八千六百餘兩以上二款共應抵補前項墊出銀四十一萬五千餘兩實墊銀一百七十三萬三百兩有零與前鹽政臣廣泰上年具奏墊銀一百六十餘萬兩提前歸補之數尚不甚遠臣查嘉慶十五年間前撫臣蔣攸銛等清查鹽庫其時墊缺銀數僅止五十五萬餘兩乃自

十六年至今甫經十載而所墊之款何增至一百七十餘萬兩之多雖保無挪移弊混情事因復將墊出銀兩逐款追查其中尚無官吏侵虧之弊惟緣邇年以來引目壅滯舊綱未畢新綱即開新舊套搭行銷不能以一綱之課歸一綱之用而每年奏銷例有定限但令各商趕完正課即行題報全完其隨引帶輸之雜款及外用銀兩因一綱引目配運未完不能照款征足兼自十五年至今統銷引目兩次上年十一月間前鹽政臣廣泰覆將已卯秋冬庚辰春夏四季引目七十三萬餘道合為一綱奏請分作五年灑帶又歷次報捐河餉公需銀數百萬兩此項報捐銀兩既須提前撥解而統銷及

灑帶之引又止完納部款以致年例應用之項動形有緊款待放而本款尚未征完不得不於現在征存銀內論正雜通融動墊以濟急用而商捐用之款亦係隨引輸運庫每遇交辦公事奸商即借此為名浮支冒領始猶以正款墊用雜款繼且以正款墊用商捐年積一年愈墊愈多臣抵任後有甲商汪復太把持各所公事疊被眾商控告當將汪復太革去甲商飭交臬司查辦前經奏明在案仍勒限於辛巳壬午兩年照數繳清其餘各商應繳銀兩亦即分限嚴追倘逾限不完另行核辦而汪復太冒濫尤多再照例從重懲治至四所甲商本係正副八人每年例支辦公銀三萬餘

兩今已裁革四名其公項應行減半支給之處仍按年扣存運庫以備抵追繳之不足俟該商等墊支銀兩全數歸還再行酌減尚有墊缺銀一百二十萬五千一百餘兩查照蔣攸銛舊案及廣泰原奏飭商輸補此後按引帶輸計五整綱即可歸補足額俾帑項均歸有著而商力亦不致過疲惟是墊出銀兩雖有追繳及輸補兩項可以抵歸本款究屬緩不濟急本年正月間接准部行於報存春撥銀內撥解甘肅餉銀三十八萬兩時因存款既少而餉需又難刻延即以臣到任後所徵應入秋撥之銀照數湊解是撥冊尚未到部而徵銀已非實貯勢必於秋撥到時又須移後補前則既不能劃清

綱分而支墊仍然牽混亦非核實辦理之道現當掃除積習
欲得庫款清釐必先嚴絕墊放而
國家經費有常未便因庫貯支絀遽請停撥臣再四熟籌惟有
餘價一項係於嘉慶十四年議增每年隨同引目考核不入
奏銷之內與正課錢糧有間現因商力轉輸不繼月行具摺
奏懇
聖恩免其輸繳仰懇
皇上天恩勅下部臣將前項餘價銀七十三萬一千餘兩一併暫
緩撥解俟本款追補足數即行咨部聽撥庶一支一放針孔
相符將來牽搭之弊可期淨絕臣又查庫款墊缺之故固由

於綱引之滯銷實則因浮費過多成本較重以致商人轉運
不前臣以巡撫兼管鹽政一切用項雜費較之專設鹽政大
可節省現將商捐商用各款分別緩急或全行刪汰或酌量
減留所有各商隨引輸完之外款臣初到時已爲每引減去
銀二錢五分五釐今復通盤核算每引又可減去銀四錢有
餘加以每年應輸餘價奏懇
恩免如蒙
俞允每引又可減去銀六錢七分前後併計可減至一兩三錢六
分零通計每綱可節省銀九十餘萬兩各商成本大可輕鬆配
運自然踴躍臣再隨時嚴飭場縣杜絕私煎緝拏私販使官鹽

暑無壅滯則綱引漸可挽正課項日見充盈至於運庫收支
數目向係分款徵收併款支放因之以甲墊乙搭舊牽新正
雜既已混淆動支遂無限制茲飭運司分綱分款詳開冊檔
俾出入之數瞭如指掌凡遇支解銀兩由司具詳聲明何款
動支如本款無銀即停支給或有萬不得已必當循例動墊
之項亦止以外款存銀墊發內款不准以內款墊給外款仍
俟本款收回即行歸補以昭慎重如此則浮費既節庫款亦
分自此年清年額可期經久無弊而鹺務日有起色矣其現
在應行更定各事宜妥議章程十條臣謹因時制宜詳慎覈
議以節用除弊爲先以裕課卹商爲本定官制以專職守分

庫款以重度支挽正綱分而年額自清杜絕私源而官引自
暢總期事可經久行有實效以仰副
聖主肅清鹺政之至意

請停　幸　圓明園疏　　帥遠燡

臣　前恭讀
諭旨因翰林院侍講汪振基疏請崇儉節用
皇上特命戶部會同王大臣通盤籌畫撙節裁減仰見
皇上爲天地惜物力爲　國家培元氣此誠帝堯茨階大禹宮室
之遺規也臣愚以爲今日有一舉足抵尋常條款無算者則
莫如停

幸　圓明園一事謹按　圓明園爲
世宗憲皇帝藩邸之遺
列聖因之每歲首移　蹕園廷即於是視事遂以爲常蓋亦不忍
遽忘
先澤之意
皇上仁孝格天上念
先朝堂構豈忍一旦置之無用之地然時勢有今昔之别庫藏有豐
絀之殊昔則海宇昇平藉此以暢
宸遊樂民之樂也今則寰區多事置之以示　儉德憂民之憂
也設使

皇上處
列聖昇平之日必不至惜此小費以博崇儉之名設使
列聖處今日多事之秋必不因不忘
先芬仍事遊觀之所
先聖
後聖其揆一也況冬至之慶賀已停廷臣之筵宴已罷雖以
謁
陵盛典猶恐有煩供億從權降　旨停止中外臣民莫不謂
皇上纘承統緒所以仰荅
先朝務其急者大者推之　園廷有以異乎蓋諭
口澤
手澤之遺甚宜勿替而求
善繼善述之道跡不必拘倘亦降　旨停止
巡幸固而封之不惟每歲修葺之費可省即終年防護之役可除
當此左支右絀之時以佐軍旅河渠之需惜不貲之費貽無
疆之庥即
列聖在天之靈未嘗不默鑒之也抑臣愚慮更有深者上年八月
聖駕還宮已傳三營羽林森列盜賊竟敢於
鑾輿經過之地劫掠肆行加以青龍橋等處時有盜賊出沒營員
兵弁之不足恃已可概見　園廷地臨曠野既無城池之捍
衛復異

宮禁之森嚴語云千金之子坐不垂堂況
九陛之尊乎蓋以
聖主之鴻庥百神自當朝護而以小臣之愚悃百密猶慮疎虞
皇上上念
祖宗付託之重社稷維繫之深必不至惜此一區處以閑空則
九重深邃既懍然於
天威之嚴億兆生靈咸曉然於
美德之儉冒昧再瀆實出於區區忠愛之忱不勝戰慄悚懼之至

獻孝經註表　　明　瞿罕

爲聖帝表章孝經愚臣遵奉註解裴呈睿覽以宏孝治事臣罕僻處山林伏聞崇禎二年正月内欽奉聖旨欲以孝經考試命題仰見皇上仁孝格天精誠法祖睿慮神謨卓越千古矣臣伏念天下知有四書五經大全自成祖文皇帝始而孝經者四書五經之要心性道德之本也今明詔欲以孝經命題試士乃六年之閒覆請如舊或疑孝經有古文今文之不同夫古文與今文原無大異所異者獨閨門一章爲唐時刪去與一二字句不同耳及宋臣司馬光進孝經指解朱熹作孝經刊誤皆遵信孝經古文也聖朝明經取士悉從朱熹註則論斷孝經既當以孔氏古文爲正而考定篇次自當以朱

氏刊誤爲宗矣臣是以從朱熹所定者句解各章名曰孝經貫註其原爲朱熹所删者附著於後名曰孝經存餘較勘古文今文篇次之不同名曰孝經考異歷敘作經註經及歷代以孝經進講取士等事名曰孝經對問凡註疏大全語錄中有與孝經貫徹者旁引以明其理復考子史志書譜牒中可與孝經配合者廣譬以證其事總欲以孝經之理貫於五經因而借歷朝五等之人貫於一孝以期上贊聖皇之孝治下副先臣之教誨耳臣祖太僕寺少卿晟臣父翰林院待詔九思臣叨舉八甲三世感被國恩彌天極地況臣父九思謬以學行累薦隱逸蒙神宗顯皇帝屢旨擢用於生前熹宗哲皇帝特旨褒闡於身後去年五月内伏蒙聖恩有瞿九思何不詳述還着明白奏來之旨臣雖卑賤身列儒庠歲糜公廩七經提學道臣遵奉禮部題款奬臣孝行臣矢以孝經報國守塚潛心歲既六更稿凡數易今年秋仲始克成編謹徒步詣闕薰沐進呈伏乞皇上睿照如或有一得之愚乞勅部看詳頒行以成皇上六年欲行未竟之旨且臣聞先師孔子自道之言曰志在春秋行在孝經而註疏又曰孝經之文同春秋而作今詞臣奉命進講春秋綱常大義揭日月而中天更伏乞皇上將孝經前旨未及推行者詔令學宮士子共相講習發策決科或從今始則錫類之聖孝普被寰區而創見之皇

猷昭垂華夏矣臣罕謹以所著孝經貫註二十卷孝經存餘三卷孝經考異一卷孝經對問三卷通共二十七卷繕寫裝定隨本親齎謹具奏聞

元兔表　　瞿甲

伏以元德性成發謳吟於小物宸衷天啟索規誨於膚言眞聖主之所作爲非虞人可能獻納惟鞠躬而奉詔謹拜手以矢音竊惟元首賡歌爲應制之所自起卿雲得句乃賦物之所由來蓋惟詩可以發性靈非物則無以寄其吟弄之趣而惟物可以娛耳目非詩則無以動其詠嘆之思是以聖帝明王欲開心而寫意則其名臣碩輔皆搦管以摛詞豈流連光

景之爲亦涵泳性情之道故毛詩爲辭賦之祖卽始之以關雎而周南爲帝王之風又終之以麟趾鵲巢騶羽明聖化之大成魚藻鹿鳴見王猷之全盛上歌桑扈下咏鴛鴦此皆賦及蟲魚不獨詩陳鳥獸至於元兔獨禀靈胎望月而生半夜星辰俱動吐口而出百靈風雨相驚擣盡元霜吸殘瑤屑聖人未作則棲遲桂樹之間王者旣生卽趨走楓宸之下發洩玉衡之精彩若將有爲而來鋪張王國之雍熙夫豈無因而至五百歲始爲白當知抱白之眞三千年化爲元應得棲元之妙冥搜遠覽公聽並觀雖軒室之祥麟猶屬人間之瑞獨周郊之靈兔允爲天上之精此世主所宜致思而人臣尤當

託意蓋見兔可以畫卦則卽兔可以作箴顧自兔罝之什無聞遂致元鶴之篇有作蒲捎天馬秖事浮誇大宛名駒無關獻替尙方給筆札徒賡朱雁之歌中禁典文章惟上赤龍之頌毛穎之以文爲戲不法何觀呂端之以頌爲規空言無補茲蓋伏遇皇帝陛下 心涵太素道契重元學已就于緝熙德夙成于恭默拱元裳於五位於穆無垠流元化於萬邦篤恭不顯緇衣授粲彤管流輝湯網常疎海宇解罘罳之霧雖羅不設朝端息狡獪之風多士奮於周遠歡聲動於文囿中和道備蝡動蠉飛之族各遂其生位育功成跂行喙息之倫咸若其性德馨旁達靈貺潛孚諸福駢臻太平有象天不愛道

地不愛寶豈無麟鳳在郊上及太清下及太甯會見龜龍游沼但其聖不自聖嘗懷兢業之規卽使休亦易休恐及侈靡之漸故宜陽之慶雲五色置若罔聞而鳳陽之秀麥兩歧卻而不賀凡萬幾之暇靡不誦詩讀書雖一物之微必且求心察理讀毚兔之趯趯輒動意於讒言誦有兔之爰爰卽興懷於賢者相彼投兔哀我窮民視此蒼鷹念茲循吏覩韓盧之逐東郭憂在邊陲痛黃犬之上東門心懷禁闥狐悲兔死慮聖朝之善類沾膺兔死狗烹爲異代之功臣流涕覽范睢之對秦伯悲其已窮恨莊辛之告楚王歎其未晚雖聖主之天常定亦必感物而通且至人之慮常周是以因兔而發然謂

養之郊藪恐流於天寶之荒淫卽令至自岐周恐涉於天禧之粉飾遂抽素練爰命丹青細研松煤四坐芳薰月魄輕調桂液一泓冷浸雲根筆勢迴翔墨花飛動化工無象運精思於翡翠之樓眞宰有心奪靈兔於蟾蜍之窟灑成元褐中山孺子傳呼寫就霜毫北極老人抱送飛煙作雨流液生香驚異獸之遠階望仙姿之照眼廣寒簾不捲渾疑望月遲仙靈臼藥長生如解臨風弄杵看臨夜雪殿頭之蒼藹紛紛置近秋池水面之黑雲片片拂元綃之密霧如行玉露無聲搖彤管之春風似傍金屏欲語其神常溢而其意若有所陳自負元穹之使其勢常奔而其機若有所授如傳蒼昊之符豈聞

至治之馨香踴躍自天而下或得素娥之消息翩翻望闕而趨喜動龍顏歡騰鳳闕命傳東觀分吟入於瑤篇詔下西崑雅韻揺乎彩筆一時盛事千載奇觀臣等跧伏巖泉身依殿陛翩然衣褐肯同野性跳梁拙若守株定負虛名趦趄常懷顧大未敢忘蹏本無追風逐日之能豈有使物匿光之術讀管城之傳深愧韓生檢兔園之篇殊慚枚叔強顏拜命俯首興思援翰遲迴恐貽譏於玩物濡毫猶豫恐導主於從禽是以盡日豪吟未敢得句卽使有時窮索殊不成章追思先哲若楊士奇曾獻騶虞之頌更念名臣如夏原吉亦陳白鹿之歌卽令廣元兔之詩未若獻瑞光之譜乃抒藻思發聖意之

淵微載命詞臣效忠言之謇諤但顧名思義已深契於宸衷卽斂衽陳詞亦何資於睿覽獨謂顧兔在腹惟此可以開神孫聖子之祥又謂抱一守元惟此可以得久視長生之道角者吾知爲牛鬣者吾知爲馬詎若嬋娟入夢兆聖人之多男麒麟之於走獸鳳凰之於飛鳥豈如元兔擾庭祝天子之萬壽伏願基命宥密觀象肅雍召軒后之四靈塞司徒之三窟罷前極後疲之戰澤及黃沙政東走西顧之民思覃白屋必使躬修元默參一人於兩間庶幾幽贊神明冥兩儀於萬世

廬山廟應制碑文　唐　李玭

伏稽諸大易曰一陰一陽之謂道陰陽不測之謂神推道也生三混成洞微於變化惟神也得一至妙藹秘於恬冥欽若太元遐徵妙有運陶甄之極不獨尊歟后唐累聖光華大明終始陟曦陽之午廓照瑤京操元命之符銘昌鼎算白雲孤峙時望蒿邛紫烝千齡日升函谷我開元神武皇帝圓靈受睠方輿寵祕握元珠之妙揖可寶之珍演至道於希夷刋雜法之凝滯乃聖一也於穆祀典清廟皦皦希反光明天地冥洽乃神二也劍戟之器返於三農弧矢之威神斷六合乃武三也察時變者觀乎天文人習凡庸無階測聖乃文四也故沖精象外高視鴻名昴薦河圖靈朝海若堯心攝照顧言筌於几邃軒目司明扆旌乘於茇隗所以虞環盡地夏玉從天

納殊貴於西王展告成於東后五龍推紀邁梁甫之高曾八駿巡遊陋崑墟之疏轍昭回上轉山嶽下騰列聖攸居通仙福會文皇質義武帝佩圖至道之興其來尚矣自華封獻壽聖德祈年金格傳書珠鑾味液公主以天慈入道挹化芙蓉祕監以王子出家調芳芝术北方著列仙之想南州希至學之因聖緒無爲斯其有作乃睠羣嶽眞君道府光啟祠宇幽贊神宗青城廬嶽二山者佐命羣峰之望也丈人仙籙祕帝眞君使者靈司孔昭冥察名書五法舉亞三魔畜洩崇巒異弗騫於物阜寒暑穹谷將必順於人時開元十九年八月二十一日降明旨曰青城山丈人廟廬山使者廟宜準五嶽眞

君廟例抽德行道士五人焚修供養仍委所管揀擇灼然道
行者安置具年名申所由敕置廟使內供奉將使者眞圖建
立祠廟弃章醮行道設齋使大供道觀法師張平公粵自秦
京宣猷江服煥丹青之節賜元牡之儀驛傳光臨雲巖皎邑
使持節江州諸軍事守江州刺史獨孤正重鎮柴桑孚瑤枳
棘時觀武庫代服文雄經始干城全摹益厲崇規益麗壯思
逾紛朝散大夫行長史楊茷玉行司馬皇甫楚玉潯陽縣令
魏昌等恭惟聖善式議靈場道俗虔精冥休推畀爰初築土
則雨霾烟嶂俄頃佇立而色霽霞標竇龜奠泉之辰金虬驛
程之際陰濛洊密曃晦遥交注想元空肅思皇道芬芳載潔
章醮翹襟六虛窈寞一夕融朗半空之上忽吐神輝綴灼九
徼頒揚千仞寀寮率抃八吏僉觀昔天靈降周以雲門舞奏
神光燭漢以太一登禋然北陸氣交南州燠變物委霜霰人
嗟沍寒使法師恬懇仙庭憑威國命故元冬易煖朱景敷暉
暢於幽明優乎力役竝利攸往咸欣子來使茲勝郊遂臻靈
域騰禎桂嶺鬱翠松巖召斲郢門孱材荆岫疏峻堿繚長垣
紅壁列錢丹楹繡礎三閒四表炳繪文楹八維九隅縣鏤
檻虹梁亘構風牖承楣倒井葉鮮芳壇竹掃銀鋪月曉瑤簾
霜開至若聖理全幽眞容罕測夫其秘狀遠降使司蓋考三
仙之圖不於九牧之鼎皎姿粉堊備質光妍符采冥標倬靈

端表工徒罄想殊思感通齋室明祠既優如在霓旌霞旆時
颺羽儀列冠名山禮均行潦覃薰紫極供養黃冠玉釜常煎
金鑪永爇牲牷格音鸞鳳于飛露挹神翁星臨婺女清吹洞
唱天渚匏瓜之津匹水仙宫海曲蓬萊之島龍驤鶴翥飄翻
淨戒之庭師子辟邪趨躍精思之地珠幡衛簨瓊蓋擁輿法
供天廚六時朝念眞經雲帙萬刦精修弗翦蓂莢明代久彰
於克儉經營梓匠神理邈符於寵光聖渥堂闈靈棲窟宅揭
來禔福不亦宜乎冬十有二月司存式命畢鉤繩也元門道
士章沖寂等挹教五千齊懽億兆歷仙階而仰止攀睿算以
驤誠天使願奉於雕鐫心存魏闕法象希憑於琬琰道在吳
岑春水桃花迷源遂遠幽林杏塢勝地非遥伏荷天休敢述
頌曰道祕重冥神幽福庭三辰運極五嶽棲靈其眞有物厥
妙無形理則恍惚功惟泰甯於赫皇極昭融亭造睿握元珠
祥凝大寶蒼提集貺紫雲宗道致享百神探因五老乃睠崇
山嶽靈之秘三眾浮精十華仙使威畜雲雨神存天地法象
昭凝眞圖炳粹幸明德之嘉運降幽祠之寵章扈仙儀兮肅
肅曜瑞彩兮煌煌爍琳宫之夕照拂琪木之神光雕輝兮翠
輦玉釜兮調香擷五芝於秀崿搴八桂於飛梁龍吟鳳舞天
路長青雲衣兮白霓裳節空歌於瑤磬臻羽旆於瓊墀冥徵
兮福字彫眇兮神極牽匹水之布流晥香爐之綺色留鶴語

於千載翥鸞裴旁一息絳河眞毋將易逢碧海僊姑淼難測參至道於三五奉休符兮萬億紀貞石於名山壯洪規於帝力唐開元二十年壬申正月乙巳朔二十五日己巳

勅賜黃梅重建五祖禪師寺碑文　元虞　集伯生

禪宗第五代祖師諱宏忍生蘄州黃梅卽黃梅爲道塲說法度人傳信之衣旣有所付遂去縣三十里人馮茂山以居及沒弟子奉全身塔焉學人依歸聚爲大刹唐人尊之曰大滿禪師塔曰法雨寺曰大中東山之寺南唐加師號曰廣化宋景德中改賜額眞惠其初律師居之祥符八年戒禪師來住山始革爲禪歷住者凡十二人演禪師來而東山祖庭益重

宋之季年國境日蹙斷以邊障受兵州吏民奉師遺體入城求福州果以靈䖏安堵不遭鋒鏑而東山見燬於兵旣內附日以安輯富庶僧了行乃躬事土木崇精舍於州治之東以奉香火之留者又入東山汎掃寺之故基而致工焉塔廟庭宇粗立而行老至元二十九年僧大通繼之成佛祖殿僧堂方丈鐘樓之屬廊廡稱華麗皇慶二年三韓萬奇上人從瀋王請奉祖還東山事具義公記至治二年通又老今住持法式方爲虎溪第一座通率衆具禮請主其山是時寺之食者衆積弊紛拏稱貸以給式至精厲自持大作三門黃金飾題牓作大殿奉祖師作經閣藏殿而蒙堂安老堂行堂庫堂萬佛閣照堂庖湢垣廡次第皆成而通公前所作多庳下不稱且以敝告又撤而更新之務極崇勝給衆之田有鳳源永福東積復古阮家鐵甕等庄或復或創凡二百餘頃其屋室器用之資又日完以富鐘鼓鏗訇禪侶雲至式致用而有文又修百丈舊規而行之江漢之間隱然一大闗闠計其經始至於落成纔七年耳何其敏哉施財者自郡帥韓某總管易某等凡若干等人相其成者則大觀惠孚希復也式又曰今國家崇尚象教古昔莫能加今東山之成願力所就蓋山川之靈實際景運而祖師名號非盛代所命不其闕乎乃走京師將請諸朝中政院使李公信家本三韓三韓有上人曰覺元曰

智承逝以其事語之李公信與其妻隴國夫人崔氏並加敬慕檀施必親又齋沐闡於中宮製金紋伽黎大衣以賜出宮中金錢萬緡與之俾半修塔廟半爲長明燈之費而式亦賜金衣受璽書號曰佛日普照大禪師四祖信大師眞身同在蘄同奉入城又同時各歸故山故亦同有伽黎燃燈之賜焉年月日三藏法師具以奏聞天子乃賜四祖號曰妙智正覺禪師五祖號曰妙圓普覺禪師而詔翰林直學士臣某爲文以記之勒諸東山之石臣某嘗聞諸佛學之人曰釋迦二十八傳爲達摩入中國爲初祖祖祖相承至忍大師而秀與能分南北宗南宗旣爲六祖弟子尤盛可知者十餘人而荷澤

會南岳讓青原思最顯思之後分雲門洞山法眼三宗會之後圭峯密推會爲第七祖而於南岳之傳頗譏其任心卽修爲未盡然密不一二傳遂不著於世而讓之後爲潙仰爲臨濟數百年來衍迤盛大多濟子孫宅宗莫及也東山之爲禪也實始戒戒雲門之系也實盛於演演濟之六傳嫡孫演在山時從者常千人而佛果勤佛眼遠佛鑑勤南堂靜開祖甯五祖皆得法於此此六人者出其法益張以大而勤之後若隆若果皆振世卓然之豪杰其所徹發又多大人君子而東南之言禪者大抵多其後人矣不亦盛乎嗚呼自忍師發跡茲山而戒演中興之於五百年間殆法運也不然心宗無門之說不絕如縷疑似幾微之失將何所底止而折衷哉茲寺之記所以不可缺也況式以五十年未就之規七載畢事天將啟其人如戒演者於是乎故爲之銘曰嵬嵬東山大士宅蒼松歷見歲七百藏眞寶扃面不隔精純稟具至陽德眞寶不壞過金石流光燭天夕芒白有睹其瞬朝日赫承運出見寶邑國來歸有時用無迹素華淨於冰雪色沈沈天宮萬寶積上當星漢下連澤九江匡廬在几席鬼神與能龍獻力諸天駿奔從帝釋豎草立剎成匆亟誰其作者行通式臣某著名帝所錫客爾法界衆神伯持地立林各述職祖號具足如帝勅輔我皇元鎮無極

蘄州黃梅山貞慧禪院法堂碑記　宋　李綱伯紀

教外別傳正法眼藏自達摩西來至忍大師爲震旦第五祖然後祖道流通宗分南北緜一燈傳百千燈至於無窮得法者不可勝數豈具信根久乃純熟堪任大事而一華五葉時節因緣自應爾邪蘄州黃梅五祖山貞慧禪院祖師道場爲天下名刹而法堂歲久雲蒸木腐將有傾壓之虞住持者募緣修建邑人蔡氏聞而喜捨捐家貲三百餘萬鳩工掄材煥然一新堂之高五十有二尺其深如之其廣倍之修梁虹亘層簷翬飛宏博嚴麗遂爲江右諸剎之冠經始於宣和壬寅之秋落成於乙巳之冬始之者長老表自也成之者長老宗紱也堂成後三年歲次戊申余被命居武昌假道溢浦紱不遠百里過予求爲之記余謂紱曰一切法非實相雖佛菩薩爲法出世記夢如幻況其餘乎今子建堂說法土木之所假合丹雘之所粉飾其堂然也以何爲法直指心源見性成佛其法然也以何爲說撞鐘擊鼓升堂廣坐有問有答敷演舉揚是說法耶瞬目揚眉拈搥舉拂屈伸動靜四威儀中是說法耶夫說法者實無所說而聞法者亦無所聞故屏卻咽喉脣吻道將來乃能問待有廣長舌相向汝道乃能答此無一法與人彼無一法可得以法名堂因堂顯法已爲贅矣而又何以記爲哉紱曰雖然如是佛法門中闕一不可故諸佛土

有以聲音言說而爲佛事者有以樓閣莊嚴而爲佛事者此堂倚白蓮峰下瞰九江前挹廬阜清靜爽塏具勝妙境而水鳥林巒熾然常說牆壁瓦礫咸助法機妙法宣明不假開示至於不得已而示入提唱宗風應機接物縱横卷舒或語或默無非第一義者夫言語解脫文字相空如夢幻中說夢幻而作佛事乃佛菩薩之旨也得公之文以記歲月作大字榜楹間使游方具眼衲子登斯堂者有悟入處向上事直下承當末後句目前薦取省住山翁半力不亦可乎余瞿然一笑乃爲之書

雙峰正覺禪院涅槃堂碑記　釋惠洪

大江之北夢澤之東萬山走趨屹立兩峰蟠岸千楹寶勢翔空煙雲開遮戶窗青紅天花墮飄舞雨旋風疑登梵釋龍天之宮大鐘横撞山空玲瓏星顱戢戢步趨肅雍祖印禪師蓋其長雄寬而邊幅壯而疎通謙以自牧眾所追崇如海下之百川則宗論其世家非侯則公棄之恥言安樂巖叢與彼假我染衣妄庸亟涎富貴忘其頂童雀盧自誑者則若不同也余自襄沔南歸新豐道由淮上託宿山中欣然見我如舊遊從日陪杖屨摧頹兩翁偶立小語又指役工紛然斧斤聲雜鼓鐘坐僧日多其來無窮庸免包藏衰老篤癃跛盲失心不祥之凶作堂館之工行告終矣要予即之周行廡廊入門疎快密室虛窗寒幃設簾宜溫宜涼滌衣榻椅負暄橙床藥鑪茶鼎可劑可湯頤指如意失其巽鄉即戲問之欲貧抵掌豈有少年如蘧青狂法戰不勝舁入此堂者乎豈有惡死如剖倔强而敢横機摩壘太陽者乎豈有英靈如黃涅槃杖擿病者隨起激昂者乎豈有病癒楞然空房而嘗臥處尚多痂瘡以火燒之皆熏陸香者乎豈有頭陀以紙爲裳而其迅機石火電光方酬洞山言託而亡者乎祖印愕然視余嗟咨如子精敏亦迷怪奇甘棄坦塗而行險巇子知太平無象可窺雨露霜雪自然四時我廩既高里無呼追鷄豚社飲老幼扶攜安用麟鳳之與菌芝耶昔維摩病臥毘耶離教誨天魔使令

黜姬手提大千戲而擲之世尊有疾則異於是背痛乃臥須乳作糜而已何嘗變化怖駭羣兒乎余聞其說乃加敬虔而僧祖彌祖印所賢而余里閈又掌寺權婆娑獻誠願拾此言丐余文之爲記以傳夫千里水濫觴其源若合眾流遂成大川則知此堂眾檀成焉增土爲阜增毛成氈兩尼勤勤佳其精專同其調度所費緡錢蓋六十萬淨願乃圓有僧道齊以身率先雜眾工中唱叫挽牽十方之名道俗嗟羨咨爾堂眾諦觀病緣此四大軀無可堅生死之趣變見所纏雖相扶持終各棄捐當令以觀常自現前授與此疾非人非天是我自業成熟則然受盡還無如鷄出烀此心自住如珠在淵觀

苦進道諸佛憫憐彼在丁未建炎改元季冬初吉集者駢肩敍多率眾二百九員領衲景修守珂守詮至其綱維又揀耆年辨眾法欽收眾法璉叢林精神照映林泉祖印為誰住持仲宣而作記者寂音老禪

寶相寺記

元　揭傒斯　曼碩

淮西之地多平衍荒邈無林巒竹樹之觀獨蘄州黃梅縣山勢聳拔與江南諸峰秀色相對畤自唐以來若四祖大醫禪師五祖大滿禪師開基建化凡天下叢林從事於心宗者莫不出其派系焉北山寶相禪寺者亦在其邑也寺乃祠無迹彥寶祖師為第一代師得法於洛浦安禪師其機緣垂示具載於傳燈云考其寺乃唐長慶中所建也歲久代易主法者不乏其人至宋運將終燬於兵眾散野處寺幾廢逮我皇元延祐二年眾請番陽覺昶主之昶迺芟除榛莽大興土木然後奉佛有殿安僧有堂與夫方丈庫庾庖湢稍有端緒昶年老謝事至元之乙亥歲眾復敦請德衞繼之衞亦番陽人嘗分五祖通公之座就嗣其法焉一遵昶公成規於是復建經閣鐘樓法堂寢堂拓三門七楹塑金剛刻寺匾鑿月池於前清洽環抱可愛不四三年凡叢林有用之室莫不大備矣初里人徐震無子捨田若干畝師為立祠以示其不忘也山寺崎嶇為行者之病師乃甃石以平之有大家方氏子聞而倡

施內外緇素捨財響應者舊正璇覺了正琪等又能宣力相成之路成作北高峰亭觀瀑亭清風亭以盡遊觀之好焉至正三年冬介廬山東林藏主繼遠同其徒昭來求余記之余嘗待罪太史每閱傳燈深慕四五祖之高風有來京師者又言蘄州山水之勝形於夢想及得旨歸老臨川又不得徘徊其山川以禮諸祖之遺像今觀昶公衞公前後致力於寶相之寺使其叢林興禮一旦改觀其功烈有大過人者余老矣終不能往乃紀其事俾刻諸寺以植他生再來之緣也於是乎書

重修學宮記

郭友直

郡縣有學始於魏獻文帝歷代因之聖元以郡縣學寄於守令俾之主領敦勸治教並興法制詳密責任重矣混一之初鞠荆荾翳莫不有學蘄之黃梅在江之北前代視若邊土民性多質前至元巳卯堯都秦君為尹治今學基殿宇歲久木瓦日敗於時校官視為傳舍議修輒止廩稍薄而主領慢事遂不興至正六年孟夏承務郎晉甯喬君誠齋思忠來尹是邑下車之初視廊廡敧傚器像滅裂慨然以為己任於是偕校官鈞臺楊璧董諸生而命之曰聖朝治化休明吾儕親沐膏澤出入禮門釋褐食祿皆由於學宜有報諸生拜首願隨公意乃撤傚更新前建兩廡為楹七十八後設杏壇為亭改

修儀門講堂繪賢像製禮器凡植木砌甃之飾士服龕帳之用殿堂廊廡黝堊丹漆無不備修棟宇翬飛光碧照人一時翕然稱盛又不敢擬於侯泮而宮牆之外濬爲池沼以爲聖人亟稱於水俾士子游泳之暇切已省察若教導之有齋肄士之有業凡學宮之事靡不思葺經始於七年之春工畢於是秋之末土田之湮於民者皆有以致之尹意若曰學乃出教之所興學乃爲教之具吾主領敦勸之責爲其所當爲諸君胥難於始而樂成於其終乎諸君愧謝命余紀其歲月且以著尹興學勸後之心而刻銘以俟後云

重修白湖橋記

廣濟　金德嘉

黃梅縣西三十里有白湖渡蓋孔道也先是渡口有橋明成化丁卯縣令樂平進士朱君璧率縣人創建之郡守徐君霖爲之記崇禎壬午流寇亂縣人斷道以禦之橋遂廢迨順治十年癸巳重建歲久又圮邑令張侯憫念行旅病涉捐俸以爲士大夫倡士大夫翕然協應鄉耆里老捐助惟恐後於是鳩工伐石屬兆平行僧眞一董其事鄉人趨事者佐之工垂竣請記於余黃梅余鄰壤也誼不可辭按水經江水東過下雉縣北利水從東陵西南注之又東左得青林口酈道元注青林水分爲二水一水東流通大雷一水西南流注於江蓋東通大雷之水逕梅壤之太白湖滙爲巨浸白湖屬太白支

派瀰漫渀瀁固其所也渡當南北之衝凡驛傳租稅商旅非此途莫達春夏漲闊渡以小舟舟弗任載往往覆溺秋冬水落泥淖彌望徒步者亦且不前不有橋也其何以濟唐六典天下造舟之梁四石柱之梁四木柱之梁三巨梁十有一皆國工修之其餘皆所管州縣隨時營葺是則有司之政務此其大者然非有明濟開豁之才則逡巡不肯爲非政通人和百廢具舉又匆遽不暇爲夫車輪阻絶行李患苦道路嗷嗷而長吏若罔聞知者可勝數哉是役也於公帑無毫髮損而周道如砥星軺之使者方軌以行漕糧輓輸絡繹而達於水次東西南北之車牛任載負戴貿遷者至此無須臾之留滯其利博哉張侯名諏民隱懇懇以興除爲務而又倡此大工爲百世利數年來省視勤勞如一日工成而後卽安其賢於人也遠矣橋長可二十丈闊丈八尺高丈八尺下爲三孔以通舟楫石之費大約白金七百兩灰百五十兩椿費如灰傭五十兩堤築之費如傭欄百八十兩面石百四十兩工始於康熙某年某月某日迄於某年某月某日凡四載而橋成官紳士庶捐助錢穀之數首事名氏别珉具載張侯雲松字壽南山西祁縣人康熙壬戌進士監修者縣丞加一級李君銓字衡侯廣東潮州人也勞而有成例得備書以告來者

重建學宮記

明　黎淳　華容人 狀元

成化六年夏五月朔都察院右僉都御史繁昌吳公承制巡撫湖廣下車檄戒表臣百司恪遵勅旨興墜補廢自學校暨公署皆務葺完維新政化維時守令有哲有昏有勤有怠或連數州縣功罔就緒罰亦隨行惟新淦藏侯中由丙戌進士令黃梅克能厥官敷法中度乃制貨財餼工役勸民助官以己丑十二月甲戌首建明倫堂東西兩齋各五楹前建大成殿東西兩廡亦各五楹殿之制增於堂廡之儀減於殿行列賢儒木主陳設几筵又前建戟門欞星門各視舊規愈高益美凡九閱月而畢講道得所釋奠禮成次以餘力恢宏藩館憲臺整飭縣治廳事暨諸壇壝置郵之宇巡徼之司倉庾之

屋百度畢舉未幾都憲公臨焉入其郊無惰農進其郭無羈旅坐其公堂無嚚訟怨咨臨其學宮師勤教弟子勤學儀文制度蔚乎足觀父老仰迓干旄曰吾儕今獲知聖道當共行王化當共遵三綱五常當共由而不可一日廢率在斯學我侯之功大矣都憲公曰誠然微爾言吾固將表揚之遂錄其績上聞明年夏繡斧再臨而侯之召命來矣都憲公又曰君子樂善無窮盍以告大史氏而刻之碑於是教諭鍾安定訓導余浩來請黎湆曰美哉黃梅山川之靈於地也往年大江雲漲吾汎舟上下遠而望之見德章龍坪馮茂破額烏牙諸山卷舒雲霞迎送日月而爭奇競秀於萬里雲山之表嶂屛

麗錦樓閣迷煙吾意其神靈蓄洩先時必有奇謀忠勇之士出而仗義立節入朝亦必有道德之儒貞良之輔出而弼化長民乃博考載籍罕聞焉惟一二釋氏子雄稱斯土若專其神靈者何與夫豈山川之秀豐在外說而反嗇於吾道正脉[illegible]亦有之而傳記小說失於傳聞與無甯人心之靈惑於[illegible]道無學校之教以開之故也仰惟天德崇文都憲公隆儒[illegible]良綱督學憲副嚴公申飭教條以肅其紀夕幸有賢侯[illegible]化之基百年文運復一新矣吾當盡收山川之靈還[illegible]之必有傑才科第騰芳奕世視彼異端澆漓氣化其同[illegible]何如也

重修文廟記

教諭　周敬修

桂公以名孝廉來宰是邑始視事即建議修黌宮因歲災倥偬未遑明年夏五月風雨晝晦連旬水羨溢尤甚江隄數百餘里盡潰乃至傾城雉敗廬舍國門之外道殣相望公惻然心傷即乘舟訴府及監司兩臺爲之請折請蠲請賑並先請諸當路橐中裝以濟眉急公則辦藥餌治櫧車贍生送死諸務畢舉公惟興役可以代賑修學築城治隄此大役亦急務也於是三工並舉尅日告成諸生索余記勒石以垂不朽余嘗觀聖人取材與繭台循吏並傳聖門若子路治蒲子賤巫馬期治單父子游治武城史載文翁修學宮召信臣興水泉

皆足垂法後禩彪炳千秋然平居無事可以優游坐理且興學者不必治水捍災者無暇鳴琴時絀舉盈難一時而兼數事更難茲當數十百年未有之災民之呼號待救於慈父者億千萬指公爲撫瘡肉骨民既慶更生矣隄潰二百餘里城堞圮者大半公乃冒風雨觸暑熱勞來拊循爲之計工授食復給以鹽菜錢文民益鼓舞力疾迅奏成工公又以司徒敷教郎繼於司空治水之後黌宮茂草不足副國家興賢育材之盛意兩工告成郎請縣帑自殿廡以及明倫堂敬一亭重加修整其計工授食之法視隄城而加潤焉夫隄以衛田廬城以固封守有識者皆知其難緩而學宮則未有不視爲後

圖者也向者集議捐修逡巡於屢豐無事之日今乃救死不暇而亟亟爲此者公誠有見於禮義廉恥我躬之坊庸牿亡陷溺人心之水火興起而感發之胥於學乎是賴況借工尤足以代賑乎以此服公之才之大識之遠也他如濬城河以護風水寬期會以勸輸將請改折以弛輓運移米穀以平市價善政不可枚舉余特言其大者以應諸生之請公名生芝江西貴溪人

重修文廟記　文德翼

有明賊張獻忠之亂三楚儒學圮於兵燹久矣而黄梅尤甚越康熙四年歲在乙巳學博吳公始來慨然傷之矢捐俸薪及諸士優免錢斬然大新肇自丁未至於己酉歷長令趙公樓公徵材庀工或斷或續至王公乃適觀厥成樓丞徐尉莫不邪許而吳君之力爲多云辛亥孟冬德翼客黄梅過於其外望殿堂門屏莫不丹黄遊於其中見池堦庖湢莫不整飭憬然生敬焉諸士郭君繹祖等請爲之記余謝不敏既而吳君自爲請又謝不敏而卒不獲也乃進諸士而告之曰學宮也者蓋爲學設也仲尼之後學者惟程朱爲嫡嗣後世佛法入中國而學益分自程朱變而爲姚江往往又取佛氏之近似者以爲言是邑固大鑒衣鉢之鄉近時卓吾李氏且以浮慧怪談助其狂瀾於三楚宜乎學亦晦而程朱之高曾日遠

也雖然濂溪夫子生於道州老於九江其地皆與黄梅近且宋之將亡也有江漢先生忍死北遷遂使前元麗厚之風卒以程朱之學家絃戶誦至今不泯者其功蓋不在濂溪下也姚氏所稱他人以死報知己而江漢先生獨以生報知己留其身以傳絕學豈不信哉今功令一以五經四書大全爲諸士準繩其說莫敢稍戾於程朱故近時人士亦不敢不兢兢於禮法與向者浮慧怪談時迥異矣爾鄉先輩如瞿慕川徵君聖門禮樂考一書亦可謂有裨於聖制王公與吳君且朔望釋菜朝夕講肄其中宜多士之日進於古也昔獻忠破楚時三楚諸士寧斷腕劓鼻無一人肯從賊者豈非教化之厚

而學校漸積使然哉若區區科第猷衰不足言也學博吳君名祖堯鄖縣人縣令趙公名應登上元人樓公名璇諸暨人王公名庭龍晉江人樓丞名自新徐尉名麟瓚俱紹興人

白湖橋記　徐霖郡守

去黃梅一舍許有白湖其源濫觴於蘄陽廣濟諸山而滙於太白湖太白之支派也湖之上舊有渡渡當南北之衝驛傳之往來遠近之負販租稅之輸納匪此弗達春夏潦盈濟以小舟往往遲載不勝秋冬潦涸涉以徒步則又泥濘莫前喧競咨嗟行者病焉成化乙巳冬樂平朱璧廷獻以進士宰茲邑下車即號於衆曰維茲劇邑寄余以民社歲久弊滋民

利罔興予雖不敏欲漸修舉汝予同心用贊予以有成既而又曰維茲白湖實邑通道梁以鉅石庶克堅久工費重大弗資於有力厥觀罔成衆曰諾侯乃選於衆得冠帶義士陳浙張錦付以董理之責募四鄉耆老馮瑾等隨財力之多寡為工費之資又碁年而梁告成梁之基椓以松木四圍甃以石版其下穴三甕門不華不樸既堅且久行無犄角水無患害苦雨隆冬如履周道於是老稚相與歌於野商賈相與歌於途達官貴客之歷是途者莫不歆豔歎羨而侯亦膺顯擢去矣梁成十年予仲子行慶亦以進士繼侯武而致仕知衛事石君信大行人徐君欽等相與謀曰茲梁之建為利匪小匪

勒之石無以永侯之功石具而徵予以文予惟先王之政杠以濟徒梁以濟輿固二梁也而一年一役至冬乃成前此猶病涉也豈若茲梁之利哉費不取於公帑工不擾於齊民義者資焉財者成焉行者安焉嗣而葺之雖千禩可也侯之功不亦大哉侯公清畏慎勤能幹濟勸農興學理財治獄備荒整戎百廢俱興利於民者匪直一梁也乃為詩一通併刻之石俾往來之人歌之以不忘乎侯之功詩曰白湖秋冬潦不枯牽挽弗涉怨咨呼我侯濟民餓得餔堯尊甘芳置通衢巉巖鑿開得碔砆琢磨晶光瑕纇無陽侯鞭笞鬼神俱天吳紫鳳紛前驅屹然三門衆流趨爾爾車馬走萬夫呻吟以謳病

以蘇我侯胸次吞江湖三千鑿鑿忠信孚痒疴疾痌切體膚如驄引駒雞哺雛如川泳魚藻遊鳧感侯盛德良勤渠貞珉勒石辭匪諛千秋萬歲人在途毋忘建梁侯姓朱

重建天下祖庭記　胡鳳

余丁未仲秋自蜀謝政歸居旬月偕同儕者數輩躡破額歷馮茂將遍訪名山以領其勝方抵馮茂山麓見一亭落成題曰天下祖庭余愛其崢嶸軒豁山水環抱徘徊其中未忍遽釋無何僧德堅見予且請一言以垂不朽予商之曰佛本不襲其祖乃以祖名庭而繫之以天下者何也予意吾道之與佛氏異同亦各有說吾道自堯舜肇其傳歷禹湯文武周公

至孔子集其成故今以大成至聖名孔子豈佛氏自達摩渡江歷神光諸師至五祖大滿其道始昌故今亦以天下祖名其庭歟客唯唯予亦忘言乃攝衣而上陟其巓見其殿堂門廡黝堊丹漆諸凡畢舉予乃溯其源德堅復進曰本寺建自唐代宗多歷年所木以久而蠹瓦以久而礫石以久而解廊舍亦幾就頹堅師祖子醋逢其適財積頗豐啟藏掄材鳩工諏日度景因舊業而益充之故今輪奐改觀而香火百年者皆我祖之蔭也堅爲子醇裔思欲纘其績茲亭之建將以繼如綫之緒也予曰噫道以有傳而彰以無傳而沒若德堅者思欲踐子醋之迹以重光五祖之道則此亭雖小其志亦足

以嘉矣君子當嘉其志而於費之大小道之異同無論焉予故因其志而爲之言

桂公堤碑記　石崑玉

黃梅背山面湖民田盡藪澤中江漢直注彭蠡旁射水患歲有永樂中築堤障之江行屋上民處泊中以堤爲命有司守堤若捍頭目嘉靖庚申嘗一決令毛少府督修毛精覈嚴毅堤堅高四十餘年之利邇來上稍夷鄙其民而屑越之委諸水利丞丞巡視惟箕斂堤役恣人取土移樹車曳之出入富人挾貲請郎得掘堤引江水灌田堤狀如脫齒嘻官無法民不天久矣歲在戊申桂侯始下車鞏弊剔蠹亦憂及堤以期

促未遑葺果霪雨海立江傾堤之脫齒者盡圮無存民溺十三田溺十九是時民鮮蓋藏官乏儲粟人情洶洶不自保侯急遣舟四出拯民之緣木騎屋者露立雨中澆濟波上者悉致高原餒者下壺飧哺之招米商無抑價市儈反與商通故昂其直侯聽自相貿易米紛至價遂平侯親駕一葉奔告兩臺道府涕泗交頤聞者感動各捐餼來賑侯載米歷鷄汀鳥潸間物色而量予之無敢濫竽時姦宄竊發侯擒治其尤按圖幾家家幾人人何術業疑者逐之懸賞格使盜自相告免罪諸偷莫敢發或聚求糴分侯不許召諸村諭曰施舍已責自爲德於鄉事也勒而索之可乎遂假貸以濟又殺厨傳停

徵輸省訟詞戒粟不出境故饑而不害濟後三月不雨侯矢心步禱再日而甘霖注人以爲精誠之感山田稍穫澤人仰給焉九月水落侯巡行阡陌見江沙瀰漫如堆灰積雪侯望洋興嘆奈何忍疆埸數百里爲沼吾不憚廢吾箸以爲堤貲諸父老稱難侯斷而行之索公帑可四百金督撫及巡道諸當事者亦捐六百金有奇計不足以供堤之什一侯曰舉事在志與氣耳夫偏帥兆卒鼓之立起一堤何有因出俸入佐之約均力合作雖縉紳不復其役地有險夷工有難易度上下戶而受事焉恐疲民皆徧塞責乃悉寢縣務露宿堤畔拊循之無所督責第日夕勉之曰不力安得三畝宅十畝桑歸

於爾黨乎民楞腹赴工不三月而百餘里堤成次年已酉又
潦竟賴堤以免民之戴侯眞有僕射父兄之謠父老因屬予
記之且曰爾記堤不及他乎夫救荒侯政萬分一築堤又荒
政萬分一吾邑自蕭山來侯去刑鼎空懸辟以貨免侯至而
門如水法如山人誦持平梅俗睚眦之爭貧者守難富者效
質蚩蚩者自爲蟜蚌侯至而事必覈情刑必當罪訟獄以稀
梅壤無百里國有三公七萃之逋者未稽賚府已按籍而索
數鍰兩稅之徵者未共上轄已逾額而責千緡侯至而責大
指塞旁竇俴省民財諸如此類更僕莫數若之何遺之余曰
否政先本原辭有體要救荒築堤無米之炊不朽之績也爾

不見已事乎甲辰災陳文署起已丑災劉汝國起一方糜爛
三省驛騷令有勤民者早爲之所何渠至若此吾與若得全
要領而安居粒食伊誰之賜吾姑舉其大者爾他政當鴻筆
傳之時萬歷三十七年已酉季春朔

興復寺田碑記　石峴玉

學自密教西來五傳而至滿大師再世受生七齡證諦東禪
演化馮茂歸眞闊世七十餘年度人百千億衆震旦瞻盧之
後獨稱其八靈山拈花之教未有其倫講經臺側落塔藏身
後四百餘年歷一十二代爲法演禪師爰自海會來遊茲土
遶法雨爐塔而自開塔戶見忍師法身而頓識前身已遲夙
命之因遂作重來之偈大興寶刹卓冠叢林士民競施田地
以供香火不問田之高下土之肥瘠凡有樂施悉與收納是
時禁網恢宏民間殷富捨田之家自輸賦於官得田之僧私
收利於已利多而僧祇之用益饒僧富而清淨之風大壞自
明興而僧徒編入版圖寺田悉供惟正則僧始困於催科疲
於奔命嘉靖庚申以前兩暘時若隨處薄收僧有荒糧之害
而亦有膏腴之利庚申以後歲比大祲鬻田供賦僧無膏腴
之利而但有荒糧之害至慶歷而凡可耕之土盡入於民間
不毛之地獨存於僧寺至於本山花橋下腴田百畝居山之
陽亦幷鬻之大師之前瓣香不爇住持之僧雲遊不歸倣斯

極矣良可慨哉余與汪學使君可受素有信根悼茲法厄見
僧本壽戒律精嚴禪誦篤至召之住塔各捐俸以贖茲田今
日且爲飯僧之資他日約爲蓮社之費塵網爲羈因地已具
敢述贖田之由告之同志者於平寺之饒產此田特存什一
於千百寺之逋賦此田安能補百孔與千瘡度其將來恐非
寺有今以田券藏之石江二宅凡僧之住塔者守之即有急
不得而鬻之二氏子孫亦不得藉口爭之蓋此舉桂史劉公
刺史蔣公咸有捐助乃克贊成興廢實難保恤有待更祈達
人長者或以夙世重修現宰官身或以今世皈依滋菩提種
想金容掩色之時有大臣護持之祝須知寬賦所以寬僧存

僧所以存法植萬劫不朽之善根證九品不退之勝果特勒堅珉用垂來禩凡立碑之人併附之碑陰云

曾司理生祠記　　瞿甲

故事縣令缺一季盡輒以缺聞吏部奏請除吏時十月冬未盡不得請吏中丞御史察知曾司理才催治裝下縣公故留府中十數日不至先遣吏分部記籍奸邪罪名已畢車馳下縣受事即日分捕奸吏豪猾盡案驗其根株所在一縣讋服乃召縣諸生三老告之曰余始偕計數道縣問俗誠無他何至受惡名此獨吏不良故民不安其上耳夫害不除則利不作余且得去其太甚者乃今願爲百姓便宜矣即駕行鄉問

民所疾苦去之相視縣水利爲築堤自濯港至孔壠三十里語在龍江祠堂記縣戶四十二里糧多者或七八百石少至數十石即遇里甲編爲時差役甚苦公至爲均平初民吳應麟被酒賊殺之不知主名獄吏兩長吏不具公夜夢挾鹿子仰指天訴寃自言姓吳且曰語老人老人意或是吳某公遂召麟婦曰若家僮有天祿者否婦驚叩首誠有之逃亡今數年公拊手曰罪人得矣即遣人捕得辭服坐如法公始至會令缺久簿書委積公必五鼓起坐堂左右列庭中甚設自吏以下次受署至日中昃不遑食居月餘或兩三日一聽事庭中虛無人暇則進名士飲酒相笑樂然士大夫不忍干之以私久之慨然曰誰謂此縣難治者採文學言聘諸生修起邑志又修學宮舉行鄉飲酒禮倉庫學舍皆新襄陽楊公謂非故黃梅其見稱譽皆此類公方議築城又請臨清江兌糧不復至蘄事日月且就會後令至公得代去矣瞿甲曰自隆慶來用法深吏爭嚴酷相尚公獨外明而內恕論寬猛所先後最識政體昔廖東相謂遠守劇郡胸臆約結無奇即有亦安所施及覩公行事知其所言非是丈夫有能忠國利民者何必大官哉

重建學宮記　　國朝　薛乘時　縣令

凡興大役動大工非合通國人謀之則不濟謀之通國而無

數人焉知事關人心風俗鼓舞倡率督理於其間亦事難遽集梅邑學宮明季兵燹順治初稍稍建復湫隘不稱制後雖屢加修葺歷久摧頹歲辛未余承涖茲土展謁之際慨然謀所以新之而未敢遽也閱兩年歲登案牘少向之譸張者亦似相與檢束安余之樸且拙矣於是集邑紳謀新學宮而陳君調衡喻君醒愚吳君兩儀汪君蔚起石君待價西傅似曾斐如董君聿修郭君碩輔熊君度千張君桐皆十數人者咸謂舊材必撤殿阯宜寬恢廊更新約需金萬數某等公措二千金爲庀材資餘於各鎮擇公而幹者鞠輸以襄厥成然後知都人士之心是心也與余若符契矣余惟先王之設學也

集五方剛柔彊弱之不同操而僩之以歸於一自黨庠術序拔俊髦與賓興由司徒司馬以貢於天子端在疊聚州處之時各職其職不見異物而遷於此可見培養人材莫先鄉學今郡縣學卽古鄉學也欣逢我

聖朝深仁厚德遠軼漢唐荒陬遐邑咸仰聲教矧吾梅夙稱文藪號沃壤者茲一人倡而應者景從蓋涵濡於百年之久而勇於爲善之一大驗也太史公謂入廟觀車服禮器低徊不能去曠百世相感不過此心此理之同今則殿廡齋寢翼如秩如瞻仰之下感發而奮興父詔兄勉敦本尙樸相見以誠而相拔以棣出能華國處足型鄉將不囿於風習而觀摩胥化

安在古今人不相及也余拭目竢之矣工始於乾隆癸酉之秋越乙亥孟冬竣事余嘉功之得成而諸紳士之任勞任費以及各捐輸姓名俱不可泯故援例書之以詒來者

邑令吳公景恂均役碑記　黃利通

周禮地官之職掌天下民數用佐王安擾邦國自大小司徒鄉大夫下及州閭以歲時校登夫家衆寡辨其施舍貢諸天子天子再拜登受重之也晚近文籍空具上下相蒙老胥黠長因以爲利生民之病此其大者

皇帝嗣位之二十又一年郡縣奉令均役邑大夫吳公以愼以公不費民閒一粟奸猾束手民不忍欺公視所登耗而任之舍之各有差其人戶更籍者從所便不少强爾閱月而事竣民大悅服蓋其剛直仁廉之素通於神明協於士庶無一事而有利無弊通國歡呼斯至誠之效也異時發朝柄國周稽溥海內外戶口大數知西北東南人滿人稀之異察主戶客戶苦樂之分酌上地中地下地之等折衷於差役雇役之兩法劑其盈虛權其緩急安其土著而保聚其流移斥子不煩料民豪傑無憂徙實因是而川澤山林邱陵原隰墳衍之賦定月吉歲終飲射讀法之教行道德行藝之賢進比閭黨族捍患禦災之利得伍兩卒旅軍師正王定國之制起俗變風移刑清事簡一官之掌兼通五官一邑之平施及四海聲施卓卓

必將大書特書再四書而未有止尙何有於梅城百里區區委巷之口哉惟梅人德公甚相率請誌於石爲將來法俾世世子孫利賴之且覘公功名流千萬載以爲之兆謹拜手稽首而綴以詩惟

帝克念乃俾民父毉惟我公循良有譜春官高第小試茲土花發在衢塵生於釜報國憂勤問民疾苦曾政有三韓教惟五恩先士農澤及工賈萬物共蘇百廢具舉既廉而明復仁以武柔亦不茹剛亦不吐吞嗟橫流野無不黍飲之食之授厥安堵思公未至莫或燠休神君之來瘡痍立愈譬彼恆暘潤以甘雨譬彼嬰孩一朝新乳郭外遊麟河北渡虎爭誇馴雉無憂

碩鼠昔河南尹治高寰宇以公視之先民所寻三年佳績難更僕數卽此丕徭蓮蓋今古止水無波杲日亭午甲乙参差按圖如覩歸宗别籍各俾甯處道路稱平里甲無語我瞻我依我恃我怙以宰天下惟茲公溥世世載休豈曰小補鐫石一方用告來許

東禪寺新田記　黄利通

東禪寺距梅城里許嶺南盧大師所從滿祖受法處傳稱槽厰卽其地也自一鉢旋南後五家立幟法亙四天下迺茲傳衣故土千年來書志僁如剎竿興替其詳不可得聞已順治初土人得墜腰石於地中父老聚觀如堵唱然曹溪一宗實

從粒粒辛苦中來賴諸佛之靈護持舊物顯見於風磨水齧昆明灰冷之餘於以卜時節因緣幸法象之不終衰也釋天澤以磬山第四世荷法重來開十笏以詔後學繼席爲某某先後歷三紀而上講舍僧寮漸爲諸方所跂仰食指日繁生涯瓢鉢吁嗟乎難矣聞諸浮屠氏之學以本來無物爲的豈復皇皇求飽然而地鮮立錐四壁蕭蕭一旦祇陀會上赴齋弗及其能登巢啄蠡餐風露而學辟穀矣乎天人之供不可希勝音世界飲食之隨念不可必彌勒下生人無饑饉大王興世粳米自生之期不可待卽起髮頭陀於此日當其籌篗紀望碓房作苦將焉用之而一會七百人炒沙不可責石米能縱人人洞曉佛法亦將一笑捲堂又安得遑吻香積如來之厨越沙界而旦旦往乞也哉澤公子海潮上座嗣宰院事大願深心傾慼緇素善男龔淑容首捐郭外之田四百升其餘布金有差共買田若干畝四履楚然耕於斯食於斯聚僧族於斯一時施者受者福田於斯乎墾心田於斯乎種有公田無私田恩田以報佛恩悲田以悲大衆自今以往張釋綱而泄元津庶幾盤石腰間辛勤供衆之意不墜於地海公亦嶺南人得無意乎於其請記也爲敘始末而系之以詩詩如偈其一章曰碓頭佛法相承北地南天一燈米熟好經篩憑渠價說廬陵其二章曰兩岸新田百畝千年舊鉢三更粒粒菩提種子已成現成常成

蔡山寺募田記　黄利通

荻洲如帶麥田若繡有山特起其間曰蔡山古江心寺遺址存焉支公之所駐錫李太白曾子固之所登臨而吟嘯亦天地奧區也康熙初年僧交朗主席茲山以禪門耆宿名重諸方堂殿修潔竹樹陰森一時賢士大夫往往從之遊余亦嘗一至其室二十年來星移物換梵唄寥寥緇素罕到非獨嗣法無人亦以歲比不登民力竭而僧緣慳竿燈闇淡佛亦未如之何矣徹宗上人爲交公三世法孫慨然思還舊觀募置福田屬予一言前導予聞之有常食然後有常僧有常產然

後有常食方袍圓領之侶旣不能如往古佛日惟一餐復不能如千二百五十人分入衛城寄食給孤長者又不得如懷佉國有自然秔米飯一甕出八十盤可供二百人一日不再食雖有將來之佛莫保見在之身此募田所以不獲已也緇祖武也續佛命也見法論云敬田供父母恩田供佛僧悲田供貧疾總名曰福田大藏論諸人天福田第一百爾君子敬佩三乘信施雲集無田有田僧衆尊道林之耿游人續曾李之詩江山如舊鐘磬相聞俯仰今昔不禁感從中來也辟穀無方炊沙難飽睇彼郊原爨煙斷續連阡陌者不數家而貧無立錐者所在皆是也上座食人之食念盤中粒粒辛苦得

無懼乎

重建資福寺記　石喬年

昔雲棲大士云護法有三而第一則興崇梵剎其間或名爲吉祥地或名爲究業藪如羅睺羅殃民建剎刨廣踰千頃高淩九霄榱桷爲材珠玉爲飾佛所悲憫而不樂者也有過無功可不愼哉以余觀於若海禪師洵足傳已師所建資福寺介在荒郊寂寞之鄉未嘗有殘碑賸碣得以考其緣起但寺址隷於黃梅沿濤陽而下北望三十里相傳巽沙門朗公自匡廬渡江時所居處也由資福而慶源而盧泉而永福皆朗公遺蹟嘗讀高安釋圓至所撰慶源庵碑載大業中公居此蔭茅以誦華嚴冥達諸木魅類獮族咸贄瑞物以謁訓救空氣雲彩効神獻異江淮民以慶禱之卒於永福而像食焉噫嘻上下千數百年是寺之興廢不知凡幾雖非毘盧樓閣不隨劫爲成壞而朗公過化之區金繩寶筏誠莫得而湮也若海師偕其徒覺智駐錫於此已三十年餘縛禪棲結淨侶祖燈輝映佛號繽紛雖萸涯竺嶺獅子林其薰修精進無以過焉而且南畝東皐胼手胝足鵠灣先生所謂耕於火耨於水植於木鋤於金而變化於土者悉舉以輸諸寺而殿之廡之垣且甃之不煩磬鼓不藉竿牘一師一弟新其寺於灌莽中倏而寶坊蔚起鐵壁湧成非馬鳴龍樹乘願再來從往因累

劫夙具檀波羅蜜曷克臻此鄉之人樂觀厥成欲得一言以爲記而徵文於余余因重有感焉世之披如來衣習如來教鳴鈴持鉢冒名創建者所在有之甚至假青豆之房以儲黛綠借白蓮之域以奏淫哇如是種種惡道固無足論推而上之則拈槌豎拂逐影吠聲如村童之劇戲亦示黃葉以止啼譬優伶之登場强效其脂而斷指魔風飄蕩妖雨淋漓未有盛於此時者也求其窮研性相迴谿藏乘出趨講壇歸構法宇本無著心而應一切物不亦難哉若海師以虛無爲宗以眞實爲義修頹舉廢機用相等自言浮屠家視空華世界無非幻境而身之所寄卽五山十剎亦不過逆旅傳遞而已祇

見夫楚豫之交龍象絡繹躡屩擔簦不得一茆蓋頭爲之俯仰徬徨慷然而興起其修復之勤與締造之力允矣吉祥善事雲棲大師應歡喜讚嘆以爲希有烏可不謹而書之用著夫末法之得人也抑罥架大屋養閒漢爲古德所譏若海師弟子種淨因於來劫續慧命於多生直與朗公後先照耀豈私己損法者所能彷彿也歟

天衢山記　梅天鈞

邑之東僻而遠者曰大坪貌癯然側怪石纍纍非攀藤不可上旁有徑如綫繞山行里許復得小坪巉巖之狀與大坪畧等兩峰對峙窅然別有天地境亦奇矣哉乃以其僻也鮮有

過而問之者蓋探奇若斯之難也余先塋與大坪相近歲一往省必取道於白蓮峰之左肩層巖累級膝與胸俱甚矣其險也稍進而險者有加愈進則愈險焉神喪色沮汗滴如珠心怦怦不能定少焉休於石氣稍降蒼茫四顧迴不見天覺此身上下皆雲氣往來即與余同登者秖相接以聲而莫知其處久乃開霽羣峰畢現一望皆千巖峭壁逆聽潺潺水聲自澗中來迴視前所歷諸險一一伏於足下余瞿然以思天下事阻於難則自崖而返雖宇內至奇之境且覿而失之而余以省墓故屢覩乎茲山之勝也故記之

陶公廟記　程士煥

余鎮濱湖有山突起峭壁陡絕其上則古陶公廟在焉公諱侃字士行東晉人初起縣令荊州刺史劉宏辟爲南蠻長史後封長沙郡公都督八州軍事梅以邊境不過屬在轄下足跡未及梅之民何從見公且思公不置而爲之廟祀百世乎父老告予曰公猶土也公之神猶水也土之方有定而水無不流公之身有在而神無不寄方其都督八州焉能徧八州之窮鄉僻壤遊歷而周覽之但所轄地內何一非其運量籌畫之所必至也譬之波濤浩瀚皆坤輿所振攝乃不以此爲土之功而區區於一撮開掘地得泉以爲土在是水僅是焉豈通論也哉當時張昌陳敏杜弢王貢之徒相繼亂於東南

梅界荊揚正賊衝突之區藉非公鞭箠使之其不遭屠戮者幾何是則公之大有造於梅也況今歲歷千載公赫赫茲土水旱災祲及一切疾痛疴癢祈無不應應無不速不啻父母之於愛子梅民其安能一日漠然於公乎廟舊狹隘歲壬戌里人醵金重修徙基於河滸不越月而工竣巍然翼然丹雘燦然斯誠足妥公之靈以食報於無盡矣選基者易子夔先毛子顯揚督工者宛子宗武左書而爲首募化董理其成者余長男許成也是爲記

重修大洋廟記　胡淑

禍者因也亦順也洪範傳曰雨暘時若庶草蕃蕪五事卽五

福之本斷未有無因而獲者易大有上九自天祐之吉無不利繫詞傳曰履信思乎順言順則必吉吉則獲福福乃聚順之謂也大哉侯乎因人心而順時變其眞爲百福之主而福無不備者乎侯名益字儒上舉孝廉出刺番禺因劉宋篡晉不爲祿仕奉母林氏就隱遊羅浮山遇葛眞人師事之後經潯陽江抵梅過古長安邑有施張二生執弟子禮同往黃齡洞修眞縣令劉君弼心異之值歲旱往詢之侯留棋一局罷歸則甘澍隨車至矣其祉蹤跡奇變時出尋常思議之外者尤多唐武德二年建大洋宫或取洞水洋洋之義在考田山麓自唐以來廟食千有餘歲矣明崇禎末年遭賊回祿復創者有吳子德宇繼遷者有吳子文伯俱功虧一簣迨康熙壬子王子用繼袁子甯若起而葺之未幾而風搖雨淫頹椽斷礎不堪撑持歲已巳余與張子令友余子珩玉勸綱埠村衆醵金修建其時長坪村青竹村東五藏村各捐銀助修余一人身任厥勞鳩工庀材高可三尋有奇廣袤畧相當繚以周垣飾以畫棟因人之所欲爲而共爲之順時之所能爲而始爲之是亦因之順之之義也匪敢邀余一身一家之福蓋藉以妥侯之靈而期侯之降福於萬衆者其庶無已時也更募田八畝坐落廟前窨坂劵已焚共計大小二十一坵科糧五斗余與同事分收完納其租付住僧永奉香燈倘再有需於

修葺之功端賴後之君子相與以有成焉康熙二十八年仲秋月記

岳王廟重修門垣記　　余學益

梅邑祀宋岳忠武穆王久矣王固中州湯陰人因破李成兵於黃梅進師洪州四子震留屯梅境後雖作五子霆以王遇害來奔諱姓爲鄂卜居大河之濱宋孝宗即錄幽忠追贈謚號祀王於廟夫王蹀躞戎行忘身爲國及其制置荆襄移師北向復兩京還二帝在旦晚間事遽矯詔班師而王危矣持忠入地殺身無補數百載下論者莫不切齒而腐心余以爲王之死檜實害之而王之名亦檜實成之蓋檜不害王王不死王不死則大功必就功成之餘不過紀旂常盟帶礪又安能使千秋萬世聞風感泣廟貌血食無已如此哉梅之廟向當西郊孔道兵燹後蕩爲坵隴康熙乙卯重建而門垣頗不稱戊子秋廣濟李侯來權梅篆嗣而葺之規制燦然一新而靈旗蕩颺龔牆如見雲車風馬儼然洛陽河朔間也因思前年黃州太守蘇公艮嗣甫下車即爲先祖安撫使玠立石表道於濟邑之青蒿里先祖當理宗時總制西川勳業爛然旋因宰執謝方叔等朋奸構釁賫志以歿其遭逢與王相類乃一爲表墓一爲新祠足見精英正氣久而彌光百世下有聞風興起者而當其時朝廷往往不悟抑獨何哉李侯涖梅捐

貲修建今之高其閈閎厚其垣牆者所以明王之功垂成而不成廟貌一有不備則懼其似之也思深哉故記之

創建藏經閣記　喻化鵠

乾隆五年以
世宗憲皇帝所刊藏經遍布天下靈山梵剎俾荒巖老衲窮髮衆生得覩內典全部而西方聖人靜演真如以提唱宗旨者乃特大光於天下此馮茂山五祖寺藏經閣所由募建也伏念我
朝定鼎以來文教覃敷有經有史有文有詩有性理有韻府有類函有諸子百家有叢書薈萃要皆從萬幾之暇披閱成書頒行內外固已集古今之大成昭千聖之道法乃復取諸佛經

典暨歷代禪僧語錄搜羅編纂計卷七百有奇其抑以聖經賢傳固能發賢智之聰明而貝葉緘笥蘭臺寶筏亦足以馴愚不肖之氣志故存以助流教化與夫慧印三昧豈盡旁門而面壁叩虛超乎法象每見高衲慧僧妙談苦空嚴持齋戒一切我法自用不傍他人門戶脫去塵氛空諸所有未必非名利場中借鑒而惟散儲各叢林則亦以釋歸釋而堯舜禹湯文武所治之天下一以堯舜禹湯文武治之矣竊嘗攷西晉遂事沙門士行至闐辭求經藏弗與乃捧經涕泣求佛證盟投諸火中騰燎移晷文字不毀皮牒若故今所傳放光首品是也然則佛教自在天地間梁武興之不加增周武滅之

不加減此自有正法眼藏在而不係乎經卷之區區庋置也雖然舉是經而委諸塵封鼠嚙雨蝕風飄夫豈
聖天子兼收不遺之至意不幾以慢佛法者慢
君命是閣之建豈曰細故哉而主席僧際昌之宏誓崇護監院僧廣緒之苦行徧叩聚沙累土閱三寒暑以迄有成也均不可以不書

重修廟學記　徐文鎣

嘉慶四年
天子親政之初
御書聖集大成匾額

詔頒天下儒學榜之
先師廟而吾邑適有重修廟學之役先是元年春荊宜施安鄖襄屬妖人阻山伏莽造作不靖徵兵勦捕義旗響臻邑士人請於官率私錢完繕城堞有備無患已逆渠多就擒戮不日蕆事時則豐穰疊見蠲復頻仍逮旁郡邑前繕城垣諸董事復請於官以邑學廟建於乾隆十有七年迄今宜修治構櫨杗桷易其蠹朽甓瓴牆垣易其缺壞丹漆黝堊以新舊規僉曰然夫古之立學敬敷君臣父子兄弟夫婦朋友之教其根本之大節目之詳雖賢智者不能盡而愚不肖亦循其迹而可以不及於邪蓋自人生隸名閭史閭左之學法簡而易行使

其出入有時長幼有序教之者里耆鄉長舉之於士師少師里耆鄉長之可以教其皆學焉者也天下無不學之人無不主教事之官流及後世視學爲弋獵科名之具取希一日之榮自分榮不得則亦不學由於政與教分焉氏端臨病之然而君臣父子兄弟夫婦朋友之不可遺棄孩提少長不學而知不慮而能者各藹然於人人之心而未澌滅也夫學效也稱師於上則士效之舉士於民則民效之卽今教士責成師儒專主教事非謂其他不專主教事者皆無教之責亦非謂吾之所教者士民則可以不教也教民之術在於教士我

國家學校選舉之制沿明加善美府州縣額設生員爲學官弟

子府學生員分取給於各屬三年歲科兩試州縣大者每錄二三十人小亦十餘人人積貲三十年始准出學籍仍復其身計三十年來大者八九百人小亦三四百人其閒科貢進士三年中大者可十數人小亦一二人歲科兩番應童子試大者一二千人小亦數百人而爲之師儒者又月有課爲之令牧者又季有考則令牧亦師也則亦鄉遂大夫也自令牧以治辦爲能以言道德爲溺職視士子爲師儒專責師儒又以冷官因循不任事卽士子亦以師儒衰老因循不能以爲教而已之聲華科名不係乎師儒之教否益甘怠棄此學校之所以壞也夫五經四子之書堯舜禹湯文武周公孔子之言也君臣父子夫婦兄弟朋友之理也朱子曰理明則異端不惑流俗不亂居今日爲大言廢科目而鄉舉里選徒以滋僞求治者正不以此爲口實而所以教之者卽所考課文藝但取五經四子之書堯舜禹湯文武周公孔子之言君臣父子兄弟夫婦朋友之理講明切究一行以勞之來之匡之直之輔之翼之使自得之又從而振德之之法自古風俗淆澆成於學校此數千人數百人爲四民之首星散碁布於宗族鄉黨閒則亦宗族鄉黨之師也則亦族師黨正也而其宗族鄉黨耳目習而濡染深知廉恥而重犯法不佔畢而覺誦讀之可敬不縫掖而覺名教之可遵則凡賤妨貴少陵長遠閒

親新閒舊小加大淫破義者悉潛杜其萌而君臣父子兄弟夫婦朋友之不可遺棄不學而知能於孩提少長者斷不澌滅於習慣見聞之後設有不馴必羣起而擯之使無以自容而鼓舞之權不能不藉手令牧視其所被之淺深而相與以有成則是政與教未嘗不合而士與民不必遂分蓋師儒之責非反輕而令牧之責有並重也漢書稱文翁在蜀常選學官弟子使在便坐受事每出行縣益從學官諸生明經飭行者與俱使傳教令出入閨閤縣邑吏民見而榮之數年爭欲爲學官弟子夫爲治者亦使其民爭爲學官弟子而已吾以是爲邑專主教事與不專主教事者告也是爲記嘉慶四年

八月

桂氏修橋記　　喻文鏊

黄梅當吳頭楚尾之衝東逼灊皖西接蘄黄西南三舍許始渡江至於潯陽冠蓋之遝來租稅之輸轉相錯於道其東通灊皖者又因宿松城處偏隅凡餉鞘負挽之必經宿松城者由黄梅東南行四十里始得達北則倚山爲屏重岡複嶺巉巖插天河水西南流凡數支滙於湖合青林水出大雷今青林西南入江之口既堙遂爲東流故黄梅太白諸湖之水每夏秋雨多所在田廬受害河水之西南流者又衝之下流不暢故上流愈壅滯竟日弗消則道塗阻塞驛遞有淹滯之虞

行旅有病涉之苦桂氏慨然聚族謀伐石爲橋十數座而尤關通衢之要津者縣東南通宿松之馬頭老鶴河高梁青山悠悠河諸橋近湖則黄花港橋近城化龍關外文運橋西走蘄黄則縠塘橋西南之九江則白湖清油港橋長或十丈而贏或五丈而縮闊或三之一或五之一高視之夾之以觔計椿之以株計悉稱焉白鏹之以兩計者最少不下五百餘多則倍之或三四倍之合計一萬六七千有奇始於乾隆二十九年竣於乾隆六十年然後聞者頌於室行者歌於塗夫人留心濟物於物亦必有濟獨難夫一門之中互相勸勉度力程材均勞壹志或一人集一事或一人肩數事或一事任數人蔥蔥懇懇經營數十餘年不倦且夫天下固樂有富人富而不得有其財非政之善富而自私其財非俗之善夫一鄉之中有温飽者三四家則借貸可以通温飽者十數家則財貨可以集雖爲權子母計盈絀唯不至於刻薄之行鄉之乏者多賴之况吾邑素貧窶重遊鄉里拙於商販不能資四方之財以厚儲偫水田宜稻計所入綸衣節口而後稍稍有餘故産殖無足當他邑中人者桂氏嗜義如饑如渴是昔太史公津津於千里之内賢人之富者有以也因又思周禮以保息六養萬民一曰安富我

國家重熙累洽政簡刑清凡鄉里温飽之家得以從容暇豫至

於捨己之財以爲衆人謀非孝友睦婣任恤之教仍自上有以作而成之哉

重修夫子廟記　　喻元鵠

縣邑之中例廟祀孔子次則關壯繆有廟文昌城隍社公有廟龍神火神有廟凡爲一方雨澤之神莫不有廟而珠宫梵宇殆徧國中他廟類香火甚盛禱祀者踵相接其中有求即應著靈異者亦所在多有惟吾夫子廟歲時不過學官有司一再奉行故事此外終日扃閉雖吾輩日讀吾夫子書被吾夫子衣冠者終歲未嘗一登其堂而吾夫子亦未聞曾著一二靈跡以動婦孺走卒之聽聞而生其敬畏是何也常人之

情莫不好生而惡死也貪富貴而惡貧賤也鬼神以聰明正直爲理以慈祥愷悌爲心能福善而禍淫更能爲人消災而免害今欲驅數千百蚩蚩之輩使之深探夫詩書禮樂之旨達觀於生死富貴貧賤之際曰吾夫子云然此必不可得不甯惟是卽日讀吾夫子書被吾夫子衣冠者方將畔吾夫子之道以舍佛而求仙假吾夫子之術以爭名而競利千百年來何可勝道此諸廟香火之所以盛也若吾夫子則不然死者未嘗向之求生也謀利者未嘗向之求財也士人未嘗向之決科名也仕宦者未嘗向之決仕進也無怪其廟庭寂寂無過而問者也然而五經四子之書至今具在也五經四子

之書一日不廢則雖貪生求富貴之徒日充滿於天下必有一二志士閒出其間必有一二大賢倡明其後其爲被聖人之澤者自不待言卽不然農工商賈百家技藝之術其先莫不從事詩書文字也功名之士莫不藉是爲進身之階也因詩書文字進而稍識禮義廉恥其爲被吾夫子之澤者又不待言卽並不講求禮義廉恥而但惟是貪生求富貴之是事其人又曷嘗一日能外吾夫子哉然則吾夫子曰陶鑄斯人於詩書禮樂之中雖不能使之盡希賢希聖達觀於生死富貴貧賤之際並不能盡使之稍識禮義廉恥不汎汨於生死富貴貧賤之中要能盡天下人之生死富貴貧賤悉聽詩書禮樂之潛移默轉旣不必拘拘示禍福於死生富貴貧賤之驪跡以表靈異而猶能使被其澤者日習焉而不知其何以然亦猶人日戴天而不知天之何以高履地而不知地之何以厚也此吾夫子所以生則冠百王沒猶冠百神也此吾夫子之所以大也吾梅夫子廟初修於乾隆某年曾王父韋齋公董其事茲嘉慶元年吾父與叔偕邑人續修之事成吾父旣爲文以記故不敢復有贅說而惟著其所以異於羣神羣祀者如此

記長平　余錫椿

昌黎之爲曹成王碑也其敍破李希烈事於嘬鋒蔡山之下

曰剜蘄之黄梅大鞣長平鏺廣濟竊意長平之地在唐時必爲大鎭市故昌黎以之與縣名並而今於邑中不甚著石農先生考田詩話云長平未詳何地俟再考偶閱邑乘村鎭志元角鎭有長平村其爲唐時之長平無疑蓋此地與廣濟連界爲南北孔道又三面皆山其險可守惟直下而南則平田逶迤希烈當日部署僞將相爲犄角不一其處而此地恰當兩邑之閒故特據之觀曹王之由蔡山而黄梅而長平而廣濟其收功蓋亦有序也又邑之名村類多古蹟如網埠村以五祖之網埠寺名長吉村以武德之長吉縣名上百萬村中百萬村下百萬村以曾元裕之破王仙芝名皆係唐時事則

村名之沿於長平也益信石農先生往矣恨不以是親質之

龍骨花記

余錫椿

邑之有龍骨花志載元時生於譙樓東牆與揚州瓊花比美蓋所云天下無雙種也而今已無復知者矣考揚之瓊花自唐迄宋累數百年初在后土祠見於劉夢得詩後移植濯纓亭見於劉原父詩而仁哲兩宗俱嘗輦植禁苑逾年而死載還復榮齊東野語實載之迨紹興辛巳之變虜入揚州掘其本去瓊花遂壞其復生者或疑爲僞而據杜斿瓊花記鄭興裔瓊花辨實非贋種後不知萎於何時而世之求其狀而不得者或以爲梔子花或以爲繡毬花或以爲玉蕊花或以爲

聚八仙花丹鉛錄七修類稿春明退朝錄等書紛如聚訟雖景慕之多情亦摹擬之失實蓋天下之擅美一時而不能常留其美以示人者大抵然也而吾獨怪吾邑之龍骨花爲尤甚夫維揚擅天下之名勝而瓊花幸生其地歷唐宋數百年之久遂克廣邀騷人之品題上應明主之徵辟則雖時過境遷銷歇爐滅而在當日猶可謂不負其生龍骨花既與瓊花次比是瓊花之所謂無雙者惟此花克從而雙之而乃僻處吾鄉凡瓊花遭際之盛無一獲與焉何天之鍾其美而竟不克使之見其美有如是哉雖然若瓊花者鍾其美矣見其美矣而仍不能常留其美至使後之人輾轉推求而並失其眞

花如有知其能無盛衰之感乎然則天下之幸鍾其美者固皆不能常留其美者也不能常留其美則又不如不見其美之爲愈所可惜者不見其美而後之人遂無從知其美耳而後之稍知其美者或並從而疑其美耳余嘗觀邑志每疑類龍骨於瓊花或爲吾邑私言故不克與瓊花爭一時盛遇後閱地志及格致鏡原所載俱與邑志無異乃知是花之美信有可比於維揚者因從而記之表其美亦兼以弔其不遇也花神有靈其能於月白風淸之夜向三生石上證取夙根供吾雅玩否

浙江帥公祠祀產記

汝上　劉韻珂浙閩總督

吾師黃梅帥公之撫浙也淸而多惠政浙之人於其去而思沒而感爲屋於湖上而祠焉先是湖宅葑草水利就堙公捐貲籌息備疏濬費道光己亥衆議請於有司以息之羨新平湖秋月之亭因建公生祠東偏踰年聞公薨乃復請置產以永祀事議成以其簿來上而請爲之記韻珂旣慨然於此邦風俗之厚能不忘公於沒世而又歎公之不自私自利舉祿入之餘貽諸所不知何人挹其羣於無窮卒乃沒世而自食之也夫以公所爲苟涉自私自利之見方且謂吾固有子孫而以貽諸不知誰何之人則無爲貴膴仕矣嘗見良田占廣宅棟隆而不可撓粟溢而不可容自以爲免若敖之泣然一旦

沒世而子孫有之也或覦爲不知誰何所貽無有以爲祖若
父所築樹相與尸祝而感激之者甚至憑藉驕溢徵逐歌舞
不旋踵而盡喪其田宅春秋霜露之際野田麥飯曾不逮馬
醫夏畦之鬼而生時宦跡則亦覦爲不知誰何之人而相與
忘之矣自私自利果安在哉古之賢者慮澤之不究於民耳
報不報何計焉公固賢者雖使浙民無復俎豆且使向者祿
入不足以留餘潤其樂利之不忘於民者自在也而韻珂區
區云爾者蓋以明賢者之食報恆遠而天之報公爲尤巧也
計貲產凡田地一百二十四畝有奇蕩七畝有奇俗謂池可
養魚種菱藕者曰蕩宅一區歲租入自牲醪外百費咸取給

事以二人司焉韻珂以庚子冬履公舊治士民之祠公者不
去口旣以請於
朝得
旨入祀名宦矣而於其私祀猶惓惓謀經久如此公之仁士民之
義皆可書也公之去實留銀八萬賚民湖上僅存其半茲特
舉瀦湖事爲祀產緣起而不及其他記爲祀產作也

孔廟禮樂考四卷自序　明　瞿九思

自夫子沒迄今業無慮數千年所以夫子之聖同天豈以乾
坤之大宇宙之久遠而寥寥數千載閲竟無能知圖畫夫子
者誠繪造化者難爲工固自當如是耳至乃如
孔廟禮樂則他人所尊夫子與圖畫夫子自有閒聖則不可知乃
此亦漫無所取衷若第徒得其然而卒不得其所以然此何
以說豈非其人不知夫子本無所賴禮樂而自尊意必將簡
畀可因可宗者耶西安達菴周先生藎雅以禮樂自命者且
產自秦隴周公旦鄉人也忠貞端亮秉道嫉邪爲江漢除大
殘賊我江漢業所在尸祝之與日月並峙不朽矣禮樂考似
夫子意必俟周先生至乃發藏夫神所憑依獨惟在明德馨
香夫子明德馨香屬周先生亘是第周先生不自鄭重乃至
取以付畀九思則非藎九思以非其人不可因不可宗昧死
辭以六七而後拜命乃未幾周先生以入賀行矣其後學使

者實淮南先生卽銳意欲卒成之而會其時思正病甚所屬
藳草尚未就强半實先生遽檄命授梓而又以參知入閩去
楚歲甲辰冬十有二月樂安陳鰲漠先生來令吾邑陳豫章
著姓代有明德其先世曾大父往往以修起學宮顯元學
士吳草廬澄自有記浦城眞西山流寓其土其祖魯卿公爲
結構道山書院率鄉人子若弟從之其欽崇明德如此先生
治吾國旣風移俗易一日造余山中曰聞吾子所著有
孔廟禮樂考敢請發藏余念書成矣設必欲藏之名山大川以待
身後慮傳愈遠安知不愈至失眞思復聚族而謀以此書藉
令公以傳善則誠善矣顧吾邑自先生到官期月後吏民相

安無事更安所得金錢辦此乃先生竟以一蒼頭西歸取之梓里今不且垂成乎前思藁初成不幸政苦迷罔疾所屬草至前卽迷後後卽迷前今所刻有削牘至十餘番而後僅能粗定者蓋煩苦棗梨殊甚而所費金錢亦殊不貲矣初先生命刻時國中人知令公囊中不能辦一錢竊呫囁耳語謂此業必不可竟乃頃茲書幸成豈先生如保赤子得夫子所爲仁體江漢秋陽得夫子所爲潔白或有以克當聖衷吾夫子自有潛孚默佑者在非人世間所可耳目心思窺測者歟聞先生自命刻此書來非大祭祀未嘗數御酒肉垂成之日先生卽獨宿後食堂以五月六日撤

孔廟而重新之取五六天地中數也廟成先生謀欲盛張綵吹陳禮備樂如春秋所以釋奠者然於陽月朔旦絳衣裳奉書見告之以一騂牛犇以爲非令甲乃已先生嘗語人曰自初得此書余洞洞屬屬旦暮必焚香几上如對嚴師惟慮有一毫踰越今天下覽觀禮樂考幸無徒豔羨先生才識大爲人世所不能爲不肯爲者而更追鈎其所以必欲刻以爲恂慄嚴密之助則此其才品豈但曰加軼人數等已耶顧思殊寡薄無聞知尙疑恐非眞能究禮樂精微者第未知可仰藉先生靈寵得差逭罪戾否哉

武功錄自序　補遺

瞿九思

曩九思殊驚愕典謨虞廷作堯若舜徵但純王蓋帝者乃其曰誰敢不讓敢不敬應亦若侈其威德者然矧七旬三危若乃聖乃神乃武乃文語又必以奄有四海四夷來王終之者何蓋離大人以繼明照四方至貴倨矣乃上九亦必曰王用出征有嘉折首獲匪其醜然後能重明麗正得化成天下則前聖長慮却顧少暇心可想見已或謂方今重熙累洽而天幸上又以聖神文武臨之疑武功錄可無作恐祗足導人主好大喜功顧九思所以得成此亦大艱難矣歲甲申余不幸得罪過囚繫武昌獄三年久之於法當徒居庸塞里中父老若親友門人憐余非罪念余自茲出國西門外與桑梓且生

死辭矣塞上不毛地慮余或苦困貧窮餓死塞外不復得還上先人邱壠乃相率醵金錢得百餘惠贈余爲塞上沒身計畫已乃宅旁郡邑聞亦多來相餞送遂天幸得二百金乃買一妾姚弃攜兒子巾行赴闕爰遣囚撾擊登聞鼓上書北闕下賴天子哀憐得逡巡未輒發京師戒嚴風聲鶴唳慮恐爲邏卒捕得乃出帝城西百里許寶德城高叟家止舍余故有微名東西南北燕薊青衿士傳聞余在寶德率遠近裹糧行百餘里畢來受學余或與談學或與談制義或與談文章詞賦或與談二氏或與談經國大業二三子率鼓掌蹈足謂得未曾有各人人得所意欲去余乃作一聯句曰埋沒豐城望

霄漢斗牛龍劍乾坤難合經邇薊野相驪黃牝牡馬羣朝暮將空高叟乃大書遜刻之令高懸賓德城樓公卿冠蓋過其地者多問訊余所在或言在高叟家多逕旛下車見訪若是者蓋輪蹄相接無虛日於是長安薦紳多盛言九思非罪久之相國怒亦鬆以辭丁丑庚辰余更再伏闕有詔下所司行楚中推勘楚當事念余當出闕設驛報郎不得久留止中國乃故緩不報以故余得留賓德五載余揣知難且辭乃變易姓氏曰吾陳姓往往騎一驢或附載大車中微服入京師念里中若旁郡邑所惠遺我槖中裝無慮二百金將安所用郎出塞居庸去陵寢不百里而近九思馮恃列聖寵靈或不至

竟窮餓死黃雲白草間乃日走禮部前正陽門外雙塔寺演象所左右從康王陳李諸書肆窮搜索每三日必一至至郎移日甚或至夜分乃去諸書賈殊厭苦之久之聞六科有存科蓋日紀載綸音簿籍余乃從所知交在省中者購得密登錄之乃執是走抄報所稽其日全報章設牽與存科合無闕遺乃愉快取大屈飲酒數升設第闕一疏必多方謀之四方至七八年必盡得乃已京師故重書郎小交際亦必以一書包裹怕金其內題其刺曰小書一余念其中庸有奇秘書乃屬諸把買從薦紳家僮奴收買設其家故名家多書史郎盡令諸把賣持來余邸中驗問有邊事輒多金市易之所知交有仕宦在四方者余必卑懇之乞其以羌虜倭蠻名籍事狀幸告詔我久之幸稍稍多所得第所得羌若倭朝報事狀以戊子冬十有一月十四日若辛卯正月十四日夜盡燬於火自恨余兒時第多讀三蘇語苦才筆陋惡甚諸所就業無文章乃市眞班馬書以數十覩點竄至十餘毎種必別變置法生刲剝之諸奇字膭語若批亢擣虛亂趨倒走法舉無不字模句擬方繆敢操筆札蓋三閱歲乃幸就次既就矣余取自披讀大愧死此何者語乃敢曰列傳當盡投畀烈燬中已復自念方今水旱頻仍閶闔空竭有司一不戒諸羣不逞若楚劉汝國吳羅朝廣趙丁仕卿閩柯守岳粵東林道乾西楊秀

大梁車宗孔蜀九絲秦楊戩晉王漢臣魯侯沐封滇緬何夜郎安國亨等率往往陸梁鼓噪如蝟毛而起烏爨播州之役天戈凡再指而後僅能定之不無事矣正虞書鋪張舞兩階竄三危時也九思識慮誠淺小第所見僅及此以故作茲錄爲上五十壽及觀大雅江漢詩頌四方既平時靡有爭而末亦歸本天子萬壽天子萬年其所頌矢文德洽四國正虞書誕敷文德舞干羽兩階意也九思此錄未必非虞書若意旨倘幸徼皇上靈寵四方郡國得多付剞劂或郯置一部家藏一帙令華夏蠻貊霜䨴日域傳相告語則帝光天之下至于海隅蒼生萬邦黎獻度且盡寒心銷骨罔復有敢越厥志此

郎與詰戎兵陟禹跡胡異竊妄意所裨補或亦不甚小夫安可以導人主好大喜功小之哉

怡怡堂詩集序 汪美汪勳汪灼著　瞿九思

吾門人休甯張復其人仗節守高得老耼之術嘗高自閟藏不欲以一長名世吾謂張子子有長子發之容何傷亦何必乃爾張復吾不佞所弗甚許與也而汪伯子子充仲子子謙字之曰羊角哀字之爲羊角哀是許之與吾意不類矣而此羊角哀能詩天下稱之曰李白一日得東山雙隱詩愛之甚方之二陸又得雙隱續草益奇之乃前以伯子書詣不佞願先生爲之序余應之曰待春夏之交余既許之而既已忘之

矣頃余有事於蘄馬已駕而羊角哀控吾馬謂吾曰先生忘之與吾聞之郊關外春欲暮已夏矣先生盍憶諸予始驚而悟卽索紙筆至欲爲序不就欲爲跋亦不就夫張子子知吾所不就者何故也始吾與子充子謙俱爲詩然吾才不逮二子者遠甚去之閉關而學易遂三十年無片言在人間高吾者謂吾不屑爲李杜吾非然吾少時亦俛而就李杜之業而每讀汪氏二子詩嘗愧汗自以爲不能及遂遜之今者余以閉關故與兩公不相見幾十年矣吾年將五十日從事於學易而於沈約四聲已忘之矣今張復乃以二子詩示我詩猶然天寶開元中唐音也而其胸次浩落則又與衡門考槃諸

詩何異如必欲謂兩公爲二陸則世有謂士龍愈於士衡者亦有謂士衡愈於士龍者汪仲子以其貢讓伯子伯子既已愛之卒亦不謁主爵而逃之兩人相與棲東山下其日夜陳詩陳酒如伯氏吹壎仲氏吹篪故事以爲樂此皆原本於性情舞蹈於友愛故其旨與三百篇微合卽其才不足以盡二子卽東山亦不足以名二子其二人已參合爲一矣已不知孰爲兄孰爲弟又豈可曰某爲陸機某爲陸雲令別異爲兩人又烏乎可哉吾鄉去少陵所生鄉近汪伯子美仲子勳及程伯子夢麟魏仲子廷采章伯子宗理蔣伯子廷燁周季子鼎皆矯矯以詩名江漢閒郎以不佞九思之不肖其少時亦

嘗廁附於其社久之會罹禍難而後下階請謝去今程伯子諸公已種種二毛矣而其詩名益著又不得已則請以褰下階而請去瞿伯子九思之言爲質程伯子魏仲子章伯子蔣伯子周季子以吾所言汪仲子何如也

送奉國將軍芾斯管理弋陽王府序　瞿甲

弋陽王薨府中事無屬有司依山西隰川王薨以宗室俊欀管府事故事上聞天子詔有司推擇衆以將軍對同異姓如一口非將軍素誠信於上下烏能得此宸濠以骨肉至親累世承恩向使遵藩臣職奉法令以承輔天子雖至今存也造作不軌罪得身夷爲世大戮而將軍乃以忠孝聞爲同姓所

推得至此此非善惡得失之明驗歟劉向宗室遺老歷事三帝天子心知向忠欲任用輒爲朝臣所持故終不遷而向勤王室三十年不衰今上所以加意將軍視更生何啻千萬將軍其何以對揚天子休命漢宗室故得備位九卿而高皇帝法同姓諸侯王不得與國事將軍固無所出力夫成其身忠其君其義一而已語曰行百里者半九十將軍其益愼厥終將軍四丈夫子無徒教之技能必使忠貞世篤克勤王家父子一心一德豈不偉哉甲皇帝草莽臣義不以姓名聞於諸藩而頗爲芾斯序管事本末豈以司馬遷作高五王文三王傳而武宣以後諸王班固皆載之倘亦有竊比之意乎夫瞿子何故瞿子益見將軍以忠孝顯聞爲同姓所推得至此故具載焉俾覽者知將軍遂得爲善之利也

送王子聲序　　瞿甲

王子一鳴六歲授經年十遍大義俄而載筆工古文辭則曰有聲於郡中矣當予上書建章闕下白父冤而王子風聞仰天呼曰旣生一鳴何生甲予聞心知其非常人今年正月至黄從衆中目異之問知爲王子則引與語大悅之蓋予生平雅不喜爲漢以後語而王子乃能稱引濟南瑯琊云云非西京而下建安無述非六七大夫無當遂以數日語不厭及予言丁丑伏闕事輒涕泣王子亦不覺淚數行俱下問乃知王子少孤以此兩人相遇如平生相得愈益甚予才去王子下甚遠又少王子一歲王子第當弟畜之而嚴事予若兄彼其所篤信在千載耳居常推甲大將軍旗鼓一鳴其開平間乎夫王子豈不亦謙讓君子哉而世莫能知王子又心害王子咸聚族指王子狂生夫王子信狂乎哉世以爲王子狂也者王子爾知之乎今四方士結髮受功令老死不涉子史何物王子暴出語語之必不信卽授之讀不能句中閒有稍稍讀一二語者又以爲非附青雲烏能施後世卽使兩端並驅猶相率爲時左袒矣且彼卽陰護其短而陽固托名爲尊王吾屬皆王臣何敢反脣而相譏大丈夫當內斷於心耳王子旣

不以一世之見而易所好王子又奚以外人之指詈而動其心也雖然詞賦取重壯夫不爲吾輩何能甘心作無益以自首執御乎執射乎將學萬人敵矣乎

東山雙隱詩集序　汪奐汪勲著　　章宗理

往余弱冠時卽與汪氏二山人鴈行諸生閒二山人聲名籍藉才情意氣迴出儕伍每讀書暇卽偕余遊東山閒登壇說法興到輒命觴佐懽懽甚輒憑絶巘狂歌浩嘆咳唾成韻姑無論引商刻羽若于若喁蓋翩乎有遺世之思已洎予以一官奔走吳蜀齊魯之區而二山人業已不仕相與構亭書隱唱和風月不啻古陶令葛仙者流視予之鞅掌簿書汨没風

塵者不當聞而洗耳哉余解組歸訪二山人習隱處二山人顧予笑曰若來乎浮世紛華已盡耳目矣曾識山中風味耶握手相視二毛種種已非故吾于是復整東山之盟結惜陰之社日相與從事詩酒以樂餘年顧予雖稱隱而籬下黃菊笑予歸晚若二山人者其眞隱也夫二山人恬淡曠逸觸景成詩不知凡幾而輒成輒自棄去茲所存僅十之一耳雖然賦詩豈必多非少陵之語乎即此寥寥數百言出而二山人之詩名隱德並著于天下後世矣以傳以處二君刻雙隱集于螺川而不勒其名蓋避二尊人諱也噫百年之間四海之內甯無有讀二山人而憾不得其名者乎余故引其端並闡

其名使後之覽者因言知人不致有遺憾云

怡怡堂詩集序　　程夢麟

怡怡集汪伯子仲子季子唱和詩也伯子仲子舊有東山雙隱詩給諫羅匡湖敍之既刻於螺川嗣有東山雙隱續稿司理邢君筱埛刻于邑中大隱瞿慕川敍之余復何言若季子竹菴君余蓋未知其能詩也歲乙未夏伯子疾危幾不能起翁季子亦疾至秋愈仲子乃迎二君於樂志亭白首重聚笑月歌風怡怡如也伯子倣司馬君實遺意作三老紀年詩仲子和之季子亦和之除日人日有詩仲子未及和而季已先和之矣且其詩意圓語新悉自性情中流出若有不待思索

者豈偶然哉大抵竹菴君錄居十有餘年研心禪理構抱一亭于竹林深處日唯內典一卷焚香兀坐一槪世務若不相關禪家所謂定能生慧者耶毋亦奇矣然汪氏不獨一詩之奇已也昔予輿氏以兄弟無故爲天倫一樂而田氏紫荊姜家大被至今習爲美談汪氏兄弟春秋俱六七十有奇白髮年至皓首杯酒談笑嬉嬉然若孩提時太和元氣汪氏聚而有之詩其餘事耳人間兄弟二三皓首已不多得況三皓怡怡又能以其怡怡發之聲歌者幾人哉即田姜諸君子固不獲專美矣余不幸鴒行中斷乃與汪氏稱異姓兄弟至讀怡怡集尤不能無感于中焉仲子之子以信余壻也刻是集于

樂志亭余嘉其可爲百世兄弟法遂爲引其端云

居士詩刪序石崑玉著　　董其昌

石居士詩選者今大中丞楚陽石公作也古不有開府詩乎曷稱居士蓋海內之知石居士久矣公始爲二千石守長以强直失當塗驩中丞臺以乘墉而攻無邪勝者竟奪於淸議咋舌自免去當是時公一似披裘翁此一居士也公既自吳郡移守會稽銓宰念淮鹺爲天下膏脂處不有修士誰酌貪泉於是公以憲職領鹺使會有監司以苛禮裁公公不爲屈趣解印歸當是時一似紫桑翁又一居士也公歸而草衣木食大忘人世臺察守相干旄踵門罕所容接惟以古道素風

爲鄉閭表當是時一似遼東皁帽又一居士也公沈冥踰一紀澡修閭一世以有此居士譬之喬木焉封殖護持自拱把以至於參天大不易矣而奚以崇膴者重公之詩乎公結髮稱詩以唐爲範其論本朝詩以高楊張徐爲正始雖與七子同世未嘗有所附麗今讀其古風近體五七言諸什氣骨蒼勁格律沈雄往往規摹少陵卽流爲變體亦在昌黎樊川閒乃其主盟風雅惟是有絕俗之識試舉其槪如林泉之作歌衡泌而適考槃故其恆也自公爲之則目營四海心洞九流非名人貞士不以懷非存教維風不以紀一字陽秋亦詩亦史斯已超矣塞垣之作宣暢威靈鋪張功實故其恆也自公

爲之則箸籌廟算米聚山川憫征戍之苦卒憤犁庭之汗漫蓋其原出於采薇杕杜而前後出塞之什成於主帥之年抑又奇矣要以詩品如此自可無翼而飛孤行宇宙卽一邱一壑且方駕襄陽況淸德盡世勛猷炳著若爲之鞶帨乎此之謂不朽已公名位愈進文愧愈强取於世者甚寡而斟酌於古人者甚博是編而後未見其止錫以嘉名必曰居士後集公之故吾在是知其無以易之矣

籌兵三十六字策序　曹飛著　馬世奇

吳與楚爲比隣余燥髮好讀楚騷又時時與楚賢豪長者遊想見衡嶽太和洞庭七澤其爲山水雄壯故所產多節烈奇偉異人非僅僅以文章詞賦稱雄已也甲戌春季友人陳卧子爲余言楚蘄黃閒有曹長卿者此其人不可一世余嚮往者久之忽一日偕長卿過我始知尊人憲副公與先祖同成進士余又與乃弟諫議公同成進士有兩世年誼之雅長卿卽把臂爲余言人惟忠孝不負生平飛幸爲淸白吏子孫承襲箕裘乃不幸遭父母早喪無能具菽水承歡長大又無所成名以顯其親竊其於孝義何居飛幸生長神宗朝丁初年勵精晚年和平不識不知順帝之則茲者又恭逢皇上聖神文武仁孝性成眞所謂堯舜之君也亡何不幸盜賊縱橫生民暴露封疆破壞以致宗社震驚宵旰焦勞莫非王臣何在

國在野之殊有不竭股肱捐頂踵滅此朝食以雪國恥者此其於忠義又何居由是投筆攻武科數被薦辟不就退而精心韜鈐著有籌兵三十六字獻闕下奉命參贊中樞稍遂厥志余讀之不敢過爲諛詞惟是試取鼂錯兵事賈誼治安疏置案頭其爲切近精實當必有辨矣所言夙弊中稍犯時忌嗟嗟猶人語豈療病良劑耶說者云長卿有墨癖余固知有忠癖也茲者視事司馬貧病支離然長卿貧不言貧惟以山河破碎元氣虛耗爲貧病不言病惟以民生日蹙匹夫失所爲病此與伊尹耕有莘范文正做秀才時何異人皆趨時尙同軀然操觚僥倖取功名富貴嘯傲佳山佳水以自娛長卿

獨精心於萬人敵必欲馳驟窮荒朔漠上下島嶼烟雲盡除妖氛埽餘魂靖虎豹使賊無牧馬海不揚波與二三孝友張仲飲餞獻馘然後從容標臺畫閣歸而從赤松子遊長卿之志則大矣吾乃今而後知長卿之爲天下士也彼區區毛遂脫穎鄧禹杖策王猛披褐曹植自試郇模三十字又何足以爲長卿擬哉

籌兵三十六字策序　　　趙光抃 德化進士

天下事當事者不憂局外人憂之自鳴曰杞憂遂當事也旁觀者不察遂羣而目之曰夫夫也果杞憂也直此杞憂二字敗壞天下而有餘矣夫不有是事先有是憂卽有是憂而終

無是事者杞人憂也實有是事而憂之將不及矣憂之或可救藥而不憂必立至潰敗矣尙可曰此事亦如天之必不墜杞之不必憂耶舉一世之人若醉若夢以杞憂二字爲迂談當事者更橫杞憂二字於胸中以絕言路凡大利害大安危都不復縈情惟以此二字發付之則高枕待耳今日破城池戮人民喪軀命之人卽昨日所謂杞憂不必憂之人也此種積痼刀鋸斧鉞日臨其頸尙不能破而欲以賈生之痛哭流涕呼之使寤觸之使動萬萬不能矣嗟乎天下事一旦至此此有志之士所以切齒腐心而肝腸爲之撻裂者也楚黃曹長卿以名青衿負不世才使俛首八股取高第如拾芥而顧投筆不爲卽萬不然擁餘貲席成業爲一陶朱計然有餘而顧破産不事家人生計及詢其長年抱膝長夜深思者何事則生民大利病社稷大安危兵機得失中原山川阻隘要害與夫屯田鹽池馬政海防天文術數無不究心深研飢寒窮困不廢徧室人交讁不動念凡長卿之爲此者苦矣癸酉冬徒跣伏闕上三十六字聖天子聳然異之授兵部參軍尋加司務長卿復辭祿不受自費殫而謀國長安薪桂米珠獨以窮餓之身日大聲疾呼其間樞密重大事當事鮮與聞聞亦不悉其本末視長卿若贅員視長卿所經畫一切以杞憂二字姑置之嗟乎長卿之苦眞不堪告人矣夫人他無所爲甯

甘飢寒窮困倜儻數千里祗求一用其言爲社稷生靈計長久且劇賊猶在燃眉安危止爭呼吸泄泄沓沓天下豈終歸一擲耶長卿復有救焚拯溺急著行將入告當斷不斷得毋有任其咎者乎予讀其書知其平易切實可施之緩急者不忍以杞憂二字抹煞之故爲之劇論云

瞿聘君年譜序 子舉編　　　葉向高

自予爲諸生時卽知海內有瞿慕川先生天下才也亡何而先生爲邑令困逖聽之人或疑其才多而跅弛以至此惟知先生者能明其不然比予入綸扉臺使者上章言先生賢公卿大夫咸薦天子是其議還先生孝廉特除翰林先生以疾

辭乃給月糧俾著述於家先生書成上窮羲皇下及昭代無不包羅唐虞鄒魯濂閩之旨無不貫串精而禮樂詩書粗而典章文物汗漫而及于百家衆說無不兼綜又爲明詩擬及樂章蒐羅萬歷以來東征西討作武功錄其意主於諷諫是時天子方修元默未遑覽觀予亦苦於籲請之煩不能爲先生地意甚愧之未幾予謝政歸與先生絕不相聞更六七載先生之少子犖以書來言沒已三年而以手所勒先生年譜示予予泣然太息歎其子之孝而傷先生之不遇也漢陳蕃一布衣同時登三府者常愧先之劉蕡下第登科者皆發憤以先生文章造詣何啻蕃蕡世既無能爲漢人之愧與唐人

之憤甚且以奇寃奪其公車之對至事明論定猶靳金馬門之一秩久之而後予豈非盛世一恨事先生有二子長孝廉甲年十四走闕下上書一日名徧公卿犖以先生授官及獻詩入長安者三往來皆徒步艱苦萬狀今又譜先生年精核詳備與前史儒林匹嗟乎人問世有父子若此取贏于造物多矣予何必爲先生惜也

栩栩軒詩集序石鎭國著　國朝錢謙益

朱文公始爲南山之遊窮幽選勝四五日閒得一百四十餘首既而自咎曰此亦足以爲荒矣信斯言也晝前有易刪後無詩石子既爲三百篇說註行世矣而又有所謂栩栩軒詩集者何也夫人情所不能已者聖王弗禁學者專以講學問辨爲事固已不暇爲詩而工課之餘感物賦情有不能已於言者猶然風雅之遺也晉魏以前其言直栗溫潤簡而可思至於盛唐以來百家爭鳴可謂閎中而肆外矣夫江山景物之奇陰晴朝暮之變幽深傑異千狀萬態有非古人文詞所能盡者比之春花怒生時鳥變聲不復主其故常觸於物而栩栩然動者石子之詩早於其命名見之與其說詩之旨既非後世能言之士所能及其命名之意則石子之自爲之也想落天際蹀躞離奇予何能贊一解夫莊子不云乎游神於太虛夢爲蝴蝶當其醒時猶栩栩然蝶也嗚呼於其可樂斯

樂之矣人人意中之景非復人人意中之詩鮮瑩冷態欸啞成珠古詩云蓬萊宮中花鳥使綠衣斜掛扶桑暾此景可令塵濁中人見耶藻荇水上風至成文石子之詩烏能已乎

年譜圖詠序余學益著　朱軾

古人寫眞倶從靈根著念顧愷之稱一代名手觸緒揮毫天機莫測披其圖者頓覺面貌如生鬚眉欲動乃其圖謝幼輿也以一邱一壑之奇爭衡於王侯將相自謂神明過之意者人之可傳固在此而不在彼歟余子毅庵爲三楚英豪驚才逸藻名噪當時推爲諸生祭酒者已數十年壬子予筮仕潛江與黃梅曹君紫麓分廉武闈値試卷初校時紫麓詡得一

佳士入彀津津口余子弗置乎頷之疑以爲阿其所好也事竣余子以通門誼求見襟期宏朗恂恂有儒者風及叩其所學曾討論於子史百家詩古文辭不屑屑以韜鈐見知予心儀之過從時若有夙契後余子上司馬門不售乃以其牢落骯髒幽憂侘傺之氣抒情於水木清華煙巒窈渺閒其學殖益富其逸興相引而愈長余子之意念深矣常若有以自得者已丑春介家弟守府仰彌書以所作小圖十二見貽及圖後自序雜咏若干首其所譜佩訓傳經祀先穀子舉案班荆自有生來一切險夷通塞翻覆炎寒可歌可愕之境一一筆之於詩而悱惻忠厚油然自見於言表予以是益悉余子生

平之抱負而嘆其非庸人也夫男兒以七尺軀寄兩大間旣已具耳目聰智慮詎僅工持籌營媚寵博取當時富若貴而已乃或倖邀一遇鞅掌簿書埋沒軒冕假手賦詩亦唶舌不敢自吐一言即能以詩名若謝宣城趙協滄洲情深懷祿又烏足多乎哉今余子以耿介之操瀟灑出塵如嶧陽孤桐冰霜干祀其詩傳其圖傳而其人之靈根亦與之俱傳今而後始信余子之自有其眞而紫麓之知人爲不謬也會予有督學之役遥寄數語以爲之序

懷亭後集序黄利通著　朱軾

黄梅黄懷亭余甲戌同門友也一時諸同譜多談經濟而懷亭獨高著述有自命傳當時而名後世之意鮮不以爲迂狂詎知政事反虛而文學乃實乎何則亦各訊其所歸也士大夫一登仕途工語言識形勢善奔走以要達官而經濟何有何如自分襟抱一官告罷放浪於湖山煙水而寓意於比興圖記之間千秋百世猶有諷其長章短句片楮隻字以想見其爲人懷亭賦質清癯脫落不受拘束而聰慧異常第恨家貧無書可讀且作詩不倒草頃刻數千言爲古文豪邁不羈而律度自合其五旬前所作已經鋟版流布而五旬以後所作文規詩律老而愈熟如前武昌賀相國傳及爲余作儀禮敍族譜敍筆墨淋漓雖起歐曾爲之不是過也沒後意欲搜

其殘稿代刊不果乾隆丙辰元年[illegible][illegible]余典試出闈後懷亭猶子孝廉之騏偕其男孝廉有祖以下第將歸謁余於邸舍余一見問訊懷亭後景外郎及嗣稿刊否孝廉因求余爲皇甫夫人各有入主出奴之私懷亭詩似岑嘉州文追宋景濂明白正大人人易曉余嘗亟稱一代作手當不必疑後有揚子雲始知子雲也爰書平素相知之雅沒後追念之情以付之

石亭文集序黄利通著　陳鵬年

余修王程一統志志内輿圖載黄梅山川自破額蓮峰外有舒城游螺山在太白湖中黄君曉夫見而指之曰舒城明季

吾祖仲占捍獻寇處其遊螺則吾高祖之墓在焉余比聞儀身履其地歎古山靈水秀定產慧業文人五祖戒師一夢何須遠托眉山也蘇長公再出君殆是乎先生爲人弱不勝衣木訥不能出口而異敏好學詩文千言立就爲虞部郎甫一載即告歸在朝諸友贈言而茶陵彭石源集句云孺子亦知名下士詩人例作水曹郎衆皆曰確余笑謂詩傳水曹水曹不盡傳詩且黃子詎嘗以水曹終也後數年先生復來京師而歸田之志愈決余羨其安於行止之分明於勇退之幾既爲之敍以贐之而益思其退不徒退之實玩其未刊箚稿古歌近律愈老於前而碑敍傳記內有告墓文至性至情和墨

淚俱流迺又嘆千秋述作君當有分中流返棹達士之志原有在也歸休乎君某水某山先人之邱墓甚邇也某寺某觀少時之筆墨未乾也曉日晴沙橛頭船裏茶竈梅花晚磬折脚鐺邊佛龕絶無俗塵相染其足以助名山事業者多矣倘有賞心之句得意之章當郵寄示我我當公諸同人若謂執掌勞人無暇留意著述而金玉爾音則故人知君君不知故人矣因其治裝索近作草稿載歸後有作者又當比而觀之

石亭文集序　金德嘉

梧岡黃君既成進士以歸僻處太白湖上長吏莫識其面斗室蕭然歌聲若出金石閒出遊不輿不蓋一蒼頭擔簦躡其武道旁蕘兒釣叟往往指目爲捐大過親戚故舊所黍曜藜羹累晨夕不忍言別興到灑灑千言伸紙疾書紙亦不擇佳惡書已出戶外長嘯踰阡陌岩壑阻絶乃返風流瀟灑余目中一人而已今者襆被北征爲天官選人余覯其刊落方幅淡泊嗜好竊以古廉吏期之客有過余者爲言梧岡志姚江之志文師正學詩愛白沙老人予應之曰若是是大可用於天下矣夫人之有爲視其才才視其志志姚江之志斯開濟明谿不難建樹非常及乎功見言信又當愼於取友無使若錢若王之徒呫呫喋喋累我墳坫爲也方先生忠孝大節與日月爭光其言一本乎剛大之氣沛然若江河莫禦師友嗣

切經術湛深觚翰家罕能測其涯涘蓋有明三百年一人也吾以此窺梧岡之志不凡矣林見素稱白沙詩獨超造物牢籠之外而寄意于風烟月水閒王弇洲言公甫詩不入法然其妙實出法表近世錢虞山云陳檢討以詩講學有類語錄迺梧岡獨許定山了無安排四字爲白沙眞知已則其深造自得可知也客又曰梧岡近者五達道衍義九經衍義二書準經酌史博采先儒成說將欲畢數年之力擇精語詳以垂世而行遠詩文其贅技耳予曰然子誠知梧岡者其詮次予言以往賓筵祖餞納諸行笥即爲余當驪駒之什可也

題石季常稿序　兪長城

余年十齡讀石季常先生文高古陜鍊心酷嗜之以爲秦漢以下無是書也又聞先生楚人尹浙元旦殉難大節奇偉益重其爲人嘗遊彭蠡過洞庭訪先生故居里人言懷宗予贈謚賜祭葬春秋享祀子孫林立以先生之才節固宜貽榮身後既慕其人益思其稿有友人爲黃梅令致書求之不得蓋兵燹以來湮沒於煨燼中者多矣夫自幼嗜之歷今三十年過其里就其居索之而不可得然則所存數首可勿珍惜以傳於後乎先生子確文似其父而益加少故不復錄夫秦碑漢碣漂搖風雨霜雪中凋零磨滅愈見其古石家文其近是耶

化民成俗歌序 瞿九思著　張國光

古者天子觀風問俗太史採列國歌謠以獻非徒爲具文也蓋取民性情最近者播之聲歌以彰感召明其俗不殊而政無異焉耳瞿聘君化民成俗歌肇自聖諭六言而演以村野俗說其閒或莊或諧或激或諷不工一字文飾惟取樸率眞切莫不依乎至性而感以至情故每每歌未竟而聞之者或潸焉興悲或嗒焉自喪此中潛移默奪其有天動神行而不能自已耶聲音之道與政通豈虛也哉余生也晚猶及見聘君著作幾於充棟是歌也昔年邑侯皮公捐俸刊刻綱奉上臺檄飭旁近郡邑講約者必購焉久之遠播海內若燕趙若秦魯吳越閩廣開多所傳誦梅邑二十餘年來兵寇焚刼瞿氏家藏著作盡付祖龍獨是歌家傳戶誦問諸田夫野叟猶有能道其詳者毋亦聘君孝友婣睦之遺沒世不忘至今尚有思尸而祝之者耶異日者聖天子觀風問俗採是歌以獻唐虞三代之治其在斯乎願有志風化者再鳩梓人刊布四方以廣圜橋之聽庶得廣至治於不衰焉

儀禮節畧序　黃利通

正一身以正家國天下者其惟禮乎根本天載之精微窮極人事之曲折大之綱常倫紀細之度數采章三代而上上之所爲教化下之所爲習尚出入乎大中至正之途此所以成

一道同風之盛也自秦人崇尙刀筆以吏爲師於是乎禮樂崩壞而二帝三王之治不復矣二氏者出又復倡爲蕩滅禮教之說老子以禮爲忠信之薄瞿氏欲盡剗敬字寘向呶呶誣吾儒爲無究竟之學而不自悔其爲無根本之學也禮根於天聖人發育峻極之道散寄三千三百之中禮在卽道在禮之外無道見易象春秋輒嘆周禮在魯禮與六籍相經緯者也師以禮詔其弟子以禮問於師始於灑埽進退之可觀造乎動容周旋之中禮禮在卽學在禮之外無學嘗竊怪世之講學者言理而不言禮掇拾格致誠正之緒論以與卽心卽佛性命雙修之徒爭長而角勝彼且謂高過大學縱使

火其書箝其口滅其教而終不足以服其心苟試繩之以人親人長天秩天敍之大原彼必無能與吾道抗而吾儒之說乃可常伸於霄壤吾友朱可亭先生交余垂三十年京邸趾接促坐深談無虛日獨未嘗一言及道學乃今讀儀禮節畧一書嘆先生之留意道學者爲最深因以知口給禦人詡詡道學自命者必非眞道學而道學眞種子實不絕於人世也孔子志在春秋行在孝經孝無違乎禮事以禮葬之祭之以禮此天之經地之義而民之行也紫陽志在綱目行在小學明倫敬身志行與孔子不殊是書一以經傳通解爲宗而刪繁舉要博采諸家附以獨見所言皆明白洞達其志居然紫

陽之志其學不愧紫陽之學不鄙寒陋命余序其簡端竊自念少失學問憚煩趨簡樂放誕而畏檢束坐是道不加修垂白無所成立晉人禮豈爲我設一語誤人實甚今雖悔之老矣無能爲已一旦以不學禮之人序言禮之書於此心得不愧乎乃區區之心竊於可亭有厚望焉三代下願治之主救時之相往往不乏而以禮治天下者卒無其人獨一王荆公銳意以周禮治宋紛紛建置少成多敗豈周禮能誤天下哉誤解周禮者誤周禮耳吾夫子作春秋以禮正列國諸侯大夫有禮者褒之悖禮者削之春秋卽夫子之禮書而敢詆爲斷爛朝報不知春秋惡知周禮故雖以過人之才徧讀古人之書又得九重爲知己而舉措乖違宋室訖不復振君子觀元豐熙甯之代未嘗不嘆息痛恨於斯人也今可亭以公忠清愼受知

聖天子此貞惠考度黼黻太平之一會也郊廟朝廷邦國聘享盟會軍旅井田學校之禮當以周禮爲綱儀禮曲禮爲目博綜先儒之禮說參訂列史之禮志旁及百家稗官之雜記一器一物一名莫不辨其眞僞覈其體製究其源流通其條貫不爲荆公之執固亦不爲孫叔通曹襃之苟簡原天地之性達萬物之情神明古先之制斟酌時務之宜持質文損益之平極輔相裁成之用用以勒成不易之經參贊郅隆之治非吾

儒之責而誰責耶不有重望於可亭先生而又將誰望耶獨惜乎紫陽之宗尙有善學紫陽者而勉齋之宗無復能爲勉齋是益重予愧也夫是益重予愧也夫

商姓捐府院卷價序　　帥承瀛

周官載師掌任土之灋以士田任近郊之地古者士皆授田所以資其養贍始得專心於學以圖進取其在甫田之詩曰攸介攸止烝我髦士惟士之有田者亦力於農事故卽取其秀髦而登進之也今之士率無恆產窮乏者至衣食不能自給有司舉試事或以艱於斧資竟不應其應者非破帽蹇驢卽徒行跋涉困苦萬狀府縣試每招覆至四五次吏索卷費

以次倍加士益病之商藍田先生素力學有聲久困童子試
援例貢成均知士之赴院府試者較縣試尤累因其先人有
捐助卷費之意呈於官獻常稔之田八十畝有奇爲闔邑童
生府院試納卷之資又恐田之所入豐歉不常復以錢贖田
請官爲發商取其息以償卷值由縣府通詳立案自是吏不
得借端苛索而應試者無一錢之費蓋既不吝於財又能計
之周而慮之遠也夫世之席豐履厚坐擁多貲者服食之鮮
美車馬宮室之奢麗浪費多金不稍惜而孤貧之子曾不得
沾丐其賸餘又或起身寒賤艱苦備嘗向親鄰稱貸不遂嘗
以有力之家於寒畯不知溫卹爲恨及幸而通顯富高官厚

祿而昔時貧賤之交求一綈袍之贈不可得猶能憐及草帶
縕褞素不相知之士出其有餘助其不及使不至以貧窮阻
其進取之心者更未之有也聞先生輕財重士之風其亦可
以知愧矣昔范文正公置義田千畝以贍族人劉善明嘗於
歉歲開倉救饑者人謂其家有續命田皆能篤宗親而惠鄰
里者然其沾被僅及於一家又或補救於暫時而非定爲成
例今先生承其先志爲闔邑童生捐給卷費無一人不蒙其
利又歲以爲常垂之久遠是士無田而有田卽力不能應試
者亦欣欣然無所畏累皆得自奮於功名以與秀髦之選其
振勵人才之功爲甚大而先生之食報於將來者亦當未有
艾也爰述其端末而誌之以備惇史之採擇焉

小正管窺序

余錫椿

禹貢治水之書也故釋禹貢者多詳於言地小正授時之書
也則釋小正者亦宜詳於言天乃自戴傳以下歷代註釋諸
家顧皆從略焉於子桂殿窮年績學其於疇人家言考古證
今尤爲精密小正管窺一書本歲差之法以推夏后之日躔
斗建而辨其星之爲伏爲見爲正爲縣因以及其時之物類
政令一一兼綜而無遺殆可謂善言天者已余嘗怪孔子論
夏時而千載以下轇轕於斗建之說頓成疑竇其不知歲差
者執牽牛爲冬至之常則亦執建寅爲正月之常究之夏初

正月斗適建寅耳至秦初則已入丑至今日則又入子天象
昭然可證是正月必建寅之說固未可憑也魏晉以下稍知
歲差又或疑天象既變氣候亦異今二三月之氣候乃夏正
月之氣候故小正啟蟄在正月今驚蟄在二月不知以驚蟄
爲二月節始於漢之太初特占驗家之習有更改正如易緯
通卦驗之七十二候與逸周書時訓之七十二候早晚微有
不同非眞天象差而氣候亦差也使必據是以爲言則古今
斗建大約二千年差一宮自今以後又差至數千年正月斗
柄有由子而亥者有由亥而戌且酉者其春秋之氣候不幾
盡相反哉然則夏時之說曷謂乎閒嘗反覆其文而知聖人

所言固明明爲行夏之時而未嘗云行夏之建也夫聖人生
當三代之後見夫商以季冬爲歲首周以仲冬爲歲首求其
時正令善固莫如夏之以孟春爲歲首耳孟春者今時憲書
立春雨水之月也不必定其爲建寅也第當夏之世適值建
寅後人遂泥孟春與建寅而一之豈知聖言行夏之時固只
爭孟春與非孟春而非爭建寅與不建寅哉知建寅之無關
於正月則斗杓雖差而正月之爲孟春其節候要自終古不
易則夫子之所謂行夏時也余既私幸此說之足息羣疑而
仍恨不得高明以相證及質之於子而於子之說甚與余合
因於其屬序也而卽次其語以弁之簡端

帥文毅公逸齋觀察遺詩序

監利　王柏心

天下奇傑之才不待建樹宏偉也卽其言論丰采舉世已望
而驚之猶猛虎之有斑元虬絳螭之有鱗甲也獨彼闒冗淪
詭者詆毀訕侮幸其事功無所成就以爲口實卒至天閼摧
傷適如忌者所料夫天於奇傑之才不勝鄭重矜惜焉環四
海之大閱數十百年之久乃擇一人焉畀之然終於天閼摧
傷勳績無成是何其鄭重矜惜反不逮什伯凡庸也今夫山
子盜驪走流星逐奔電艮玉藴璞白虹見於山川干將莫邪
水截鴻鵠陸剸犀象此三者皆號爲極選或蹶焉或折焉則
欲與疲牛駑蹇瓦礫鉛刀全其初質竟不可得然遂謂三者
非天下之駿足瓌寶神鋒則聾瞽之談也嗟乎奇傑之才所
遭不幸往往類是悲夫今讀亡友逸齋帥子遺詩而益悲之
帥子所謂一世奇傑之才也少孤侍其大父中丞公於節署
與弟見中丞爲海內名臣幼卽慕傚長而倜儻俊邁益治經
世之學性剛毅遇脂韋苞苴者輒詈之所爲詩文皆嚴肅峻
厲不可偪視會

宣廟錄名臣子孫因

賜舉人丁未成進士人翰林散館授編修咸豐癸丑大考二等頭
分校禮闈是時大盜起嶺西進陷金陵疆臣喪師失地相繼
當軸者但尸素保位以賊虜遺

君父憂不一動心君深忿之又自念世受
厚恩思明目張膽剴切指陳俾

上意有所感發以伸威柄紓禍亂卽再上書逾萬言竊述時艱譏刺
權貴八尤切當中未下於是舉朝震慴君亦自是不安於位
乞假出値鄉井淪沒先壟被發道梗不得歸乃避兵越中竊
國恥家仇未之能雪久之以貲得監司秩將枕戈殺賊遂其敵
愾之志募壯士爲一軍駐江右時官軍屢衄賊益橫引所部
獨進衆寡不敵戰死東鄉兄子壽九與之同沒君起詞臣未
嘗習兵本無戰責可以不死嫉時之方鎭將吏皆巽懦縮朒
不肯出身任患難獨奮然蹈萬死不一生之地以矯之殆不

免申徒負石飽焦立槁之忿悁然足使全軀保妻子者聞其凜凜義烈羞愧欲死向令君雍容承明東觀容默以取遷擢即不躋華要何至適與禍鄰然若此者庸碌能之奇傑則不能大丈夫甘與蘭蕙同摧豈與蕭艾俱榮哉君沒而他所著皆散軼獨其詩猶存叔子甸謂栢心於君爲執友持以乞序篇什雖不多至今猶望而驚之自君沒後楚中後來之才求如君之奇傑亦竟不可得也悲夫

代多禮堂將軍隆阿祭胡中丞文　吳鈺

嗚呼惟我宮保中丞胡公秉乾坤之閒氣鍾衡嶽之精靈素嫻習乎韜畧本儒者而知兵自逆匪倡亂西粵盜據南京天

下士大夫無問賢不肖莫不懷義憤抱忠誠思枕戈而寢甲而孰則奮然投筆而請纓公初與滌生先生練勇荆南恢復故土首倡義而建勳

先皇帝授公方面謂如公者可寄以討賊之任公乃益勵忠藎屢奏膚公以上酬乎　聖明隆阿自塞外奉　詔馳義迢遙萬里與公會兵於漢津公倚我如左右手我亦共公爲腹心時參贊乎軍務毋敢進而連營公以翰林而出總戎馬我由參佐而洊歷公卿謂將同効　國家之用指山河以誓盟憶自與公駐軍於桐太歲忽忽其迭更今春賊匪潛竄迴陷楚境圖擊我尾以救其首公謂我無撤長圍惟扼賊吭以攻其心今年皖城之摧破悉全楚以肅清方期直抵金陵雄風丕振於専閫何意棄捐巾道大星忽隕於前軍恨遺孽之未翦委後事其誰任嗚呼已矣公死不可以復生區區不能自已者匪獨知己之感同官之情深惟大才良不易得大功尚未展成奠公靈而灑淚長慨想乎一硎柱石萬里長城

藝文志

瞿九思傳

明　劉醕驥 廣濟人

瞿九思字睿夫號慕川太僕卿晟子五歲就家塾瘦弱星者言兒十歲始無慮晟恐弗程以書九思病母楊卒晟匿不使知及知號慟見晟問曰父在而母背有禮乎晟取喪禮授之晟授戶部主事九思入省京師晟行兒江西九思從事羅洪先晟守廣平九思年十二督學試廣平隨任子弟例與選九思試大人賦入廣平庠檄還黃梅九思因父勞苦爲國作定志論上父言分宜柄國貞艮被售願父乞骸骨避賢者路指類極意議論崇閎晟讀未半改容已乃嘆曰小子剽刻人物譏訾太過因秘其書年十六晟病日暮不解帶湯藥必口嘗晟遺命吾百歲後閫中無相可逆婦受弔及卒九思奉喪歸家入請遵遺命乃素車迎婦至居梱內九思居梱外堊室既葬廬墓畢禫而後筮日婚焉年十九謁耿定向問春秋二十謁曹大章於京口至金陵謁瞿景淳林庭機許穀明年江西督學徐爌以書來迎主白鹿洞遂如江西爌與論太極定性之學隆慶元年秋試副卷明年致書羅汝芳論文行年二十五謁鄒善於河南楚督學胡直迎主濂溪書院復講學於嶽麓書院石鼓書院萬曆元年巡撫趙賢聘脩楚志秋中鄉試

邑令張維翰繁斂激變縣民譟辱公庭令諱眾怒乃誣九思造號令部署徒眾爲異謀魁御史向程劾維翰激變吏部尚書張瀚言御史議非是九思遂長流塞下長子甲年十三爲書數千言歷抵公卿白父冤狀次子罕亦伏闕上書求宥浙江屠隆作訟瞿生書遍告中外馮夢禎亦白於楚中當事張居正故才九思乃釋歸九思歸閉關著述與門人休甯張復策進心學四方從學者日眾其學原本六經至古史傳記山經地志天文圖籍律歷算數稗官野乘家譜海外國物無不搜羅而於本朝國史時政興革利病尤悉可施實用才最敏贍手自抄錄至指龍不復能字有作口授門人子弟更相代書猶不給凡十八年不與外事當時自部院大臣藩臬郡縣求書惟恐不獲士大夫過楚不相見受教輒引以爲恥萬歷己酉御史史學遷按楚疏薦瞿九思濂洛關閩正傳宜備侍從上命徵翰林院添註待詔九思具奏辭不就學遷於廣濟龍坪建江漢書院迎九思主席卒年七十一歲從祀府縣鄉賢所著有六經以俟錄中庸口授中庸位育圖洪範衍義仁統孔門愠解和燮編實用編時務表邊畧萬歷武功錄倣古編蓄艾編土俗章程省元錄佛鑰孔廟禮樂考明詩擬幽贊錄文莫堂集紀思錄言善錄知命篇歷正同仁手札後先進呈而其門人造精邃者惟休衛張復稱首

周來蘇傳

國朝　石喬年

先生姓周氏諱來蘇字子仁楚黄梅人也居邑東之白蓮峯下讀書講道學者日益衆故稱曰東峯先生先生自少潛心理窟與海内同志相切劘久之深得良知之旨一時印可者若南城羅維德汝芳茶陵劉少衡應峯丹陽姜延善寶江陵張伯端居正鄖縣劉朝重穩奉新蔡汝聘國珍萬安周仲涵賢宣麻城耿在倫定向偕弟定力萬安鄒繼甫善泰和王有訓託歐陽文朝昌皆知名士散處東南其閒顯晦各殊而麗澤之誼終身以之雖生死無移也於是以匡廬衡嶽道里適均因假二山僧舍約爲會所榜曰衡廬心締謂此十數人者

性命文章互爲夾輔不待同堂一室握手面談而風雨晦明之交已心締久矣嗟乎先生從諸君子遊所學若此當其時海内聞風而嚮慕者視瞿聘君睿夫蔑以加焉乃檢之邑乘未嘗一詳其姓字而問周氏子孫則又衰微淩替有數典而忘其祖者抑何文獻之不足徵歟原夫王化旣衰風敎頽敗庸夫俗子惟知世位之可貴而不知前徽之足重即鐘鳴鼎食之後稍或中落隨不能膾炙於人口而先生之遺裔亦莫知其爲明德之後矣余生先生之鄉徵文考獻實有責焉溯自嘉隆迄今不過百有餘年而梓里好脩之儒幾如窮塵歷刼湮沒而不可考矧彼蓬樓蓽處抱道著書而與煙雲同其變滅者亦復何限悲夫

石有恆傳　東林列傳錄入

明　陳鼎　江陰人

石有恆字伯常湖廣黄梅人性高潔以文章名萬歷三十四年舉於鄉四十七年始成進士與鄒元標最善嘗持其書來東林納交於諸君子初授浙江遂安知縣下車以避勞邀利畏禍三事自誓以程朱正學課士訓民輸運不任里甲有羨緡公儲之充運費督僮僕種園蔬躬自灌漑不用民一物士紳餽遺悉辭不受歲災親履荒瘠地問民疾苦監司檄郡縣過糴抗議力爭出帑金市粟民賴以濟調繁長興縣再調常熟長興民籲請得留時巨豪葉朗山吳野樵等結黨寇爲亂

剽掠無虚日撫按檄有恆討之有恆以隔屬辭不允乃設方畧擒其魁賊稍戢而餘衆散處湖蕩伺閒爲出入有恆請馳檄各屬分兵搜捕當事難之未果行天啓三年正月朔城門夜啓賊突入有恆方正衣冠待漏聞變出立廳事賊露刃脅之不爲動且叱曰草賊敢叛天子殺王臣耶索印不可強之行不可以刃傷其長子確亦不顧賊擁之出儀門有恆曰頭可斷此限不可踰也遂被害血上噴移時不仆主簿徐可行奔赴亦死之賊入署搜其篋粗葛二端俸金二兩而已賊亦相顧驚歎事聞贈太僕寺少卿謚忠烈

外史氏曰先生爲東林樹赤幟以先聲者乎如不死於賊人

則必與楊左諸君子先後同聲相應者也余嘗讀南皋先生與先生書曰余少以陸王之學即爲正道及晚與東林顧涇陽交得程朱誠敬之理乃悟前學之稍偏也足下窮理盡性一本程朱其得道之正乎則先生之所以課士訓民者皆得聖賢之正者也故臨難不少挫有以也夫

石喬年傳　國朝　黃利通

知其人者知其言中說衡漢魏諸家以別君子小人爲要其在宋朱子文取盆公詩則陸山陰爲其近於道也道有大有小有眞有似而一辨之於其氣僞學罔不竊獨不能竊者正氣耳此吾道不終息之幾而知言知人之大較也石先生偃

尹家夙乘軒先中丞公不阿相國直節震天下一再傳並以忠孝著於春秋先生少即敦氣誼崇名敎曾治帖括言患其奪志遂謝去而肆力古聖賢人之書往及予先大父素心相尚歲過石亭密坐移日時鼓櫂澄潭細數荷錢芰葉吟咏閒作兼談今昔尊酒極歡而罷予兒時竊聽心獨媿之旣長知嚮學與先生語即大喜予以是知先生之眞也所居室財足備席先生抱膝繩牀圖史左右精研博搜溢而爲明道見志憂時論世感物之篇清宵人靜熒熒燈火春雨秋風心跡叙寘此與白雪樓危坐不面部使大梁一廳客避夫人何異嗟乎自壯年謝鎖闈清華望斷即前歲宏詞博學之選徵書四

出蒐求山林遺逸楚觀察使者雅意推轂先生卧不應其於世復何所歆羨而獨能抱殘守樸且暮手一編於墨莊茶竈斷瓦頹垣之下豈非篤於自信兢兢畏聖言哉予嘗晨抵先生居値先生蘘新脫授予讀坐久日向午家人以停炊報先生笑謂予倘不能饑請辭予亦大笑其或瓶粟猶存亟把袂止予宿市酒一升濯泥蔬剖蘆菔佐之淺杯緩酌小童倚壁微鼾親提壺再三侑輒憶當年湖上風景邈焉隔代知已不再盡盡淚下沾衣因爲予極論義利之界罔直之分眞僞人禽之關士習民俗盛衰之由文章源流衆朝同門異戶之槪及於氣淩逸不自禁吐舌萬里橫唾一切而大旨歸於正人

心非以計較短長得失乃先生遂以此不容於俗正叔爲奸希文守道爲鬼爲怪物西山爲眞小人且紛然議其後大道之不明先生又何責焉獨幸門鮮剝啄日與昔人伍得遂深窺道妙壹意述作慂慂懇懇猶冀一髮引千鈞而先生亦已老且病矣馬醫萊傭卒吏散力輩莫不褒焉風流顧盼自喜而鐘鳴鼎食之後人懷仁履義頗額五十餘年乃至苦鹽蔬飯天復靳之幾如洲島絕境瑤草瓊漿閒之舌妬而不得下咽宜乎仁人志士疾首痛心而歎不平矣然予讀先生之書上原六經下之集成於秦漢唐宋根深者枝茂膏沃者光遠由是信今而傳後覆瓿沈江兩俱無患視彼千金之子萬戶

之侯朝花夕萎曾不能彷彿一二庸詎知委巷老儒窮愁著述非造物之厚其積而鄭重其報以垂無窮耶先生立周子仁傳終之曰巖泉抱道與雲煙變滅者何限自傷也乃其次易犀崖詩則曰姓名空老林泉下志節常懸天地閒世不絶作者推其意察所以自立雖蔑襮可知也

喩于智傳

薛乘時　縣令

喩君于智字醒愚太學生余於乾隆十六年任梅于智以公事見其論慷慨而歸本誠實余心異之詢於衆紳僉曰于智嚴氣正性家不甚豐而輕財重義父穎曾惠族人田一百三十畝族人他售于智仍贖還之雍正二年捐社穀二百石雍

正十三年又捐一百石雍正五年梅大饑于智於中路庵煮粥濟餓者中路庵固梅邑衢前康熙四十五年父穎賑饑於此于智繼其志也邑潘興口馬路口解家口何家口堤潰前令李公錢公楊公與于智議屬其督修解家口堤近江于智恐崩塌捐糧地數十畝令堤內徙至今鞏固化龍門外改舊河建文昌閣亦屬督修費不足獨捐銀一千七百兩有奇嘗買樊膺占田膺占卒妻老子幼因念與膺占故以田給其妻子此皆衆共見者生平所保全甚夥從不擧以示人惟身受者知之迨身受者屢以爲言子姪以告輒笑曰此欲與汝輩結好特假此事相誑耳故過客傳聞鄉里羣頌其子若姪至是始識其有是事也十七年余捐俸倡脩文廟學舍于智偕陳君士元吳君璋石君兆麟董君洪德石君毓珏張君騰鳳汪君揄石君宏毅石君廷珪熊君士莊郭君元良督脩功程浩大于智任勞獨至余贈云義所必爲雖傾囊而弗惜已所不欲卽克己而勿施聯一聯以暨衆鄉任邑事如其家事紀實也黃梅十數年未行鄉飲禮衆擧于智鄉邑聞之皆以爲得人二十二年夏余修梅志成至冬十一月于智卒余不忍其善行終湮因書其事附於孝友傳後以爲爲善者勸

明給事邢寰傳

喩文鏊

邢寰字伯宇黃梅人父纓成化丁未進士官至雲南副使寰

正德戊辰進士以上弭盜議稱旨擢南刑科給事中轉北禮科武宗數微行遊畋無度十三年二月孝貞皇后崩三月幸昌平七月幸宣府八月幸大同寰偕同官汪給事元錫累諫每章入上頷之呼曰邢酸子禁中有所爲問左右邢酸子知否太監畢眞保宸濠孝行寰疏論之十四年三月宸濠造龍艘戲劇潛逼近侍錢甯等慫恿南狩於是諭禮部朕將巡兩畿山東祠禪祈福其具議以聞行有日矣寰偕同官齊之鸞許復禮楊秉中力諫越二日不報伏闕俟命自辰至申上令中官傳諭乃退明日託疾免朝人心惶惑嗣是諫者多人修撰舒芬員外郎夏良勝主事萬潮編修崔桐庶吉士汪應軫

江暉王廷陳馬汝驥曹嘉等百有七人以諫罰跪午門五日受杖郎中黄鞏員外郎陸震以諫下錦衣獄醫士徐鏊都指揮張英以諫鞫治杖死卒得不行蓋寶等倡言之力也六月宸濠反帝親征聞宸濠已被執寶又與元錫偕六科累疏請回鑾先是江西副使胡世甯見宸濠驕恣有異志上疏首發其奸宸濠徧賂權倖必殺世甯繫錦衣衛獄歲餘寶又與同官程啓文徐文華蕭鳴鳳等交章論救終武宗之朝寶言事最多名最著上亦敬憚之世宗嗣位請議憲廟皇妃邵氏徽號後卒以忤中貴降廣德州判官遷太平府同知再遷南昌府知府年五十三卒於官

論曰人君舉動之失未有如明武宗微行之甚者微行不已乃欲南巡嘉靖初主事蒲圻仵瑜疏稱正德間給事御史第挾勢淩人朝廷大闕失緘口不言一時因南巡敢諫致死輩皆非有言責者不知寶等之諫實先之特逢怒未甚耳而時猶以爲憾後之人可以論其世矣吾邑人知武宗素敬憚寶然無有能悉其事者即志稱忤中貴亦不詳何人何事因奮萃寶事之見於史傳者並採他書參互之別爲一傳庶幾蹇諤之風不沒於人口乎

王鴻典傳

喻文鏊

乾隆三十七年八月有海剛峯來署黄梅縣知縣海剛峯者王公西園也公諱鴻典字慎齋西園其號直隸雄縣人乾隆己卯舉人莅任梅廉縣中猾吏悉摘發如神受訟牒當鞫控者事原委判決署具署牒尾屬控者持詣中證處釋誠口勿終訟官總不要錢吏役悉索時日拖延爾皮骨盡矣不決繳原牒乃勾所控者揭榜於治前言催科累民狀止追呼約期至未完揭榜如初公不食言民亦不違約上官行部垂至戒館者潔庭舍具餼他不能擾民治梅八閱月胥役多徙業者丁父憂去官先是權應山應山固孔道有大吏自都赴湖北任僕馬甚盛索站規累千金公畧不措意方進食忽碎盤匜聲自東榮達於外且詈且碎口馬疲瘦夫短缺躍出扶人以馬箠人駭而奔者倒山公抗聲曰大人安在蓋尊官得稱類

此乃入白大吏曰

天子律令格式森然驛站濫應干重咎大人膺封疆任聽家人攜多人狼貪羊很張吻奮角作橫地方淩虐百姓自出都至此凡三十驛夜大人明察秋豪若輩何敢爾且當入境之初小民側耳風聲若輩齏粉不足惜如大人清望何由是人嘖嘖稱海剛峯海剛峯以忠介公況公也故事試用官未實授以憂去者服闋仍發原省公再來當補仍得應山會又一大吏眷屬至奴索金如前暴橫亦如之公命鋃鐺繫以來將笞之其客問令者誰或以告曰吾聞湖北令有海剛峯王姓殆其

人出遜謝乃止其量移鍾祥也監司某詭貸於公公曰百姓脂膏不可削庫金乞自取某銜之以他事媒孽公上於大府大府曰劾海剛峯耶事寢四十六年以年資中程入薦牘明年緣事罣部議鐫二級將引疾會改授教諭尋卒當是時回準兩部二萬餘里入版圖十數年矣偃甲休戈

國家殷富閭閻乂安噶拉依美諾小不靖搶渠綏師薄海內外罔不讋服遠夷君長做闞輸悃各督撫大吏躬際承平角爲豪奢揚詡盛美於是奔競鑽營之竇開州縣吏以逢迎巧合爲能上官以盤剝州縣爲利藪州縣甘受其盤剝仇無辜以應之豪丁猾吏行結無賴架空飛誣設立班房慘於牢狴雖

一經敗露罪至極典大小吏坐是籍家殞身者相望而吏治之壞積重難返他省不及詳如湖北漢陽縣美遷也有曰蔣夯家有曰胡斷鍋有曰孫折竈接踵至又有四凶四大名冠四天官種種醜稱而公於其閒獨嶽嶽以海剛峯名自我

國家涵濡敎澤百餘年民之知禮義而重犯法也久矣雖至不良何至玩侮長官擅相署號極口醜詆蕩然無復親愛敬畏之心其於風俗人心關係豈淺鮮哉閱嘉慶丙辰而有白蓮教匪之事一時宜昌施南荊州襄陽德安安陸漢陽荊門各府州屬盜賊蠭起者計州縣三十餘蔓延豫秦蜀又各數十州縣貽

朝廷宵旰之憂易曰履霜堅冰至其萌蘖於此蓋距公之去十有五年公性警敏所治地如治梅凡養馬惟去其害馬者豪右股栗護樸愚曲至不欲拘牽名法盡斥一切浮靡節衣糲食一日招余與余仲弟暨某某飲黄鶴樓具肉一柈余私問市肉幾何廚人曰二觔矣時謂破廉吏鈔初試羅田卽有聲嘗以事下村落閒抵暮歸所過市相率置燈槃於地燭其行四十三年旱公時治應山先遣人赴漢口購蕎數百石儲於倉比旱成惟蕎可藝競市之價騰貴公出貸計畝給之俾得及時播種蕎倍收移鍾祥甫入境輿夫憩途次某指揮人以杯茗進逮及僕隸公目之詢識其名入治受篆畢出一紙飭

取某各案卷吏大驚出牒無慮數十件固吏所豢巨猾也閱日某果投牒猶冀有所傾陷以射利案治之如律一邑遂安客問故公曰愚民見官多走匿吾入境時吏役尙不知而某獨殷勤疑昵就衙門以官爲奇貨者也公之善察情僞類如此鍾祥故繁緊塵牘如邸家公坐堂皇吏抱牘鴈鶩行進判決如流水有一畝之田兄弟構訟歷數年而不已者公喚集指弟謂其兄曰此爲誰曰弟也又指兄謂其弟曰此爲誰曰兄也頃命弟呼其兄又命兄呼其弟頃又命之頃又命之至於七八呼兄弟相抱大哭問何故曰吾兩人手足至親以細故構訟久不悟自茲不訟矣公之善感人又如此嗚呼公之

在官一悃愊無華安靜之吏也而親之愛之敬之畏之感人如是其易然則風俗之所以忽薄人心之所以忽漓下陵上賤犯貴玩視官長蕩然無復畏敬親愛之心存者豈民之本不良哉公雖不竟用然以公之時强項事上官上官卒優容之不擠於危以是信人心實有至公實由我

國家

列聖相承乾綱在上內外臣工順承於下無敢威福自擅雖所銜炙骨不能任意專恣輕中以法而一時趨尚乃在彼而不在此故也方今

天子親政之初思盜賊所由興釐清吏治與民更始安得如公者充扱天下一振救之庶有瘳乎

贈光祿寺卿江西候補道　賜謚文毅帥遠燡傳

李元度平江人

君諱遠燡字仲謙一字逸齋黃梅人曾祖諱上文邑諸生祖諱承瀛嘉慶丙辰進士及第第三人累官浙江巡撫父諱宗栻以任子觀政戶部君生負異才讀書慕古人奇節偉行視時俗尠當意者然內行敦飭無子弟之過巡撫公致政歸戶部官京師以家屬從君母錢安人行次景州卒君年十二哀戚如成人既而戶部公卒君恐淚承顏重傷大父心私居則柴毀骨立友愛諸弟尤篤君充道光丁酉拔貢未

廷試以外憂歸庚子巡撫公薨

成皇帝篤念藎臣

特賜君舉人丁未成進士改庶吉士假歸值邑水災道殣相望君請大吏發帑賑力肩其事家貧質石恭人奩資田百畝急擲之輸其值爲衆倡所全活無算己酉授編修

御試列二等與文綺之

賜明年廣西巨寇起越二年自岳鄂踞金陵東南列郡魚爛堤潰不可支

朝命大帥專征多失律守土吏輒棄職逃一二秉政者號稱鉅人長德又皆持祿養交泄沓不任事公憤甚居嘗拊髀歎曰

時事至此吾世受國恩職侍從不搕擧一言其曷以稱上明旨即死何以見祖考地下癸丑正月上封事二約萬言大指在一兵權申國法求人才籌國用而指斥當軸尤切至謂宜避賢路滌肺腸論軍事則請先正失律者誅疏入

上留中時常採錄而所謂鉅人者則固世所交推初未有訟言詆之者也是年分校禮部試稱得士以脩墓請告歸會家鄉淪賊僑浙中忽忽踰三載君既痛其言不盡行思欲一見諸實用以自考證援例以道員候選初君在京師懷奇負氣所與遊皆當代名人以經世學相切劘而於湘鄉曾侍郎尤篤歲丁巳侍郎督師江西走謁幕下至則侍郎奉諱歸矣諸大府欲

侍郎墨絰再起趨君勸餉君徒步抵湘居匝月返江西大吏疏留君然止任以勸輸軍餉戰陣非有責也會僞翼王石達開自皖南至江軍屢敗贛水東無完土君奮請自領一軍與賊遻募卒千人偕副將周鳳山俱進時總兵李定太扼賊撫州路君以十月六日抵東鄉越日賊大至迎擊十里外賊卻别從間道趨君壁留守者僅十之三驟不能禦親卒請潰圍出君怒叱曰此何時尚顧身耶手劍直前搏戰力竭死之屍被殘從子疇以布政司理問効力軍中同遇害大吏入告被

詔優卹君爲人倜儻任俠麾斥千金不屑意赴人之急蹈水火弗辭寓嚴州倡建千人塔爲掩骼計友人來郘暴卒君質貂裘營

葬西府戚某其父客吳門臥病君迎以歸終於家醫藥喪葬皆任之他義舉稱是詩古文超邁有奇氣遺集若干卷年四十有

論曰自公孫宏匡衡張禹孔光之徒持祿保位被依阿之譏其宗派至今未墜彼皆號稱儒者考其行若無可非刺而陰探人主之隱爲從違不敢一言自異遂足禍天下而有餘善夫宋尹源曰人臣不忠孰大無過爲大嗟乎世之但求無過者何多也君規切政府有以哉有以哉君以憤世故慨然一出自試遂以亡其軀可哀也已彼容容者且謂君偏詖矯激不概於中庸而宜以買害也悲夫

爲瞿脊夫訟冤書

明　屠隆

夫風蟬雨蚓得其候則鳴及過其時則世指之曰不祥今隆之爲楚黃梅瞿九思訟冤者此隆之候也非以爲不祥也隆居東海九思居南海惟風馬牛之不相及也平生非有期功之親杯酒接殷懃之懽即問以其人脩短白黑茫然耳古者蓋有緹縈朱勃郭亮寒朗劉向其人者能以其言白人沉冤至義聲傾動千古彼皆以父師交遊之間言其至情情至則切交親則易阿猶有說也豈隆與九思之謂哉風蟬雨蚓彼鳴其候耳無所爲無所求也今者隆之言瞿九思者亦無所爲無所求也故曰此隆之候也蓋昔者舜爲帝禹爲司空咎

繇爲理當時斷獄天下無一夫稱冤者詩書所稱蓋誠無之非其有之而文之也如使萬物沐清和之化而一人獨抱向隅之嗟則大聖賢之所必問何者不欲以一夫而傷清和之化一夫至細而傷清和之化至鉅也今夫瞿九思者渺一夫耳束髮以才名耿亮聞江漢之上一旦從吏議罷孝廉徙塞而非其罪也則天下之人冤之何故蓋非舜禹咎繇之世而有此一夫者冤也豈非以一夫者之才名耿亮天下所知也隆不敢汎陳今古即以楚往事言之當楚懷王時王聽不明讒夫闞口民之沈於覆盤者或不少矣獨一屈子之事不白則天下後世冤焉往日回風諸作千秋而下讀之則淒然酸

心又何說也則屈子之麗藻絕代放在江潭令其抱憤懣之氣而以雄雋深秀峭絕之語吐之而其徒有宋玉者又爲之附麗藻鴻響以砰訇後來故其寃最著也然屈子之所以難者以其當楚懷王時若生舜禹咎繇之世則無此難屈子而當楚王則江潭之纍也而生舜禹咎繇之世則記尙書著典謨之史官也今聖明在御大臣忠良九州萬物欣欣向榮清和之治遠駕上古而猶有懷才抱潔如九思沈寃如九思者是聖賢所隱也九思之罪葢坐以士民徂擊其令長褫乃衣冠長流塞下夫使九思所坐誠眞是亂民也罪無赦而天下之人輒寃之則惡得眞且徂擊令長非一手一足之力也令

長爲天子牧養元元視元元若子則令其慈母也居則戴去則念久則思何徂擊之有卽一夫倡難萬姓捍焉難何由興令之不才𢇁然其民民不能堪邑中羣起而仇之豈一夫之以也九思所造其果出一夫徂擊如古朱亥博浪之爲乎果以一人自作不道乎如出一夫發難則九思之罪何辭以邑人亂則此一令者或者邑人之所同仇也邑人同仇而以一夫獨坐可乎且民之所懷其誰能傾民之所仇其誰能泯黃梅之事隆以爲令實爲之必也治其無良則邑人之罪而以鼓衆倡亂曖昧不明之辭坐一書生則何說也隆雅聞九思以才名爲令所禮平生固了無睚眦之傷何至相仇如此卽

如杯酒失歡非屬深怨又何致遂鼓不好亂之衆而一夫奮臂持梃如雲也九思所坐無亦才名爲祟蛾眉取憎耳固天下所共寃聖君賢相所必察也隆與九思何爲哉方漁釣海上不過聞滔滔江漢有年少負奇才之瞿九思文掩中州名在南國又未幾聞其詿誤受惡爲擊下遷民心傷其寃而已比以公車之役薄遊長安聞九思方擊登聞鼓奏書自訟於聖天子丹陛之下有子甲年十三歲博聞强記落筆如駛才視其父爲書累千言歷抵公卿大臣稱父寃願附緹縈之義隆聞而壯之相過逆旅勞苦如平生歡見九思溫爲醖謹子甲髮纔覆額短衣楚楚可憐試以文章倚馬立辦的然先秦

兩漢之遺隆比時慷慨泣數行下卽欲爲之作一牋投當世之明公大人以太白其事如弦上之矢矣隆亦何所爲何所求哉賤臣隕霜庶女感風匹夫匹婦足關天道皇皇上帝固不以其細微而遺之也況九思大楚美才包洞庭雲夢之秀擷蘼蕪蘭芷之芳上可石渠東觀下猶不失牧伯庶司今陛下夢寐賢哲以興治理有才若思誠廊廟所急需若以無罪見枉卒從吏議而乃令文藻淸譽之士貫木荷殳遠投窮邊以飼豺虎悲吟於黃沙白骨之場躑躅乎酸風烈日之下則孤憤之篇且與龍堆馬邑同其不朽又令十三歲童子牽衣卧路吐其少年英詞秀句長謠孤兒吟爲行道嗟傷見聞扼

朓早違慈父必至淪落草閒文采消滅而無所成此甚非所以愛惜人才培養國脈也區區之愚蓋爲人才國脈也詎止爲思一夫乎古語云相馬失之瘦相士失之貧司馬子長之下蠶室亦興嗟於家無貨財交遊莫救乃若大俠郭解之徒至使大將軍爲之言世之常態古今所同方九思爲文學有聲家席先人之舊業足具饘粥此時交遊賓客動引青松指白日執手而稱相知今一旦無罪而下於理聲名摧隕家業蕩破父子垢首囚服倉皇北走裋褐蕭蕭泥沙滿面平年交親掉臂不顧隆切痛之隆與九思父子無一日之雅徒激於公義憫其冤狀而昌爲之言誠出不肖樸誠又以愧夫交親

而掉臂有涼德者也伏惟明公秀甲河嶽德侔造化神明之智燭彼蔀屋陽春之澤下及昆蟲縣寓戴仰中外咸頌今九思父子不特一昆蟲也其含冤不止一蔀屋也明公調和四海萬物欣欣協氣流鬯而猶然使一夫向隅明公不忍也特無爲明公言之者隆海濱一介布衣韋帶之士躡屩登朝踈愚罔知忌諱直吐胸臆以進於下執事明公誠諒其無他俯聽芻蕘湔雪誣枉起九思父子之白骨而肉之則天下懷才抱義之士有不肝腦塗地而向明公者非夫也惟下執事圖之隆惶恐死罪

爲父訟冤書　瞿甲

世稱杜拜以童子自伏劍死脫乃父審言於難緹縈女子從髫齡上書天子天子乃感悟爲罷肉刑以是稱拜緹縈奇嗟乎彼拜緹縈豈遑顧瞻千數載之聲稱而乃如斯如斯以博名高甲固意其曰天乎奈何使我家君子當其禍而我乃有其名當若之何悽惻焉又甲往往見古之人其身爲天下僇其口不敢出一言言冤狀此又或其所伏足當之乃甲父九思之負大枉而設令亦不復有所論說誠恐方內謂今上何如化理而瞿生竟莫以其冤狀聞此瞿生自分或有所詬病以是不敢稱述無罪以謝天下甲又恐已之不力爲拜緹縈所笑敢昧萬死以陳諸老先生何不一令甲得熟數之於前

張爲翰事甲不敢終述竊以所治民毆長吏論罪當無道而顧甘爲之此又或其一時憤激亦必其智不足也先大父晟幸從海內長老先生遊甲父亦數聞大君子之教矣卽侯之不德猶曰吾父母又不然而甲父有積忿深怨於侯不自量輕弱而欲以侯爲事則以賁之侯不然又或二三語中之當轄何不可者豈其不度而必欲冒不得生之害覆宗絶祀以與侯爲難必不然矣第世固有怒甲父超然自以爲一輩而直語道謗幸我之敗以自甘心焉者甲莫得而言也其言曰某故嘗以好遊聞又接識楚當轄博士大夫以獵取盛名於世此其人固狂生竊意其奸氣任俠及此時甲於此請得卒

解之先大夫下世甲父往吳中長跪請於瞿昆湖司成曹合章太史得其碑碣是時甲父姊從夫卒業南雍乃過相問勞又其好六籍百家言故從吳中問諸縹緗歸去藏僅僅自楚之吳不百日耳乃如百粵游則督學胡公往參知政事下檄縣官徵甲父往甲父辭謝凡再檄而父然後往從之非其好也郤堯夫踰河汾涉淮漢周流齊魯韓魏之墟未前聞以爲罪夫廬山胡公方今天下名臣彼誠有所許可於甲父故坐索甲父爲徒甲父從之是李獻吉之從石淙督學遊而先大父之從張襄惠公之故事也非所以爲罪也至詆甲父好接識貴人尤大不然甲父自結髮載筆幸得以浮譽聞以是中

丞臺督若方岳郡國往往先禮遇之非甲父敢先期有所造謁今宗伯孫公御史大夫趙公大司成姚公殿中侍御史舒公方在輦轂下可按也假令甲父誠如脂如韋則當其歲甲戌射策明光時長安人有謂甲父當數伏謁江陵相公以冀一遇甲父謝不敢一時王公大人多先大父同年友或其交游又或有雅重甲父而陰推轂之者甲父一無敢奔走且其幸把臂於江陵公子至驩矣脫欲游大人以成名宜莫如公子乃甲父不欲令公子門下有韓愈張師德其人以故公子欲止之長安邸舍中同事鉛槧亦去之不之就此何爲也嗟乎甲父忠孝友愛有大節領癸酉第時凡當轄有加於我皆再拜謝縣官不取此非貧無行者奈何復將請儋石之利於侯一不得則棄去其生平所爲邱墳以自伏法死竊以爲狂病者爲也甲父少躡祖與古人處操六經引繩墨脩令屬詞欲褎然建旗鼓超乘而前亡其才則早夜頻蹙語於甲曰我何脩而可與論於作者十又五載之間心罔不在王室日從置郵中句邸狀究觀我君國大舉錯大建置大禮樂征伐以嫺於經濟之策此其志不在小即令以萬金爲壽令其無故佯狂爲不道恐卒不以彼易此夫以甲父行能可幸無罪乃至置之四裔與象恭滔天者次比何以穢德醜行立天壤閒也伏自惟阿衡在御南極赤圻東辟花海西垂玉門北盡元

塞之民無不忻忻擊土壤相樂世之摶心輯志能道古者今君相尊顯之不具論甲獨以爲抱尺寸之才之士或負重詬播越在草莽者亦無不與之棄過使得自新甲父誠不得與古人同日而論顧其款款之愚所早夜雅自洗沐者可不謂憂勤也與哉未見其罪而使之放棄於聖明之世以不在狄門自分亦長老先生所悲憐者藉令異日所伏得自廊廟將用其所未足而甲父已不自勝卒遇霧露行道死則長老先生宜何如痛惻肺腸焉惟長老先生幸留聽左提右挈甲父自動忍中洗滌其瘢垢或不辱門下狗馬無甯甲父即甲敢不屬鏤加劍敬奉身世以從

上張觀察論鄉兵保甲書　國朝　喩文鏊

某頓首白鄉兵保甲宋之秕政也保甲則至今用之無不知其爲善政誠以防患未萌莫如保甲今或不責以察奸之實而惟衙門奔走力役供應之不暇矣保甲之權操之吏胥胠篋攫金者吏輒匿之陰取其利矣至有城狐社鼠嘯聚成羣令牧猶弗之覺逮釀成事端如火之燎於原然後符牒紛馳令地方紳士團結鄉勇夫勇非卽兵也而亦可爲兵則有宋京東之弓箭社今則私藏兵器者有禁蓄火藥者有禁劉文成詩云他時重禁藏矛戟今日呼令習鼓鼙蓋難之矣然則鄉勇可以不用乎非也一時之急不得不有所藉手且今之

所謂鄉勇非民壯弓兵之類也而其所以用之者不患其不可聚但患其不可散夫一村之中非其子弟卽其戚黨出入之所必偕見聞之所易悉苟擇其中曉事者董厥事荷戈而從者不外一村之人村之小者則合兩三村之力各繕其村堡保其家室城居者亦然吾楚民居聚鎭少垣堡承平日久一聞賊徒竄發婦女紛紛駭而走險落水墮崖死者無數故修城之外築堡爲先大戶築於族畸零築於市邑居防城村居守堡賊未至不迎旣去不追來則截之於隘去則及時而農不戰而能守可散而後聚由城以及鄉由一村以及千百村聲援聯絡遠近相資而官不調撥也所賴官爲經理者必以時激其仗義之心而止其妄殺之漸則鄉勇可得而用也不然慿民習於戰鬬狎侮危事不以殺人介意其猾桀者挾隙圖報又或藉策應之名濟刦奪之私若今日潘御史紹經之所陳往往而有雖然此用之於有事之日若防未萌則保甲之法行之久矣何以行之又不足以防患其要在於得人夫今之保甲賤役也以爲賤役而甘爲之則不惟不可以防患且可以滋患必明示以非賤役而後人可得矣故得人在於不責其力役奔走供應而優以體貌則權不在吏胥謹愿者無所恥而樂爲之矣且保甲之設非徒爲狗偷鼠竊設也勾核門牌使知四民之數其所以防微杜漸者意至深遠夫

禁過於微則民樂遷善防患於小則患遠患遠者遷善之漸而興行者所以窒禍亂之源也蘇文定之言曰三老嗇夫可使推擇民之孝弟無過力田不惰者爲之鏊以爲準今而論莫善於不貪財賄凡事可僞不貪難僞斯謂得人矣鄉雖僻陋豈無一不貪財賄之人其人旣不貪財賄又豈能以財賄供吏胥之求衙門之用且不貪財賄則其心正可以敎人之不正於是取藍田呂氏鄉約之法不拂乎社學立師之意使導其鄉父兄子弟各循其分其有不然必爲一堡所不齒凡民之奸厥由不學古之時無人不學也孟子曰謹庠序之敎申之以孝悌之義頒白者不負戴於道路其言之淺近如此

惟其淺近如此故民可使由也謹之云者其知後世以邪術兆兵端乎故曰下無學賊民興其言之危險又如此凡以正人心厚風俗愧厲其廉耻而油然生其孝友睦婣任恤之心天下未有習於孝友睦婣任恤之教而悍然爲非而不顧亦未有習於孝友睦婣任恤之敎見人之悍然爲非而猶爲之容隱不忍爲一堡除患礙於開告訐之路傷鄉里之情者也蓋保甲行而鄉勇可永無用議今天下一統薄海內外罔不臣服自討平逆藩後腹內之地未嘗用兵夤緣爲奸者不過地方莠民聖人之世亦所不免豈甚不可制防哉今用兵之地旣兼練鄉勇他仍亟申嚴保甲以杜未然伏讀

聖祖仁皇帝

聖諭十六條

世宗憲皇帝萬年廣訓期於化民成俗例選鄉貢生員有文行者爲約長以宣導之今試用知縣題請實授者必敘入每月朔望

宣讀

聖諭廣訓編查保甲均能實力奉行等語吾未見實力奉行而於事無濟者也願執事垂鑒勿視爲舉子綴緝策語焉

再上張觀察論鄉勇書　喻文鏊

鄉勇者所以助官兵之不及而鄉勇有二一曰義勇一曰募勇義勇者勇生於義官勸勵之募勇者勇成於募官豢養之

夫招人於市而曰汝盍爲我死此必不可得之勢也招數千百人於市而曰汝盍均爲我死此尤不可得之勢也招數千百人於市而曰汝盍均爲我死今官爲招募之鄉勇是也非謂其都無赤心也奸民不軌神人共憤民不以爲非已責願得而甘心者也且賊所焚民廬舍所掠民錢穀所殺民妻子民各有其廬舍錢穀妻子則亦嘗爲其廬舍錢穀妻子死矣民之各有其廬舍錢穀妻子抵死護之者今民閒自爲團練之鄉勇是也民旣自有其廬舍錢穀妻子矣豈肯希一日之口食以從未習戰之身應官之募哉不募而起有募之而不至者矣何也不待養於官不隸籍於官也若夫應募者皆無

賴浮浪之徒無廬舍不足戀無錢穀不足惜棄妻子而不顧其來非敢死也曰吾以希一日之口食而已應募之時已預爲避賊之計賊一日不至可以饜一日之口食而不能以一日之口食得其死力而無所避也一日賊至有四散而不可統者矣非謂其漫無統率也有官爲統之者有民自爲首以統之者夫統鄉勇之官多投牒自効夤緣競進之人非素諳軍政也民自爲之首則必其地之桀黠者充之非素有忠義之膽也於是而侵扣之弊浮冒之弊生非如出兵有籍鹽菜口糧有定數也衆知統我者不免侵扣不免浮冒而不言則以彼實希一日口食非以殺賊其應募初心如是也縻無窮

之餉募無用之鄉勇非徒無益鄉勇潰則官兵亦從而潰矣其初以鄉勇居前官兵居後謂官兵不可損姑以鄉勇嘗試鄉勇亦知領我者之以我嘗試而姑以一出酬一日之口食前既奔散後復不支直兒戲耳不但已也賊過之後鄉勇又取其餘官兵尤而效之是擊賊者皆賊軍令何由而肅不但已也賊假官兵以誘鄉勇又假鄉勇以誘官兵主將莫可稽致墮其計害可勝言哉夫宋康定慶歷閒刺鄉弓手戍邊民被其毒終不可用今之募鄉勇無一家三人籍一人之慘而其不可用殆又甚夫刺面刺手背不勝其酷以防其逃竄且不可得而以不知誰何之人徒憑一二爲首者一呼而集累

百累千累萬給以口食使足鼓勵愚頑都嘵然於同仇之大義不待智者知其無濟也然則民自爲團練之鄉勇何爲可曰不可以遠攻可以近守但暫開火藥兵械之禁使民之各有廬舍錢穀妻子者築堡立寨甘爲廬舍錢穀妻子死敵於死而後可以生使賊殺之不得掠之不得焚之不得其焰亦稍衰矣若勦賊則官兵事也如曰此無賴浮浪之徒不爲我用必爲賊有則以募爲撫似矣然以之助聲勢可也勦賊則官兵事也韓氏愈之論淮西事宜謂民閑之自行團練者亦可名募戍軍然云與賊界連接盡賊有常所矣今之賊往來無定者也此今昔之所以異宜也今之不待募而起者守卡捍隘頗稱得力並有隨營自効捐軀赴難者皆我

朝深仁厚澤漸摩日久所致第不能竟倚爲兵可以隨地策應耳若募勇雖守卡捍隘亦不可恃也願垂鑒

上少司馬曾滌生先生書　　帥遠燡

不奉誨言今經六載斗山再覲一慰夢思惟慈怒叩別若嬰孩甫獲提攜忽又擲去依戀爲何如耶半壁東南久惟公是倚茲屆元戎啓行之時

上旨自當敦迫所冀節鉞東涖固軍心寒賊膽紓

宵旰而拯瘡痍明公憂國之深當無俟小子喋喋昨承論掣肘之處此固古今同病治亂相與循環天既不能不生致亂之羣

小故亦不能不預生已亂之大人天雖生已亂之大人仍不能禁不欲已亂之羣小弗亂大人之所爲百計撓之眾口非之陽用之而陰擠之幾至刺心無以自明及旋轉功成天下後世乃驚仰其遇之艱才之奇烈之偉以窺其矢志之堅與用心之苦爲不可企及若吾君吾相舉國以從爲所欲爲畧無牽忌則凡端人正士盡心國事者悉可與有爲矣奚事引領延望於大人之爲之哉承諭出必求有濟無濟不如不出某則謂大臣謀國不能必其事之濟與否且先行其心之安與否故有時明知其無濟而此鞠躬盡瘁之忱死生以之甯受指摘於事中決不忍置理亂於局外設也乞終制之疏一

人
聖主即俯允所請從此東南大局遂付闒茸之手麾下諸將之敢
戰者決不甘爲之用數年來所募練之兵勇甚至散而爲盜
賊封疆益敗壞不可收拾我公即卷節東山築室墓旁回思
先公生前憂國之心教忠之訓內何以繼先志外何以釋
主憂乎承諭必不得已而出必
詔書切責再瀝陳時艱請改絃更張必
俞允而後敢行某以爲此乃始事之所爲我公受
命於哀戚之中素服登壇慷慨致身於茲數歲中道而忽發此言
人將議其不克料於事先矣況聽從與否全仗忠愛血忱感

動
天聽又不徒在乎以出處爭之也設朝廷知倚畀公則當以是請
即以是應萬一
聖意謂公有所挾而出此既不假公柄復不令公歸明公之剛正
豈能蹔居人下乎公所憂者手無斧柯耳焉有居人下而反
有勢可乘乎鄙意且具疏報起復之期中略叙軍威雖漸振
軍儲實無所出不變計萬難久支既與前疏不相矛盾摺營
後再將時事之艱危閭閻之疾苦郡縣之肥己罔民驅民從
賊將士之怯於殺賊勇於戕民大吏之牽制客寄之無權本
息痛哭直陳於

聖主之前若不急求變通便宜行事惟束手坐視其敗壞安危禍
福之機實在此舉許臣所請天下事尚可爲否則臣惟有捐
此身以報朝廷大節榮名爲臣自計則得矣於國事何我
皇上仁聖聰明當閱此疏而不從公所請某決其萬無是理也時
事方殷舍公其誰憂天假人又其夙抱某識闇陋何足測山
海之崇深惟自分不才適投明公嗜痂之癖誤儕國士之知
十數年所矜憐拂拭而策勵之者靡所不至若徒懼妄言之
罪公則杞人之憂私則知己之感竝耿耿於衷矣竊謂當今
之世難得者才而才又難其遇某自束髮讀書聆父祖之訓
便知慕古人及至京師得侍左右與有道諸君子遊益知羞

溫飽懼同朽木孰意目覩時艱一發狂言遂見惡於當路陰
沮之使莫能容至於瑣尾流離家破子死舉室羈異鄉不克
存活人生遭際如斯其亦可以已矣然每念世受
國恩生民塗炭區區之心不能恝然至自甘汙辱舍我清班復以
羇旅之身不遠二千里投依宇下冀稍有陳建以効涓埃或
有裨斯世乃明公以際遇之難且欲卷而懷之如某者更當
何如耶明公今日所處之位任之專權之一雖不逮古人然
據要津者半泥塑弗能助亦弗能阻監軍既無宦寺絀功復
無繡衣此則今之勝於古也海內之望殷矣以我公報國之
誠憂民之切蒼蒼者諒必使公得行其志也敬問起居伏惟

亮答

野馬絪緼論　明　瞿九思

夫天精貫于其道而神解于其易以精貫則有體矣以神解則無體矣而精貫者能化神解者能應應乎其所解者而不無化乎其所貫者而不有又曰太和者變其變化其化而神其神動靜不可以對待成屈伸不可以名體立而貞乎升降之境渾乎浮沈之宅者也其精不距其神不撓恬則能伏迫則能赴混沌六極以與太和相嬰薄揆時耦變因天下以賦天下是故其應也以不應而至應其化也以不化而至化夫然後絪緼之道得而易于斯乎見矣

律法論　瞿九思

河圖五十居中洛書五居中居中者虛而不用則五十乃天地之體數除五十中數之外河圖一六居北二七居南三八居東四九居西其位凡八洛書九居南一居北三居東七居西四居東南二居西南八居東北六居西北而其位亦凡八則八乃天地之用數故律呂損益皆當以八分爲率然易云參天兩地而倚數又云參伍以變錯綜其數則是此參伍參兩但當除以八錯綜於其間而不嘗明以八呈象於其外況既云參伍則當分其八爲三五而合三五以成八既云參兩則當分其八爲四二而合四二以成八既云錯綜則黃鍾大呂蕤賓林鍾尊而爲居前者即屬陽而用全但當以兩律而合爲八其法當先用三次用五而參其伍以參天故黃鍾蕤賓以三分損益爲法大呂林鍾以五分損益爲法此之謂參伍太夾姑仲夷南無應卑而居後者即屬陰而用半須當以四律合而爲八其法當先用二次用二次用二次用二而四其二以兩地故太夾姑仲以各損二分爲法夷南無應以各益二分爲法此之謂參兩

與督學胡公直論動靜說　瞿九思

公初視學宮問諸生動靜之旨瞿子歷階而前曰動而不著於動乃爲眞動行所無事是也靜而不落於靜乃爲眞靜必有事焉是也仁亦自有動智亦自有靜易不云乎富有之謂大業日新之謂盛德富有者保合太和造化之仁靜機也而反謂大業日新者美利天下造化之智動機也而反謂盛德動靜固互根也公異之問生年幾何對曰不曾生公曰何故對曰眼耳鼻舌非生也心神意知乃謂之生生耳某理不敵氣心不帥形空寄天地間耳故曰不曾生公嘆曰吾道正印屬之子矣

與胡公論歸根復命說　瞿九思

時在長沙嶽麓書院見桃李華落公曰惜哉瞿子曰先生不欲其落乎曰然吾以花落則安所適歸對曰不有落也其何

以歸惟其落乃歸耳歸根復命斂華就實于是焉在當其盛開色可覩香可聞而花之精不在焉精者色而無色臭而無臭是也氣不舒則理不凝華不收則精不固由是觀之惟落乃歸也且落者靜機也王楊盧駱華矣而實不存濂洛關閩實矣而華自見極而言之又有得其所止之義在本末一貫之義在不見其迹之義在鳥于飛花也而止厥邱隅齊治平花也而止厥靜安斯落矣日章花也而闇然落也暢四肢發事業花也而即美在其中落也成功巍文章煥花也而即精一執中落也是謂本末一貫之義感而遂通花也寂然不動落也彌滿六合花也退藏于密落也按而索之曾有迹可見乎公曰旨哉斯言

平猺策　國朝　黃利通

排猺本屬頑民憑恃險阻抗拒王師驟攻則恐其難窮困守又恐縻費金錢稍有疎虞即生內地之憂大兵環集疊巘亂石叢箐幽林深入所以難也竊謂平猺大計在於兼用鄉兵山水路徑較官兵爲熟勞苦攀陟較官兵爲捷且保護室家其志堅復仇報怨其氣厲誠下令募鄉勇簡練而訓習之以官兵用正以鄉兵用奇未有不踴躍思奮者最要者尤在乎以猺平猺猺人倚山爲巢路甚險而多歧居易徙而靡定鄉民查報亦未必悉其曲折今絕其出路斷其糧道猺賊聞風竄匿惟宜密而示之以疎誘使出入潛搜迅擒凡獲一猺以恩結之用爲嚮導間諜徧投竹策木版諭以順逆禍福頭目有舉衆來降者畀以爵賞衆猺殺頭目來降者亦如之無知嗜利自相攜貳然後以我百勝之師撲勢窮之寇攻一排而衆排落膽降一排而衆排歸心矣

王氏積穀贍族議　蔣恩瀛 榜名倣濂

貯穀所以救荒官貯民貯一也然而官爲民謀不若民自爲謀之爲便官法莫善於常平而其增糴減糶之不善者猶有二二者維何其一穀不加多也米穀之物東來西耗往年糴入之穀至今年糶出兩數不符前今年糶易之錢至來年增價買入而數又不符前即使時值貴賤增減相抵要亦僅能符前而尚有里長書役人等之明耗於食暗耗於奸其不至賠補累官採買累民已屬大幸而又何能更有子母生積之利及於久遠也此其不善之一也其一惠不能溥也鄉里有穀糶賣之家猶非實在窮民業已增價與之惠非不深然如無穀可糴者何也鄉里有錢糴穀之人猶非至極窮民業已減價與之惠非不深然如無錢可糴者何也夫錢穀兩無之人大抵鰥寡孤獨澤宜先施之人而轉格於勢之不能終及揆之行法者之心必猶歉然未安也此其不善之二也之二者實乃勢所必窮無如何也若夫民竊其意自爲積貯而以

贍其族人則有不同者三何則官法主謀一邑民法主謀一家勢不同官法主爲人謀民法主爲己謀情不同且官法所謀祗行其惠於糶糴之中民法所謀又施其惠於糶糴之外用又不同有此三不同夫是故度之心既未嘗欲其惠之溥而措之事即何難使其穀之多如使官減糶而民糴則輸錢以易穀俾其族人自爲糴是用官之減以爲減而前之積貯猶在也官增糴而民糶則出穀以易錢秋熟仍以錢易穀是變官之增以爲減而後之積貯有加也穀之多必可券矣然則法猶近私與曰不然民所自謀之巳固即官所代謀之民何私也然則法猶嫌隘與曰不然各有可謀之巳又即均爲

能謀之人何隘也是法也人人行之世世行之可以通官法之變可以濟官法之窮有官法而民法可以並行有民法而官法常平遂至可以不設故曰官爲民謀不若民自爲謀之爲便也且吾嘗綜一邑大勢籌之士民工賈食穀之人合計之不上三百萬口上中下地出穀之畝合計之不止三千萬區度以人日三升雖在中年亦復當有羨餘顧何以水旱猝逢官民束手此其故大可曉矣且夫貨惡其棄於地不必其眞棄於地也民惡夫輕去其鄉又未必果樂於輕去其鄉也從古救荒之政不在臨事之猝圖而在先時之豫計今觀一邑之內田非無餘穀非無餘乃官不爲民儲民亦無自儲者

於是乎豐年不能不聽商賈之人船運車載以出而出則穀一空於是乎荒年又不能不賴商賈之人船運車載以入而入則價數倍以數倍之價當極貧之民糴買無力權貸無門勢必至扶老攜幼轉徙他邦而積之歲年遂漸棄其父母桑梓祖宗墳墓於寒煙蔓草之外漠然不一動心念及此尤不能不惻然傷也我族丁男三千貧者什九而祭穀之入每歲尚可三百石議自本年爲始酌立糶糴之法糶以中年糴以豐歲出入遞轉子母環生由是一遇災荒則聚族衆量戶大小分貧極次視災輕重出穀多寡而減時價或三或四上則糴之次則借之又次則遂與之雖其惠止於一家而一家之

中賴此者正不少也況豐年糴入雖不增價而亦可免商賈車船之耗中年糶出雖不減價而亦可免商賈車船之勞計其食用足給若干人不費之惠自在其中然而族衆支領之時又有不得不定其規者毋恃強而欺弱毋隱富而詐貧毋結夥以逞奸毋違衆而滋議毋希圖瓜分以噬祖毋藉口挪移以累公情不中乖利斯永享至於承管之人責任尤重視年以時糶糴不得不任其勞也錢數出入不得不清其帳也在倉之穀不得因私扯散名在而實不在也糶穀之錢不得因私挪用見入而不見出也迨至荒年災輕重穀多寡價低昂戶大小貧極次又須細心籌畫不濫不遺不隨不詭總之

一以正大光明之心處之自無不服雖以一邑一郡上逮一
國天下之事措之裕如而況其爲一祖之孫形分而氣合者
乎是所望於後來子孫繩繩繼繼守此議而不愆云

雙峯山賦

明 晦山顯

惟支那之巨壤喜慧日之常開迦文眉光而東照達摩一葦
以西來兢嵩庭而面壁接斷臂之奇才金襴旣授隻履重迴
少室四傳宗風騰於赤縣寶王三葉靈氣鬱乎黃梅四十里
逆水兮西流曹溪並美十三仙修眞而得果不讓天台詡名
山之重疊鷲祖窟之崔嵬馮茂東山聳沖天之飛鳳紫雲老
寺攢玉筍於蓮臺若乃冠絕羣山允稱破額自天柱以來源

從皖山而發脉層巒複嶂寶虎踞而龍蟠峻嶺重岡喜雲奔
而霧集雙峯削翠以插天石筍撐空而壁立疑華頂之雙闕
驀地移來望廬阜之劍峯並頭卓出似秦王曾用其鞭笞怪
巨靈何年而斬劈登峯遠眺浩蕩何極蘄春山肆繞以堆青
大白湖當胸而漾碧適當鎖口恰有石龍扼雙峯之關隘收
萬疊之蹤龍噴雪奔雷碧玉流飛來兮天半揚譽鼓巖石魚
磯躍起於波中洗筆澄瑩積千年之幽黛花橋橫亙跨百尺
而垂虹公權擘窠大書現垂鐵筆子厚蘭舟妙咏曾發洪鐘
點綴後屏有峻嶒之硯石端莊前案見兀突之鑪峯觀音崖
傍香爐而聳峙天馬峯引外案以朝宗明月橋之奔流雷轟

西澗魯班亭之石屋塔接栽松孟林拱於對而巽角湧於曾
同顧此雄山開宗何代溯大象之初年感至人而應瑞厥惟
信祖世居河內爻合梅川篤生聖裔浴佛之井猶存瘥疾之
功著異挺夙慧於空宗遇璨祖而染薙旣經指點廓悟心源
方成童而舞象荷衣鉢之宗傳詣吉州而退賊降瑞雪於炎
天登廬峯而望破額兮紫雲如蓋向黃梅而棲孤嶺兮累石
成龕六十年脇離繩牀深求禪說第四詔頸伸天使不面君
顏秉金剛之道力豎鐵骨而孤騫丹宸欽風有錫杖明珠之
賜黃麻宣詔垂金泥玉檢之篇一枝橫出於牛頭兮石留佛
字百鳥啣花而絕跡兮道播江南大滿前身易幻形而受法

栽松後廕續宿世之奇緣石洞天開尚存傳法之像幽巖珠
濺猶流卓錫之泉旣而授受功圓闡揚事竟息影歸眞跏趺
入定掩肉身於毘盧之塔扃戶自開謐慈雲於唐代之朝宗
門鼎盛稽英賢之繼席數燈錄之雲礽清皎志堅播宗乘而
烜赫仲宣法演據正令以掀騰雲端爲法身之偈宗肇續鐵
面之燈海逸二公後先主法處仁禪者曹洞親承璧乎止堂
允稱傑出法嗣東宗光明宏碩大啟門庭鼎新梵石飛甍耀
日做殿閣以嵯峨畫棟連雲映罘罳兮金碧今寧堵以儼存
實功勛之罕匹雲谷平川止堂的骨兒傳弟受端居士易法
幢爲號明初有再來之僧道具宛然成祖重隆恩之錫嗣後

幾傳禪規寢息幸我千華乘大願力重闢禪堂宏宣律日彤
文郁彩引王公建祖殿於層霄繡幕錦旛從帝京齎內宮之
寵澀設巨鑊以接禪流贖雲莊而充香積卓哉再造之功偉
矣中興之勤起師年勤八載有恢田建閣之勞小子竭蹶三
年增鍛豢烹龍之室累歲闢爐薄言塞責念三楚名藍星羅
碁布諸方叢脩繡錯雲攢獨有雙峯五祖從此流衍二派於
斯發源匪一方之法社實四海之具瞻大藏閣御書閣千僧
閣曾輝煌於昔日善世殿大雄殿慈雲殿加丹雘於目前敕
獎褒題歷代王言兮炳煥巨鐘鼖鼓先朝法物兮堅完雖醫
祖吐火自焚已建巍坊而藏舍利而荆藩鎔金成像仍御寶

殿而擁旃檀萬衆歡呼至德之沸騰如昨二株祖述大醫之
骨脉未寒信佛國高開歷刼河清而海晏祖山鞏固萬年地
曠而天寬但宗風之不墜即磐石以常安嗟乎吾生也晚雖
鋪張難罄捃拾多殘後之君子得吾說而考覽焉亦可以知
西山之正覺誠不謬爲天下之禪關

重葺白湖橋引

國朝　黃利通

自梅城南行四十里緣堤植柳千株平湖曲港左帶右抱長
橋互其中踞四方之要會南接豫章粵閩東北連吳越齊魯
西走蘄黃泝流入巴蜀秦中旁抵黔滇西北道洛陽邯鄲以
達於京師古所稱劇驂崇期之地也大纛高牙千乘萬騎田
賦關榷之轉輸商旅車徒之出入趾相錯而肩相摩橋之所
關亦大矣歷年滋遠舊制漸墮邑大夫熊勞撫字之餘留心
舉廢告於郡大夫王公王公曰善適屬老僧眞一主其役募
通國而襄厥成吾於此竊嘆賢大夫宏濟斯民不遺片壤達
物情而寄治體於此得窺其梗概因慨然想見古先盛王經
世理物之具抑何規模宏遠而節目之詳且密也夏正十月
成梁周禮司空司險之屬凡山林川澤之阻而修利之俾天
涯遊子無褰裳濡足之悲且以示普天率土侯尉一家不致
隔絕當時覘人國者道路所經輒能卜其興替而西京能臣
亦往往以此殿最彝吏誠重之也及至後代不復以此事爲

王政吏治盛衰得失之所係而一聽其成毀之相尋嘗竊謂
窺海內大勢溝渠畜洩北不如南杠梁鉅麗南不如北蓋野
廬氏之失官亦已久矣於是赤髭白足之侶得間出而乘其
權一瓢一鉢以通濟迷津專歸佛法豈非吾儒之恥耶第思
儒者援天下之溺釋氏渡法界之迷義皆有取乎津梁今我
巨卿名牧振南土之積弊既已居高而倡而鳩衆庀材仍以
責諸佛子殆有見於王制吏治相爲經緯而佛法治法亦即
相爲表裏也乎試觀梵宇琳宮居高山幽邃之中車轍馬跡
之所罕到而其間老樹橫溝亂石沿溪亦頗稱往來利涉矣
猶且肇建輿梁成洞天福地之最勝矧茲橋履興之故關一

邑之利病關一郡一國之利病而又重以賢大夫登高之呼加以上人襄事之敏賢者奉公而好義次亦篤信佛果以待福報於無窮孰不竭蹶從事而樂施恐後耶嗟乎男子有事四方跋涉萬里當夫日麗風和芳草綠而馬蹄輕非不興會豪舉自詡生平之壯遊卒遇溪流泛溢欲渡無梁倉皇旅次一息而百感横生此自古英雄失意所由寄吸於行路之難也今試從里巷晏居之日念及長途厲揭之艱知必惕然意動傾囊倒庋而勿辭今茲之役吾保其必有濟也三代王政之墜兩漢吏治之盛法門普濟之仁風俗德施之美一舉事而衆善備豈不偉哉他日龍見水中鶴歸華表數行帆影出

溪石甕之游鱗夾岸煙光飄拂長堤之冠劍暮山碧而殘照趁漁子之歌曉月明而白露濕征人之馬名臣以濟川興懷才士以題柱稱快此邦之人極口賢大夫之功不衰吾亦願從諸君子後把酒凭欄援毫而賦之

鮑母祠辨

余錫椿

鮑母孰謂參軍妻也張其姓文姬其名韋縠才調集著焉舊志未及深考而以爲或即令暉或之者疑之也至祠中諸聯則直以爲令暉矣謹辨正之

邑治之爲明遠故宅而因以有鮑母祠也禮原壹於因國匪等日姑曰姥之淫祠祀克並於詞人輩昭于豆于登之大典第稽諸舊志說倘介於傳疑茍肅彼明禋事必期於徵信聯同氣於爾日亞左芬者雖屬可傳問好逑於當年配參軍者當置何所況兄妹不必其同居而夫婦要未聞異室謹考古以證今爲辨訛而訂誤粵稽大家續史名埒孟堅仙子寫生技齊公擇散朗推袁家之二清拔說劉氏之三從古炳炳之文人率多峩峩之令妹然而誇不櫛於生前雖並詡夫芝栄蘭秀未必薦維馨於沒後亦共享夫藻采蘋湘郎曰介山姑女偕子推以肇禋青溪小姑並子文而咸秩要皆小說所相沿終非大雅所共許何居乎此邦之有鮑母而自來亦謂令暉也以彼行顯中閨名堪繼世珍重惜花之吟蓁芳賦茗之

句固知陶妹德操足繫念於淵明蘇妹温文宜鍾情於玉局然寄大雷之書雖克見天倫之篤而卜當日之宅要祇安居室之常蓋女子從人必終遠乎兄弟而君子偕老惟是宜其室家竊謂蘆簾紙閣應有伉儷之克諧矧茲蘭質蕙心亦自才調之能擅則如張文姬者天情開朗逸思雕華餘盈芍藥之花篇製葡萄之樹讀溪雲之舊句豹見一斑誦沙鷺之遺詞龍餘半甲抱才而何殊俊逸眞堪敵體於文人胥宇而偕立室家自應雙棲於樂土因宅而以有墓則一城外一城中兩地之窀穸非遥因墓而以有祠則一署前一署後千秋之俎豆同享庶幾考其事而旣非無稽衷諸情而亦爲至當也

慨夫俗慣沿訛人多好事潯陽江上小姑已嫁夫彭郎浙水道中十姨竟配夫五相何此情事之相符偏若牉合之難必慝是憐才太過未忍别貴嬪於太沖兼因考古偶遺不及稽懿氏於敬仲特憑管見丞定繭尸嗚呼人來畏壘既尸而祝之之維宜室有萊妻自合而祭之之允協否則饗巡狩之聖人舍帝子而别求娥首抑且奉浣花之詩老棄鄜州而遠乞鍾離

書汪縣丞妾事　　喻文鏊

梅邑汪振玉乾隆癸酉舉人挑發江蘇知縣以事鐫級分發廣西補淩雲縣丞其之廣西也憚路之遠僅攜一僕往妻若

子不能從比至買某女爲妾付以家事年十八耳摒擋諸務當丞意踰年丞卒於任向所攜僕回楚矣凡殯殮大事皆妾經紀之妾父母聞膂女挈貲以行不可逡巡言回楚路遠不能捨割情甚痛蓋近來奸人粥女爲官家妾或一年或數年其父若母若兄弟朝夕窺伺乘閒傾筐倒篋去者比比也況所適之人已死並無親丁之在其左右者耶妾曰我非以身事汪丞乎果以路遠難捨割當日何賣我戒關者後我父母來勿內日盼汪親屬至畫歸櫬事遲數月不至請於令郎日買船扶櫬旋楚令難之妾曰迢遥以妾身恐不免死者之骨更未可知他日毋迺洄我公一蒼頭老矣實丞在粵收者妾

知其誠樸可任俾之經營一切筐筥器用等自爲條繫簽記入簿錄奉靈櫬登舟晨夕奠饋泣涕由舟而陸又由陸而舟蒼頭皆聽妾指使途半丞之子與姪踉蹌至乃泛洞庭下江漢泊黄梅之清江口妾謂其子曰死者歸矣主喪者當卜地妥靈成服肅几筵以待弔客我歸見主夫人登堂見大婦匍匐伏地叩頭者三大婦謝妾曰吾分爾也一家大小拜謝鞫歸櫬狀曰非死者之靈不及此相持痛絕於是嘆老蒼頭之自粵來者請於大婦給白金三十兩遣之去持所書簿錄付大婦退堅閉一室族黨無見其面者妾郭氏廣西宣化縣人

重修文廟記 補載　　邑令　覃瀚元石仙

孟子之闢楊墨也曰楊墨之道不息
孔子之道不著斯言也爲當時亟言之而在今日文明之世則孔
孟之道著而楊墨之道不闢而自息天下無倫外之人古今無人外之道人各盡君臣父子夫婦兄弟朋友之道則異端邪說無從而入而莠民梗化造作不靖更不足慮矣余以書生從戎咸豐六年隨大軍復梅城奉檄莅梅事兵燹之餘舉行祀典　文廟僅存大成殿餘則斷磚零甃荆棘滿目爰披草萊拾瓴甓草創兩廡齋將祀事九年脩兩廡及大成門十一年脩崇聖祠工甫竣調任廣濟規模畧具因陋就簡廢缺猶多於余心終未慊也越八年復莅梅建文昌閣旋奉

命入覲同治十二年回任乃與邑人士醵金儲材大興工作重脩大成殿及兩廡及大成門及崇聖祠及齋宿之所於是棱觚干雲丹艧燿日在昔太史公觀孔廟之車服禮器而深景仰文翁學宫圖繪聖哲之像而因以化蜀蓋觀感之神莫甚於學廟矧梅邑被賊數年一旦承平如出幽黝之洞忽見天日如困長夜之久忽覩曙光如草木之新傷於斧斤而漸生萌蘖勞困之後善心易生因導之以君臣父子夫婦兄弟朋友之道則民志不惑何憂乎異端之誣民與莠民之梗化也哉十三年春縣試文童以能言距楊墨者聖人之徒也命題區區之心其猶是夫

素業堂稿序 喻化鵠著 補載胡志藝文

金壇 王步青

吳楚千里相望能文之士聲相聞黃梅去白下則又千里而近喻君物外屢遊焉兩地君名藉甚曩者余故心藏之頃邂逅書林恨相見晚出示近作一編披誦之餘歎其聲實雅稱葢嘗三折肱於斯矣夫文章聲價有定而遇合無常艾東鄉有云文之古者高也樸也疎也拙也典也重也文之卑者輕也渺也詭也俊也巧也排也余嘗以是按古律今未之或爽然而輕俊浮滑之徒掇科名如反掌其樸老疎拙者或不獲一遇或遲之久而後遇豈眞古貨之難售歟抑造物者將老其材淬厲而崇起之以益高其聲價而爲世表的歟喻君今且年逾五十猶潦倒塲屋滯籍明經吾讀其文思理清微風骨典重高踈樸老絕去媕婀繁縟之習追古人而從之何其宜遇而久不遇也夫爨下之桐名成焦尾鹽車之驥價重孫陽遭遇故自有時耳世不少知言之士是編出知卓然復古者宇宙間尚有人在而信今傳後聲價且百倍吾言特乘韋先之爾已

素業堂稿序

桐城 周大璋

時藝爲帖括一塗然代聖賢以立言其托體最尊人第以是爲文辭之事未嘗取聖賢精心妙理尋繹以探其微涵泳以盡其致揣摩於情事聲吻以肖其神故其言日事豐富祇成

塡砌而於聖賢立言之旨謬矣夫見理不眞者言雖文不可以行遠余嘗謂先正眞樸文字雖寥落數語脜蘊無餘而生氣勃勃紙上識者擬之布帛菽粟顧何以後之趨風尚逐聲華者競言排奡而不先惟妥貼之是求耶余曩出宰晨陽所交楚人士最多爭爲余道喻君物外之文能不趨時好而於聖賢立言之旨不爽銖黍葢其識力之定雖屢躓省門不售不以易也旣讀同學試草始知蔡君瀛洲李君西卜爲性命友晨夕切劘無閒惟以文務明白相規勉俗下稽粕弗爲覩其序蔡君文誠有味乎其言之也故生平所作遵題妥放根極理要不假旁襯不煩枝葉迺更出以淡逸而高排要渺樸

非枯直官止神行文成法立無一字句溢於題位歉於題分而止先正云如題者天下之至文也如是而爲明自而以求於天下蓋寡矣今窺其全稿與蔡李二君遺文附梓以行可謂能不死其友者夫文章與道義相表裏喻君性情真至如此宜其文之不謬於聖人於以傳世行遠無疑也世有能讀喻君之文者即其文可以知其人焉是爲序

古今體詩

遊火燄洞 明 石崑玉

巍巍洞口形問名先已愕既道似天開胡爲於地著大塊氣結凝偶出煙熏灼奇肯讓人探飛還疑鳥落尋思隔世氛豈不於茲託側聞生紫芝内或藏丹藥有客昔圖遊僮牽腰帶索巖方阜以錐峽又張其角而必事攀躋能無戒履薄登登果力強許赴盧敖約

登北郎山 國朝 梅 文

後山削如屏前山伏如几佳哉氣鬱葱蜿蜒抱坊市者屐踏芳郊行行聊復止景物自鮮妍吾亦適吾履引領北望遥平疇沃且美方春事耕作曠觀識至理徘徊陟其巔上有飛仙址佇立憶鳳臺涓涓西流水

遊紫雲山 張仁熙

鄙性好山水決往頗遭悖訪導邀層霞亦惟中所嗜頃聞貫公居古洞延空翠險巘絶人禽下臨光景碎我行叩山靈神影窮終晦劃然天地開俯仰澄高霽指顧杖僧閑眼耳一時寄

黄利通

老不自珍重賈勇攀絶壁層雲入袖來危石依人立虬松接吾趾高者千百尺晴天何處雷飛泉鳴不息思欲跨風雨衝

無仙佛力山僧吾左肩鳩筇吾右臂三嘆負薪人毋乃生羽
翼

遊石門山有懷　陳文炳

石門閒無事登高聊永日雲霞千里開渚壑萬形出潺潺溜
泉輕飛飛度鳥疾絕磴走猿猱野樹多楓橘感別時已非憑
眺情難一遠望不可期孤興與誰悉

山行二首　乙亥秋杪有事於蘄之大同鄉出宿於邑東山寺質明經龍坪唐家諸山屈曲陡絕聽輿夫語感而有作　薛秉時

東山曉鐘鳴乘馬出古寺初日照禪關林壑浮空翠行行入
山深兩壁怒張翅彴畧一線通盤曲如綰鬟澗水亂雷聲石

磴排鱗次崚嶒怯馬蹏爭言籃輿利怪哉山中人兩足猿猱
類跬步輒易形旋折無危地喘息如吳牛顏色鮮怖悸千古
笑王陽回車等兒戲安得盡康莊驅車去如意立定在腳跟
世路無險易

九月苦恆暘秋威熱猶熾野老解憐人一纖假覆庇關情如
家人慰勞詞肫摯感爾語殷懃區區明我意勞者吾之常險
非吾所避願爾山中民安爾山中趣今歲頗豐盈委積如櫛
比勿恃鼠有牙重煩天子吏耕鑿無他求皡皡泯怨詈語罷
日易斜山山積蒼翠

遊古角山　陳其雯

杳然巖障深朦朧煙樹曉遥望多修竹入徑尋窈窕栖鼯抱
寒木野客驚山鳥行行心轉悸雷吼噴未了飛泉走石罅一
線覺天小方解寵辱情逍遥託塵表

遊多雲山　余學益

雲中樵斧聲偶雜樵夫語撥雲尋徑曲逍遥少伴侶登高一
俯視離離藹禾黍白雲無定時青山自千古

俊逸亭懷古　趙士泰

臨海王子頊出鎮荆南陲前軍領參府書記集才思靈妙鮑
東海贍逸善文辭尤長於樂府梅花落南枝春日東門行代
寫古別離寓意蕪城賦寄懷竹里詩悲涼柔厚處曼聲促節

時不敢盡其才拙筆故遲遲帝王量不宏才士數亦奇何但
謝靈運齊名而並馳杜陵慎許可俊逸豈阿私黃梅風俗古
菟裘老於茲一拜文人墓孤亭夕照低山樵出北郭漁艇邊
西池荒園除蔓草老圃問酴醾俯仰千秋上春風度子規前
晉一完人飲酒題義熙長城何負爾壞之本狐疑忠勤而清
儉延之與慶之江左何多難骨月相雄雌功臣不自保羣小
頗相宜況復參軍老應同王子悲

丁酉孟冬遊馮茂山　張惟金

筍輿出北郭尋勝入幽邃山行犖确危跼步心惴惴是時孟
冬交天氣暖如熾霜葉亂堆紅珊蘿紛攢翠蒼髯排古路揖

峉後先至雜沓肩相駢彳亍足屢躓翻嫌白汗流亭午始入寺山僧列粔籹一療飢腸沸高瞻梵王居石龕鎖深閟幽室燈熒熒炷香仰神異頓令心地淨浮生洵如寄著龍陟高岑微徑緣曲折石磴懸千盤登頓苦疲苶上有白蓮池縹緲踞險絶少年誇捷足奮步凌巉嶕伊我二三子僧寮安蹇拙危樓撑虛空列坐事禪說流觀壁間作紕繆相剖晰推窗恣遠矚講臺立積鐵皴皰怪石蹲蚴蟉古樹列築翅山雞飛迸鷭幽泉咽坐久脱塵氛已足消內熱

江心寺懷古　孔毓弼

高秋雲物迥沿途信清美須臾指尋微古剎巋然起映門蓮花香當窗籬菊紫景物自猶奚幽意無起止昔有謫仙人曾此留芳軌高詠驚天人風流邈難擬當時萬里流洴澫環山趾突兀掌孤峯楚天信一柢迢遞隔千載空沈不可視滄海墾良田華屋嘯山鬼太息念九州過眼盡如是我來一以眺躑躅斜陽裏雖乏青蓮才頗悟陵谷理拊膺何所思目斷秋江水

復過東禪寺　喻文鏊

數日屢出城淑氣春已釀故人殘雪中古寺會瀛外試觀淯淨身已得解脱義空有南北宗紛攘供一慨何以掃文字君然了三昧長嘯一臨風蕭然絶埃壒

隄潰書感　喻文鏊

江水下盤塘無山可阻水當其暴漲時那能測涯涘驅水與水爭杵築高不庳其東盡雷池捍衛相首尾始自洪武間歷今四百祀築隄事澹菑隄築菑未已一線五邑聯受害吾過彼吾邑居中楊大半如釜底居民傍水居江表而湖裏山田多瘠薄湖田多肥美江隄標界劃湖築紛紜起江隄實縣延湖隄復迤邐雨來湖不納江溢隄易圮無慮萬村落在在生痍痏江隄付東流湖隄遂披靡道元注桑經刋水清且泚右對馬頭岸何不順遺軌刋水既湮塞南注莪一匕獨有青林湖東流一支耳所潴亦已多所洩何由駛因循踰旬月田廬賸有幾倘得江水低旦夕猶可俟不然肆橫流震盪靡遐邇萬畚狎陽侯人命輕於紙倏忽倒如山吾民其魚矣十年再三逢千家類轉徙嘆息吾邑貧當復正坐此撮土安足資誰知穴以蟻況受腹背敵措手誰料理所賴救時才先時勿膜視

五祖山　邑令　張維屏南山

達摩從西來心法本一燈五葉分兩支北秀而南能我聞大滿師夙根轉孩嬰隔世受衣鉢入門鐘自鳴至今五祖山法雲護層層兹來謁禪林不問般若經不談風旛義不講大小乘但求佛施力寶筏濟衆生善哉菩提心詎忘桑梓情時水

節婦柏　余朝盞

孝婦未壽姑石榴花不枯節婦喪其夫朝朝哭墓隅墓前雙柏樹尺寸手植扶童牛牿失戒嚙傷樹一株愛夫重愛樹淚盡血成跡吁嗟樹復故天不還其夫

鳳臺觀　余朝盞

聞說仙人觀偶訪鳳凰臺平岡背落日低映野花開四顧無遺蹟薄暮雲悠哉北邙墓田上終古集蒿萊天陰鬼亂號燐火幽房哀長生有何術丹竈少藥材春風吹習習澹蕩艷陽回流景那可待歸路中心摧

東禪寺　余錫椿

步盡城西隅行行見古寺寺門額東禪當年求佛地老僧猶

獰羣似識西來意南宗暨北宗向客言所自我聞諸佛理妙不關文字雙偈書壁間有語總沾滯我聞諸佛言空空本妙諦豈必借衣鉢方能定法嗣受者竟何用傳者亦多事失者胡相爭得者胡遠避遂令愛憎殊紛紛起行刺天下有正道傳之不待器天下有正學得之不相忌一貫緬尼山前參而後賜

東山館次雜詩錄二　蔣恩濊

一牛隴外行稻深牛半沒逶迤如草蛇見背不見腹牧童尾牛行心愛禾黍熟西風將雨來平野曠無屋童急無可之持鞭就林木心知牛未飽任去雨中牧不復事羈絆遠近在郵麓牛亦知童在未敢羨五穀牛童豈有心感愛有昏夙

一雨輒兼旬農夫春無麥禾黍雖繼種未秋不可食舉家將南行淫雨復相厄君看村落中潢潦縱橫積禽鵲在樹噭炊煙渺難得忽見雨中婦來從富豪宅不知獲何事衣溼有喜色衣溼每易浣衣浣良可惜

白湖孝子行　蔣恩濊

孝子無名姓奉母居湖阿見客不知揖娛親嘗善歌客憐孝子貧十金議傭雇持金喜白母欣然負母去客言毋當留孝子睜雙眸擲金如擲泥詈客如詈仇廬墓終三年忽不知何

往至今湖水綠悠悠令人想

老祖寺　吳鍱

璨公啟司空滿祖居馮茂千歲寶掌禪紫雲天半覆時在魏晉閒陳閭古今宙飛錫駐雙峯矯首煙嵐秀誅茅住數年迄今緬層構琳宇特地開洞口積雲皺鬱鬱松千尋古質逾蒼瘦石上蘚苔文搜剔辨篆籀此焉古佛場諸寺皆其後誰與拓平疇野色酣甚漱溪汀汩汩鳴乳泉流細竇似茲極恢閎何意在巖岫折羅池邊蘆旃檀消永晝天然噴雪崖山外飛晴溜

步中灣橋　吳鍱

行行溪口間晚濤萬響注溪上一聞鳥驚人飛鳴去前峯雨欲來已在雲深處相思遲不至何人同把晤

雙峯　吳燦如

一劍雄而還一劍雌而弱彊弱雖異致眞力俱磅礡吳楚蒼茫間煙霞兩眼擴夕陽劃一線金碧綴林壑不見牧與樵時有猿兼玃鐘磬爲下來泉聲如樂作冀以火燄尖紫雲光照灼破額稱雙峯無此好鈋鍔

老祖寺　吳燦如

石磴復石磴無路通車馬誰知疊嶂中豁然開大野池塘曆其前清瑩如玉斝白葦十數莖何人種植者其後背遷峯老

木蟠松檟纍纍不避人過憩旃檀下緬昔寶掌師誅茅成叢社千有四百年法眾猶雅雅吾梅稱祖窟茲其權輿也戶外稀遊蹤我卻禪戶打精藍水潑檐古鼎泥沒踝拂拭蒲團石坐聽山風灑

下梅水山　吳燦如

青山殊累人狂遊四五日薄言下層崖餘興猶未畢時菊正妍華人家收芋栗簞簹紛無數冬筍漸可乞狡獪雨與夫[illegible]茲疾足疾其下臨絕磵徭徭我心慄斷橋忽趁人石很水姤嫉詩意追元暉畫致窘摩詰巒環到谷口松風吹懈律回首諸山靈巖整著顏屹

題張南山司馬黃梅拯溺圖　帥遠燡

鄭公圖流民千載人口膾嗣者我張侯濡墨和淚繪張侯涖吾邑昭陽歲癸未是歲春徂夏雨師爲民懟數月苦淫霖雲愁白日蔽雨勢日以暴江滙日以汰萬丈康公隄日夕號巨瀨千萬億生靈存亡一線賴浪聲兼哭聲晝昏天地黯板築集萬夫須臾萬千簣奔走相追呼餐忘亦寢廢上帝何不仁陽侯益驕恣蹴地聲如雷隄崩竹破勢墳墓田與廬飄沪洪流內死葬江魚腹生無插足地富人轉眼貧貧人轉眼逝攜兒謀諸婦出溺相與議爾鬻我或生爾罰我同斃可憐圖一飽骨肉中道棄尸殣遍野橫鴻嗷陰風噎鬼哭雜人聲聞者

皆涕泗哀哀我張侯同民生死誓上天點點雨我侯點點淚出沒亂濤中危生枯木寄司馬親駕小舟出撫恤巨浪覆舟抱大木得免泣諭爾居民各敦周恤誼傾囊爲之先指囷援踵繼周章無昕夕賑貸忘勞勩老弱遠窮僻惠無遠弗屆侯曰此杯水於車薪胡濟嗟我民瘡痍飛檄告大吏大吏如君請一封陳
九陛
帝曰爾循良內帑萬金沛侯聞悲且喜侯力盡以萃顆粒未及民負我
朝廷賜民數必親登胥吏絕狠狽舟載計口授豪強絕貪覬推食復解衣融融廣廈被市價亦以平因民惠不費此力可回

天年無豐凶巽張侯我父母民命惟侯繫徵侯吾其魚侯去誰其嗣傷哉吾邑民長此洪水累辛壬迄至今十歲水九至報最重催科人命等兒戲赓發半中飽上下肆吞餌猾吏狠子心引領望災異賑吏非賑民民死吏自憙衙前哭聲環日晏官猶睡罔識流離苦又因以爲利因此益思侯一念一流涕霖雨不再來望侯如望歲其時先王父建節東西浙二十七郡縣災告吾邑類賑濟廣

皇仁全活豈萬億常存饑溺心因使羣生遂至今西湖上鐫碑誦遺愛使旌曾泣止（君曾任浙中都丞）當聽頌聲載言念我先人功德同時邁以此證瓣香南豐總一派（司馬尊人爲先中丞公門下士）

六祖墜腰石

宛承琚

南能本無能盧行本無行負薪復舂糧何當於佛性槽厰八閱月禪宗得其正腰間石一卷服勤抑何勁中夜傳衣法上座莫與競石兮已所爲衣兮師所命衣亦不留傳石亦無究竟悟徹最上乘無生滅垢淨所以南中來曾不與石併墮入塵壒中犂耕出諸穽或覆甑支牀適用非所病乃奉爲寶物因之致恭敬癡人祈福佑文人供吟詠那知說偈時無樹亦非鏡況世踰千年保無類優孟球璧失其傳燕石摻其勝一物恥不知眞贗吾敢請酌以平情論三教參互證得魚可忘筌墮地勿顧甑不獨本來無妙契西方聖

丁卯賊警

吳鈺

陰霾閤不開雨中警賊至奔逃竟空村田廬悉委棄近水先具舟搶行泥草際信宿驚甫定傳聞疑虛實方春正荷鋤潛歸檢農器避賊賊未至賊至未及避被虜身拘攣殺死屍塗地萬物惟人貴制刑必三刺屠戮一舉手雞與犬不啻念此死生輕所憂惟老孺哀哉彼惸獨糊無室家累自生民以來亂日多於治承平二百年構難十餘歲歲歲苦避賊棲竄非一次亂生久不弭奔命安所暨

西園種竹歌

明　瞿甲（時年十二）

芳園窈窕迴溪澳千箇琳琅栽翠竹竹徑翛翛宛轉通雕窗彩戶開書屋屋下藏書萬卷奇書中奇字子雲知問奇每載風前酒醉後頻題月下詩題詩醉月無昏旦竹裏還窺花燦爛嫋嫋花開倣碧亭玲瓏洞達牽雲幔亭中虛白映幽人亭下春臺錦繡茵拂坐頓敎塵慮盡縱觀轉覺物華新新篁繞砌當朱夏鳳尾龍孫同綺榭朝來急雨洗梱花綠陰翻見紅泉瀉飄紅搖綠自春秋秋月亭亭照夜遊遊散不知宵漏永霜天已見曙光浮光浮翠幄何清冽素豔澄霜霜轉潔曉起披襟竹下看卻疑個個封寒雪雪中看竹竹森森玉樹千株

映素心何處寒泉清朔氣梅花初放短牆陰梅花香盡春花發春色仍歸亭上席亭外花禽勸酒嘑亭中日醉探花客客醉閒亭豈獨春四時花竹盡娛人知君只愛花間竹可化神龍靄九垓時曾長鄉在座書以贈之

濯足亭　石崑玉

城邊舊沼如環局傳是羅仙曾濯足嘆雨曾醫龍病縮乘雲竟跨鳳飛蠶漸焉靈蹟俱潛伏昔灌芝苗今產穀萍藻尚乾殊可掬蓬萊應淺將成陸豈非師去淵泉蕃須是人來清淨續我久持齋戒脫粟希心黍米丹堪服一身恐被煙塵撲雙脛仍澆源水沃照影呶呶私致祝駐公升處爲鄉曲雖行地

底尋遺躅尚隔天端餘秘錄每到悠然共往復那留大藥在汚瀆因而取笑於流俗不得綴桃空斷肉

破額山放歌　國朝宋犖

破額之山何崔巍雙峯對峙雲中開上有青松萬樹相糾結下有飛泉一道相縈迴乘風直下一千丈石魚磯上如奔雷石魚映日鱗甲動噴波幾欲揚其腮我從塵中來選勝此徘徊釋氏遺蹟樵人說山腰殿閣生蒿萊長橋如蝀跨瀑布顧盼忽已離塵埃橋邊三大字云是柳河東石崩水激苔紋紫其書彷彿如驚龍摩挲發高興吟眺臨長風安得攜家誅茅此中住漱流枕石歎無窮

遊福盆山有感　胡宦

形勢蜿蜒氣磅礴一粟天地吹橐籥坱然突起示崢嶸四面畫屏若城郭城郭相去十里餘太白西望夕陽斜夕陽隱隱帶叢薄倏起倏伏走龍蛇起伏無端繞大河長途絡繹車馬多羈旅勞人催送日陌頭楊柳動悲歌君不見景運車書萬國通春綻皇華雨露中山色蒼蒼凝曉碧月明猶照戍樓東

同陳愚谷觀南城磚塔　喻文鏊

法界琉璃花雨雪名香篆爇篆煙欲拔地而起窣堵坡百七十尺天間插突兀何如尊稜尖輪囷不受盤蕉葉十三層敞世尊龕千萬刼合陶人法智燈閃閃倏滅明金輪疊疊安妥

貼勾鎖骨化千摩尼寶瓶彭亭足容納有時放大光明藏兜羅綿現龍象蹤我來攜伴上春坊闖入琳宮走迨遝頹廊曲曲竄鼯鼯壞色鬣鬖贉一衲三千妙指摶恆沙當年壓勝見此塔觸手纔比鏗青銅仰面要防墮鳥豆沙門文字不離禪翠墨淋漓入梵夾此地舊名眾造寺鷲祖一去獝飆颯搭基卽唐衆造寺搭成於宋天禧四年沙門志全撰文并書碑尚存字缺過半豈知古蹟多湮淪石火電光直一霎江上蔡山小如拳唐曹成王皐破李希烈處憶昔封豨恣嘷嚼軍中大噪呼曹王艦步二萬爭撇笑誓師鉅製幼公留修羅刀仗盡摧拉桓碑高揭甘露門期以毫光銷罌業奈何盲相用元丕藍面鬼尤肆虐焰流傳幾代斷碣亡象之目錄空弄

匣（王象之輿地碑目曹成王出師碑在黃梅衆造寺戴叔倫撰文）戒壇寂寂珠幢翻日望孤雲禮三匝只今數行天禧字深嵌䵷襄尚可搨覩此憶彼重徘徊屈指猶當記腰臘但無梯級試初稅蔻得登臨屐雙䟺與君佇立三摩峯日暮蕭蕭淚嗚咽

訪晦山禪院（太倉王瀚字原達受業張采受先爲諸生有名明亡後爲僧別號晦山名戒顯字願雲曾住四祖道場）　喻文鏊

掉頭去作人天師姓名不肯令人知黃鶴樓中一吟眺筆力欲無崔顥詩（師黃鶴樓詩最佳）門村當日盛龍虎同社聲名滿寰宇麻姑來過蔡經家庾信青縣奈何許支離瘦骨何凌兢梅花別墅孤閣燈雲門獅子三萬座天下幾個讀書僧（同時友人蹈詩句）

傳語楚江且莫怪恆河沙數同一唱從茲不現居士身平生已受孔子戒一瓢一笠破頭山橋邊碧玉流潺潺大字壁窠元和腳盡日長松相對閑塌來寂寞雙峯路栽松人去雨風暮遥看五老招白雲空山獨立君始悟長安故人列仙儒（謂吳祭酒梅村）聞師曾寄山中書殷勤更有侯生諸只今問訊當何如

登白蓮峯頂望匡廬山雲氣　喻文鏊

吾聞太華山頂蓮花開十丈藕如船最白一朵誰采取插向楚尾吳頭間或云衆香國大滿祖師禪峯頂擴池植異種手弄素蔚凌層顛何況此峯眞宰渾沌那用神斤鬼斧加鑱削但見蔚蔚蒼秀峒然一起拔地而倚天鐵絙直下三千丈天矯屈曲石磴穿從來登臨怯獨往呼朋招伴方敢前我來興最勇捷如猿猱當其先縹緲乎虛無之野琪花瑤草紛糾纏碧空琅琅鳳鸞翻直欲日日蓮花花上眠花香峯色渾一氣化爲歷塵不壞蒼蒼煙天南一縷兜羅綿倏欻惝怳浩無邊凝睇恣覩極宛轉蟠蜿往復相鈎連或如盤馬彎弓校射華林園或如仙人對弈笑拍洪厓肩或如鵬奮於天池或如龍鬬於淯淵迴身就抱峯頂蓮湧出太虛一朵瓣瓣水晶圓嗚呼觸石而起當雨天下豈不膏我隴上田衆香薈集境誰傳與世不遐地行仙天塹長江一帶耳不成界劃殊大千我欲呼起匡家兄弟同摘蓮萼作寶鈿歸來擬賦凌雲篇

訪麻林窪李玭宅遺址　喻文鏊

青城自有丈人峯廬山乃立使者廟五嶽眞形果何形灊霍儲君說幻眇維山有神祀孔虔明皇賜額誇九天號加採訪託夢寐既奉敕建何乞地其事怪誕不足論其文雄偉猶當存當時文體類如此嘅爲膚淺宜含冤功惟泰甯理恍惚碑中二語尤卓越昌黎不出誰返醨我撫其文重其人徵召不赴甘貧賤曲江丞相歌海燕廬山碑字縮龍蛇至今人弔麻林窪

流民歎　喻文鏊

攜妻挈子一路哭狗聲狺狺雞升屋千村萬落遮道來去者

未已來者續夜則露棲日乞糧成羣數百逃災荒自六月尾至九月結隊漸多漸分張問渠來自何處所廬鳳一帶連淮楚前者被旱已二年今春徂夏又不雨二麥乾枯荒特奇大田插蒔況無蒔青草不生水源竭渴不得飲安問飢出門行行幾百里中途賣女繼賣子早知兒女生訣離何如相抱故鄉死黃梅縣尉一何賢日日來散流民錢汝曹得錢一飽龍愼勿作橫遭官罵

六祖墜腰石　喻元鴻

姬鼎嬴璽都沈沒何人更數佛子骨奇哉區區石一卷傳之千載爲神物辛苦粒粒血汗留直教頑石也點頭試看東禪

一片月長照潯陽九派流

書瞿太初訟父冤書後　余錫椿

有客示我伏闕書一通我時展讀生敬恭書上大書萬歷丁丑字書中慷慨欷歔說若翁若翁當時知名士名高招忌禍以想聞有封使者（張維翰）播惡吾桑梓謀辱由縣民歸獄偏瞿子劾之者誰幸遇向御史（向程劾邑令激變）黨之者誰又一清河氏（吏部尚書張瀚駁御史議）異代龍門著作才蠶室窮邊兩如此若翁戴罪致翁縶留賦長流告别翁仁人之言何愷惻不怨不尤信能賢太初先生年十四含冤獨奮緹縈義短衣歷抵公卿門淚灑燕天天垂淚能令唐赤水異地悲其志又令馮具區挺身白其事江陵相國素憐才一掃浮雲天日霽若翁歸來好著書料得此書並傳千萬歲何年六丁下取將竟使嫏嬛祕笈不得長留人間世我生同里嗟已遲想像君家便神馳是父是子眞濟美難兄難弟並稱奇徵文考獻吾輩事無奈等身著述少孑遺此書猶幸存紙本借問何人傳寫不惜手爲胝不是手胝人不惜千秋感人是孝思我今願書萬本廣流布付與兩間眞宰常呵護

鮑明遠墓　吳鑠

戎馬關山日暮雲飄零書劍一參軍抔土何年蛻仙骨秖今傳得寓公墳遺恨蕪城重惆悵俊逸亭下春風颺落花芳草

雜青苔夜來疑有幽魂唱

盂蘭詞　吳燦如

田家多收十斛麥便請僧尼作功德金鼓木魚鬧空門滿堂燈火寒無色時維涼風白露天赤腳人盡毛布穿中元家祭尋常事盂蘭奉佛心拳拳新鬼故鬼同一轍南北掐提水飯齋蔽地錢灰鬼自撒鬼手今朝可暫熱噫嚱乎人海茫茫眞大奇某家財主某富兒萬貫有錢賑餓鬼人餓不得分毫釐況復千秋事理難意計同泰寺中求妙諦奉佛四十有八年自作餓鬼梁武帝

門限山虎行　吳燦如

門限之山虎一羣同日磨牙分食人一虎曳首如梟示衆虎爭噬裂其身所食者誰虎不語虎雖不語人已聞前月山中有二子兒也無辜殺其弟弟殺正在夜深時移屍某門血盡紫私心覬覦富家錢陷以重禍計出此阿兄素業本屠沽何得視弟如視豕此事亟宜當路陳斬首西市謝冤魂誰知地方舊有樓羅葦從中賄賂匿不聞令丞睽隔縣治遠那得窮此山嵎村角之紛紜檣灣夜夜走燐火冤鬼之冤何日伸快哉虎也能橫吞王鈇不到處虎口代爲瞋吁嗟乎虎不渡河更有神

俊逸亭　　帥遠燡

南朝四百八十寺臺榭一一成塵土清風明月年復年獨有斯亭自千古宋家參軍東海才楊馬鄒枚殆其伍河清奏頌空復奇終遣洗滌佐藩府千秋坎壈多詩人滄江有鳳巷無主吁嗟乎狂風樹折百尺枝好鳥尉羅縶其羽庭草茁兮燕巳去自矜多才終自悔葸軸碩人晨門吏愚其大智法良賈日暮城西訪遺蹟南東車馬難僕數頹垣碎瓦無人問幾樹斜陽映荒隴三月杜鵑八月猿夜夜詩魂泣太苦

途中寒食題臨江驛　　唐　宋之問

馬上逢寒食愁中屬暮春可憐江浦望不見洛陽人北極懷明主南溟作逐臣故園腸斷處日夜柳條新

前題　　崔　融

春分自淮北寒食渡江南忽見潯陽水疑是宋家潭明主閽難叫孤臣逐未堪遙思故園陌桃李正酣酣

宿臨江驛　　張　籍

楚驛南渡口夜深來客稀月明見潮上江靜覺鷗飛旅宿今已遠此行殊未歸離家久無信又聽擣寒衣

登紫雲山　　明　汪　勲

載酒尋山寺穿雲杖履輕路從奇岫轉人在半空行怪石虬龍臥飛泉風雨驚徘徊思幽賞直欲學無生

雨後步靈潤橋　　汪　勲

雨餘孤興發拄杖俯清流雲散雙峯秀風生五月秋空聞梅子熟何處木蘭舟老衲攜杯茗招余最上頭

清江晚眺　　汪　美

晚眺清江外煙霞畢作堆長空一鳥下遠浦片帆回山色穿雲見濤聲隔岸催匡君遙謂我何日破忙來

遊四祖寺　　汪　美

古寺倚天開行人薄暮來萬山懸碧玉一徑轉蒼苔鐘鼓傳新霽煙霞護晚臺老僧風味別對竹倒清醅

烏牙山卜居　　余振遠

卜居三十載選勝入天台繞屋諸峯秀穿雲一水來籬疏栽

竹補事少採茶回約與山中老爲鄰共把杯

松風亭　劉一儒

爽氣碧山頭松風此更幽彈棋驚鶴夢欹枕見漁舟霧鎖千峯暝濤飛萬壑秋煩襟茲可滌甯用說丹邱

龍峻寺　石有信

曲徑深藏寺匀沙待補蹊疎鐘隨樹遠積雪傍雲低煙火分精舍山橋接野溪談經能伏虎定不阻筇藜

南山古洞　程夢麟

踏破蒼苔路靈崖九折迴寒流穿磴出幽罅自天開光借傳燈顯寛容卓錫來此間眞太古莫作武陵猜

過西山　國朝顧景星

路轉青山合橋穿碧玉流石魚疑潑刺溪鳥學鉤輈老志雲中鶴閒情澤畔牛歸來梅子熟消息問枝頭

遊拳石洞　吳永述

捫蘿石徑仄幽洞小如拳忘郤桃源路疑從菊澗泉歸雲棲斷壑纖月見遥天何事巖扉掩門前絶俗緣

遊白蓮池　石喬年

震旦西來寺煙深一徑通盡知眞佛在誰識此心空巖壑消塵俗松杉挾雨風異香何處發峯頂藕池中

遊南山靈峯寺　石喬年

健遊窮石徑日落寺門遥古木原攢嶺疎陰欲墮橋精藍悲舊緒誦含永今宵近得尋幽理逢山領寂寥

謁五祖二首　石喬年

東禪留勝蹟萬派祖黄梅果自三生證花從四葉開講經臺寂寞離母水瀠洄覺路應無礙何妨去復來

相傳纔七歲依舊到雙峯法雨從茲契機緣詎偶逢當年松未老終古像如童爲問枯禪影曾經幾劫烽

題高山寺　石喬年

穆然高世意枯坐骨亭亭慧業還終古禪心寄此庭竹能封寺碧泉更瀉山青欲醒蘧廬夢鐘聲許共聽

題惜字閣二首　黄利通

何必深山去溪雲處處通化城紛堞外覺路馬蹄中翠竹經春雨香花動午風法門原不二惜字有何功

僧樓題惜字俯仰一長嘆故紙蜂攢透神仙蠹蝕殘火輪三世劫木佛一般看莫下秦灰淚文章澈底寒

中寺　黄利通

向晚投中寺齋筵破寂寥竹風煙析縷泉溜玉分條怪石編僧壁枯槎渡客橋再來且一宿未覺紫雲遥

蔡山寺　胡篤生

舊識江心寺曾王駐此山山朝臣嶽北寺隱竹林間太白詩

碑古支公骨塔殘故來尋勝蹟不畏朔風寒

遊北山寶相寺　余學益

東山纔踏遍復向北山遊不盡登臨興能窮林壑幽烏匡煙火接古木嶺雲收會見娑蘿影池邊月已秋

暮投紫雲山寺　余學益

萬山幽險外千載老禪源月出諸天寂鐘鳴衆壑昏嶺雲時入座野水自當門瓣瓣蓮花湧靈根似可捫

瓦市山晚眺　梅開瓊

蓮徑夕陽斜山迴路轉賒苔紋侵翠壁樹影臥平沙夜月莊周夢春風陸羽茶黃鸝聽處晚沽酒問誰家

東觀山遠眺　梅天鈞

孤嶂起湖邊登臨意渺然曉雲迷海日暮雨隔江天石激中流柱藤穿斷岸船匡廬橫碧落峰影若相連

元旦雪中謁五祖山二首　新城王士正阮亭

南國不搖落春風兒早回行滕穿白雪大壽開黃梅絕磴盤空上飛梁拂澗開鶴松猶引路消息記重來

寶界琉璃淨名香篤耨熏堂開數峰雪目斷九江雲傻缽花時現頻伽鳥鏡聞躊躇山下路楓葉正紛紛

遊梅源寺　石學洙

天半凌風迴扶筇喜看山龍潭清可掬鳥道曲如環慰竹衣浮綠經苔展點斑太虛心與際妙境幾迴還

黃梅雜咏四首　莊檯　邑令

試說黃梅縣黃梅驛路賒山圍青嶂合水繞綠蕪斜玉帛諸邦貢輪蹄使客車小臣遙拜首瞻望禦頻加

試說黃梅縣黃梅古佛場千年開寶掌五葉度慈航梵唄僧徒集祈求士女忙移風端有待先為課農桑

試說黃梅縣黃梅景物幽有山皆北向無水不西流附郭魚鹽市瀕湖秔稻收勸農晉夙駕屋角與雙鳩

試說黃梅縣黃梅水滿湖霜風吹穲稏晴雨響菰蒲灑網家家具香醪處處沽太平元有象詎忍迫追呼

再上五祖寺二首　莊檯

山色隱簾櫳招提出半空蓮花成淨界貝葉落天風世事浮雲外人生幻景中鴿原洗痛久灑淚向蒼穹時聞兄訃

兩度過山寺天空木落時崖懸石徑仄泉迸竹根欹五葉燈傳舊三生夢醒遲塵緣猶未洗還與後來期

考田早發　周金玉

又覺天將曉相從促早行荒雞啼未歇野水細無聲屋角殘星在山腰澹月橫前村門乍啟沽酒與同傾

艾蒿　喻文鏊

艾艾將無似洲前翠已滋雖然一小草不忘二南詩春水纔

添日河豚欲上時朱門厭粱肉此味總相宜

東禪寺　喻文鏊

滿祖傳衣後巖扉百代留松雲歸寺晚法鼓出林幽樽把滄陽渡風生網埠秋摩挲腰石在劫火憶新州

雨後復遊四祖山　余廷蘭

斜道盤空上橋邊坐聽流雨添新澗水雲掩故山秋僧出頻撩鶴童忙數問牛居人多識面隨步話西樓

縣齋夜坐　張維屏

吏散堂逾靜攤書對一燈微名慚邑宰孤影類龕僧我信催科拙胥惟舞弊能宦途今始覺步步履春冰

積雨江漲赴隄督民防險即事有述　張維屏

三面環江水江高過岸低千人培尺土萬戶仗孤隄伐木新椿急鳴鉦衆力齊心勞身轉健中夜立塗泥

清泉寺　蔣恩瀸

遠入清泉寺盲尋逸少書竹晴喧塢鳥花暖上池魚幾墮蓮台劫偏宜老衲居毰毸松頂鶴借問樂何如

同人詣黃鱔洞半塗而止　蔣恩瀸

雲木青蒼合仙潭何處邊同人酣飲後孤興夕陽前徑草蛟蜒遶崖苔虎迹圓徘徊不敢近空和昔遊篇

鐘鼓樓晚眺　蔣恩瀸

危樓深樹出晚照一憑窗山勢全包縣河流直入江殘煙低遠市片雨落魚矼萬壑鐘聲動塵心到此降

進梅水衝　吳鑠

梅水山前路崎嶇有百尋人行楓葉晚鴉噪竹林深朔氣凝霜雪斜陽下澗岑妙高遺祖蹟（靜鑑祖師道場）石磴蘚痕侵

初春任邑城作　吳燦如

陌上春猶淺城中晝漸長勞生仍井邑感舊眇河梁塔影高寒豎梅花慘澹香憑闌意何極獨鳥下茫茫

鮑參軍墓　吳燦如

俊逸亭邊路年年細草薰郤當寒食節來拜寓公墳東海家何渺南朝事太紛高才就湮鬱今古幾參軍

高塔寺館中雨夜蔣酉泉見過　吳燦如

酒人何處至冒雨打山齋黯黯燈懸壁錚錚屐上階詩才增詼宕醉語雜詼諧夜半巷鐘響茶爐熱豆秸

程晃嶺至楊家宕　吳燦如

第一天門裏諸峯在上頭雲撐霞腳起水齧石根流訪碣追前古遊山及暮秋晚花紅又白蕎麥勝平疇

送竈　吳燦如

平日不能媚今宵禮數陳風霜催歲節碓磨急鄉鄰（梅俗二十三日送竈二十四日不動碓磨）宰割烹魚地聰明正直神漢東方穀歎幾箇甑

生塵

宿考田山寺　吳燦如

莫道山氓拙何須智慧稱粗籃將菜菓老佃說高曾得句農書雜偓祖佛火憑先公此庵岁比屋盡親朋

芭茅山謁瞿棠川先生墓　吳燦如

翼彰論精日先生應運初會羅投塞罪卒著等身書歲俸天恩戴心傳俗學袪碑頭牛礪角灑淚弔荒墟

宿梅水山　帥遠燡

峭立竹猗猗柴扉水一涯樵歌煙徑外人語暮鐘時大木知名少深山得月遲終宵不成寐虎嘯隔疎籬

遊五祖山　宋　歐陽修

日暖東山去松門數里斜山林隱者趣鐘鼓梵王家地僻遲春節風情變物華雲光漸容與鳥弄巳变加冰下泉初動煙中茗未芽自憐多病客來探欲開花

咏東山白蓮　唐　裴度

遍尋眞蹟躡莓苔世事全拋不忍回上界弗知何處去西天移向此間來巖前芍藥師親種嶺上青松佛手栽更有一般人不見白蓮花向半天開

遊馮茂山　明　汪美

一别東山已十年重來風景更翛然野煙疊翠依巖竹晴瀑飛聲落澗田借榻偶分元鶴夢談經應識野狐禪會心人去憑誰話幸有山僧一飯緣

前題　石崑玉

緣磴捫蘿到上方古埸斷碣自隋唐旛拖松子敲鈴響漏滴蓮花落鉢香僧定出林雲覆座猿啼當戶月窺牀獨憐塵世波渣者生與宏師共一鄉

遊西山　趙貞吉

靈潤橋横碧玉流禪林景物自清幽老松匝地矮遮屋修竹撐天高出樓鹿抱麝香眠砌草鳥銜翠羽薄簾鉤狂夫野性殊閒散又得浮生半日遊

源湖郎景　汪美

野客題詩紀勝遊好山好水一囊收峯巒隔岸孤青遠楊柳沿隄萬綠稠短荳修蒲香細細落霞孤鶩影悠悠醉來笑指匡君室何日騎雲到上頭

遊五祖寺　汪勲

洞門大石欹天立石下茅庵仄徑微黄菊巧穿幽砌發白雲低傍短簷飛秋風兩鬢悲塵夢夜雨孤燈戀衲衣清磬一聲羣籟息此身疑與世間違

咏娑蘿樹　程夢麟

路入叢林野色侵娑蘿樹老氣蕭森高盤孤幹鬱龍見横掩

蒼枝舞鶴吟嘉種幾時移月窟靈崖終古護天陰偶緣池畔
風聲起疑是飛泉瀉玉音

遊紫雲山寺　國朝 艾霖

曲徑盤旋路未通隔林遙聽一聲鐘到門香浸寒梅骨入座
光瞻滿月容小摘園蔬供客饌高燒銀燭助談鋒歸山北道
多豺虎送我隨雲過別峯

雪後步白蓮峯　胡任學

爲訪天台洞口香青鞵踏近玉池旁白蓮幻作半溪雪紅葉
斜通一徑霜鶴夢久隨花影散鴻泥誰記客情長老僧喜共
三生話不覺西峯已夕陽

登卓壁山　石泰基

孤峯突立杳難攀嶺上白雲自往還老樹蟠空藤作蓋飛泉
瀉壁石生斑目無纖芥浮圖小身似菩提古剎閒遙想當年
卓錫地至今惟有水潺潺

遊西山　石喬年

指點諸山似落梅半天誰劈兩峯開巨靈締造揮神斧浩劫
莊嚴禮佛臺眼曠已收人境盡身高詎有俗緣來最奇倒雨
飛巖壑殷殷聲聞下界雷

沙羅嘴晚眺　於昇平

排列諸峯接水涯平生蹤迹伴蒹葭漁人結網還成市野客
乘舟便作家林隱寒煙微帶雨山含晚照遠飛霞十年莫負
尋幽興歷盡迢遙石徑斜

太白湖晚渡　石燦

波光如鏡接遙天極目平湖萬頃連斷續漁歌隨岸轉清閒
鷗鳥聚沙圓淡煙斜抹舒城柳夕照頻催濯港船更有隔江
山色好幾回搔首水雲邊

江心寺　楊自發

孤峯一角水之涯靈鷲飛來立淺沙浪打山脣潮欲上天低
樓角月初斜謫仙潑墨還留石支遁栽梅尚著花卻憶曹成
談往事紀功碑字綰龍蛇

江心寺　朱標

插向江天此一峯上方樓閣翠微重鐘聲斷續驚塵夢香篆
空濛見佛容梅塢亭空猶待鶴石鯨浪暖欲成龍壁間潑墨
人何處曾否青蓮今又逢（時李明府同遊）

黃齡洞　楊自發

路入黃齡杖獨支尋幽莫訝客來遲花開洞口渾如舊松老
巖前不記時晉代衣冠丹闕迥鼎邊雞犬白雲迷曾聞此地
神明宰尚得仙人一著棋

遊白蓮池　楊自發

踏盡層巒路復通冰池玉井見花宮生來有種情難斷悟到

無香色亦空簷影斜時風細細鐘聲定後月濛濛自從毫相山頭見白社東林未許同

題碧玉流　石喬年

危橋空棧步峯頭澗道嶔崎水偪流一派寒湍吹似雪半山清響散爲秋幸留石上公權筆曾駐江干子厚舟到此紅塵都滌盡勞勞身世幾能休

謁四祖寺　石喬年

破額峯頭訪大醫傳來三葉自隋時龍蟠應護千年偈風雨猶存半壁詩浴佛有泉曾湧現空禪無相盡茶毘紫雲如蓋今同昔嶽嶽孫枝更擬誰

謁馮公祠　趙士泰

當年稅使若雲屯問汝春回小市村金翅鳥王搏海國銅頭獅子叩天閽江陵織衮台山補湖北通舟洹水恩野老口碑泯不得所官廢署拜忠魂

宿南山靈峯寺　朱　檁

烏崖峯畔月初圓來伴高僧入定禪繞屋溪聲常作雨當軒花氣欲浮煙梵宮寂寂深宵裏清磬寥寥客夢邊起向松間尋舊路青山一片白雲連

遊多雲庵　黃利通

碧岫頹憎僧占去白雲合導我前來龍潭水濺晴天雪鹿苑鐘鳴下界雷幾處村煙藏竹塢一林霜色落蒼苔故人款款催歸去孤負詩狂到一回

遊東永福寺二首　黃利通

佛來亦竭山川力欲放蘆花故遲倘有寒雲解招客更教晴鳥喚題詩塵消官路長林外煙渡殘橋晚照時清磬一聲雲影淨春風消息幾人知

竿火山門久寂寥殘碑無處認前朝石橫幽徑生苔髮雨過穹崖長蕨苗田叟問人城裏事衲僧送客寺前橋雲溪宛轉星峯拱會見香花雨碧霄

遊東禪寺　王士正

誰識新州獦獠聲傳衣夜半祖庭開水邊孤寺半煙篠郭外數峯空雪雲直是西來掃文字翻令南北競紛紜明朝穩把江頭檝水到潯陽九派分

黃梅春感　張維屏

去年此日過吳閶短簿祠邊共泛觴紅豆寄人千里遠黃梅留我一春忙衝途迎送身如葉豪氣銷磨鬢有霜卻上孤亭懷俊逸草痕詩思滿斜陽

余於嘉慶丙寅正月去楚越三年復持節赴粵道經黃梅縣時劉君覲亭年兄適宰是邑止宿郵亭歡然道故因作此贈之且志勖焉　百　齡　菊溪

依舊青山枕碧流麥天梅雨遍村疇勞塵宦轍三年別好夢
郵亭一夕留笑看雲煙回白首臥聞鼓角憶黃州曾煩父老
千行淚灑向春江送客舟向余去官北還三楚紳民泣送漢濱今思之猶黯然也
重來無恙認鬚眉馬勒春風去故遲詩句尚傳雲夢澤姓名
誰泐峴山碑當官事要論千古垂老心猶懍四知布襪青鞋
君記取一龕燈火讀書時觀亭爲黔南名諸生余心器之今觀其從政有方洵文人而良吏也

過俊逸亭　余文華

參軍故里草離離幾曲危亭半未攲傳遍唐人懷友句生當
宋帝忌才時一方騷客兄兼妹千載文名賦與詩跌蕩城西
三月暮我來弔古入荒祠

俊逸亭懷古　喻鐘

當年餘韻至今存小立亭前別地春六代煙花消王氣半生
戎馬老詩人草埋荒塚魂猶戀碑勒參軍字頗眞到此俗情
都灑盡春風載酒往來頻

荆竹庵　喻元鴻

一灣山色一溪通蔣斛泉聲萬壑空日起日沈深樹裏雲來
雲去小窗中嶺梅臘盡千村雪崖柳春歸二月風正好鹿麋
爲侶伴不將文字策奇功

鮑參軍墓　喻元鴻

爲愛風騷屈宋遺故埋詩骨楚江湄如何十卷參軍集不見
當年絶命詞戎馬縱橫逢此日風流消歇儻如斯空傳舊宅
依然在我更爲公代別離

元日入五祖寺　喻元鴻

古寺元朝靜掩扉山頭歇馬整新衣應門童訝人來早識面
僧驚客到稀數點梅花皆佛意一聲春鳥是禪機扶筇試上
蓮峯頂坐對匡雲話落暉

登文昌閣　喻元鴻

五岳峨嵋志久灰壯懷今日爲誰開萬山羅列拱衙立二水
委蛇束帶來自是中流要砥柱故教平地起高臺一生未了
豪遊興獨立蒼茫第幾回

拏空百尺壓羣材高臥元龍局快哉未識乾坤如許壯也將
日月此間開慚無道士騰雲至恐有仙翁擲笛來楚尾吳頭
撐一柱茫茫大界幾銜杯

誰將閶闔九霄排摘盡星辰定莫猜蘇子本來監玉局李生
況自號如來此間不著淩雲句何處堪容拔地才呼吸尚能
通帝座准攜謝眺一徘徊

浮生何日不塵埃說道神仙笑口開大地幾圍探月窟九州
未必有天台文章本自江山得名士都從甲第來欲把高歌
搔首問天神無用苦驚猜

壯年潦倒守空隈寂寞無人掃舊苔消耗精神惟卷帙折除

時命是詩才此生愧不乘風去他日休勞問月來幾次欲歌歌未了更須惆悵妙高臺

未許鴻篇列上台幸無癡夢到蓬萊文章豈是科名主世路空勞鴛鳳媒忠孝人間原有字璇璣天上自稱魁我今住此頻舒眼遙指張騫泛斗回

鮑參軍墓　長洲　陶樑鳧薌

月黑孤墳鬼唱哀南朝遺蹟付蒿萊文多靡嫚偏傷雅主類英明總忌才早蹈危機巢燕幕幸無詩案織烏臺合暉芳塚原鄰近好兒音書寄大雷

梅尹重修參軍墓紀事　陶樑

長眠嗚咽六朝人志乘流傳未失眞名士飄零依幕府荒墳寂寞向江濱表彰碑碣留前代俊逸詩名邁等倫難得使君高義在樂蕃培土闢荊榛

隄成書喜兼以志感　余錫椿

盤塘東下勢漫漫無復崇山束急湍刊水況經湮故道梅人何以慶安瀾青林湖漲愁相告每積雨時先苦裏湖之漲白馬溝迴捍更難惆悵澹菑少長策醫瘡只作眼前看

鮑參軍墓　蔣恩溉

空有詩名冠六朝他鄉風月感蕭條書題雷港客何往賦畢蕪城家尙飄名士遭逢偏世難楚人風俗重魂招贏來落日孤城下一歲清明酒一澆

五祖山塔灣有東坡廢亭據舊碑在戒禪師塔前東坡嘗結社於此明僧龍泉因建亭焉云云考戒師終於大愚東坡結社他書亦未嘗載豈因東坡乃戒後身遂沿其說而巧為附會與碑及亭址皆由小山蒐討而得且姑據碑而繫以詩　蔣恩溉

笠屐飄然萬里行孤亭猶向楚江橫黃花翠竹登山路白石蒼苔弔古情絕業漢唐諸子共高名儒釋兩家爭如何歇絕風流後屢見春明百草生

新蔡懷古二首　吳鏶

揚州舊隸又荊州縣郭江浮景物幽雁鶩迷漫匡嶽路風煙黯淡白湖秋輕波一棹黃蓮渚古寺雙峯碧玉流聞道九江傳納錫大龜曾否蔡山求

覽輝亭下遠煙氛南晉州前日欲曛佛種何如盧行者詩詞卻憶鮑參軍李邕文瘞唐碑字英布城迷漢壘雲說是坡公曾入夢東山每視瓣香薰

辛酉秋大水避兵　吳鈺

倒挽銀河待洗兵瀰天一白望盈盈船從禾黍疇中出人避風波險處行茅屋數椽低覆水漁村十里衆成城懷襄若抵干戈劫甘作哀鴻集澤鳴

江心寺　唐　李白

危樓高百尺手可摘星辰不敢高聲語恐驚天上人

遊馮茂山三首　明　何遷

採藥東山下秋風不住吹中有琪花草相將只自持

白日青林中行見石髓食夜來山雨過石上有虎跡

遲回古洞旁誰是觀心者一見白雲生忘言秋月下

靈潤橋雜詠五首　劉南金

水氣何氤氳星蟾夜相薄西風似有情散作霜花落

試叩碧流瀉泠然動清響驚起石上雲飛去松花上

道人臨水渴一飲朗成酣欲問飲時味沈吟不解譚

坐見石光飛瀑音亂花徑應有石中人殷勤奏笙磬

時呼洗藥僧共臥清湍背那知禪夢中誤道天花碎

宿中路庵　國朝　石喬年

一籌火不斷數滴泉常冽轂擊肩摩中身心暫寂滅

訪北山娑羅樹　余心極

入谷日未晡聞鐘寺已暮深山月正孤惆悵池邊樹

破額山　唐　柳宗元

破額山前碧玉流騷人遙駐木蘭舟春風無限瀟湘意欲採蘋花不自由

宿五祖寺　張祜

寒色蒼蒼老柏風石苔清滑露光融半夜四山鐘磬靜水晶宮殿月玲瓏

西山　明　李得陽

停驂選勝到禪扉樹色煙痕碧四圍老衲莫嫌身未隱閒心已逐野雲飛

五祖山口占　余金

消息傳燈久不聞宗南宗北說紛紛曹溪十里西流水獨接東山一段雲

靈潤橋　國朝　趙士泰

峯圍碧玉梅花水雪湧雲流過石橋遊客莫嫌昨夜雨滂陽

添得半江潮

宿江心寺　金德嘉

星辰手摘江心寺隔岸平臨五老峯伏枕遊人不成寐雞鳴海日又曈曨

下五祖山　王士正

雪滿空山下翠微娛人十里盡清暉野梅香破半溪水翠羽一雙相背飛

濯港　王士正

網埠村前風物幽漁人網罟集汀洲阿誰識取源頭水破額山前碧玉流

太白湖　王士正

潯陽東北白湖濱雪汉縱橫曉問津何處雲中廬岳影滿隄
衰柳送行人

抵九江　王士正

行行皖口又蘄黃纔挂孤帆指豫章爲報匡君多置酒夜來
風雪過潯陽

四祖傳法洞　吳　卿

一派清虛萬壑溶風傳貝葉度林空半莖草色千身現夜月
同歸一照中

蔡山遠眺　胡鎭桓

荒亭落日照遺碑躑躅峯頭意自悲西望長天江影碧年年
雪水下錢塘

紫雲霽雪　楊自發

峯頂有田皆種玉雲中無樹不孳梅老僧總耐寒侵骨猶把
柴門對雪開

多雲樵唱　石　朗

迴溪曲磴繞高歌知是樵人下薛蘿我亦夕陽歸去晚一肩
擔得白雲多

遊考田至大竹山小竹山　胡利勷

問徑尋幽到竹西兩山迷霧接高低相逢馬首知何處忽聽
一聲雲外雞

黃齡洞訪宋公修鍊處　洪　奎

漾羅高臥白雲邊鶴去臺荒意悵然只有洞門一片月依稀
猶掛舊時煙

太白漁歌　余世芳

蘋葉蘆花極望長歌聲繚繞水中央夜來漁火還歸棹驚起
汀洲雁幾行

由東禪寺過鮑參軍墓　張維屏

蕪城賦筆迥超羣六代才華付暮雲行到東禪禪寺望春山
一碧護孤墳

墜腰石　僧晦山

塊石纏身祖蹟留曹溪血汗此中收應知一片東山月長照
支那四百洲

四祖山　余廷蘭

無限瀟湘意自閒雙峯夾送水潺潺到來頓欲將身許未暇
求禪只愛山杜詩身許雙峯寺門求七祖禪即此

四祖山下口占示朝山者　余廷蘭

今古滄桑等逝波西天何處覓頭陀長齋自是清心術一動
風旛便入魔

鮑參軍墓　余朝萱

一抔黃土荒如此六代風騷思渺然爲語西池池畔月清輝
留照古墳邊

過俊逸亭　余朝蓋

數椽閒架郭西門古道荒涼暝色昏可是當年亭下路六朝
煙雨弔詩魂

黄梅雜詠錄一　蔣恩溉

湖水初平八月天新蒭上市碗三錢呼僮夜點松柴火蕎麥
花開蝌上田

謁岳廟有感　吳鈺

十二金牌沮北征燕雲唾手竟無成朱仙咫尺陳橋驛一代

興亡各罷兵

五祖指石洞　洪生春

千尺枯藤百道泉深山深處訪神仙笑逢慧業三生石悟到
靈機一指禪翠竹蒼松藏古洞曇花貝葉護諸天靜中微覺
清香散池上風來吐白蓮

黄梅縣志三十七

雜志

祥異

九疇洪範休咎有徵雨暘寒燠驗用攸懲後世文人浮夸沿
襲神降石言河清鳳集椈之祥異紀歲豐禳每兆兵事天象
驚心大亂旣平經緯協序十雨五風宏開壽宇志祥異

唐

僖宗中和二年三月天鳴無雲而雨後有黄巢之難

宋

淳化元年六月掘口湖漲壞民田廬舍皆盡江水漲二丈八
尺通志

隆興元年秋螟蝗薇野殺禾稼

醕熙七年大旱通志

嘉定七年正月燈夕黑雲暴作當面各不相見遊人踐踏死
者無數

元

成宗二年癸丑自春至秋大旱隕霜雨沙

至順三年壬申四月地震越三日大雨雪雹壞民居數百餘
間暴風揚沙石東觀源湖之間有船自水中掀起半空墮
落者

順帝二年丙子春地震山崩

明

洪武十年丁巳正月十八日夜雨黑水如墨汁五月大水

宣德元年大水 通志

宣德二年六月初二日隕霜殺禾

正統十一年大旱 通志

正統十三年大旱 通志

天順十五年九月地震 通志 天順無十五年誤載

嘉靖二十三年甲辰大旱自三月至七月不雨民間有溼旬難望九餐火斗米堪求八歲兒之謠

嘉靖二十九年春雨木冰結成幡幢之形黏人鬚鬢皆若老

嘉靖二十八年己酉七月有虎入市噬人官遣捕戶殺之

嘉靖三十一年五月初三縣境諸山遍起蛟龍大雨平地水

翁

深踰丈縣署學基淹沒過半人畜死者數千

嘉靖四十五年冬凍雪三月裂足死者無數

隆慶二年正月夜雨黑水

隆慶六年二月雨雹天昏黑大者如升小者如鵝卵氣腥甚邑西鄉壞民屋千餘間斃者無數禽獸池魚亦多死焉

萬歷十六年戊子大旱民攜老稚乞食於外道死者相枕藉有盜劉少溪聚眾數千據宿松柴家山作亂蔓延梅境三年始勦滅之

萬歷三十六年戊申五月大雨四旬不息洪水汎濫長堤寸潰巨浸懷山穀價異貴人情洶洶

崇禎四年辛未地震二次

崇禎七年甲戌天雨黑子形如五穀

崇禎九年丙子六月下新鎮雨冰末

崇禎十四年辛巳邑大疫死亡過半貧者不能具棺葦蓆裹屍棄之中野

崇禎十五年壬午十一月孔壠鎮地藏菩薩眼中出淚一縷循鼻而下拭之復出至十一月二十三日獻賊陷城焚戮

極慘

國朝

順治二年乙酉四月地藏菩薩淚復出五月大兵追逐闖賊至此及左兵前後經過寸土蹂躪又值大水離散饑饉相仍蓋兩試兩驗云

順治九年壬辰歲大旱米價五錢一斗民多流亡

十年癸巳上沿港虎夜入居民譚氏宅噬殺一家老幼六口併豬牛牲畜天明虎未去鄉人截殺之古角鎮童家灣居民程亢之家被虎夜入室殺男婦五口止存一幼男亦被

傷醫治得活當夜又傷穆家三人虎亦被殺
康熙二十四年大水通志
雍正四年大水通志
五年五月二十八日洪水汎漲下新鎮水際忽見一物腦如
獅睛如鬼口如牛耳聳脣紅浮沈水面自頸以下不可見
萬人集觀旁若無人至六月初一日乘風雷去
九年大有年通志
乾隆元年大有年
四年七月七日西北鄉地震二次
八年正月苦雨米貴人多掘土而食俗云觀音土

十九年大有年
二十九年大水
三十一年大水
三十二年大雨隄潰
三十四年夏大水隄盡潰
三十六年秋冬大旱井多涸
四十八年秋大水隄盡潰
五十年夏大旱石米六千有奇人多流亡道殣相望
五十三年秋大水隄盡潰積雨三閱月民房多倒塌
五十七年夏大水疫

嘉慶二年秋七月飛蝗入境
六年正月大雪平地深數尺秋有年
七年夏大旱百日不雨歲大歉石米五千有奇
十一年大有年
十二年大有年穀價賤石米不及千錢
十三年大水
十五年夏積雨彌月深山蛟起大雨如注平地水深數尺田
廬沖塌無數平原有年
十六年有星孛紫微垣
十八年夏大水秋冬不雨有掘地丈餘不得泉汲水數里外

者
十九年正月大冰凍樹木多折歲大歉石米四千有奇冬大
雪湖冰膠舟人多餓斃
二十三年大水
二十五年大旱禾多槁
道光元年夏蝗生田鼠害稼
三年夏大水隄盡潰穀價騰貴災民聚城俟賑棲息祠廟死
者相枕藉
四年正月望大雨雹疾風迅雷木多拔夜大雪盈尺秋有年
十月朔天雨豆麥穀米瓦灰色味苦澀

六年四月一日戌初白氣經天自西徂東約二三尺光如練
聲如裂帛數刻始散
九年平原野獸食人非豺非虎僉曰貔貅田園守望者咸架
木樓止
十一年夏大水踰三年六尺隄盡潰米價騰貴民多流亡
十二年春夏大饑癘疫傳染道路枕藉苟延者食肉立起食
粱亦愈
十三年大水隄盡潰較十一年稍減
十五年大旱自五月初八至六月二十雨後踰閏六月至七
月中旬乃雨秋七月飛蝗蔽天所過竹木葉立盡

十九年大水隄潰七月有星晝見
二十一年春積雨秋大水潰隄十一月朔大雪六晝夜平地
厚三四尺甚者五六尺屋多封戸或壓倒深山僻壤有缺
糧斷火而舉家凍餓自斃及行路自殭於冰雪中者
二十三年春二月日入時白氣如練斜亘西南踰月始散
二十五年秋雷震大南門
二十七年孔壠鎮地藏神像淚下拭之復出
二十八年春小雨月餘無麥夏大雨浹旬數日水陡長二丈
餘尺隄盡潰梅城東西南三門由舟出入七月初四至初
十大風七晝夜田稻飄落如帚農家有絶穀種者

二十九年正月十八至三月初六小雨四十八日麥苗見日
盡萎四月十三至六月初九大雨五十五日水踰上年四
尺街市行舟月餘西南諸城門都被水封垜閘可泊船垂
釣爲數百年所未見春夏四山蛟起無數土多崩裂五月
十八獨山鎮山陁數十丈其山下田有推而外徙者
三十年麥大熟
咸豐元年四五祖山大樹哱
二年春碩鼠晝出百十成羣有重至三四斤者十月初八平
原火光夜見大如炬小如燈自後天陰屢見
三年邑多虎屢晝出

四年十一月五日未刻池塘水如沸上湧尺許踰時乃止
六年大旱自夏徂冬四閲月不雨斗米五百文
七年大有年
八年春蝗生四月初六白虹貫日八月初旬彗星見北斗之
南根如芒帚梢若散絲約長十餘丈直指太微十月初十
夜有火自北而南聲如裂帛赤光燭地
九年正月二十八夜天有赤氣見井分秋大水潰隄五月二
十九戌刻大星隕於星張之次分裂數塊其光如燈
十年豺噬幼孩無數三月十六天雨麻豆黍稷麥有盛以筐
者得三合許秋有年

十一年二月五日天雨米麥色黑搓之成灰四月既望長星見於北斗之南約長數十丈首如白練尾若疏網綿亘半天五月後漸小而散八月初一五星聯珠日月合璧冬野豬見於山中大者數百斤喙長尺許子母成羣荐食地產惟蘿蔔不食居民喊逐徹夜不休十二月大雪厚數尺行道有僵斃者湖凍舟膠山木枯如蟬蛻

同治三年麥穗兩歧

四年六月十三夜月暈如輪五色相間精華奪目七月十三八月十五夜亦然除夕有怪物見湖中

八年仲夏大水隄潰十月天見火塊自北而南聲光赫然

十二年正月十五平旦天裂口於正北方精光閃灼聲如雷轟移時始寂

十三年二月蔡山下鎮雨雹大者如升小者如雞卵壞民房屋七月長星見於西北

光緒元年夏大雨月餘旋大旱兩月冬寒冰凍樹木多折

二年夏杪四山蛟起先亢旱祈雨漸變陰寒六月六日午未刻猶微晴忽晦暝雨傾盆注平地水深數尺歷申酉刻止古角攏坪小溪考田元角等鎮山裂同時起蛟淹斃八口以百計衝壓田畝以千計漂沒房屋器具牲畜以萬計考田尤甚十九日復大雨蛟起水更深為數十年未有之災

附伐蛟說

桂林陳文恭公宏謀撫江右時興國等處蛟水大發傷害人民田廬無算畫焉心傷思所以案驗而翦除之未得其要適書院主講梁先生出一編示公云蛟似蛇而四足細頸頸有白嬰不能屬也其孕而成形率在陵谷間乃雉與蛇當春而交精淪於地聞雷聲則入地成卵漸次下達於泉積數十年氣候已足卵大如輪其地冬雪不存夏苗不長鳥雀不集土色赤有氣朝黃而暮黑星夜視之黑氣上沖霄卵既成形聞雷聲自泉間漸起而上其地之色與氣亦漸顯而明未起三月前遠聞似秋蟬鳴悶在手中或如

醉人聲此時蛟能動不能飛可以掘得及漸上距地面三尺許聲響漸大不過數日候雷雨即出出多在夏末秋初善識者先於冬雪時視其地圍圓不存雪又素無草木復於未起二三月春夏之交觀地之色與氣掘至三五尺其卵即得大如二斛甕預以不潔之物或鐵與犬血鎮之多備利刃剖之其害遂絕又蛟畏金鼓及火山中久雨夜立高竿掛一燈可以辟蛟夏月田間作金鼓聲以督農則蛟不起即起而作波但壘鼓鳴鉦多發火光以拒之水勢必退皆得之經歷之故老鑿鑿有據者也公乃為之印證其說曰月令季夏夏正之六月也今言蛟之出在夏末秋初

其可信一也志稱宏治十七年廬山鳴經三日雷電大雨蛟四出今言蛟漸起地聲響漸大候雷雨卽出知向所謂山鳴乃蛟鳴也其可信二也許旌陽鎮蛟以鐵柱今言蛟畏鐵其可信三也兵法潛師曰侵聲罪曰伐今震之以金鼓燭之以火光如雷如霆儼若六師之致討與伐之義相合其可信四也夫以蛟之不難制若此而數千百年以來罕有言者蓋田夫野老知而不能言文人學士鄙其事而以爲不足言司牧之官又鞅掌於簿書而不暇致詳也一旦橫流猝發載胥及溺然後開倉廪以賑恤之則已晚矣天下狃於故常而忽於遠慮貽害可勝道哉余故亟錄其說廣爲刊布且懸示賞格有掘得者官給銀十兩使僻遠鄉村之地轉相傳說人人屬耳目注精神先時而偵候臨事而周防庶幾大害可除此邦永業其福而他省之有蛟患者皆可踵而行之幸毋以爲不急之迂談也

黄梅縣志卷三十八

雜志

墳墓

古者塋兆厲墓大夫爲封爲樹貴賤不殊今無職掌遂指平蕪柳下季壟採樵屏迹死士之墳強寇動色往代傳人過墓宜式掩之誠是逝者如斯歷千百載猶有豐碑一聲歸鶴原草離離志墳墓

南朝宋參軍鮑照墓在縣城外西池之西岸

道光二十五年知縣俞昌烈重修其墓一時馬鬣遺封碑碣巍然非復當時抔土但歲修無資年久易圮邑候選訓導喻權獻西門外田五畝爲參軍墓祭之產課糧入東禪寺僧收完修理墳墓每年寒食節僧備香茗楮帛素菜各品佃備豚肩酒飯喻權子孫詣墓致祭東禪寺有墓田祭產碑

唐招討五原郡公魏英墓在黄花鎮

宋義門陳宗達墓在縮亭港

學士王仲璋墓諭葬在古角山華表森然

忠武王子岳霖墓在楊梅嶺老樹坡

文林郎程晃墓在小溪山石谷村有邑令來三聘墓誌

尚書魏謙墓在黄花鎮

尚書於仕墓在劉家塘即今劉塘鎮地名於家樹樹

元榜眼陳經墓在縉亭港

祭酒戚容墓在段家嶺

御史汪振卿墓在屯頭嶺

司馬元帥陳國玉墓經之子在小園山

孝子陳至立墓在孫坡坂

四川宣撫使陳義墓在蔡山

直賢學士劉忠山墓在赤塘山

孝子張德懋墓在唐家山

文林郎清遠令洪儁墓在楊樹橋

明大夫韓中墓在山南坂

贈御史邢暹墓在孔壠鎮

給諫邢寰墓在孔壠鎮汪可受有墓表

都督莫山侯於顯墓在獅子山

文林郎洪晟墓在黃洛山

贈御史石迪墓在屯頭嶺之大松山

處士魏道濱墓在下沙埠壠

光祿卿石金墓在屯頭嶺長腰山胡鳳有墓銘

贈大夫曹容墓在什村坂之黃金塥

孝子熊樹墓在馬頭山之熊家村

孝子洪祥墓在瓦石山

太僕卿洪恩墓在瓦石山

副使曹麟墓在什村坂之黃金塥

太僕卿瞿晟墓在張湖鎮之福盤山

贈文林郎倪鳳岐墓在長吉山

節推王忠墓在東縣城黃洛山

忠孝郎官沙瑞墓在蔣倉坂金盤架左

御史段尚綗墓在山南鎮劉公坦後

徵君瞿九思墓在福盤山右

孝子瞿甲墓在濯港郭家嶺

逸士張復墓在瞿孝子墓左相隔二三武年久碑毀邑文學蔡洲買石重立迄今兩碑並峙

處士蔣彬墓在北郎山麓村官塘之上經縣令葉判壙係蔣墓明堂墓與塘認糧七升零蔣姓子孫完納

舉直大夫吳節墓在茶山嶺有檢討王九思墓表

中丞石崑玉墓在屯頭嶺大松山

司馬汪可受墓在茅栗山崇禎二年諭葬

忠烈石有恆墓在五祖山前

中憲大夫劉寰墓在樂佳林有黎平墓表

國朝忠烈廖士貞墓在塘穴鎮郭家塘有少宰王封濚墓誌

兵備副使石鎮國墓在獨山鎮馬家庄

中憲大夫張瀲墓在黃洛村

贈君黃中理墓在黃家橋有太史張明先墓誌
白衣處士陳夢弼墓在黃蓮塆
武昌學博張光庭墓在東山鎮三渠鋪
工部黃利通墓在劉塘鎮
贈文林郎石日乾墓在卓壁鎮袁家庄有戶部鄭維岦墓表
內閣中書黃之騏墓在黃家橋有廉憲王廷鴻墓誌
恩賜知縣石燦墓在上沿鎮殷家庄有刺史屠祖賚墓表

附載

鮑夫人墓在縣署內時著靈異署後坳下北向舊有鮑母祠亂後宏開倡修監生向寅賓候選縣丞龔宏開共捐田稞十五石又商大有後裔獻修墓祭掃田租課六担歸崇文堂經管考棚人帮管辦祭

佛母周氏墓五祖母在城西南半里許
孝婦伏氏墓在茶兒嶺
節婦杜氏墓在杜家園李文明妻
節婦陳氏墓在蔡山盤古村左生員胡鵬妻
相公於用墓在接待寺

右朝代無考姑仍舊志附編

誥授光祿大夫巡撫帥承瀛墓在楊樹鎮楊家坂道光二十年諭葬
贈光祿卿謚文毅帥遠燡墓在上沿鎮江家埠大茶山咸豐八年諭葬

黃梅縣志卷三十九

雜志

仙釋

二氏之教儒者弗言竊儒之似附儒以傳克己毋我卽空卽元後世愚頑崇信巫覡政刑所窮怵以禍福覺世牖民亦足訓俗梅多勝境異蹟昭然仙宗釋部衣鉢綿延歷稽其事臚載於篇志仙釋

釋

千歲寶掌和尚西洋中印度人周威烈王時示生初生左手握拳不展父母異之比長擕以謁佛陀精舍遂展掌禮佛故稱寶掌遍閱聖旨該練乘部嘗曰我欲住世千年策錫黃梅居雙峯遂成叢社又過廬山抵白下邂逅達摩又訪觀音大士於南海復返雙峯最後移錫江浦寂於會稽之雲門自周威烈十三年丁卯至唐高宗顯慶二年實一千七十二年故五燈會元稱爲千歲寶掌寶掌去後開化本山者有道悟靜川道安香林至今稱清潔道場肇始紫雲

天王道悟和尚隱士崔子玉之後唐元宗開元二十五年示生年十五依長沙寺曇翥律師薙染受具於嵩山和尚南謁馬祖祖教以識取自心本來是佛師大悟服勤九年辭去還至荊門結草爲廬節度使見訪了無接待怒擲師水

中旋返徧衙火發惟聞空中有聲曰我是天王神我是天王神使惶懼求懺火燄頓息宛然如初親往江邊見師在水衣裾不溼使重申懺悔迎請供養建天王寺請師住持十餘歲杖錫過蘄春登雙峯遂卓錫龍峻之墟已遷蒲雙峯之南名上寺又退而庵於紫雲之巔寶掌故址也其寺原名老寺廢於隋末師闢而新之有老人前拜曰吾烏沙潭龍也冥罰當死請救之悟問汝能易形乎曰能乃化小蛇伏襟帶間是夕雷雨大作不能害明日出拜曰非師幾饜此山矣請助工乃指船米二石曰所需薪米悉取於此如其言寺成遂止唐元和十三年戊戌四月十三日示寂有得法弟子一人龍潭信禪師信之子爲德山鑒是爲雲門法眼二宗之祖

香林和尚名元果舒城下氏子明武宗正德元年九月九日示生年二十謁匡廬孤月薙染受具後遍謁名山至黃梅問一居士曰雙峯裏有崖洞可憩息否居士曰雙峯之下有白雲火燄二洞境甚都但多虎狼師曰無慮遂挈蒲往白雲洞有虎乳兒於其內師叱曰若速去此洞我居矣虎哮吼數聲引兒去師坐洞中不火水者七日居士憶師死矣偕衆荷梃偵之見師怡然趺坐衆合掌拜曰吾師德足服虎矣後移居老寺一新殿宇嘗示衆曰汝等但信自心即佛更莫外求閱年六十七怛化

三昧寂光瓜渚錢氏子母感宣律師入夢而誕年弱冠禮淨源剃落謁慧雲於潤州甘露寺始受戒冬夏一衲該綜毘尼以荷法爲念次第開化於老寺三番說戒祖殿蓮池皆爲一新旋歸南都重興隆昌寺受福王紫衣師號明年六月朔令侍者進曆指初四午刻當別大衆屆期澡浴畢跏趺微笑而逝

慈翁森即圓照國師茆溪過參諸方投大雄室十年首衆報恩順治已亥秋奉師命貲本謝　恩辛丑靜隱中山遂於老寺開堂說戒有南北二集並諸錄行世

懿山德武陵劉氏子父而庵居士母石姓師早離火宅年二十即圓具挈一笠徧叩諸方過邑之蓮苞峯宿因深重手闢梅源居之會圓照國師遯跡老祖山中師開棧道往謁圓照門風高峻當其說法萬善殿中金紫緇白俱集出遊五臺旂旗扈從王公貴戚而下皈誠禮足維師得髓應心是名冢嫡衣法授受爲言思擬議所不到自此初主圓映次鼎州之文殊次桃源之芭蕉重以杭州圓照之繼席一杖一喝流布人寰見黃懷亭文集

四祖大醫禪師名道信姓司馬河內人父爲永甯令即今廣濟以周靜帝大象二年三月三日示生縣門浴佛井尚存

先是達摩尊者以其法傳二祖慧可可傳三祖璨師謂三祖乞解脫璨曰誰縛汝更求解脫乎師悟祝髮事之隋大業中師於吉州祥符寺受戒時寇至邑人洶洶師曰無擾亟誦摩訶般若波羅密越三日天王見四門賊驚走又大疫邑人復求救師誦摩訶般若波羅密七日時盛暑天降大雪疫乃止衆建雪山寺以酬之踰年歸侍三祖授以衣鉢武德七年卓錫於破額山唐太宗慕其名屢徵不赴賜紫衣閱世七十二年唐高宗永徽二年閏九月四日寂於毘盧塔九年四月八日塔戶自開衆歡呼珍奉唐代宗諡爲大醫禪師慈雲之塔宋元明累有褒贈祖涅槃時言吾

手開過于紙當再來明武宗正德十四年右手漸舉火從頂發自焚其身惟存舍利夢感荆王鑄金爲像衣鉢授五祖而本山闡化者有端禪師仲宣止堂法幢山鐸最後有晦山顯

再來生法幢元時廣濟人李雲隆夢四祖借居因生幢稍長投寺僧倚智剃度明洪武十七年與智語欲往徐志五家託生化度爲善遂怛化二十一年九月果生其家智來省之矣投智懷遂名善來歲餘抱至寺中禮佛即直入舊處悉取舊物人呼法幢則應尋投本寺終歲持誦法華圓覺等經志五父子悉化爲善洪武末召至京師居報恩寺

山鐸名鎮在德化李氏子出家悟道住四祖寺遷浠川華桂寺復返黃梅預定化日期至端坐書偈曰從無量刼來與衆僧爲伍將此皮骨送入江河喂魚鱉蝦蟹濟衆僧免饑苦免占檀那地土浩浩長江是吾歸所擲筆大喝一聲而逝

晦山戒顯明諸生太倉州王氏子名瀚字元達初受學於同邑張溥與吳梅村友善國變爲詩哭文廟祝髮爲僧即梅村集中所稱願雲師也住四祖寺開萬工池本山多所創建素工書有求者寫經藏偈語以贈至今重其人稱爲四祖顯云

雙峯退庵禪師嘗晦山顯主席西山響滿吳楚即以文字禪論亦可謂名下無虛乃師於向上一路窺其閫奧終不入其保社棄謝名山深入無人之境其孫魯男聰明識道理撿關閱藏四周寒暑見黃懷亭文集

五祖大滿禪師名宏忍黃梅人前身爲栽松道者嘗四祖闡教於破額山時道者請曰法可得聞乎祖云汝老脫有所聞能廣化耶再來當傳汝今且去因請所向祖曰逢港則住遇周則止道者遂南行至濯港遇一女子浣衣揖曰寄宿得否女曰有父兄在可往求之曰諾則敢行女首肯之即回策坐化於破額女周氏子歸家輒孕父母怒逐之女

無所歸傭紡里中夕止社屋隋文帝仁壽二年壬戌十月二十三日女生子以爲不祥棄諸濯港逆流而上氣體鮮明見者異之復收還母七歲隨母行乞里舍呼無姓兒路遇四祖祖言此兒缺七種相不逮如來因問何姓答曰姓有不是常姓祖再問何姓曰是佛姓曰汝無姓曰姓空即無祖從於母所乞令出家母以宿緣願捨爲僧祖命衆建壇場焚香戒肅母負兒至殿鐘鼓自鳴大衆皆驚兒至即曰法道可得聞乎祖曰兒今尙小童啓祖曰昔謂我老今謂我小豈法印竟不得聞耶於是日苦功行年二十一祖知時至遂授法衣師乃開法於東禪寺以便將母徒侶曰

衆有神秀者博學多聞來參法座新州盧行者（即六祖慧能禪師）本貫柴傭聞客誦金剛經至應無所住而生其心遂覺有省亦來參學祖曰欲求何物盧曰不求餘物惟務作佛祖曰嶺南人無佛性盧曰人有南北佛性何有南北祖知異人乃呵曰著槽廠去盧入碓房舂米晝夜不息八閱月祖命衆等各取自性作一偈來維時會下七百餘衆上座神秀遂書一偈於廊壁間曰身似菩提樹心如明鏡臺時時勤拂拭不使惹塵埃祖見深喜盧在碓房誦之良久曰美則美矣了則未了乃和一偈曰菩提本無樹明鏡亦非臺本來無一物何處惹塵埃祖後見偈問是誰作衆以盧對

祖詣碓房見盧腰石舂米語曰求道之人當如是乎問曰米熟也未盧曰米熟久矣猶欠篩在祖乃以杖三擊碓頭盧會意三鼓入室祖以袈裟遮圍爲說金剛經仍至應無所住而生其心盧言下大悟遂啓祖曰何期自性本自清靜何期自性本不生滅何期自性本自具足何期自性本不動搖何期自性能生萬物祖曰不識本心學佛無益若識本心自見本性即名大丈夫天人師吾今授衣爾善保護無令斷絕聽吾說偈曰有情來下種因地果還生無情亦無種無情亦無生盧跪受衣法啓祖曰法則既受衣付何人祖曰達摩未至人未生信故傳衣以明得法今信心

已熟衣乃爭端止於汝身不再傳也盧曰當隱何所祖曰逢懷則止遇會則藏盧拜辭去祖送至九江親爲把櫓曰合是吾渡汝盧曰迷時師渡悟了自渡祖曰如是如是以後佛法由汝大行祖歸不復上堂衆疑問之祖曰法已南矣能者得之衆始知之祖乃開堂於馮茂山今五祖寺是也後盧倡道曹溪秀衍法江陵分南北宗云上元一年二月二十六日祖告大衆以緣畢欲行囑曰吾滅後塔吾全身俟以手舉時吾當再來此語驗在五百年入室安座而逝壽七十有三塔全身於東山之陽衣鉢授六祖後本山闡化有戒公演祖表自宗自曉常最後有千仞岡

師戒所出無考住五祖寺塔在山麓名山塔灣塔前有石亭爲蘇子瞻所建今稱爲東坡亭記載東坡爲五祖戒後身故坡嶺外詩云父老曾看烏角巾應緣曾現宰官身溪邊古路三叉口獨坐斜陽數過人又志林載雲庵夢同子由及蜀僧聰迓五祖戒既而三人夢皆同適東坡書至云旦夕相見三人大喜出城迎之

法演禪師五祖十五代嗣孫巴西綿州鄧氏子少爲書生長慕出世法年三十始祝髮初謁圓照本次謁浮山遠一日遠語之曰吾老矣恐虛子光陰可往依白雲與雲問答領悟獻偈雲特印可命分座開示已遍遊叢社晚至東山初

五祖之寂也遺記云吾滅後當留真身吾手啓而塑當再來後四百六十年演祖果至其禮祖拈香偈云昔年全體與麼去今日重來記得吾是時像與手相裂中可容箸衆訝異乃知演公因五祖乘願再遊者也於是主東山席崇甯三年六月二十五日上堂辭衆歸方丈淨髮澡浴遂寂年八十餘是夕四十里內崖谷皆震

表自禪師演祖法嗣繼席東山參學如雲其門榜有三語曰道得者許其掛搭否則他去一僧提坐具徑造丈室云某甲道不得只要掛搭師大喜命其掛纘法語詳載禪典以禪後學示寂後塔於本山年久荒沒幾不能辨有遠孫絲雨蕉手闢荆榛俾還舊規其掃塔偈云一塔中分半有無荒煙蔓草淚痕枯至今三語依然在更倩何人門上書修造石路自一天門直達白蓮峯頂歷數里許及講經臺三佛橋沿路五塔引路百松悉出其手至今賴之

千仞岡俗姓王鄞縣人父臺爲楚房縣令師以諸生隨父任性好學博極羣書迨其父殉難後師自顧惘然一日閱楞嚴至清淨本然云何忽生山河大地慨然從徑山信剃落尋受具於天童密嘗參趙州無字有省說偈云狗子無佛性莫道說得好閨女學做媒自身也難保時箬庵問住夾山師往參機大契合卓錫馮茂慨然以興復祖庭自任得

還舊觀迎母就養躬自執役不煩一僧康熙五年丙午冬十月脾疾忽作師笑曰毋相逼吾行期定於明春二月也届期晦山顯至晦入見師談笑飲啖如常欲辭去師曰不須去吾明日行矣時爲二月二十九日未時聚衆陞坐問衆聚否曰聚問晦公在否曰在師曰好吾今去矣端坐而逝時有野鹿入方丈哀鳴不已遂留弗去每上供輒長鳴焉是爲五祖中興厥後繼席如綠雨孤懷瑞髻皆能不愧宗風云

證祖師鄧普庵祖師唐僖宗乾符三年賜號圓證得法於荷澤澤得法於六祖建寺南山塔在虎首山去寺百步遇

旱求雨輒應

無迹祖師卽彥賓祖師唐長慶元年師建寺北山塔去寺四里許圓覺庵其塔院也後有臨濟宗派天章來主法席山有樹曰娑羅數百年物也入院日忽噴異香爲中興之兆

靜鑑祖師豫章泰和梁氏子明洪武元年十二月八日示生甫七歲父母繼沒從雪峯寺悟空落髮後入終南山二十九載以己事未明捨身投崖若有掖之者六投六掖乃止忽有老僧稱天台比丘謂曰若無泡影大事難辦時節一至其理自彰奚捨身爲乃示以黃梅妙高山可居師挈鉢而來掛錫幽巖功苦精進歲種魁芋三百六十本日啜其

一閱歲久慧鑑渾圓一日呼弟子文簡及大衆曰有來必有去我其行乎三年後當以吾演化也跏坐而逝正統十二年十二月八日也遂塔於本山距景泰元年十二月八日如期文簡會衆啓塔見師顏貌如生乃膠漆莊嚴供於本寺時邑令梁姓者師族也甫莅梅夢師來見刺稱宗弟謂令曰吾腰重未能揖願以累子令上山禮佛審象惟肖於是削其累重焉

曉愚禪師汾州昭法嗣嘗參五祖戒禪師戒問不落脣吻一句作麼生道師云老大人話頭也不照顧戒喝師亦喝戒拈捧師手卽戒云闍黎且住有話在師將坐具搭肩上更不回頭直去遂衍法龍華寺上堂云摩藤入漢已涉繁詞達摩西來不守本分山僧今日與麼道也是爲他長無明後寺爲賊燬示夢於石氏及衆姓皆稱募化袈裟舉拂說偈云六十年來失卻衣夢中親口向人題飛仙臺畔龍華寺世間無相不皈依衆爲重裝金身

道初爲五祖演法嗣衍教龍華機辨俊捷一日謂衆曰昨日離城市白雲空往還松風清耳目端的勝人間有頃脫然而逝

遠公祖師初居廬山與陶淵明爲友後渡黃梅建道場曰柘林又與劉遺民十八人結爲蓮社謝靈運求入遠謂其心

雜弗許　見晉書

朗公禪師晉長安左氏子剃度於潭州招提寺於遠公爲兄弟遍遊參學至梅求卓錫地遍歷數處未善過馬鞍山遇土人祈雨乃插蘆於山麓小阜云花開卽雨後果然故至今有望花冲卽土人望蘆花處也其趺坐處爲朗公坦最後任錫於東永福寺塔在寺中

張金禪師係蘄州張得賓之裔建道場於考田山衙白馬寺示寂蘄州首巾庵

流支禪師中印度人梁武帝時與達摩同來譯經藏建道場曰菩提後示寂於多雲山其塔在焉

天澤霖五祖千仞岡法嗣主東禪寺法席前一夕殿上大鐘不擊自鳴者三而本寺剃度有應庵華受具於虎丘隆遍主大刹語錄入北藏行世

問已未詳所從來嘗灌園於五祖禪堂暇則念佛不輟主席者察其行戒擬以首衆乃潛跡於上沿鎭之老林庵亦惟以灌園念佛爲事時鎭有虎患偵知虎穴所在擊柝聲佛繞林三帀虎斂威出隨其後念佛送之虎患遂息

通曉濟禰本邑吳氏子慧根通徹年十四祝髮西峯庵及長受戒西山游江南住紫竹林參素白和尙說法入浙住靈隱寺返江南住天界寺晩年參悟上乘脫然塵滓年八十

六示寂於本庵說偈云水雖朝海去雲定入山歸動靜原無迹去歸兩者非蓋已透菩提無樹明鏡非臺之宗旨矣

仙

羅公致福江西廣昌人好元術晉武帝時入陽明山洞已徧歷名山大川至梅悅鳳臺廬瀨之勝棲止焉一日遇道者攜藥藍白蟾語合留居之經九年忽夜半道者指視赤虹亘天之祥謂曰予玉皇仙侍誤翻瓶水化爲霖雨浸陷多郡故謫居塵世今限滿當復直命余度汝隨隱去不見踰月於簷下洗手覩腥甚乃曰病龍也可療明晨一秀士以首疾來謁福曰可示眞身俟吾郊北角無悸吾民尋往見一龍伏坎中劈其腦取白蜈蚣一殺之傅以丹丸龍徐徐騰去後名其地爲乾龍池晉元康中惠帝病危幾絶徧索名醫福被召投以劑立愈賜金帛官爵不受勅號眞人禮送至邑泰源觀修煉故觀旁有煉丹池一日濯足北郎之陂升高阜四顧觀者駢集福冉冉起謝衆曰泰源宮觀若成河河流北岸吾重過白日沖舉後名其地爲飛昇臺

宋公飛仙名益字儒上閩越汀州人母林氏夜夢黃龍投室於晉太元壬年五月朔二日誕生安帝義熙中以文學孝廉徵爲番禺令政刺睦州治事餘暇喜觀釋道經文生平清淡醋謹見劉裕篡晉解綬歸遍歷名山大川至彭蠡渡

江登黃蓮嶺進古長安驛有施生文錦張生文通一見師事之歲旱衆姓請求雨澤因示以結額立牌之制七日果雨後至考田沖見山水秀麗樹木陰翳四顧寂靜遂棲眞焉今黃齡仙洞是也宋元嘉末縣屢旱義豐（劉宋時不應稱唐縣）尹劉彌夜夢神人告曰急求宋仙次日六鄉老人請曰黃齡洞有隱者消息甚奇請往禱之尹齋宿步往轉大河之北公預候於谷口尹詫問曰何由得知公笑曰空山早報先聲矣進而對弈聯吟有頃出洞見村舍路徑不似來時劉訝之公笑示來路及歸市朝已變矣復返而相依相傳一日宋公坐石上騰空直上劉及六鄉老人同升遺有升天

石集仙臺花菓山石棋盤石棋子過小溪山石上有馬跡其後禦災捍患屢著靈異居民敬奉唐武德二年始建廟宇於古角山旱則取水於潭誠求屢應武德九年詔沙汰天下廟祀其德在生靈者令所在有司條上履歷以定報典謂公修眞得道祈禱屢應事有可稽且義不臣宋終身巖穴孤忠當表乃封顯應侯宋眞宗時寇圍城侯顯聖解圍詔封顯佑侯景德三年邑患疫邑令李彪家皆染子號已死尹伏號尸夢侯來言曰見汝家及百姓受災特來救汝尹未及答侯將號尸一踢父子忽醒尹感侯德乃建廟於北卬山景德五年賊兵逼城李巡城見侯當寇道前有二將異形賊退申侯功詔封靈濟侯嘉祐四年改封善濟侯元皇慶二年天下大旱獨黃梅祈禱有驗中書省臣禿忽魯奏封惠蔭侯明永樂以後俗稱昭德王福主報賽之禮期以八月二十二日立雨壇大會其牌額之制方圓以象天地繫麗以象日月布列以按星辰參差以分水火卷舒以應風雨其取材動衆醵訾飲食之侈靡不下數百餘金而村民鼓舞樂從後　國朝嘉慶間因牌額拖木滋事縣令劉廷模出示永禁拖木碑立昭王廟

王月航眞人初在紫虛觀修煉後學法龍虎山歸一日有病者乞符水延至其家月航乃書雷符於掌以往至則數老者陪坐取文書數十道示之曰此皆若所申奏祓我輩抄

得者開掌雷發滿洞狐皆斃死後亦以法爲戒埋藏牌劍不用以壽終士人因祀之紫虛觀稱號眞人

姜通眞仙唐方士修煉於多雲山道成昇仙遺跡在石壁間里人呼壁爲石道士因廟祀之祈雨輒應

毛靈相公宋時臨川人以文學名遊黃梅山南坂聚鄉童子講學日食疏素夜誦經典性喜周濟所得束脩悉資貧乏沒後里人葬於合口塘隅一夕里人各得一夢云上帝以某爲正士勅爲毛一將軍以雨澤濟人若能刻某像祀之則塘口有木一株可取用也衆遊其夢各驗異果於塘口得木命工雕像祀之於建龍庵求雨輒應至今賴之

周龍王龍坪山人爲孺子時就傅每與羣兒浴於塘水輒湧歸其身久之身生鱗化爲龍飛去後人祀爲龍王浴處即今龍王潭也鄉人祈雨投疏潭中輒應

烏沙龍王即紫雲山之老龍王也事詳道悟傳中今出木井出米石運米石船皆其遺跡

白衣龍王始末無攷蔡山寺有龍王三尊原係一木裁爲三像一日一風一雨祈禱者任意求迎一尊遇日即日遇風即風遇雨即雨靈感之妙亦可異也

于聖龍王姓于初爲石人鄉高氏傭工晴日持蓑笠往田果雨雨時棄蓑笠而往果晴後倚大樹坐化即截樹如其坐

之長短爲像祀之祈雨輒應初祀高宅今寄祀蓮花庵

張蓮翹唐時女道士本縣人兒時汲水見井生蓮花漸出井口探取數四遂墜井家人訝久不還往視見蓮翹立井中及出云饑甚日食數斗六七日後遂不食歲時或啖棗數枚父母因命出家年十八見天上雨黃藥三丸取吞之立死有頃復甦覺力健神淸天寶末忽辭父母如有所適其時衆見五色雲擁一寶輿自天而下競來觀視蓮翹初無所覺雲亦消散自是形體枯悴見通志

劉仙女宋時人父居黃梅縣東峪峯之側女未笄父出畊豫言陰晴宜持蓑與否皆驗後入山不知所在土人祠之名仙女洞出舊通志

黃梅縣志卷四十

雜志

摭聞

見聞異辭史册不免況屬偏隅眞贗嘈辨纇有軼事自昔流傳蹐駁瑣屑不廢棄錄志怪齊諧奚病詭譎綜彼羣言亦備一說梅志之亂綴以摭聞傳疑有自人云亦云志摭聞

洪晟患瘵病三年幾不瘳一日遇異人授以劑藥病輒起酬金幣弗受送之十里外指途間草謂曰此可以死汞取一束授之冉冉沖舉不復見晟心異其言試之果然及復取則無驗矣

石麟宏治八年舉人先是中有老生入闈卽夢兒號舍前有麟跳躍每科皆然後覺漸長大至乙卯榜發老生前一名卽麟也老生驚曰吾待子久矣麟親言其事

洪模治詩經正德五年舉人人謂曰監臨侍御公以麟經起家欲奪魁必習此經遂師事蘄水舉人周某先除夕周夢有鬼物負一斗繞其庭覺而異之迨模負笈至試以文又與夢叅符之曰麟經之選將在君矣果中第五

汪可受居黃蓮洲因江水潰堤一蒼頭鼓棹頹垣下有篋觸舟來取視中藏故紙似已浥爛夜分則若有鬼物守護展暴日中點畫如新始知爲集篆金剛經蓋宋僧道肯因五代僧

夢英所集十八體增成三十二體者也屬其徒洪度摹勒付梓奉原本仍投之江流木板流布都中都人士刻石於阜成門外摩訶庵四壁至今猶新

石崐玉守蘇州忤其師申時行吳撫李希時行意假查盤事發難適巡方者取府帑額銀若干兩惰吏失其案因以侵罔律崐玉下四郡司李袁可立覆覈可立知其枉以案弗獲寃弗雪也齋宿告神翼日可立暨崐玉坐府廳事見廳側庫藏扃密詢之則數十年弗啓者俄有大鼠齧以入可立心動叱閞戶視之則前案在焉再拜稱賀曰誰謂天道無知耶捧讞語爲李中丞朗誦崐玉獲免

胡寄垣讀書閣上七閱月不下因號寄閣一日忽倦臥有使者持刺至引入公廳主人出揖命坐云聞君飽學請一對即出云胎生卵生溼生化生生生不息胡對云天道地道人道鬼道道道無窮對畢主人曰君庚子科獲捷十五年後某月日再邀君遂驚寤後果舉萬歷庚子鄉試如期而卒

黃若雲父見溪病醫藥不效若雲刲股三次以進家人莫知見溪夜夢神囑曰爾子刲股者屢孝忱上聞後當顯子有句請以遺之乃云長江一線水泱泱三代兒孫應漸昌君孝上通知太苦親年不永祚無疆見溪覺呼若雲慰之遂卒後若雲授四川合江令改廣東興甯令子孫科甲不絕

蔣彬生五歲不言有戲是兒瘂者忽應聲曰如君喋喋不如我默默一座皆驚出通志

破額山寺中有四祖大醫禪師肉身嘉靖中楚王夢四祖造訪云我將去矣幸爲留一像醒而鑄銅像遣人送山中過浴佛井井水湧出蓋四祖初生時曾浴此井也像至而身爲火焚矣出筠廊偶筆

東山五祖肉身明季亂兵擾山一兵欲驗肉身眞僞以刀斫下一指下階即顛狂自殺指久失忽爲一村媪所得以示邑文學蔣文文以重貲易之命漆工續上完好如初壬午秋忽夢五祖謂曰念汝有續指之功祐汝登鄉榜八十名已而果然出說鈴

石氏子牧一豬前二足五爪因請道士作醮乃以豬售屠人取貲酬道士豬將殺矣石之母忽夢東禪寺六祖誡曰汝家所賣五爪豬此殺不得者可急贖回不則有奇禍母問師何人祖曰我即六祖汝家連日在我殿上作齋醮道士無知妄以三清像蒙我面前汝還不知耶是夜屠人亦夢豬人衣謂屠人曰昨石氏賣我在汝家我人也非豬也不信驗前足五爪可急還本主送我至東禪寺去屠人驚寤以豬還石述夢語互相詫怪乃詣豬云汝旣有靈性任汝所之豬即徑詣投詣東禪寺主僧鐵壁命之曰夢修遠近觀者呼夢修即應出說

六祖在東禪寺典饌所用爨杖楓木也後得法將往粵東臨
行植杖於地發生枝葉大至數十圍號曰爨杖楓明季燬於
兵今寺僧猶指其處
天窗眼在馬鞍山頂其深莫測土人嘗以木片書姓字投下
後從源湖中拾得生員黎光耀居處鄰近爲紀其事以上舊志
李天培字佑李康熙壬午舉人父業漁令培就學每得魚必
擇尤者供師天培姿鈍善忘師苦之曰汝父貧而尊師爲汝
學也而汝心竅如水投石奈何遣之歸就父業父以爲不受
教撻之培抑鬱無聊夜深將投繯門前巨李緣至樹半憊甚

憩樹杈間心忽迷若有婦人破其胸脰引臟腑滌之淅瀝有
聲旋納入驚覺墜樹下心境忽開天明入塾師聞誦聲琅琅
詫曰誰與讀者而爽朗若此大奇之屬背誦前習一字不遺
語文理輒悅以解後登賢書爲邑名宿困極斯通疑有神助
時傳爲觀音洗心
道光中邑諸生於文治素樸實年近七十元旦家人焚處屬
其子庾生振鵬曰汝勿遠館吾祿盡今秋某月日時矣前一
月周歷親故家別曰老夫此來與君永訣耳愛我者於某日
過我送終及期命具含殮物於堂其子見翁無恙私喜不驗
請綏讓之曰汝以吾言爲戲耶吾父子分手此一刻也援以

簿皆身後事命沃盥更衣從之命設奠焚楮從之遂端坐不
語撫視額有泚氣奄奄絕矣家人啟其櫝則木主訃文悉豫
備向例衣衿必報故丁艱學胥曰若翁前半月已署名示期
矣出一紙果相符
咸豐七年夏粵逆充斥山中壠坪鎮老農黃勝昌宅後皆幽
澗深林平原避亂者咸聚焉婦女頗多賊猝至勝昌忙具飲
於門外紿以願備館舍將掃室以待賊頷之婦女悉從後逸
賊入室怒甚縛勝昌斬之一舉刃霹靂從空下賊震倒易一
賊亦如之再易一賊亦如之蓋無雲而雷者三賊遂遁
邑治後牆下舊有皂角樹大數圍咸豐初漸枯外缺中空有

物倒懸約長五六尺狀如人形頭項肩腹手足皆具若拘攣
然即樹心也時粵逆踞梅論者嘆爲生民倒懸之象數年官
兵克復木因風拔
蔡山涼亭口産湖松二相距數尺道光末洪水淹枯數載各
生萌芽較前更茂土人戲以石大如碌碡介其間又數年二
樹合而爲一大石包孕腹中今近三十年大數圍矣蔽日干
霄交柯連理洵異材也

覃君石仙之宰黄梅
也先後歷十餘載山
川民物靡弗周知延
邑中諸文士重脩縣
志誠盛舉也會余權
邑篆以稿本見示余
任事甫半年見聞所
得豈能逮石仙爰集
手民刊以蕆事其中
去取增損固有未敢
以己意參者
奉賢袁瓚跋

正堂覃捐錢壹百串文

縣市鎮捐錢

帥怡怡堂　叁百串文
喻敦本永藏捐錢五拾串 農孫修金五拾串捐出　共壹百串文
梅古芳捐銀五拾兩正　陳碧珊捐銀壹百兩正
陳弁甫捐銀拾兩正
龔周徐楨　壹百串文　徐明照　四拾串文
徐佐周　貳拾串文　余同慶堂　拾壹串乙百文
李十義　拾壹串乙百文　李泉莊　貳串貳百文
許蘭圃　五串五百文　聶公友堂　拾壹串乙百文

梅定榮　四串四百文　張兩美堂　八串八百十八文
吳伯華　八串八百十八文　項四美堂　拾貳串六百文
畢曾村　貳串貳百文　程柏祖　五串文
周成章　叁串叁百文　熊東梅公　叁串叁百文
洪永鍾祖　叁串叁百文　尹兆蘭　四串四百文

各鎮歸姓捐錢

石遵順堂　六拾串文　石鎮銓祖　八拾串文
蔣二公　拾五串四百文　蔣旺官生戶　拾貳串六串文
蔣成文彬戶　七貳串文　桂伏一戶　六拾八串六百六十文
熊誠學懷鼎　貳拾串文　袁姓　貳拾四串四百四十文

壠坪鎮捐錢
洪珩分　貳拾串文　洪傳祖　八串文
陳象祖　拾串文　商英祖　六串文
江成一　拾串文　程達伍　貳串四百文
呂子武　貳串四百文　陳勝一　貳串文
黄淑仁　壹串文　黄志廣　壹串文
劉匡祖　壹串文　梅源寺　壹串六百文
老祖寺　貳串叁百文　盧福三　四串五百文
盧福五　貳十四串文　涂二盛戶　八串文
李瑞甲　八串文　王祖九　四串文

蔡松亭　貳串五百文　鄧立祖　貳串貳百文
嚴以信　貳串貳百文　范宗期　貳串文
徐維新　壹串六百文　黄茂先　壹串六百文
白彥祖　壹串文　方士彬　壹串文
劉鴻章　壹串文　洪元旦　叁串叁百文
鄧五福堂　五串文　鄧堯衢　六串文
鄧壁樓　五串文

獨山鎮捐錢
李全戶　貳十串文　詹姓　拾串文
何德戶　拾五串文　黎姓　五串文

尤仙墟　拾串文　尤三榮　六串文
陳象先祖　五串文　殷伏祐祖　四串文
張福戶　四串文　張一慶戶　叁串四百文
戢伯宏祖　叁串貳百文　高慶祖　貳串貳百文
宋元宗祖　貳串貳百文　王繼皇祖　貳串文
聶疇彩　貳串文　潘宜祖　貳串文
舳八土祖　叁串文　張宏戶　壹串六百文
吳管璽　壹串貳百文　張廷弼　壹串零八十文
李煥戶　壹串文　張永祖　壹串文
金勝先　壹串文　陳清源　壹串文

毛坤宅　壹串文　黄榮初　壹串文
陳公赤　七百文

楊穴鎮捐錢
黄文泗　九串文　張望二　八串文
梅海祖　八串文　段繼炎　八串文
楊憲祖　六串四百文　詹王湯　四串八百文
梅增詠　四串五百文　胡開二　叁串六百文
周胡沈　叁串貳百文　汪記戶　叁串壹百文
郭義一　貳串八百文　傅公興　貳串四百文
梅同興　壹串八百文　馮其薛　壹串六百文

周同毛　壹串六百文　李和泗　壹串四百文
陸同王　壹串文　沈同王　壹串文

茶兒鎮捐錢

商權祖　八串文　商綏公　六串文
商樹棠　貳十串文　商萬子　壹串貳百文
商虎拜　拾串文　商才良　貳串文
商天育　壹串文　商存仁　壹串文
霍正韋　壹串文　王士學　壹串六百文
熊必勝　四串文　黃世雄　壹串文
許爾常　壹串文　徐雨祖　壹串文

呂呂保　壹串文　瞿及殿姓　六串壹百文
程郁文　壹串文　程訊祖　五串文
程仲禮祖　拾串文　程仲京祖　五串文

堤塘鎮捐錢

胡柏菴吉甫　拾串文　李三有戶　貳十貳串文
柳賓玉燮奎　五串文　周應祥　五串文
章文炳　壹串文　鄒癸祭廷佑　貳串文
劉章憲　貳串文　宛燦文　壹串文
王仲大卿　叁串文　王旭彩　貳串文
王海源龍　四串文　王賓珍　壹串文

王以松　貳串文　王漢鼎　壹串五百文
王子明　六串文　王繼五　貳串文
王超凡　貳十五串文　王華林　貳串文
王宣杰　拾串文　王利貞　壹串文
王大通戶　八串文　王福通戶　拾壹串文

塘穴鎮捐錢

嚴介仮　拾六串文　王三公　拾串文
劉古訓　八串文　蔡潛祖　五串文
江厚菴　四串文　汪富春　貳串文
宗德四　壹串文　范成桂　壹串文

呂宦　壹串文　劉受益　壹串文
張同興　八串文　陳佑昇　四串文
廖西溪　叁串文　廖振　叁串文
周東峰祖　叁串文　周邦達　八百文
周光志　貳串文　管第揚　貳串文
殷同春　貳串四百文　孫勝戶　貳串文
劉有　貳串文　萬成瑞　貳串文
李秀梅　貳串文　王建觀　壹串貳百文
桂瑞日　貳串文　陳開謨　壹串文
陳時發　壹串文　陳其鏡　壹串文

梅天瑞 壹串文 畢存雅 壹串文
李啟烈 壹串文 黄登財 壹串文
王厚齋 壹串文 嚴治國 壹串文
黄廷選 壹串文 王宗友 壹串文
曾懷貞 壹串文 伏維新 壹串文

孔壠東鎮捐錢

邢聶二圩採訪邢言枝捐單

邢用九 四十串文 錢家樹 貳串文
葉維柰 壹串六百文 楊正發 壹串貳百文
歐恒榮 壹串文 吳楚柏 五串五百文

周成一圩內東圩採訪湯立德捐單

湯華二 六串九百文 趙四美 六串六百文
嚴杰 四串四百文 項奇七 四串四百文
梁發二 叄串三百文 曹勝 壹串乙百文
陳懷一 壹串乙百文 何發一 壹串乙百文
甘興 壹串乙百文 周成祖 壹串乙百文
陳復七 壹串乙百文 江崇德 壹串乙百文

周成一圩內西圩採訪梅周侯捐單

梅福九戶 拾串文 沈姓 九串文
李姓 貳串文 詹姓 九百文

洪姓 叄串七百文 張姓 叄串文
袁姓 貳串文 王朱余三姓 壹串文
常煥文 壹串五百文 高允昌 五串文
陳安均堂 叄串五百文 紀倫敦堂 壹串文

孔壠西鎮捐錢

黄霞村 六串文 萬名相士中 六串八百十四文
王茂林煥林利行 八串八百十五文 曹賢四四德 壹串貳百文
吳慎遠考群茂貴 七串貳百文 梅正春戶 六串文
許隆一戶 壹串文 洪步光 壹串貳百文
熊文玉 貳串文 熊興業 貳串八百文

陳春林 叄串文 梅楚雄 五串乙百文
郭習華安聰 貳串四百十三文 李咏達 壹串文
周淦賓 壹串文 宋興基 壹串文
鄧少泉 壹串文 周文玉 貳串文
項邦棟新富 壹串八百文 劉自坤 壹串八百文
李炳炎 九百文 易善交 壹串文
吳茂有 壹串文 梅從富廣文 壹串六百文
許漢青 貳串文 張金燦 壹串文
鄭得勳志 九百文 胡鹿鳴 五串文
程蘭芬昌林 八串文 夏盛書 壹串文

李能容 壹串文 童元貞 壹串文
閔天生 叁串文 鄧沐恩 壹串文
徐素位 叁串文 徐崇幹 九百文
吳柏林 八百三十一文

謝灘鎮捐錢

費思朗 五串文 李宗三 六串文
呂正二 五串文 王發政 四串貳百文
趙同劉 叁串貳百文 宋宗山 六串貳百文
王劉李宋 貳串八百文 王孫太 貳串四百文
王張董胡 叁串貳百文 虞聶帥廖 五串貳百文

莊許劉黃周石 四串八百文 項岳熊彭汪楊徐劉 五串貳百文
程瞿梅陳曹 四串貳百文 戴聖章益 五串文
胡隆興 四串貳百文 張盧袁謝 四串文

卓壁鎮捐錢

梅文運 八串文 梅旭祭 六串文
梅宏基 壹串文 梅上達 壹串文
馬武位 貳串文 趙發戶 六串文
潘勝興 拾六串文 潘伯齊 貳串五百文
潘毓柏 貳串文 潘德和 貳串文
潘雲章 壹串文 潘財青 壹串文

金發益 貳串文 金年茂 壹串文
詹仁卿 壹串九百文 蔡遇春 貳串文
蔡漢文 壹串六百文 王鼎文 貳串文
魏茂氏祖 貳串文 歐明青 貳串文
劉應昌 壹串四百文 夏奠邦 壹串六百文
祝廷獻祖 壹串六百文 康在田 壹串文
霍天達 壹串文 李勝山 壹串文
唐守忠祖 七串文 袁純瑞 貳串文
陶宏毅公 四串文 黎克濟 壹串文
閔燦祖 貳串文 閔烷祖 貳串文

閔炳祖 貳串文 閔煐祖 貳串文

東山鎮捐錢

五祖禪堂 拾四串四百文 洪一章戶 九串文
金發益 貳串文 劉鑰戶 貳串七百文
陶敬之戶 壹串文 向一先戶 叁百文
袁公次戶 七百文 李宗五戶 貳串文
聶三和戶 貳串文 周天彩 六百文
陳一秀戶 六串貳百文 鄒 戶 壹串貳百文
帥孔戶 六百文 詹恩戶 壹串文
孫申公 叁串六百文 潘斌戶 壹串乙百十八文

劉貞戸　壹串文　曾榮戸　貳串四百十五文
張思永　叁串文　朱戸　壹串乙百十六文
蔡崇信　叁百文　何應坤　叁百文
吳維戸　壹串文　周鳳祖戸　八百文
向洪勝　叁串叁百文　田裕後　四百文

路途鎮捐錢

吳國寶　貳串文　袁祖一　壹串六百文
王仲四　四串文　周公敬　壹串文
蔡淑武　壹串六百文　蔡澄　壹串六百文
陳興七　貳串文　瞿有高　壹串文

吳咸有節公　貳串文　趙有仁　叁串六百文
夏思賢　壹串貳百文　王榮二　四串文
朱華宇　壹串六百文　戴福三洪家嶍　壹串文
柳淵祖　貳串四百文　蔡斐文　壹串貳百文
齊順戸　叁串貳百文　王思夏廷占　壹串六百文
胡北平　拾串文　趙學泗　叁串文
張添才戸　七串文　張衡恕　四串文
張爰五　四串文　李本源　叁串文
王星勳　拾串文　趙興祖晉卿　貳串四百文
李旋可苑昌　貳串文　熊添二　壹串六百文

余賢卿祖　拾叁串叁百文　程公榮　壹串六百文

什村鎮捐錢

余貴祖　四十串文　翟貴祖　六串文
程瑞芝　八串文　李傳祖　五串文
馮錦和　七串文　王子華　貳串文
馮一太戸　叁串文　徐益三戸　貳串文
楊旺戸　叁串文　呂大成　壹串四百文
方三合祖　叁串文　殷暘谷　壹串六百文
鄒鼎臣　壹串貳百文　何元昌　壹串文
陳自元　壹串文　李田晏三姓　壹串八百文

柳錫魁公中八　八串八百十八文　黃乃良　壹串文
洪演祖　壹串文

張林上鎮捐錢

張善吾祖　八串文　張鰲峯　叁串文
鄧冕公　五串文　鄧謙祖　貳串文
鄧詮祖　叁串文　鄧石公　貳串文
鄧巖嶌公　六串文　鄧昌言公　貳串文
鄧嘉言祖　八串文　鄧善言祖　貳串文
鄧鏡堂公　五串文　鄧瀾韮公　貳串文
鄧古植　壹串文　鄧協墳　壹串五百文

鄧南薰　貳串文　鄧有成祖　五百文
周文哲祖　四串文　周渭俊　貳串文
程二公　貳串文　方月成　壹串文
柯公五　貳串五百文　汪夔若　壹串文
陳小墀　七串三百文　陳嘉和　五百文

張林下鎮捐錢

陳愼芝東園　叁串乙百十七文　陳正路　壹串四百十四文
王遜周　貳串貳百廿文　劉季席　壹串六百十六文

下新鎮捐錢

洪彝叙祖　八串文　洪荊楚祖　拾叁串文

洪壽亭祖　拾叁串文　洪海峯　銀叁拾兩正
毛勝戶　拾貳串文　高仁戶　四串文
陳福二戶　五串文　董清戶　叁串文
汪從政戶　叁串文　趙提祀　貳串文
戴明戶　叁串文　嚴才戶　貳串文
韓中戶　貳串文　洪帥氏　叁拾串文

元角鎮捐錢

程扶搖　拾壹串乙百文　袁崑山　貳串貳百卄文
吴衡如　拾壹串乙百文　陳榮賓　貳串貳百廿文
四祖禪堂　叁串叁百卅文

停前鎮捐錢

李玉祖　貳串文　李九如　叁串八百文
李堯書　四串文　鄧升四　八串文
周俊祖　六串文　周義五祖　五串文
周鳳唎祖　壹串九百文　周朝烈祖　貳串文
周湞沁祖　叁串文　周仲音祖　貳串文
周升吉祖　九百文　周邃元祖　壹串文
周秀君祖　壹串文　周淮祖　壹串文
周渭祖　七百文　周宷祖　七百文
周茂先　壹串文　周渭川　壹串文

周闢疆祖　壹串文　周樹德　五百文
詹世茂祖　壹串文　胡仲慶祖　壹串貳百文
唐守忠祖　貳串文　駱九興祖　貳串文
陳元明　壹串文　陳燦林　壹串文
向長生祖　貳串文　夏廷整祖　壹串貳百文
金愛益　貳串文　王朝宗祖　壹串文
美時祖　壹串六百文　祝鳳三祖　六百文
陳福進祖　壹串文　陳萬祖　叁串文
劉一遠祖　拾貳串文
劉宣元　壹串貳百文

古角鎮捐錢
王敬戶　九串文　王鉞戶　叁串文
王敬新戶　七串文　王永源祖　叁串文
王安仁戶　九串文　王永泱祖　叁串文
王福禮祖　八百文　朱均選祖　貳串文
汪思臯祖　壹串文　汪東有祖　壹串文
陳永源祖　貳串九百文　汪志亮祖　四串文
吳有章公　叁串文　陳載揚公　壹串乙百卄八文
陳勳侯祖　五百文　徐公祖　貳串七百文
向錦岐公　壹串文　向時發公　壹串文

李行可祖　壹串文　戚金題公　壹串文
何榮三　拾串文　李育舒祖　壹串五百文
李石蘭祖　壹串五百文　李含玉祖　壹串貳百文
李鍾山　五百文　李伯秀祖　五百二十文
吳楚玉　拾壹串乙百文

黃花鎮捐錢
柯秀甫　拾壹串乙百文　黎倉七　七串七百八十文
陳谷三戶　拾貳串文　趙先成戶　壹串五百文
楊元哲戶　八串八百十八文　楊炎萬戶　叁串叁百卅三文
楊興發　貳串貳百文　汪振翠　貳串貳百文

周禮正　貳串貳百文　周明戶　壹串壹百文
保正錢　六串七百七十文　未開姓名
羅文質　四串四百文

名雲鎮捐錢
程仲智祖　貳拾串文　劉伏戶　壹串五百文
程仲文祖　四串文　程仲義祖　壹串六百文
程鐙祖　七串貳百文　程仲甫祖　貳串七百文
鄭勳公　七串六百文　程繼光戶　六串叁百文
黃華生祖　叁串貳百文　陳榮祖　四串五百文
張宗一　壹串八百文　陶瑞理祖　叁串六百文
　　　　　　　　張義祖　壹串八百文

張隆祖　九百文　董洪祖　貳串七百文
孫洪祖　九百文　潘宇祖　九百文
方公卿祖　九百文　胡本貴祖　壹串文
廣福寺　貳串七百文　馬列三　九百文
呂世貴　四串文　於潞祖　七串貳百文
李雙敬　壹串六百文　周時五祖　九百文
王聘三　壹串八百文　王楚卿　壹串九百文
劉主祖　壹串八百文　張伯達　貳串七百文

項榜鎮捐錢
李紹書　七串貳百文　陳育蓮　壹串五百文

黄極高　九串文　項仁　貳串貳百文
周文思祖　拾串文　向先　五串文
湛仁　拾四串五百文　李泗益　叁串叁百文

金林鎮捐錢

劉宦德　七串文　趙志勳　貳串八百文
鄧志茂　貳串文　大房墩向啟熹　貳串文
蔡安邦　貳串文　蔡長泰祖　壹串六百文
葉世奇祖　壹串四百文　劉世發　壹串文
蔡云先　壹串文　馬之驤　壹串文
夏德隆　壹串文　張玉衡　壹串貳百文

程龍光　貳串文　許吳陳　貳串文
周羅龔　貳串文　錢徐楊　貳串文
魏李張紀　貳串文　洪龔龍　貳串文
余正袁　貳串文　黎吳洪　貳串文

上沿鎮捐錢

宛怡堂順　八串文　宛名芳　拾串文
宛名鐸　七串文　宛志達　七串文
宛景信祖　八串文　宛紹聞　七串文
宛名馨　貳串文　宛淩翰　壹串文
錢樸齋　六串六百文　郭矽溪祖　拾四串文

汪福榮祖　四拾串文　李浦勝　七串文
廖德旺　拾貳串文　鄒元四　六串文
黎三俊祖　拾串文　黎球祖　壹串文
黎璦祖　壹串文　黎彥祖　壹串五百文
黎仰祖　壹串六百文　張英戶　貳串文
李繩祖戶　壹串七百文　張國輔　貳串文
徐發益　貳串文　戴錢堂　壹串文
陳家林　壹串文　易貞戶　壹串文

考田鎮捐錢

吳元善堂　六串六百十六文　吳聚長興堂　四串四百十四文

吳行素堂　四串四百十四文

小溪鎮捐錢

柳邦弼　拾叁串叁百十三文　柳卜臣　叁串叁百十三文
柳叶三　叁串叁百十三文　柳洪舉　貳串貳百廿文
胡思閏祖　六串文

蔡山上鎮捐錢

軍戶周長一　拾六串文
民戶當保各姓共錢叁拾四串文

蔡山下鎮捐錢

梅曉山交錢叁拾串零四百七十文

黃桂圃交繳錢貳拾五串叁百九十文

新開鎮共捐錢六拾四串乙百五十文

劉塘鎮捐錢

李林戶三　叁拾叁串叁百文　趙倫五　貳拾五串五百五十文

吳勝元八　貳拾串文　吳雨亭　四串四百文

吳家寺　貳串四百文　王再七　四串四百文

王命英　叁拾叁串叁百文　黃義祖　拾五串五百五十文

梅錦祖　貳串貳百文　梅坦公　壹串六百六十文

於朋戶三　拾串文　許祥戶　五串文

王丙容　貳串文　張旺　壹串文

羅福二　壹串文　戢元八　貳串文

楊樹鎮捐錢

趙保義　貳串貳百文　洪楚裔　壹串乙百文

錢雨亭交眾姓錢四拾串文　梅金魁　叁串叁百文

張湖上鎮捐錢

潘文浩　拾串文　章守成　拾串文

周元善　五串文

張湖下鎮捐錢

劉高選交眾姓錢貳拾叁串叁百三十文

濯港鎮捐錢

陳受公四　八串文　傅家福　六串文

太白鎮捐錢

項鴻逵交眾姓錢七串乙百文

白湖鎮捐錢

商崧生交眾姓錢拾壹串乙百文

山南鎮捐錢

劉鏈戶　拾叁串文　岳姓　貳拾串文

石璜山交眾姓錢五串文　洪方秀祖　貳串文

續戢捐錢

路途胡福一　七串文　桂際隆　壹串六百文

鄭再友 倪天錫　壹串六百文

張林劉子仁　八串八百文　陳行端　壹串叁百文

陳七公　壹串叁百文　陳泉治　壹串叁百文

陳文思　壹串叁百文　陳錫林　五百文

古角陳賢吾祖　貳串文　陳高啟 陳良鄰　壹串文

東山向祖一　四串文　孫串公　貳串四百文

朱戶　貳串文　程三賢公　壹串叁百文

王燦斗祖　八百文　李顯明　八百文

潘斌戶　八百文

黃花張仁戶七　壹串文　陶如金　壹串文

鄭文山戶　壹串五百文　東觀村　壹串文
高勝四戶　貳串文
頂僑蔡景恒祖　壹串文
考田吳左亭　拾六串六百六十文　李福六戶　五串五百十五文

共收捐錢叁千柒百肆拾串零玖扣到局實收錢叁千叁百柒拾串零文收銀壹百玖拾兩換錢叁百肆拾串零

右志已刊畢尾綴各捐輸錢數條分件繫非好爲煩瑣欲使闔邑人一覽而知耳計此番脩志緣年代隔遠採訪較多斂費呈稿不無用度公議均拾收玖兑局中實收錢叁千叁百有奇加捐銀實數壹百玖拾兩易錢叁百肆拾串零二共錢叁千柒百有奇印得志玖百餘部回思倡議之始衆頗難之竊謂非萬金不舉今歷兩載有奇理稿鐫板刷紙及脩金火食各雜項祇用錢如許即志如許可知事無難易總須同事人併心壹志無涉浮濫費不在多而謀無不舉夾後之續輯者可踵而行之